W0194407

Hans-Peter Konopka

Netzwerk
NATURWISSENSCHAFTEN 5/6

Ein Lehr- und Arbeitsbuch

Schroedel

Netzwerk Naturwissenschaften 5/6
Rheinland-Pfalz

Herausgegeben von
Hans-Peter Konopka

Autoren
Reinhard Kastner, Kappel
Hans-Peter Konopka, Recklinghausen
Prof. Dr. Reiner Müller, Braunschweig

In Teilen ist dieses Werk eine Bearbeitung von
Erlebnis Naturwissenschaft 1, 978-3-507-76625-9
Erlebnis Naturwissenschaft 2, 978-3-507-76627-3
Erlebnis Natur & Co. 1, 978-3-507-76640-2
Erlebnis Biologie 6, 978-3-507-77000-3
Erlebnis Biologie 7, 978-3-507-77001-0
Erlebnis Biologie 8, 978-3-507-77002-7
Erlebnis Naturwissenschaften 5, 978-3-507-77224
Spektrum Physik/Chemie 5/6, 978-86356-9
Netzwerk Naturwissenschaft, 978-3-507-86502-0
Netzwerk Biologie 5, 978-3-507-86510-5
Netzwerk Biologie 6, 978-3.507-86511-2
Netzwerk Bioloige 7, 978-3-507-86513-6
Netzwerk Mensch – Natur – Technik 5/6, 978-3-507-86540-0
Linder Biologie 5/6, 978-3-507-86596-9
Linder Biologie 5/6, 978-3-507-86600-3

© 2010 Bildungshaus Schulbuchverlage
Westermann Schroedel Diesterweg
Schöningh Winklers GmbH, Braunschweig
www.schroedel.de

Das Werk und seine Teile sind urheberrechtlich geschützt. Jede Nutzung in anderen als den gesetzlich zugelassenen Fällen bedarf der vorherigen schriftlichen Einwilligung des Verlags.
Hinweis zu § 52 a UrhG: Weder das Werk noch Teile dürfen ohne eine solche Einwilligung gescannt und in ein Netzwerk eingestellt werden. Das gilt auch für Intranets von Schulen und sonstigen Bildungseinrichtungen.
Auf verschiedenen Seiten dieses Buches befinden sich Verweise (Links) auf Internet-Adressen. Haftungshinweis: Trotz sorgfältiger inhaltlicher Kontrolle wird die Haftung für die Inhalte der externen Seiten ausgeschlossen. Für den Inhalt dieser externen Seiten sind ausschließlich deren Betreiber verantwortlich. Sollten Sie bei dem angegebenen Inhalt des Anbieters dieser Seite auf kostenpflichtige, illegale oder anstößige Inhalte treffen, so bedauern wir dies ausdrücklich und bitten Sie, uns umgehend per E-Mail davon in Kenntnis zu setzen, damit beim Nachdruck der Verweis gelöscht wird.

Druck A[1] / Jahr 2010

Alle Drucke der Serie A sind im Unterricht parallel verwendbar.

Redaktion: Marcel Tiffert
Illustrationen: Brigitte Karnath, Liselotte Lüddecke, Karin Mall, Tom Menzel, Heike Möller, Ingrid Schobel
Einbandgestaltung: Janssen Kahlert Design & Kommunikation GmbH
Satz: CMS – Cross Media Solutions GmbH, Würzburg
Druck und Bindung: westermann druck GmbH, Braunschweig

ISBN   978-3-507-**86537**-2

Einstiegsseiten. Jedes Hauptkapitel beginnt mit Materialien bzw. Aufgaben, die zum Thema passen und wichtige Anregungen geben. Diese Seiten sollen „Appetit" machen auf das, was in dem jeweiligen Kapitel kommt.

Grundseiten. Hier erhält man die wesentlichen Informationen zu einem Thema, also das Grundwissen. Mit den Aufgaben am Ende des Textes kann man prüfen, ob die Informationen verstanden wurden und ob sie angewendet werden können.

Im Streifzug wird fachübergreifend gearbeitet. Auf den Seiten Streifzug durch … werden die naturwissenschaftlichen Themen durch Informationen aus Technik, Medizin, Erdkunde, Geschichte und anderen Fächern ergänzt.

Pinnwandseiten bieten dir zusätzliche Inhalte im Sinne eines Lexikons. Sie bieten umfangreiche Ergänzungen und Beispiele zu vielen naturwissenschaftlichen Themen.

Auf den Methodenseiten werden grundlegende naturwissenschaftliche Arbeitstechniken vorgestellt, die du gleich anwenden kannst. Dazu gehören auch Methoden der Materialsuche und Präsentation.

Zusammenfassung

Auf diesen Seiten werden die wichtigsten Inhalte eines Hauptkapitels vor dem Hintergrund der jeweiligen Basiskonzepte wiederholt.

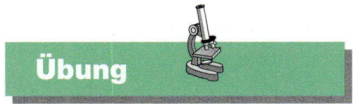

Übungsseiten bieten zusätzliche materialgebundene Aufgaben und Versuche an. Hier kannst du das jeweilige Thema in Experimenten und durch andere methodische Arbeitsweisen erarbeiten.

Auf den Seiten Wissen vernetzt am Ende des Kapitels werden die behandelten Themen und Basiskonzepte durch Aufgaben wiederholt und vernetzt. Hier kannst du überprüfen, ob du bereits Gelerntes anwenden und auf neue Themen übertragen kannst.

Projekt

Hier findest du Vorschläge zu Projekten. Ein Projektthema wird in mehrere Aufträge unterteilt, die von unterschiedlichen Gruppen bearbeitet werden. Am Ende stellt jede Gruppe ihre Ergebnisse vor.

Inhalt

Die Naturwissenschaften stellen sich vor

1 Gartenfest

1 Was ist eine Naturwissenschaft?

1.1 Naturwissenschaften im Alltag

Anna hat zu ihrem Geburtstag einige Klassenkameradinnen und Klassenkameraden zu einem Gartenfest eingeladen. Annas Vater steht am Grill und brät Würstchen. Ihre Mutter schenkt den Kindern kalte Getränke mit Eiswürfeln aus. „Seht mal, wie die Eiswürfel in der Limonade schmelzen", bemerkt Silvia. „Ja, interessant", antwortet Max, „doch achtet auch mal auf die Holzkohle im Grill. Erst ist sie schwarz und wenn sie verbrannt ist, bleibt nur noch graue Asche übrig." „Mich interessieren die vielen blühenden Pflanzen, die Vögel und die Schmetterlinge in unserem Garten", wirft Anna ein. „Na, ihr interessiert euch wohl alle für Naturwissenschaften", sagt Annas Mutter, „ja, in der Natur kann man viele interessante Beobachtungen machen."

Die Natur ist sehr vielfältig. Pflanzen und Tiere, Stoffe wie Wasser und Eis, Steine, Verbrennungsvorgänge, der blaue Himmel und Wolken gehören beispielsweise dazu. Mit der Beschreibung und Untersuchung der Natur beschäftigen sich die **Naturwissenschaften.** Lebewesen, also Pflanzen, Tiere und auch der Mensch werden von der **Biologie** erforscht. Warum ein Eiswürfel schmilzt ist eine Fragestellung, der die **Physik** nachgeht. Verbrennungen, beispielsweise von Holzkohle, untersucht die **Chemie.** Außer diesen drei Naturwissenschaften gibt es noch einige weitere, die sich mit bestimmten Teilbereichen der Natur beschäftigen. In diesem Buch wirst du Fragestellungen und Ergebnisse aus verschiedenen Naturwissenschaften kennen lernen. Dabei wirst du feststellen, dass alle Naturwissenschaften miteinander **vernetzt** sind. Das heißt, dass man zum Beispiel manche Eigenschaften von Lebewesen nur verstehen kann, wenn man auf Ergebnisse der Physik oder Chemie zurückgreift.

Untersuchungen in den Naturwissenschaften können mithilfe unterschiedlicher Methoden durchgeführt werden. Besonders wichtig sind die **Beobachtung** und die **Beschreibung** von Naturobjekten oder Vorgängen in der Natur. Manche Beobachtungen können nur mit bestimmten Geräten durchgeführt werden, beispielsweise einem Mikroskop oder einem Fernrohr. Um Abläufe in der Natur genauer verstehen zu können, muss man häufig **Versuche** durchführen. Man spricht auch von **Experimenten.** Auch dazu ist meist der Einsatz von Geräten oder Messinstrumenten erforderlich.

1 Betrachte Abbildung 1. Ordne verschiedene Einzelheiten des Bildes der jeweils passenden Naturwissenschaft zu.

1.2 Vernetzung am Beispiel der Luft

An einem schönen Sommertag schwebt ein Heißluftballon bei leichtem Wind am Himmel entlang. Du hörst, wie von Zeit zu Zeit der Gasbrenner anspringt. Gut kannst du auch die Flamme sehen, die die Luft im Ballon erwärmt. Hoch über dem Heißluftballon jagen einige Schwalben durch die Luft, noch höher sind einige Schönwetterwolken zu beobachten.

Warum steigt der Ballon hoch? Wie funktioniert ein Gasbrenner? Warum können Vögel fliegen? Welche Bedeutung hat die Luft für Pflanzen, Tiere und Menschen? Wie entstehen Wolken und der Wind? Aus welchen Stoffen besteht die Luft? Wie lässt sich die Luft rein halten?

Solche und weitere Fragen können sich aus der Beobachtung der Luft ergeben. Die verschiedenen Naturwissenschaften können einzelne dieser Fragen beantworten. Doch erst durch die Vernetzung aller Naturwissenschaften erhält man ein Gesamtbild über die Luft.

Die Erkenntnisse aus den Naturwissenschaften nutzt der Mensch in der **Technik.** Techniker können die Ergebnisse der Naturwissenschaften anwenden, um zum Beispiel Werkzeuge, Maschinen oder Geräte zu entwickeln, die dem Menschen im Alltag helfen. Ein technisches Gerät wie der Heißluftballon ermöglicht es dem Menschen, sich wie ein Vogel in die Luft zu erheben.

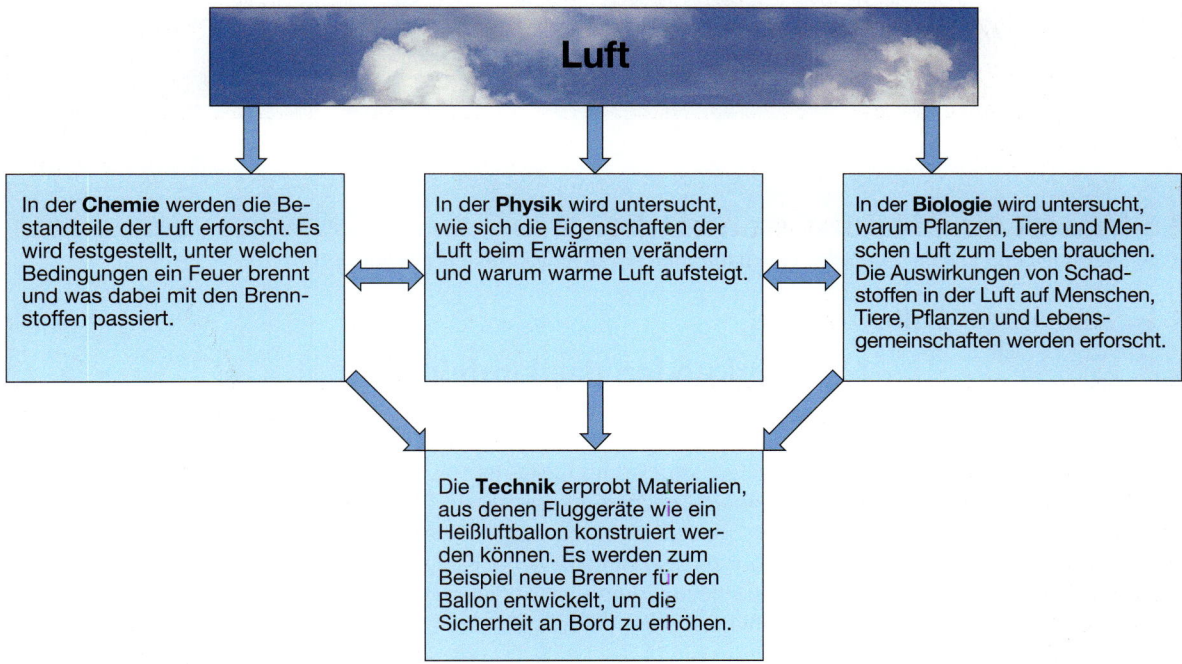

Luft

In der **Chemie** werden die Bestandteile der Luft erforscht. Es wird festgestellt, unter welchen Bedingungen ein Feuer brennt und was dabei mit den Brennstoffen passiert.

In der **Physik** wird untersucht, wie sich die Eigenschaften der Luft beim Erwärmen verändern und warum warme Luft aufsteigt.

In der **Biologie** wird untersucht, warum Pflanzen, Tiere und Menschen Luft zum Leben brauchen. Die Auswirkungen von Schadstoffen in der Luft auf Menschen, Tiere, Pflanzen und Lebensgemeinschaften werden erforscht.

Die **Technik** erprobt Materialien, aus denen Fluggeräte wie ein Heißluftballon konstruiert werden können. Es werden zum Beispiel neue Brenner für den Ballon entwickelt, um die Sicherheit an Bord zu erhöhen.

1 Naturerscheinung „Winter und Kälte"

1 Die nebenstehende Abbildung zeigt die Naturerscheinung „Winter und Kälte".
a) Welche Fragen könnten die Biologie in diesem Zusammenhang interessieren?
b) Welche Fragen würde die Chemie stellen?
c) Was könnte in der Physik untersucht werden?
d) Welche Aufgaben stellen sich der Technik?

1 Schülerinnen und Schüler erkunden eine naturnahe Wiese in der Nähe der Schule

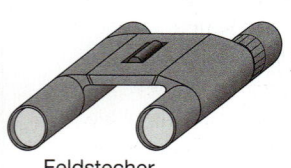

Feldstecher

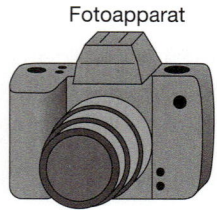

Fotoapparat

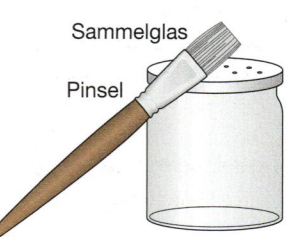

Sammelglas

Pinsel

2 Zubehör

2 Wir erkunden das Umfeld unserer neuen Schule

Die Schülerinnen und Schüler der Klasse 5 b sind mit Herrn Weber, ihrem Klassenlehrer, unterwegs im Schulbereich. In Gruppen **erkunden** sie die Umgebung ihrer neuen Schule. Jede Gruppe hat Lupen, Sammelgläser und Bestimmungsbücher dabei.

Jans Gruppe steuert auf die hohen Bäume zu. Ob darin wohl Vögel nisten? Mit einem *Fernglas* spähen sie in die Kronen der Bäume. Es ist schwer, die entdeckten Vögel mit dem *Bestimmungsbuch* zu **bestimmen.** Leichter ist das bei den Blättern der Bäume. Anhand der Blattform können die Schülerinnen und Schüler den Namen des Baumes herausfinden. Dann nimmt Jan noch einen Abdruck von der Rinde. Mit einem weichen Wachsmalstift streicht er über ein Blatt Papier, das er an den Baumstamm drückt.

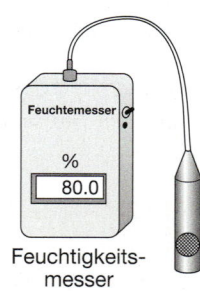

Feuchtigkeits-
messer
(Hygrometer)

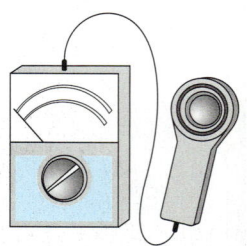

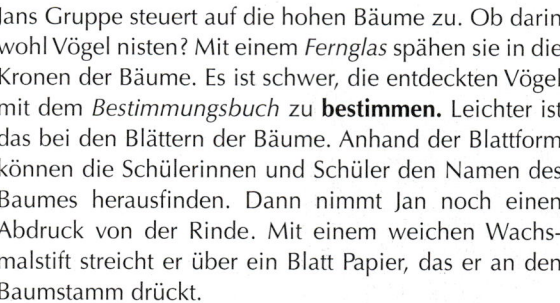

Bestimmungsbücher und Karten

Sammelglas für
Bodenprobe

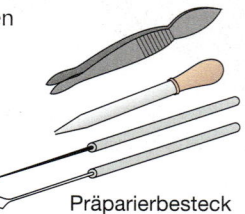

Präparierbesteck

3 Beobachtung in der Natur

5 Gewässeruntersuchung

Evas Gruppe **beobachtet** Wespen und Bienen, die von dem reifen Obst des Schulgartens angelockt werden. Die Mädchen und Jungen zählen die angelockten Tiere und führen darüber ein **Protokoll.** Allerdings fällt es schwer, die Tiere zu unterscheiden und genau zu beobachten. Deshalb schlägt Herr Weber einen **Versuch** vor: Reife Pflaumen werden auf die Fensterbank vor das Fenster gelegt. Jetzt kann die Gruppe gefahrlos von innen verfolgen, wie die Wespen kleine Stücke der Früchte abbeißen und wegtransportieren.

Jans Gruppe **sammelt** verschiedene Blüten. Mit *Nadel* und *Pinzette* **präpariert** Jan vorsichtig die Kelch- und Blütenblätter und legt dann die Staubblätter und den

Fruchtknoten frei. So kann er die verschiedenen Blüten **vergleichen.** Herr Weber erklärt, dass die Blüten unterschiedlich gebaut sind. Sie gehören zu verschiedenen Pflanzenfamilien.

Versteckt hinter einer Hecke entdecken die Schülerinnen und Schüler einen kleinen Teich. Wasserläufer huschen über die Wasseroberfläche. Mit einem Teller entnehmen sie eine Wasserprobe und **untersuchen** die Probe auf weitere Lebewesen. Am Ufer des Teiches schimmern einige Spinnennetze in der Sonne. Jan gelingt es, eine Spinne in einer *Petrischale* zu fangen. Mit der *Lupe* kann er sie jetzt genauer betrachten. Als Herr Weber die Schale mit der Spinne unter die *Stereolupe* legt, sind die Schülerinnen und Schüler beeindruckt. Nun können sie deutlich die Härchen auf der Körperoberfläche der Spinne sehen.

Betrachten, Bestimmen, Beobachten, Präparieren, Sammeln, Vergleichen, Durchführen von Versuchen und Protokollführen sind wichtige naturwissenschaftliche Methoden und Arbeitsweisen.

1 Zähle fünf naturwissenschaftliche Arbeitsweisen auf. Nenne zu jeder Arbeitsweise zwei Beispiele.
2 Übertrage die naturwissenschaftlichen Arbeitsweisen, die in den Abbildungen dargestellt sind, in eine Tabelle. Ergänze die jeweils benötigten Materialien. Gib je ein Beispiel an.
3 Bildet Arbeitsgruppen. Entwerft eine Schulrallye, die euch hilft, das Schulgelände und das Gelände um die Schule besser kennen zu lernen.

4 Bestimmungsübung

Maßband   Thermometer

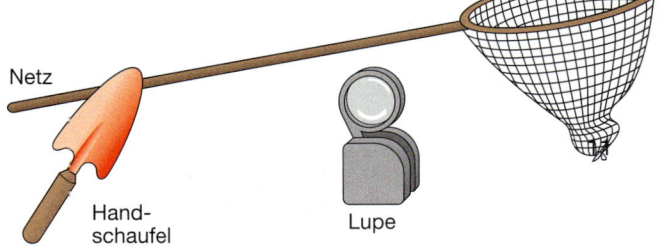

Netz

Handschaufel   Lupe

Methode — Experimentieren und Protokollieren

Der Waldboden ist im Herbst oft mit einer dicken Laubschicht bedeckt, die im Frühjahr schon wieder verschwunden ist. Verrottet Laub nur mit Erde, oder sind Bodenlebewesen daran beteiligt? Ein **Experiment** kann diese Frage klären. Zuerst sollte eine genaue *Versuchsplanung* erfolgen: Die benötigten Materialien und Geräte werden zurechtgelegt. Auch *Versuchsaufbau* und *Versuchsbedingungen* müssen vorher geklärt werden. Wichtig ist, dass die *Versuchsdurchführung* ohne Unterbrechung stattfinden kann und notwendige Beobachtungen zur rechten Zeit möglich sind.

Ein **Versuchsprotokoll** enthält die Frage und die Vermutung, die **Hypothese,** die zu dem Experiment geführt haben. Nach der Auflistung der benötigten Materialien und Geräte folgt die Beschreibung der Versuchsdurchführung. Anschließend werden die Beobachtungen zum *Versuchsablauf* notiert. Die *Versuchsauswertung* enthält die Schlussfolgerungen, die sich aus den Beobachtungen und Messergebnissen ableiten lassen.

1 Führe den dargestellten Versuch mit Birkenblättern durch und fertige ein Versuchsprotokoll an.

Versuchsprotokoll   Datum

Frage: Wie verrottet Laub am schnellsten?

Hypothese: Bodenlebewesen lassen Laub schneller verrotten,
weil sie sich vom Laub ernähren.

Versuch: Kompostierung von Linden- und Buchenblättern

Material: Zwei Bechergläser (1000 ml), Teelöffel, Laubgemisch
aus Linden- und Buchenblättern, Asseln, Regenwürmer,
Erde, Feinstrumpfhose, Gummibänder.

Versuchsdurchführung: In zwei Bechergläsern wird je ein Versuchsansatz
hergestellt:

Becherglas 1	Becherglas 2
Laub-Gemisch + Erde	Laub-Gemisch + Erde + Würmer und Asseln

Nach dem Befüllen der Bechergläser wird die Öffnung mit einem Stück der Feinstrumpfhose und einem Gummiband so verschlossen, dass keine Tiere entweichen können. Die Versuchsansätze müssen stets feucht, aber nicht nass gehalten werden.

Beobachtung nach 7 Tagen:
1) Erde und Laub schimmeln an einigen Stellen.
2) Die Blätter sind angefressen; im Becherglas befinden sich etliche Kotkrümel.

Beobachtung nach 14 Tagen:
1) Erde und Laub schimmeln kräftig; das Laub ist dunkel verfärbt.
2) Die Blätter sind dunkel und stark angefressen; starke Kotbildung,
an einigen Stellen Schimmelbildung sichtbar.

Auswertung:
Mit Erde allein dauert der Kompostiervorgang sehr lange. Ist das Laub mit Würmern und Asseln versetzt, verrottet es schneller, da die Tiere die Blätter fressen. Die Hypothese war also richtig. Lindenblätter verrotten schneller als Buchenblätter.

1 Versuchsprotokoll

Experimentiertipps

1. Lies oder besprich die Versuchsanleitung vor Beginn eines Versuchs ausführlich. Befolge sie genau.

2. Stelle alle benötigten Geräte und Chemikalien vor Versuchsbeginn bereit. Benutze sie erst nach ausdrücklicher Erlaubnis.

3. Baue alle Geräte standfest und kippsicher auf. Sorge dafür, dass die Vorratsgefäße für Chemikalien sicher stehen.

4. Beachte die vorgeschriebenen Sicherheitshinweise.

Umgang mit Chemikalien

1. Chemikalien dürfen nicht mit den Fingern angefasst werden.

2. Chemikalien dürfen niemals in Lebensmittelbehältern aufbewahrt werden.

3. Die Versuche werden mit möglichst wenig Chemikalien durchgeführt, weil nur so die Abfallmenge gering bleibt.

4. Chemikalienreste werden nicht in die Vorratsgefäße zurückgegeben. Sie werden in besonderen Abfallbehältern gesammelt.

5. Gefährliche Abfälle werden grundsätzlich extra gesammelt.

Sicherheitsvorkehrungen im Fachraum

1. Informiere dich, wie du dich bei Feuer und Unfällen verhalten musst und wo sich Feuerlöscher, Löschdecke und Not-Aus-Schalter befinden.

2. Informiere dich über den Fluchtweg. Jeder Fachraum muss über einen Notausgang verfügen.

3. Jacken und Mäntel müssen an einer Garderobe aufgehängt werden. Deine Schultasche darf nicht zur Stolperfalle werden.

4. Bewahre bei Feuer und Unfällen stets Ruhe. Bei Alarm musst du den Fachraum zügig, aber ohne zu drängeln, über die Fluchtwege verlassen.

Verhalten

1. In naturwissenschaftlichen Fachräumen darf nicht getrunken und gegessen werden.

2. Experimente mit Chemikalien oder offener Flamme dürfen grundsätzlich nur mit einer Schutzbrille durchgeführt werden.

3. Geschmacksproben dürfen nicht durchgeführt werden. Den Geruch stellst du durch vorsichtiges Zufächeln fest.

4. Dein Arbeitsplatz soll stets sauber und aufgeräumt sein. Alle Geräte werden nach der Beendigung des Versuchs wieder gereinigt und weggeräumt.

Gefahrensymbole

T+ <u>sehr giftig</u>	**Xn** <u>gesundheitsschädlich</u>	**C** ätzend	**F+** <u>hochentzündlich</u>	**O** brandfördernd	**N** umweltgefährdend
T giftig	**Xi** reizend		**F** leichtentzündlich		

13

BASISKONZEPTE

Was sind Basiskonzepte?

An einem schönen Sommertag kann man am Stadtrand viele Beobachtungen machen: Am Himmel ziehen Wolken vorbei, ein Sportflugzeug fliegt in geringer Höhe über das Land, mit kräftigen Flügelschlägen gewinnt eine Krähe an Höhe, Kühe grasen auf einer Weide, auf einem Getreidefeld wiegen sich die Ähren im Wind, der Propeller eines Windgenerators dreht sich, in der Ferne steigt Wasserdampf aus dem Kühlturm eines Kraftwerks auf… Fast endlos würde die Liste werden, wollte man alle Beobachtungen aus Natur und Technik, die man Tag für Tag machen kann, aufzählen. Wie kann man sich in dieser Vielfalt zurechtfinden?

Ein Hilfsmittel, die Vielfalt zu ordnen, bieten *Basiskonzepte*. Hast du erst einmal verstanden, worum es dabei geht, können sie sehr nützlich bei der sachgerechten Einordnung

neuer Beobachtungen und Erkenntnisse sein.

Ein Beispiel soll das Prinzip der Basiskonzepte verdeutlichen: Die Wolken, das Flugzeug, der Vogel, das Windrad und die Getreidepflanzen haben eines gemeinsam: Sie bewegen sich. Damit eine Bewegung erfolgen kann, muss Energie vorhanden sein. Lebewesen nehmen diese Energie mit ihrer Nahrung auf, wie die grasenden Kühe im Beispiel. Zur Energieversorgung der Städte hat der Mensch Kraftwerke errichtet. Energie begegnet uns also an vielen Stellen in Natur und Technik. Solche immer wiederkehrenden Gemeinsamkeiten nennt man Basiskonzepte.

Struktur – Eigenschaft – Funktion

Katzen können lautlos schleichen, aber auch an Baumstämmen empor klettern, Pferde können schnell und ausdauernd laufen, manche Vögel verbringen den größten Teil ihres Lebens fliegend in der Luft, Fische und Wale leben ständig im Wasser und bewegen sich mit eleganten Schwimmbewegungen in ihrer Umwelt. Woran liegt es, dass Tiere die unterschiedlichsten Bewegungsweisen haben und ganz verschiedene Lebensräume bewohnen können?

Um dies zu verstehen, muss man sich den Körperbau genauer ansehen. Ein Vogel hat Flügel – deshalb kann er fliegen. Untersucht man einen Vogelflügel genauer, so erkennt man, dass die Federn und die Knochen bestimmte *Strukturen* aufweisen, die dem Vogelflügel die *Eigenschaft* verleihen, wie eine Tragfläche zu wirken. Daraus ergibt

sich die *Funktion* des Vogelflügels, nämlich den Flug zu ermöglichen. Bei allen Lebewesen lassen sich vielfältige Zusammenhänge zwischen Strukturen, Eigenschaften und Funktionen erkennen.

Ähnliche Zusammenhänge kannst du auch an technischen Geräten feststellen. Ein Fahrrad ist zum Beispiel aus einem Rahmen, Rädern, Bremsen, einem Lenker, einer Kette, einer Gangschaltung, einem Sattel usw. aufgebaut. Die Struktur dieser Bauteile verleiht diesen bestimmte Eigenschaften, die zu einer bestimmten Funktion genutzt werden. So sind die Räder rund und haben dadurch die Eigenschaft sich zu drehen. Aus dieser Drehbewegung ergibt sich die Funktion des Fahrrades als Fortbewegungsmittel.

System

Die Erde bewegt sich zusammen mit anderen Himmelkörpern um die Sonne. Insgesamt bilden diese unterschiedlichen Himmelskörper eine Einheit, ein *System*.
Auf der Erde kommen Lebewesen immer in Lebensgemeinschaften vor, die ebenfalls Systeme bilden. Auch unser Körper ist ein System aus vielen Organen, die zusammenarbeiten. Betrachtet man einzelne Organe, zum Beispiel das Auge oder das Ohr, so erkennt man auch hier einzelne Bauteile, die zusammen erst das funktionsfähige Sinnesorgan bilden. Nur mit dem Mikroskop kann man die kleinsten Systeme eines Lebewesens erkennen, die Zellen.

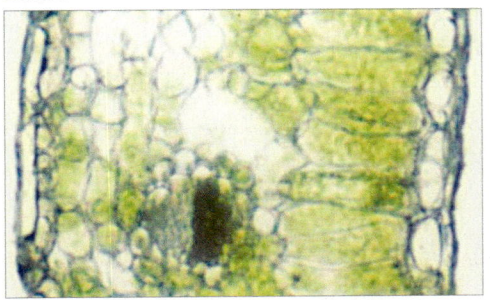

Entwicklung

Lebewesen machen im Laufe ihres Lebens eine *Entwicklung* durch. So entwickeln sich Säugetiere im Mutterleib, nach der Geburt werden sie langsam größer und können sich schließlich selbst fortpflanzen. Von vielen Haustieren sind unterschiedliche Rassen bekannt, deren Entwicklung auf Züchtung durch den Menschen zurückgeht.
Auch in der Technik kann man überall Entwicklungen beobachten: Autos sehen heute nicht nur anders aus als vor 50 oder 100 Jahren, auch ihre Technik ist weiter entwickelt worden. Solche technischen Entwicklungen kann man nicht nur an Fahrzeugen, sondern auch bei Geräten, etwa Mikroskopen, Fernrohren oder Thermometern beobachten.

Energie

Damit eine Rakete starten kann, benötigt sie *Energie*. Dazu muss sie mit einem Treibstoff betankt werden. Die Energie wird frei, wenn der Treibstoff verbrannt wird. Flugzeuge, Autos und Eisenbahnen brauchen ebenfalls Energie zur Bewegung, die aus Treibstoffen stammt.
Auch Lebewesen benötigen Energie, um leben zu können. Tiere erhalten diese Energie aus ihrer Nahrung, Pflanzen nutzen die Sonnenenergie. Diese Beispiele zeigen, dass Energie in unterschiedlichen Formen vorkommt. Außerdem können diese Energieformen ineinander umgewandelt werden.

Stoff – Teilchen – Materie

Holz, Stahl und Steine gehören zu den vielfältigen Stoffen, mit denen wir in unserer Umwelt häufig zu tun haben. Manche dieser Stoffe kommen in bestimmten Formen vor, zum Beispiel als Kristalle. Viele Salze bilden in fester Form solche Kristalle, die man mit bloßem Auge erkennen kann. Löst man diese Kristalle in Wasser auf, sind sie verschwunden. Verdampft man das Wasser, entstehen die Salzkristalle erneut. Im Wasser waren sie offenbar in so kleine Teilchen verteilt, dass man diese nicht mehr erkennen konnte. Alle *Stoffe* bestehen aus sehr kleinen *Teilchen*. Diese sind Grundlage für die *Materie*, aus der unsere Welt aufgebaut ist.

Pflanzen, Tiere, Lebensräume

Wer kennt die Grüne Stinkwanze?

Auf Laubbäumen in Gärten oder an Waldrändern, auch auf Brennnesseln und Disteln findet man häufig die Grüne Stinkwanze. Zieht begründete Schlussfolgerungen aus dem Namen des Insekts.

Fledermauskästen

An Gebäuden oder an Bäumen sind manchmal Fledermauskästen angebracht. Informiere dich bei einer örtlichen Naturschutzgruppe, welche Fledermausarten im Umkreis deiner Schule vorkommen und zu welchem Zweck die Fledermauskästen angebracht werden.

Falsch oder richtig?

An und unter einem Eichenbaum findet man vielfältiges Leben. In der Abbildung sind einige Fehler versteckt. Sucht die Fehler und begründet eure Entscheidung.

Katzen fallen immer auf die Beine

Beschreibe die Bildfolge und erläutere dann die Überschrift. Stelle eine Vermutung auf, inwiefern dieses Verhalten eine Angepasstheit an die Lebensweise einer Katze darstellt.

Zwei Hunde begegnen sich

Jeder Hundebesitzer kennt diese Situation: Beim „Gassigehen" mit seinem Hund trifft er auf einen anderen, ziemlich großen Hund. Der fremde Hund rennt herbei, der eigene Hund wirft sich auf den Rücken und bleibt mit angezogenen Pfoten liegen, während er vom fremden Hund beschnüffelt wird.

Zieht bei Hundebesitzern oder bei einem Tierarzt Erkundigungen über diese Verhaltensweise ein. Sucht Abbildungen, zum Beispiel auch von Wölfen, und gestaltet eine Präsentation zum Thema „Verhalten bei Hunden".

Der Berg-Ahorn ist Baum des Jahres 2009

In jedem Jahr wird ein Baum des Jahres gewählt. 2009 war es der Berg-Ahorn. Schlage in diesem Kapitel des Buches nach, an welchen Merkmalen man diese Baumart erkennen kann. Informiere dich im Internet oder bei einer Naturschutzgruppe über die Aktion „Baum des Jahres." Finde heraus, welche Baumart in diesem Jahr gewählt wurde.

Die Augen des Taumelkäfers

Der Lebensraum des Taumelkäfers ist die Wasseroberfläche von Teichen und Tümpeln. Man erkennt die bis zu einen halben Zentimeter kleinen Käfer leicht an ihren schnellen, kurvenförmigen Schwimmbewegungen. Besonders merkwürdig ist der Bau ihrer Augen: Durch eine Leiste sind beide Augen in je eine obere und untere Hälfte getrennt, sodass ein Taumelkäfer scheinbar vier Augen aufweist. Stelle eine begründete Vermutung auf, weshalb Taumelkäfer scheinbar vier statt zwei Augen haben.

1 Meerschweinchen sind zutrauliche Heimtiere.

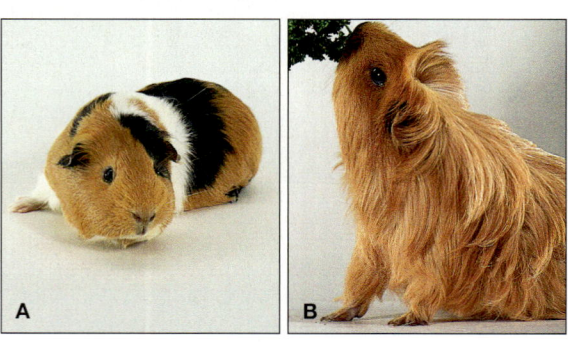

2 Meerschweinchen. A *glatthaariges Meerschweinchen;* **B** *Angora-Meerschweinchen*

1 Heimtiere und Nutztiere leben in der Obhut des Menschen

1.1 Auswahl und Pflege von Heimtieren

Wünschst du dir ein eigenes Tier, das du streicheln und umsorgen kannst? Bist du dir sicher, dass du es über Jahre hinweg täglich füttern und pflegen möchtest? Hast du geklärt, wer sich um das Tier kümmert, wenn du in den Ferien verreist?

Dann kommen Meerschweinchen als Heimtier in die engere Wahl. Wenn man ihre Ansprüche in Unterbringung, Ernährung, Haltung und Pflege beachtet, bereiten sie viel Freude. Sie lassen sich problemlos in der Wohnung halten. Dazu ist nicht einmal die Einwilligung des Vermieters nötig. Du solltest jedoch keine Allergie gegen Tierhaare haben.

Meerschweinchen werden etwa 25 Zentimeter lang und erreichen ein Alter von fünf bis zehn Jahren. Mittel- und Südamerika sind ihre ursprüngliche Heimat. Dort sind Wildmeerschweinchen über den ganzen Kontinent verbreitet. Sie bilden kleine Gruppen und wohnen in Erdbauten. Meerschweinchen werden dort schon seit über 3000 Jahren als Haustiere gehalten. Seeleute brachten sie vor etwa drei Jahrhunderten mit über das Meer nach Europa. Daher stammt das „Meer" in dem Namen „Meerschweinchen". Ihr rundlicher Körper und die quiekenden Töne, die sie gelegentlich von sich geben, erinnern ein wenig an echte Schweine. Ihr Fell ist weich und kommt in verschiedenen Farbtönen vor. Das Fellhaar kann kurz, lang oder kraus sein.

Wenn du dich entschieden hast, besorgst du dir am besten zwei Meerschweinchen, denn allein fühlen sie sich nicht wohl. Es sollte jedoch kein Pärchen sein, da sie sich sonst stark vermehren.

3 Haltung von Meerschweinchen. A *Käfigeinrichtung;* **B** *Freigehege*

Meerschweinchen benötigen einen Metallgitterkäfig mit Kunststoffwanne, der leicht sauber zu halten ist. Praktisch sind ein abnehmbares Gitter und eine Tür an der Vorderseite. Die Grundfläche des Bodens sollte die Maße von 80 cm × 40 cm nicht unterschreiten. Darauf muss eine Schicht Holzspäne ausgestreut werden, dann folgt Heu oder Stroh. Achte darauf, dass der Käfig nie im prallen Sonnenlicht steht. Zur Käfigausstattung gehören ein Schlafhäuschen und ein rauer Ziegelstein, an dem sich die Tiere die Krallen abwetzen können. Außerdem sind zwei Futternäpfe nötig: einer für Körnerfutter, der andere für Frischfutter wie Salat, Gemüse oder Obst. Eine kleine Raufe mit frischem Heu darf auch nicht fehlen. Als Tränke dient ein Nippelfläschchen mit frischem Wasser. Denke auch an einen Mineralleckstein.

Einmal wöchentlich sollte das Fell der Tiere gebürstet werden. Sie benötigen viel Ruhe, aber auch täglichen Auslauf. Wenn du sie drinnen laufen lässt, pass auf, dass sie keine Elektrokabel durchnagen oder hinter Schränken eingeklemmt werden. Ideal wäre ein Freigehege im Garten.

1 Meerschweinchen benötigen einen Metallgitterkäfig. Begründe warum nicht einfach ein Karton oder eine Holzkiste genügt.
2 Rennmäuse sollte man nicht einzeln halten. Begründe diesen Rat aus ihrer Lebensweise.
3 Begründe, warum Goldhamster als Heimtiere für Kinder eigentlich nicht so gut geeignet sind. Lies dazu den Merkzettel in Abbildung 5.
4 Es gibt Verschiedenes zu beachten, wenn man einen Wellensittich in der Wohnung halten will. Erläutere diese Feststellung mithilfe der Abbildung 6.
5 Erläutere die Begriffe Haustier, Heimtier und Nutztier.

Beachte!
- Mongolische Rennmäuse haben einen großen Bewegungsdrang
- Nicht einzeln halten, da Mäuse in Großfamilien leben
- Immer aktiv und schnell zur Kontaktaufnahme bereit
- Dürfen nicht gedrückt werden
- Robust und widerstandsfähig
- Einfach zu halten, machen wenig Schmutz
- Beißen nicht, werden schnell zahm

4 Mongolische Rennmäuse sind pflegeleicht.

Wichtig!
- Schläft tagsüber, ist nachts aktiv
- Nichts für Kinder, die früh ins Bett müssen
- Lebt als Einzelgänger
- Wird selten älter als 3 Jahre
- Braucht viel Bewegung
- Buddelt gern; benötigt viel Einstreu im Käfig
- Benötigt Drahtgitterkäfig, da er Holzwände durchnagt

5 Goldhamster sind nachtaktiv.

Denke daran!
- Wellensittiche leben in Schwärmen, deshalb als Pärchen halten
- Geräumiger Käfig muß Querdrähte zum Klettern haben
- Regelmäßiges Fliegen in der Wohnung sollte möglich sein
- Häufiger Federwechsel und Ausscheidungen verursachen Verunreinigungen
- Kalkstein zur Mineralversorgung notwendig
- Gelegentlicher Lärm durch Laute

6 Wellensittiche leben gesellig.

1 Gute Freunde: Jennifer und Luka

2 Jennifer holt Luka aus dem Tierheim ab.

Könntest du ein Hundehalter sein?

Wenn du wissen möchtest, ob sich ein Hund in deiner Familie wohlfühlen würde, beantworte folgende Fragen:

✓ Findet der Hund bei euch im Haus ausreichend Platz für einen Hundekorb und in der Umgebung genügend Auslauf?
✓ Sind deine Eltern mit der Anschaffung des Hundes einverstanden? Was sagt der Vermieter?
✓ Wie viel Zeit hast du neben Schule und Hausaufgaben, Sport und Hobbys noch, um mit deinem Hund zu spielen und zu toben?
✓ Was weißt du über die Erziehung von Hunden (Gehorsam, Sauberkeit und so weiter)?
✓ Wer kümmert sich in den Ferien um den Hund?
✓ Bist du bereit, für deinen Hund auch dann zu sorgen und „Gassi" zu gehen, wenn du einmal „keine Lust" dazu hast?
✓ Bist du bereit, die Kothaufen zu beseitigen, die dein Hund auf dem Gehweg hinterläßt?

3 Wichtige Fragen zur Hundehaltung

1.2 Ein Hund in der Familie

Endlich! Nun hat Jennifer es doch geschafft: Ihre Eltern waren damit einverstanden, einen Hund aus dem Tierheim zu holen.

Bei Jennifer stand ein Hund lange Zeit ganz oben auf der Wunschliste. Doch ihre Eltern hatten Einwände: „Ein eigener Hund bedeutet, dass du mehr als zehn Jahre für ein Lebewesen verantwortlich bist", hatte die Mutter gesagt. „Ich bin nicht sicher, ob ich dir das zutrauen kann." „Und denk an die Kosten für Futter, den Tierarzt und all das andere, was ein Hund so braucht", wandte der Vater ein. „Nicht, dass es deinem Hund ergeht wie so vielen anderen, die am Ende vernachlässigt werden!"

Jennifer versprach, sich zunächst einmal gründlich über Hunde zu informieren. Aus der Bücherei lieh sie Hunde-Bücher aus. Sie fragte eine Nachbarin, ob sie deren Hund ausführen und füttern dürfe. Sie sparte sogar Geld für das Körbchen und eine Leine. „Ich denke, wir können es wagen", sagten die Eltern schließlich und fuhren mit Jennifer in ein Tierheim, wo sie sich einen Hund aussuchen durfte.

Vor einer der vielen Boxen blieb Jennifer stehen. Hinter dem Gitter wedelte ein junger weißer Hund aufgeregt mit dem Schwanz. Als Jennifer die kleine „Luka" sah, war es Zuneigung auf den ersten Blick! „Sind Sie als Eltern denn auch einverstanden?" erkundigte sich die Mitarbeiterin des Tierheims, als der Vater die Formalitäten erledigte. „Ein Hund ist nämlich ein neues Familienmitglied, für das alle verantwortlich sind!"

Luka ist noch sehr jung und muss noch viel lernen. Sie darf nicht lange allein gelassen werden. Da ihre Eltern bereit waren, Jennifer beim Füttern, Pflegen und Erziehen des Hundes zu helfen, war auch dies kein Problem mehr.

1 Erläutere, wodurch Jennifer ihre Eltern schließlich davon überzeugen konnte, dass sie für einen Hund sorgen kann.

2 Notiere ein „Kleines 1 × 1 der Hundehaltung": fünf Regeln, die Hundehalter unbedingt beachten sollten.

3 Erkundige dich bei einem Hundebesitzer oder in einem Hundebuch, wie man einen Hund gesund ernährt.

4 Überprüfe mithilfe der Abbildung 3, ob du ein Hundebesitzer sein könntest.

HUNDEHALTUNG – GEWUSST WIE!

Hunde spielen und toben gern!

**Tägliche Pflege
stärkt die Freundschaft!**

Lukas Lieblingsplatz

1 Erkläre anhand der Fotos, was für Lukas Wohlbefinden wichtig ist.

2 Berechne mithilfe der Liste, was Jennifers Hund an Kosten verursacht: in einem Jahr, in einer Woche, an einem Tag.

3 Lies den Zeitungsartikel „Wieder Hunde ausgesetzt!". Kannst du dir andere Gründe vorstellen, warum Hundebesitzern ihre Tiere lästig werden?

Was kostet ein Hund?

Hast du schon einmal darüber nachgedacht, welche Kosten ein Hund verursacht? Nicht nur die Anschaffung eines Hundes kostet Geld. Viel wichtiger sind die laufenden Kosten: Futter, Leine, Besuche beim Tierarzt, usw. Jennifers Hund kostet in einem Jahr:

• 100 kg Trockenfutter	150,00 €
• 50 Dosen Fleischnahrung	50,00 €
• 50 Kauknochen	75,00 €
• 1 Leine	7,50 €
• 1 Körbchen	37,50 €
• 1 Bürste	4,00 €
• 1 Krallenschere	7,50 €
• Haftpflichtversicherung	62,50 €
• Hundesteuer	60,00 €
• Tierarztkosten	75,00 €

Wieder Hunde ausgesetzt!

hk **Mainz** – „Es ist wie in jedem Jahr", erzählt Sabrina T. vom örtlichen Tierheim. „Immer zu Beginn der Sommerferien setzen verantwortungslose „Tierfreunde" ihre Hunde an den Autobahnrastplätzen aus. Einige binden sie auch gleich an die Pforte des Tierheims. Die Leute wissen einfach nicht, wo sie ihre Tiere in den Ferien lassen sollen…"

1 Der Körperbau des Hundes

Labels on figure 1:
Genick, Schädel, Lende, Rücken, Widerrist, Stop (Stirnabsatz), Kruppe, Lefze (Lippe), Schulter, Ferse, Kniegelenk, Ellbogen, Zehe, Fessel

1.3 Vom Wolf zum Hund

Schon vor ungefähr 14 000 Jahren wurden Vorfahren von Hunden als **Haustiere** gehalten. Der Hund stammt vom Wolf ab. Man stellt sich heute vor, dass Wölfe den Steinzeitmenschen folgten, um an zurückgelassene Nahrungsreste zu kommen. Dabei gelang es Jägern möglicherweise, junge Wölfe einzufangen und zu zähmen.

Bei der Jagd erkannte der Mensch, dass Wölfe sicher das Wild aufspürten. Das lag an ihrer guten **Nase** mit dem *scharfen Geruchssinn*. Beim Zusammenleben erkannten die Steinzeitmenschen weitere Eigenschaften, die ihnen nutzten. Mit ihren leistungsfähigen **Ohren** konnten die Wölfe Geräusche wahrnehmen, die für den Menschen unhörbar waren. Oft machten sie die Menschen dann durch *Lautäußerungen* auf Gefahren aufmerksam.

Von den Nachkommen der bei ihnen lebenden Wölfe wählte man nur solche Tiere aus, die für den Menschen nützliche Eigenschaften zeigten. Durch solche *Zuchtauswahl* entstanden nach und nach die **Hunderassen.** Heute gibt es über 400 davon. Manche ähneln im Aussehen der Ursprungsform Wolf nur noch wenig.

Arten und Rassen

Wolf und Fuchs können untereinander keine fruchtbaren Nachkommen erzeugen. Man bezeichnet sie als **Arten.**
Dackel und Pudel sehen auch sehr unterschiedlich aus; sie können sich jedoch untereinander geschlechtlich fortpflanzen. Hier spricht man von **Rassen.** Die entstehenden Mischlinge haben Eigenschaften beider Eltern und können sich untereinander fortpflanzen.

2 Der Mensch nutzt die Nachfahren des Wolfes.
A Polizeihund; B Blindenhund; C Wölfe; D Zollhund; E Jagdhund

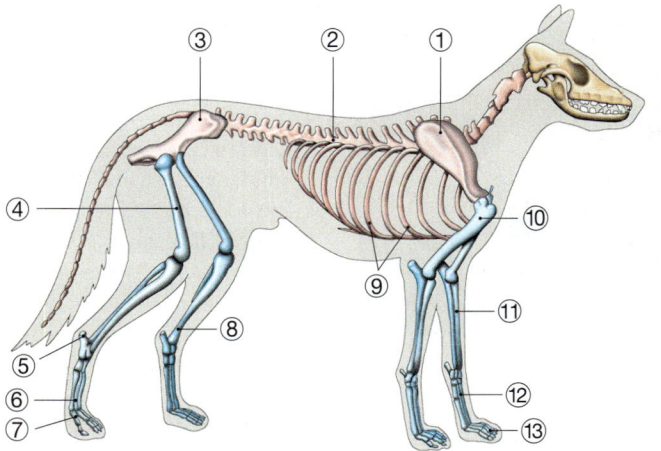

3 Skelett des Hundes
① *Schulterblatt,*
② *Wirbelsäule,*
③ *Beckenknochen,*
④ *Oberschenkelknochen,*
⑤ *Fersenbein,*
⑥ *Mittelfußknochen,*
⑦ *Zehenknochen,*
⑧ *Unterschenkelknochen*
   (Schienbein, Wadenbein),
⑨ *Rippen,*
⑩ *Oberarmknochen,*
⑪ *Unterarmknochen (Elle, Speiche),*
⑫ *Mittelhandknochen,*
⑬ *Fingerknochen*

Heute werden geeignete Rassen vom Menschen für vielfältige Aufgaben abgerichtet. Am verbreitetsten sind *Wachhunde*, die z. B. Grundstücke bewachen. *Polizeihunde* verfolgen Verdächtige, *Zollhunde* erschnüffeln Schmuggelware oder Drogen. *Jagdhunde* wiederum spüren Wild auf oder treiben es dem Jäger zu. Herden werden von *Hirtenhunden* überwacht, während *Schlittenhunde* Schlitten über weite Strecken ziehen können. Gut ausgebildete *Blindenhunde* führen Sehbehinderte an Gefahrenstellen vorbei.

Wenn man Kindern beim Spiel mit ihren Hunden zuschaut, kann man kaum glauben, dass Hunde **Raubtiere** sind. Spüren sie jedoch im Gelände einen Hasen auf, hetzen sie ausdauernd auf ihren langen, kräftigen Laufbeinen hinterher. Hunde bezeichnet man deshalb als *Hetzjäger*. Dabei treten sie als *Zehengänger* nur mit den Zehen auf. Ihre Fußsohlen sind mit weichen Ballen gepolstert. Die Krallen sind kurz und stumpf und können nicht eingezogen werden.

„Scharfe" Hunde würden ihre Beute sofort packen und „totschütteln". Beim Zupacken leisten die langen, dolchartigen *Eck-* oder *Fangzähne* im **Raubtiergebiss** gute Dienste. Die gezackten, scharfen Backenzähne dienen dazu, Fleisch abzubeißen und zu zerkleinern. Die stärksten Backenzähne heißen *Reißzähne*. Die kleinen *Schneidezähne* dienen nur dazu, Fleischreste von Knochen abzuzupfen.

1 Erkläre, warum der Deutsche Schäferhund gelegentlich auch Wolfshund genannt wird.
2 Nenne Aufgaben des Hundes und gib Rassen an, die dafür besonders geeignet sind.
3 Zeige an einem Hundegebiss der Schulsammlung die verschiedenen Zahnarten. Erkläre ihre Aufgaben.
4 Fertige Steckbriefe von verschiedenen Hunderassen an. Berücksichtige dabei ihr Aussehen, ihre Größe und ihre Eigenschaften.

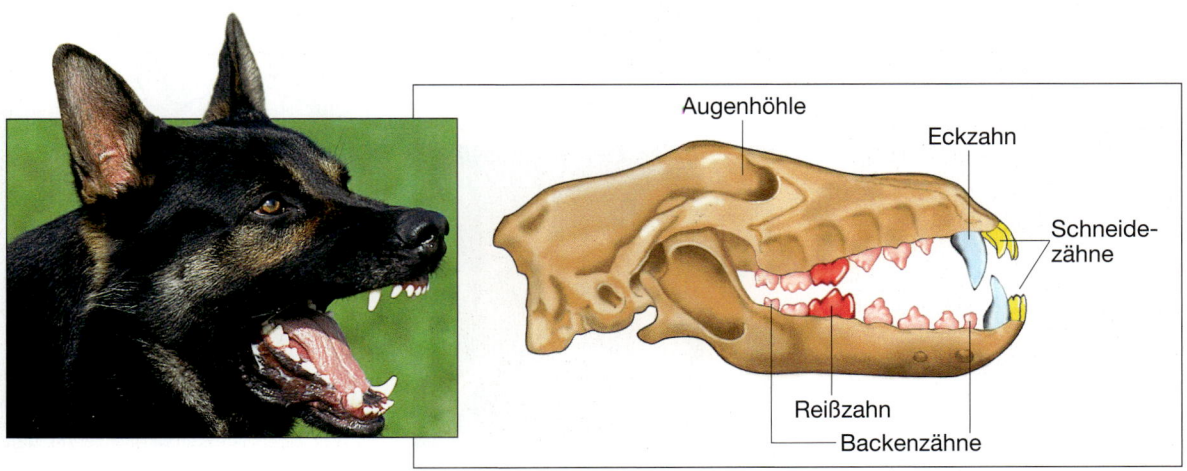

4 Hunde besitzen ein Raubtiergebiss

23

1.4 So verhalten sich Hunde

Um Hunde zu verstehen, muss man das Leben der Wölfe kennen. Wölfe leben zu mehreren in einer Gemeinschaft, in einem **Rudel.** Jagden sind nur im Rudel erfolgreich. Während einige Wölfe die Beute hetzen, schneiden ihr andere den Fluchtweg ab.

In einem Rudel nimmt jedes Mitglied seinen Platz in einer ausgekämpften **Rangordnung** ein. Rangniedere Tiere unterwerfen sich dem stärkeren Tier, indem sie die Kehle zum Biss „anbieten". Der *Leitwolf* hat die Führung im Rudel. Das Jagdgebiet, das **Revier,** wird mit Urin und Kot markiert und so gegen Eindringlinge abgegrenzt.

Einzeln gehaltene Hunde sehen im Menschen ihren „Leithund", die Familie ist das Rudel. Haus und Garten stellen das Revier dar, das oft gegen fremde Personen verteidigt wird. Sie werden zum Kennenlernen beschnüffelt. Aufgeregtes Zappeln begreifen Hunde als Angriff. Fortlaufende Menschen werden oft als „Beutetiere" verfolgt.

Begegnen sich Hunde, beschnüffeln sie sich unter der Schwanzwurzel. Das ist ein wichtiges Begrüßungsverhalten. Männliche Hunde, die **Rüden,** setzen beim Spaziergang an Ecken und Bäumen zur Reviermarkierung ein paar Tröpfchen Urin als Duftmarken ab. An der Körperhaltung, der Mimik und dem Bellen kann man „Stimmungen" des Hundes erkennen.

1 Beschreibe die Körpersprache des Hundes. Nutze dazu die Abbildung 1 bis 5.
2 Postboten werden manchmal von Hunden angegriffen. Erläutere.
3 Informiere dich über die Lebensweise von Wölfen. Bereite dazu einen Kurzvortrag vor.

1 Hunde begegnen sich

2 Spielaufforderung

3 Unterwerfung

4 Reviermarkierung

Aufmerksamkeit

Ergebenheit oder Spielaufforderung

Unentschlossenheit

Angriffslust (Aggressivität)

Ängstlichkeit

5 Körpersprache des Hundes

1 Trächtige Hündin

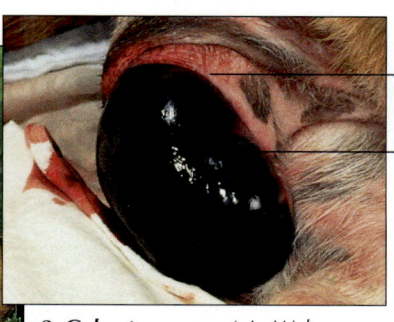

Scheide

Welpe

*2 Geburtsvorgang (ein Welpe
in der Fruchtblase wird durch die
Scheide herausgepresst)*

1.5 Eine Hündin bekommt Junge

Die Hündin ist *trächtig*, das heißt, sie bekommt bald Nachwuchs. Wie ist es dazu gekommen?
Junge Hündinnen werden zwischen dem 8. und 12. Lebensmonat geschlechtsreif. Sie werden *läufig*. Die **Läufigkeit** dauert etwa drei Wochen und tritt normalerweise zweimal pro Jahr auf. Kommt es während dieser Zeit mit einem *Rüden* zur Paarung, kann eine Hündin trächtig werden. Die Tragzeit dauert etwa 63 Tage. Kurz vor der Geburt wird die Hündin unruhig, schnüffelt in allen Ecken und versucht, ein „Nest" zusammenzuscharren. In den frühen Morgenstunden wird der erste **Welpe** „geworfen". Er zappelt in der Fruchtblase, die ihn umhüllt. Die Hündin reißt die Fruchtblase auf und beißt die Nabelschnur durch. Dann leckt sie das nasse und mit verklebten Haaren vor ihr liegende Junge trocken. Durch diesen Leckvorgang wird auch die Atemtätigkeit angeregt.

Neugeborene Welpen sind hilflos. Ihre Augen sind geschlossen. Der im Vergleich zum übrigen Körper große Kopf kann nicht angehoben werden. Unbeholfen kriechen sie an den Bauch der liegenden Mutter. Dort suchen sie durch Hin- und Herpendeln ihres Kopfes die *Zitzen*. Nun beginnen sie zu saugen. Dabei treten sie mit den Vorderpfoten gegen das Gesäuge. Dadurch werden die Milchdrüsen angeregt Milch zu bilden.
Die Welpen werden von der Mutter gesäugt, gewärmt und verteidigt. Dieses Verhalten nennt man **Brutpflege.** Nach frühestens acht Wochen können die Welpen von der Hündin getrennt werden.

1 Nenne Haustiere, die Säugetiere sind.
2 Stelle die Brutpflegehandlungen der Hündin – vom Moment der Geburt eines Welpen an – in einer Tabelle zusammen.
3 Das Brutpflegeverhalten der Hündin ist angeboren. Nenne Beispiele für erlerntes Verhalten beim Hund. Nimm den Text auf Seite 23 zu Hilfe.
4 Neugeborene Welpen sind Nesthocker. Erkläre, weshalb man sie so bezeichnet. Nimm auch den Text auf Seite 25 zu Hilfe.
5 Erkläre, warum die Brutpflege für die Welpen lebensnotwerdig ist.
6 Welche Hundeartigen leben in Europa, Asien, Afrika oder Amerika? Nimm die Pinnwand Seite 26 und einen Atlas zu Hilfe. Erstelle eine Tabelle.

3 Hündin mit einem Tag alten Welpen

4 Neugeborener Welpe

HUNDEARTIGE

Wolf und Haushund sind eng verwandt und haben weitere Verwandte. Sie gehören alle zu den Hundeartigen. Ihre Verwandtschaft erkennt man am Gebiss, das sie als Fleischfresser ausweist. Ihr Geruchs- und ihr Gehörsinn sind gut ausgebildet. Sie leben in Gruppen, nämlich in Familien oder Rudeln mit Rangordnung. Unterschiede zeigen die Hundeartigen vor allem in der Körperlänge und in der Beinhöhe.

Name: *Wolf*
Verbreitung: Europa, Asien
Schulterhöhe: 50 bis 100 cm
Kopfrumpflänge: 100 bis 150 cm
Schwanzlänge: 30 bis 50 cm
Gewicht: ca. 60 kg
Lebensweise: in Rudeln lebend; oft gemeinsam jagend; Hetzjäger

Name: *Goldschakal*
Verbreitung: Europa, Asien, Afrika
Schulterhöhe: 40 bis 50 cm
Kopfrumpflänge: 60 bis 85 cm
Gewicht: 6 kg
Lebensweise: abends in Rudeln auf Nahrungssuche; Allesfresser, frisst Beutereste größerer Tiere, Aasvertilger

Name: *Hund (Bernhardiner)*
Herkunft: Schweiz
Schulterhöhe: 65 bis 80 cm
Kopfrumpflänge: ca. 120 cm
Schwanzlänge: ca. 50 cm
Aufgaben: Begleit-, Schutz- und Wachhund

Name: *Rotfuchs*
Verbreitung: Europa, Asien, Nord-Amerika
Schulterhöhe: 30 bis 40 cm
Kopfrumpflänge: 60 bis 70 cm
Schwanzlänge: 30 bis 50 cm
Gewicht: 4 bis 10 kg
Lebensweise: vorwiegend Dämmerungs- und Nachttier; außer in der Fortpflanzungszeit einzeln lebend; Schleichjäger; frisst Mäuse, Insekten, Schnecken, Beeren

Name: *Coyote, Präriewolf*
Verbreitung: Mittel- und Nordamerika
Schulterhöhe: 40 bis 50 cm
Gesamtlänge: 90 bis 120 cm
Lebensweise: paarweise oder in kleinen Rudeln; frisst Kleintiere, Aas und Früchte

Name: *Fennek (Wüstenfuchs)*
Verbreitung: Nord-Afrika, Arabien
Schulterhöhe: 20 cm
Kopfrumpflänge: 35 bis 40 cm
Schwanzlänge: 20 bis 30 cm
Lebensweise: Nachttier in Wüsten und Halbwüsten; frisst Insekten und kleine Wirbeltiere

Name: *Marderhund*
Verbreitung: ursprünglich Südost-Asien, heute auch in Europa
Kopfrumpflänge: 50 bis 60 cm
Schwanzlänge: 15 bis 25 cm
Lebensweise: dämmerungs- und nachtaktiv; frisst kleine Wirbeltiere, Insekten und Pflanzenteile

Ein Heft führen

Mit einem gut geführten Fachheft kannst du zeigen, was du dir in einem Fach erarbeitet hast. Du kannst damit leichter wiederholen und dich auf Tests, Klassenarbeiten und Prüfungen vorbereiten. Außerdem kannst du dich freuen und stolz sein, wenn du dir dein schön gestaltetes Heft ansiehst.

Was gehört in ein Fachheft?

- Merksätze, wichtige Begriffe und Zeichnungen, wie ihr sie im Unterricht festgehalten habt
- Lösungen von Aufgaben, die du im Unterricht oder als Hausaufgaben bearbeitet hast
- Arbeitsblätter, die du bearbeitet hast
- Notizen über Beobachtungen und Versuche, die du gemacht hast. Diese kannst du durch Zeichnungen ergänzen. Hier kannst du beispielsweise das Verhalten von Tieren oder ein Experiment beschreiben.
- Zusatzmaterial, das du gesammelt hast. Das können Fotos, Zeitungsausschnitte, Kopien aus Büchern oder Ausdrucke von Internetseiten sein.
- eigene Arbeiten wie eine besonders schön gestaltete Seite über Hunderassen

Gib jedem Eintrag eine Überschrift.

Notiere das Datum.

Hebe Überschriften, wichtige Begriffe und Merksätze, zum Beispiel durch Unterstreichung, hervor.

Lege vorne in deinem Heft ein Blatt mit einem Inhaltsverzeichnis an. Das erleichtert die Ordnung und Übersicht.

Schreibe gut lesbar, zum Beispiel mit einem Füller.

Zeichne mit Bleistift und Buntstiften.

Dieses Material brauchst du, wenn du in deinem Fachheft arbeitest.

Achte darauf, dass du dein Heft vollständig führst. Klebe oder hefte alle Arbeitsblätter rechtzeitig an der richtigen Stelle ein.

Klebe Bilder und andere Ausschnitte ordentlich ein.

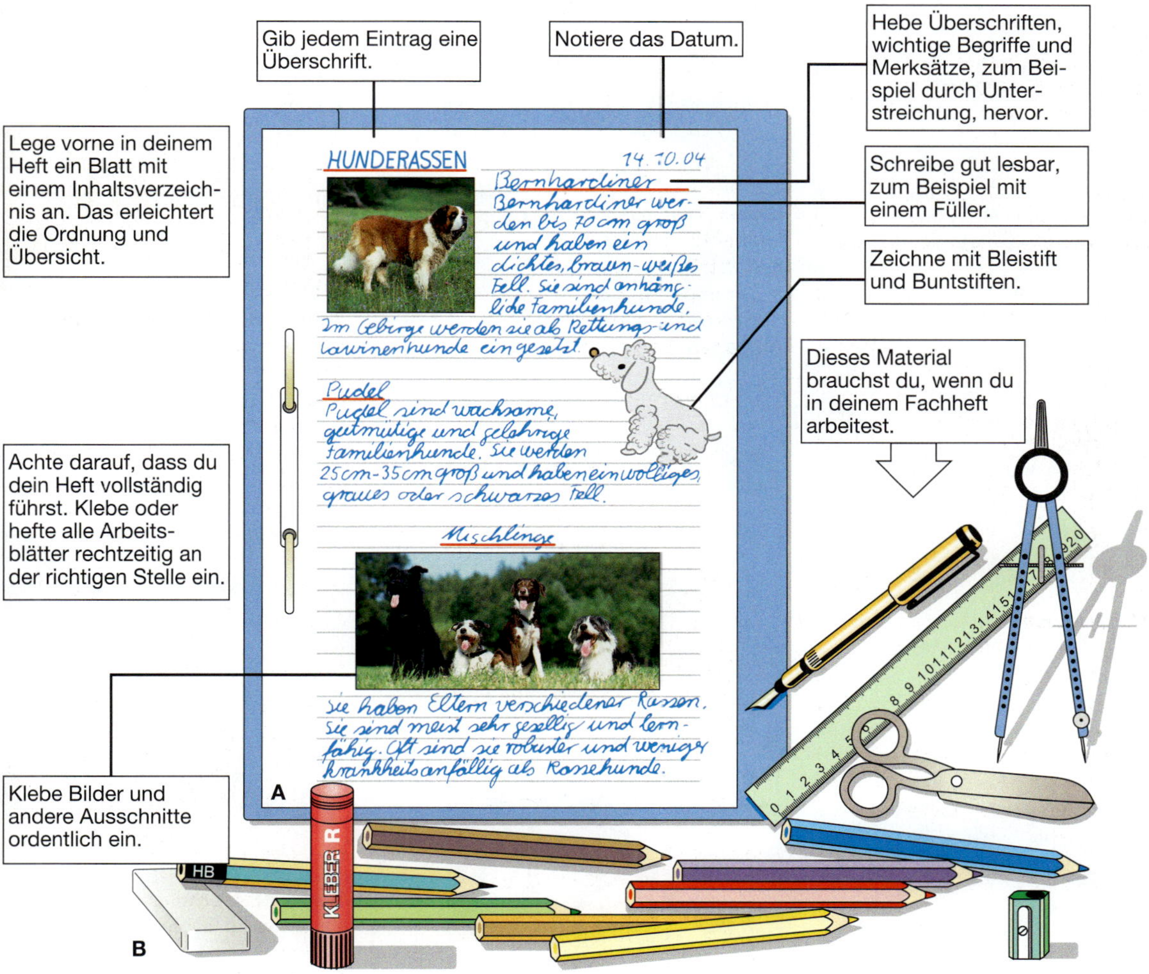

1 Fachheft. *A* Seite über Hunderassen; *B* Arbeitsmaterial

1.6 Die Katze ist ein Schleichjäger

Was macht die Katze von Bauer Gerke auf der Wiese? Beobachten wir ihr Verhalten. Geduckt und lautlos schleicht sie durch das Gras. Dann hält sie inne und drückt sich mit ihrem Körper flach an den Erdboden. Sie hat eine Maus entdeckt und lauert. In dieser Stellung kann sie lange verharren.

Plötzlich drückt sie sich mit ihren kräftigen Hinterbeinen ab. Der gestreckte Körper fliegt im Bogen durch die Luft. An den ausgestreckten Vorderpfoten sind nun die Krallen „ausgefahren". Mit ihren Vorderpfoten fängt sie beim Aufkommen die Maus und hält sie mit den Krallen fest. Meist wird die Beute durch einen Biss in den Nacken schnell getötet. Manchmal lässt die Katze allerdings die Beute frei und fängt sie sofort wieder ein. Sie spielt mit ihr. Dieses Verhalten zeigt die Katze, wenn sie nicht sehr hungrig ist.

Beutetiere der Katze sind Mäuse, Ratten, junge Kaninchen, Eidechsen oder Frösche. Sie sind die natürliche Nahrung für die Katze.

Die Katze hat *Fang-* und *Reißzähne*. Sie ist ein **Raubtier** wie der Hund. Im Gegensatz zu diesem hetzt sie aber nicht hinter ihrer Beute her, sondern schleicht sich an. Da sie ihre Krallen in Hautfalten einziehen kann, macht sie beim Anschleichen keine Geräusche. Sie ist ein **Schleichjäger.**

Die Verhaltensweisen beim Jagen, wie Anschleichen, Lauern, Anspringen und die Beute greifen, üben junge Katzen im Spiel. Spielen ist also wichtig für die Katze.

1 Katze. A *auf der Wiese schleichend;* **B** *Kopf*

2 Verhalten der Katze beim Beutefang.
A *Anschleichen, Körper flach am Boden;* **B** *Vorbereitung zum Absprung;* **C** *Absprung;*

3 Katzenaugen. A *bei Tageslicht;* **B** *in der Dämmerung*

Katzen können auch in der Dämmerung jagen. Das Auge ist ihr schärfstes Sinnesorgan. Die Pupillen sind im Tageslicht zu einem schmalen Spalt verengt. In der Dämmerung hingegen öffnen sie sich kreisförmig und weit. So kann viel Licht ins Auge gelangen. Die Katze kann deshalb auch bei schwachem Licht sehen. Sie ist ein **Nachtjäger.** Bei völliger Dunkelheit sieht auch die Katze nichts. Mit ihrem feinen *Gehör* hört sie aber die geringsten Geräusche. Sie stellt dann ihre *Ohrmuscheln* auf und bewegt sie abwechselnd nach rechts und links. So peilt sie die Stelle an, aus der die Geräusche kommen. So kann sie auch das leise Piepsen einer Maus wahrnehmen.

Mithilfe der *Schnurr-* und *Tasthaare* an Oberlippe, Wangen, Kinn und über den Augen kann die Katze selbst im Dunkeln jedem Hindernis ausweichen. Berührt man diese Haare vorsichtig, reagiert die Katze sofort. Ihr *Tastsinn* ist also ebenfalls gut entwickelt.

1 Beschreibe das Verhalten der Katze beim Beutefang anhand der Abbildung 2. Welche Aufgabe hat dabei der Schwanz?

2 Erläutere, welche Bedeutung das Spielen junger Katzen hat.

3 Informiere dich über wild lebende Verwandte der Hauskatze, zum Beispiel Löwe und Tiger. Fertige dazu Steckbriefe an.

4 Katze mit Jungen. A *Junge Katzen spielen mit der Mutter; etwa neun Tage nach der Geburt öffnen junge Katzen die Augen. Wenn sie ungefähr 14 Tage alt sind, spielen sie mit allem, was sich bewegt. Sie schleichen sich an und fangen ihre „Beute", z.B. den Schwanz des Muttertiers;* **B** *Die Katze betreibt Brutpflege. Sie säugt die Jungen, leckt sie sauber und trägt sie bei Gefahr einzeln im Maul an einen sicheren Ort.*

D *im Bogen zurück auf den Erdboden;* **E** *Landung, Fang der Beute mit Vorderpfoten und Krallen;* **F** *Katze mit Maus*

Vegleich von Hund und Katze

A1 Auf die Pfote kommt es an

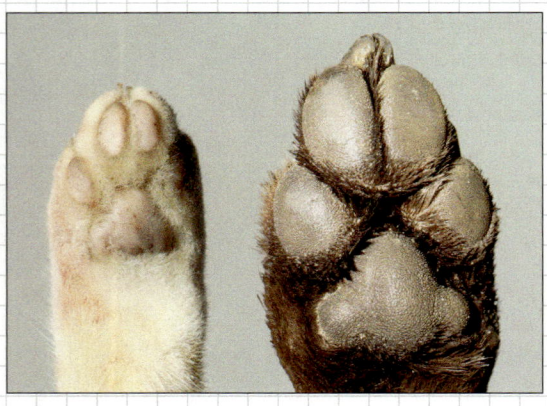

Aufgaben: a) Beschreibe die beiden Pfoten. Zeige Gemeinsamkeiten und Unterschiede auf.
b) Entscheide und begründe, welche der beiden Pfoten einer Katze und welche einem Hund gehört.
c) Erläutere am Beispiel von Katzen- und Hundepfote den Zusammenhang zwischen Struktur und Funktion.

V2 Ausziehbare Krallen

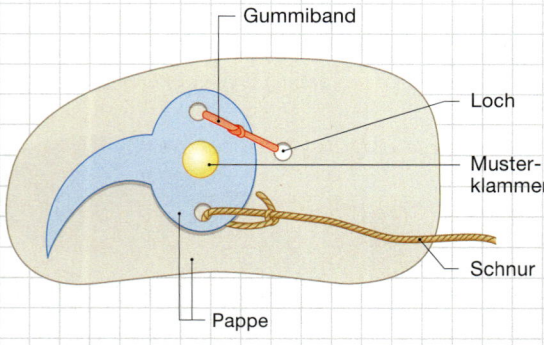

— Gummiband
— Loch
— Muster-klammer
— Schnur
— Pappe

Material: Pappe (DIN-A4), Schere, Schnur, Musterklammer, Gummiband
Durchführung: Zeichne den Umriss von Katzenpfote (hellgrau) und Kralle (dunkelgrau) nebeneinander auf die Pappe. Versehe die Kralle entsprechend der Abbildung mit drei Löchern und die Pfote mit einem Loch. Schneide Pfote und Kralle aus und verbinde sie durch die Musterklammer miteinander. Befestige die Schnur an der Kralle und verbinde Kralle und Pfote mit dem Gummiband.

Aufgaben: a) Ziehe vorsichtig an der Schnur und lasse sie dann wieder los. Notiere deine Beobachtungen.
b) Vergleiche das Modell mit der echten Katzenpfote. Lege dazu eine Tabelle an.

A3 Revierverhalten von Katze und Hund

Katzen beanspruchen wie Hunde ein festes Revier. Die obige Abbildung zeigt drei typische Verhaltensweisen, mit denen Katzen ihr Revier markieren.
Aufgaben: a) Stelle eine begründete Vermutung an, was die Katze jeweils gerade macht und worin die Reviermarkierung besteht.
b) Beschreibe Verhaltensweisen des Wolfes, mit denen ein Revier abgegrenzt wird.

A4 Auf der Jagd

Aufgaben: a) Beschreibe das Jagdverhalten von Hauskatzen und Hunden vergleichend. Verwende die beiden Abbildungen.
b) Stelle einen Bezug zur Lebensweise von Hauskatzen und Wölfen her.

A5 Körpersprache von Katzen und Hunden

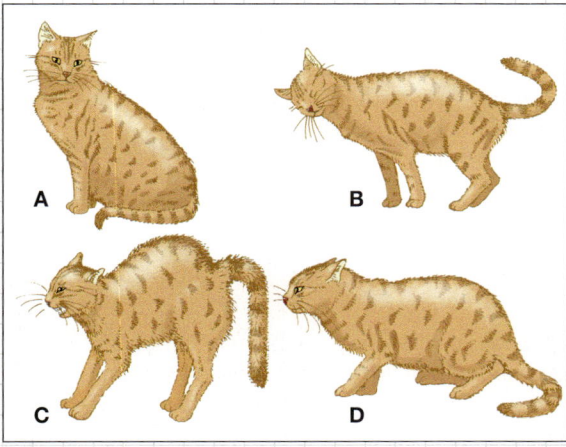

Die „Stimmungslage" einer Katze kann man an ihrer Körpersprache erkennen. Die Abbildung zeigt jeweils eine Katze kurz vor dem Angriff, bei Erkundungsverhalten, im Zustand großer Erregung sowie in Ruhe und Sicherheit.
Aufgaben: a) Ordne den genannten vier Stimmungslagen jeweils eine der Abbildungen A bis D zu.
b) Beschreibe das Aussehen eines Hundes bei den entsprechenden Stimmungslagen.

c) Erkläre, warum sich erwachsene Hunde und Katzen nicht „verstehen", wenn sie nicht miteinander aufgewachsen sind.

A6 Fellpflege

Die Oberfläche einer Katzenzunge ist rau. Dies liegt an hornigen Stacheln, die auf der Zunge sitzen und nach hinten gerichtet sind. Zur Fellpflege leckt sich die Katze ausgiebig.
Aufgaben: a) Erläutere die Struktur der Katzenzunge und stelle einen Zusammenhang zur Funktion her.
b) Stelle begründete Vermutungen an, wie die Struktur der Katzenzunge auch die Nahrungsaufnahme erleichtert.

A7 Katzenaugen verändern sich

Aufgaben: a) Vergleiche die beiden Abbildungen.
b) Erkläre deine Beobachtungen.

Methode

Informationen suchen und auswerten

Im **Schulbuch** kannst du dir zuerst das Grundwissen über ein Thema verschaffen. Hinten im Buch findest du ein *Stichwortverzeichnis*, das auch Register genannt wird. Hier sind wichtige Begriffe alphabetisch angeordnet. Die Stichwörter verweisen auf die entsprechenden Seiten im Buch.

Im nächsten Schritt kannst du ein **Lexikon** benutzen. Darin lassen sich Begriffe leicht nachschlagen, weil die Informationen alphabetisch geordnet sind. Wenn du das Richtige gefunden hast, schreibe dir die wichtigsten Informationen heraus.
Auch an einem Computer kannst du mit eine Lexikon, zum Beispiel auf CD, arbeiten.

In der Schulbibliothek, der Stadtbücherei oder einer anderen *Bibliothek* findest du viele **Sachbücher,** zum Beispiel über die Tierwelt Südamerikas, die Geschichte der Fliegerei und andere interessante Themen. Auch viele Anleitungen zu praktischen Arbeiten gibt es hier.
Um zu finden, was du suchst, kannst du das Inhaltsverzeichnis vorne im Buch durchschauen oder hinten im Stichwortverzeichnis nachschlagen.

Sehr viele Informationen und Abbildungen gibt es auch im **Internet.** Du findest leicht das Richtige, wenn du in eine *Suchmaschine* eine Kombination von zwei *Suchwörtern* eingibst. Lies die angezeigten Seiten kurz durch. Drucke nur die Abschnitte aus, die du wirklich für deine weitere Arbeit verwenden möchtest.

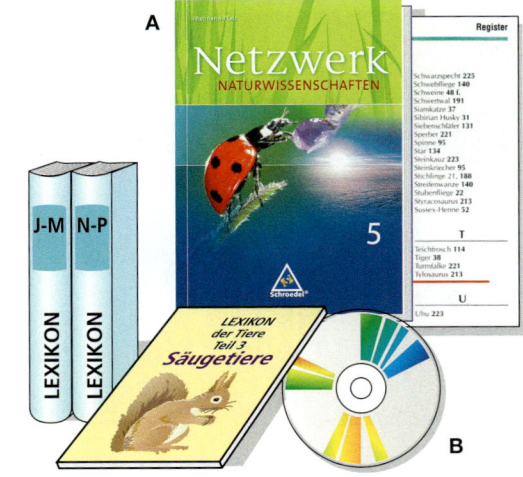

1 Schlage im Stichwortverzeichnis dieses Schulbuches die Begriffe Jaguar, Elefant, Wal, Magnet, Volumen, Thermometer und Fallschirm nach. Welche dieser Begriffe findest du in diesem Buch nicht?
2 Suche in einem Lexikon das Wort „Tiger". Schreibe wichtige Informationen in dein Heft.
3 Lasst euch gemeinsam in einer Bücherei zeigen, wie ihr Bücher zu bestimmten Themen findet.
4 Besprecht in der Klasse, welche Suchmaschinen ihr im Internet benutzt. Probiere die Suchbegriffe „Tiger" und „Beute" aus und die Kombination „Tiger Beute". Berichte.

1 Informationsquellen. A Schulbuch; B Lexika; C Sachbücher; D Internet

Einen Steckbrief erstellen

Gesucht

Mann
etwa 180 cm groß
schwarze Haare
Stoppelbart
Räuberhut

1 Steckbrief: Räuber

Steckbrieflich gesucht wurden früher Räuber und Verbrecher. Ein Plakat wurde an Polizeistationen und Rathäusern ausgehängt und zeigte ein Bild und wichtige Merkmale des Verdächtigen. So konnte er oft mithilfe der Bevölkerung erkannt und gefasst werden. Auch heute werden Personen über das Fernsehen oder Zeitungen gesucht, indem ihre Kennzeichen durch Fotos, Computerzeichnungen und Beschreibungen möglichst genau dargestellt werden.

Steckbriefe in der Biologie kennzeichnen eine Tier- oder Pflanzenart möglichst knapp und genau. In der Chemie lassen sich Stoffe wie Kochsalz oder Sauerstoff durch ihre besonderen Eigenschaften beschreiben und wiedererkennen.

Wasser

- farb- und geruchlose Flüssigkeit
- gefriert bei 0 °C und siedet bei 100 °C
- 1 Liter Wasser wiegt 1 kg
- Eis schwimmt auf Wasser
- gutes Lösungsmittel für viele Stoffe, zum Beispiel Salze, Zucker, Spiritus und Luft
- lebensnotwendig für Pflanzen, Tiere und Menschen
- chemische Formel: H_2O

3 Steckbrief: Wasser

Gepard

Familie: Katzenartige Raubtiere
Kennzeichen: schlanker Körper, kleiner Kopf, lange Beine und langer Schwanz; das Fell ist gelbrot bis sandfarben und hat kleine, schwarze Flecken
Lebensraum: kommt vorwiegend in Gras- und Buschlandschaften vor, klettert gelegentlich auch auf Bäume.
Verbreitung: Teile Afrikas und Vorderasiens; vergleiche Karte.
Verhalten, Jagdverhalten: erwachsene Tiere leben meist einzeln, sie sind Pirsch- und Lauerjäger
Nahrung: Gazellen und andere kleinere Huftiere
Fortpflanzung: 1 bis 5 Junge, die Jungtiere bleiben bis zu zwei Jahre mit der Mutter zusammen
Besonderheiten: schnellstes Säugetier, das auf kurze Strecken eine Geschwindigkeit von 120 Kilometer pro Stunde erreichen kann; Geparde kommen am häufigsten noch in Ost- und Südafrika vor, in den übrigen Gebieten sind sie vom Aussterben bedroht.

2 Steckbrief: Gepard

1 Erstelle einen Steckbrief zu einer weiteren Katzenart: Löwe, Tiger, Leopard, Schneeleopard, Puma, Nebelparder, Wildkatze, Luchs oder Ozelot.
a) Suche zu der von dir gewählten Tierart Informationen. Nutze dabei die Stichwörter, die du auf dem Steckbrief in Abbildung 2 auf dieser Seite findest.

b) Schreibe den Steckbrief zu der Tierart. Vervollständige ihn durch eine möglichst genaue Zeichnung oder ein Foto des Tieres.
c) Hänge den Steckbrief im Klassenraum aus, zum Beispiel auf einer Pinnwand.

1.7 Das Rind ist ein Pflanzenfresser und ein Wiederkäuer

Rinder liegen ruhig auf der Weide und kauen. Dabei zerkleinern sie Gras, das sie vorher mit ihrer rauen Zunge abgerissen und fast unzerkaut geschluckt haben. Rinder ernähren sich nur von Pflanzen, daher nennen wir sie **Pflanzenfresser.** Ihr Gebiss ist an diese Ernährungsweise gut angepasst. Die breiten, dicht aneinander stehenden Backenzähne „zermahlen" mit ihren *Schmelzfalten* wie Mühlsteine die harten Pflanzenteile. Solche breiten *Mahlzähne* sind typisch für ein **Pflanzenfressergebiss.**

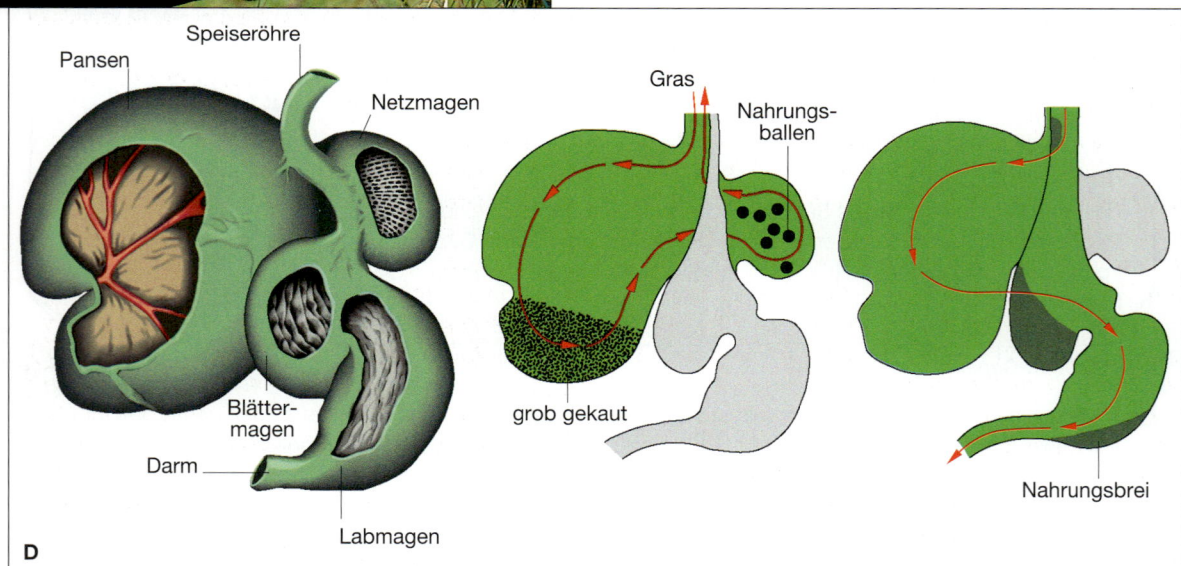

1 Nahrungsaufnahme und Weg der Nahrung beim Rind. A Wiederkäuendes Rind auf der Weide; B, C Rind bei der Nahrungsaufnahme; D Der Weg der Nahrung durch die Rindermägen (Schema)

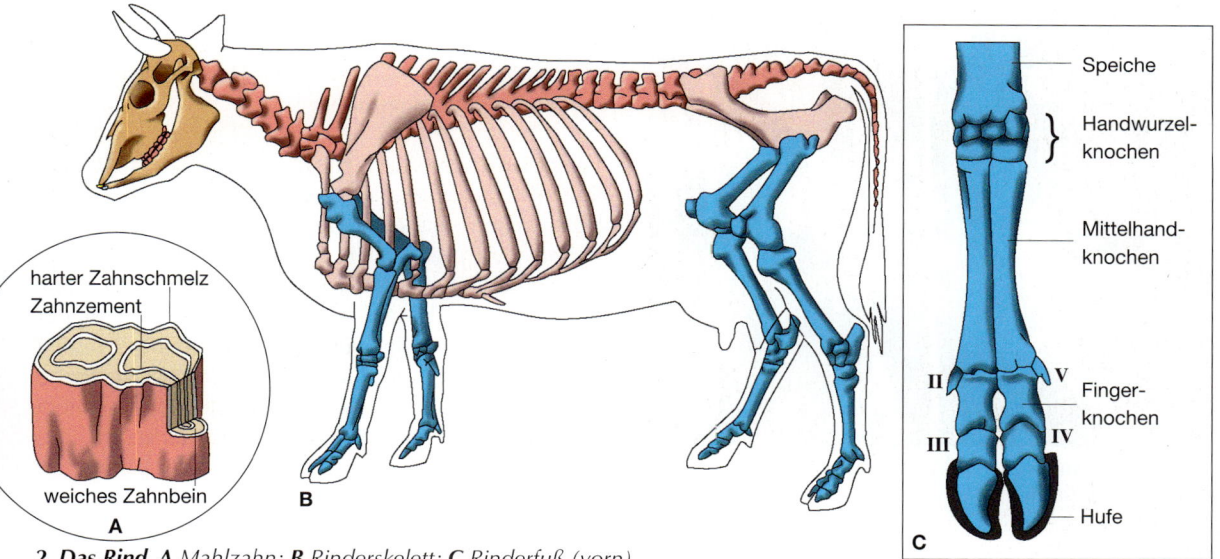

harter Zahnschmelz
Zahnzement

weiches Zahnbein

A

B

Speiche

Handwurzel-
knochen

Mittelhand-
knochen

II V

III IV

Finger-
knochen

Hufe

C

2 Das Rind. A Mahlzahn; **B** Rinderskelett; **C** Rinderfuß (vorn)

Pflanzliche Nahrung ist schwer verdaulich. Nach längerem Weiden legt sich das Rind daher nieder und beginnt die Nahrung gründlich zu zerkauen: Dazu werden Futterballen aus dem Magen wieder in das Maul aufgestoßen und anschließend mit den Mahlzähnen sorgfältig zerrieben. Rinder kauen ihr Futter also zweimal. Deshalb heißen sie auch **Wiederkäuer.**

Der **Wiederkäuermagen** ist vierfach geteilt und kann große Nahrungsmengen aufnehmen. Dies ist nötig, weil pflanzliche Kost verhältnismäßig nährstoffarm ist. Das fast unzerkaute Futter gelangt beim ersten Schlucken in den *Pansen*, der etwa 160 Liter fasst. Hier wird die Nahrung eingeweicht und von Kleinstlebewesen wie Bakterien vorverdaut. Aus dem Pansen gelangt die Nahrung dann in den *Netzmagen*. Dort werden etwa zwei Stunden nach dem ersten Schlucken Futterballen geformt und in das Maul zurückgestoßen. Nach dem Wiederkäuen rutscht der Speisebrei in den Pansen und von da aus in den *Blättermagen*. Hier wird dem Nahrungsbrei das überschüssige Wasser entzogen. Im *Labmagen* setzt durch Zugabe von Verdauungssäften die eigentliche Verdauung ein. Die Nahrung gelangt anschließend in den 50 bis 60 m langen Darm. Dort werden alle verdaulichen Nahrungsbestandteile vom Blut des Rindes aufgenommen.

Zum Fressen erhebt sich das Rind. Dabei steht es mit seinen kräftigen Beinen auf den Zehenspitzen. Solche Tiere nennt man **Zehenspitzengänger.** Die Zehen haben an ihren Enden Hornüberzüge, die *Hufe*. Rinder gehören daher zu den **Huftieren.** Da die Rinder mit zwei Hufen auftreten, heißen sie auch **Paarhufer.** Am Schädel der Rinder befinden sich zwei Knochenzapfen, auf denen die beiden Hörner sitzen. Diese bestehen aus dem gleichen Material wie Haare und Hufe, nämlich aus dem Eiweißstoff Horn. Die großen Augen sitzen seitlich am Schädel. Dadurch haben Rinder eine gute Rundumsicht. Allerdings können sie nicht alle Farben sehen und sind gegenüber Rottönen nahezu blind.

1 Beschreibe den Weg der Nahrung durch den Rindermagen.

2 Fertige eine zweispaltige Tabelle an, in der du die Teile des Rindermagens ihren Aufgaben zuordnest.

3 Erläutere, warum man das Rind einen Wiederkäuer nennt.

4 Erkundige dich bei einem Bauern nach der Zusammensetzung des Futters für Rinder im Winter und im Sommer.

5 Der Darm des Menschen hat eine Länge von etwa sechs bis sieben Metern. Begründe, warum der Darm des Rindes im Verhältnis so viel länger sein muss.

6 Wenn ein Rind Wasser trinkt, gelangt dieses beim Schlucken nicht in den Pansen. So wird der Nahrungsbrei nicht übermäßig verdünnt. Beschreibe den Weg, den das Wasser beim Schlucken nimmt.

7 Nenne die wesentlichen Kennzeichen eines Pflanzenfressergebisses.

8 Vergleiche das Gebiss des Rindes mit dem des Hundes auf Seite 23. Beschreibe die Angepasstheit der Gebissformen an die jeweilige Lebensweise der Tiere.

9 Beschreibe den Rinderfuß. Verwende dazu die Abbildung 2 C. Welche Besonderheiten stellst du fest?

1 Moderner Melkstand

1.8 Das Rind – unser wichtigstes Nutztier

Mit dem Einsatz von Traktoren wurde die Nutzung der Rinder als Zugtiere überflüssig. Die **Dreinutzungsrinder,** die neben Milch und Fleisch auch Arbeitskraft liefern, gibt es daher heute so nicht mehr. Die Landwirte konzentrierten sich auf zwei neue Zuchttypen: **Milchrinder** und **Fleischrinder.** Es wurden jeweils die Rinder mit dem höchsten Milch- oder Fleischertrag miteinander verpaart. So konnte die jährliche Milchleistung eines Milchrindes von etwa 2000 Litern im Jahre 1937 auf über 10 000 Liter im Jahr 2006 gesteigert werden. Fleischrin-

der dagegen haben eine gute Mastfähigkeit, nehmen also beim Wachsen sehr schnell zu. Es gibt auch Rinderrassen, die sowohl Milch als auch Fleisch liefern, sogenannte **Zweinutzungsrinder.**

Viele Menschen essen heute mehr Fleisch als früher und möchten dieses gerne preisgünstig kaufen. Solch ein Verbraucherverhalten zwingt die Landwirte, kostengünstiger zu produzieren. So sind viele Landwirte zur **Massentierhaltung** und damit zur **Stallhaltung** übergegangen. Bei der *Anbindehaltung* stehen die Rinder angekettet eng nebeneinander. Die Kälber werden gleich nach ihrer Geburt von der Mutter getrennt, damit diese mehr Milch gibt. Sie werden mit einem Milchersatz ernährt. In modernen *Boxenlaufställen* können Milchrinder sich frei bewegen. Dabei können sie untereinander Kontakt aufnehmen, was den Herdentieren sehr liegt. Viele Landwirte halten ihre Rinder im Sommer auf der Weide. Von Betrieben mit ökologischer Landwirtschaft wird diese **Freilandhaltung** fast ausschließlich praktiziert. Sie lassen die Kälber in der Herde bei den Müttern. So können die Rinder **artgerecht** leben. Durch das Laufen auf der Weide nehmen die Rinder aber nicht so schnell zu, was den Preis des Rindfleischs verteuert.

1 Beurteile die Freiland- und die Stallhaltung von Rindern bezüglich einer artgerechten Tierhaltung.
2 Formuliere aus Verbrauchersicht Erwartungen an die Landwirte. Berücksichtige auch die Konsequenzen.

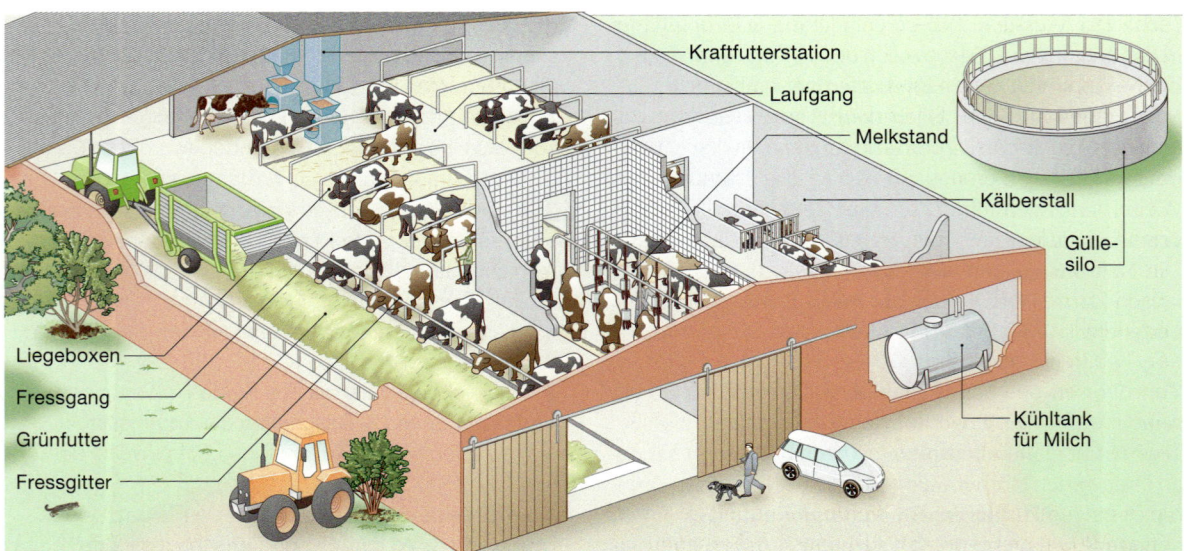

2 Rinderhaltung im Boxenlaufstall

Kraftfutterstation
Laufgang
Melkstand
Kälberstall
Güllesilo
Liegeboxen
Fressgang
Grünfutter
Fressgitter
Kühltank für Milch

1 Wisent

2 Englisches Parkrind

1.9 Rinder stammen vom Wildrind ab

Seit der Eiszeit vor etwa 15 000 Jahren lebten in Europa und Asien zwei Wildrindarten, der **Auerochse** und der **Wisent.** Der Auerochse, auch **Ur** genannt (Abkürzung für „urzeitlicher Ochse"), muss ähnlich ausgesehen haben wie das heutige Parkrind aus England, nur dass sein Fell dunkel war. Auerochsen und Wisente lebten in Herden und bewohnten gebüschreiche, lichte Wälder. Sie ernährten sich von Blättern, Trieben, Zweigen und Rinde sowie von Gräsern und Kräutern. Im Herbst fraßen die Wildrinder Beeren, Eicheln und andere Früchte sowie Pilze. Mit dieser energiereichen Kost bauten sie Fettreserven auf, von denen sie während der frostigen, nahrungsarmen Wintermonate zehren konnten.

Die Steinzeitmenschen jagten die Wildrinder, weil sie deren schmackhaftes Fleisch und wärmende Felle zu schätzen wussten. Malereien in den Felshöhlen von Lascaux in Südfrankreich oder den Höhlen von Altamira in Nordspanien zeigen die Tiere zur damaligen Zeit. Mit der Veränderung der Lebensweise des Menschen vom Jäger und Sammler zum Ackerbauern wurden immer mehr Wälder gerodet. Durch die Zerstörung ihres Lebensraumes und die zunehmende Jagd auf die Wildrinder wurden die Auerochsen bis zum Beginn des siebzehnten Jahrhunderts ganz ausgerottet. Auch die Bestände der Wisente gingen in Europa so weit zurück, dass die Art fast ausstarb. Durch planmäßige Züchtung der wenigen verbliebenen Tiere konnten die Wisente wieder vermehrt und später in einem polnischen Nationalpark ausgewildert werden. Daher gibt es heute wieder frei lebende Wisente in Osteuropa.

Im Gegensatz zum Wisent wurden die Auerochsen vor etwa 6000 Jahren von den damaligen Ackerbauern als Nutztier entdeckt. Auerochsen waren gut für die Haus-

tierhaltung geeignet: Die Milch der Kühe stellte eine eiweißreiche Nahrungsquelle dar und die Kraft der Rinder wurde zum Ziehen schwerer Lasten oder zum Pflügen der Felder genutzt. Die Tiere waren so wertvoll, dass sie nur selten und meist erst in hohem Alter geschlachtet wurden. Durch Weiterzüchtung von Rindern mit besonderen Eigenschaften entstanden im Laufe der Jahrhunderte immer neue **Rinderrassen.** So unterschiedlich diese heute auch aussehen – alle europäischen Rinderrassen lassen sich auf den Auerochsen als Stammform zurückführen.

1 Recherchiere in Büchern oder im Internet die steinzeitlichen Höhlenmalereien. Benutze Stichworte wie „Höhlenmalerei", „Lascaux" oder „Altamira". Vergleiche die auf den Fels gezeichneten Rinder mit dem Englischen Parkrind.
2 Erläutere Maßnahmen, mit denen der Mensch das Überleben der Wisente in der freien Natur sichern kann.
3 Informiere dich über Körperbau, Lebensweise und Geschichte des nordamerikanischen Bisons. Halte einen kurzen Vortrag zu diesem Thema.

3 Büffel

1.10 Hausschwein und Wildschwein

Oliver macht Ferien auf einem Bauernhof. Von allen Tieren interessieren ihn am meisten die Schweine. Sie dürfen tagsüber frei auf einer Wiese herumlaufen. Der hintere Teil der Wiese gleicht dabei eher einem tiefen Morast. Doch hier halten sich die **Hausschweine** am liebsten auf und wühlen mit ihrer kräftigen Schnauze die Erde nach etwas Fressbarem durch. Mit der Nasenscheibe können sie dabei die Nahrung im Boden gut ertasten.

1 Hausschweine. A *Kopf mit abgeplatteter Nasenscheibe;* **B** *Nahrungssuche;* **C** *Schädel mit Allesfressergebiss*

Früher wurden die Schweine zur Nahrungssuche in den Wald getrieben. Dort fraßen sie Gräser, Kräuter, Pilze, Kastanien und Bucheckern oder wühlten saftige Wurzeln und Knollen aus dem Boden. Auch Kleingetier wie Schnecken, Würmer und Insektenlarven verschwanden dabei in ihren Mägen.
Schweine sind also **Allesfresser.** Ihr Gebiss ist dieser Ernährungsweise angepasst. An den vorderen Backenzähnen sieht man wie bei Raubtieren scharfe Spitzen und Kanten. Die hinteren Backenzähne haben wie bei Pflanzenfressern eine stumpfe Oberfläche.

Abends darf Oliver bei der Fütterung der Schweine im Stall dabei sein. Da sie von dem, was die Wiese bietet, nicht satt werden, füttert der Bauer etwas Kraftfutter zu. Laut schmatzend fressen sie diesen pflanzlichen Brei, um sich dann ins trockene Stroh zu legen. Schweine sind aber keine Wiederkäuer.
Schweine werden nur noch selten so gehalten, wie Oliver das auf dem kleinen Bauernhof erleben kann. Heute werden sie, eingezwängt in kleine Boxen, zu vielen Hunderten in riesigen Stallungen untergebracht. Man nennt das **Intensivhaltung.** Die Tiere stehen auf mit Stroh bedeckten und von Spalten durchsetzten Betonplatten, durch die Harn und Kot hindurchfallen. Da die Schweine häufig gefüttert werden und wenig Bewegung haben, nehmen sie schnell an Gewicht zu. Die Intensivhaltung ist weniger arbeitsaufwändig, des-

2 Intensivhaltung bei der Schweinemast

1 Überlege anhand der Abbildung 4, zu welchen Fleisch- und Wurstwaren Schweinefleisch verarbeitet wird. Erkundige dich auch bei einem Metzger.

2 Lege eine Tabelle an und liste die unterschiedlichen Merkmale auf, in denen sich Hausschwein und Wildschwein unterscheiden.

3 Schweine sind Paarhufer. Überprüfe dies an der Abbildung 3B.

4 Stelle Zusammenhänge zwischen dem Aufbau und der Funktion der Zähne beim Wildschwein her.

3 hintere
Backenzähne
(pflanzenfresserartig)

Schneide-
zähne

Eckzähne

4 vordere Backenzähne
(raubtierartig)

3 **Wildschweine.** *A Kopf eines Keilers;* **B** *Bache mit Frischlingen;* *C Schädel mit Allesfressergebiss*

halb kann Schweinefleisch billig produziert werden. Wenig Bewegung und viel Fressen machen die Schweine aber krankheitsanfällig. Zur Vorbeugung bekommen sie deshalb viele Medikamente. Nach dem Schlachten bleiben Rückstände der Medikamente oft im Fleisch erhalten und können somit auch in unseren Körper gelangen.

Hausschweine hat der Mensch vor über 5000 Jahren aus **Wildschweinen** gezüchtet. Vermutlich kennst du Wildschweine nur aus Wildgehegen. In freier Natur sind sie äußerst scheu und kaum zu beobachten. Durch ihr schwarzbraunes Borstenkleid sind sie gut getarnt. Mit ihren großen, aufrecht stehenden und beweglichen Ohrmuscheln nehmen sie geringste Geräusche wahr. Kaum zu glauben, dass diese flinken Tiere die Vorfahren unserer Hausschweine sind. Die männlichen Wildschweine, die *Keiler*, erkennst du leicht an den mächtigen dreikantigen Eckzähnen. Das weibliche Wildschwein, die *Bache*, bringt Anfang April in einem mit Pflanzenmaterial ausgepolsterten Wurfkessel ihre Jungen zur Welt. Sie heißen *Frischlinge*, sind gelbbraun gefärbt und haben gelbliche Längsstreifen. Nach einem Jahr wechseln sie ihr Haarkleid und nehmen die Färbung der Alttiere an.

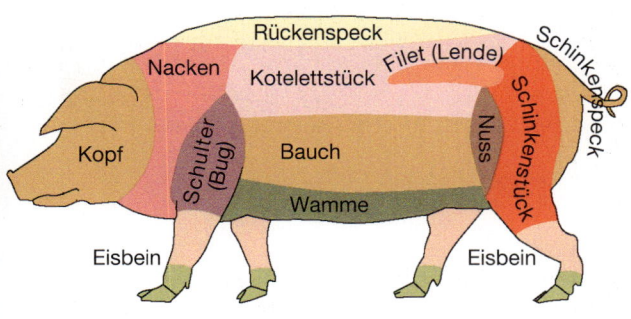

Rückenspeck

Nacken

Kotelettstück

Filet (Lende)

Schinkenspeck

Kopf

Schulter
(Bug)

Bauch

Nuss

Schinkenstück

Wamme

Eisbein

Eisbein

4 Das Schwein als Fleischlieferant

Methode | **Einen Sachtext lesen**

Auf dieser Seite findest du Hilfen, wie du schrittweise einen Text erarbeiten kannst.

1. **Orientiere** dich zunächst in dem Text.

Wie lautet die Überschrift? Was zeigen die Bilder und was steht darunter? Was steht in Einleitungen oder Zusammenfassungen? Was ist fett gedruckt? Wie ist der Text gegliedert?

2. **Lies** den Text einmal ganz durch.

3. **Wähle aus,** welchen Textteil du genau lesen möchtest.

Was interessiert mich? Wo finde ich eine Antwort auf meine Frage, zum Beispiel was Eichhörnchen im Winter machen?

4. **Erarbeite** dir den ausgewählten Text. Lies den Text noch einmal abschnittsweise. Mache dir zu jedem Abschnitt stichwortartig Notizen. Orientiere dich dabei an Abbildung 5 B.

Welchen Titel kann ich dem Abschnitt geben? Welche Begriffe und Aussagen sind wichtig? Lassen sich die Bilder bestimmten Abschnitten zuordnen? Welche Wörter oder Inhalte verstehe ich nicht?

5. **Nutze** die Informationen.

Ich wiederhole und lerne mit meinen Notizen.

Ich brauche sie für ein Referat.

1 Lies den Text über Eichhörnchen. Nimm dazu die Schritte 1 bis 4 im Text zu Hilfe. Vervollständige den angefangenen Stichwortzettel aus Abbildung 1 B in deinem Heft.

Eichhörnchen sind geschickte Kletterer

Eichhörnchen

Eichhörnchen begegnen uns in Wäldern, Gärten und Parkanlagen. Vor unseren Augen beißen diese zutraulichen *Nagetiere* **geschickt Haselnüsse oder Bucheckern auf und verschwinden dann blitzschnell im Geäst der Bäume.** Eichhörnchen sind **geschickte Kletterer.** Sie laufen senkrecht Baumstämme hinauf und hinunter und auf Ästen und sogar dünnen Zweigen entlang. Mit ihren scharfen Krallen halten sie sich an der Baumrinde fest. Distanzen von über fünf Metern überspringen sie mühelos. Dabei benutzen sie ihren buschigen Schwanz als Steuerruder.

Wie alle **Nagetiere** haben Eichhörnchen im Ober- und Unterkiefer je zwei lange Nagezähne. Die Zähne nutzen sich beim Nagen an harten Schalen ab. Trotzdem reduziert sich ihre Länge nicht, denn sie wachsen lebenslang nach.
Den Winter verbringen Eichhörnchen in ihrem Kobel. Dort halten sie **Winterruhe.** Ihre Körpertemperatur sinkt dabei aber nicht ab wie bei echten Winterschläfern. Auch ihr Herzschlag wird nicht langsamer. Eichhörnchen wachen immer wieder auf und suchen Samen und Früchte in den Verstecken, die sie im Herbst angelegt haben – und manchmal vergessen. **A**

B

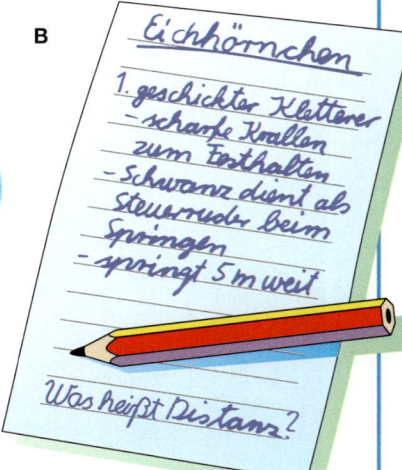

1 Sachtext. A Beispieltext; B Notizen zum Text

Einen kurzen Vortrag halten

In folgenden Schritten kannst du einen Vortrag vorbereiten:

1. Sammle **Ideen.**
2. Suche dazu **Informationen** und werte sie aus. Frage dich dabei, was für dich und deine Klasse interessant, wichtig und neu ist.
3. Suche nach geeigneten Abbildungen und anderen Materialien.
4. Arbeite eine **Gliederung** für den Vortrag aus. Versuche einen spannenden Einstieg und einen geeigneten Schluss zu finden. Plane ein, dass von der Klasse Fragen gestellt werden.
5. Überlege, an welchen Stellen du etwas zeigen möchtest und welche Materialien und Geräte du dafür brauchst.
6. Bereite die Materialien zur Veranschaulichung vor.
7. Schreibe Stichwortzettel oder Karteikarten für deinen Vortrag.
8. Trainiere den Vortrag.

Plakate, Dias, Folien, Tafelskizzen oder andere Abbildungen veranschaulichen den Vortrag. Mit einem Beamer können auch Bilder vom Computer gezeigt werden.

Der Vortrag soll möglichst nicht abgelesen, sondern frei gehalten werden. Er soll vorher geübt sein und nicht länger als 10 bis 15 Minuten dauern.

Als Gedächtnisstütze können auf einem Blatt oder auf Karteikarten Stichworte notiert werden.

Mitgebrachtes Material macht neugierig und lädt zum Hinsehen und Begreifen ein.

1 Schlage einen Titel für den im Bild gezeigten Vortrag vor. Vergleiche deinen Vorschlag mit anderen Vorschlägen aus deiner Klasse.

2 Informiere dich über Schafe. Schreibe eine weitere Karteikarte zu einem anderen Gliederungspunkt dieses Vortrags.

1 Vortrag vor der Klasse

1 Feldhase getarnt in der Sasse

2 Lebewesen sind an ihren Lebensraum angepasst

2.1 Feldhase und Wildkaninchen leben unterschiedlich

Feldhasen ducken sich bei einer Bedrohung zuerst flach in eine Bodenmulde, die **Sasse.** Durch ihr braunes Fell sind sie gut an die Farbe des Bodens angepasst und somit vor möglichen Fressfeinden wie Fuchs oder Marder getarnt. Hasen sind wehrlos, sie sind *Fluchttiere*. Bei der Flucht schlagen sie immer wieder Haken, indem sie plötzlich die Richtung ändern. Weil ihre Verfolger die Richtungsänderung nicht so schnell nachvollziehen können, erlangen Hasen dadurch einen Vorsprung.

Durch ihre Sinne sind sie an ein Leben als Fluchttier im offenen Gelände gut angepasst. Mit den langen Ohren, Löffel genannt, können Hasen sehr gut hören. Die großen Augen sitzen seitlich am Kopf, sodass Hasen eine gute Rundumsicht haben und Annäherungen aus allen Richtungen bemerken. Zudem haben sie einen sehr feinen Geruchssinn. Hasen richten sich immer wieder auf und prüfen die Umgebung mit ihren Sinnen. Man nennt dieses Verhalten „sichern". Auch der übrige Körper zeigt deutliche Angepasstheiten an das Fluchtverhalten: Die Hinterbeine der Hasen sind viel länger als die Vorderbeine und ermöglichen weite Sprünge. Die großen Lungen verhelfen Hasen zu großer Ausdauer. Den meisten Feinden kann ein erfahrenes Tier tatsächlich davonlaufen.

Die Häsin wirft zwei- bis dreimal im Jahr zwei bis fünf Junge in der Sasse. Diese sind bei der Geburt vollständig behaart und ihre Augen sind geöffnet. Es sind typische *Nestflüchter*, die gleich nach der Geburt ihrer Mutter folgen können. Sie verharren jedoch in der Sasse, wenn ihre Mutter sie zum Fressen verlässt.

Feldhasen sind Pflanzenfresser und ernähren sich von Gräsern, Getreidesprossen und Kräutern. Im Winter verzehren sie auch Knospen. Obwohl die Hasen Nagezähne besitzen, gehören sie nicht zu den Nagetieren wie die Eichhörnchen: Anders als diese tragen sie im Oberkiefer hinter den beiden Schneidezähnen zwei weitere Schneidezähne. Alle vier Schneidezähne sind ganz von hartem Zahnschmelz umgeben.

2 Feldhase sichernd

3 Hasenspuren

In den Dünenlandschaften an der Nordsee, aber auch auf trockenen Heideflächen, sieht man oft Ansammlungen graubrauner Kotkügelchen. Das ist ein untrügliches Kennzeichen für die Anwesenheit von Wildkaninchen. Kaninchen kommen nur dort vor, wo der Boden locker ist, denn sie graben unterirdische Baue, die über zwei Meter tief in die Erde reichen können. Die Gänge münden in größere **Kessel,** in denen sich die Tiere tagsüber aufhalten und auch ihre Jungen zur Welt bringen. Oft sind mehrere Baue durch Gänge miteinander verbunden: Anders als Hasen sind Kaninchen keine Einzelgänger, sondern leben in größeren Kolonien und verteidigen ein gemeinsames Revier.

Ein Kaninchenweibchen bringt fünf- bis siebenmal im Jahr Junge auf die Welt. Die Jungtiere sind bei der Geburt blind und nackt, also genauso wie junge Eichhörnchen **Nesthocker.** Allerdings verlässt der Nachwuchs den Bau bereits nach vier Wochen, weil die Mutter dann mit dem nächsten Geschwisterwurf beschäftigt ist. Schon nach wenigen Wochen bringen weibliche Jungtiere selbst bis zu sieben Junge zur Welt. Unter günstigen Bedingungen kann ein Weibchen in einem Jahr über 40 Nachkommen haben.

Kaninchen ernähren sich ähnlich wie Feldhasen von pflanzlicher Kost. Neben Kräutern und Gräsern fressen sie auch Rinde, Wurzeln und Gemüsepflanzen. Im Winter werden außerdem junge Bäume angenagt. Kaninchen können wie Feldhasen gut riechen und mit den seitlich am Kopf sitzenden Augen gut sehen. Bemerken sie einen Feind, flüchten sie in ihren Bau.

Kaninchen sind in ihren Lebensansprüchen sehr genügsam und können sich in neuen Lebensräumen gut behaupten. Das Aussetzen von Kaninchen in Australien und Neuseeland führte deshalb in diesen Ländern zu regelrechten Kaninchenplagen. Solche Massenvermehrungen sind möglich, weil die Kaninchen eine große Vermehrungsrate haben. Füchse, Uhus, Habichte, Hermeline und Iltisse erbeuten meist nur unerfahrene oder kranke Wildkaninchen. Wird der Kaninchenbestand zu groß, brechen leicht Seuchen aus, wodurch viele Tiere sterben. So reguliert sich der Bestand der Kaninchen in der Regel selbst.

1 Beschreibe Angepasstheiten von Feldhasen und Wildkaninchen an ihren Lebensraum.
2 Liste in einer Tabelle wichtige Unterschiede von Feldhase und Wildkaninchen auf.

4 Junge Kaninchen

5 Kaninchenbau. A Kaninchen im Bau; B Schema

2.2 Der Maulwurf – ein Leben im Boden

Am Morgen vor einem Meisterschaftsspiel erlebt der Platzwart des Fußballvereins eine böse Überraschung: Der Rasenplatz ist um den Mittelkreis mit Erdhügeln übersät. Solche Erdhügel stammen von Maulwürfen, die versteckt im Boden leben. Man findet sie sowohl im Kulturland, das heißt in Äckern, Weiden, Wiesen oder Gärten, als auch in Wäldern. Maulwürfe meiden jedoch zu steinige und wassergetränkte Böden.

Obwohl man oberirdisch oft viele Hügel sieht, verbirgt sich darunter meist nur ein Bau. Dieser besteht aus einer Vielzahl von Kammern und Gängen, die oft eine Gesamtlänge von über 150 Meter erreichen. Den Mittelpunkt des Baues bildet ein Wohnkessel. Von ihm zweigen Jagd- und Laufgänge ab. Diese werden in der Regel im Bereich der Wurzelschicht in etwa 40 Zentimeter Tiefe gegraben. Die Gänge ermöglichen dem Maulwurf einerseits die Erbeutung von Nahrung und versorgen den Bau andererseits mit Sauerstoff. Dies ist besonders wichtig, weil im Boden der Gehalt an Sauerstoff viel geringer sein kann als außerhalb des Baues. Von Wohnkessel und Laufgängen führen Aushubgänge senkrecht zu den Maulwurfshügeln. Durch diese wird lockere Erde zur Oberfläche geschoben. Gleichzeitig verbessern sie die Durchlüftung des Baues.

Maulwürfe fressen alle möglichen Tiere, von einer Waldameise bis hin zu einer jungen Maus. Die Nahrung fällt entweder in die Gänge und wird bei ausgedehnten Suchen erbeutet oder sie wird ausgegraben. Aufgespürt wird die Beute mit dem Geruchs- und dem Tastsinn. Dazu pendelt der Kopf mit der rüsselartigen Nase und den Tasthaaren unentwegt zwischen den Wänden des Ganges hin und her. Eine häufige Nahrung sind Regenwürmer, aber auch Schnecken, Asseln, Spinnen, Tausendfüßer und Käferlarven werden gern gefressen. Das Gebiss des Maulwurfs ist an die Nahrung angepasst: 44 spitze Zähne können die Beute gut festhalten und zerbeißen. Auch wegen des typischen Gebisses wird der Maulwurf der Ordnung der **Insektenfresser** zugerechnet. Viele der Beutetiere des Maulwurfs werden als Pflanzenschädlinge betrachtet. Auch deshalb stehen Maulwürfe unter Naturschutz.

Der Maulwurf ist hervorragend an das Leben im Boden angepasst. Sein Körper ist walzenförmig und die Extremitäten sind kurz. Sein samtschwarzes Fell ist ohne Strich: Es lässt sich problemlos in alle Richtungen bürsten. Die Sinnesorgane sind gut geschützt. Die kleinen Augen liegen im Fell verborgen. Obwohl der Maulwurf keine Ohrmuscheln hat, kann er gut hören. Die Gehörgänge werden mit einer Haut verschlossen. Neben dem guten Geruchs- und Gehörsinn verfügt der Maulwurf auch über einen feinen Tastsinn durch Haare an Schnau-

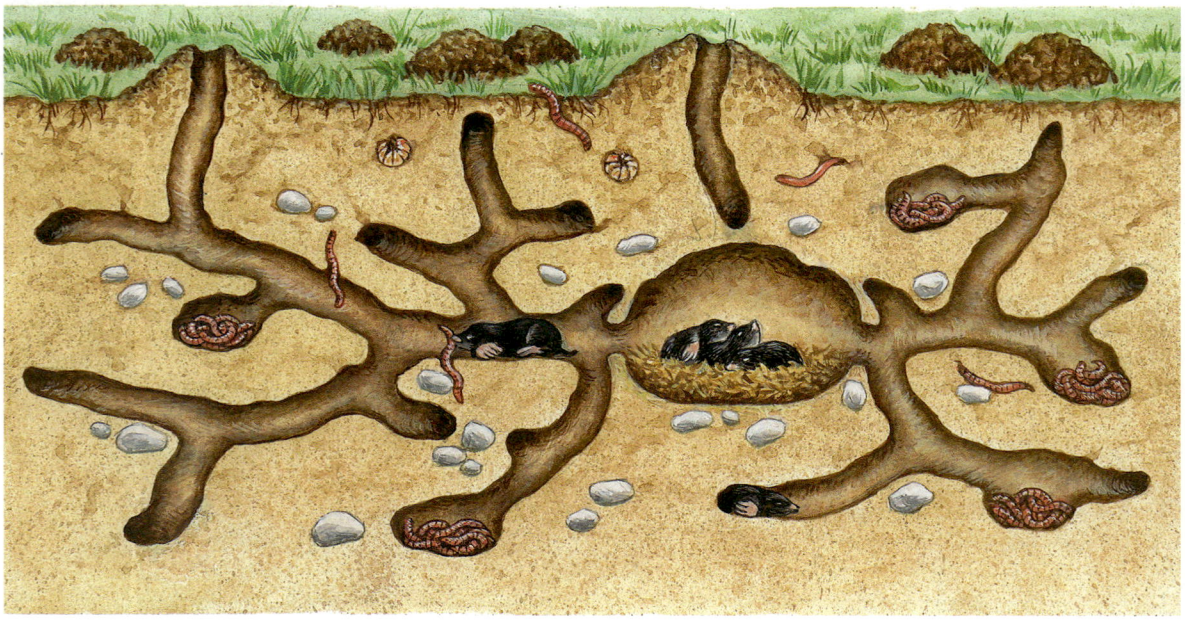

1 Gangsystem des Maulwurfs

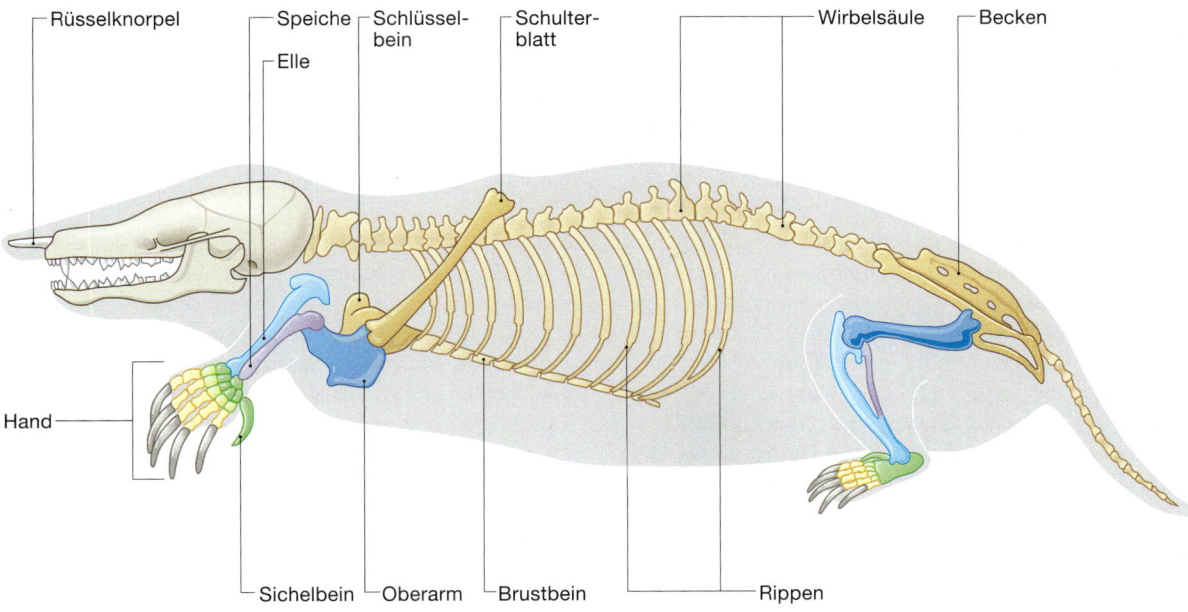

Rüsselknorpel · Speiche · Schlüssel-bein · Elle · Schulter-blatt · Wirbelsäule · Becken

Hand

Sichelbein · Oberarm · Brustbein · Rippen

2 Skelett des Maulwurfs

ze und Schwanzspitze. Daneben nimmt er auch Boden-erschütterungen wahr. So werden mögliche Fressfeinde wie Wildschwein und Dachs, die den Maulwurf aus-graben können, rechtzeitig bemerkt.

Der Maulwurf gräbt seinen Bau mit dem keilförmigen Kopf voran in lockere Böden. Die Nase wird dabei durch den Rüsselknorpel stabilisiert. Mund- und Nasenöffnung sind nach unten gerichtet. Die Innenseiten der Hände sind nach außen gedreht und schaufeln die Erde seitlich nach hinten. Zusätzlich zu den fünf bekrallten Fingern verbreitert das krallenlose Sichelbein die Handfläche. Mit den Hinterbeinen stemmt sich der Maulwurf dabei in den Gangwänden fest.

Die Weibchen sind etwas größer als die Männchen. Sie werfen in der Regel von April bis Juni drei oder vier Junge. Diese verlassen im Spätsommer das mütterliche Revier. Den Winter über bleiben Maulwürfe im Gegen-satz zu vielen anderen Säugetieren aktiv, denn auch viele ihrer Beutetiere sind weiterhin erreichbar. Trotzdem legen sie sich Vorräte an, indem sie Regenwürmern das Vorderende abbeißen. Die Beute bleibt dadurch zwar am Leben, kann sich aber nicht mehr fortbewegen.

1 Beschreibe die Angepasstheiten des Maulwurfs an seine unterirdische Lebensweise und zeige die jeweiligen Vorteile auf.
2 Vergleiche das Gebiss des Maulwurfes mit dem des Eichhörnchens (vgl. Seite 47).

3 Maulwurf. A In einem Hügel; **B** Armskelett
C Körperform; **D** Fell

2.3 Eichhörnchen leben auf Bäumen

Die tagaktiven Eichhörnchen gehören zu den häufigsten wildlebenden Säugetieren der heimischen Wälder und Parks. Trotzdem sind sie die meiste Zeit des Jahres nur relativ selten zu sehen. Das ändert sich im Herbst: Dann kann man beobachten, wie sie geschäftig auf dem Boden umherhuschen und Baumstämme hinauf- und hinabklettern. Die Eichhörnchen bewegen sich dann oft entlang bestimmter Routen. In einer Richtung tragen sie dabei meistens etwas in der Schnauze, zum Beispiel Eicheln, Bucheckern oder eine Walnuss. Manchmal kann man die Tiere auch dabei beobachten, wie sie etwas im Boden verscharren oder unter einer Rinde verstecken. Eichhörnchen legen im Herbst **Vorratslager** an. Auf diese sind sie während des Winters angewiesen. Das Sammeln und Anlegen von Vorräten dient also der Vorbereitung auf die kalte Jahreszeit.

Den Winter verbringen die Eichhörnchen größtenteils in Baumhöhlen oder kugelförmigen Nestern, den **Kobeln.** Sie bestehen aus Zweigen und Laub und werden in Astgabeln innerhalb des Kronenbereichs großer Bäume errichtet. Nur wenn es sehr heftig schneit oder regnet, oder die Äste stark vereist sind, bleiben Eichhörnchen längere Zeit im Kobel. Sonst trifft man sie auch bei strengem Frost außerhalb des Nestes an. Denn von Zeit zu Zeit suchen sie ihre im Herbst angelegten Nahrungsverstecke auf und fressen von den Vorräten. Eichhörnchen können sich die Versteckplätze nicht merken. Vielmehr finden sie diese mithilfe ihres Geruchssinnes wieder. So kommt es, dass manche Samen nicht wieder gefunden werden und aus diesen beispielsweise neue Bäume wachsen.

Eichhörnchen sind hervorragende Kletterer und können einen Baumstamm genauso schnell hinauf wie hinunter klettern. Dabei bewegen sie die Vorder- und Hinterbeine immer gleichzeitig. Auf waagerechten Ästen laufen die Tiere mit lang gestrecktem Schwanz, wippen an der Spitze auf und ab, drücken sich mit ihren kräftigen Hinterbeinen ab und springen in einen Nachbarbaum. Dabei strecken die Eichhörnchen alle Beine und den Schwanz weit von sich und bereiten so ihre Landung vor. Der buschige Schwanz hilft das Gleichgewicht zu halten. Er wird beim Springen in der Luft auch zum Steuern eingesetzt. Somit erleichtert der Schwanz den Eichhörnchen die Bewegung in den Bäumen.

Auf dem Boden bewegt sich ein Eichhörnchen in weiten Sprüngen fort. Dabei drückt es sich mit den starken Hinterbeinen gleichzeitig kräftig ab und streckt sich. Das Eichhörnchen landet dann zuerst auf den Vorderpfoten. Im Schnee kann man häufig einen so entstandenen Abdruck entdecken, ein *Trittsiegel.*

1 Eichhörnchen im natürlichen Lebensraum. A *Im Sprung;* **B** *Trittsiegel im Schnee;* **C** *Kobel*

An den Vorderpfoten der Eichhörnchen erkennt man vier Finger, der Daumen ist stark zurückgebildet. Mit den Vorderpfoten können Eichhörnchen besonders gut Futter festhalten und klettern. Die Hinterpfoten haben fünf Zehen. Diese sind lang und kräftig. Alle Finger und Zehen der Eichhörnchen tragen lange Krallen. Mit diesen können sie sich beim Klettern und Springen gut an rissigen Baumrinden festhalten.

Eichhörnchen leben bis auf die Paarungszeiten im Frühjahr und Frühsommer nicht gesellig, sondern als Einzelgänger. Sie besetzen ein **Revier.** Nach etwa vier Wochen Tragzeit bringt ein Weibchen in der Regel vier bis fünf nackte und blinde Junge zur Welt. Sie sind typische *Nesthocker* und werden von der Mutter die nächsten sechs Wochen gesäugt. Nach etwa neun Wochen sind sie selbstständig und verlassen den Kobel. Dann suchen sie ein eigenes Revier.

Je nach Jahreszeit fressen Eichhörnchen zum Beispiel Pilze, Beeren und Obst. Aber auch hartschalige Eicheln, Bucheckern und Nüsse sowie Samen von Kiefern, Tannen und Fichten werden verzehrt. Selbst Eier und junge Vögel sind vor den Eichhörnchen nicht sicher. Eichhörnchen haben auch Fressfeinde, sie werden vor allem von Mardern und Habichten erbeutet.

Das Gebiss der Eichhörnchen hat insgesamt 22 Zähne. In beiden Kieferhälften gibt es jeweils zwei Schneidezähne, aber keine Eckzähne. Beim Arbeiten mit diesen Zähnen wird die weichere Hinterseite immer stärker abgenutzt als die härtere Vorderseite, sodass die Zahnkanten immer scharf sind. Die Zähne sind tief in den Kieferknochen verankert. Mit ihnen können Eichhörnchen problemlos harte Schalen aufnagen. Man nennt diese Zähne deshalb auch **Nagezähne** und zählt die Eichhörnchen zu den **Nagetieren.** Nagezähne wachsen im Gegensatz zu anderen Zähnen ein Leben lang nach. Junge Eichhörnchen wissen von Geburt an, dass eine Nuss aufgenagt werden muss, um an den leckeren Inhalt zu gelangen. Sie müssen jedoch lernen, dass sie zum einfachen Öffnen der Nuss eine Furche in Längsrichtung entlang der Faserrichtung der Nuss nagen müssen.

1 Beweise mit einem Experiment, dass Eichhörnchen sich ihre Versteckplätze nicht merken, sondern mithilfe ihres Geruchssinnes wiederfinden.
2 Nenne Verhaltensweisen, die dem Eichhörnchen das Überwintern in Mitteleuropa ermöglichen.
3 Überlege, wie man den Bestand von Eichhörnchen schützen könnte. Diskutiere in der Klasse.

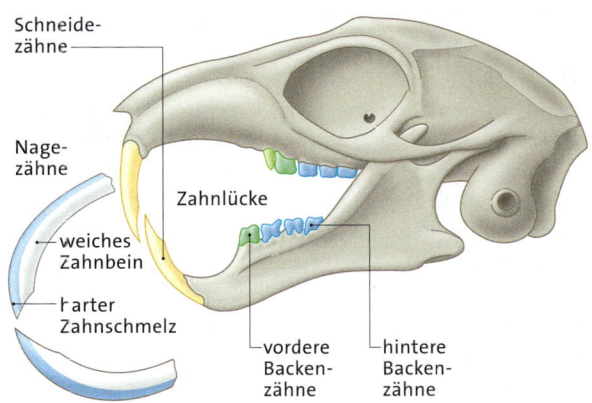

2 Schädel und Gebiss des Eichhörnchens

3 Eichhörnchen beim Fressen

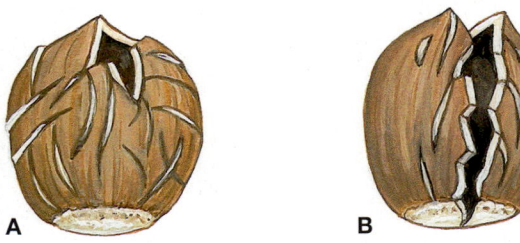

A   **B**

4 Angenagte Haselnüsse.
A Ungeübtes Eichhörnchen; **B** *erfahrenes Eichhörnchen*

3 Pflanzen und Tiere in ihren Lebensräumen

3.1 Wildpflanzen verschiedener Standorte

Auf alten, teilweise verwitterten Mauern wachsen Pflanzen, die man auf den angrenzenden Wiesen nicht findet. Typisch für den Bewuchs einer solchen Mauer sind beispielsweise die Weiße Fetthenne und die Mauerraute. Auch andere Pflanzen, wie das Zymbelkraut und der Braune Streifenfarn, wachsen überwiegend in Mauerritzen. Eine Mauer ist somit durch das Auftreten charakteristischer Pflanzen deutlich von ihrer Umgebung abgegrenzt. Offenbar wird der Bewuchs an einer Mauer durch bestimmte Umweltbedingungen, wie beispielsweise durch die Verfügbarkeit von Wasser, entscheidend beeinflusst. Man bezeichnet diese Bedingungen als **Umweltfaktoren** und einen solchen abgrenzbaren Ort wie die Mauer als **Lebensraum.** Die Pflanzen, aber auch die Tiere, die in einem bestimmten Lebensraum vorkommen, bilden eine **Lebensgemeinschaft.** Da die Umweltfaktoren verschiedener Lebensräume erheblich voneinander abweichen, unterscheiden sich auch die jeweiligen Lebensgemeinschaften.

Eine charakteristische Pflanze der Lebensgemeinschaft Mauer ist die Weiße Fetthenne. Auffällig sind ihre kleinen, sehr dicken und fleischigen Blätter. Presst man diese etwas zusammen, tritt eine wässrige Flüssigkeit aus. Offenbar können die Blätter der Fetthenne erhebliche Mengen an Wasser speichern. Dadurch ist die Fetthenne in besonderer Weise an den Lebensraum Mauer angepasst. Die wesentlichen Umweltfaktoren für diesen Lebensraum sind nämlich extreme Trockenheit und hohe Temperaturen im Sommer. Andere Mauerpflanzen, wie die Mauerraute, dringen mit ihren sehr langen und dünnen Wurzeln zwischen die Mauerritzen, um das wenige, sich dort sammelnde Wasser aufzunehmen.

In der angrenzenden Wiese wächst als charakteristische Pflanze unter anderen die Karthäuser-Nelke. Sie besitzt kleine, harte Blätter und eine tief reichende Wurzel. Mit den kleinen Blättern kann sie Wasserverluste als Folge von Verdunstung gering halten, aber kein Wasser speichern. Jedoch erreicht sie mit ihren Wurzeln gerade noch das spärlich vorhandene Bodenwasser. So ist die Karthäuser-Nelke gut an die in dieser Wiese vorherrschende zeitweilige Trockenheit und die hohen Temperaturen im Sommer angepasst. Diese beiden Umweltfaktoren charakterisieren den Lebensraum *Trockenwiese*.

1 Lebensräume und ihre Charakterpflanzen. A *Mauer: Weiße Fetthenne;* **B** *Trockenwiese: Karthäuser-Nelke;*

Eine typische Pflanze sumpfiger Wiesen ist die Sumpfdotterblume. Sie besitzt große, weiche Blätter ohne besonderen Verdunstungsschutz und einen flach wurzelnden Wurzelstock. Bei einer sumpfigen Wiese ist, anders als bei einer Trockenwiese, Wasser im Überfluss vorhanden. Daher braucht die Verdunstung von Wasser durch die Blätter nicht begrenzt zu werden und es sind keine tief reichenden Wurzeln notwendig. Die flachen Wurzeln können auch dann noch ausreichend mit Sauerstoff versorgt werden, wenn der Boden völlig mit Wasser vollgesogen ist. Diese Angepasstheit an einen Überfluss von Wasser ist typisch für die Pflanzen des Lebensraums *Feuchtwiese*.

Im angrenzenden Laubwald findet man am Waldboden unter anderem das Waldveilchen. Es wird nur etwa 15 Zentimeter hoch und besitzt verhältnismäßig große und zarte Blätter. Das Waldveilchen wächst und blüht im Frühjahr, wenn die Bäume des Waldes noch ohne Laub sind. Mit seinen großen Blättern kann es den hohen Lichteinfall im Frühjahr wirksam nutzen. Im Sommer, wenn nur noch wenig Licht zum Waldboden gelangt, beendet das Waldveilchen sein Wachstum und zieht die Nährstoffe in die Wurzel zurück. Licht ist demnach ein wesentlicher Umweltfaktor für die Pflanzen des Lebensraums *Krautschicht*.

Weitere bestimmende Faktoren für den Lebensraum Krautschicht in einem Wald sind die hohe Luft- und Bodenfeuchte und die geringe Luftbewegung. Daher hat das Waldveilchen auch keine besonderen Angepasstheiten zum Verdunstungsschutz. Zur Verankerung im Boden genügt ein flach wurzelnder Wurzelstock. Die Ausbreitung der Samen des Waldveilchens erfolgt durch bestimmte Ameisen, die eiweißhaltige Teile der Samen fressen.

1 Charakterisiere den Lebensraum Mauer und erläutere, wie Pflanzen dieses Lebensraums angepasst sind.

2 Vergleiche die Lebensräume Trockenwiese und Feuchtwiese.

3 Ein Landwirt zieht bei einer Feuchtwiese Entwässerungsgräben. Erläutere die Auswirkungen auf die dort vorkommenden Pflanzen.

4 Die Samen des Waldsauerklees werden durch Wegschleudern verbreitet, die des Waldveilchens mithilfe von Ameisen. Erläutere, weshalb es sich hier um Angepasstheiten an den Lebensraum Krautschicht handelt.

C Feuchtwiese: Sumpfdotterblume; D Krautschicht: Waldveilchen

1 *Laubmischwald*

3.2 Der Wald ist eine Gemeinschaft vieler Lebewesen

Heute gehen wir auf „Entdeckungsreise" in einen Wald. Bereits am Waldrand werden wir auf Tiere aufmerksam. Ein Sprung *Rehwild* flüchtet in das Waldinnere. Über uns kreist ein *Mäusebussard.* Vermutlich hat er in der Nähe auf einem hohen Laubbaum seinen Horst. Eine *Blindschleiche* sucht unter einem Moospolster Unterschlupf.

Das *Springkraut* hat bereits reife Früchte gebildet. Beim Berühren schleudert es seine Samen weit fort. Auf einer Waldlichtung lässt der *Sauerklee* seine Blätter hängen, im Schatten dagegen breitet er sie weit aus. Er reagiert offensichtlich auf Helligkeit. Unter einer Kiefer liegen viele Zapfen. Ein Buntspecht hat sie zuvor bearbeitet und nach Samen gesucht. Vor einem Fuchsbau liegen die Reste eines Beutetieres. Amei-

sen sind dabei, Fleischfasern von Knochen zu entfernen. Ab und zu kommt ein Zaunkönig herbeigeflogen und pickt Ameisen auf.

Der Wald ist also nicht nur eine Ansammlung verschiedener Pflanzen- und Tierarten. Die Pflanzen wie Moose, Kräuter, Sträucher und Bäume ermöglichen es, dass z. B. in einem Buchenmischwald etwa 6000 Tierarten leben können. Etwa 4500 davon sind Insekten wie Mücken, Fliegen, Käfer, Schmetterlinge, Bienen und Blattläuse. Zu ihnen gehören auch die *Roten Waldameisen*. Ihre Ameisenhaufen liegen an Waldrändern und auf Lichtungen. Über 600 000 Tiere gehören zu einem Nest. Sie ernähren sich hauptsächlich von Insekten und beugen so einer Massenvermehrung von Forstschädlingen vor. Neben den Insekten hat man in einem Buchenmischwald an Wirbeltieren auch 70 Vogelarten, 30 Säugetierarten und verschiedene Kriechtier- und Lurcharten festge-

2 *Tiere des Waldes*

stellt. Alle diese Tiere und Pflanzen haben im Mischwald ihren Platz gefunden. Pflanzen und Tiere bilden also eine Gemeinschaft, in der sich die verschiedenen Arten gegenseitig beeinflussen. Die Gesamtheit aller Lebewesen eines Lebensraums nennt man eine **Lebensgemeinschaft.**

Sehen wir uns einen Mischwald näher an. In gesunden Wäldern bilden die Pflanzen verschiedene *Stockwerke* oder Schichten.

In die **Bodenschicht** reichen die Wurzeln der Pflanzen. Pflanzen, die dicht über dem Boden wachsen, bilden die **Moosschicht.** Wo die Laub- und Nadelstreu nicht allzu dicht ist, breiten sich Moose aus.

Viel artenreicher zusammengesetzt ist die **Krautschicht.** Sie reicht bis etwa 50 cm über den Waldboden. Zu ihr gehören vor allem kleine und zarte Pflanzen, deren Sprossachsen nicht verholzen.

Im Frühjahr entwickelt sich in der Krautschicht ein Blütenteppich aus verschiedenen Frühblühern, zum Beispiel Buschwindröschen, Leberblümchen und Scharbockskraut. Im Sommer findet man nur Arten, die mit wenig Licht auskommen, etwa Wald-Sauerklee, Springkraut und einige Gräser.

Die **Strauchschicht** reicht bis in eine Höhe von etwa sechs Metern. Aus den Samen der Bäume wachsen dort junge Bäume heran. Die Strauchschicht entwickelt besonders an Waldrändern einen dichten Waldsaum.

In der darüber liegenden **Baumschicht** wachsen bis 40 m hohe Laub- und vereinzelt auch Nadelbäume. Die Kronen der Bäume bilden ein Dach und schützen den Waldboden vor starken Regengüssen und vor Austrocknung. Die Bäume bremsen auch stürmische Winde.

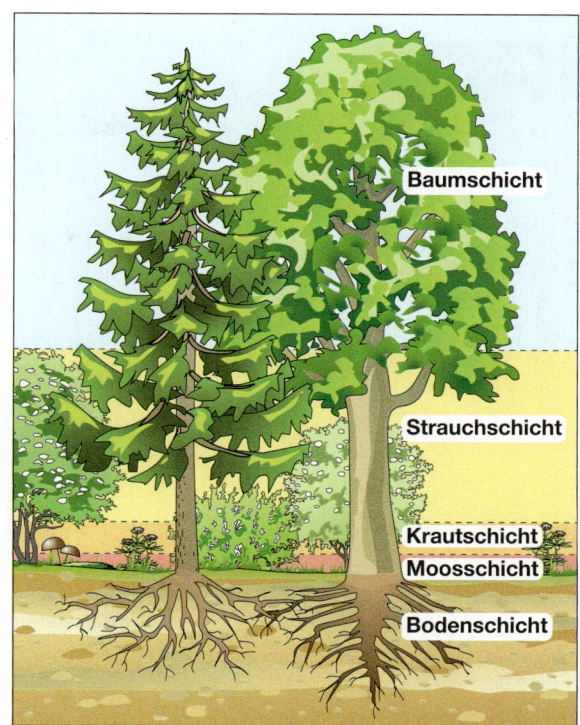

3 *Stockwerkaufbau eines Mischwaldes*

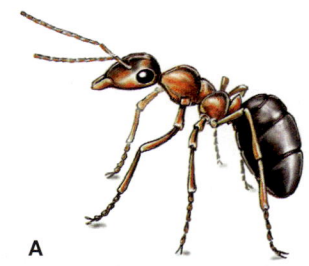

A

1 Erläutere die Bezeichnung Bodenschicht, Moos-, Kraut-, Strauch- und Baumschicht.

2 Nenne Pflanzen der Krautschicht.

3 Nenne Pflanzen der Strauchschicht.

4 Nenne Pflanzen der Baumschicht. Nutze hierzu auch die Pinnwände Seite 52/53.

5 Vergleiche die Lebensbedingungen für Pflanzen und Tiere in den verschiedenen Schichten des Waldes.

6 Suche in deiner Umgebung einige auf den Pinnwänden Seite 52/53 dargestellten Pflanzen und stelle verschiedene Zweige in der Klasse aus. Fasse typische Wiedererkennungsmerkmale zusammen.

7 Benenne die in Abbildung 2 dargestellten Tiere und erläutere, welche Bedeutung der Wald für sie hat.

4 *Lebensraum der Roten Waldameise.*
A *Rote Waldameise;*
B *Fichtenwald;* **C** *Ameisenbau*

Pinnwand

BÄUME DES WALDES

Fichte

Größe: bis 60 m
Vorkommen: auf lehmigen, sandigen Böden; feuchte Gebirgswälder
Blütezeit: Mai bis Juni
Besonderheit: wird bis 500 Jahre alt

Schwarzerle

Größe: bis 35 m
Vorkommen: auf feuchten, nährsalzreichen Böden; Auen- und Bruchwälder
Blütezeit: März bis April
Besonderheit: verträgt viel Bodennässe

Bergahorn

Größe: bis 40 m
Vorkommen: auf feuchten, nährsalzreichen Böden; Auen- und Gebirgswälder
Blütezeit: April bis Mai
Besonderheit: Flügel der Frucht bilden spitzen Winkel

Aufteilung der Waldfläche in Deutschland nach **Baumarten** (Angaben in %)

Kiefer	29,2
Fichte	34,0
Tanne	1,6
Lärche	1,2
Eiche	8,5
Pappel	2,0
Buche und anderes Laubholz	23,5

1 Erläutere die nebenstehende Tabelle. Nenne mögliche Gründe, warum der Anteil an Nadelhölzern so groß ist.

Lärche

Größe: bis 50 m
Vorkommen: auf lockeren Tonböden; Licht liebend
Blütezeit: März bis Mai
Besonderheit: wirft Nadeln im Herbst ab

Hainbuche (Weißbuche)

Größe: bis 25 m
Vorkommen: warme, mäßig feuchte Laubmischwälder
Blütezeit: April
Besonderheit: nach ihrem weiß-gelben Holz benannt

Stieleiche

Größe: bis 40 m
Vorkommen: weit verbreitet; feuchte bis trockene Wälder
Blütezeit: Mai
Besonderheit: wird 500 bis 800 Jahre alt

Sommerlinde

Größe: bis 33 m
Vorkommen: in mäßig feuchten, krautreichen, wintermilden Berg- und Schluchtwäldern, auf lockeren, nährsalzreichen Böden, empfindlich gegen Frost und Dürre
Blütezeit: Juni
Besonderheit: Blätter weich, beiderseits behaart, an der Unterseite in den Winkeln der Blattadern weißlich behaart

Esche

Größe: bis 30 m
Vorkommen: auf mäßig feuchten bis feuchten, tiefgründigen, nährsalzreichen Böden
Blütezeit: April bis Mai
Besonderheit: Holz schwer, zäh und elastisch

Winterlinde

Größe: bis 25 m
Vorkommen: in lichten und sommerwarmen Laubmischwäldern, auf lockeren, tiefgründigen, nährsalzreichen Böden
Blütezeit: Juni bis Juli
Besonderheit: Blätter etwas derb, an der Unterseite in den Winkeln der Blattadern rostbraun behaart

2 Vergleiche die Sommerlinde und die Winterlinde miteinander.

3 Vergleiche die Esche mit der Vogelbeere (Eberesche).

4 Vergleiche Bergahorn, Spitzahorn und Feldahorn miteinander.

Spitzahorn

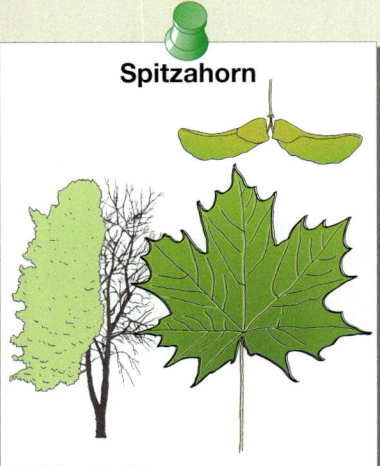

Größe: bis 30 m
Vorkommen: in mäßig feuchten, krautreichen, Licht und Wärme liebenden Berg- und Schluchtwäldern
Blütezeit: April bis Mai
Besonderheit: Flügel der Frucht bilden stumpfen Winkel

Vogelbeere, Eberesche

Größe: bis 17 m
Vorkommen: lichte Laub- und Nadelwälder, anspruchslos
Blütezeit: Mai bis Juni
Besonderheit: frosthart, kommt im Gebirge noch bis zur Baumgrenze vor

Feldahorn

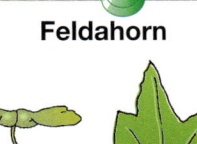

Größe: bis 15 m
Vorkommen: in Laubmischwäldern und Gebüschen auf nährsalzreichen, tiefgründigen, lockeren Böden, Wärme liebend
Blütezeit: Mai bis Juni
Besonderheit: Flügel der Frucht waagerecht abstehend

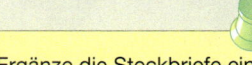

5 Ergänze die Steckbriefe einiger Laubholzarten in deinem Heft, indem du den Aufbau der Blätter beschreibst. Verwende dazu auch die Informationen auf Seite 54.

6 Erläutere den Bestimmungsschlüssel für Laubhölzer auf Seite 54.

53

Übung

Sträucher und Bäume bestimmen

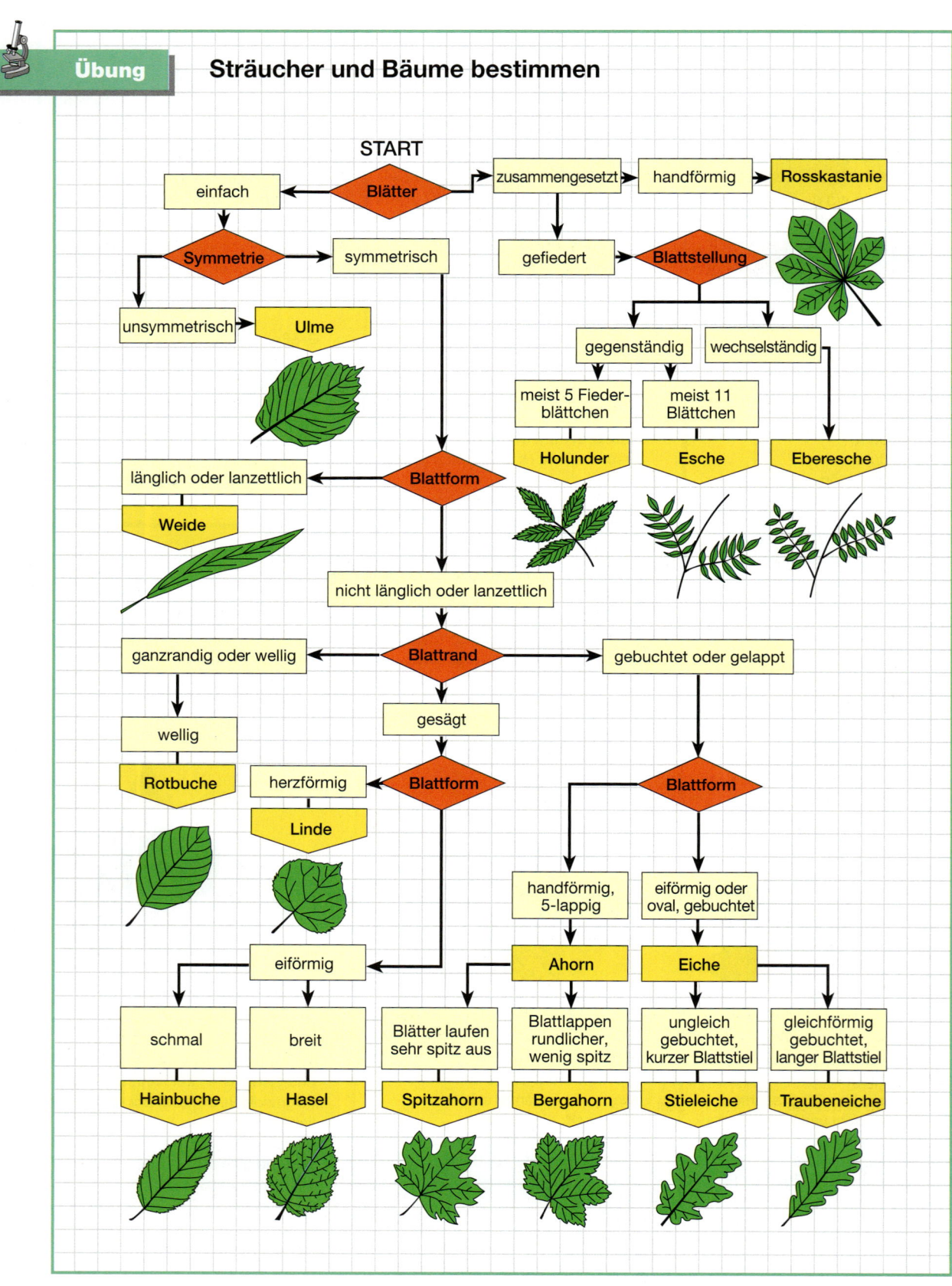

Eine Sammlung anlegen

Möchtest du zu einem Thema eine Sammlung anlegen, brauchst du bestimmte Hilfsmittel. Planst du beispielsweise eine Sammlung zum Thema „Spuren im Wald", gehören Tüten, Bleistift, Papier, Bestimmungsbücher, Wanderkarten, Fotoapparat und Lupe zu deiner Ausrüstung. Mache dir zu jedem Fund Notizen, zum Beispiel wann und wo du ihn gefunden hast. Deine Sammlung kann durch Fotos oder Zeichnungen, beispielsweise von geschützten Pflanzen und Tieren, ergänzt werden. Du kannst die Gegenstände, die du gefunden hast, in einem Schaukasten sammeln. Für Pflanzen eignet sich gut ein Herbarium. Dazu müssen die Pflanzen gepresst werden. Denke daran, dass die Gegenstände in deiner Sammlung übersichtlich angeordnet und gut beschriftet sein müssen.

Stieleiche
Fundort: Speyer
Datum: 05.06.04
Blattmerkmale: ungleich gebuchtetes Blatt mit kurzem Blattstiel
Besonderheit: Eicheln dienen vielen Tieren als Nahrung

Eberesche
Fundort: Speyer
Datum: 10.07.04
Blattmerkmale: gefiedertes Blatt
Besonderheit: rote Beeren

Hast du Pflanzen gesammelt und möchtest sie für ein **Herbarium** pressen, lege sie sorgfältig ausgebreitet zwischen mehrere Seiten Lösch- oder Zeitungspapier. Damit du dich später noch an Fundort, Namen und Datum erinnern kannst, beschrifte einen Zettel mit den Angaben und lege ihn zu den jeweiligen Pflanzen. Beschwere den Papierstapel mit Büchern. Verwende anfangs nur wenige Bücher, später mehr. Je langsamer die Pflanzen gepresst werden, umso schöner erhält sich ihre Farbe.

Nach zwei Wochen kannst du die gepressten Pflanzen aufkleben, zum Beispiel auf Zeichenkarton, und in einen Ordner heften. Klebe auf jede Seite nur eine Pflanze und beschrifte sie sorgfältig mit Namen, Fundort, Datum und besonderen Merkmalen.

In einem **Schaukasten** kannst du zum Thema „Spurensuche im Wald" von Insekten angefressene Bucheckern, Holzstücke mit Fraßspuren von Borkenkäfern, von Eichhörnchen angenagte Zapfen und von Eichelhähern zerhackte Haselnüsse ausstellen. Auch Fotos von Spuren im Schnee, Eulengewöllen oder von angebissenen Sträuchern passen dazu.

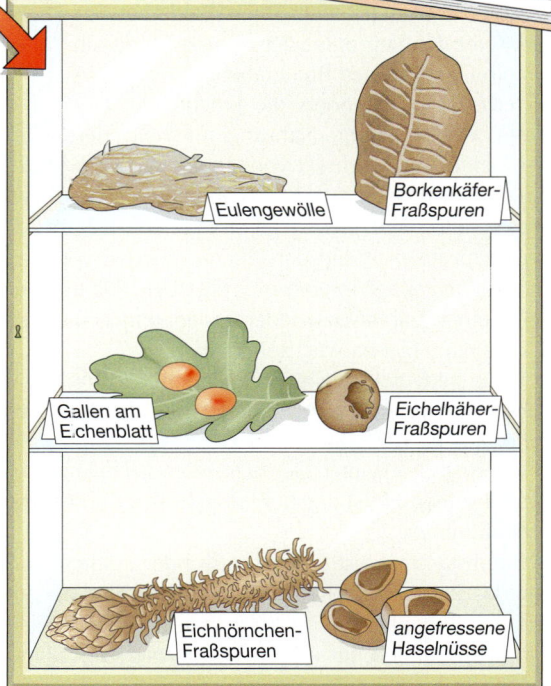

Eulengewölle

Borkenkäfer-Fraßspuren

Gallen am Eichenblatt

Eichelhäher-Fraßspuren

Eichhörnchen-Fraßspuren

angefressene Haselnüsse

3.3 Tiere – angepasst an ihren Lebensraum

Wenn du an Tiere des Waldes denkst, dann fallen dir vielleicht Arten wie *Reh, Fuchs, Eichhörnchen* und *Wildschwein* ein. Ein Wald ist jedoch ein Lebensraum für Tausende unterschiedlicher großer und kleiner Tierarten. Hättest du vermutet, dass zum Beispiel von einer einzigen alten Eiche über 6000 Tierarten abhängen? Gehen wir auf einen solchen Baum zu und betrachten ihn näher.

Die Blätter der Eiche bedeuten für viele Insekten Nahrung und Lebensraum. Die Raupen des *Eichenwicklers* zum Beispiel ernähren sich ausschließlich von jungen Eichenblättern. In manchen Jahren sind es so viele Raupen, dass sie die Eiche völlig kahl fressen. Zu dieser Zeit ziehen gerade viele Singvögel ihr Jungen groß. *Trauerschnäpper, Kohlmeisen* und *Blaumeisen* füttern ihre Nachkommen zum Teil mit diesen Raupen. Aber auch Maikäfer trennen mit ihren beißenden Mundwerkzeugen Blatteile ab und fressen diese. Als *Engerlinge* lebten sie im Bereich der Wurzeln der Eiche und ernährten sich von ihnen.

Beim genauen Hinsehen entdeckst du auf dem Eichenlaub kugelförmige Gebilde, die Gallen. Hier haben *Eichengallwespen* die Blätter angestochen und ihre Eier in das Blattinnere abgelegt. Die Eiche hat darauf reagiert und um die Eier ein kugelförmiges Gewebe gebildet. So können sich geschützt vor schädlichen Einflüssen aus den Eiern die Larven der Wespen entwickeln.

Im dichten Wurzelgeflecht hat die Waldmaus ihren Bau. In größeren Höhlen unter dem Wurzelwerk kann aber auch ein Dachs seinen Bau graben.

Im Herbst sind besonders die Früchte der Eiche, die Eicheln, eine begehrte Nahrung für viele Tiere. Der *Eichelhäher* holt sie direkt vom Baum. *Wildschweine,* Rehe und Hirsche „mästen" sich an den Eicheln, die zu Boden gefallen sind. Eicheln gehören auch zur Nahrung der *Eichhörnchen.* Viele der Früchte werden von den *Eichhörnchen* als Wintervorrat vergraben. Da sie nur einen kleinen Teil davon wieder finden, tragen sie dazu bei, dass neue Eichen wachsen können.

Die Eiche bedeutet für die Tiere jedoch nicht nur eine Nahrungsquelle. Im Baum befindet sich das Nest des *Eichhörnchens,* der Kobel. Dort zieht es die Jungen auf und verbringt den Winter. Der *Mäusebussard* hat in einer Astgabel seinen Horst angelegt und versorgt dort seine Nachkommen.

Der Baumstamm weist einige kreisrunde „Löcher" auf, die in das Stamminnere führen. Hier waren *Spechte* am Werk. Mit ihrem harten, meißelartigen Schnabel haben sie ihre Bruthöhlen tief in den Stamm getrieben. Dort werden die Jungen aufgezogen und hauptsächlich mit Insekten und anderen Kleintieren gefüttert. Diese holen

1 Lebensraum Eiche

die Spechte mithilfe des Schnabels und der langen Zunge aus den Ritzen der Borke. In den Bruthöhlen können dann im nächsten Jahr andere Vogelarten wie *Star* und *Kleiber* nisten. Auch *Fledermäuse* suchen tagsüber solche Höhlen als Ruheplatz auf. Dort hängen sie kopfüber und warten auf die Dunkelheit, in der sie auf Jagd gehen.

Der Baumstamm bietet aber bei weitem nicht nur Spechten und anderen Höhlenbrütern einen Lebensraum. Tagsüber können sich im dichten Blätterdach Eulen aufhalten, die dann im Schutz der Nacht auf Jagd gehen.

In den Ritzen der Borke leben viele Kleininsekten und Spinnen. Sie bilden die Hauptnahrung des *Kleibers*. Diesem Vogel gelingt es, am Baumstamm kopfunter zu klettern. Dabei hält er sich mit seinen starken Krallen an der Borke fest. Mit dem kräftigen Schnabel bricht er kleine Borkenstücke heraus und vertilgt die dahinter lebenden Kleintiere. Von diesen Tieren lebt auch ein anderer Klettervogel, der *Baumläufer*. Du erkennst diesen Vogel daran, dass er ruckartig in Spiralen den Stamm emporklettert. Mit seinem feinen, pinzettenartigen und gekrümmten Schnabel zieht er die Nahrung auch aus den feinsten Ritzen der Borke. Dieser kleine Vogel legt sogar hinter abstehenden Rindenstücken sein Nest an.

Im Sonnenlicht fallen am Stamm glänzende Spuren auf, die bis weit über den Erdboden reichen können. Hier haben in den frühen Morgenstunden und bei feuchter Witterung Schnecken ihre Spuren hinterlassen. Sie weiden die Algenteppiche ab, die als kaum sichtbarer grüner Belag den Baumstamm überziehen. Zwischen den Blättern und Ästen bauen viele Spinnen ihre Netze und fangen hier Insekten.

Wie ist es möglich, dass alle diese Tiere auf dem begrenzten Raum eines Baumes leben können? Wir haben an den wenigen Beispielen gesehen, dass die verschiedenen Tierarten unterschiedliche Bereiche des Baumes wie Borke, Stamm, Krone oder Wurzeln als Wohnraum und Nahrungsquelle nutzen. So behindern sie sich nicht gegenseitig.

1 Im Lebensraum Eiche findet man verschiedene Tiere. Ordne den Ziffern die folgenden Artnamen zu: Fuchs, Dachs, Waldmaus, Wildschwein, Baummarder, Eichhörnchen, Eichenwickler, Eichengallwespe, Buntspecht, Eule, Eichelhäher, Maikäfer, Schnecke und Kleiber.

2 Arbeitet in Gruppen: Erstellt Steckbriefe zu verschiedenen Tieren des Waldes.

3 Erstellt ein Informationsplakat zum Thema „sehr alte Bäume in der Umgebung". Recherchiert für jeden Baum dessen Artnamen, Alter, Höhe, Umfang und interessante Tiere, die dort vorkommen.

3.4 Zwischen den Lebewesen des Waldes bestehen vielfältige Beziehungen

Im Mai kann man manchmal im Eichenwald ein leises Rieseln vernehmen. Zahllose kleine, grüne Raupen fressen an den Blättern der Eichen. Ihr Kot, der wie feiner Regen auf Laubblätter fällt und dann zu Boden rieselt, verursacht dieses Geräusch. Einige Blätter sind schon fast aufgefressen und hängen wie Gerippe am Baum. Es sind die Raupen des *Eichenwicklers*. Er hat im Herbst Eier abgelegt, aus denen im Frühjahr die Raupen geschlüpft sind. Nun fressen sie ununterbrochen und nehmen rasch an Größe zu. Wenn sie ausgewachsen sind, weben sie mithilfe ihres Spinnfadens einen Kokon und verpuppen sich. In dieser Ruhephase durchleben sie eine erstaunliche Verwandlung. Aus der Raupe entsteht ein grüner Schmetterling. Während wir die Raupen beobachten, entwickelt sich etwas weiter von uns entfernt ein reges Treiben. Verschiedene Vögel, vor allem *Fliegenschnäpper* und *Meisen,* fliegen immer wieder zu den Eichenzweigen, picken auf den Blättern herum und entfernen sich. Sie sammeln die Raupen ein, um damit ihre Jungen zu füttern. In den Nestern von über 35 Vogelarten fand man schon Raupen des Eichenwicklers. Sie sind also eine begehrte Nahrung. Aber auch Meisen, Fliegenschnäpper und andere kleine Vögel können schnell zur Beute werden. Der *Sperber,* ein taubengroßer Greifvogel, kann sie erjagen. Mit schnellen Flügelschlägen streicht er, auf der Suche nach Beute, am Waldrand entlang. Hat er einen Vogel aufgescheucht, greift er sich diesen im Flug und verschwindet mit seiner Beute im Geäst. Der Sperber hat in unseren Wäldern nur wenige natürliche Fressfeinde. Dazu gehört der *Baummarder.* Mit seinen scharfen Krallen klettert er wendig an Baumstämmen hoch, balanciert auf dünnen Ästen und wagt bis zu drei Meter weite Sprünge. So gelangt er auch in die höchsten Baumkronen. Dort stöbert er mithilfe seiner ausgezeichneten Sinne sogar gut versteckte Sperberhorste auf und raubt Eier oder Jungvögel.

Es wird deutlich, dass zwischen den Lebewesen des Waldes Nahrungsbeziehungen bestehen. Die einfachsten bezeichnet man als **Nahrungsketten.** Am Anfang steht dabei immer eine grüne Pflanze, weil nur sie aus Wasser und Kohlenstoffdioxid mithilfe des Sonnenlichtes Nährstoffe wie Traubenzucker und Stärke herstellen kann. Diese Nährstoffe sind Nahrungsgrundlage für die meisten anderen Lebewesen. Deshalb werden grüne Pflanzen auch als **Erzeuger** bezeichnet. Alle nachfolgenden Glieder einer Nahrungskette können selbst keine Nährstoffe herstellen. Sie müssen also mit der Nahrung aufgenommen werden. Man bezeichnet Lebewesen, die sich so ernähren, als **Verbraucher.**

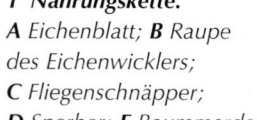

1 Nahrungskette.
A Eichenblatt; **B** Raupe des Eichenwicklers;
C Fliegenschnäpper;
D Sperber; **E** Baummarder

Die ersten Verbraucher in einer Nahrungskette sind Pflanzenfresser wie *Hasen, Rehe*, einige *Vögel* und viele *Insekten*. Sie heißen **Erstverbraucher,** weil sie die in den Pflanzen gebildeten Nährstoffe direkt aufnehmen. Von ihnen ernähren sich Fleischfresser wie *Marder, Fuchs,* viele *Sing-* und alle *Greifvögel*. Frisst ein Fliegenschnäpper z. B. eine Raupe, so ist er **Zweitverbraucher.** Ein Sperber, der den Fliegenschnäpper erbeutet, ist dann ein **Drittverbraucher.** Das letzte Glied einer Nahrungskette wird auch als **Endverbraucher** bezeichnet.

In Wirklichkeit sind die Beziehungen zwischen den Lebewesen eines Waldes noch viel verzweigter. So ernährt sich der Fliegenschnäpper nicht nur von Raupen des Eichenwicklers, sondern auch von anderen Insekten und ihren Larven. Noch vielfältiger gestaltet sich der Speisezettel von Wildschweinen. Sie fressen Wurzeln, Eicheln, Bucheckern, verschiedene Pflanzen, Schnecken, Maden, Mäuse und auch Aas. Wie Hausschweine gehören sie zu den Allesfressern.

Die Nahrungskette Eichenblatt → Eichenwicklerraupe → Fliegenschnäpper → Sperber → Baummarder ist nur eine von vielen möglichen im Lebensraum Wald.
Die einzelnen Nahrungsketten sind so miteinander verknüpft, dass ein **Nahrungsnetz** entsteht. Solch eine Darstellung lässt ahnen, wie vielfältig und verzweigt die Beziehungen der Lebewesen untereinander in Wirklichkeit sind.

Das Nahrungsnetz im Wald ist ein Beispiel für die vielfältigen **Wechselwirkungen** zwischen verschiedenen Lebewesen und ihrer Umwelt. Je vielfältiger der „Speisezettel" eines Tieres ist, umso mehr Wechselwirkungen ergeben sich zu den anderen Lebewesen. So fressen Wildschweine beispielsweise Wurzeln, Eicheln, Bucheckern, verschiedene krautige Pflanzen, Mäuse und auch Aas.

1 Erläutere an einem Beispiel, welche Folgen eintreten, wenn innerhalb einer Nahrungskette ein Glied ausfällt.
2 Erläutere das Nahrungsnetz in Abbildung 2.

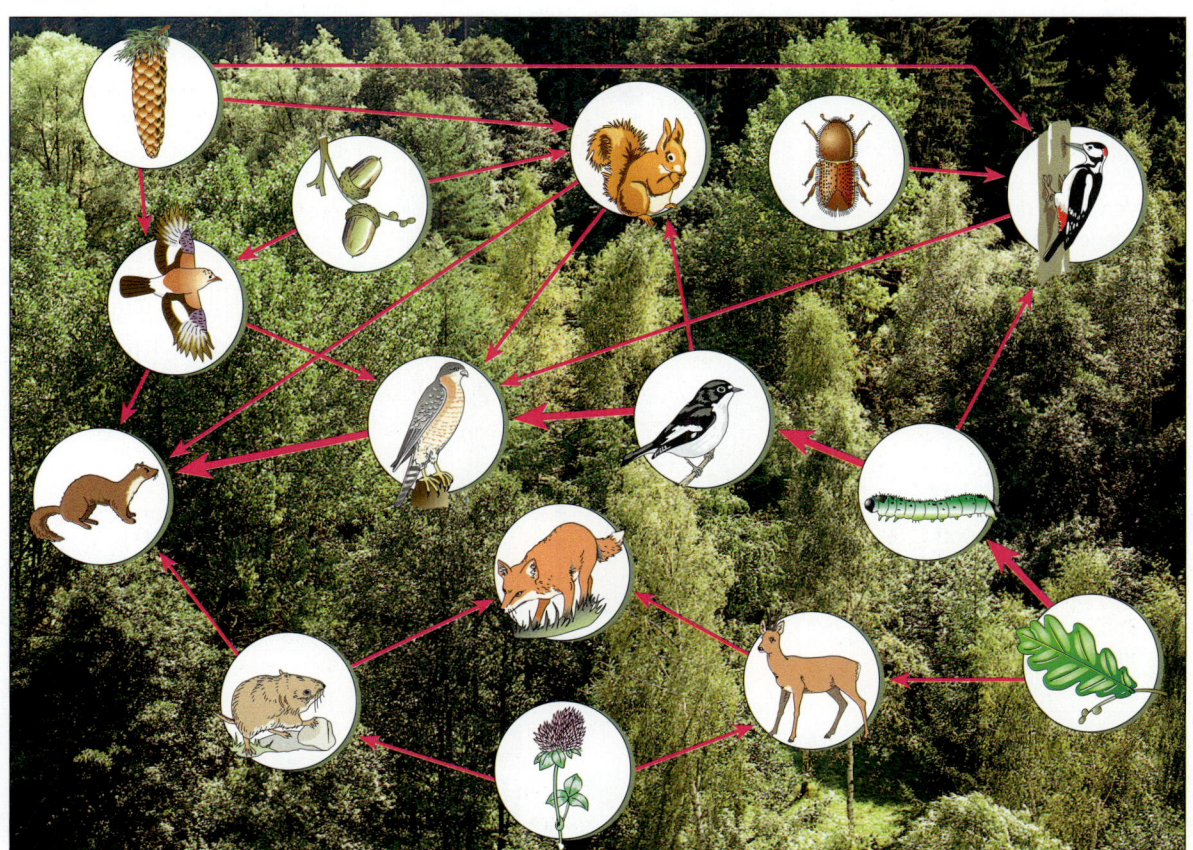

2 Nahrungsnetz im Wald

Methode   Ein Informationsplakat entsteht

Plakate begegnen uns ständig. Mit großen auffallenden Bildern oder Schriften werben viele für Produkte, Firmen, Vereine oder auch politische Parteien. Manche informieren auch nur zu bestimmten Themen.
Alle haben etwas gemeinsam: Sie fallen sofort auf. Und wir erkennen schnell, worum es geht.

Hast du Informationen zu einem bestimmten Thema gesammelt, kannst du sie auf einem **Plakat** zeigen.

Was du beim Erstellen eines Plakates beachten musst und wie du vorgehst:
- Erstelle eine Skizze, die zeigt, wie dein Plakat gestaltet werden soll.
- Ordne die Inhalte, die du zeigen möchtest, nach der Wichtigkeit.
- Bedenke: Der Platz ist begrenzt!

Finde eine passende Überschrift. Schreibe diese groß und deutlich auf das Plakat. Sie sollte auch aus einem Abstand von drei bis vier Metern gut lesbar sein.

Verwende nur einige ausgewählte Bilder. Diese sollten einfach gestaltet sein.

Für den Hintergrund des Plakats eignen sich viele Farben. Die Schrift muss sich vom Hintergrund jedoch gut abheben.

Plane nur so viel Text ein, wie unbedingt nötig ist.

Schreibe den Text möglichst mit dem Computer oder handschriftlich ordentlich mit einem dickem Stift.

Verwende für die Beschriftung nicht zu viele unterschiedliche Farben.

Die Lebensgeschichte einer Buche

Bucheckern

Keimling

Stuhl aus Holz

Baum

Baumstämme

vermoderndes Holz

Lebensraum Wald

V1 Kleine Waldausstellung

Material: Rinde, Zweige, Blätter, Blüten oder Früchte, Bestimmungsbücher für Bäume und Sträucher, Zeichenkarton, Klebstoff

Durchführung: Sammle im Wald Material zu einem ausgewählten Baum oder Strauch. Klebe die einzelnen Teile auf Karton und beschrifte sie.

Aufgabe: Gestalte zusammen mit den Plakaten deiner Mitschülerinnen und Mitschüler eine Ausstellung.

V2 Einfache Bestandsaufnahmen

Material: Zeltpflöcke, Wäscheleinen, Bestimmungsbücher oder Tafeln für Waldpflanzen und Waldtiere

Durchführung: Stecke in einem Waldstück einen 2 m × 2 m großen Bereich ab. Verwende dazu die Pflöcke und Leinen. Bestimme in diesem Gebiet mithilfe der Bestimmungsbücher die vorkommenden Pflanzen. Achte dabei auch auf Tiere.

Aufgabe: Trage deine Ergebnisse in eine Tabelle ein:

Schicht	Pflanzen	Tiere
Moosschicht	× × ×	× × ×
Krautschicht	× × ×	× × ×
Strauchschicht	× × ×	× × ×
Baumschicht	× × ×	× × ×

V3 Spuren im Wald

Material: Gläser zum Sammeln, Zeichenmaterial oder Fotoapparat

Durchführung: Suche im Wald nach verschiedenen Spuren, die Tiere hinterlassen haben. Das können Fraßspuren, Trittspuren oder Federn sein. Sammle solche Dinge ein, zeichne oder fotografiere sie.

Aufgaben: a) Versuche mithilfe der Abbildungen, Bestimmungsbüchern oder dem Internet herauszufinden, wer diese Spuren hinterlassen hat.

b) Ordne die abgebildeten Zapfen den Tieren richtig zu. Nutze dazu die folgenden Beschreibungen:

• *Eichhörnchen:* Die Schuppen werden von unten her nacheinander abgerissen. Am Zapfenende bleiben einige Schuppen stehen.

• *Waldmaus:* Gleichmäßig glatt abgenagter Zapfen. Am Zapfenende bleiben keine oder wenige Schuppen stehen.

• *Buntspecht:* Der Zapfen wird zerhackt, um an die Samen zu kommen.

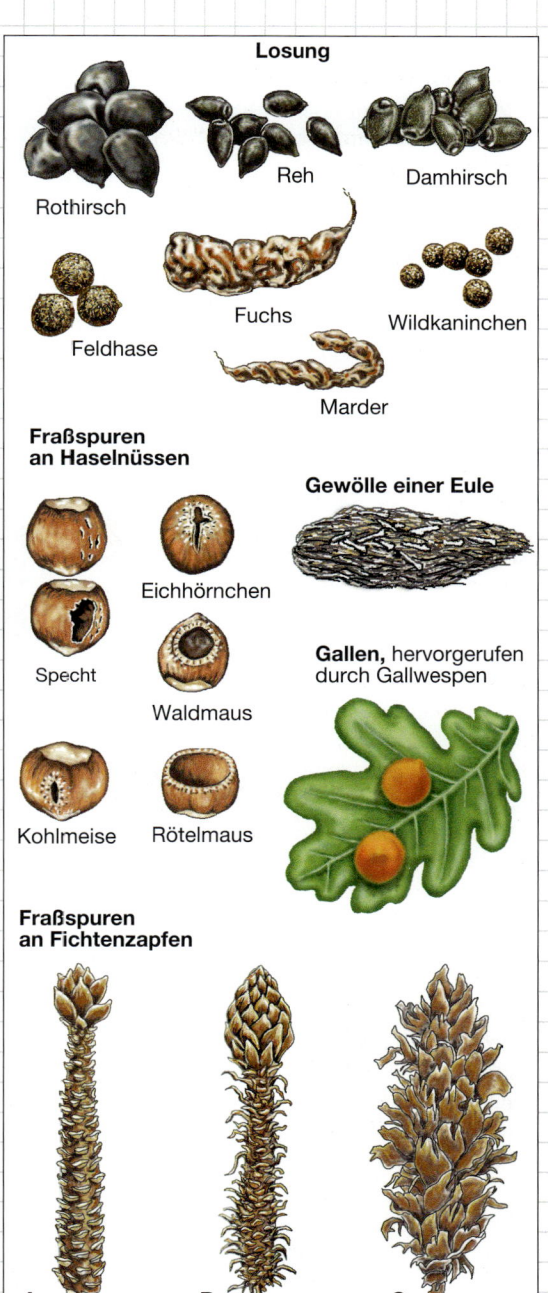

Losung

Rothirsch   Reh   Damhirsch

Feldhase   Fuchs   Wildkaninchen

Marder

Fraßspuren an Haselnüssen

Gewölle einer Eule

Eichhörnchen

Specht

Waldmaus

Gallen, hervorgerufen durch Gallwespen

Kohlmeise   Rötelmaus

Fraßspuren an Fichtenzapfen

A   B   C

3.5 Pflanzen im und am Lebensraum See

Auf Streifzügen an einem Seeufer gibt es oft etwas Neues zu entdecken. Ein natürlicher See hat an der vom Wind geschützten Seite meistens eine dicht bewachsene Uferzone. Im Dickicht der Pflanzen halten sich zahlreiche Tiere auf. Alle Pflanzen und Tiere leben dort, wo sie die Bedingungen finden, die sie zum Leben brauchen.

Geht man über einen Steg vom Land zum offenen Wasser, erkennt man, dass sich der Pflanzenbewuchs schnell ändert. Zuerst umsäumt ein schmaler Streifen von *Schwarz-erlen* und *Weiden* das Ufer. Darunter wachsen im Frühjahr gelb blühende *Sumpfdotterblumen* und im Sommer der rote *Blut-weiderich*. Binsen mit runden und Seggen mit dreikantigen Stängeln breiten sich hier aus. Die Pflanzen dieser **Erlenzone** vertragen ständig hohes Grundwasser oder zeitweise Überflutung.

Etwas weiter am flachen Uferrand, wo ständig Wasser steht, beginnt das **Röhricht.** Hier finden wir die gelbe *Wasserschwertlilie,* das *Pfeilkraut* und den *Froschlöffel.* Diese Sumpfpflanzen erhielten ihre Namen nach der Form ihrer Blätter, die an Schwerter, Pfeile und Löffel erinnern. Der Frosch-löffel hat allerdings unterschiedliche Blattformen. Untergetauchte Blätter sehen ganz anders aus als Luft-blätter. In dieser Zone wachsen auch *Rohrkolben* und *Schilf.* Sie kommen bis zu einer Wassertiefe von 1,5 Meter vor. Mit ihren verzweigten Wurzelstöcken sind sie fest im Schlamm verankert. Ihre hohen Halme sind heftigen Windstößen und Wellenschlägen ausgesetzt. Diesen Angriffen geben die elastischen Halme jedoch federnd nach und richten sich sofort wieder auf. Der röhrenförmige Stängelaufbau und die Knoten verleihen den Schilfhalmen die erforderliche Festigkeit und Bieg-samkeit. Die schmalen, bandförmigen Blätter sind derb und äußerst reißfest. Sie flattern bei Sturm wie Fahnen zur windabgewandten Seite.

An das Röhricht schließt sich in stillen Buchten die **Schwimmblattzone** an. *Seerosen* mit weißen und *Teich-rosen* mit gelben Blüten breiten sich hier aus. Lange, biegsame Stiele stellen die Verbindung zu den kräftigen Erdstängeln her. Bei schwankendem Wasserstand können

1 Ein See und seine Bewohner.
① *Teichrohrsänger,* ② *Libelle,* ③ *Teichhuhn,* ④ *Schwan,*
⑤ *Haubentaucher,* ⑥ *Stockente,* ⑦ *Wasserläufer,*
⑧ *Eisvogel,* ⑨ *Graureiher,* ⑩ *Wasserfrosch,* ⑪ *Kammolch,*
⑫ *Rückenschwimmer,* ⑬ *Hecht,* ⑭ *Plötze,* ⑮ *Libellenlarve,*
⑯ *Gelbrandkäfer mit Kaulquappe,* ⑰ *Teichmuscheln,*
⑱ *Schlammschnecke*

die elastischen Stiele jede Bewegung so ausgleichen, dass die Blätter und Blüten immer an der Oberfläche schwimmen. Die gesamte Pflanze ist von Luftkanälen durchzogen. Dadurch werden die Erdstängel im See-boden mit Luft versorgt. Über die Spaltöffnungen, die an

der Blattoberseite liegen, stehen die Kanäle mit der Außenluft in Verbindung. Die tellergroßen Schwimmblätter enthalten luftgefüllte Hohlräume. Deshalb schwimmen sie wie eine Luftmatratze an der Wasseroberfläche.

Je tiefer das Wasser wird, um so mehr treten die Schwimmblattpflanzen zurück und andere Wasserpflanzen, die ganz untergetaucht leben, breiten sich aus. In dieser **Tauchblattzone** kommen neben *Laichkräutern* auch *Tausendblatt, Wasserpest* und *Hornkraut* vor, deren Blätter meistens sehr klein sind. Sie besitzen keine Spaltöffnungen. Kohlenstoffdioxid und Sauerstoff werden über die Blattoberfläche ausgetauscht. Auch die notwendigen Mineralstoffe werden über die Blattoberfläche aus dem Wasser aufgenommen. Je nach Trübung können ab fünf Meter Tiefe auch Tauchpflanzen nicht mehr wachsen, weil das Sonnenlicht nicht mehr zur Fotosynthese ausreicht.

Man erkennt, dass sich durch unterschiedliche Lebensbedingungen in den einzelnen Zonen ganz bestimmte Pflanzengesellschaften ansiedeln. Diese Bedingungen sind zum Beispiel Wasserstand, Licht- und Windverhältnisse.

1 Erläutere, wie das Schilf den Wasserstands- und Windverhältnissen angepasst ist.
2 Nenne Eigenschaften von Pflanzen der Tauchblattzone und erläutere die Angepasstheit an das Leben unter Wasser.
3 Welche Pflanzenarten findest du in der Abbildung 1?
Ordne sie den einzelnen Pflanzenzonen eines Sees zu.

1 Weide
2 Erle
3 Segge
4 Blutweiderich

5 Wasserschwertlilie
6 Pfeilkraut
7 Froschlöffel
8 Rohrkolben
9 Schilf
10 Binse
11 Teichsimse

12 Wasserknöterich
13 Seerose
14 Teichrose

15 Wasserpest
16 Tausendblatt
17 Krauses Laichkraut
18 Hornblatt

Erlenzone	Röhricht	Schwimmblattzone	Tauchblattzone

2 Pflanzengürtel eines Sees (Schema)

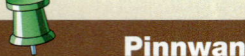
ANGEPASSTHEIT VON WASSERPFLANZEN

Wasserhahnenfuß

Der Wasserhahnenfuß bildet zweierlei Blätter aus: Schwimmblätter (1) und Tauchblätter (2)

Seerose

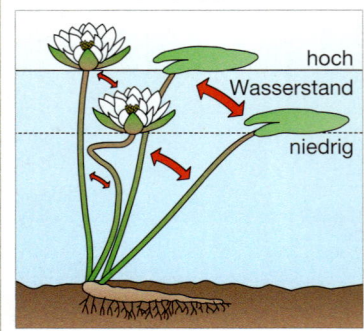

hoch
Wasserstand
niedrig

Die Seerose ist mit biegsamen Stängeln an den schwankenden Wasserstand angepasst.

1 Erläutere, wie Froschlöffel, Seerose und Wasserhahnenfuß an ihre Umweltbedingungen angepasst sind.

2 Vergleiche die Lage der Spaltöffnungen auf den Land- und Schwimmblättern des Wasserknöterichs. Begründe.

Froschlöffel

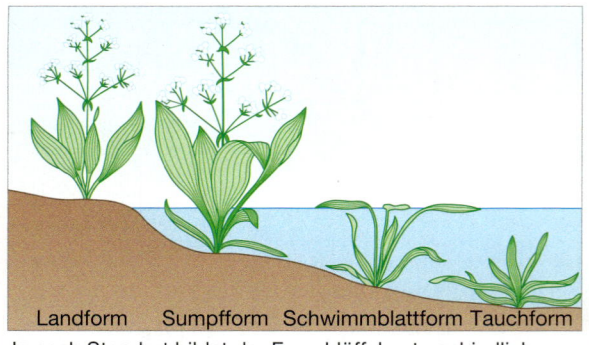

Landform   Sumpfform   Schwimmblattform   Tauchform

Je nach Standort bildet der Froschlöffel unterschiedliche Lebensformen aus.

Wasserknöterich

Aus einem im Boden kriechenden Wurzelstock wächst ein etwa ein Meter langer Stängel mit langgestielten, lanzettlichen Blättern. Wasserknöterich wächst sowohl an Land als auch im Wasser. An der Wasseroberfläche bilden sich Schwimmblätter, die im Sommer von einer rosaroten Blütenähre überragt werden.

Wasserknöterich

Blatt einer Landpflanze   **Schwimmblatt**

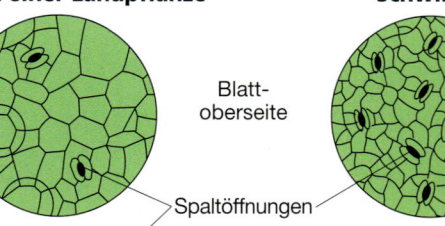

Blattoberseite

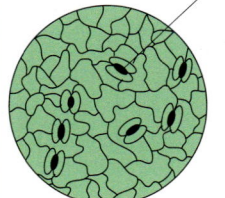

Spaltöffnungen

Blattunterseite

Durch die Spaltöffnungen erfolgen der Gasaustausch und die Abgabe von Wasserdampf.

Wasserpflanzen

V1 Wie belastbar ist ein Schilfblatt?

Material: 2 Pappstreifen (10 cm × 3 cm); Alleskleber; Nagel; Bindfaden; verschiedene Wägestücke; Stück eines Schilfblattes aus einem Gartenteich oder einer Gärtnerei (*Vorsicht:* scharfe Ränder!); Schreibmaterial

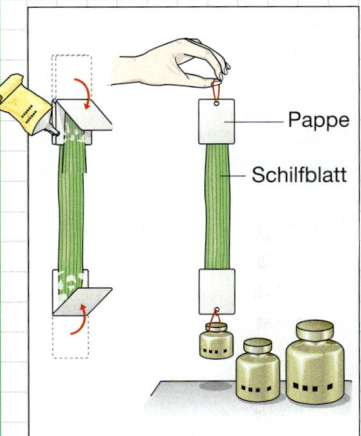

Pappe

Schilfblatt

Durchführung: Schneide die Blätter in 20 cm bis 30 cm lange Stücke. Falte beide Pappstreifen in der Mitte und bestreiche die Innenseiten mit Alleskleber. Lege je ein Ende des Schilfblattes zwischen einen Pappstreifen und drücke es fest zusammen. Warte, bis der Alleskleber trocken ist. Bohre dann mit dem Nagel in jeden Pappstreifen ein Loch, ziehe jeweils einen Bindfaden hindurch und knote die Enden zusammen. Hänge nacheinander die Wägestücke daran und hebe sie hoch.
Aufgaben: a) Stelle fest, welche Belastung das Blatt aushält ohne zu zerreißen.
b) Beschreibe an welche Umweltbedingungen am See das Schilfblatt mit seiner Reißfestigkeit angepasst ist?

V2 Leitung von Luft durch ein Seerosenblatt

Material: große Glasschale; Wasser; Messer; Nadel; Seerosenblatt; Schreib- und Zeichenmaterial
Hinweis: Da Seerosen unter Naturschutz stehen, darf man sie nicht aus einem natürlichen Gewässer entnehmen. Besorge deshalb aus einer Gärtnerei oder einem Gartenteich ein Seerosenblatt mit einem langen Stängel.

Durchführung: Schneide das Endstück vom Stängel sauber ab und puste kräftig Luft in den Stängel. Drücke dabei mit einer Hand das Blatt unter Wasser. Stich anschließend Löcher in die Blattadern und wiederhole den Versuch, um den Weg der Luft zu verfolgen.
Aufgaben: a) Beschreibe, was du bei den Versuchen beobachtest.
b) Zeichne ein Blatt mit Stiel und Blattadern und trage mit roten Pfeilen den Weg der Luft ein.
c) Erkläre, welche Bedeutung die beobachtete Stängeleigenschaft für die Pflanze hat.

V3 Wie tragfähig sind Seerosenblätter?

Material: große Glasschale; Wasser; Seerosenblatt; Sonnenblumenblatt; einige Wägestücke; Schreibmaterial

Durchführung: Lege nacheinander einige kleine Wägestücke gleichmäßig verteilt zuerst auf ein Seerosenblatt, dann auf ein etwa gleich großes Sonnenblumenblatt.
Aufgaben: a) Stelle fest, welche Belastung die Blätter aushalten ohne unter Wasser gedrückt zu werden.
b) Vergleiche die Ergebnisse der beiden Versuche und erkläre.

V4 Oberflächen von Seerosenblättern

Material: große Glasschale; Gefäß mit Wasser; Seerosenblatt
Durchführung: Halte das Seerosenblatt über die Glasschale und gieße Wasser über die Blattoberseite. Wiederhole diesen Versuch mit der Blattunterseite.
Aufgaben: a) Beschreibe, was du bei den Versuchen beobachtet hast.
b) Erkläre das Ergebnis.

Übung — Wasserinsekten

V1 Fang von Wasserinsekten

Material: Kescher oder Mehlsieb; Gläser mit Löchern im Schraubverschluss; Pinsel; Lupe bzw. Binokular; Bestimmungsbuch

Durchführung: Fange in einem Teich oder am Ufer eines Sees Wasserinsekten. Ziehe den Kescher mehrmals in verschiedenen Tiefen durchs Wasser. Streife die Tiere mit dem Pinsel einzeln vorsichtig in je ein mit Wasser gefülltes Glas. Schraube sofort den Deckel auf. *Beachte:* Setze die Tiere nach der Untersuchung wieder zurück in ihr Gewässer.
Aufgabe: Beobachte und bestimme die Wasserinsekten.

V2 Fortbewegung und Atmung bei Wasserinsekten

Material: Gläser und Wasserinsekten aus V1; Unterwasserpflanze; Stoppuhr; Lupe

Durchführung: Setze die Pflanze in eines der Gläser mit einem Wasserinsekt.
Aufgaben: a) Beschreibe, wie sich das Wasserinsekt fortbewegt.
b) Beschreibe, wie es Luft aufnimmt. Nimm die Lupe zu Hilfe.
c) Stoppe mit der Uhr die Tauchzeit und erkläre, warum das Tier so lange unter Wasser bleiben kann.

V3 Kann eine Reißzwecke schwimmen?

Material: Flache Schale; Wasser; Reißzwecke; etwas Fett, z. B. Butter oder Margarine

Durchführung: Halte die Reißzwecke am Dorn fest und setze sie behutsam mit dem Kopf nach unten auf die Wasseroberfläche. Fette die Fläche des Kopfes etwas ein und wiederhole den Versuch.

Aufgaben: a) Beschreibe die Versuchsergebnisse.
b) Stelle Vermutungen über die Eigenschaften des Wassers auf.
c) Erkläre welches Wasserinsekt diese Eigenschaft nutzt.

V4 Mückenzucht

Material: Einmachglas; Mehlsieb; Holzklötze; schwerer Stein; Mückenlarven und Puppen; vermodernde Pflanzenteile

Durchführung: Fülle das Glas mit Wasser aus der Regentonne. Fange mit dem Sieb Mückenlarven und Puppen in Tümpeln, Regentonnen oder Gräben. Entnimm auch vermodernde Pflanzenteile. Setze alles in das Glas und decke das Sieb darüber. Mit den Klötzen und dem Stein gibst du dem Sieb einen festen Halt. Stelle den Versuchsaufbau auf einen von der Sonne erwärmten Platz.
Aufgaben: a) Beschreibe das Auf- und Abtauchen der Mückenlarven.
b) Wie reagieren sie auf Erschütterung und plötzliche Beschattung? Erkläre dieses Verhalten.
c) Beschreibe die Unterschiede von Larve und Puppe bei Mücken.

Pinnwand

1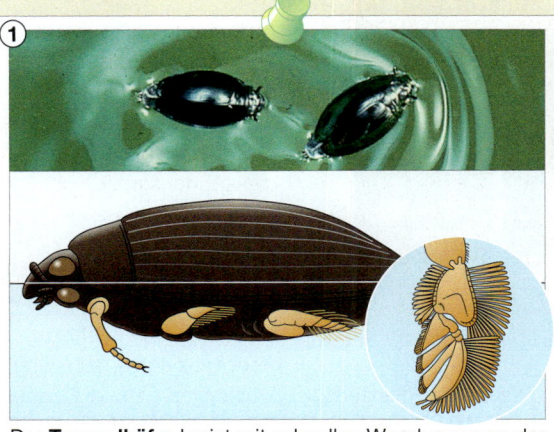

Der **Taumelkäfer** kreist mit schnellen Wendungen an der Oberfläche und sucht dort nach Beute. Mit seinen zweigeteilten Augen kann er sowohl über als auch unter Wasser sehen. Den ovalen Körper treibt er mit kurzen Ruderbeinen voran, deren Glieder plattenförmig verbreitert sind und wie ein Fächer auseinander gespreizt und wieder zusammengeklappt werden können.

2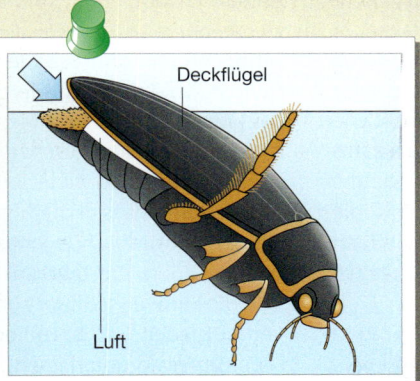

Deckflügel

Luft

Der **Gelbrandkäfer** nimmt in einem Hohlraum unter den Deckflügeln einen Luftvorrat auf. Mit dieser Reserve kann er längere Zeit unter Wasser bleiben. Die Luft wird durch kleine Öffnungen in den Hinterleibsringen in das Atmungssystem aufgenommen. Gelbrandkäfer fressen Wassertiere bis zur Größe kleiner Fische.

3

Der **Wasserskorpion** hat am Hinterleib zwei lange Fortsätze, die wiederum jeweils eine Rinne besitzen. Beim Atmen legt er sie so zusammen, dass beide Fortsätze eine geschlossene Röhre bilden. Kopfabwärts streckt er diese Atemröhre aus dem Wasser und holt dadurch Luft. Wasserskorpione fangen ihre Beute mit den scherenartigen Vorderbeinen. Sie sind nicht mit den echten Skorpionen verwandt.

A Schiffbrüchiger mit Rettungsweste

B Taucher mit Schnorchel

C Ruderer im Boot

D Sporttaucher mit Atemgerät

1 Ordne die Körpermerkmale und Lebensweisen der Wasserinsekten den entsprechenden technischen Erfindungen zu.

1 Waldbestand. A *gesunder Wald*

B *vier Jahre später;*

C *fünf Jahre später*

4 Die Vielfalt der Lebewesen und Lebensräume muss geschützt werden

4.1 Wälder sind gefährdet

Wenn du dir Abbildung 1 anschaust, stellst du fest, dass dieser Wald im Laufe der Jahre stark geschädigt wurde. Vielleicht hast du schon etwas vom **Waldsterben** gehört. Aber warum stirbt ein Wald?

Vielfach werden die Erkrankungen der Bäume durch Luftschadstoffe verursacht. Dazu gehören *Rauchgase* aus Kohlekraftwerken und andere Industrieabgase sowie Abgase aus Hausheizungen. Aber auch die Abgase aus Autos und Flugzeugen tragen zur Luftverschmutzung bei. Bei der Verbrennung von Erdöl, Erdgas und Kohle und von deren Produkten wie Benzin und Diesel bilden sich viele verschiedene Gase. Wenn sich diese Gase in der Luft mit dem Wasser der Wolken und mit der Luftfeuchtigkeit verbinden, entsteht der *saure Regen*. Er wird als eine der Hauptursachen des Waldsterbens angesehen. Eine wichtige Maßnahme gegen den sauren Regen ist die Verwendung von Katalysatoren in Kraftfahrzeugen und von Abgasfiltern in Öl- und Kohlekraftwerken. Diese vermindern den Ausstoß von schädlichen Gasen. Da vor allem bei der Energiegewinnung aus Öl und Kohle viele dieser Gase entstehen, kann man durch Energieeinsparung das Waldsterben vermindern.

Andere Waldschäden sind leicht mit dem bloßen Auge zu erkennen, so zum Beispiel Brandschäden, Wind- und Schneebrüche und Schäden durch Insektenbefall. Der *Fichtenborkenkäfer* ist ein gefährlicher Waldschädling, der krankes und totes Holz befällt. Sind in einem Fichtenforst die Bäume geschädigt oder gibt es durch Wind- oder Schneebruch viele tote Bäume, vermehrt er sich dort so stark, dass er auch gesunde Bäume befällt.

Da durch *Waldbrände* jedes Jahr große Schäden in unseren Wäldern entstehen, sollte man bei Wanderungen stets die Hinweisschilder zur Waldbrandgefahr beachten und auf jeden Fall das Rauchen und den Umgang mit Feuer im Wald unterlassen.

1 Gestaltet ein Informationsplakat zum Thema Gefährdung der Wälder und Waldschutz.

2 Wald nach einem Waldbrand

3 Borkenkäfer. A *Fraßbild;* **B** *Käfer*

Verhalten in der Natur

- Nimm Rücksicht auf andere Erholungssuchende!

- Beschädige oder zerstöre keine Pflanzen!

- Störe oder verletze keine Tiere!

- Beachte Hinweisschilder!

1 Formuliere Verhaltensregeln, die zu den Situationen passen, die auf den Pinnzetteln dargestellt sind.

2 Halte einen kurzen Vortrag über das richtige Verhalten in der Natur. Nimm dazu die Methode „Einen kurzen Vortrag halten" auf Seite 41 zu Hilfe.

3 Du siehst, wie dein Freund eine Getränkedose in ein Gebüsch wirft. Beschreibe, wie du dich verhältst.

1 Buchenmischwald. A *Schneeglöckchen;* **B** *Hohe Schlüsselblume;* **C** *Seidelbast;* **D** *Schwertblättriges Waldvögelein*

4.2 Pflanzen müssen geschützt werden

Schon ab Februar oder März blühen in den Gärten die ersten Pflanzen: Schneeglöckchen, Schlüsselblume und der giftige Seidelbast gehören zu diesen *Frühblühern*. Diese Pflanzen wachsen auch als Wildpflanzen in einem Mischwald. Doch dort sind Arten, wie zum Beispiel das Bleiche Waldvögelein, eine Orchidee, sehr selten geworden. Woran liegt das?

Große Flächen der Natur werden mit Straßen, Wohnhäusern und Fabriken bebaut. Zum Gewinn neuer Anbauflächen für die Landwirtschaft werden Moore und Feuchtgebiete entwässert und auf Dauer trockengelegt. Der Anbau auf den Nutzflächen soll möglichst Kosten sparend sein, gleichzeitig aber eine gute Ernte erzielen. Große und regelmäßig angelegte Flächen lassen sich viel einfacher mit Maschinen bearbeiten als kleinere Felder, noch dazu, wenn es zwischen ihnen keine „störenden" Hecken gibt. Eigentlich würden auf den Feldern auch Wildkräuter gedeihen. Damit die Nutzpflanzen ungehindert wachsen können, werden gegen die Wildkräuter Gifte gespritzt. Durch diese Maßnahmen ist der Lebensraum für wild lebende Pflanzen erheblich kleiner geworden. Oft bleiben für sie nur noch Randgebiete übrig. Wenn sie sich an die veränderten Bedingungen nicht anpassen können, sind Pflanzen sogar vom Aussterben bedroht. Aus diesem Grund sind bestimmte Lebensräume und die darin lebenden Pflanzen geschützt. Das **Bundesnaturschutzgesetz** soll dafür sorgen, *„dass die Vielfalt, Eigenart und Schönheit von Natur und Landschaft auch in Zukunft gesichert bleiben"*. Besonders gefährdete Arten stehen unter ausdrücklichem Schutz und werden in der **Roten Liste** zusammengefasst. Sie enthält beispielsweise alle einheimischen Orchideenarten. Solche Pflanzen dürfen weder gepflückt noch ausgegraben oder beschädigt werden. Auch ihr Lebensraum darf nicht verändert werden. Gebiete, in denen gefährdete Arten zahlreich vorkommen, können zu **Naturschutzgebieten** erklärt werden. So sind sie vor schädlichen Eingriffen weitgehend sicher. Naturschutzgebiete haben also zum Ziel, das Überleben aller wild lebenden Pflanzen zu gewährleisten.

1 Stelle für drei geschützte Pflanzen Steckbriefe auf. Notiere Namen, Vorkommen und Gefährungsursache.

1 *Monokultur in Deutschland*

2 *„Urwald" in Deutschland*

4.3 Forstwirtschaft im Wandel

Beim Spaziergang durch ein Waldgebiet fallen oft regelmäßig angeordnete Bäume auf. Die Wälder, wie wir sie heute in Mitteleuropa kennen, sind **Wirtschaftswälder.** Sie entwickelten sich in einem Zeitraum von etwa 2000 Jahren durch den Eingriff des Menschen.

Urwälder gibt es in Deutschland heute nicht mehr. Durch unkontrollierte Holzentnahme und Beweidung wurden die einst natürlich gewachsenen Wälder stark verändert. Vor etwa 200 Jahren stand die Bevölkerung daher knapp vor einer Holznot. Aus dieser Notsituation heraus entstand das Konzept der **Nachhaltigkeit** als Wirtschaftsprinzip in der Forstwirtschaft. Darunter versteht man ein Wirtschaftsprinzip, das mit den natürlichen Lebensgrundlagen der Welt so verantwortungsbewusst umgeht, dass sie auch den nachfolgenden Generationen in gleicher Qualität und in ausreichendem Umfang zur Verfügung stehen.
Um eine nachhaltige Nutzung des Waldes zu erreichen, ging man folgendermaßen vor: Zunächst durfte nicht mehr Holz genutzt werden, als nachwuchs. Auch großflächige Kahlschläge wurden vermieden. Heute entnimmt man dem Wald nicht mehr als zwei Drittel des nutzbaren Holzzuwachses. In Rheinland-Pfalz sind heute wieder mehr als 40 Prozent der Fläche bewaldet. Rheinland-Pfalz ist damit das waldreichste Bundesland.
In der modernen **nachhaltigen Forstwirtschaft** wird versucht, die Funktionen des Waldes dauerhaft zu erhalten und zu verbessern. Die Wirtschaftlichkeit steht dabei aber nach wie vor im Vordergrund. Förster achten allerdings darauf, dass bei der Holzernte *bestands-* und *bodenschonende Techniken* angewandt werden.
Früher waren unsere Wirtschaftswälder reine *Monokulturen*. Typisch für diese artenarmen Wälder ist eine geringe Widerstandsfähigkeit gegenüber Umwelteinflüssen. Durch gezieltes Pflanzen erwünschter Baumarten werden Monokulturen nach und nach in stabile und artenreiche Wälder umgewandelt. Wachsen aus den Samen neue Bäume, spricht der Förster von *natürlicher Verjüngung*.

Auch Wildtiere sind ein Teil des Ökosystems Wald. Gibt es allerdings zu viele, schaden sie durch übermäßigen Verbiss den jungen Bäumen. Da natürliche Feinde fehlen, kommt der **Jagd** eine wichtige Bedeutung zu.
In manchen Wäldern versucht man heute sogar wieder naturnahe Bedingungen zu erreichen, indem man Raubtiere wie zum Beispiel den Luchs einsetzt.

1 Erläutere den Begriff „Nachhaltigkeit" am Beispiel der Forstwirtschaft.
2 Erläutere, was sich in der Forstwirtschaft in den letzten Jahrzehnten verändert hat und warum ein Umdenken dringend erforderlich war.
3 Sammle Material über die Bedeutung und den Schutz von Wäldern. Gestalte ein Informationsplakat oder eine Sachmappe zu diesem Thema. Nutze dazu Fachbücher, Fachzeitschriften und das Internet.
4 Beurteile die Bedeutung der Jagd in einem Nutzwald.

1 Naturschutzgebiet. A *Naturnahe Flusslandschaft;* **B** *Biber;* **C** *Fischotter*

4.4 Vom Aussterben bedrohte Tiere brauchen unseren Schutz

Hast du schon einmal einen Fischotter oder Biber in der Natur beobachtet? Wahrscheinlich nicht. Beide Säugetiere sind sehr selten geworden. Dafür gibt es verschiedene Gründe.

Biber leben in Familiengruppen an sauberen Flüssen oder Seen mit lichten Laubholzwäldern. Die Tiere sind scheu und meist nachtaktiv. In ungestörten Gegenden fressen sie auch tagsüber Wurzeln, junge Sprosse und Rinde.

Fischotter bewohnen ebenfalls saubere und ruhige Flüsse und Seen. Sie ernähren sich von Fischen. Deshalb wurden sie von Fischern und Teichbesitzern verfolgt und abgeschossen. Auch wegen ihrer Felle stellte man Bibern und Fischottern nach. Zusätzlich wurde ihr Lebensraum vom Menschen stark verändert, hauptsächlich durch Düngemittel, ungeklärte Abwassereinleitung und chemische Schädlingsbekämpfungsmittel. Heute findet man Fischotter nur noch in naturnahen Flusslandschaften. Hier gibt es Flussufer mit großen Bäumen, zwischen deren Wurzeln die Otter ihre Baue anlegen.

Neben Fischotter und Biber sind von den 94 heimischen Säugetierarten noch weitere 47 Arten gefährdet. Dazu

gehören alle Fledermausarten, Seehund, Luchs und Wildkatze. Hauptursache für das Verschwinden dieser Arten ist die Zerstörung der natürlichen Lebensräume durch den Menschen. Wälder werden gerodet, Flüsse begradigt, Sümpfe trockengelegt und Straßen gebaut. Durch diese Veränderungen gehen Nahrungs-, Versteck- und Überwinterungsmöglichkeiten für die Tiere verloren. Ein langfristiger Schutz bedrohter Säuger ist deshalb nur möglich, wenn es gelingt, die ursprünglichen Lebensräume zu erhalten oder wiederherzustellen. Die Tiere selbst müssen auch geschützt werden. Ihre Bestände werden regelmäßig überwacht. Beim Biber gibt es bereits erste Erfolge. Ihre Zahl stieg in den letzten zehn Jahren auf 4000 Tiere, die an Isar, Elbe und Donau verbreitet sind. Seit 1993 werden einige Tiere sogar in andere Länder ausgesiedelt, in denen sie fast ausgestorben waren.

1 Nenne Maßnahmen zum Schutz von gefährdeten Tierarten.

2 Informiere dich über die Lebensweise und die Fortpflanzung von Amphibien, zum Beispiel Kröten. Bereite dazu einen Kurzvortrag vor, in dem du auch auf die Gefährdung von Amphibien eingehst.

Amphibien schützen

In den ersten milden, regnerischen Märznächten verlassen die Erdkröten ihre Winterquartiere. Überall sieht man nun Tiere, die zu den Laichgewässern wandern, in denen sie selbst aus dem Ei geschlüpft sind. Dort legen die Weibchen bis zu fünf Meter lange Laichschnüre an Uferpflanzen im Flachwasser ab. Die Männchen besamen die Eier in den Laichschnüren. Die Eier werden befruchtet.

Gruppe 1: Situation der Lurche erkunden

Informiert euch über Krötenwanderungen zwischen Winterquartier, Laichgewässer und Sommerlebensraum. Bereitet einen kurzen Vortrag vor. Erkundet, welche Lurche in eurer Umgebung vorkommen. Berichtet. Tragt die Laichgewässer in eine Karte ein.

Vorsicht !
Krötenwanderung

Gruppe 2: Wandernde Kröten schützen

An manchen Straßen sind Krötentunnel eingerichtet. Sie schützen wandernde Kröten vor dem Autoverkehr.

Wo es keine Tunnel gibt, könnt ihr zur Hauptwanderzeit einen etwa 50 Zentimeter hohen und unten ein wenig in die Erde eingegrabenen Kunststoffzaun errichten. Im Abstand von etwa 20 Meter werden Fangeimer eingegraben. Dort sammeln sich die Kröten und müssen jeden Morgen über die Straße getragen werden. Haltet in einem Protokoll die Anzahl und die Arten der Tiere fest. Wichtig ist, dass ihr euer Projektvorhaben mit den Aktivitäten örtlicher Naturschutzgruppen abstimmt.

Schutz wandernder Erdkröten

Gefahr durch Straßenverkehr

Krötentunnel

Krötenfangzaun

Laichplatzwanderung

Wiese **S** Acker
Frühjahr Laichgewässer ∩
Garten
S ∩ Fangzaun und Eimer
Straße **Frühjahr** **Herbst**
→ Krötenwanderung
S Sommerlebensraum
W Winterlebensraum
∩ Bäume
W **W**

Kröten im Fangeimer

Teillebensräume der Erdkröte im Jahresverlauf

Lebensinseln auf dem Schulgelände

Auf jedem Schulgelände gibt es ungenutzte Stellen, die selten von jemandem betreten werden. Sie sind geeignet, um langfristig Lebensinseln für unterschiedliche Tiere und Pflanzen anzulegen. **Lebensinseln** können Tieren Schutz und Unterschlupf bieten. Natürlich gehört Geduld dazu, die Pflanzen wachsen zu lassen und Tiere, die sich einfinden, zu entdecken und vorsichtig zu beobachten.

Sinnvoll ist es, ein *Tagebuch* anzulegen. Dort können alle Beobachtungen mit Datum festgehalten werden. Auch Zeichnungen und Fotos sollten nicht fehlen. Wenn ihr euren Mitschülerinnen und Mitschülern die Ergebnisse präsentiert, ist das Tagebuch eine Hilfe bei der Herstellung von Plakaten. Die Themen sind nur Vorschläge, die durch andere Themen ersetzt oder ergänzt werden können, zum Beispiel durch den Bau einer Nisthilfe für Vögel oder das Anlegen einer Kräuterspirale.

Mögliche Bewohner der Lebensinseln

Fledermauskästen

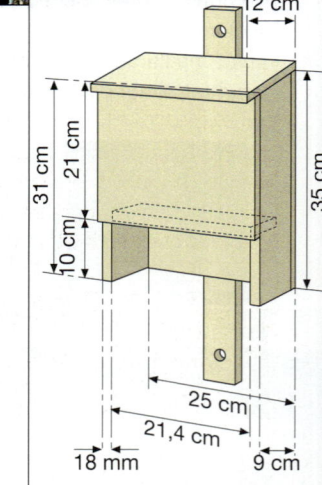

Aus der nebenstehenden Montageanleitung für einen **Fledermauskasten** könnt ihr entnehmen, welche Bauteile ihr benötigt und welche Maße sie haben müssen. Wichtig ist, dass ihr die Außenseiten vor dem Zusammensetzen zum Schutz vor Nässe mit Leinöl streicht. Die Teile sollten zusammengeleimt und zum besseren Halt zusätzlich verschraubt werden. Die Ritzen müssen mit Leim abgedichtet werden.

Bringt den Fledermauskasten in mindestens fünf Meter Höhe an einem Baum mit rissiger Borke oder an einer Hauswand an. Der Anflug der Tiere darf nicht durch Äste behindert werden. Ihr solltet mehrere Kästen bauen und diese in Sichtweite voneinander aufhängen.

Die Kästen können Fledermäusen als Sommerquartier dienen. Sie werden nur angenommen, wenn die Tiere in der Umgebung genügend Nahrung finden. Die in Europa vorkommende *Langohrfledermaus* ernährt sich von Insekten. Fledermäuse sind dämmerungs- und nachtaktive Tiere. Deshalb müsst ihr für die Beobachtung solche Zeiten einplanen.

Informiert euch auch umfassend über Körperbau, Verhalten, Nahrungsverhalten, Echoortung, Vorkommen und Fortpflanzung der Fledermäuse. Nehmt die Informationen in eure Präsentation auf.

Totholzhaufen und Steinhaufen

Sammelt abgestorbene Äste und Zweige, Wurzelstöcke, Hecken- und Strauchschnitt. Entscheidet euch für eine ruhige Stelle auf dem Schulgelände. Schichtet das gesammelte Material dort auf. Untersucht den **Totholzhaufen** vorsichtig in regelmäßigen Abständen auf vorkommende Tiere. Bestimmt die Namen der Tiere mithilfe von Bestimmungsbüchern und zeichnet oder fotografiert sie. Versucht, etwas über ihre Lebensweise zu erfahren. Protokolliert alle Informationen im Tagebuch.

Besorgt oder sammelt größere Feldsteine oder andere Natursteine. Wählt einen sonnigen Platz auf dem Schulgelände aus. Hebt dort etwas Boden aus. Schichtet nun die Steine so auf, dass sie fest liegen. Es sollten aber Hohlräume vorhanden sein. Beobachtet und untersucht den **Steinhaufen** regelmäßig. Beim Umschichten von Steinen für Beobachtungszwecke müsst ihr vorsichtig vorgehen, damit Tiere, die sich dort aufhalten, nicht verletzt werden.
Protokolliert eure Beobachtungen.

Fassadenbegrünung

Zunächst müsst ihr über eure Schulleitung bei der Stadt oder Gemeinde die Genehmigung für eine Fassadenbegrünung einholen.
Informiert euch dann in Gärtnereien über die unterschiedlichen Bedürfnisse von **Schling-** und **Kletterpflanzen.** Beachtet bei der Auswahl der Pflanzen ihre Licht- und Schattenverträglichkeit. Ermittelt deshalb Himmelsrichtung und Lichtverhältnisse am ausgewählten Standort. Manche Kletter- und Schlingpflanzen benötigen ein Klettergerüst.

Vor dem Pflanzen solltet ihr den Boden mit Mutterboden verbessern. Setzt die Kletterpflanzen 30 Zentimeter von der Wand entfernt ein. Schützt den Spross mit einem Drahtgerüst. Gießt die Pflanzen gut an und lasst den Wurzelballen in der ersten Zeit nicht trocken werden.
Notiert alle Erfahrungen, die ihr mit der Betreuung der Pflanzen macht, im Tagebuch. Fotografiert Wachstumsfortschritt und jahreszeitliche Veränderungen.

Begrünte Hauswand

Zusammenfassung

Pflanzen, Tiere, Lebensräume

Basiskonzept
Struktur – Eigenschaft – Funktion

Hund, Katze, Rind, Schwein und Pferd gehören zu den Säugetieren. Ihr Gebiss und ihre Verdauungsorgane sind an unterschiedliche Ernährungsweisen angepasst. Hund und Katze haben ein Raubtiergebiss mit scharfen, spitzen Zähnen. Mit den Eckzähnen halten sie ihre Beutetiere fest und mit den Backenzähnen schneiden sie Fleischstücke aus der Beute heraus.

Rinder fressen ausschließlich pflanzliche Nahrung. Das Gebiss dieser Pflanzenfresser hat deshalb andere Eigenschaften: Eckzähne fehlen, stattdessen sind die Backenzähne als Mahlzähne besonders groß und mit breiten Kauflächen ausgestattet. Die Verdauung pflanzlicher Nahrung ist ein langwieriger Prozess. Daher haben Pflanzenfresser im Verhältnis zu ihrem Körper einen sehr langen Darm. Rinder sind zudem Wiederkäuer mit einem in mehrere Abschnitte gegliederten Magen. Die Nahrung der Fleischfresser ist leichter verdaulich. Der Darm von Raubtieren ist deshalb verhältnismäßig kurz.

Auch die Struktur der Gliedmaßen ist an unterschiedliche Funktionen angepasst. Hunde haben Krallen an den Zehen, die ihnen beim schnellen Laufen ein sicheres Abstoßen ermöglichen und auch zum Scharren im Boden dienen. Katzen können ihre Krallen zum lautlosen Schleichen einziehen. Erst beim Beutefang werden sie ausgefahren. Rinder und Schweine tragen Hufe an den Zehen. Sie gehören deshalb zu den Huftieren.

Katzen können mit ihren Krallen klettern.

Basiskonzept System

Viele Tier- und Pflanzenarten haben ganz unterschiedliche Umweltansprüche. Für Pflanzen ist das Vorhandensein von Licht ein entscheidender Faktor. Manche Pflanzen brauchen relativ wenig Licht. Sie wachsen am Waldboden oder in größerer Wassertiefe im See. Andere Arten haben einen besonders hohen Lichtbedarf. Diese wachsen im Lebensraum Wald nur am Waldrand oder auf Lichtungen. Im Lebensraum See wachsen lichtbedürftige Pflanzenarten an der Wasseroberfläche oder im Uferbereich. Die Standorte verschiedener Pflanzenarten sind nicht nur vom Umweltfaktor Licht, sondern auch von anderen Einflüssen abhängig.

Von den Pflanzenarten ist das Vorkommen bestimmter Tierarten abhängig, denn Pflanzen sind die Grundlage der Nahrungsbeziehungen in Wald und See sowie in allen anderen Lebensräumen. Pflanzen fressende Tiere sind Nahrung für Fleisch fressende Tiere. Somit entstehen Nahrungsketten, in denen die Lebewesen direkt voneinander abhängig sind. Durch die Verknüpfung verschiedener Nahrungsketten ergeben sich Nahrungsnetze. Die Abhängigkeiten der Lebewesen von ihrer Umwelt und ihre Verknüpfungen untereinander kennzeichnen ein System, wie zum Beispiel den Lebensraum Wald oder See.

Der Mensch greift in viele Lebensräume ein und verändert oder zerstört sie dabei sogar. Viele Arten sind bereits ausgestorben, andere stark gefährdet. Damit die Verarmung unserer Lebensräume nicht weiter fortschreitet, ist ein intensiver Naturschutz notwendig.

Basiskonzept Entwicklung

Nutz- und Heimtiere hat der Mensch aus wild lebenden Vorfahren gezüchtet. Im Laufe von Jahrhunderten oder sogar Jahrtausenden haben sich auf diese Weise viele neue Rassen entwickelt, die es vorher in der Natur nicht gegeben hatte.

Entwicklungen kann man auch im Lebenslauf eines jeden Lebewesens beobachten. Bei Säugetieren beginnt die Entwicklung im Mutterleib. Nach der Geburt ernähren sich die Jungen zunächst nur von Muttermilch. Erst später lernen die jungen Säugetiere, selbstständig nach Nahrung zu suchen.

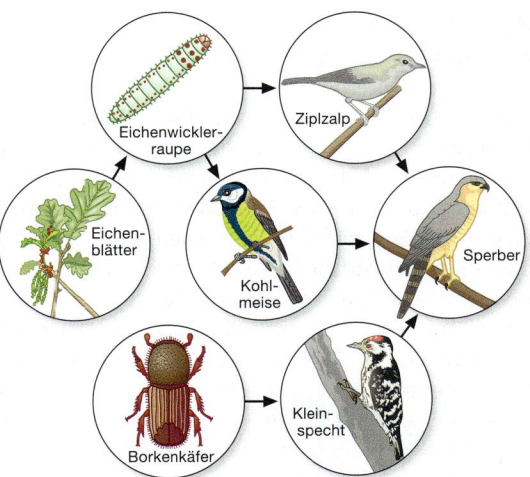

Nahrungsbeziehungen im Wald

Haustier Hund.
A Hunderassen;
B Raubtiergebiss des Hundes

Gefährdete Pflanzen. A Orchideenwald; **B und C gefährdete Orchideenarten** (B Frauenschuh; C Vogel-Nestwurz)

Wissen vernetzt

Pflanzen, Tiere, Lebensräume

A1 Schädel- und Gebissformen

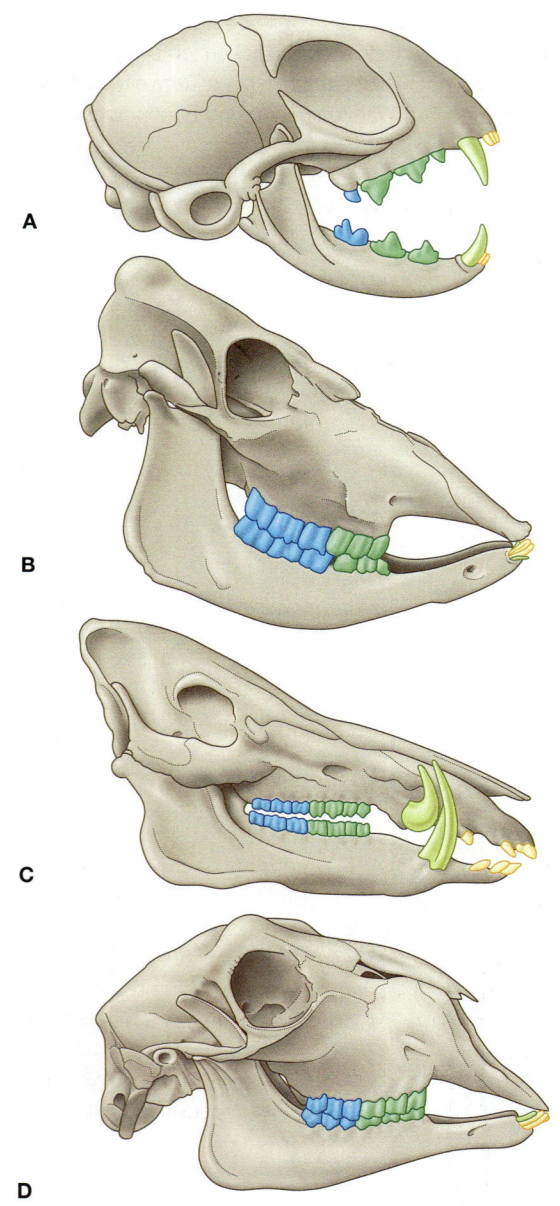

A

B

C

D

Aufgaben: a) Ordne die Abbildungen A bis D den vier Säugetierarten Schwein, Katze, Ziege und Rind zu. Nenne die jeweiligen Gebisstypen.
b) Vergleiche in einer Tabelle Struktur und Funktion der Zahnformen und der Gebisse.

A2 Trittsiegel

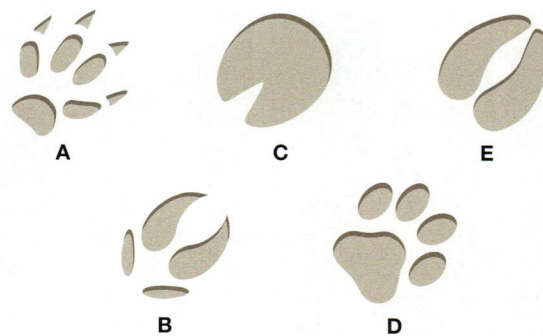

A   C   E

B   D

Aufgabe: Die Abbildung zeigt die Fußabdrücke, auch Trittsiegel genannt, der Säugetierarten Hund, Katze, Rind, Pferd und Schwein. Ordne sie den entsprechenden Tierarten zu und begründe die Zuordnung.

A3 Verdauung bei Säugetieren

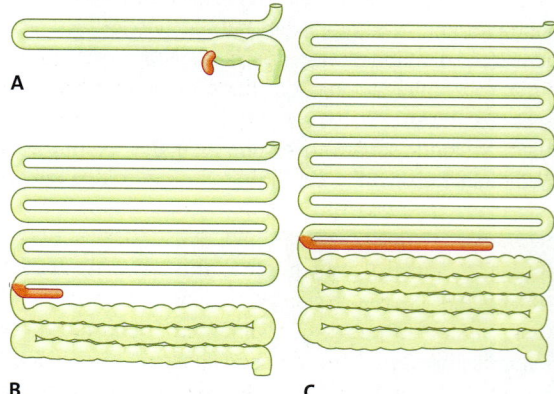

A

B   C

Aufgaben: a) Die Abbildungen A bis C zeigen den Darm der Säugetierarten Katze, Rind und Schwein. Ordne die Abbildungen den entsprechenden Tierarten zu und begründe deine Zuordnung.
b) Vergleiche Ernährung und Verdauung beim Rind und Pferd. Erläutere Übereinstimmungen und Unterschiede.

A4 Kaninchen in Australien

Seitdem Australien von den Europäern besiedelt wurde, sind dort insgesamt 20 Beuteltierarten und 16 Vogelarten ausgestorben. Weitere Arten sind entweder gefährdet oder stehen unmittelbar vor dem Aussterben. Der Grund dafür liegt unter anderem in der Einfuhr fremder Arten nach Australien.

Als besonders schädlich erwies sich das Europäische Wildkaninchen, von dem 1859 zehn Exemplare als zusätzliches Jagdwild freigelassen wurden. Man schätzt, dass sich die Kaninchen im frühen 20. Jahrhundert bereits auf 500 Millionen Tiere vermehrt hatten. Zu diesem Zeitpunkt waren die Kaninchen zu einem ernsthaften Futterkonkurrenten der riesigen Schafherden geworden und die australischen Schaffarmer beschlossen, die Kaninchenplage mit einer weiteren europäischen Art einzudämmen, dem Fuchs. Also wurden einige Füchse importiert und freigelassen. Sie gediehen in ihrer neuen Heimat prächtig, ohne dass die Zahl der Kaninchen abnahm. Dafür wurden nach kurzer Zeit am Boden brütende Vögel sowie kleine Beuteltiere selten.

Aufgaben: a) Stelle begründete Vermutungen an, warum sich die Wildkaninchen in Australien in den ersten Jahren explosionsartig vermehren konnten.

b) Erläutere, was sich die australischen Schafzüchter von der Einbürgerung des Fuchses versprachen.

c) Begründe, warum die Schafzüchter von falschen Voraussetzungen ausgingen, als sie den Fuchs in Australien einführten.

d) Erkläre mit Hilfe des Basiskonzepts System die Veränderungen in der australischen Tierwelt, die durch Einführung von Wildkaninchen und Fuchs auftraten.

A5 Das Edelweiß – eine bedrohte Art

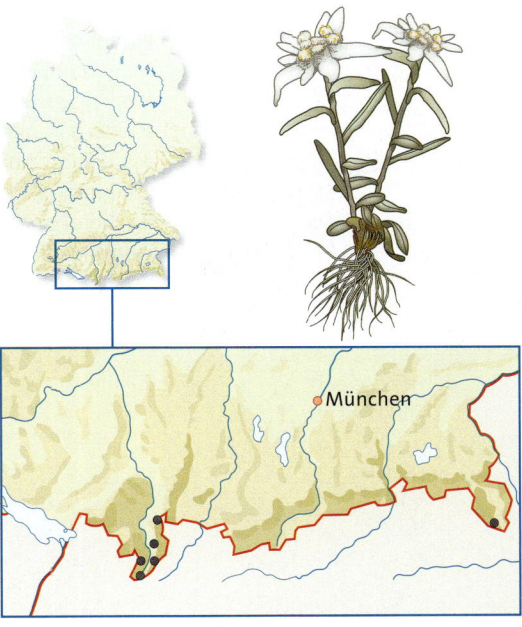

Das Edelweiß ist ein Korbblütengewächs, das in ganz Europa stark gefährdet ist. Es wächst nur unter bestimmten Bedingungen in wenigen Regionen.

Aufgaben: a) Recherchiere die Lebensraumansprüche der Art und begründe die in der Karte dargestellte Verbreitung.

b) Erläutere die von Naturschützern vielfach verwendete Redewendung „Artenschutz ist Lebensraumschutz".

Sinnesorgane und Messgeräte ergänzen sich

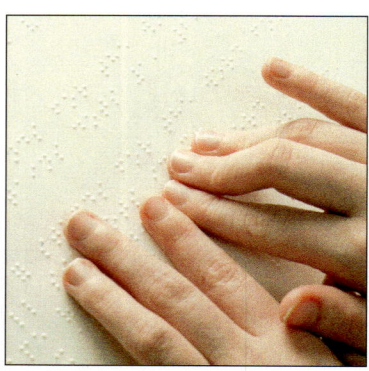

Kann man mit den Händen lesen?

Manche Bücher enthalten keine Buchstaben, sondern Punkte in verschiedener Anordnung. Erkundige dich in einer Bücherei nach dem Leserkreis derartiger Bücher. Informiere dich, wie solche Bücher gelesen werden.

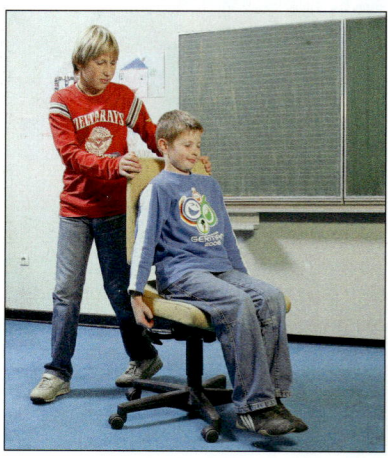

Auf einem Drehstuhl verliert man leicht den Überblick

Für diesen Versuch braucht man einen stabilen Drehstuhl. Am besten führt man den Versuch in Partnerarbeit durch.

Setze dich auf den Drehstuhl, schließe deine Augen und ziehe die Beine leicht an, sodass sie nicht auf dem Boden schleifen. Dann schiebt euer Partner den Stuhl leicht an und dreht ihn mit mäßiger Geschwindigkeit etwa fünfmal in 20 Sekunden. Beschreibe deine Empfindungen während des Drehens und nach dem Stopp. Tausche dann mit deinem Partner die Rolle.

Münzsammlung

Für diesen Versuch braucht man mehrere Münzen unterschiedlichen Wertes sowie eine flache Schachtel.
Führt den Versuch in Partnerarbeit durch. Während du deine

Augen mit einem Tuch verbindest, gibt dein Partner etwa fünf bis sieben unterschiedliche Münzen in die Schachtel. Dann greifst du nacheinander alle Münzen heraus und gibst den Wert der Münzen an. Besprecht in der Gruppe, wie sich mit verbundenen Augen der Wert bestimmen lässt.

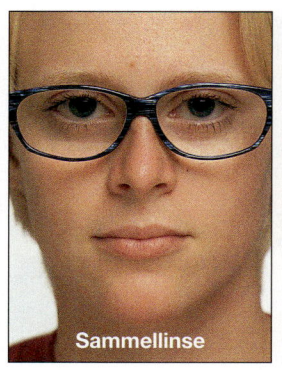

Sammellinse

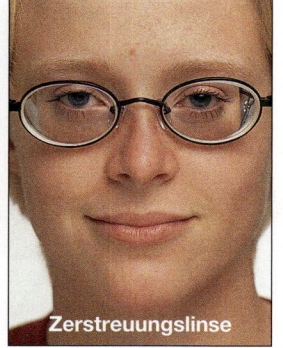

Zerstreuungslinse

Was bewirken Brillen?

Befragt in der Klasse oder in der Familie Brillenträger nach ihren Sehfehlern. Blickt vorsichtig durch verschiedene Brillengläser auf nahe oder entfernte Gegenstände. Notiert eure Beobachtungen. Formuliert Aussagen zur Wirkungsweise der jeweiligen Brillengläser. Unterscheidet zwischen Brillen mit Zerstreuungslinsen und mit Sammellinsen.

Und durch die Brille, scharf und klar, entdeckt er gleich ein langes Haar.

Überschwemmung im Bad

Beschreibe, welche Alltagsbeobachtungen in der nebenstehenden Zeichnung dargestellt sind. Gib eine Begründung für die Beobachtung.

Mit dem Thermometer in der Küche unterwegs

Beim Zubereiten der Nahrung zeigen sich messbare Eigenschaften von Stoffen. Wird beispielsweise Frittierfett aus dem Kühlschrank genommen, ist es fest und hart. Bereits nach kurzer Zeit bei Zimmertemperatur wird es weicher. Wird es in einem Kochtopf erhitzt, schmilzt es nach kurzer Zeit. Bestimme die Schmelztemperatur des Frittierfettes mit Hilfe eines Thermometers.
Erhitze in einem weiteren Versuch Eiswürfel. Protokolliere genau deine Beobachtungen, bis das Wasser siedet. Bestimme die Siedetemperatur mit dem Thermometer.

1 Sinneseindrücke. *A* Hören; *B* Sehen; *C* Fühlen; *D* Schmecken; *E* Riechen

1 Sinne und Orientierung

1.1 Jedes Sinnesorgan erschließt einen Ausschnitt aus der Umwelt

Jan hört Geräusche aus der Küche. Sein Vater bereitet das Mittagessen zu. „Darf ich heute Pudding als Nachtisch kochen?" fragt er. Sein Vater ist einverstanden. Jan holt ein Päckchen Puddingpulver und Milch aus dem Schrank. Zur Sicherheit *sieht* er sich das Rezept auf der Puddingpackung noch einmal an. Bevor er den Topf mit der Milch auf die Herdplatte stellt, prüft er vorsichtig mit der Hand, ob er auch die richtige Platte eingeschaltet hat. Er kann die Wärme *fühlen*. Dann rührt er das Pulver in die Milch ein. Aber halt, er hat ja den Zucker vergessen. Er holt die Zuckerdose aus dem Schrank und prüft mit einem kleinen Löffel, ob sich auch wirklich Zucker in der Dose befindet. Auf der Zunge *schmeckt* er den süßen Geschmack. Er fügt den Zucker hinzu und lässt das Ganze kochen. „Hmmm, das *riecht* gut", ruft er seinem Vater zu.

Die ganze Zeit über haben bestimmte **Reize** auf Jan eingewirkt. Das Klappern der Teller, die Schrift des Rezepts, die Wärme der Herdplatte, der Geschmack des Zuckers und der Geruch des Puddings sind solche Reize. Jan hat diese Reize mit seinen **Sinnesorganen** wahrge-

nommen: den Ohren, den Augen, der Haut, der Zunge und der Nase. Jedes Sinnesorgan spricht nur auf bestimmte Reize an.

Mit Hilfe der Sinnesorgane orientieren wir uns in unserer Umwelt. Wenn es hell genug ist, verlassen wir uns auf unseren **Sehsinn,** im Dunkeln hilft uns unser **Tastsinn.** Geräusche nehmen wir mit dem **Hörsinn** wahr, Gerüche mit dem **Geruchssinn.** Auf der Zunge befindet sich der **Geschmackssinn.**
Die Sinnesorgane nehmen die Reize auf. Diese werden in Nervenimpulse umgewandelt und über die Nervenbahnen an das Gehirn weitergeleitet. Dort werden die Informationen verarbeitet. Manchmal erfolgt daraufhin eine **Reaktion** des Körpers. So schließen wir beispielsweise die Augen, wenn wir plötzlich von sehr hellem Licht geblendet werden.

1 Stelle in einer Liste alle genannten Sinnesorgane zusammen. Welche Reize können mit ihnen wahrgenommen werden? Nimm Abbildung 1 zu Hilfe.
2 Ordne folgende Reize den entsprechenden Sinnesorganen zu: Geruchsstoffe, Temperatur, Schmerz, Geschmacksstoffe, Lichtstrahlen, Druck, Berührung, Schallwellen.

1 *Riechprobe*

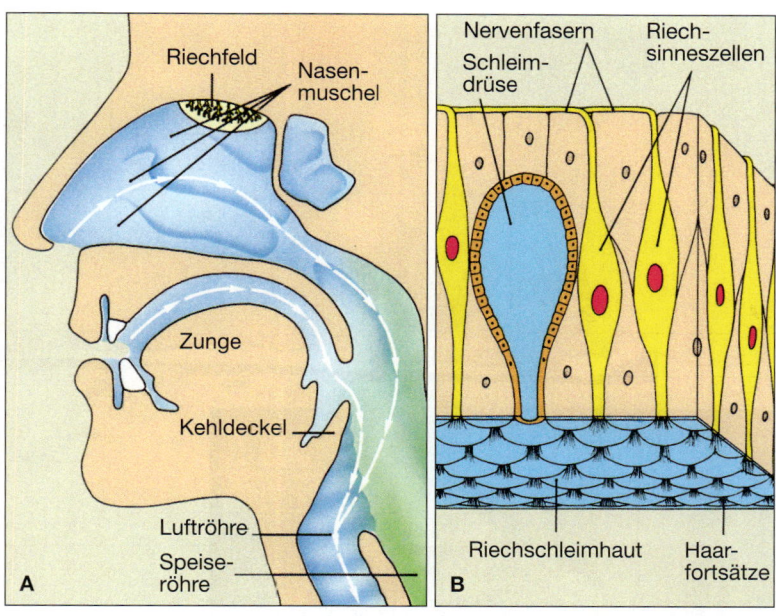

2 A *Lage des Geruchssinnes;* **B** *Feinbau des Riechfeldes*

1.2 Riechen und Schmecken

Ein Stück Pfefferminzschokolade schmeckt bei zugehaltener Nase nicht nach Schokolade und auch nicht nach Pfefferminze, nur süß. Woran liegt das?

Schmecken kann man nur mit der **Zunge.** Wenn du sie genau im Spiegel betrachtest, fallen dir sicherlich kleine warzenartige Gebilde auf. Es sind **Geschmackspapillen,** die auf der ganzen Zunge verteilt sind. Jede Papille ist von einer grabenartigen Vertiefung umgeben. In den seitlichen Wänden befinden sich **Geschmacksknospen.** Sie enthalten die Sinneszellen, die von den Geschmacksstoffen erregt werden und über Nervenzellen dem Gehirn z.B. melden: Suppe versalzen! Damit sie immer neue Geschmacksreize aufnehmen können, werden sie ständig von einer Flüssigkeit freigespült, die von besonderen Drüsen ausgeschieden wird. Erstaunlicherweise ist die Zunge aber nur in der Lage, vier wichtige Geschmacksrichtungen auseinanderzuhalten: süß, sauer, salzig und bitter.

Das Interessante an der Pfefferminzschokolade ist ja nicht nur der süße Geschmack. Es sind auch die **Gerüche,** die mit der **Nase** wahrgenommen werden: Pfefferminz- und Schokoladengeruch. Vieles, was du zu schmecken glaubst, riechst du also in Wirklichkeit. Beim Kauen gelangen nämlich Aromastoffe der Speisen über den Rachenraum zum Riechfeld der Nase. Bei zugehaltener Nase oder auch bei Schnupfen ist dies natürlich nicht mehr möglich – und man hat Schwierigkeiten, die Speisen zu erkennen.

Tief in der Nase ist ein Teil der **Nasenschleimhaut** als **Riechfeld** ausgebildet. Die gesamte Riechfläche ist etwa 6 cm² groß. Sie enthält zahlreiche Riechsinneszellen mit feinen haarartigen Fortsätzen. Diese ragen in eine Schleimschicht, mit der die Riechschleimhaut überzogen ist. Wenn man beim Essen durch die Nase einatmet, werden gasförmige Riechstoffe bis zur Riechschleimhaut gewirbelt. Sie lösen sich in der Schleimschicht und gelangen an die Riechhärchen der Riechsinneszellen. Die Riechsinneszellen geben die Meldung über eine Nervenfaser bis an das Gehirn weiter. Das Gehirn stellt dann z.B. fest: Es ist Pfefferminzaroma.

1 Beschreibe anhand von Abbildung 2 die Lage und den Feinbau des Geruchssinnesorgans beim Menschen.

2 Geruchs- und Geschmackssinn ergänzen sich. Erläutere diese Feststellung und nenne Beispiele.

1 Aufgaben der Haut. A *Hitzeempfinden, Kühlung durch Schweiß und Schutz vor Sonnenstrahlen durch Bräunung;* **B, C** *Kälteempfinden und Berührungs-empfinden mit Gänsehaut;* **D** *Schmerzempfinden*

1.3 Die Haut hat viele Aufgaben

Markus schwitzt. Schweißtropfen treten aus der Hautoberfläche aus. Nadine und Tanja frieren. Sie haben eine Gänsehaut. Auch Petra hat eine Gänsehaut. Sie friert allerdings nicht, sondern wird von ihrer Freundin am Rücken gestreichelt.

Hitze, Kälte und Berührungen nehmen wir über die Haut wahr. Die Haut kann allerdings noch mehr. Sie wirkt als Schutzmantel gegen Sonnenstrahlen, Wasser und viele Krankheitserreger. Schmerzempfindungen signalisieren uns, dass wir uns vorsichtiger verhalten müssen, um uns nicht ernsthaft zu verletzen. Auch bei der Regelung der Körpertemperatur spielt unsere Haut eine wichtige Rolle. Um zu verstehen, wie die Haut dies alles leisten kann, müssen wir ihren Aufbau kennen lernen.

Untersuchen wir die Haut zunächst von außen. Wenn du deine Haut betrachtest, siehst du die Hornschicht der **Oberhaut.** Sie schützt die Haut vor Verletzungen und vor dem Austrocknen. Solange die Haut unverletzt ist, können auch keine Krankheitserreger eindringen. Fetthaltige Stoffe aus den Talgdrüsen halten die Oberfläche geschmeidig. Die Hornschicht besteht aus abgestorbenen Zellen, die sich im Lauf der Zeit als weiße Schuppen ablösen. Von der darunter liegenden Keimschicht werden jedoch ständig neue Hautzellen gebildet, die abgestorbene oder verletzte Hautzellen ersetzen. Ein richtiger Sonnenbrand kann nämlich sehr schmerzhaft sein und die Haut auf Dauer schädigen.

Bei Sonnenbestrahlung bildet sich ebenfalls in der Keimschicht ein brauner Farbstoff, der den Körper vor Verbrennungen schützt. Auch Zehen- und Fingernägel werden von der Keimschicht gebildet.

Wenn man schwitzt, werden die Schweißdrüsen aktiv. Durch Poren in der Oberhaut wird dann Schweiß, eine Mischung aus Wasser, Salzen und anderen Stoffen, ausgeschieden. Er verdunstet auf der Haut und entzieht dabei dem Körper Wärme. Dadurch wird eine Überhitzung verhindert. Auf diese Weise ist die Haut an der Regulation der Körpertemperatur beteiligt.

In der gut durchbluteten **Lederhaut** befinden sich die meisten Sinneskörperchen. Dies sind mikroskopisch kleine „Fühler", mit denen wir verschiedene Reize wahrnehmen. Mit den *Tastkörperchen* spüren wir Berührungsreize. Sie sind in der Haut unterschiedlich dicht verteilt. In den Fingerspitzen liegen sie sehr dicht zusammen. Blinde können mit den Fingerspitzen die Buchstaben der Blindenschrift ertasten. Die freien *Nervenendigungen* melden uns Schmerzen. Außerdem nehmen wir mit ihnen die Reize „kalt" oder „heiß" wahr. In der Lederhaut liegen auch die „Wurzeln" der Körperhaare. An jedem Haar sitzt ein *Haarmuskel*. Dieser Muskel kann sich zusammenziehen und das Haar aufrecht stellen. So entsteht eine *Gänsehaut*.

In der **Unterhaut** befinden sich *Blutgefäße* und *Fetteinlagerungen*. Sie wirken wie Polster und schützen die darunter liegenden Körperteile. Alle Reize werden von den Sinneskörperchen in Nervenimpulse umgewandelt und über Nerven an das Gehirn weitergeleitet. Dort werden sie verarbeitet.

3 Tasten mit den Fingerspitzen

1 Nenne die Aufgaben der Haut. Nimm Abbildung 1 zu Hilfe.
2 Beschreibe den Aufbau der Haut. Nimm Abbildung 2 zu Hilfe und nutze das Basiskonzept System.
3 Erläutere, auf welche Weise die Haut versucht sich vor Sonnenbrand zu schützen.
4 Nenne Vorsichtsmaßnahmen, um Sonnenbrand vorzubeugen.
5 Beschreibe wie Blinde geometrische Figuren wahrnehmen können. Nimm Abbildung 3 zu Hilfe.

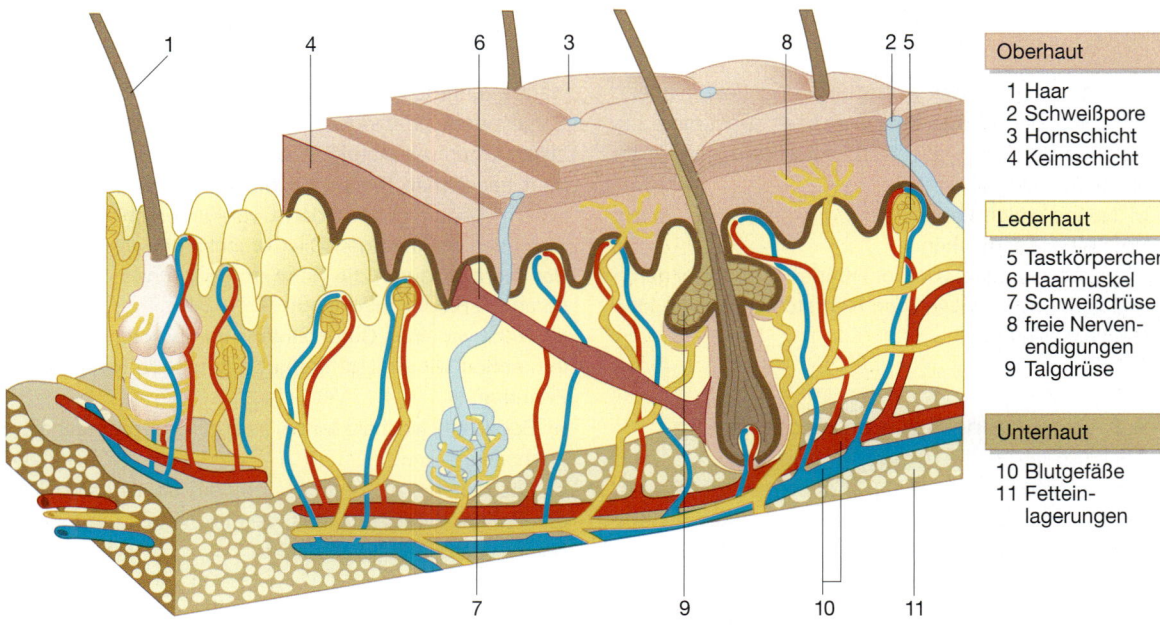

Oberhaut
1 Haar
2 Schweißpore
3 Hornschicht
4 Keimschicht

Lederhaut
5 Tastkörperchen
6 Haarmuskel
7 Schweißdrüse
8 freie Nervenendigungen
9 Talgdrüse

Unterhaut
10 Blutgefäße
11 Fetteinlagerungen

2 Bau der Haut (Schema)

Übung   Schmecken – Riechen – Tasten

V1 Wir schmecken mit der Zunge

Material: Zucker; Kochsalz; Essig; Bittersalz; Wasser; Kunststoff- oder Glasschälchen; Wattestäbchen
Durchführung: Gib in ein Schälchen etwas Zucker und Wasser. Tauche ein Wattestäbchen in die Lösung und tupfe dann an verschiedenen Stellen auf deine Zunge. Spüle nach jedem Versuch deinen Mund mit etwas Wasser. Wiederhole das Experiment mit Kochsalz, Essig und Bittersalz.

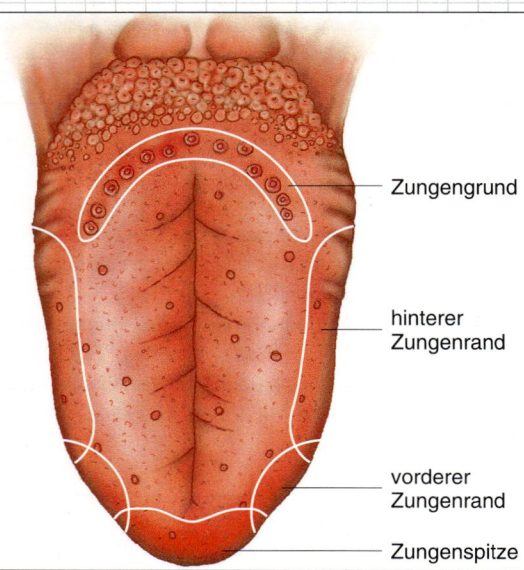

Zungengrund

hinterer Zungenrand

vorderer Zungenrand

Zungenspitze

Aufgaben: a) In der Abbildung sind verschiedene Bereiche der Zunge eingezeichnet. Bestimme, in welchen Bereichen süß, salzig, sauer und bitter empfunden werden.
b) Nenne einige Lebensmittel, die süß, sauer, salzig oder bitter schmecken.
c) Viele Menschen, vor allem Kinder, essen sehr gerne „Süßigkeiten". Auf welchen Nährstoff weist der süße Geschmack hin?

A2 Verdorbene Speisen riechen eklig

Verdorbene Butter, faule Eier und verwesendes Fleisch stinken abscheulich. Der Geruch kann so ekelerregend sein, dass ein Brechreiz entsteht. Erläutere die biologische Bedeutung dieses Sachverhalts.

V3 Wie schmecken Apfel und Zwiebel?

Material: Küchenzwiebel; Apfel; Küchenmesser; Tuch zum Augenverbinden
Durchführung: Am besten führt man den Versuch zu zweit und abwechselnd durch. Schneide mit dem Messer Zwiebel und Apfel in kleine Stücke. Verbinde deinem Versuchspartner die Augen. Dieser soll sich nun die Nase zuhalten und erkennen, ob du ihm ein Zwiebel- oder Apfelstück auf die Zunge legst.
Aufgabe: Erläutere das Versuchsergebnis.

V4 Tastempfindungen können verschieden sein

Material: Büroklammer; Lineal
Durchführung: Biege eine Büroklammer so auf, dass beide Spitzen dicht nebeneinander liegen. Miss den Abstand der Spitzen. Drücke mit den Spitzen auf Fingerkuppe, Handrücken, Unterarm und Zungenspitze. Vergrößere und verkleinere den Abstand der Spitzen und wiederhole die Versuche.
Aufgabe: Stelle fest, ob du den Abstand der beiden Spitzen überall als gleich empfindest. Erläutere.

A5 Riechschleimhaut der Nase

Der Innenraum der Nase ist durch feine Knochenwände unterteilt. Diese Knochen sind von einer Schleimhaut überzogen, in der die Geruchssinneszellen sitzen (Abbildung 2 auf Seite 11). Die Schleimhaut nennt man Riechschleimhaut. Mit den Sinneszellen können wir Hunderte von unterschiedlichen Gerüchen wahrnehmen. Die Geruchsstoffe werden mit der Atemluft durch die Nase gezogen und gelangen so an die Riechschleimhaut.
a) Wenn wir einen Geruch intensiv wahrnehmen wollen, atmen wir die Luft stoßartig durch die Nase ein. Erläutere.
b) Begründe, weshalb wir bei einem Schnupfen nichts riechen können.
c) Wiederhole den Versuch V3, jedoch ohne dass sich der Partner die Nase zuhält. Vergleiche das Ergebnis beider Versuche und erläutere.

Einen Versuchsparcours gestalten

Erlebnisraum Wald

Erleben mit allen Sinnen – das klappt besonders gut im Wald. Aus unserer hektischen Zeit fühlen wir uns wie in eine andere Welt versetzt, wenn wir uns im Wald aufhalten. Wir wollen einen Walderlebnisnachmittag organisieren, bei dem eure Klasse, Eltern, Lehrerinnen und Lehrer den Wald als Erlebnisraum kennen lernen sollen. Dazu werden im Wald verschiedene Stationen aufgebaut, bei denen der Wald mit allen Sinnen erforscht werden kann. Dazu müssen verschiedene Materialien für die einzelnen Stationen zusammengetragen werden. Überlegt gemeinsam, welche Stationen ihr aufbauen wollt. Ihr könnt euch dabei an der Tabelle orientieren, aber auch eigene Gedanken einbringen. Legt für jede Station einen Verantwortlichen fest. Er sorgt dafür, dass die Station richtig aufgebaut und betreut wird. Bestimmt für den Erlebnisnachmittag Datum, Dauer und Uhrzeit. Gestaltet Einladungen mit einer Rückmeldung.

Station	Materialien	Helfer, Teilnehmer
Bäume ertasten Mit verbundenen Augen werden die Teilnehmer zu drei verschiedenen Bäumen geführt, deren Rinde sie ertasten sollen. Anschließend versuchen sie, die Bäume mit offenen Augen wiederzufinden.	5 Tücher, um die Augen zu verbinden	5 Helfer, 5 Teilnehmer; jeweils ein Helfer führt einen Teilnehmer zu den Bäumen
Geräuschkarte erstellen Auf einem DIN A4-Blatt zeichnen die Teilnehmer in der Mitte als Punkt den eigenen Standort ein. Danach werden fünf Minuten lang alle wahrgenommenen Geräusche auf der Karte notiert. Dabei sollen die Teilnehmer die Entfernung, aus der das jeweilige Geräusch kommt, abschätzen.	DIN-A4-Blatt, Stifte	1 Helfer, 5 Teilnehmer; Helfer teilt an der Station Arbeitsmaterialien aus
Pflanzen am Geruch erkennen Mit verbundenen Augen riechen die Teilnehmer an Pflanzenteilen von jeweils zwei verschiedenen Kräutern, Sträuchern oder Bäumen. Anschließend sollen sie die dazugehörigen Pflanzen in der Umgebung wiederfinden.	5-mal 6 verschiedene Pflanzenteile zum Schnuppern; 5 Tücher, um die Augen zu verbinden	5 Helfer, 5 Teilnehmer, jeweils ein Helfer reicht einem Teilnehmer die verschiedenen Pflanzenteile
Waldmemory Die Teilnehmer betrachten 15 Sekunden lang die Waldgegenstände, danach werden die Gegenstände mit einem Tuch verdeckt. Jetzt müssen die Mitspieler in möglichst kurzer Zeit für jeden Gegenstand einen „Doppelgänger" sammeln.	1 großes Tuch; 10 bis 15 Waldgegenstände, zum Beispiel verschiedene Früchte, Blätter, Holzstücke, …	1 Helfer, 2-mal 5 Teilnehmer; es treten zwei Gruppen gegeneinander auf Zeit an
Waldboden erfühlen Die Teilnehmer bekommen ihre Augen verbunden und ziehen ihre Schuhe aus. Danach laufen sie barfuß über verschiedene Waldböden. Darunter könnten z. B. Rindenstücke, Moos, Laub oder Gras sein. Die Teilnehmer notieren anschließend ihre Eindrücke und vermuten, über welchen Boden sie gelaufen sind.	5 Tücher zum Verbinden der Augen; Blatt; Stifte; eventuell speziellen Weg vorher vorbereiten und Material gezielt auslegen.	5 Helfer; jeweils ein Helfer führt einen Teilnehmer durch den Wald

1 Leuchtreklame

2 Feuerwehr im Einsatz

3 Arbeitsplatz Flughafen

1.4 Licht und Schall sind wichtige Orientierungshilfen

Lena und Johannes sind an einem Nachmittag im Dezember zur Stadt gefahren, um den Weihnachtsmarkt zu besuchen. In den Hauptstraßen ist die Weihnachtsbeleuchtung bereits eingeschaltet, Geschäfte und Schaufenster sind hell erleuchtet, überall machen bunte Leuchtreklamen auf die verschiedensten Produkte aufmerksam. Plötzlich schrecken die Kinder zusammen: Ein Feuerwehrfahrzeug mit Blaulicht und laut dröhnendem Martinshorn biegt hinter ihnen um die Ecke.

Die meisten Sinneseindrücke erhalten wir über das **Licht** und den **Schall.** Tagsüber erhellt die Sonne unsere Umwelt. Wenn sie untergegangen ist, beleuchten viele künstliche **Lichtquellen** die Umgebung, damit wir uns auch am Abend und in der Nacht zurechtfinden können. Über die Augen, die Licht wahrnehmen können, erreicht uns nämlich ein Großteil aller Informationen aus der Umwelt. Auch das Hören mit Hilfe der Ohren ist eine wichtige Orientierungshilfe. Ohne dieses Sinnesorgan könnten wir uns auch nicht durch Sprache verständigen.

Was ist Licht? Damit wir etwas sehen können, muss es eine Lichtquelle geben. Die Sonne ist die wichtigste natürliche Lichtquelle. Für uns erscheint das Sonnenlicht weiß. Scheint die Sonne jedoch nach einem Regenschauer in einem bestimmten Winkel auf die noch von feinen Regentröpfchen erfüllte Luft, entsteht ein *Regenbogen.* Das Sonnenlicht wird auf diese Weise in ein **Spektrum** verschiedener Farben zerlegt – von Rot bis Violett. Farbige Gegenstände entstehen dadurch, dass sie nur einen Teil dieses Spektrums wieder zurückwerfen, wenn sie mit weißem Licht beleuchtet werden. Auf diese Weise wird unsere Welt farbig.

Doch besteht die Sonnenstrahlung allein aus Licht? Es gibt auch Bereiche, die wir nicht sehen können. Dazu gehört das *Infrarot,* das wir nur als Wärme wahrnehmen können. Manche Schlangen haben ein Sinnesorgan, mit dem sie feinste Unterschiede der Wärmeabgabe wahrnehmen können, die zum Beispiel ein Beutetier abgibt. Mit Hilfe eines technischen Gerätes kann auch der Mensch solche Infrarotbilder erzeugen und dadurch beispielsweise sichtbar machen, durch welche Bereiche eines Hauses besonders viel Wärme verloren geht. Ein anderer Bereich des Spektrums, das *Ultraviolett,* abgekürzt UV, können wir mit unseren Sinnesorganen überhaupt nicht wahrnehmen. Die Folgen der UV-Strahlung spüren wir jedoch, wenn wir uns zu lange ungeschützt in der Sonne aufgehalten und uns einen Sonnenbrand geholt haben.

Mit den Ohren nehmen wir **Schall** wahr. Worum geht es dabei? Zupft man an einer Gitarrensaite, so schwingt sie rasch hin und her und erzeugt dabei einen Ton. Auch eine Stimmgabel schwingt, wenn man sie anschlägt. Durch die Bewegungen einer solchen **Schallquelle** gerät auch die Luft in Schwingungen. Über unsere Ohren hören wir dann den Schall. Dabei unterscheidet man zwischen Tönen, Klängen und Geräuschen. Beim Spielen einer Gitarre verändert man die Länge der Saiten, die zum Schwingen gebracht werden. Ist die Saite kurz, schwingt sie schneller als eine lange Saite und der entstehende Ton ist höher. Ein Maß für die Schwingung ist die **Frequenz.** Sie wird in Hertz (Hz) angegeben. Eine Schwingung in der Sekunde entspricht 1 Hz. Je höher die Frequenz ist, desto höher ist auch der durch die Schwingungen erzeugte Ton.

Der Hörbereich des Menschen liegt zwischen 16 Hz und 20 000 Hz (20 kHz). Wie bei der Sonnenstrahlung gibt es auch beim Schall Bereiche, die wir nicht wahrnehmen können. Frequenzen, die kleiner als 16 Hz sind, nennt man *Infraschall.* Solche Schwingungen sind beispielsweise an der Entstehung der Seekrankheit beteiligt. Schwingt ein Körper mit mehr als 20 kHz, spricht man von *Ultraschall.* Solche Frequenzen kann man beispielsweise mit einer Hundepfeife erzeugen. Hunde können die Töne hören, Menschen nicht. In der Technik nutzt man Quarzkristalle, die elektrisch zum Schwingen angeregt werden. Dabei können Schwingungen mit mehr als 1 000 000 Hz erzeugt werden. Auf diese Weise werden Quarzuhren betrieben.

1 Erläutere an Beispielen die Bedeutung der Augen und Ohren für den Menschen.
2 Nenne verschiedene Lichtquellen. Unterscheide dabei zwischen natürlichen und künstlichen Lichtquellen.
3 Nenne technische Geräte, mit denen der Mensch die Informationsaufnahme über Augen und Ohren erweitern kann.
4 Bestreue die Fläche einer Trommel mit Schaumstoffkügelchen. Schlage dann auf das Trommelfell. Erläutere deine Beobachtung.
5 Begründe, warum auf dem Mond kein Schall hörbar ist.
6 Beschreibe Abbildung 3. Begründe, warum der Arbeiter auf dem Rollfeld einen Gehörschutz trägt.
7 Unsere Sinnesorgane erschließen uns nur einen Ausschnitt der Umwelt. Erläutere diese Feststellung mit Hilfe der Abbildung 5.

4 Regenbogen

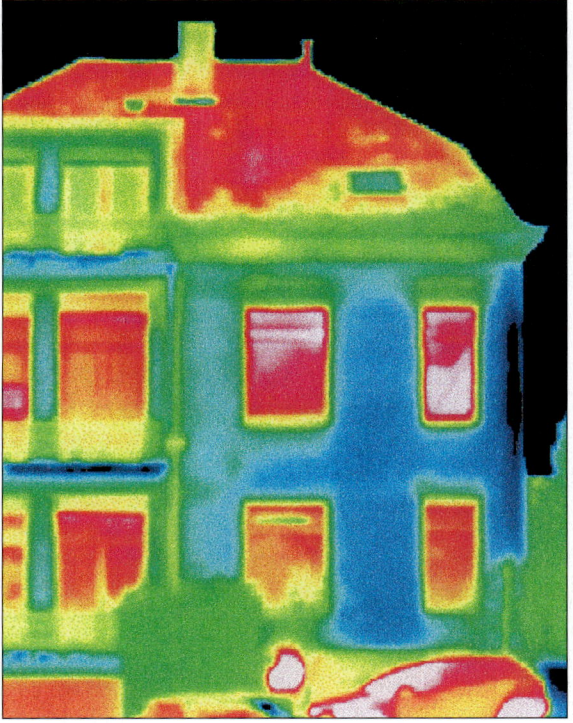

5 Infrarotbild

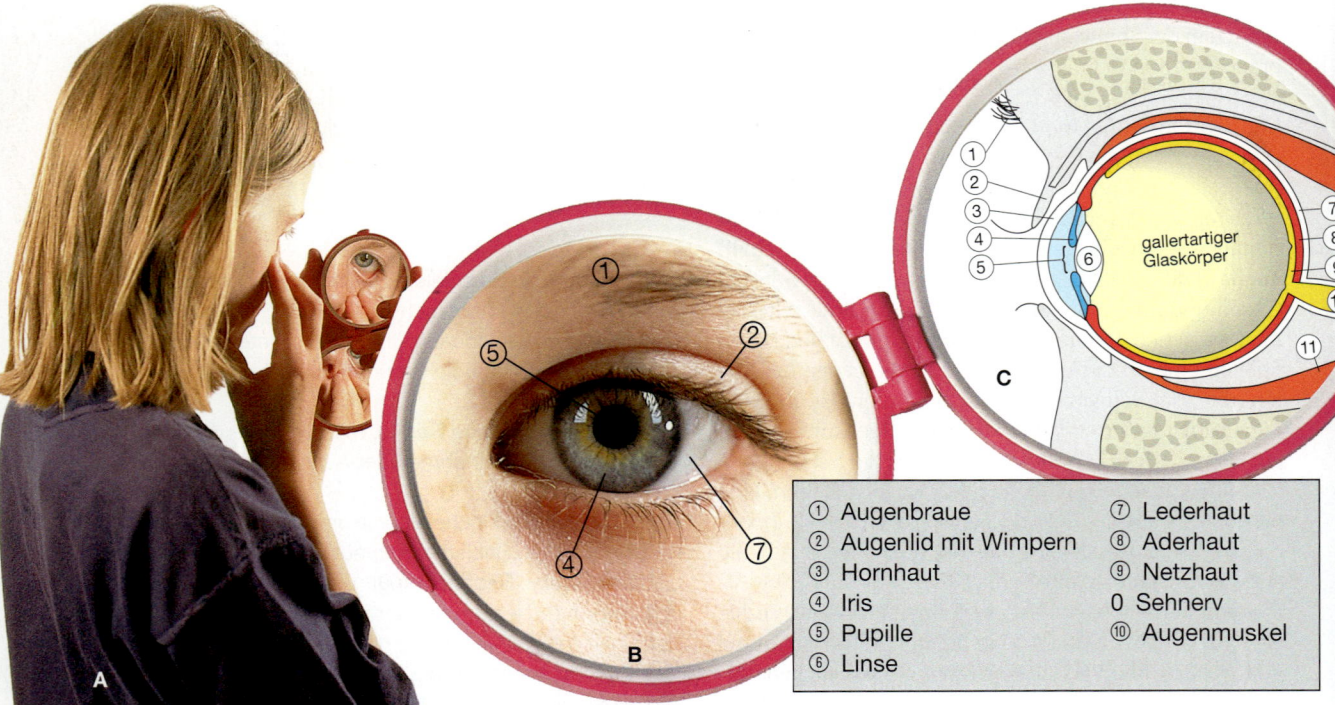

1 Der Bau des Auges. A *Betrachtung im Spiegel;* **B** *äußerlich sichtbare Teile des Auges;* **C** *Aufbau (Längsschnitt)*

① Augenbraue	⑦ Lederhaut
② Augenlid mit Wimpern	⑧ Aderhaut
③ Hornhaut	⑨ Netzhaut
④ Iris	0 Sehnerv
⑤ Pupille	⑩ Augenmuskel
⑥ Linse	

1.5 Das Auge – Fenster zur Außenwelt

Sandra hat ein Staubkorn im Auge. Ihr Auge hat schon angefangen zu tränen. Mithilfe eines Papiertaschentuches versucht sie das Staubkorn zu entfernen. Dabei betrachtet sie ihr Auge im Spiegel.

Wenn du dein Auge im Spiegel betrachtest, siehst du als erstes die **Schutzeinrichtungen,** die dafür sorgen, dass die Augen stets leistungsfähig bleiben: Die *Augenbrauen* und die *Wimpern* verhindern, dass Regen- oder Schweißtropfen in die Augen gelangen. Das *Augenlid* schützt vor zu grellem Licht und verhindert, dass Fremdkörper das Auge verletzen. Der feuchte Film, der das Auge überzieht, besteht aus *Tränenflüssigkeit.* Sie wird durch den Lidschlag gleichmäßig auf den Augen verteilt, hält das Auge feucht und spült Staub und Krankheitserreger weg. Verbrauchte Tränenflüssigkeit fließt durch den *Tränenkanal* in die Nase ab. Der Ausgang des Tränenkanals befindet sich im unteren Augenlid nahe dem Augenwinkel.

Wenn du das Auge selbst betrachtest, siehst du den Augapfel mit einem farbigen Ring auf weißem Hintergrund. In seiner Mitte befindet sich ein dunkler runder Punkt. Der farbige Ring ist die *Iris* oder *Regenbogenhaut.* Wenn

man von blauen, grünen oder braunen Augen spricht, so meint man die Farbe der Iris. Der dunkle runde Punkt ist ein Loch, die *Pupille.* Das Weiße des Auges wird von der Lederhaut gebildet. Im Bereich der Iris und der Pupille ist die Lederhaut durchsichtig und wird hier als *Hornhaut* bezeichnet. Alle weiteren Teile des Auges kannst du von außen nicht sehen.

Sehen wir uns deshalb den Längsschnitt des Auges an: Gleich hinter der Pupille befindet sich die *Linse.* Das Innere des Auges wird vom geleeartigen *Glaskörper* ausgefüllt. Er erhält die Form des Auges von innen. Der Glaskörper ist von drei Schichten umgeben. Die äußere Schicht ist die stabile weiße *Lederhaut.* Sie ist eine schützende Kapsel, die dem Auge von außen seine Form gibt. Die mittlere Schicht heißt *Aderhaut.* Sie versorgt das Auge mit Sauerstoff und Nährstoffen. Die innerste Schicht ist die *Netzhaut.* Sie besteht aus lichtempfindlichen Sinneszellen. Mit den *Augenmuskeln* wird der Augapfel in alle Richtungen bewegt.

Was passiert nun beim **Sehvorgang?** Von beleuchteten Gegenständen gehen Lichtstrahlen aus. Durch die Hornhaut und die Pupille fallen diese Strahlen in das Auge. Die Iris regelt dabei den Lichteinfall. Ist viel Licht vorhanden, zieht sich die Pupille zusammen. Bei wenig Licht weitet sie sich.

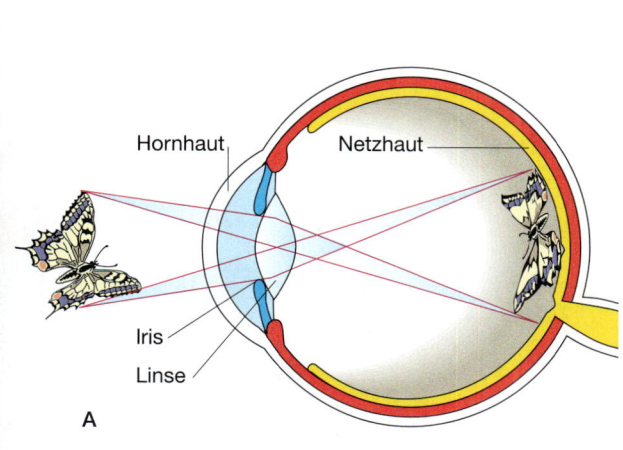

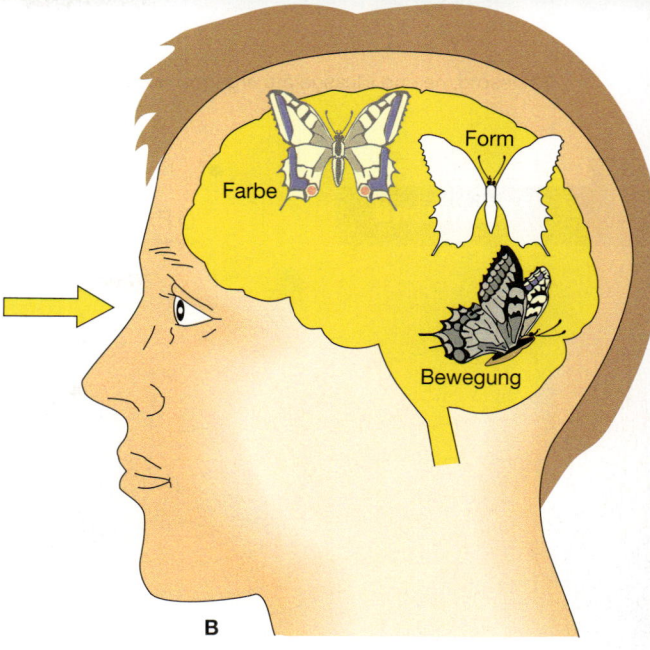

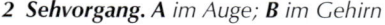
2 Sehvorgang. A *im Auge;* **B** *im Gehirn*

Im Auge treffen die Lichtstrahlen als Erstes auf die Linse. Die Augenlinse sorgt dafür, dass auf der Netzhaut ein scharfes Bild entsteht. Von der Linse werden die Lichtstrahlen durch den Glaskörper auf die Netzhaut gelenkt. Auf der Netzhaut entsteht wie auf dem Film in einer Kamera ein Bild, das auf dem Kopf steht. Das Bild wird von lichtempfindlichen Sinneszellen der Netzhaut in Nervenimpulse umgewandelt und über den Sehnerv zum Gehirn geleitet. Das Gehirn wertet alle ankommenden Informationen aus. Es erfasst die Gestalt und Form eines Gegenstands ebenso wie dessen Farben oder Bewegungen. Es sorgt dafür, dass die Kopf stehenden Bilder aufrecht stehend wahrgenommen werden.

Der eigentliche Sinneseindruck entsteht also im Gehirn. Dort fällt auch die Entscheidung, ob auf die Umweltinformation, den **Reiz,** eine **Reaktion** des Körpers erfolgt, zum Beispiel eine Bewegung.

1 Beschreibe den Sehvorgang mithilfe der Abbildung 2A.
2 Die Iris regelt wie eine Blende den Lichteinfall ins Auge. Betrachte die Abbildung 3. Welches der beiden Teilbilder zeigt ein Auge bei Dunkelheit? Begründe.
3 Bitte deinen Banknachbarn oder deine Banknachbarin die Augen zu schließen und sie dazu noch mit den Händen abzudecken. Dann soll er oder sie zum Fenster hinsehen und die Augen plötzlich öffnen. Was beobachtest du am Auge? Erkläre.
4 Schaue in den Spiegel. Ziehe vorsichtig ein unteres Augenlid vom Auge ab. Auf dem Lidrand zur Nase hin siehst du eine kleine einstichartige Öffnung. Worum handelt es sich dabei? Erläutere die Aufgabe dieser Öffnung.
5 Stelle in einer Liste die Schutzeinrichtungen des Auges zusammen. Welche Aufgaben haben die einzelnen Einrichtungen?

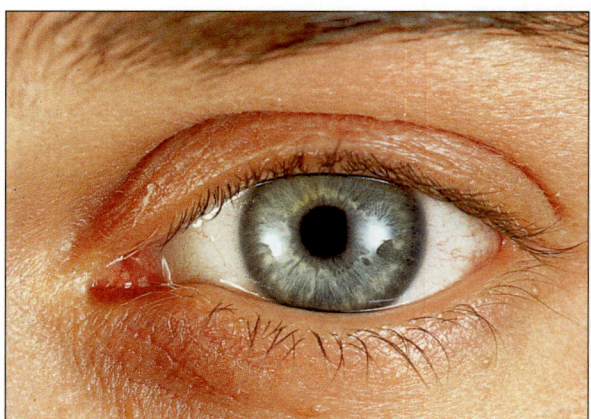
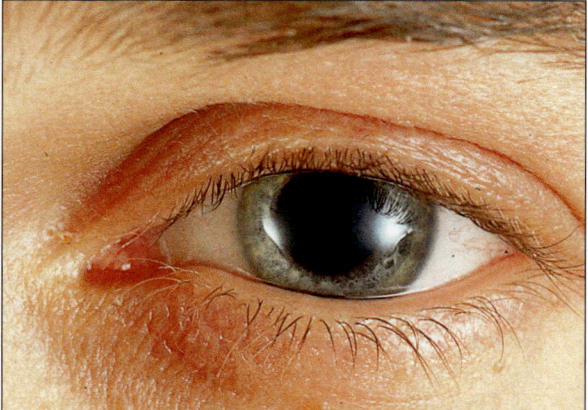

3 Die Iris regelt den Lichteinfall ins Auge

OPTISCHE TÄUSCHUNGEN

Welche Giraffe ist am größten? Prüfe mit dem Lineal.

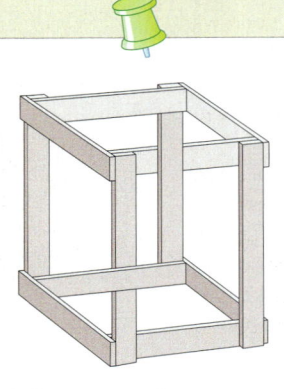

Warum nennt man dies eine *verflixte* Kiste?

Erkennst du 6 oder 7 Würfel? Die schwarzen Flächen sind entweder oben oder unten.

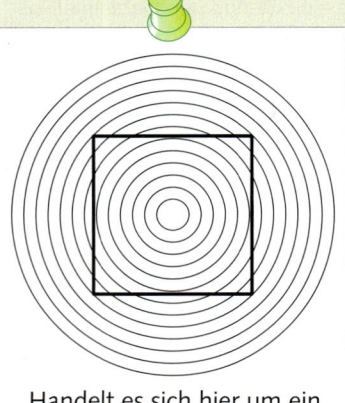

Handelt es sich hier um ein Quadrat? Überprüfe mit dem Lineal.

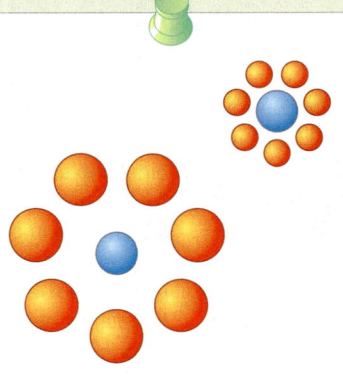

Welcher blaue Kreis ist größer?

Siehst du einen Kerzenständer oder zwei Gesichter?

Wie optische Täuschungen entstehen

A) **Umspringbild:** Zwei sich widersprechende Bilder können nicht gleichzeitig gesehen werden. Das Gehirn muss sich für das eine oder das andere „entscheiden".

B) **Täuschung durch Perspektive:** Im Hintergrund zusammenlaufende Linien deutet das Gehirn als zunehmende Entfernung.

C) **„Unmögliche" Bilder:** Das Gehirn versucht etwas räumlich Sinnvolles zu erkennen, was es so in der Wirklichkeit gar nicht gibt.

D) **Täuschung durch Größenvergleich:** Gleich große Figuren wirken unterschiedlich groß, je nachdem, ob direkt benachbarte Figuren größer oder kleiner sind.

E) **Täuschung durch die Umgebung:** Kreuzen sich gerade und gewölbte Linien, so erscheinen Geraden krumm.

1 Betrachte die Abbildungen aufmerksam. Beschreibe deine Wahrnehmungen.

2 Erkläre die gezeigten optischen Täuschungen mithilfe der Erläuterungen links.

Bau einer Lochkamera

Übung

Mit nichts weiter als einem kleinen Loch wie der Pupille im Auge können in einem geschlossenen Kasten Bilder auf einem Schirm erzeugt werden. Diese einfachste Vorrichtung heißt **Lochkamera.**

Eine solche Lochkamera könnt ihr leicht selbst herstellen. Ihr benötigt dazu ein Gehäuse, eine Lochblende und eine **Mattscheibe.** Das ist eine durchscheinende Fläche, auf der das Bild aufgefangen und von hinten betrachtet werden kann. Dabei müsst ihr allerdings beachten, dass das Bild der Lochkamera sehr lichtschwach ist. Deshalb darf kein anderes Licht von außen auf die Mattscheibe fallen.

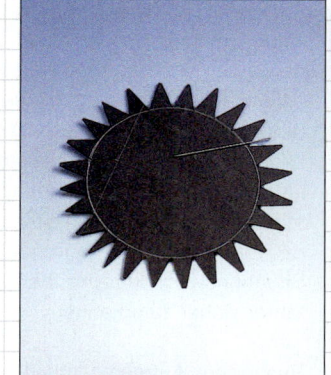

1 Blende

2 Mattscheibe

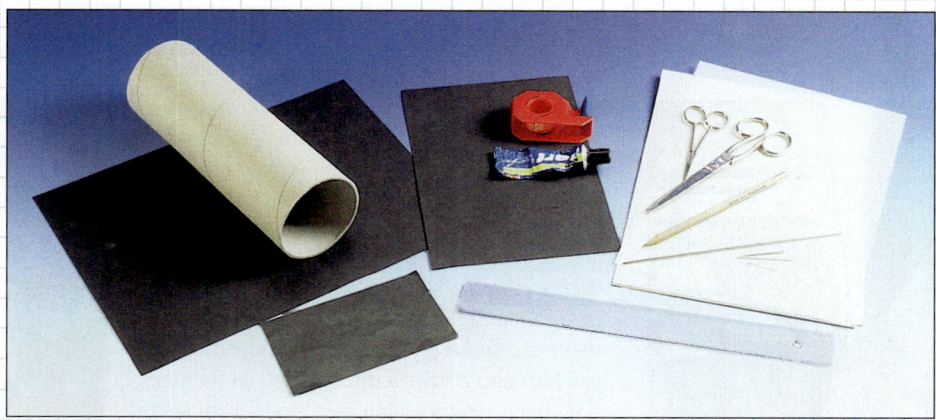

3 Material für die Lochkamera

Material und Durchführung

– Lochblende: dünner schwarzer Karton oder starke Aluminiumfolie;
– für die Löcher: mittelgroße Nähnadeln (Lochdurchmesser 1 mm, 2 mm und 3 mm);
– Mattscheibe: transparentes Zeichenpapier;
  Hinweis: Damit es glatt liegt, wird es auf einen Rahmen aufgeklebt.
– Verschiedene Möglichkeiten für den Bau des Gehäuses:
  a) fester Pappkarton
  Hinweis: Lochblende und Mattscheibe auf gegenüberliegenden Seiten anbringen. Nachteil: Hierbei muss das Bild unter einem dunklen Tuch betrachtet werden.
  b) zwei ineinander passende Pappröhren
  Hinweis: An der äußeren Röhre die Lochblende, an der inneren die Mattscheibe anbringen. Vorteil: So fällt wenig Streulicht auf die Mattscheibe.
  c) feste Pappröhre als Innenrohr, schwarzer Karton für das Außenrohr.
  Hinweis: Das Innenrohr dient als Passform zum Zusammenkleben des Außenrohres.

1 a) Betrachte mit den Lochkameras eine leuchtende Klarglas-Glühlampe.
b) Blicke durch ein Fenster nach draußen.
2 Probiere bei den ausziehbaren Kameras verschiedene Auszuglängen aus.
3 Vergleiche die Veränderung der Abbildungen bei unterschiedlichen Lochdurchmessern.
4 Stelle einen Zusammenhang zwischen der Abbildung in der Lochkamera und im Auge her.

Streifzug durch die Medizin

Als Blinde unterwegs – ein Hindernislauf

1 Baustellen und …

2 … Bahnhöfe sind ein Problem

Frau H. ist blind. Jedes Mal, wenn sie aus dem Haus geht, muss sie einen „Hindernislauf" durch den Verkehr absolvieren.

„Wenn man blind ist, müssen die anderen Sinne ständig zu 100 % funktionieren. Fehler kann man sich nicht leisten." Frau H.s „Augen" sind ihr Blindenhund und ihr Taststock. Ohne diese Hilfen hätte sie keine Chance, rote Ampeln, anfahrende Autos, rasche Situationswechsel oder fast unhörbare Radfahrer sicher zu erkennen.

Besondere Aufmerksamkeit erfordern Großbaustellen, deren Bauzäune und Absperrungen sich unter Umständen täglich ändern. Solche und ähnliche Situationen sind für Blinde alltägliche Gefahren, mit denen sie erst umzugehen lernen müssen.

Eines der größten Probleme bleibt aber immer, „dass ich zwar das unmittelbare Umfeld vor und neben mir beurteilen kann, nicht aber weiß, was zehn Meter weiter auf mich zukommt".

Wenn man weiß, dass wir Menschen 80 % unserer Informationen über die Augen aufnehmen, so kann man sich vorstellen, dass viel Mut und Disziplin dazugehört, wenn man z. B. nach einem Unfall sein Augenlicht verloren hat und sein Leben umgestalten muss. „Aber es lohnt sich und jeder kann es schaffen, unabhängig vom Alter die verbleibenden Sinne zu schärfen – mit den Fingerspitzen, den Ohren, der Nase und der Haut zu sehen."

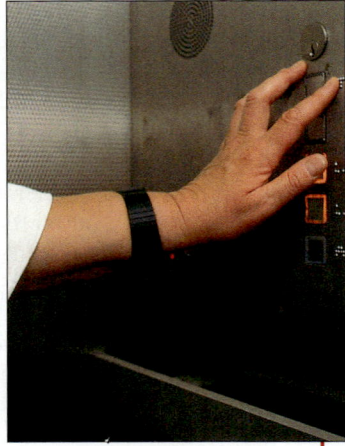

3 Beschriftung in Blindenschrift

4 Ein Blindenhund ist eine große Hilfe

So kann man als Sehender einem Blinden helfen:

– Erst fragen, ob Hilfe nötig ist.
– Beim Helfen den Arm anbieten, nicht zupacken und schieben.
– An Verkehrsampeln sagen, wenn es grün ist. Wenn ein Polizist den Verkehr regelt, die Situation erklären und Hilfe anbieten. Sagen, welcher Bus, welche Straßenbahn oder S-Bahn gerade kommt.
– Radfahrer auf Wegen sollten sich durch Klingelzeichen bemerkbar machen.

Ist ein Blinder mit einem Führhund unterwegs, sollte man folgende Regeln beachten:
– Den Hund nicht streicheln oder sonstwie von seiner Aufgabe ablenken.
– Blinde mit Hund nie auf eine Rolltreppe schicken. Der Hund könnte sich die Pfoten verletzen.
– Man sollte ausweichen, wenn ein Blinder mit Hund kommt. Es erleichtert dem Hund, seinen Weg zu finden.

Pinnwand

Beim Experimentieren

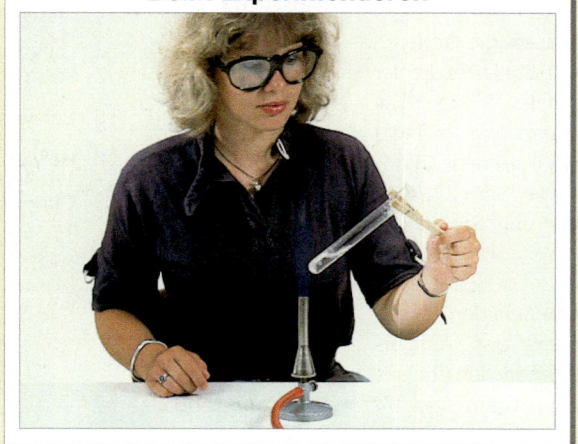

Beim Wintersport

Schutzbrille tragen

Bindehautentzündung

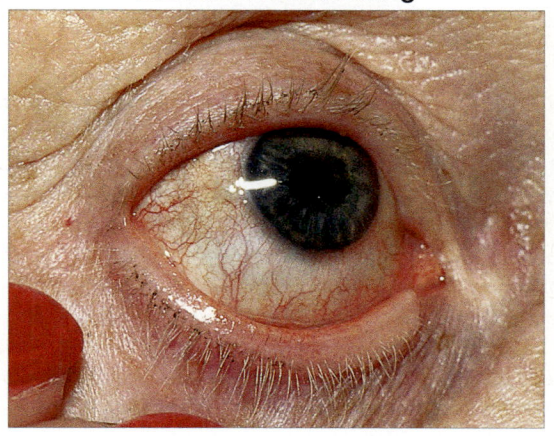

Die **Bindehautentzündung** ist eine Augenerkrankung, die auf schädliche äußere Einflüsse wie Krankheitserreger, Zugluft oder Fremdkörper zurückzuführen ist. Dabei entzündet sich die Bindehaut, die Augenlid und Augapfel verbindet. Die roten Äderchen der Lederhaut werden dann sichtbar. Eine ärztliche Behandlung ist notwendig.

Richtige Beleuchtung?

1 a) Nenne Gefahren die von den auf den Pinnzetteln dargestellten Tätigkeiten für die Augen ausgehen.
b) Wie werden die Augen dabei geschützt?

2 Begründe, welche der dargestellten Beleuchtungsarten in der Abbildung links unten richtig und welche falsch ist. Nenne weitere Beispiele.

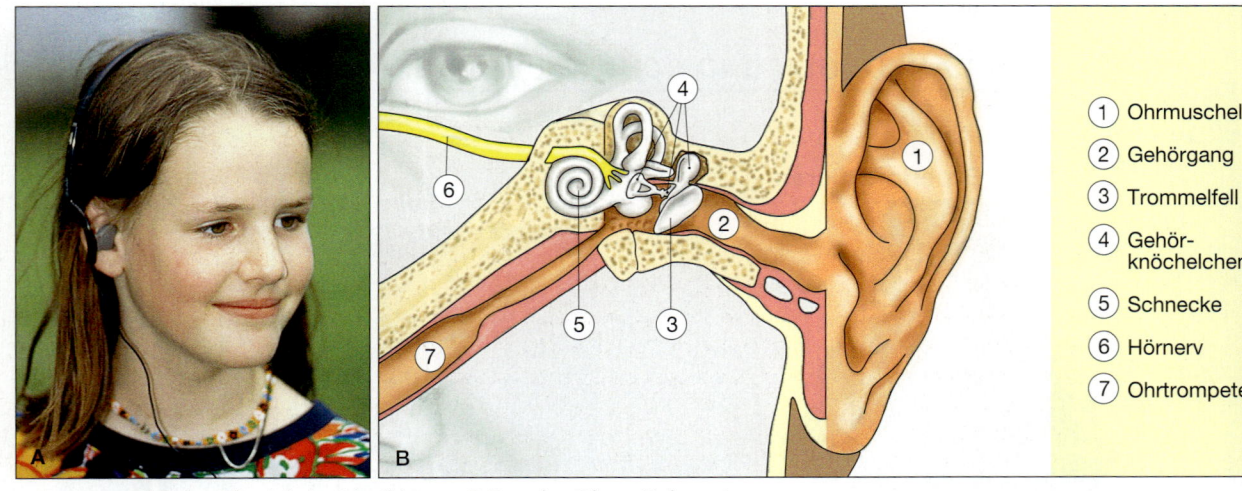

1 Das menschliche Ohr. A *beim Musikhören;* **B** *Bau des Ohres (Schema)*

①	Ohrmuschel
②	Gehörgang
③	Trommelfell
④	Gehör-knöchelchen
⑤	Schnecke
⑥	Hörnerv
⑦	Ohrtrompete

1.6 Mit dem Ohr nehmen wir Schall wahr

Bestimmt hast du schon oft über die Ohrhörer deines Walkmans Musik gehört, wenn du andere nicht stören wolltest. Was passiert beim Hören?

Schall aus unserer Umgebung wird normalerweise von unseren *Ohrmuscheln* aufgefangen und weitergeleitet. Doch wenn du deinen Walkman benutzt, wird der Ohrhörer direkt in den *Gehörgang* eingestöpselt. Der Ohrhörer versetzt die Luft in Schwingungen, die man Schallwellen nennt. Durch den Gehörgang werden sie zum *Trommelfell* geleitet. Das Trommelfell ist eine dünne Haut, die das **Außenohr** abschließt. Es wird durch die Schallwellen hin und her bewegt.

Diese Bewegungen werden auf drei winzige Gehörknöchelchen, die man als *Hammer, Amboss* und *Steigbügel* bezeichnet, übertragen. Die Gehörknöchelchen liegen in einem kleinen Hohlraum, dem **Mittelohr.** Über die Ohrtrompete ist das Mittelohr mit dem Rachen verbunden.

Die Gehörknöchelchen ihrerseits übertragen den Schall auf die *Schnecke.* Sie liegt im **Innenohr** und ist das eigentliche Hörorgan. Sie ist mit Flüssigkeit gefüllt, die durch die Bewegung der Gehörknöchelchen in Schwingungen versetzt wird. Dadurch werden *Sinneszellen* gereizt. Diese melden die Nervenimpulse über den *Hörnerv* an das *Gehirn* weiter. Dort werden sie als Töne erkannt. Neben der Art und der Höhe verschiedener Töne können wir auch noch die Richtung erkennen, aus der sie kommen. Wenn Schallwellen an einer Seite des Kopfes ankommen, erreichen sie ein Ohr für Sekundenbruchteile früher als das andere. Dieser Zeitunterschied genügt um zu erkennen, aus welcher Richtung ein Geräusch kommt.

Wenn du Musik über Ohrhörer hörst, musst du besonders auf die Lautstärke achten. Lauter Schall und besonders hohe Töne schädigen die Sinneszellen in der Schnecke und können so zu Hörschäden führen. Die Sinneszellen in der Schnecke tragen winzig kleine Härchen, die sich bei Schalleinwirkung bewegen. Werden diese Härchen durch zu große Schalleinwirkung abgeknickt, lässt sich dieser Schaden nicht mehr beheben: Schwerhörigkeit ist die Folge.

1 Beschreibe den Hörvorgang. Nimm dazu Abbildung 1B zu Hilfe.

2 a) Bilde mit deinen Mitschülerinnen und Mitschülern einen Kreis. In der Mitte steht ein Junge oder ein Mädchen mit verbundenen Augen. Beide Ohren sollten dabei frei bleiben. Nun schnippen die Jungen und Mädchen, die im Kreis stehen, in beliebiger Reihenfolge mit den Fingern. Die Versuchsperson zeigt mit der Hand dorthin, wo sie die Schallquelle vermutet.
In welchem Kreisabschnitt treffen die Vermutungen am häufigsten zu? Erkläre.
b) Der Versuchsperson wird nun ein Ohr verschlossen. Der Versuch wird dann wiederholt. Beobachte das Verhalten der Versuchsperson. Erkläre.

3 Nenne Tätigkeiten, die deiner Meinung nach dein Gehör schädigen können.

4 Lärmschutzwände sind keine glatten Betonwände. Sie sind rau und uneben. Erkläre den Vorteil dieser Bauweise. Arbeite dazu auch mit der Pinnwand Seite 99.

1.7 Schall lässt Wände wackeln

„Deine Musik ist wieder zu laut!" – „Das ist gar nicht laut!" Wer hat Recht?

Was laut oder leise ist, empfindet jeder Mensch anders. Für eine objektive Messung brauchst du ein **Lautstärke-Messgerät** (Abbildung 1). Das Gerät enthält ein Mikrofon für die Aufnahme des Schalls. Eine elektronische Einrichtung setzt die Lautstärke in die Bewegung eines Zeigers oder in Zahlen um. Gemessen wird die Lautstärke in **Dezibel (dB).**

Es ist aber nicht nur wichtig zu entscheiden, ob eine Schallquelle laut oder leise ist. Vielmehr musst du dich vor Lärm schützen, denn Lärm beeinträchtigt deine Stimmung und deine Gesundheit.

Abbildung 2 zeigt eine Möglichkeit. Die Lautstärke nimmt mit der Entfernung von der Schallquelle ab. Bei doppelter Entfernung ist der Wert der Lautstärke auf ein Viertel gefallen. Eine zweite Möglichkeit für **Lärmschutz** nutzt du, wenn du dein Gehör mit Schall dämmendem Material schützt.

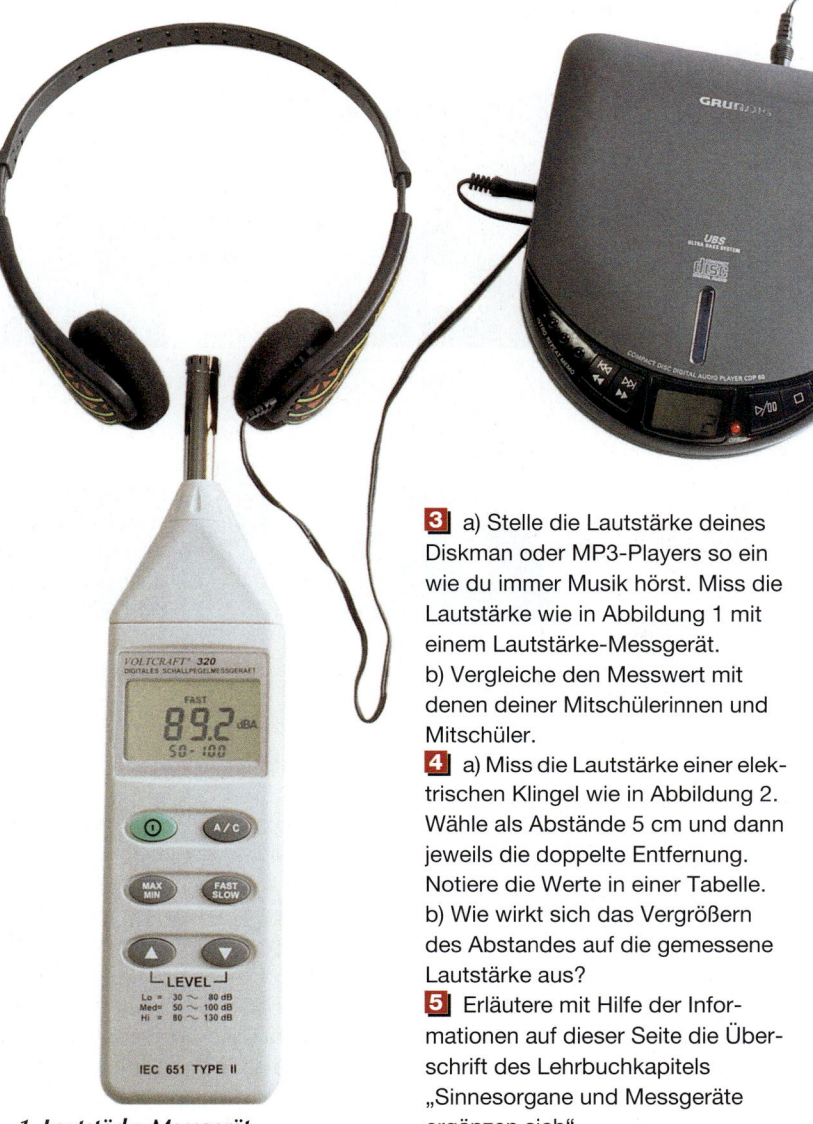

1 Lautstärke-Messgerät

3 a) Stelle die Lautstärke deines Diskman oder MP3-Players so ein wie du immer Musik hörst. Miss die Lautstärke wie in Abbildung 1 mit einem Lautstärke-Messgerät.
b) Vergleiche den Messwert mit denen deiner Mitschülerinnen und Mitschüler.
4 a) Miss die Lautstärke einer elektrischen Klingel wie in Abbildung 2. Wähle als Abstände 5 cm und dann jeweils die doppelte Entfernung. Notiere die Werte in einer Tabelle.
b) Wie wirkt sich das Vergrößern des Abstandes auf die gemessene Lautstärke aus?
5 Erläutere mit Hilfe der Informationen auf dieser Seite die Überschrift des Lehrbuchkapitels „Sinnesorgane und Messgeräte ergänzen sich".

1 Erläutere, warum mancher Langschläfer seinen Wecker unter ein Kissen packt.
2 Nenne Stoffe, die sich dazu eignen, das Gehör vor Lärm zu schützen.

Die Angabe der Lautstärke
Das in Abbildung 1 gezeigte Lautstärke-Messgerät kann die Lautstärke so angeben wie das menschliche Ohr sie wahrnimmt. Unser Ohr ist nämlich nicht für alle Tonhöhen gleich empfindlich. Tiefe und hohe Töne scheinen uns bei gleich starker Schallquelle nicht so laut wie mittel hohe Töne. Dann steht der Schalter des Gerätes auf der Angabe dB (A).

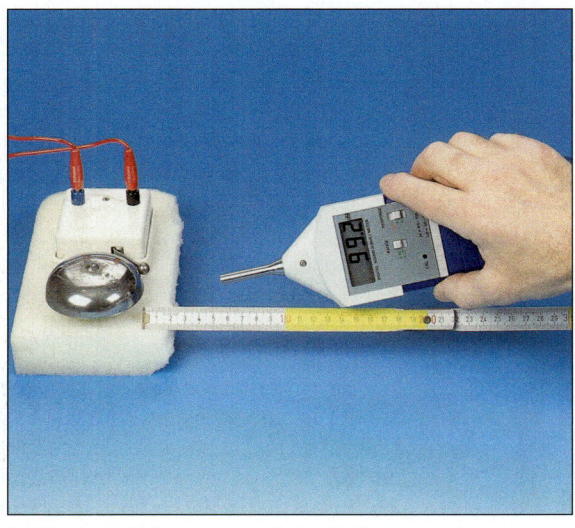

2 Die Lautstärke nimmt mit der Entfernung ab

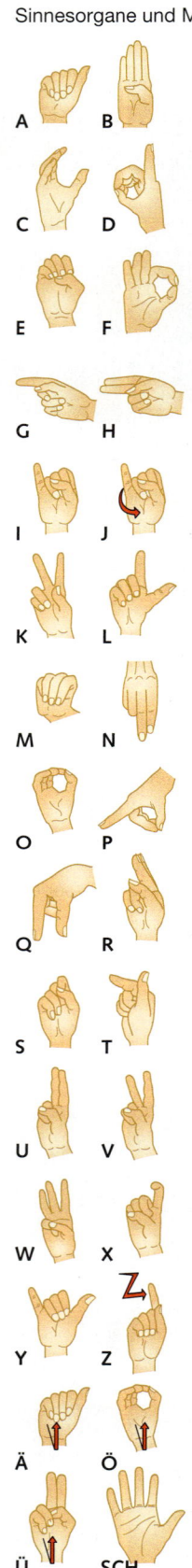

2 Gebärdensprache

1.8 Wie sich Gehörlose unterhalten

Vielleicht hast du schon einmal gehörlose Menschen beobachtet, die sich in der Gebärdensprache unterhalten. Mit flinken Hand- und Gesichtsbewegungen verständigen sie sich schnell und mühelos. Nur für Namen oder spezielle Wörter muss das Fingeralphabet benutzt werden.

Die Unterhaltung zwischen gehörlosen und hörenden Menschen ist da oft schwieriger. Die Hörenden können zumeist die Gebärdensprache nicht. Die Gehörlosen versuchen dann, die gesprochenen Wörter von den Lippen zu lesen und mit ihrer Stimme zu sprechen. Das ist nicht leicht, weil sie selbst nicht hören, was sie sprechen.

3 Ein CI-Gerät eröffnet eine neue Welt

Manche Menschen werden gehörlos geboren. Andere ertauben durch eine Infektionskrankheit oder einen Unfall. In vielen Fällen kann durch ein CI (Cochlea Implantat) eine gewisse Hörfähigkeit wieder hergestellt werden. Ein CI ist ein Gerät, das Geräusche in elektrische Signale umwandelt. Ein „Draht", der durch eine Operation in die Hörschnecke eingesetzt wird, erregt dann den Hörnerv elektrisch. Dies führt zur Geräuschwahrnehmung im Gehirn. Durch ein spezielles Training lernt das Gehirn, das anfängliche Geräuschechaos zu sortieren, bis die Gehörlosen sogar Sprache verstehen und auch selbst leichter sprechen lernen können. Sie sind dann nicht mehr auf die Gebärdensprache angewiesen.

1 Finde heraus, was der gehörlose Junge sagt und fragt. Antworte ihm.

2 In dem gezeigten Beispiel wird eine Kombination aus Gebärdensprache und Fingeralphabet benutzt. Erläutere die Vor- und Nachteile der beiden Sprachmöglichkeiten.

3 Verfolge eine Fernsehsendung einmal bei abgeschaltetem Ton und ein anderes Mal, indem du nur zuhörst und dich vom Bild wegdrehst. Berichte, auf welche Weise du mehr von der Sendung mitbekommst.

1 Fingeralphabet

Ein Handwerker, der bei großem Lärm arbeiten muss, trägt einen Ohrenschutz. Das Bild zeigt eine **Gehörschutzkapsel,** die gegen Lärm schützt. Die breiten Ränder sind aus weichem Gummi. Dann folgen Schaumstoff und eine Schicht aus Gehörschutzwolle.

Lärmschutzwände schützen an Autostraßen und Eisenbahnlinien vor Verkehrslärm. Der Schall wird daran reflektiert oder darüber hinweg geleitet, sodass er die Häuser dahinter nicht direkt trifft.

Trier Krankenkassen schlagen Alarm: jeder vierte Versicherte zwischen 15 und 20 Jahren hört schon wie ein Senior. Bei einigen könnten die Hörschäden bis zur Berufsunfähigkeit führen. Längere und häufigere Besuche in Diskotheken mit Lärmpegeln bis zu 120 dB(A) hinterlassen dauerhafte Hörschäden.
Hinzu kommt das tägliche, oft stundenlange Musikhören mit Einsteckkopfhörern.

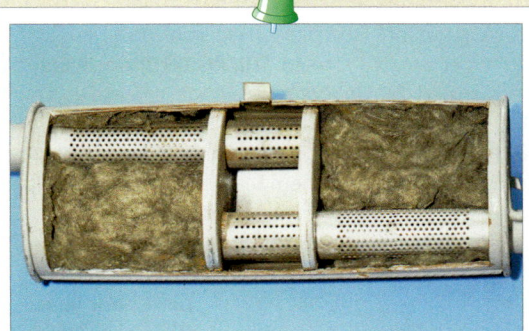

Ein **Schalldämpfer** wird in den Auspuff eines Autos oder Mofas eingebaut. Er enthält mehrere Kammern, in denen der Schall hin und her geworfen wird. Oft ist Glas- oder Stahlwolle eingebracht. Im Schalldämpfer wird der Schall weitgehend in Wärme umgewandelt.

1 Zähle handwerkliche Tätigkeiten auf, bei denen unbedingt Ohrenschutz getragen werden sollte.
2 Lies auf der Tabelle ab, bei welcher Lautstärke du dich nicht mehr wohlfühlst. Bei welcher Lautstärke treten Hörschäden auf, bei welcher wirst du Schmerzen empfinden?
3 Macht in der Schule eine Umfrage zum Thema Störungen durch Lärm.
4 Erkundet an eurem Schulort Maßnahmen zum Schallschutz.

Lautstärke in dB *)	Beispiele und Auswirkungen
150	Zerstörung des Innenohrs
135	**Schmerzgrenze**
130	Startendes Düsenflugzeug
120	Heavy Metal-Rock, Flugzeuglärm
100	Motorrad ohne Schalldämpfer, Disko, Presslufthammer
90	**Hörschäden**
80	Moped, Eisenbahn, Stereoanlage, Straßenlärm
70	**Nervliche Beeinträchtigungen**
60	Schreibmaschine, Pkw
50	Radio auf Zimmerlautstärke
40	normale Unterhaltung
20	Flüstern, Blätterrascheln
0	Hörschwelle

*) jeweils in unmittelbarer Nähe der Schallquelle gemessen

Projekt   Lärm und Lärmschutz

Schall kann angenehm sein wie beim Hören deiner Lieblingsmusik. Schall kann aber auch sehr unangenehm sein wie beispielsweise beim nächtlichen Zuschlagen einer Tür. Wird Schall als laut und unangenehm empfunden, wird er **Lärm** genannt.

Schutz vor Lärm

Wenn es in deinem Zimmer durch den Straßenlärm zu laut ist, schließt du das Fenster. Schon ist es etwas ruhiger in deinem Zimmer. Das geschlossene Fenster verhindert, dass der Schall in seiner vollen Stärke in den Raum kommen kann. Der Schall wird **gedämmt.** Ähnlich wirken auch Außen- und Innenwände und Decken der Wohnräume. Auch sie sollen den Schall dämmen. Nur dann kannst du in Ruhe arbeiten, lesen, spielen oder schlafen. Im Baumarkt findest du viele Stoffe, die für den Zweck der Schalldämmung eingesetzt werden können.

Auch **Gehörschutzstöpsel** schützen vor Lärm. Sie bestehen aus Schaumstoff und werden zwischen den Fingern zusammengepresst in den äußeren Gehörgang geführt. Dort passen sie sich von innen dem Gehörgang an und lassen nur einen sehr kleinen Teil des Lärms ins Innere des Ohrs kommen. Eine andere Art der Gehörschutzstöpsel besteht aus mit Wachs getränkter Watte.

Mit Gehörschutzstöpseln in den Ohren wirst du kaum noch Lärm hören. Hohe Töne, wie sie von einem Martinshorn oder Wecker ausgehen, gelangen aber abgeschwächt ins Innere deines Ohrs.

1 Hier gibt's etwas für die Ohren.

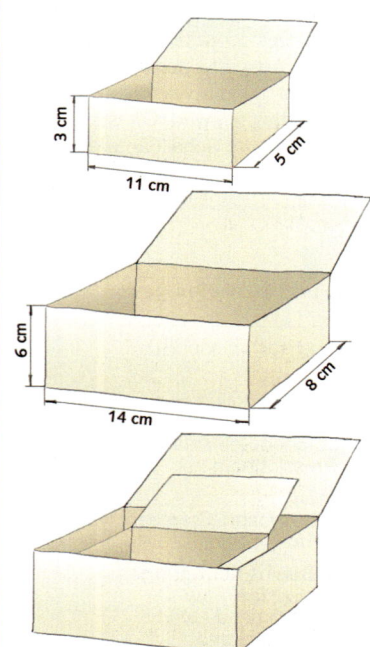

2 Schachtel in der Schachtel

Laut oder leise!

Bildet vier Gruppen, in denen ihr die Schall dämmende Wirkung der verschiedenen Stoffe untersucht.

Jede Gruppe stellt jeweils zwei große und zwei kleine Pappkisten nach den Maßen in Bild 2 her.

Es eignen sich auch fertige Kisten wie Schuhkartons.

Wichtig ist, dass die großen und die kleinen Kisten jeweils für alle Gruppen gleich groß sind.

Weiter braucht jede Gruppe zwei elektrische Klingeln mit Kabeln und Schalter, ein Stromversorgungsgerät und ein Lautstärke-Messgerät.

Achtet bei der Lautstärkemessung darauf, dass ihr immer den gleichen Abstand zwischen großer Kiste und Messgerät habt.

3 Aufbau der Lärmkiste

4 Viele Füllstoffe zur Auswahl

Bildbeschriftungen: Daunenfedern, Schafwolle, Sägemehl, Zeitungen, Kies, Korkmehl, Verpackungschips, Watte, Sand, Schaumstoffflocken

Versuche für alle Gruppen

1. Schließt die elektrischen Klingeln an die Stromversorgungsgeräte an und regelt die Geräte so, dass alle Klingeln gleich laut sind.

2. Legt jeweils die Klingel in den kleinen Karton, führt die Kabel aus dem Karton und klebt ihn zu.

3. Wählt in jeder Gruppe drei Stoffe aus Bild 4 aus und einen weiteren Stoff nach eurer Wahl, der nicht aufgeführt ist.

4. Füllt das erste ausgewählte Material auf den Boden der großen Kiste. Setzt jeweils die kleine Kiste in die große Kiste. Achtet darauf, dass der Abstand der äußeren und inneren Wände, der Böden und auch der Deckel überall gleich ist. Füllt nun die Zwischenräume mit dem ausgewählten Stoff aus. Führt die Kabel aus der großen Kiste.
Füllt den ausgewählten Stoff auch auf den Deckel der kleinen Kiste. Verschließt nun den Deckel der großen Kiste.

5. Wählt ein zweites Dämmmaterial und verfahrt entsprechend mit dem zweiten Kistensatz.

6. Betätigt jetzt nacheinander die Klingelknöpfe und messt dabei in einem Abstand von 10 cm jeweils die Lautstärke.

7. Notiert jeweils den eingefüllten Stoff und die gemessene Lautstärke.

8. Wiederholt die Versuche mit den beiden anderen Füllstoffen.
Durch Vergleich der Messwerte ermittelt ihr den besten der von euch eingesetzten Füllstoffe. Das ist euer Dämmmeister!

9. Vergleicht eure Werte mit den Messungen der anderen Gruppen bei gleichem Füllstoff. Weichen die Messungen stark voneinander ab, müssen die Versuche wiederholt werden.

Füllstoff-Halbfinale

Jede Gruppe stellt in der Klasse ihren Dämmmeister vor.
Die Gruppensieger treten nun gegeneinander an. Durch Losverfahren werde zwei neue Gruppen aus jeweils zwei Gruppensiegern gebildet.
Jede neue Gruppe ermittelt durch Versuche mit Lautstärkemessungen den besseren Füllstoff.

Füllstoff-Finale

Die beiden Sieger treten zum Finale an. Die Siegergruppe erhält den goldenen Ohrstöpsel.

1.9 Sinneswelten im Vergleich

Ein Hund verfolgt die Spur einer Katze. Die Katze hat Geruchsstoffe in der Luft und auf dem Boden zurückgelassen. Kommen nur wenige Teilchen davon mit der Nasenschleimhaut des Hundes in Berührung, werden sie wahrgenommen. Seine Geruchsschleimhaut ist etwa 30-mal so groß wie die des Menschen und somit wesentlich leistungsfähiger. So weist ihm die sehr empfindliche Nase den Weg der Katze. Da viele Tiere und Gegenstände einen charakteristischen Geruch besitzen, vermittelt die Hundenase dem Tier einen detaillierten Eindruck seiner Umwelt.

Auch die Zecke, die auf einem Strauch am Rande des Weges sitzt, hat ein empfindliches Geruchsorgan. Es befindet sich am letzten Segment des ersten Beinpaares. Sie streckt dieses Beinpaar wie Fühler in die Luft. Streift ein Hund den Zweig, nimmt sie die abgegebenen Duftstoffe wahr. Sie bleibt im Fell des Hundes hängen und klammert sich fest. Bald wird sie ihren Kopf in die warme Haut des Hundes bohren, um sich mit Blut vollzusaugen. Der Geruchssinn hat für Hund und Zecke eine besondere Bedeutung. Beide Arten leben in einer **Riechwelt.**

1 Riechwelt. A Hund (→ Weg des Hundes);
B Zecke (→ Weg der Zecke)

Am Rand des Weizenfeldes greift der Mäusebussard eine Feldmaus. Er hat das kleine Tier hoch aus der Luft entdeckt und sich im Sturzflug herabfallen lassen. Die Bussardaugen sind so groß wie die des Menschen. Die große Sehschärfe erklärt sich aus dem Bau der Netzhaut. Die Zahl der Sehzellen pro Flächeneinheit ist wesentlich größer als beim Menschen. Auch in den Randbereichen der Netzhaut befinden sich Zapfen in hoher Dichte, sodass ein überall farbiges und scharfes Panoramabild der Umwelt entsteht. Außerdem kann der Vogel bis zu 150 Bilder pro Sekunde getrennt wahrnehmen. Hierdurch ist er in der Lage, selbst kleinste Bewegungen zeitlupenartig zu erkennen.

Im Vergleich zur Körpergröße noch mächtiger als beim Bussard sind die aus bis zu 30 000 Einzelaugen bestehenden Komplexaugen der Mosaikjungfer. Diese Großlibelle zieht ihre Bahnen an einem Bach. Die kugelförmige Anordnung der Einzelaugen liefert eine fast lückenlose Rundumsicht. Viele Insekten können auch Ultraviolettlicht erkennen. Bussard und Libelle leben in einer **Sehwelt,** in der die Augen eine noch größere Bedeutung haben als beim Menschen.

Mit Beginn der Dämmerung verlassen Fledermäuse ihr Tagesversteck in der Hohlwand eines Einfamilienhauses. Während ihres Fluges stoßen sie in regelmäßigen Abständen kurze Ultraschallrufe aus, die für den Menschen kaum hörbar sind. Treffen die Schallwellen auf ein Hindernis, beispielsweise auf einen Nachtfalter, so kehren sie von dort als Echo zurück. Mit ihren großen Ohren

2 Sehwelt. A Mäusebussard (→ Weg des Mäusebussards);
B Großlibelle (→ Weg der Libelle)

und ihrem feinen Gehör kann die Fledermaus dieses Echo wahrnehmen. Stärke und Art des Echos liefern Informationen über relative Geschwindigkeit und Größe des angepeilten Objekts. Aus dem zeitlichen Unterschied zwischen Ruf und Rückkehr des Schalls zu den Ohren errechnet sie Entfernung und Richtung des Gegenstandes.

Das Gehör der Schleiereule ist extrem empfindlich. Beutetiere kann sie selbst bei völliger Dunkelheit mithilfe des Gehörs orten. Die Ohren liegen seitlich neben den Augen in dem für Eulen typischen Gesichtsschleier. Dieser wird von zwei die Augen umgebenden Federtrichtern gebildet. Sie wirken wie Hörrohre und leiten die Geräusche in das empfindliche Ohr hinein. Fledermaus und Schleiereule sind nachtaktive Tiere, die in einer **Hörwelt** leben.

Der Maulwurf muss bei der Jagd in seinem unterirdischen Lebensraum ohne Licht auskommen. Neben dem Gehör- und Geruchssinn benutzt er den Tastsinn. An der Nase und um den Mund herum sowie an den Handwurzeln befinden sich zusätzliche Tasthaare, die ihn bei der Orientierung im Boden unterstützen.

Die in ihrem Schlupfwinkel lauernde Kreuzspinne erkennt ihre Beute ebenso über den Tastsinn. Der im Netz zappelnde Nachtfalter überträgt Vibrationen über einen Signalfaden zur Spinne. Tastsinnesorgane in ihren Beinen nehmen diese Reize auf und veranlassen die Spinne, sich blitzschnell auf die Beute zu stürzen und sie zu töten. Maulwurf und Kreuzspinne orientieren sich in einer **Tastwelt**.

Jede Tierart hat also, entsprechend der Ausstattung und der Leistungsfähigkeit ihrer Sinnesorgane, eine eigene *Sinneswelt*. Manchmal ist sogar die Sinneswelt von Männchen und Weibchen derselben Tierart unterschiedlich. Dies ist zum Beispiel bei einigen Insekten der Fall. Die Sinneswelten der Tiere entwickelten sich im Lauf langer Zeiträume als Angepasstheit an die Lebensweise und den Lebensraum. Sie sind von der Wahrnehmung des Menschen meist sehr verschieden. Manche Tiere verfügen sogar über Sinnesorgane für Umweltreize, die der Mensch nur mit Hilfe von technischen Geräten wahrnehmen kann. So verfügen Vögel über einen **Magnetsinn** und manche Fische über einen **elektrischen Sinn.**

1 Vergleiche die Sinneswelt von Maulwurf und Mensch. Stelle Zusammenhänge zwischen dem Lebensraum und den Leistungen der Sinnesorgane her.

3 Hörwelt. A *Fledermaus (→ Weg der Fledermaus);*
B *Schleiereule (→ Weg der Eule)*

4 Tastwelt. A *Maulwurf (→ Weg des Maulwurfs);*
B *Kreuzspinne (• Standort der Spinne)*

2 Messverfahren erweitern die Sinneswahrnehmung

2.1 Körper sind fest, flüssig oder gasförmig

Eine Lampe wie in Abbildung 1 ist doch wirklich eindrucksvoll. Sie gibt ein stimmungsvolles Licht. Eine Kette silbrig leuchtender Luftblasen steigt im Wasser nach oben, wo die Blasen leise zerplatzen. Diese Lampe ist aber auch interessant, wenn du sie physikalisch betrachtest. Hier kannst du drei Arten von Körpern gleichzeitig sehen.

Da ist zunächst das Gefäß aus Glas. Wenn du dagegen klopfst, spürst du, dass es ein **fester Körper** ist.
Einen festen Körper kannst du verschieben oder hochheben. Du kannst aber nicht durch ihn hindurchgreifen oder hindurchgehen.
Er hat immer eine ganz bestimmte Form, die sich nicht verändert.

Das in dem Gefäß eingeschlossene Wasser ist ein **flüssiger Körper.**
Einen flüssigen Körper kannst du nur hochheben, wenn du das Gefäß hochhebst. Du kannst hineingreifen, wobei der flüssige Körper der Hand Platz macht. Du kannst ihn von einem Gefäß in ein anderes umgießen. Dabei nimmt er die Form des anderen Gefäßes an. Wenn du zum Beispiel Wasser aus einer Flasche in ein Glas gießt, änderst du nicht den Stoff Wasser, aber den Körper. Denn jetzt hat die gleiche Menge Wasser eine ganz andere Form bekommen. Zunächst hatte der Körper Wasser die Form des Inneren der Flasche. Nach dem Umgießen des Stoffes Wasser in das Glas sieht der Körper Wasser aus wie das Glasinnere.
Ein flüssiger Körper nimmt also immer die Form des Gefäßes an, in dem er sich gerade befindet.
Jede Luftblase, die in der Lampe nach oben steigt, ist ein gasförmiger Körper. Auch die Luft, die dich umgibt, ist ein gasförmiger Körper. Durch einen gasförmigen Körper kannst du hindurchgehen. Du kannst ihn heben, wenn du das Gefäß hochhebst, in dem er sich befindet.

Jede Luftblase, die in der Lampe nach oben steigt, ist ein **gasförmiger Körper.** Auch die Luft, die dich umgibt, ist ein gasförmiger Körper. Durch einen gasförmigen Körper kannst du hindurchgehen. Du kannst ihn heben, wenn du das Gefäß hochhebst, in dem er sich befindet.

Welche Form hat ein gasförmiger Körper? Die Luftblasen in der Lampe sind rund. Bläst du einen runden Luftballon auf, hast du auch darin einen gasförmigen Körper. Er ist rund, er hat die Form der Ballonhülle. Wenn du einen länglichen Luftballon aufbläst, erhält der Körper Luft eine längliche Form. Auch gasförmige Körper nehmen immer die Form des Gefäßes an, in dem sie enthalten sind.

An der Lampe kannst du also alle drei Arten von physikalischen Körpern – feste, flüssige und gasförmige – entdecken. Man nennt diese Zustandsformen die **Aggregatzustände.**

Auch deinen eigenen Körper kannst du physikalisch betrachten: Die Knochen sind feste Körper, das Blut in deinen Adern ist ein flüssiger Körper, die Luft in deinen Lungen bildet einen gasförmigen Körper.

1 Nenne feste Körper, die du in deinem Klassenraum findest.
2 Welche flüssigen Körper, außer Wasser in einer Flasche, kennst du noch?
3 Zähle gasförmige Körper auf.
4 Wieso ist eine ausgetrunkene Flasche nicht leer? Welche Körper waren vorher darin, welcher ist nach dem Austrinken in der Flasche?
5 Aus welchen physikalischen Körpern besteht dein Frühstück? Sortiere sie nach verschiedenen Aggregatzuständen.
6 Nenne die drei Aggregatzustände von Wasser. Erstelle eine Tabelle mit Beispielen, wo du die jeweilige Zustandsform finden kannst.
7 Gibt es flüssige Luft? Versuche mit Hilfe des Internets diese Frage zu beantworten.

1 Eine stimmungsvolle Lampe

1 Gleicher Stoff, verschiedene Formen

2 Gleiche Form, unterschiedliche Stoffe

2.2 Körper und Stoffe mit den Sinnen unterscheiden

Schaust du dich in deinem Zimmer oder im Klassenraum um, wirst du viele Gegenstände entdecken. Alle diese Gegenstände sind im physikalischen Sinne **Körper.** Du kennst *feste* Körper wie Tische oder Stühle, *flüssige* Körper wie den Saft in einer Flasche oder *gasförmige* Körper wie die Luft in einem Ball. So lässt sich jedem Körper bei Zimmertemperatur ein *Aggregatzustand* zuordnen.

Körper lassen sich aber auch auf andere Weise unterscheiden. Sie können aus verschiedenen Materialien bestehen. Ein Stuhl kann aus Holz, aus Kunststoff oder aus Metall gefertigt sein. Tische können aus Holz, Marmor oder Glas hergestellt werden. Solche Materialien, aus denen Körper bestehen, werden **Stoffe** genannt.

Auf Bild 1 siehst du viele Schokoladenfiguren. Alle Figuren sind aus dem gleichen Stoff, aus Schokolade. Sie unterscheiden sich trotzdem, denn alle haben verschiedene **Formen.** Aus dem gleichen Stoff wurden also unterschiedliche, feste Körper geformt.
Bild 2 zeigt viele Kugeln. Hier haben alle Körper die gleiche Form, bestehen aber aus unterschiedlichen Stoffen.

Betrachtest du verschiedene Körper, kannst du mit deinen Augen viele voneinander unterscheiden. Du kannst ihr Aussehen beschreiben und dabei die Farbe und den Aggregatzustand bei Zimmertemperatur bestimmen.
Auch deine Nase kann behilflich sein. Stoffe können einen typischen Geruch besitzen. Viele sind aber geruchlos.

Bei Lebensmitteln prüfst du den Geschmack mit deiner Zunge. Du schmeckst Stoffe als salzig, süß, bitter oder sauer. Alle diese Stoffeigenschaften lassen sich in einem **Steckbrief** wie in Abbildung 3 zusammenfassen. Stoffeigenschaften lassen sich also mit Hilfe der Sinnesorgane unterscheiden.

1 Betrachte die Gegenstände in den Abbildungen 1 und 2. Beschreibe und vergleiche sie.
2 Beschreibe das Aussehen folgender Stoffe: Wasser, Haushaltsessig, Apfelessig, Milchzucker, Zucker, Salz.
3 Führe eine Geruchsprobe mit folgenden Stoffen durch: Wasser, Apfelessig, Salz, Zucker, Essig, Spiritus. Berichte.
4 Teste den Geschmack folgender Lebensmittel: Apfelessig, Haushaltsessig, Zitrone, Milchzucker, Salz. Beschreibe und notiere deine Ergebnisse.
5 Bestimme den Aggregatzustand von Essig, Holzkohle, Alufolie, Salz und Sauerstoff.
6 Erstelle Steckbriefe von Zitronensaft und Kandiszucker.

Steckbrief

Aussehen: trüb
Farbe: gelbbraun
Geruch: säuerlich
Geschmack: süßsauer
Aggregatzustand bei
Zimmertemperatur: flüssig

Stoff: Apfelessig

2.3 Zur Messung des Volumens von Körpern benötigt man Hilfsmittel

Jeder Körper braucht seinen Platz. Der Raum, den er beansprucht, heißt **Volumen.** Eine kleine Fliege hat ebenso ein Volumen wie ein großes Flugzeug, nur braucht sie weniger Platz. Die Worte klein oder groß reichen natürlich nicht aus, um das Volumen anzugeben. Du musst messen, wenn du das Volumen genau bestimmen möchtest.

Feste Körper wie der Ziegelstein behalten stets ihre Form, wenn nicht eine Kraft darauf einwirkt. Daher bleibt das Volumen gleich.

Eine Flüssigkeit kannst du aus einer Flasche in ein Glas füllen, schon hat der Körper eine andere Form. Die Größe des Volumens bleibt dabei erhalten.
Gase können als Körper ihre Form und gleichzeitig ihr Volumen ändern. Sie nehmen immer den gesamten Raum ein, der ihnen zur Verfügung steht. Deshalb lässt sich das Volumen nur angeben, wenn du das Gefäß ausmisst, in dem das Gas enthalten ist.

Wenn beim Handballspielen zwei Spielerinnen oder Spieler zusammenstoßen, merken sie leicht: Wo ein Körper ist, kann kein zweiter sein. Ein Körper müsste schon dem anderen weichen.

1 Alle Körper haben ein Volumen. A feste Körper; B flüssige Körper; C gasförmige Körper

Bei Flüssigkeiten gilt das auch: Wenn du dich in die Badewanne legst, steigt das Wasser an den Seiten hoch. Es gibt so viel Raum frei, wie dein Körper braucht.

Auch die Luft weicht aus, wenn du ein Zimmer betrittst. Wieder hast du so viel Platz, wie für deinen Körper benötigt wird. Ein Körper verdrängt also den anderen.

Streifzug durch die Mathematik

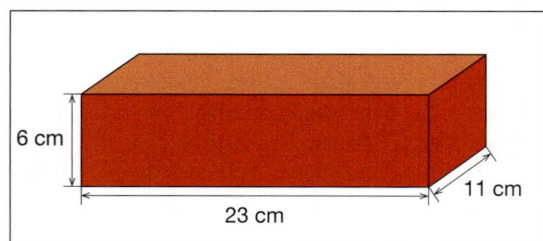

2 Die Maße eines Ziegelsteins

Ein Ziegelstein ist ein Quader. Du kannst sein Volumen bestimmen, indem du dessen Länge *l*, Breite *b* und Höhe *h* misst. Dann musst du rechnen.
Das Volumen *V* ist das Produkt aus Länge, Breite, Höhe: Volumen = Länge · Breite · Höhe

Dafür kannst du kurz schreiben: $V = l \cdot b \cdot h$

Eine Formel für das Volumen

Volumen des Ziegelsteins:
$$V = 23 \text{ cm} \cdot 11 \text{ cm} \cdot 6 \text{ cm} = 1518 \text{ cm}^3.$$

Die Ausdrücke Volumen, Länge, Breite, Höhe heißen **Größen.** Zu einer Größe gehören der gemessene Zahlenwert *und* die Maßeinheit, zum Beispiel 3 cm oder 5 l oder 40 cm^3.
Bei der Berechnung des Volumens musst du alle 3 Größen in der gleichen Maßeinheit schreiben.

Volumeneinheiten

1 Kubikmillimeter	1 mm^3	
1 Kubikzentimeter	1 cm^3	= 1000 mm^3
1 Kubikdezimeter	1 dm^3	= 1000 cm^3
1 Kubikmeter	1 m^3	= 1000 dm^3
1 Milliliter	1 ml	
1 Liter	1 l = 100 cl	= 1000 ml

Beachte: 1 l = 1 dm^3; 1 ml = 1 cm^3

Das Volumen eines Ziegelsteins oder eines Paketes lässt sich leicht bestimmen, weil beide Körper die Form eines Quaders haben.

Das Volumen einer Flüssigkeit kannst du mit einem Messzylinder bestimmen. Dazu gießt du die Flüssigkeit hinein, stellst den Messzylinder auf eine waagerechte Fläche und liest in der Höhe des Flüssigkeitsspiegels das Volumen ab. Beim Ablesen musst du aufpassen, da sich der Flüssigkeitsspiegel am Rand des Gefäßes nach oben zieht. Den richtigen Wert erhältst du nur, wenn du an der tiefsten Stelle des Flüssigkeitsspiegels abliest (Abbildung 3).

Flüssigkeitsvolumen werden in Hohlmaßen angegeben: Liter (l), Zentiliter (cl) oder Milliliter (ml).

Das Volumen eines Kieselsteines kannst du mit einem Messzylinder bestimmen. Dazu musst du zunächst so viel Wasser einfüllen, dass der Stein vollständig untertauchen kann. Dann liest du das Wasservolumen genau ab. Danach tauchst du den Stein vorsichtig ins Wasser und liest den neuen Wasserstand ab.

Du erhältst das Volumen des Steines, wenn du die Differenz aus den Werten der zweiten und der ersten Messung bildest. Diese Möglichkeit der Volumenbestimmung heißt **Differenzmethode** (Abbildung 4 A).

Du kannst das Volumen des Kieselsteins auch mit der **Überlaufmethode** messen. Dazu füllst du ein Überlaufgefäß mit Wasser, bis es überläuft. Dann stellst du einen Messzylinder unter den Ablauf. Nun hängst du den Stein ganz hinein und fängst das verdrängte Wasser auf. Das Volumen des aufgefangenen Wassers ist so groß wie das Volumen des Steins (Abbildung 4 B).

1 Für die Bestimmung des Volumens gibt es kein besonderes Sinnesorgan. Mithilfe welcher Sinne lässt sich die Größenordnung eines Volumens zumindest grob abschätzen?

2 Eine Garage ist 6 m lang, 3 m breit und 2 m hoch. Berechne ihr Volumen. Wie viel Liter Luft enthält die Garage?

3 Wie könntest du das Volumen eines Flaschenkorkens bestimmen? Überlege dir einen Versuch und führe ihn durch.

4 Miss Länge l, Breite b und Höhe h eines Postpaketes und berechne das Volumen V.

5 Miss mit einem 10 ml-Messzylinder eine bestimmte Menge Wasser ab. Fülle es in einen 25 ml-Messzylinder und in einen 50 ml-Messzylinder. Lies jeweils das Volumen ab und vergleiche. Mit welchem Gefäß ist der Wert am genauesten zu bestimmen?

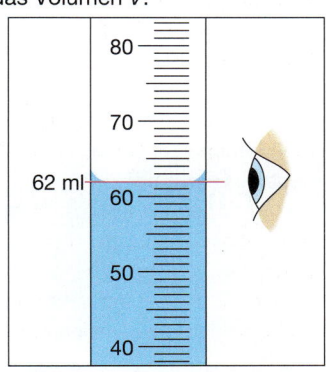

3 Richtiges Ablesen

6 Bestimme nacheinander das Volumen folgender Körper mit der Differenzmethode: Stein, Schlüssel, Anspitzer und Radiergummi.

7 Begründe den Namen Differenzmethode.

8 Fülle ein Überlaufgefäß randvoll mit Wasser. Stelle einen Messzylinder unter den Ablauf und miss das Volumen aller in Aufgabe 6 aufgezählten Körper.

9 Wieso kannst du mit der Differenz- oder der Überlaufmethode das Volumen eines Kieselsteins bestimmen?

2 Messgeräte für Flüssigkeiten

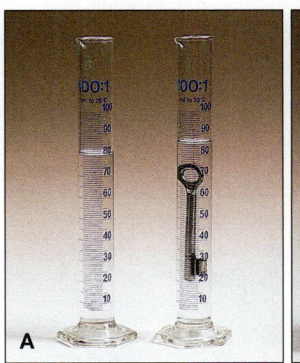
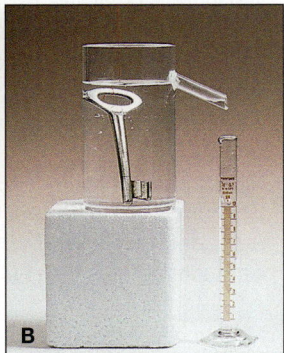

4 A Differenzmethode; B Überlaufmethode

2.4 Umgang mit Messfehlern

Messfehler treten aus unterschiedlichen Gründen auf. Ein Beispiel aus dem Sport kann das verdeutlichen. Bevor die Weitenmessung mit Laser eingeführt wurde, hat man die Weiten beim Hammerwurf mit Maßbändern von 100 m Länge bestimmt. Im Jahr 1987 lag der Weltrekord bei 86,74 m.

1 Messung der Wurfweite mit einem Maßband

Methoden und Kompetenzen: Messfehler beim Ablesen eines Maßbandes

Die Nullmarke des Maßbandes wird an die Innenkante des Balkens gelegt, der den Abwurfplatz abgrenzt. Wie gut stimmen nun Kante und Nullmarke überein? Auf 1 mm oder 2 mm?

Das Maßband wird gespannt und dabei gedehnt. Es verlängert sich etwas. Man kann vorschreiben, wie das Band beim Ablesen gespannt sein muss, um diesen Fehler klein zu halten. Auch die Temperatur spielt eine Rolle, denn die Körper dehnen sich aus, wenn sie erwärmt werden.

Nun muss aber noch der Endpunkt der Messstrecke bestimmt werden. Das ist beim Hammerwurf die Stelle des Abdrucks, die dem Werfer am nächsten ist. Auch hier liegt eine Fehlerquelle.

Messungen werden durch eine Reihe von Faktoren beeinflusst, die durch die Umwelt oder durch die Aufmerksamkeit, die Übung und das Schätzungsvermögen des Beobachters verursacht werden.

Die Herstellerfirmen der Maßbänder können wegen nicht vermeidbarer Ungleichmäßigkeiten beim Fertigen der Maßbänder nur bestimmte Fehlergrenzen angeben. Diese können bei 100-m-Bändern nach oben und unten bis zu 10 mm betragen. Man schreibt deshalb auch ± 10 mm. Bei einem Messergebnis von 86,74 m könnte die wirkliche Wurfweite demnach auch 86,75 m (neuer Weltrekord) oder 86,73 m (kein neuer Weltrekord) betragen.

Weitere mögliche Quellen für Messfehler beim Ablesen eines Maßbandes sind im Kasten links beschrieben. Heute verwendet man im Sport Lasermessgeräte, die auch von Handwerkern häufig benutzt werden. Dies ist teurer und aufwändiger, aber auch genauer.

Genau genommen müsste bei der Angabe des Weltrekords die Messunsicherheit genannt werden. Doch dann gäbe es häufiger als bisher mehrere Sieger. Denn selbst bei etwas ungleichen Weiten müssten die Leistungen im Rahmen der Messunsicherheiten als gleich bewertet werden.

*2 Messwerte ablesen. **A** mit senkrechtem, **B** mit schrägem Blick auf den Zeiger*

Auch bei Experimenten sind die dabei erfassten Messwerte immer mit gewissen Fehlern verbunden. Fehler treten auch bei sorgfältigen Messungen auf. Du musst dir vor einer Messung stets klar machen, welche Fehler gemacht werden können und wie du sie möglichst klein halten kannst.

Fehler treten beispielsweise durch ungeschicktes Ablesen von Messwerten oder bei Verwendung fehlerhafter Messgeräte auf. Blickst du zum Ablesen eines Messwertes an einem Messgerät beispielsweise nicht senkrecht zur Skala auf den Zeiger (Abbildung 2 A), sondern schräg dazu (Abbildung 2 B), machst du einen Ablesefehler. Dieser Fehler heißt Parallaxefehler. Findest du unterhalb der Skala einen Spiegel, so liest du dann korrekt ab, wenn der Zeiger sein Spiegelbild verdeckt.

Von den gerätebedingten **systematischen Messfehlern** sind die **zufälligen Messfehler** zu unterscheiden. Mit diesem Begriff beschreibt man, dass die Messwerte immer etwas schwanken, wenn du die gleiche Messung mehrfach wiederholst.

Misst du mit dem Lineal mehrmals die Breite deines Tisches und schreibst das Ergebnis jeweils auf, so wirst du feststellen, dass die einzelnen Messwerte voneinander abweichen. In Tabelle 1 sind Länge und Breite eines Zimmers angegeben, die mit einem Zollstock fünfmal gemessen wurden.

Den dritten Messwert für die Länge kannst du ausschließen, da er sich deutlich von allen anderen unterscheidet (grober Ablesefehler). Alle anderen aber sind unter vergleichbaren Bedingungen mit gleicher Sorgfalt gewonnen worden, also gleichberechtigt. Welcher Wert soll verwendet werden? Vielleicht derjenige, der dem richtigen Wert am nächsten kommt? Ihn kennen wir aber nicht. Es ist deshalb üblich, den **Mittelwert der Messwerte** zu berechnen und anzugeben.

Um die Fläche des Zimmers zu bestimmen, musst du zunächst die Mittelwerte der Länge und Breite bestimmen und diese dann miteinander multiplizieren. Dabei erhältst du „krumme" Zahlen: $A = 655,5$ cm $\cdot$ 408,3 cm $= 267640,65$ cm^2. Ist es sinnvoll, alle Stellen anzugeben? Das Ergebnis kann nicht genauer sein als die Messgrößen, die in seine Berechnung eingehen. Die Länge mit 655,5 cm und die Breite mit 408,3 cm haben jeweils vier durch Messung gewonnene Ziffern. Man rundet daher den aus den Mittelwerten errechneten Wert für die Fläche und erhält $A = 267\,600$ cm^2. Allerdings täuscht diese Schreibweise vor, dass alle Ziffern einschließlich der Nullen durch Messungen gesichert sind. Um dieses Missverständnis auszuschließen, wählt man die Potenz-

schreibweise: $A = 2676 \cdot 10^2$ cm^2. Die durch Messung gesicherten Ziffern nennt man geltende Ziffern. Es gilt die folgende Faustregel:
Gehen mehrere Messwerte in eine Rechnung ein, so ist das Ergebnis so zu runden, dass es höchstens so viele geltende Ziffern besitzt wie das Messergebnis mit den wenigsten geltenden Ziffern.

Beispiel: Ein Fußballtor ist 2,44 m hoch und 7,32 m breit. Wie groß ist die Fläche, durch die der Ball fliegen kann?

Lösung: Genau gerechnet: $A = 2,44$ m $\cdot$ 7,32 m $= 17,8608$ m^2. Sinnvoll sind aber nur drei geltende Ziffern, also 17,9 m^2.

Nr.	Länge in cm	Breite in cm
1	655,0	408,6
2	655,5	408,1
3	(655,0)	408,3
4	655,5	408,4
5	656	408,1
Mittelwert	655,5	408,3

Tabelle 1

1 Gib an, welche Fehler bei einer Messung mit einer Handstoppuhr auftreten können.
2 Worin besteht der Unterschied in den Angaben $l = 4,30$ cm, $l = 0,0430$ m und $l = 4,300$ cm; worin in den Angaben $l = 350\,000$ km und $l = 3,5 \cdot 10^3$ km?
3 Die Länge ein und desselben Weitsprungs wurde fünfmal gemessen, und zwar 4,58 m, 4,62 m, 4,60 m, 4,59 m und 4,59 m. Welche Längenangabe ist sinnvoll?
4 Berechne den Flächeninhalt eines Zimmers mit den Seite $a = 3,62$ m und $b = 4,74$ m. Gib den Wert mit sinnvoller Ziffernzahl an.
5 Ein Bungalow mit flachem Dach hat eine Länge von 10,32 m, eine Breite von 9,20 m und eine Höhe von 3,15 m. Berechne das Volumen in m^3 und gib den Wert sinnvoll an.
6 Bei den Olympischen Sommerspielen 1972 wurde beim Schwimmen über 400 m für G. Larsson 4:31,981 min und für A. McKee 4:31,983 min gemessen. Beurteile ob die Goldmedaille für Larsson gerechtfertigt war. Berechne die Strecke, die einem Vorsprung von zwei Tausendstel Sekunden entspricht.
Wie genau kann ein 50-m-Becken gemauert werden? Bewerte die anschließende, bis heute gültige Entscheidung, die Zeiten bei Schwimmwettbewerben nur noch auf Hundertstel Sekunden genau anzugeben.

1 Kind erhält angewärmte Milch aus der Trinkflasche

3 Temperatur – mit den Sinnen erfahren und gemessen

3.1 Empfinden von Temperaturen

Bevor eine Mutter ihr Baby füttert, erwärmt sie die Milch aus dem Kühlschrank auf dem Herd oder in einem Babykost-Wärmer. Dann hält sie die Trinkflasche an die Wange und prüft, ob die Milch die richtige **Temperatur** hat. Sie fühlt also, damit die Milch nicht zu kalt oder zu heiß ist.

In unserer Haut gibt es winzige Kälte- und Wärmepunkte. Mit ihnen empfinden wir unterschiedliche Temperaturen. Diese Fühlpunkte geben uns an, ob wir gerade kalte, warme oder heiße Gegenstände berühren.

Es ist aber sehr schwer abzuschätzen, wie kalt oder heiß etwas wirklich ist, denn unsere Haut lässt sich täuschen. Wenn du zum Beispiel eine Hand in kaltes, die andere in heißes Wasser hältst und nach kurzer Zeit beide Hände in lauwarmes Wasser tauchst, hast du eine ganz überraschende Wärmeempfindung. Mit der einen Hand empfindest du das Wasser wesentlich kälter als mit der anderen.

Der Temperatursinn wird getäuscht, weil die eine Hand vorher im kalten Wasser und die andere im heißen Wasser war. Die Fühlpunkte vergleichen Temperaturen. Deswegen empfindet die eine Hand das lauwarme Wasser kälter als die andere und umgekehrt die andere das lauwarme Wasser wärmer.

Aus diesem Grund sollte eine Mutter die Temperatur der Milch für ihr Baby nicht nur mit der Hand prüfen.

1 Nenne weitere Wörter wie „heiß" und „kalt", mit denen du Temperaturen beschreiben kannst. Ordne sie in einer sinnvollen Reihenfolge.

2 Nenne Geräte, die Wärme erzeugen und solche, die zur Kühlung dienen.

3 Welche Möglichkeiten gibt es, ohne elektrische Geräte zu wärmen und zu kühlen?

4 Informiere dich auf Seite 85 über die Temperaturwahrnehmung durch die Haut.

5 Gieße in eine Schüssel kaltes, in eine zweite lauwarmes und in eine dritte nicht zu heißes Wasser. Stelle die Schüssel mit dem lauwarmen Wasser zwischen die beiden anderen. Lege eine Hand in die linke und die andere in die rechte Schüssel. Warte eine Weile und prüfe dann mit beiden Händen gleichzeitig die Temperatur des Wassers in der mittleren Schüssel. Was stellst du fest? Beschreibe deine Empfindungen.

3.2 Messen von Temperaturen

Einer Schülerin ist es zu heiß, ein Schüler friert und du fühlst dich gerade richtig wohl. Über Temperaturen könnt ihr euch prima streiten, denn alle haben Recht. Jeder empfindet Wärme anders.

Häufig müssen jedoch bestimmte Temperaturen genau eingehalten werden, zum Beispiel die Temperatur des Badewassers für ein Baby oder die Wassertemperatur in einem Aquarium. Dann reicht unser Temperaturempfinden nicht aus. Es muss ein Messgerät eingesetzt werden, mit dem du Temperaturen *messen* kannst, ein **Thermometer.**

1 Wer hat denn nun Recht?

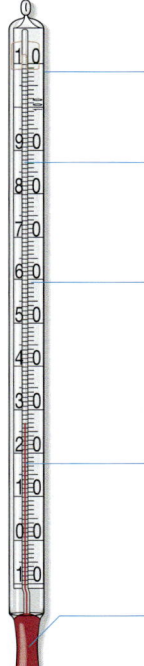

Aufbau eines Thermometers

Glaskörper: Ein Glasrohr schützt die inneren Bauteile.

Steigrohr: Es ist ein dünnes Glasrohr, in dem sich eine farbige Flüssigkeit auf und ab bewegen kann.

Skala: Sie ermöglicht zusammen mit dem Zeiger das Ablesen der Temperatur. Die Skala besteht aus vielen Teilstrichen. Neben jedem 10. Strich steht eine Zahl.

Thermometerflüssigkeit: Das Ende der Flüssigkeitssäule zeigt die Temperatur an. Es ist der Zeiger des Thermometers.

Vorratsbehälter: Er ist mit einer farbigen Flüssigkeit gefüllt und mit dem Steigrohr verbunden. Er ist zugleich auch der Messfühler des Thermometers.

1 Nenne mögliche Gründe, warum die Personen in Abbildung 1 die gleiche Temperatur unterschiedlich empfinden.

2 Nenne Beispiele, bei denen es wichtig ist, eine bestimmte Temperatur genau einzuhalten.

3 Mit welchen Werten werden Lufttemperaturen an kalten Wintertagen angegeben?

4 Beschreibe ein Thermometer. Nenne die Aufgaben der einzelnen Teile.

5 Miss möglichst viele der folgenden Temperaturen und schreibe sie auf:

a) die Temperatur von kaltem und warmem Leitungswasser, Wasser in der Regentonne und Teichwasser,

b) die Lufttemperatur an verschiedenen Stellen im Klassenraum, im Kühlschrank, auf dem Dachboden, im Keller und an einigen Stellen auf dem Schulgelände,

c) die Temperatur ausgeatmeter Luft und die Hauttemperatur zwischen deinen Fingern.

6 Ordne die gemessenen Temperaturen der Größe nach in einer Tabelle. Wie viel Grad beträgt der Unterschied zwischen der niedrigsten und der höchsten Temperatur?

7 Begründe, warum die Regel zum Messen und Ablesen von Temperaturen (Kasten unten) beachtet werden müssen.

Messen und Ablesen von Temperaturen

Beim Ablesen der Temperatur solltest du auf Folgendes achten:
– Tauche den Vorratsbehälter vollständig in die Flüssigkeit ein.
– Warte beim Messen, bis sich die Flüssigkeitssäule nicht mehr bewegt.
– Schaue beim Ablesen der Temperatur senkrecht auf die Skala.
– Lies die Temperatur zügig ab. Nimm das Thermometer dazu möglichst nicht aus der Flüssigkeit heraus.

Achtung: Thermometer bestehen aus Glas und sind zerbrechlich.

1 Wasser dehnt sich aus

2 Wasser zieht sich zusammen

3.3 Volumenänderung bei Flüssigkeiten

Ein randvoll mit Wasser gefüllter Stehkolben wird erwärmt. Die Wasseroberfläche wölbt sich nach oben. Das Wasser dehnt sich aus.

Beim Abkühlen zieht sich die Flüssigkeit zusammen und das Wasser im Stehkolben sinkt ab. Die Wasseroberfläche wölbt sich nach unten.

Wie verhalten sich andere Flüssigkeiten beim Erwärmen oder beim Abkühlen?

Unterschiedliche Flüssigkeiten dehnen sich beim Erwärmen unterschiedlich stark aus. Bei gleicher Erwärmung dehnt sich Spiritus etwa fünfmal mehr aus als Wasser. Auch bei Glykol ist eine größere Ausdehnung als bei Wasser festzustellen.

Das zeigt Versuch 2, denn der Flüssigkeitsstand in den Steigrohren steigt unterschiedlich hoch. Die gleiche Menge Flüssigkeit braucht mehr Platz, das Volumen vergrößert sich. Beim Abkühlen ziehen sich die Flüssigkeiten wieder zusammen.

Die Volumenänderung von Flüssigkeiten wird auch in der Küche genutzt, wenn Saft und Marmelade haltbar gemacht werden sollen. Sie werden kochend heiß in Flaschen oder Gläser eingefüllt. Die Gefäße werden dann sofort verschlossen. Beim Abkühlen wird das Volumen des Inhaltes kleiner. Dadurch wird der Verschluss von außen fest an den Glasrand gepresst und das Gefäß ist luftdicht verschlossen. Beim Öffnen verursacht die einströmende Luft ein klickendes Geräusch.

1 Fülle einen Stehkolben randvoll mit Wasser.
a) Erhitze den Stehkolben kurz und beobachte die Oberfläche der Flüssigkeit.
b) Stelle den Glaskolben zum Abkühlen in kaltes Wasser und beobachte die Oberfläche der Flüssigkeit erneut. Erkläre deine Beobachtungen.

2 Fülle in je einen kleinen Stehkolben gefärbtes Wasser, Glykol (Frostschutzmittel) und Spiritus. Verschließe die Kolben jeweils mit einem durchbohrten Gummistopfen, in dem ein Glasrohr steckt. Die drei Flüssigkeiten müssen zu Beginn des Versuches die gleiche Temperatur haben und gleich hoch im Steigrohr stehen. Um diesen Gleichstand zu erreichen, drücke oder ziehe an dem Stopfen. Stelle dann die Kolben gleichzeitig in warmes Wasser. Beobachte und beschreibe die Veränderungen.

3 Begründe, warum es bei Versuch 2 wichtig ist, alle drei Kolben in demselben Wasserbad zu erwärmen.

4 Erläutere, welche der Flüssigkeiten du verwenden müsstest, wenn du ein Thermometer bauen solltest, auf dem du auch noch kleine Temperaturunterschiede deutlich beobachten kannst?

5 Wie würde sich die Skala deines selbst gebauten Thermometers (vgl. folgende Seite) ändern, wenn du als Thermometerflüssigkeit Spiritus verwenden würdest?

6 Begründe, warum Getränkeflaschen beim Abfüllen nie vollständig gefüllt werden.

7 Erkläre, warum kluge Autofahrerinnen und Autofahrer an heißen Sommertagen nicht ganz voll tanken.

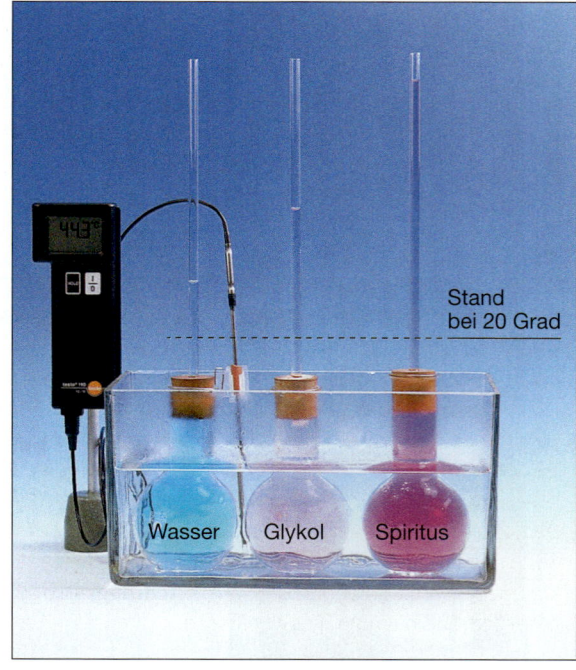

3 Ausdehnung verschiedener Flüssigkeiten

Thermometer – selbst gebaut

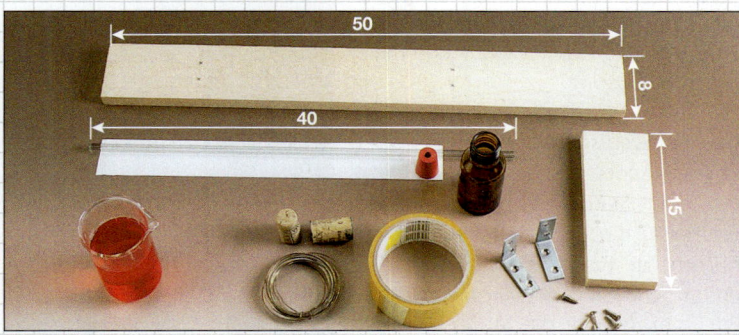

Das Material

3. Das fertige Thermometer

Klebe das Fläschchen mit dem Steigrohr mit doppelseitigem Klebeband auf das Fußbrett und befestige das Steigrohr mit Draht. Verwende dabei Korkscheiben als Abstandshalter.

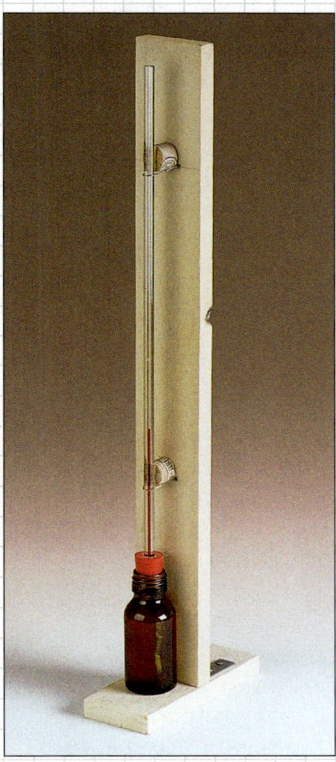

1. Der Ständer

Bohre die vier eingezeichneten Löcher, je zwei im Abstand von ca. 2cm, in das lange Brett. Befestige dann mit zwei Eisenwinkeln und passenden Schrauben das lange Brett auf dem kurzen.

2. Der Vorratsbehälter mit Steigrohr

Fülle das Fläschchen mit stark gefärbtem Wasser. Schiebe das Glasrohr vorsichtig durch den Gummistopfen und verschließe damit das Fläschchen.

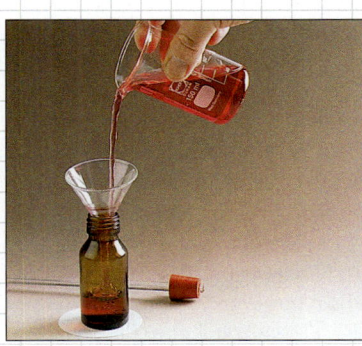

4. Die Skala

Die Ausgangspunkte für die Skala erhältst du durch Vergleich mit einem gekauften Thermometer: Markiere den unteren Stand der Flüssigkeit etwa 5 cm oberhalb des Gummistopfens auf dem Steigrohr. Schreibe die mit dem Vergleichsthermometer gemessene Temperatur auf, z. B. 22 Grad. Wiederhole das Gleiche an einem deutlich wärmeren Platz, etwa in der Sonne oder auf der Heizung. Notiere auch diesen Wert, z. B. 30 Grad. Warte aber so lange, bis sich der Flüssigkeitsstand im Steigrohr nicht mehr verändert.

Übertrage die Lage der beiden Marken vom Steigrohr auf einen 30cm langen Papierstreifen.

Den Abstand zwischen den Marken teilst du in entsprechend viele gleiche Teile ein, in unserem Beispiel in acht Teile. Die Anzahl der Teile ergibt sich aus der Differenz der beiden Messwerte. Der Abstand zwischen zwei Teilstrichen entspricht dann einem Grad. Verlängere deine Skala in beide Richtungen so weit wie möglich. Beschrifte sie mit den entsprechenden Zahlen.

Klebe den Papierstreifen so auf das Holzbrett, dass die Seite mit den Markierungen am Steigrohr anliegt. Achte darauf, dass die beiden Ausgangspunkte auf dem Steigrohr und der Skala übereinstimmen.

Miss mit deinem Thermometer die Lufttemperatur an verschiedenen Stellen in der Schule und zu Hause.

3.4 Eine geniale Idee – 2 Fixpunkte und 99 Striche

Auf fast allen Thermometern kannst du „°C" lesen. Das Zeichen „°" bedeutet Grad, das „C" ist die Abkürzung für „Celsius". Woher kommt die Bezeichnung?

Der schwedische Astronom und Physiker Anders CELSIUS (1701–1744) hat eine Skala für Thermometer erfunden, die wir noch heute benutzen. Sie wird CELSIUS-Skala genannt. Schon andere Wissenschaftler vor ihm haben die Ausdehnung einer erwärmten Flüssigkeit zur Temperaturmessung benutzt. Die Angaben der verschiedenen Thermometer waren aber nicht miteinander vergleichbar. CELSIUS beklagte dies so: „Die Thermometer zeigen bei einerlei Wärme nicht einerlei Grad."

CELSIUS übernahm eine Idee des Holländers Christian HUYGENS (1629–1695), der vorgeschlagen hatte, die Temperatur des siedenden Wassers und des schmelzenden Eises als feste Punkte einer Skala zu wählen. Solche festen Punkte heißen **Fixpunkte.** Schon HUYGENS hatte beobachtet, dass diese beiden Temperaturen stets gleich sind. CELSIUS markierte den Stand der Flüssigkeit im Steigrohr bei siedendem Wasser und nannte ihn „0 Grad". Den Stand der Flüssigkeit bei schmelzendem Eis nannte er „100 Grad". Nun teilte er den Abstand zwischen diesen beiden Fixpunkten in 100 gleiche Teile ein. Dazu sind 99 Striche notwendig. Ein Teil zwischen zwei Strichen ist 1 *Grad Celsius*. Das Thermometer mit der Celsius-Skala war erfunden. Später wurde diese Skala von dem bedeutenden Biologen Carl von LINNÉ (1707–1778) umgekehrt. Zu Ehren von Anders CELSIUS nennen wir den Schmelzpunkt von Eis **0 °C** und den Siedepunkt von Wasser **100 °C**. Mit diesen Bezeichnungen ist die Celsius-Skala noch heute gebräuchlich.

2 Der Fixpunkt 0 °C

3 Der Fixpunkt 100 °C

Durch die Verlängerung der Skala, mit den gleichen Abständen nach oben und nach unten, kommst du in den Bereich unter 0 °C und zu Temperaturangaben über 100 °C. Bei Temperaturen unter 0 °C steht ein Minuszeichen vor der Zahl. Ein Beispiel: –4 °C, gelesen minus 4 °C.

1 Celsius-Skala

1 Zeichne das Thermometer ab und vervollständige die Skala in Abständen von fünf Grad. Beginne bei 0 °C.

2 Miss, wie lang die Strecke zwischen 18 °C und 72 °C in deiner Zeichnung ist.

3 Welche Temperatur zeigt das Thermometer in Abbildung 1?

4 Vergleiche die Temperaturskalen von Celsius, Kelvin und Fahrenheit.

5 Nenne Gründe dafür, warum die Celsius-Skala weltweit die größte Verbreitung hat.

6 Diskutiere einen Vorteil der Kelvin-Skala gegenüber der Celsius-Skala.

Messwerte anschaulich darstellen

1 Aufnahme von Messwerten

An einem Tag im Juli werden 32 °C gemessen, an einem Tag im Dezember −4 °C. War es ein warmer Sommer? War es ein kalter Winter? – Diese Fragen kannst du mit jeweils nur einer einzigen Temperaturangabe nicht beantworten. Dazu ist es notwendig, die Temperatur über einen längeren Zeitraum zu messen. Das ergibt viele Messwerte, die sich nicht leicht überblicken lassen. Solche Messwerte müssen zunächst in Form einer *Tabelle* zusammengestellt werden. Für Messungen der Lufttemperatur über mehrere Tage richtet man dafür eine Spalte für jeden Tag und eine weitere für die dazugehörige Temperatur ein.

Eine übersichtliche Darstellung ist ein *Zeit-Temperatur-Diagramm.* Das ist ein Schaubild, in dem die Temperaturen eingezeichnet sind, die zu bestimmten Zeiten gemessen wurden (Abbildung 2).

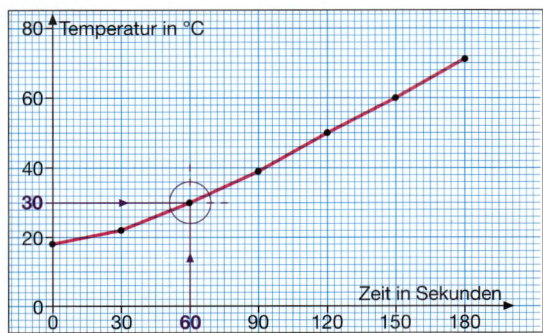

2 Zeit-Temperatur-Diagramm

Auf der Rechtsachse trägst du die Zeiten in Sekunden auf und auf der Hochachse die Temperaturen in °C. Dazu musst du die beiden Achsen geeignet einteilen. Für das Messwertepaar (60 Sekunden 30 °C) suchst du zuerst den Zeitwert 60 Sekunden auf der Rechtsachse. Dort zeichnest du dünn eine Linie senkrecht nach oben. Am Temperaturwert 30 °C auf der Hochachse zeichnest du eine Linie waagerecht nach rechts, bis du auf die senkrecht gezeichnete Linie triffst. Hier markierst du den Schnittpunkt. Ebenso verfährst du mit allen anderen Paaren von Messwerten. Dann verbindest du die Punkte mit einem Lineal.

Wie hoch war die Temperatur nach 45 Sekunden? Diesen Wert hast du nicht gemessen, du kannst ihn aber trotzdem angeben: Gehe zum Zeitwert 45 Sekunden, also zur Mitte zwischen 30 und 60 Sekunden. Von dort gehst du dann senkrecht nach oben, bis du auf die Verbindungslinie deiner Punkte kommst. Wenn du nun waagerecht nach links gehst, kannst du die Temperatur auf der Hochachse ablesen.

1 Eine Zeiteinteilung in Sekunden bei der Messung der Temperaturen für einen ganzen Tag ist nicht sinnvoll. Begründe.

2 Bis zu welcher Höchsttemperatur sollte die Einteilung der Temperaturachse bei Versuchen zum Erwärmen von Wasser reichen? Diskutiere.

3 Erhitze Wasser in einem Becherglas und miss dabei alle 30 Sekunden die Temperatur. Trage die Zeiten und die dazugehörigen Temperaturwerte wie im folgenden Beispiel in eine Tabelle ein.

Zeit in Sekunden	0	30	60	90	120	150	180
Temperatur in °C	18	22	30	39	49	60	71

4 Zeichne auf Millimeterpapier ein Zeit-Temperatur-Diagramm mit den Messwerten aus Versuch 10. Nimm als Vorlage Abbildung 2 und verwende folgende Einteilung für die Achsen:
Rechtsachse 1 cm für 30 Sekunden;
Hochachse 1 cm für 10 °C.

5 Lies aus dem Zeit-Temperatur-Diagramm die zugehörige Temperatur zu den Zeiten 30, 45 und 60 Sekunden ab.

3.5 Menschen frieren und schwitzen

Draußen ist es bitterkalt. Heute musst du unbedingt die dicke Jacke aus dem Schrank holen, damit du nicht frierst. Gut, dass im Haus die Heizung für angenehme Temperaturen sorgt.

Viele Tiere müssen den ganzen Winter über draußen verbringen. Auch sie schützen sich bei niedrigen Temperaturen. Ein dickes Winterfell hilft ebenso wie das aufgeplusterte Federkleid des Vogels in Abbildung 2. Andere Tiere graben sich ein oder verschlafen den Winter in einer Höhle.

Bei vielen Lebewesen wird die Körpertemperatur durch Verbrennung von Nährstoffen so geregelt, dass sie fast gleich bleibt. Beim Menschen beträgt diese Temperatur etwa 37 °C.

Ist es deinem Körper zu heiß, beginnst du zu schwitzen. Dadurch kühlt sich dein Körper ab. Durch Ablegen von Kleidungsstücken oder einen Besuch im Schwimmbad kannst du dich weiter abkühlen.

Tiere leiden im Sommer ebenfalls unter zu hohen Temperaturen. Sie nehmen ein Bad oder legen sich in den Schatten.

Gegen das Frieren musst du dich mit Kleidung schützen. Dies kannst du mit der Wärmedämmung von Häusern vergleichen.

Unser Körper gibt ständig Wärme ab. Das merkst du daran, dass sich euer Klassenraum recht schnell erwärmt, ohne dass die Heizung höher gedreht wird. Jeder von euch gibt etwa so viel Wärme ab wie eine 60 W-Glühlampe. Im Iglu wird dies noch deutlicher. Trotz Außentemperaturen von −20 °C bis −30 °C herrscht im Iglu eine Temperatur von etwa 10 °C.

1 Frieren und schwitzen

1 Stelle Überlegungen an, ob ein Haus denkbar ist, in dem ohne Heizung dennoch eine Innentemperatur von 20 °C herrscht.

2 Nenne verschiedene Gründe, warum Menschen im Winter frieren.

3 a) Was tun Menschen und Tiere bei niedrigen Temperaturen? Zähle mehrere Beispiele auf.
b) Was tun sie bei hohen Temperaturen?

4 Wenn du morgens in deinen Klassenraum kommst, ist er häufig noch kühl. Nach der ersten Stunde ist es jedoch so warm, dass du gerne das Fenster öffnen möchtest. Der Hausmeister hat die Heizung aber nicht höher gestellt. Erkläre die Temperaturzunahme.

5 Die Körpertemperatur des Menschen beträgt etwa 37 °C. Informiere dich darüber, auf welche Weise diese Temperatur konstant gehalten wird. Arbeite ein Plakat und einen Kurzvortrag zum Thema Körpertemperatur aus.

2 So behelfen sich Lebewesen bei Kälte oder Hitze

Schutz gegen Hitze

1 Nenne Eigenschaften, die die Arbeitskleidung eines Feuerwehrmannes haben muss.

Schutz gegen Nässe

2 Kläre, zum Beispiel mit Hilfe des Internets, den Begriff Mikrofaser und beschreibe, wie Wasserdichtigkeit und Atmungsaktivität erreicht werden.

Schutz gegen Kälte

3 Weshalb wärmen Daunen? Informiere dich über diese Frage und stelle die Ergebnisse in Form eines Kurzreferats vor. Plane zu dem Thema auch ein passendes Experiment.

Schutz vor Sonne

4 Wodurch schützen sich diese Personen gegen die Wärme der Sonne?

5 Schildere, wie sich die Menschen in früherer Zeit vor Wärmeverlust bei niedrigen Temperaturen geschützt haben.

6 Nenne weitere Beispiele, wie du dich vor zu viel Wärme oder Wärmeverlust bei hohen und niedrigen Temperaturen oder vor Nässe schützen kannst.

Zusammenfassung

Sinnesorgane und Messgeräte ergänzen sich

Basiskonzept System

Jedes Lebewesen steht mit seiner Umwelt in Kontakt. Informationen werden dabei über verschiedene Sinnesorgane aufgenommen. Diese Reize werden in elektrische Impulse umgewandelt und über das Nervensystem zum Gehirn geleitet. Dort erfolgt die Auswertung der Informationen. Melden die Sinnesorgane eine Gefahr, gibt das Gehirn den Befehl zu einer Reaktion, die sich zum Beispiel als Flucht äußern kann. Wenn ein Sinnesorgan ausfällt, nimmt der Mensch die Umwelt nur noch eingeschränkt wahr. Blinde oder taube Menschen erleben ihre Umwelt deshalb anders als ein Mensch mit intakten Sinnesorganen. Gesunde Augen und Ohren müssen vor Schädigungen geschützt werden. Schutzbrillen bewahren die Augen vor Schäden durch zu helles Licht, Chemikalien oder scharfe Gegenstände. Der beste Schutz des Gehörs besteht darin, starke Lärmquellen zu meiden.

Die Sinnesorgane eines Lebewesens bilden insgesamt ein System, mit dem es möglich ist, bestimmte Informationen der Umwelt aufzunehmen. Diese Systeme können je nach Lebensraum und Lebensweise unterschiedlich gestaltet sein. So ist es beispielsweise für einen Greifvogel, der seine Beute aus großer Höhe erspähen muss, wichtig, besonders leistungsfähige Augen zu haben, für einen im Boden lebenden Maulwurf sind dagegen Tastsinn und Geruchssinn wichtiger als die Augen. Manche Tiere können mit ihren Sinnesorganen Umweltinformationen aufnehmen, für die der Mensch technische Geräte einsetzen muss. So können beispielsweise Fledermäuse Ultraschall hören.

Basiskonzept Struktur – Eigenschaft – Funktion

Das wichtigste Bauteil eines Sinnesorgans sind die Sinneszellen. Sie sind darauf spezialisiert, die für sie maßgeblichen Reize aufzunehmen und in Erregungen umzuwandeln, die von Nerven weitergeleitet werden können. So werden beispielsweise Lichtsinneszellen durch Lichtreize, Gehörsinneszellen durch Schallwellen, Tastsinneszellen durch Berührungsreize und Geruchssinneszellen durch chemische Stoffe in der Luft erregt. Die übrigen Bauteile der meisten Sinnesorgane dienen zum Schutz, der Verstärkung und der Weiterleitung der Reize.

Für Menschen sind Augen und Ohren die wichtigsten Sinnesorgane. Im Auge wird durch Hornhaut, Iris, Pupille, Linse und Glaskörper der Strahlengang des Lichts beeinflusst. Hornhaut und Linse bewirken dabei eine Lichtbrechung. Durch diese Lichtbrechung entsteht ein scharfes Bild der Umgebung auf der Netzhaut. Der Zusammenhang zwischen Bau, Eigenschaften und Aufgabe, den das Basiskonzept Struktur – Eigenschaft – Funktion ausdrückt, gilt für alle Bauteile eines Sinnesorgans. So haben beispielsweise die lichtempfindlichen Sinneszellen in der Netzhaut durch ihre Struktur die Eigenschaft, Licht aufzunehmen und die Information darüber in Nervenimpulse umzuwandeln.

Schall wird durch die Ohren aufgenommen. Durch die Schallwellen gerät das Trommelfell in Schwingungen. Diese Bewegungen werden Im Mittelohr auf die Gehörknöchelchen übertragen. Das eigentliche Gehörorgan liegt in der Schnecke im Innenohr. Ähnlich wie beim Auge

Computer-Präsentation:
Aufnahme von Informationen mit mehreren Sinnen

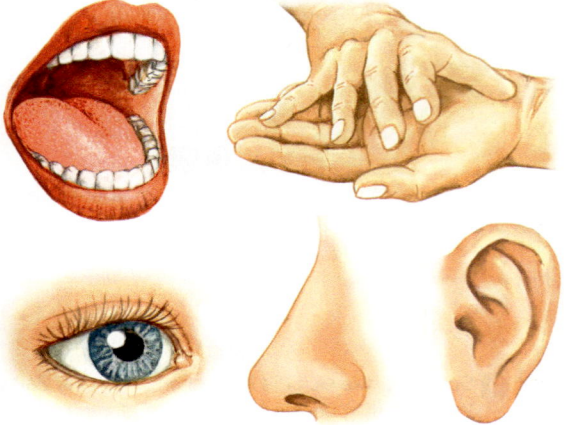

Die Sinnesorgane des Menschen bilden ein System

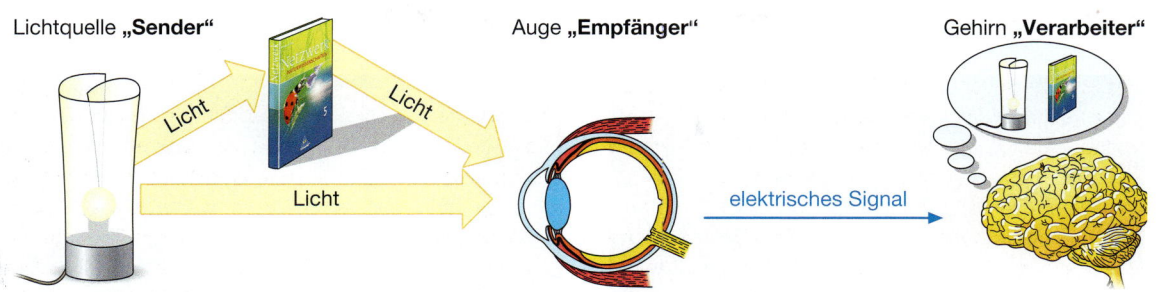

Lichtquelle **„Sender"**   Auge **„Empfänger"**   Gehirn **„Verarbeiter"**

Licht

Licht

Licht

elektrisches Signal

Aufnahme und Verarbeitung von Informationen beim Sehvorgang

werden die Informationen, die die Gehörsinneszellen empfangen, über Nerven an das Gehirn weitergegeben, wo die Auswertung erfolgt.

Mit Hilfe der Sinnesorgane lassen sich meist nur allgemeine Vergleiche über die Stärke von Reizen angeben, zum Beispiel hell–dunkel, kalt–warm oder leicht–schwer. Messgeräte ermöglichen dagegen – abgesehen von bestimmten, meist kleinen Messfehlern – genaue Messungen und direkte Vergleiche. Jedes Messgerät ist so konstruiert, dass es zur Messung einer bestimmten Umweltgröße geeignet ist. Dabei nutzt man bestimmte Eigenschaften von Körpern oder Stoffen. So ist die Temperatur dafür maßgebend, in welchem Aggregatzustand sich ein Stoff befindet – fest, flüssig oder gas-

förmig. Bei einem Flüssigkeitsthermometer macht man sich die Eigenschaft bestimmter Stoffe zu Nutze, sich bei Erwärmung auszudehnen und bei Abkühlung zusammenzuziehen. Durch den Aufbau, also die Struktur des Thermometers, und die physikalischen Eigenschaften der Flüssigkeit ergibt sich die Funktion des Flüssigkeitsthermometers: Messung von Temperaturen. Die Temperaturskala nach Celsius orientiert sich am Gefrierpunkt des Wassers (0 °C) und an seinem Siedpunkt (100 °C).

Messwerte spielen in den Naturwissenschaften eine große Rolle. Ihre Erfassung und Darstellung in Form von Tabellen und Diagrammen gehört zu den wichtigsten Methoden naturwissenschaftlichen Arbeitens.

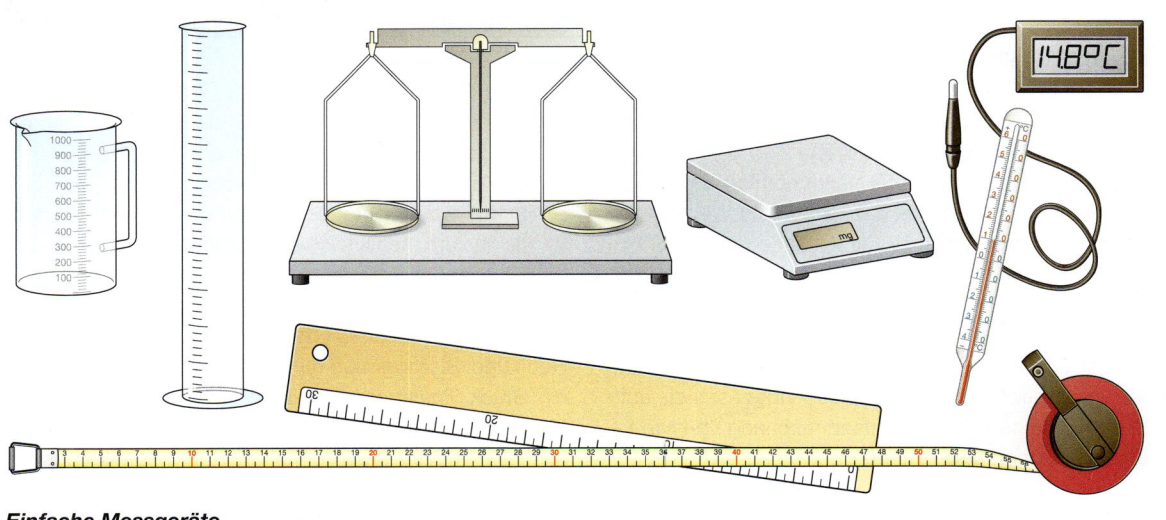

Einfache Messgeräte

Sinnesorgane und Messgeräte ergänzen sich

A1 Auf einer Kirmes ist was los

Auf einer Kirmes ist immer etwas los. Manchmal wird eine Kirmes sogar als ein „Fest für die Sinne" bezeichnet.

Aufgabe: Diskutiert in der Gruppe, welche Sinne an folgenden Stationen einer Kirmes besonders angesprochen werden: Achterbahn, Bratwurststand, Festzelt, Autoscooter, Spiegellabyrinth, Wildwasserrutsche. Erstellt eine Tabelle.

A2 Fühler bei Schmetterlingen

Die Fühler eines Nachtfaltermännchens sind deutlich größer als die Fühler des dazugehörigen Weibchens, aber bei beiden sind die Fühler gefiedert. Bei Tagfaltern sind die Fühler dagegen nicht gefiedert. Dafür sind deren Augen deutlich größer als die von Nachtfaltern.

Aufgabe: Stelle begründete Vermutungen zur Erklärung dieser Unterschiede als Angepasstheit auf. Berücksichtige auch den Zusammenhang von Struktur, Eigenschaft und Funktion.

A3 Die Augen des Nautilus

A

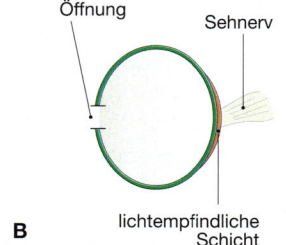

Öffnung Sehnerv

B lichtempfindliche Schicht

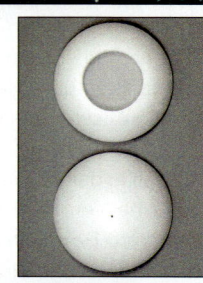

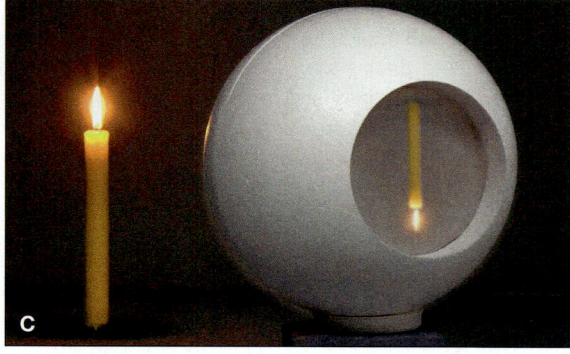

C

Der Nautilus ist ein Verwandter der Tintenfische mit einfach gebauten Augen (B). In Abbildung C sieht man ein Modell des Nautilus-Auges mit einer Kerze.

Aufgaben: a) Erläutere die Bildentstehung.

b) Beurteile die Leistungsfähigkeit dieses Augentyps im Vergleich zum menschlichen Auge. Stelle die Leistungen beider Augen in einer Tabelle gegenüber.

c) Arbeitet in Kleingruppen. Stellt ein Modell des Nautilus-Auges wie in Abbildung C her. Verwendet für den Bau der Hohlkugel Styropor und für die lichtempfindliche Schicht ein Stück Transparentpapier. Stellt vor dem Bau eine Materialliste auf und plant eure Vorgehensweise. Führt anschließend im abgedunkelten Raum Abbildungsversuche mit einer brennenden Kerze durch. Protokolliert eure Beobachtungen und wertet sie aus.

A4 Volumenbestimmung von Steinen

Steine, die man in der Natur findet, haben meist eine unregelmäßige Form. Deshalb lässt sich ihr Volumen nicht mit einer einfachen Volumenformel berechnen.

Aufgaben: a) Plane einen Versuch, mit dem du das Volumen eines Steines schnell bestimmen kannst.

b) Erläutere, welche zusätzliche Messung erforderlich ist, um die Dichte des Steines zu bestimmen.

A5 Grafische Darstellung von Messwerten

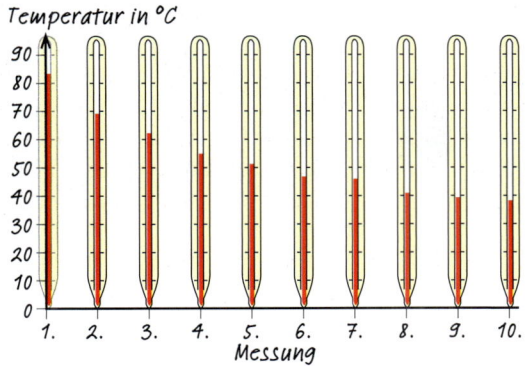

In der Abbildung sind die Ergebnisse verschiedener Temperaturmessungen dargestellt.

Aufgaben: a) Übertrage die Messergebnisse in eine Wertetabelle.

b) Stelle die Messwerte anschließend als Diagramm dar. Beschrifte die Achsen und verbinde die Messpunkte zu einer Temperaturkurve.

c) Beschreibe den Verlauf der Temperaturkurve.

A6 Wärmeleitfähigkeit verschiedener Materialien

Fülle eine Porzellantasse und einen Metallbecher mit heißem Wasser (etwa 50 °C). Nimm anschließend beide Gefäße gleichzeitig in die Hände.

Aufgaben: a) Beschreibe dein Wärmeempfinden und ziehe Schlussfolgerungen.

b) Stelle eine Vermutung auf, in welchem Gefäß das Wasser schneller abkühlt. Überprüfe deine Vermutung.

A7 Schutz vor Unterkühlung

Sport- und Berufstaucher schützen sich mit einem Neoprenanzug vor Unterkühlung. Das Wasser entzieht dem Körper die Wärme fünfundzwanzigmal schneller als Luft. Neopren ist eine Art künstlicher Gummi, der während des Herstellungsverfahrens mit Luft aufgeschäumt wird. Es entstehen Millionen winziger Gasbläschen, die nach dem Härten des wasserundurchlässigen Materials bestehen bleiben.

Aufgaben: a) Erläutere die Wirkungsweise eines Neoprenanzugs beim Tauchen.

b) Stelle eine begründete Vermutung auf, ob eine dicke Wollbekleidung unter Wasser ebenfalls vor der Kälte schützen würde.

Vom ganz Kleinen und ganz Großen

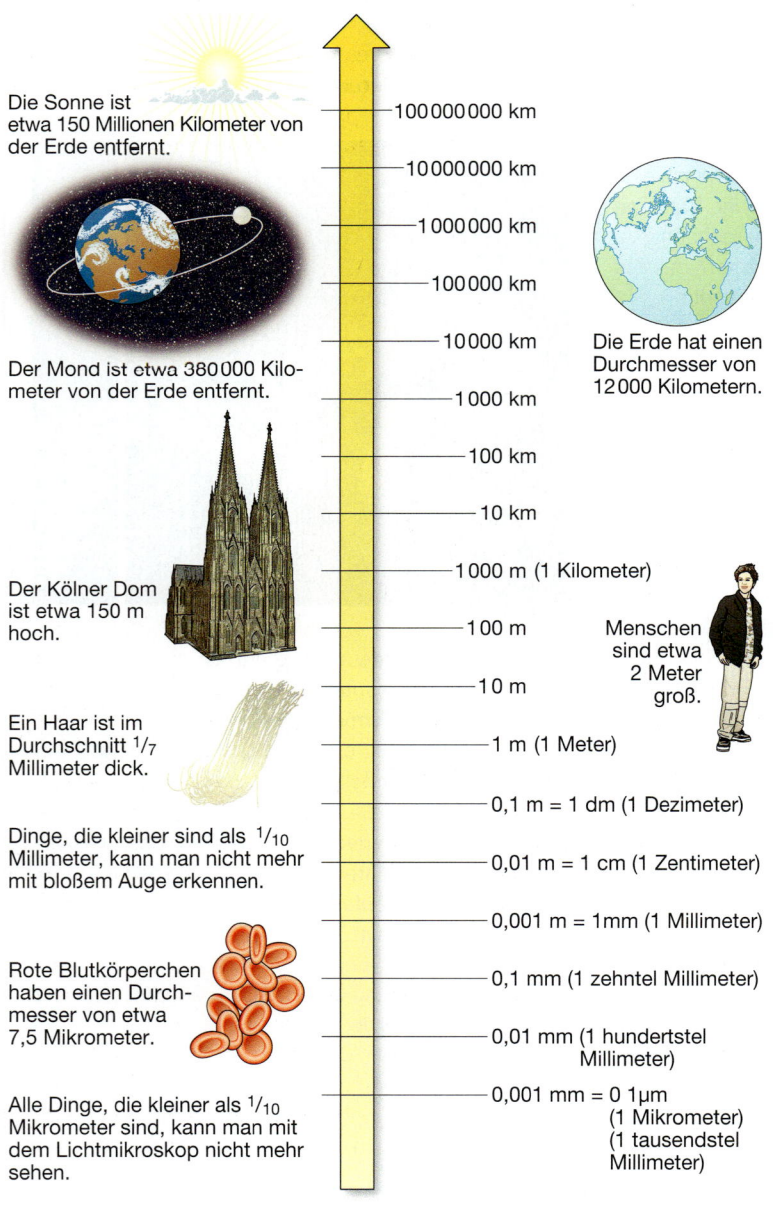

Die Sonne ist etwa 150 Millionen Kilometer von der Erde entfernt.

Der Mond ist etwa 380000 Kilometer von der Erde entfernt.

Der Kölner Dom ist etwa 150 m hoch.

Ein Haar ist im Durchschnitt 1/7 Millimeter dick.

Dinge, die kleiner sind als 1/10 Millimeter, kann man nicht mehr mit bloßem Auge erkennen.

Rote Blutkörperchen haben einen Durchmesser von etwa 7,5 Mikrometer.

Alle Dinge, die kleiner als 1/10 Mikrometer sind, kann man mit dem Lichtmikroskop nicht mehr sehen.

100 000 000 km
10 000 000 km
1 000 000 km
100 000 km
10 000 km
1 000 km
100 km
10 km
1 000 m (1 Kilometer)
100 m
10 m
1 m (1 Meter)
0,1 m = 1 dm (1 Dezimeter)
0,01 m = 1 cm (1 Zentimeter)
0,001 m = 1mm (1 Millimeter)
0,1 mm (1 zehntel Millimeter)
0,01 mm (1 hundertstel Millimeter)
0,001 mm = 0 1µm (1 Mikrometer) (1 tausendstel Millimeter)

Die Erde hat einen Durchmesser von 12000 Kilometern.

Menschen sind etwa 2 Meter groß.

Längen und Längenmaße

Um die Größe von Gegenständen oder Lebewesen anzugeben, verwendet man verschiedene Längenmaße. Auch Entfernungen kann man auf diese Weise bestimmen. In der Abbildung sind einige Größen und Entfernungen aufgelistet. Ergänze sie in deinem Heft um weitere Beispiele. Zu welchen Größenordnungen fallen dir die meisten Beispiele ein? Überlege, woran das liegen könnte.

Fertige eine Tabelle an, in der du folgende Lebewesen und Gegenstände den passenden Längenmaßen zuordnest: Autobahnbrücke über den Rhein bei Mainz, Mammutbaum, Blauwal, Schultasche, Kugelschreiber, Schulbuch (Dicke), Geldstück (Dicke), Wasserfloh, Buchseite (Dicke), Sandkorn.

Sind Sonne und Mond gleich groß?

Bei einer totalen Sonnenfinsternis schiebt sich der Mond langsam vor die Sonne, bis er sie total verdeckt. Kurze Zeit später wird bereits wieder eine schmale Sichel der Sonne sichtbar.

Sonne und Mond erscheinen am Himmel fast gleich groß. Stelle begründete Vermutungen an, ob beide Himmelskörper wirklich gleich groß sein können.

Informiere dich, unter welchen Voraussetzungen eine Sonnenfinsternis entsteht. Plant in Kleingruppen ein Experiment, wie man mithilfe einer Taschenlampe und eines Tennisballs das Prinzip einer Sonnenfinsternis nachstellen kann.

Mache einen weiteren Versuch: Halte eine Münze so in der ausgestreckten Hand, dass sie eine entfernte Lichtquelle (zum Beispiel eine Laterne) verdeckt. Wende deine Beobachtung auf die oben gestellte Frage an.

Blick in die Welt des Winzigen

Die Fotos 1 bis 4 zeigen bekannte Lebewesen oder Teile davon. Untersucht man den Feinbau unter dem Mikroskop, erhält man die Fotos A bis D.

Finde eine passende Bildunterschrift für die Mikrofotos A bis D.

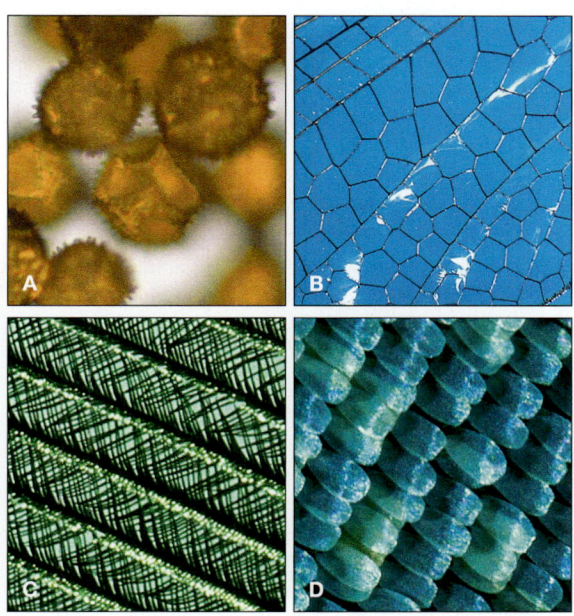

Ordne die Mikrofotos den entsprechenden Lebewesen bzw. Teilen dieser Lebewesen zu.

Untersuche mit dem Mikroskop ähnliche Objekte, zum Beispiel Bienenflügel, Fliegenbeine, Teile einer Blüte, Haare oder Fasern von einem Stoff. Beschreibe deine Beobachtungen. Fertige Zeichnungen an.

1 Blick auf eine Großstadt

1 Entdeckungen im Mikrokosmos

1.1 Messen ist Vergleichen

Du hast bestimmt schon einmal aus dem Fenster eines sehr hohen Hauses geschaut. Die Menschen und Autos sehen winzig aus. Wenn du mit deinen Augen ganz nah an eine Puppe herangehst, erscheint sie dir fast so groß wie ein lebender Mensch.

Was *nah* ist, erscheint uns *groß*. Was *fern* ist, erscheint uns *klein*. Das wird einem zum Beispiel bewusst, wenn man von einem hoch gelegenen Ort nach unten auf die Häuser und Straßen schaut und die winzigen Autos betrachtet.

Wie groß sind die Gegenstände denn nun wirklich? Wir müssen sie messen! Das hört sich einfach an, ist auch ganz einfach. Es hat aber eine komplizierte Geschichte.

Du benutzt dazu dein Lineal, auf dem Zentimeterabstände eingetragen sind. Die meisten Lineale sind 20 cm oder 30 cm lang. Entscheidend ist, dass du weißt, wie lang 1 cm ist. Dann kannst du ohne Schwierigkeiten feststellen, ob ein Gegenstand dreimal, fünfmal oder siebenmal so lang wie 1 cm ist. Das sind dann 3, 5 oder 7 cm. **Messen** ist **Vergleichen mit einem Maß.**

Doch woher kommt der Zentimeter? Sicher weißt du aus dem Mathematikunterricht, dass 100 cm **ein Meter** sind. Größere Gegenstände werden also nicht mit einem Zentimeter, sondern mit einem Meter verglichen.

Den *Meter* als *Maß* hat es nicht immer gegeben. Er wurde in Frankreich nach 1789 von Wissenschaftlern entwickelt. Sie legten fest, dass die Entfernung vom Nordpol bis zum Äquator der Erde (Abbildung 2) in zehn Millionen Stücke eingeteilt werden sollte. Eins dieser Stücke wurde Meter (auf französisch „mètre") genannt.

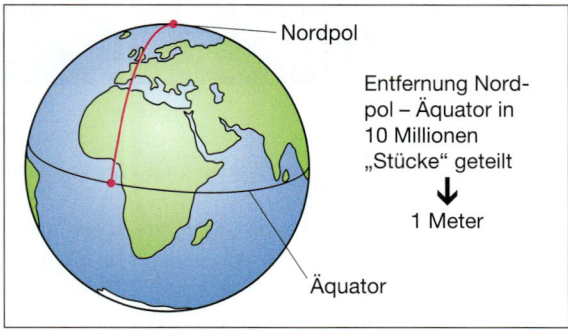

2 Die Erde bildet die Grundlage für die Festlegung des Meters

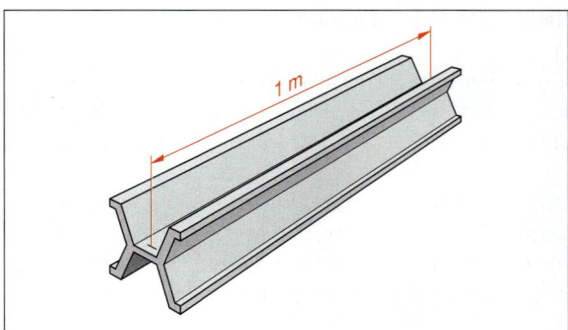

3 Zeichnung des Platinmodells des Meters (gebaut nach dem Urmeter von Paris)

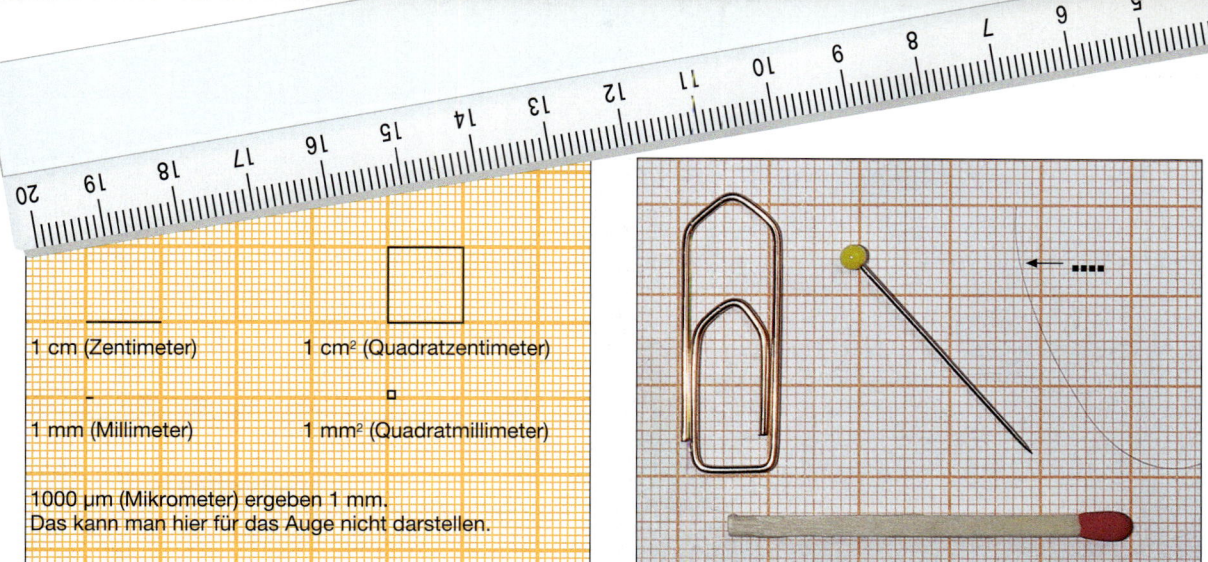

4 Maß-Einheiten

1 cm (Zentimeter) 1 cm² (Quadratzentimeter)

1 mm (Millimeter) 1 mm² (Quadratmillimeter)

1000 µm (Mikrometer) ergeben 1 mm.
Das kann man hier für das Auge nicht darstellen.

**5 Büroklammer, Streichholz, Stecknadel und ein Haar
auf einem Stück Millimeterpapier**

Es stammt von dem lateinischen Wort „metrum" ab. Das heißt auf deutsch Maß. So sollte der Meter das Maß für alle Längen sein. Er wurde aus Platin hergestellt und in Paris zum Vergleich aufbewahrt. 1960 wurde der Meter neu definiert. Er wurde nicht verändert, aber nicht mehr auf die Erde bezogen, sondern auf die Länge ganz bestimmter elektromagnetischer Wellen.

Wie dick ist eins von deinen Haaren? Es geht nicht um die Länge, sondern um die Dicke. Es wäre unnütz, hier zum Vergleich 1 m oder 1 cm zu nehmen. So nehmen wir Teile von einem cm. Das sind **Millimeter (mm).** 1 cm besteht aus 10 mm. Das kannst du dir oben auf dem Millimeterpapier noch einmal anschauen. Das Papier heißt übrigens so, weil die feinen Linien genau 1 mm auseinander sind.
Die verschiedenen Namen kann man nur richtig erklären, wenn sie auf einen Meter bezogen werden:

1 m = 100 cm (Zentimeter)
(lateinisch centum = hundert)

1 m = 1000 mm (Millimeter)
(lateinisch mille = tausend)

1 m = 1 000 000 µm (Mikrometer)
(griechisch mikrós = klein; das Zeichen µ ist ein griechischer Buchstabe und wird wie „mü" ausgesprochen.)

Auch in ganz kleinen Bereichen bedeutet Messen vergleichen. **Längen** werden mit 1 cm oder 1 mm verglichen. **Flächen** werden mit 1 cm² oder 1 mm² verglichen. Das kann das Auge gerade noch sehen.

Das Stück, mit dem wir vergleichen, ist immer nur eins: 1 m, 1 cm, 1 mm, 1 cm², 1 mm² usw. Deshalb nennt

man das Stück eine **„Einheit".** Du kannst versuchen, dir die nächst kleinere Einheit „Mikrometer" vorzustellen (Abbildung 4).
Messen können wir jetzt damit nicht, auch nicht, wenn wir ein Mikroskop benutzen. Für unsere Untersuchungen kann ein Stück Millimeterpapier, auf eine Folie kopiert, sehr nützlich sein. Wenn du es direkt unter den Gegenstand legst, den du betrachten willst, kannst du schätzen, ob er einen ganzen, einen halben oder eventuell ein zehntel Millimeter lang ist. Die Längen, um die es beim Mikroskopieren geht, zeigt dir die Abbildung 6 an einigen Beispielen.

1 Gib anhand von Abbildung 6 die Dicke eines Haares in Mikrometer an.
2 Vergleiche Haare von Tieren und Pflanzen. Ordne diese ebenfalls zu.

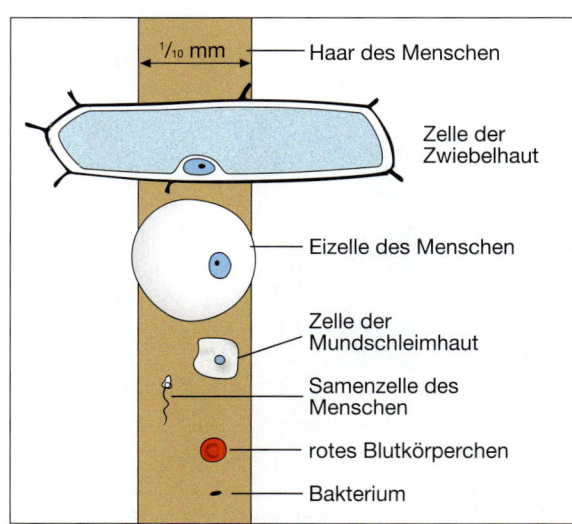

6 Größenvergleich mit dem Haar eines Menschen

- ¹/₁₀ mm — Haar des Menschen
- Zelle der Zwiebelhaut
- Eizelle des Menschen
- Zelle der Mundschleimhaut
- Samenzelle des Menschen
- rotes Blutkörperchen
- Bakterium

1.2 Lupen vergrößern

Wenn man einen Wassertropfen im Steg des Schnellhefters von der Seite betrachtet, kann man erkennen, dass er nach unten hängt. Wenn er oben auf dem Rand aufliegt, wölbt er sich sogar hoch. Er hat die Form einer **Linse.** Diese Wasserlinse **vergrößert,** wenn du hindurchschaust. Je dicker diese Linse ist, desto stärker ist die Vergrößerung.

Wird die Linse aus Glas hergestellt und mit einem Rahmen versehen, ist es eine **Lupe.** Oft wird auf dem Rand angegeben, wie stark sie vergrößert: 3 × heißt, dass der Gegenstand dreimal so groß erscheint.

Unterschiedliche Lupen dienen verschiedenen Zwecken. Für naturwissenschaftliche Untersuchungen werden zumeist die **Becherlupe,** die **Klapp-** und die **Einschlaglupe** benutzt.
Die Becherlupe wird einfach auf den kleinen Gegenstand aufgesetzt, du schaust dann oben hinein. Die anderen beiden Lupen werden zunächst an das Auge herangeführt, der Gegenstand wird dann davor gehalten.
Ein besonders gutes Bild liefert die **Stereolupe,** die für jedes Auge gesondert vergrößert. Sie ergibt ein plastisches Bild, man kann Höhen und Tiefen gut erkennen. Sie ist sehr teuer und muss deshalb sehr sorgsam behandelt werden.

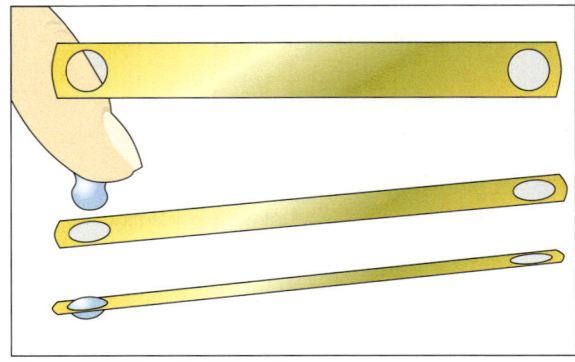

2 Der Bau einer einfachen „Lupe"

1 Eine einfache „Lupe" kannst du dir selbst bauen. Gib, wie oben dargestellt, auf den Steg eines Schnellhefters einen Tropfen Wasser. Betrachte mit dieser „Lupe" einen Text aus der Zeitung oder andere kleine Gegenstände. Ist der Tropfen zu dick, vergrößert die Lupe zu stark. Wische dann vorsichtig mit dem Finger etwas von dem Wasser ab.

2 Betrachte einen Fingernagel mit einer Lupe oder einer Stereolupe einmal ganz genau. Schau dir insbesondere die Stelle an, wo der Nagel eingewachsen ist. Betrachte genau und zeichne.

3 a) Lege ein paar Sandkörner auf ein kleines Stück Millimeterpapier und beobachte mit einer Lupe. Beschreibe die Form und die Größe im Verhältnis zu 1 mm^2.
b) Verfahre genau so mit anderen kleinen Gegenständen. Gute Beispiele sind kleine Samenkörner von Mohn, Löwenzahn, Springkraut, Taubnessel, Wilde Möhre. Noch interessanter sind kleine Insekten wie Fliegen, Mücken, Mückenlarven aus der Regentonne, Blattläuse, Spinnen.
Die Tiere wollen sich natürlich in Sicherheit bringen und sind schnell auf und davon. Deswegen ist es ratsam, sie in einer geschlossenen Petrischale zu beobachten.
Für deine Beobachtung kannst du selbstverständlich auch tote Insekten verwenden.

4 Untersuche, woher der Kugelschreiber seinen Namen hat?

5 Beschreibe den Aufbau der verschiedenen Lupen in Abbildung 3. Erläutere, zu welchen Zwecken die unterschiedlichen Lupen eingesetzt werden können.

6 Begründe, warum sich Becher- und Einschlaglupen besonders gut bei Unterrichtsgängen und Exkursionen einsetzen lassen.

1 Schreibwerkzeuge aus der Nähe betrachtet

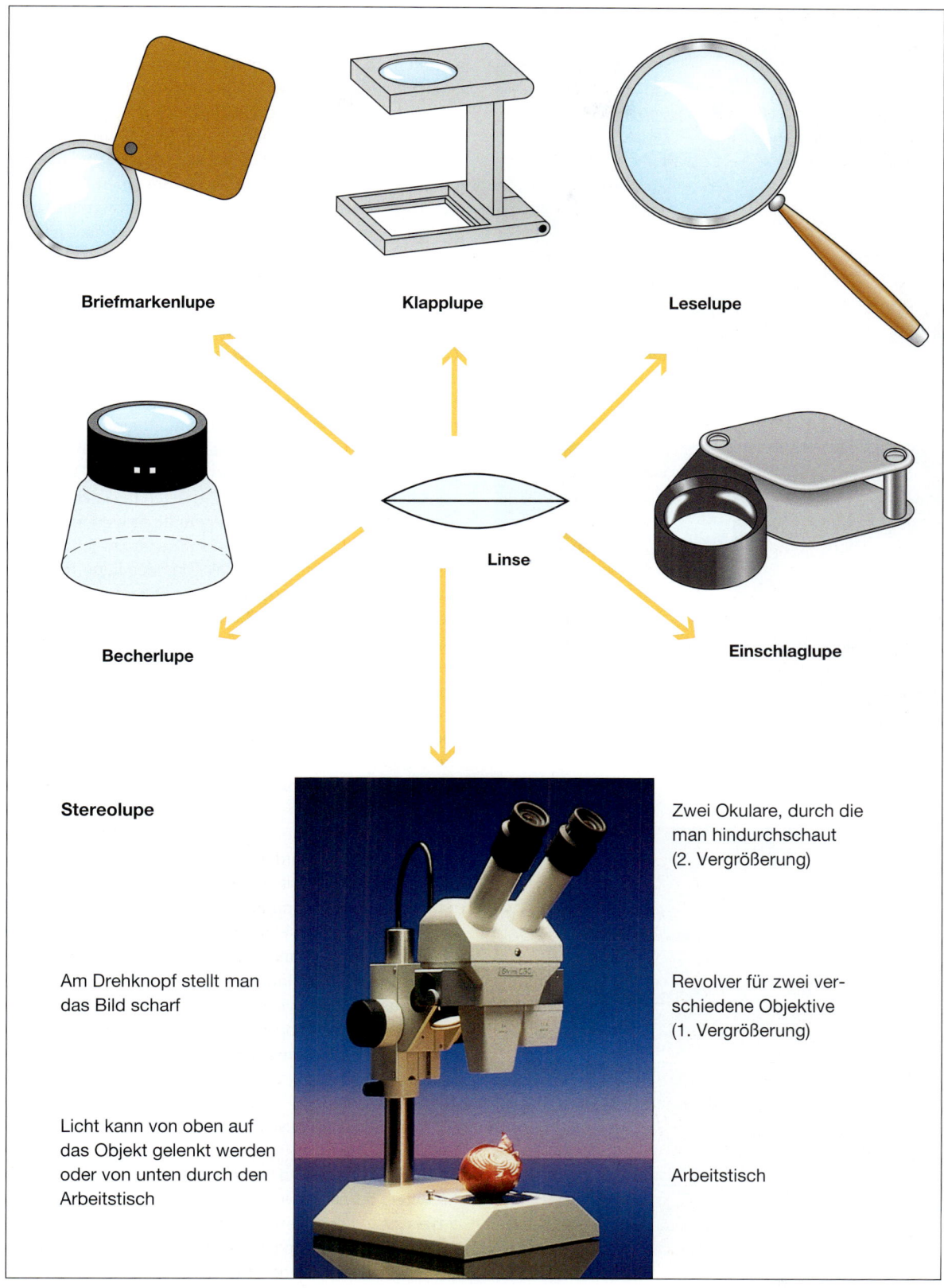

Briefmarkenlupe

Klapplupe

Leselupe

Linse

Becherlupe

Einschlaglupe

Stereolupe

Am Drehknopf stellt man
das Bild scharf

Licht kann von oben auf
das Objekt gelenkt werden
oder von unten durch den
Arbeitstisch

Zwei Okulare, durch die
man hindurchschaut
(2. Vergrößerung)

Revolver für zwei ver-
schiedene Objektive
(1. Vergrößerung)

Arbeitstisch

3 *Verschiedene Arten von Lupen*

1 Eine Lupe als Brennglas

Einfalls-
winkel

2 Der Lichtstrahl ändert seine Richtung

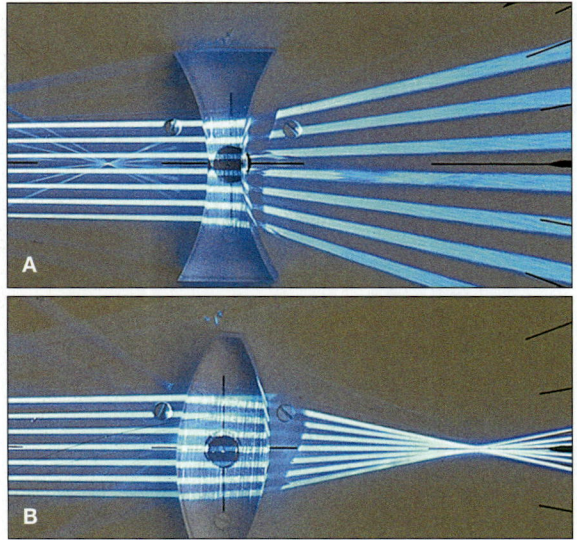

A

B

3 Verschiedene Linsenformen.
A *Zerstreuungslinse,* **B** *Sammellinse*

1.3 Lichtspiele mit Linsen

„Wetten, dass ich Feuer machen kann ohne Streichhöl-zer, Feuerzeug oder so?" Julia schaut ihre Freundin an. „Womit denn sonst?", fragt diese zurück. Julia tut ge-heimnisvoll: „Mit der Sonne!" und blinzelt in den Him-mel. Dann holt sie eine Lupe aus der Tasche und hält sie über einer Zeitschrift in die Sonne. Bei einem bestimm-ten Abstand erscheint auf dem Papier ein blendend hel-ler Fleck, ein kleines Abbild der Sonne. Kurz darauf fängt es dort an zu kokeln, Rauch steigt auf und es riecht nach verbranntem Papier.

Sicher kennst du das auch. Aber wie funktioniert es? Ein Lichtstrahl breitet sich geradlinig aus, solange er nicht abgelenkt wird. Eine glatte, spiegelnde Fläche wirft den Strahl in eine bestimmte Richtung zurück, wie du weißt. In Glas oder Wasser kann er aber auch eindringen. Da-bei ändert der Lichtstrahl seine Richtung, wenn er nicht genau senkrecht auf das Glas trifft. Man sagt: Das **Licht** wird **gebrochen.** Nur Strahlen, die genau senkrecht auf die Oberfläche treffen, gehen geradlinig weiter.

Und nun zu Julias Wette. Das Glas der Lupe hat eine nach außen gebogene Oberfläche. Die Sonnenstrahlen treffen daher unterschiedlich schräg auf das Glas. Sie werden gebrochen und treffen sich in einem einzigen Punkt, dem **Brennpunkt.** Den Glaskörper einer Lupe nennt man wegen seiner Form eine **Linse.** Weil die Strahlen zusammengeführt werden, sind Lupen **Sam-mellinsen.** Auf den Brennpunkt sammelt also eine Lupe viele Sonnenstrahlen. Sie erhitzen alle zusammen die-selbe Stelle und können das Papier entzünden (Achtung, Brandgefahr!).
Der Abstand zwischen dem Mittelpunkt der Linse und dem Brennpunkt wird **Brennweite** genannt. Je stärker eine Linse gekrümmt ist, je dicker sie also ist, umso näher liegt der Brennpunkt an der Linse. Dicke Linsen haben folglich eine kleine Brennweite. Flache, dünne Linsen haben hingegen eine große Brennweite.
Mit Linsen, die nach innen gebogen sind, kann man kein Feuer machen. Es wird nicht einmal heiß. Sie haben keinen echten Brennpunkt, weil sie das Licht streuen. Man nennt sie **Zerstreuungslinsen.**

1 Erläutere anhand von Abbildung 2 und 3 den Begriff Lichtbrechung.
2 Vergleiche anhand von Abbildung 3 die Licht-brechung bei einer Zerstreuungslinse und einer Sammel-linse.
3 Begründe, warum es gefährlich sein kann, Glas-scherben im Wald liegen zu lassen, vor allem im Sommer.

1.4 Sammellinsen erzeugen Bilder

In Kapitel 2 hast du gelernt, dass die Augenlinse ein Bild auf der Netzhaut entwirft. Inzwischen hast du mehr gelernt und kannst verstehen, wie das möglich ist.

Stellt man einen Schirm neben eine Kerze, wird er lediglich etwas heller. Stellt man aber eine Sammellinse dazwischen, kann man auf dem Schirm ein Bild der Kerze sehen (Aufgabe 1). **Sammellinsen erzeugen** also **Bilder.**
Je nach Abstand erhält man ein verkleinertes oder vergrößertes Bild der Kerzenflamme. Es steht immer **auf dem Kopf** und ist **seitenverkehrt.**
Vor irgendeinem Punkt der Flamme, sagen wir der Spitze, treffen Lichtstrahlen auf die Linse. Durch Lichtbrechung werden sie zusammengeführt. In einem bestimmten Abstand zur Linse vereinigen sie sich wieder in einem Punkt. Viele weitere Lichtpunkte zusammen ergeben dann das Bild.

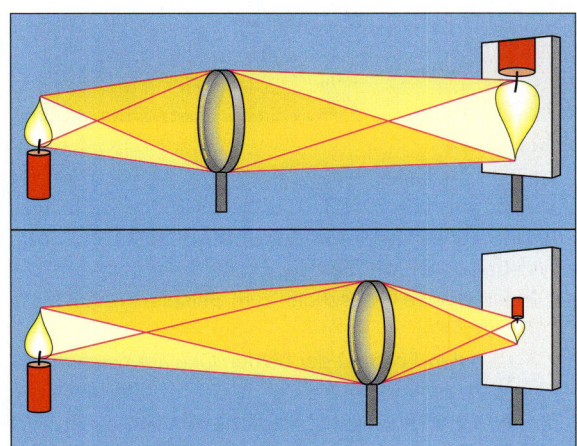

1 Linsen erzeugen Bilder

1 Spanne eine Sammellinse mit ca. 8–10 cm Brennweite in eine Halterung und stelle eine brennende Kerze davor. Stelle hinter die Linse einen Schirm so auf, dass alle Teile in einer Linie stehen. Verschiebe nun Schirm und Kerze so lange, bis du ein Bild der Kerze auffangen kannst. Beschreibe genau, was du feststellst. Wie sieht das Linsenbild aus?
2 Begründe, warum die Linsen in unseren Augen Sammellinsen sein müssen. Verwende zur Beantwortung auch Abbildung 3 auf Seite 128.
3 Liste Geräte und Hilfsmittel auf, in denen Linsen verwendet werden.
4 Ein Digitalfotoapparat arbeitet ohne Film. Finde heraus, welche Gemeinsamkeiten und Unterschiede es zum rechts oben abgebildeten Fotoapparat gibt.

Optische Geräte

Fotoapparat:
Um Bilder auf einem Film festhalten zu können, verwendet man einen Fotoapparat. Dies ist eine lichtdichte Box, in die ein Objektiv eingebaut ist, das aus verschiedenen Linsen zusammengesetzt

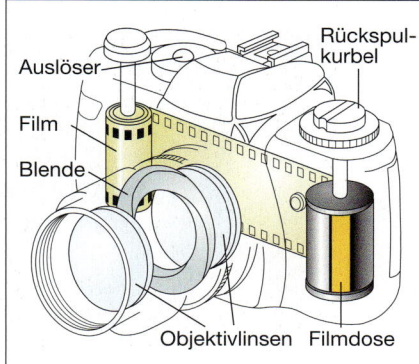

ist. Um die Lichtmenge zu regulieren, die auf den Film auftrifft, befindet sich dahinter ein Verschluss, der sich nur öffnet, wenn man den Auslöser betätigt. Dabei wird die Lichtmenge über die Öffnungsdauer und die Blende begrenzt. Beide kann man verändern.
Das Objektiv erzeugt das Bild des Gegenstandes, den man fotografieren möchte. Wenn man die Entfernung einstellt, verändert man den Abstand zwischen Objektiv und Film. Spiegelreflexkameras zeigen das Bild auf einer Mattscheibe an, sodass man vor dem Öffnen des Verschlusses das Bild genau kontrollieren kann (Schärfe, Helligkeit, Ausschnitt).

Fernglas:
Seeleute, Vogelbeobachter und Sternfreunde benötigen tragbare Fernrohre, mit denen sie entfernte Gegenstände vergrößert betrachten können. Ein solches handliches Fernrohr wird

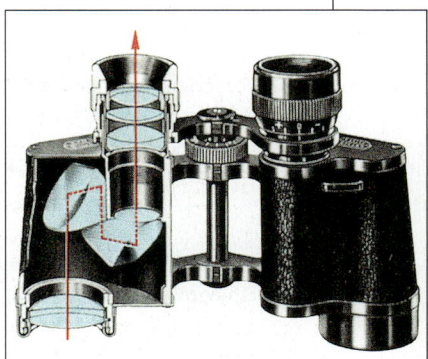

Fernglas, genauer Prismenfernglas, oder Feldstecher genannt. Durch die Verwendung bestimmter Linsen erhält man ein vergrößertes, aufrechtes Bild. Weil Ferngläser ein eigenes Linsensystem für jedes Auge haben, kann man mit beiden Augen beobachten. Durch astronomische Fernrohre schaut man wie beim Mikroskop nur mit einem Auge.

Methode

Umgang mit Lupe und Stereolupe

1 Arbeiten mit der Stereolupe

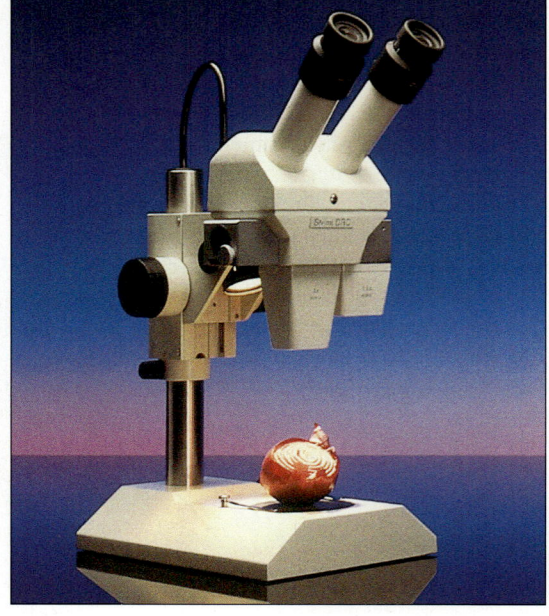

2 Stereolupe

Regeln für den Umgang mit der Lupe:
1. Halte die Lupe zwischen ein Auge und das Objekt, das du betrachtest.
2. Schließe beim Betrachten des Objektes das andere Auge und sieh mit dem offenen Auge durch die Lupe hindurch.
3. Verändere langsam den Abstand zwischen Lupe und Objekt, bis du das Objekt gut erkennen kannst.

Regeln für die Arbeit mit der Stereolupe:
1. Lege das Objekt, das du betrachten willst, in eine kleine Glasschale, zum Beispiel in eine Petrischale.
2. Passe den Abstand der beiden Okulare deinem Augenabstand an.
3. Drehe am Triebrad zunächst so weit nach unten, bis das Objektiv etwa einen Zentimeter über dem Objekt ist.
4. Blicke nun durch beide Okulare. Drehe während des Betrachtens das Objektiv langsam nach oben, bis du das Objekt scharf siehst.

Zur stärkeren Vergrößerung eines Objektes kannst du eine **Stereolupe** benutzen. Mit diesem Gerät lässt sich ein Objekt gleichzeitig mit beiden Augen betrachten. So entsteht ein räumliches Bild, das noch feinere Strukturen sichtbar macht. Stereolupen werden auch als Stereomikroskope bezeichnet und weisen meist eine Gesamtvergrößerung von 20fach bis 40fach auf.

Willst du Objekte noch stärker vergrößert betrachten, so verwendest du dazu das **Mikroskop.** Ein Mikroskop vermittelt jedoch im Gegensatz zu einer Stereolupe kein räumliches Bild.

1 Betrachte Sand, Laubblätter, kleine Blüten, Getreidekörner, Wurzeln, tote Insekten oder ähnliche Dinge mit der Lupe und mit der Stereolupe, möglichst bei gleicher Vergrößerung. Vergleiche deine jeweiligen Bildeindrücke. Berichte.

2 Stelle Vorteile und Nachteile von Lupe, Stereolupe und Mikroskop in einer Tabelle gegenüber.

Umgang mit dem Mikroskop

Bevor du mit dem Mikroskopieren beginnst, solltest du dich mit dem Bau des Mikroskops vertraut machen. Betrachte dazu die Abbildung. Denke daran, dass es sich um ein wertvolles optisches Gerät handelt, mit dem du sorgfältig umgehen musst. Fasse nie mit den Fingern auf die Linsen der Objektive oder des Okulars. Achte darauf, dass beim Einstellen der Bildschärfe das Objektiv das Deckglas des Präparates nicht berührt.

Durch das **Okular** blickst du in das Mikroskop. Es vergrößert das vom Objektiv erzeugte Bild, zum Beispiel 10-mal.

Durch Drehen am **Objektivrevolver** schaltest du Objektive mit verschiedenen Vergrößerungen ein.

Auf den **Objekttisch** legst du den Objektträger ① mit dem Präparat ②.

Durch Drehen am **Triebrad** veränderst du den Abstand zwischen Objektiv und Präparat. Manche Mikroskope haben zum genaueren Einstellen einen Feintrieb.

Zu Beginn des Mikroskopierens schaltest du die **Beleuchtung** ein, am Ende wieder aus. Ihre Helligkeit kann an einem Drehknopf geregelt werden.

Mit der **Blende** regelst du den Kontrast des Bildes.

Vergrößerung des Mikroskops

Steht zum Beispiel auf einem Objektiv die Aufschrift $\times 40$, so vergrößert es das Bild des Objekts vierzigfach. Wird dieses Bild mit einem Okular mit der Aufschrift $\times 10$ betrachtet, so wird das bereits vierzigfach vergrößerte Bild noch einmal zehnfach vergrößert. Die Gesamtvergrößerung ist in diesem Fall 400.

Um ein Präparat zu mikroskopieren, gehst du so vor:

1. Stelle die kleinste mikroskopische Vergrößerung ein. Sie entspricht dem kleinsten Objektiv.
2. Lege den Objektträger mit dem Präparat über die Lichtöffnung des Objekttisches.
3. Schalte die Beleuchtung ein. Schaue durch das Okular und regle die Helligkeit.
4. Drehe am Triebrad, bis du das Objekt scharf siehst. Regle den Bildkontrast mithilfe der Blende. Suche durch Verschieben des Objektträgers auf dem Objekttisch einen geeigneten Bildausschnitt. Klemme den Objektträger in dieser Stellung auf dem Objekttisch fest.
5. Stelle durch Drehen am Objektivrevolver die nächst stärkere Vergrößerung ein. Regle falls nötig mit dem Triebrad vorsichtig die Bildschärfe. Bei stärkerer Vergrößerung solltest du auch die Beleuchtung etwas heller einstellen.
6. Schalte nach Beendigung deiner Beobachtung die Beleuchtung aus, drehe den Revolver auf die schwächste Vergrößerung und entferne das Präparat.

1 *Untersuchungen mit bloßem Auge, Lupe und Mikroskop*

1.5 Bau von Pflanzen- und Tierzellen

Die meisten Schülerinnen und Schüler freuen sich darauf, mit einer Stereolupe oder mit einem **Mikroskop** zu arbeiten. Beide Geräte ermöglichen faszinierende Einblicke in die Welt des Winzigen. Wer schon einmal den Flügel eines Schmetterlings oder Kristalle damit betrachtet hat, der weiß, wie schön die Objekte bereits bei geringer Vergrößerung aussehen. Wenn man Pflan-

zen mit dem Mikroskop betrachten möchte, eignen sich besonders Wasserpflanzen oder Moose mit dünnen Blättchen.

Von diesen Pflanzen kannst du einfache **Frischpräparate** anfertigen. Gut zum Mikroskopieren geeignete Pflanzen sind verschiedene *Sternmoose*. Sie wachsen an schattigen, feuchten Stellen im Wald und auf Wiesen. Wenn man ein Blättchen von der Spitze einer frischen Moospflanze mit dem Mikroskop betrachtet, sieht man schon

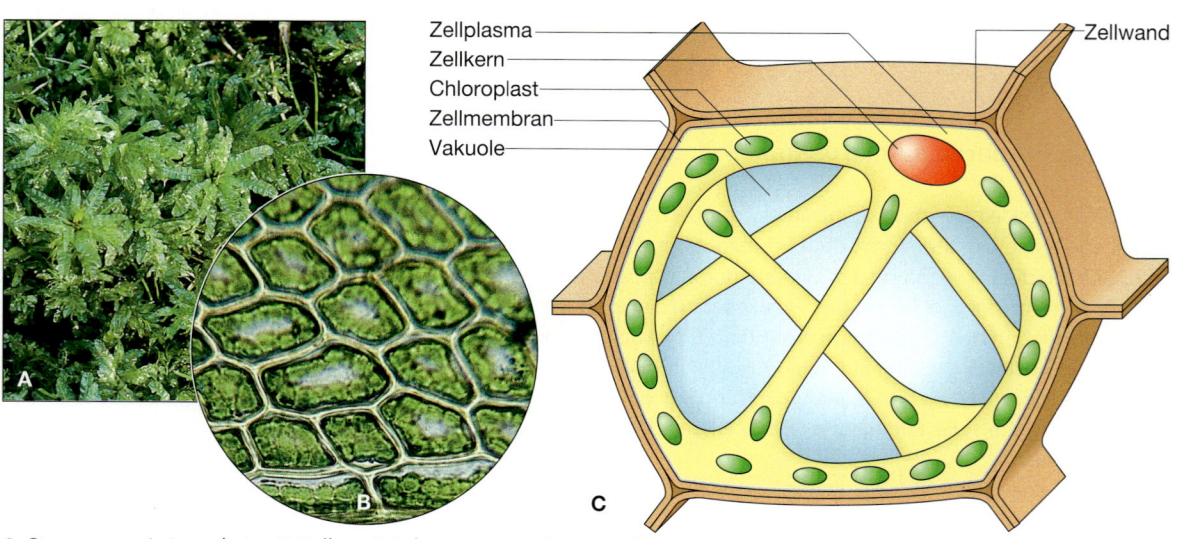

Zellplasma
Zellkern
Chloroplast
Zellmembran
Vakuole
Zellwand

2 *Sternmoos.* **A** *Ausschnitt,* **B** *Zellen,* **C** *Schema einer Pflanzenzelle*

bei kleinster Vergrößerung viele gleichartige Kästchen mit sechseckigem Querschnitt. Man blickt in die **Zellen,** die kleinsten Bausteine aller Lebewesen. Jede Pflanzenzelle ist von einer stabilen **Zellwand** umgeben. Diese gibt ihr Festigkeit. Alle Zellwände zusammen bilden das Stützgerüst des Pflanzenkörpers.

In den Zellen befinden sich viele Blattgrünkörner, die **Chloroplasten.** Sie enthalten das Blattgrün oder *Chlorophyll.* Die grüne Farbe des Moosblättchens setzt sich also aus vielen kleinen grünen Körnern zusammen, die man weder mit dem bloßen Auge noch mit der Lupe sehen kann. Chlorophyll hat eine wichtige Aufgabe bei der Ernährung der Pflanze. Wenn man gut belichtete Chloroplasten genauer betrachtet, entdeckt man auch gespeicherte Stärke als helle Flecken. Sie ist aus dem Traubenzucker, der in den Blättern gebildet wird, entstanden.

Betrachtet man eine Zelle länger, bemerkt man, dass sich die Chloroplasten bewegen. Sie werden von dem langsam fließenden **Zellplasma** mitgeführt. Zellplasma ist zähflüssig. Es enthält vor allem Eiweißstoffe und Wasser. Hier werden zum Beispiel Nährsalze transportiert. Das Zellplasma ist von einem dünnen Häutchen, der **Zellmembran,** umgeben. Sie ermöglicht einen kontrollierten Stoffaustausch. In jeder Zelle befindet sich im Zellplasma ein meist kugelförmiger **Zellkern.** Er ist die Steuerzentrale und regelt alle Lebensvorgänge in der Zelle. Bei älteren Zellen bilden sich mit Zellsaft gefüllte Hohlräume, die **Vakuolen.** Sie dienen der Stoffspeicherung und können Zucker, Farbstoffe und sogar Gifte enthalten.

Zur Untersuchung des Bauplans menschlicher und tierischer Zellen eignen sich die großen Zellen der *Mundschleimhaut.*

Man kann sie leicht gewinnen, wenn man vorsichtig mit einem sauberen Holzspatel oder einem Teelöffel von der Innenseite der Wange etwas Mundschleimhaut abschabt. Betrachtet man das Präparat mit dem Mikroskop, sind schon bei der kleinsten Vergrößerung die rundlichen Zellen der Mundschleimhaut gut zu erkennen. Dazu werden sie meist mit einem Färbemittel wie blauer oder roter Tinte angefärbt.

Die einzelnen Zellen sind von einer dünnen, elastischen **Zellmembran** umgeben. Sie erscheint im mikroskopischen Bild als eine dünne Begrenzungslinie. Die Zellmembran umschließt das zähflüssige **Zellplasma.** Das Zellplasma füllt die ganze Zelle aus und besteht hauptsächlich aus Eiweißstoffen. Im Zellplasma ist deutlich der **Zellkern** zu erkennen.

Bei Tieren und beim Menschen zeigen viele Zellarten – zum Beispiel Haut-, Leber- oder Nervenzellen – den gleichen Grundbauplan wie die Zellen der Mundschleimhaut.

1 Beschreibe anhand der Abbildungen 2 und 3 die Form und den Aufbau einer pflanzlichen und einer tierischen Zelle.
2 Nenne Unterschiede und Gemeinsamkeiten von grünen Pflanzenzellen und Tierzellen. Fertige dazu eine Tabelle an.
3 Beschreibe die Aufgaben der Bestandteile von grünen Pflanzen- und Tierzellen.

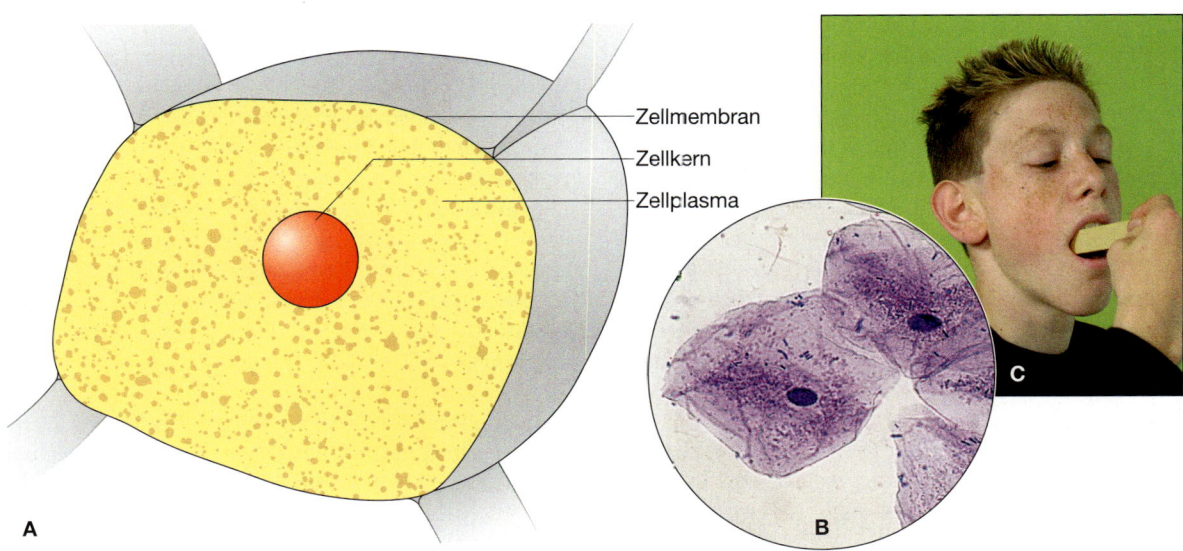

Zellmembran
Zellkern
Zellplasma

A

C

B

*3 Mundschleimhaut. **A** Schema einer Tierzelle, **B** Zellen, **C** Entnahme aus dem Mund*

Übung | Mikroskopieren

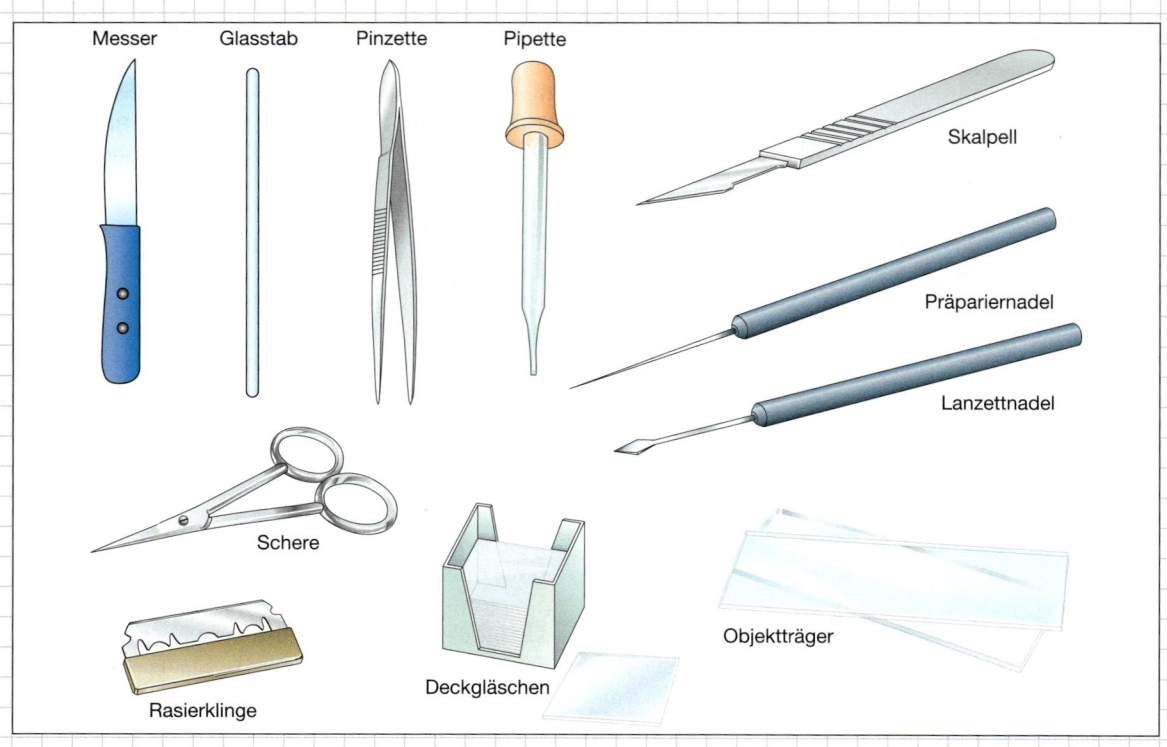

Messer   Glasstab   Pinzette   Pipette

Skalpell

Präpariernadel

Lanzettnadel

Schere

Objektträger

Rasierklinge

Deckgläschen

V1 Geräte zum Mikroskopieren und Präparieren

Um beim Mikroskopieren erfolgreich zu sein, muss aus dem zu untersuchenden Gegenstand ein **Präparat** hergestellt werden. Dazu benötigst du ein *Präparierbesteck.* Dieses besteht aus bestimmten Geräten.

Pinzette: Sie muss sauber sein und gut greifen. Du brauchst sie, um Objekte auseinanderzuzupfen.

Schere und Messer: Damit werden Grobschnitte angefertigt. Du kannst aber auch mit einem Messer ein **Schabepräparat** herstellen, indem du mit ihm z. B. vorsichtig über eine Kartoffeloberfläche schabst.

Glasstab: Damit kannst du z. B. Objekte auf dem Objektträger bewegen und Tropfen setzen.

Rasierklinge: Damit werden feine Schnitte angefertigt. Bevor du die Rasierklinge benutzt, muss sie auf jeden Fall auf einer Seite mit einem Textilklebeband abgeklebt werden, um Verletzungen auszuschließen.

Skalpell: Mit ihm kannst du ebenfalls feine Schnitte anfertigen. Du kannst z. B. ein Kreuz in eine Zwiebelschuppe ritzen und dann mit der Pinzette ein Stück des Zwiebelhäutchens abziehen. So erhältst du ein *Abzugspräparat.*

Objektträger: Der Objektträger ist eine rechteckige Glasscheibe. Du legst das Objekt, das du untersuchen willst, in die Mitte des Objektträgers. Halte die Objektträger gut sauber.

Deckgläser: Sie dienen zum Abdecken und Schutz von Präparaten. Vorsicht! Deckgläser brechen leicht! Man putzt sie mit einem Baumwolltuch.

Präpariernadel: Mit der Nadel kannst du kleine Objekte zerlegen oder in die richtige Position bringen.

Lanzettnadel: Mit ihrer flachen pfeilförmigen Spitze kannst du vorsichtig ein weiches Präparat wie eine Holunderbeere oder Tomatenfruchtfleisch zerdrücken. So bekommst du ein *Quetschpräparat.*

Pipette: Durch Zusammendrücken saugt man Wasser an und tropft es auf den Objektträger.

Aufgabe: Probiere die verschiedenen Geräte aus. Gehe sehr vorsichtig mit der Rasierklinge um. Gib mithilfe der Pipette einen Tropfen Wasser auf einen Objektträger.

V2 Untersuchung der Wasserpest

Material: Wasserpest aus dem Aquarium; Pinzette; Becherglas mit Wasser; Objektträger; Deckgläschen; Lichtmikroskop; Pipette; Filtrierpapier; Zeichenmaterial
Durchführung: Zupfe ein Blättchen der Wasserpest von dem Stängel ab und bringe es auf einen Objektträger. Gib mit der Pipette einen Tropfen Wasser hinzu. Gehe weiter vor wie unten abgebildet.

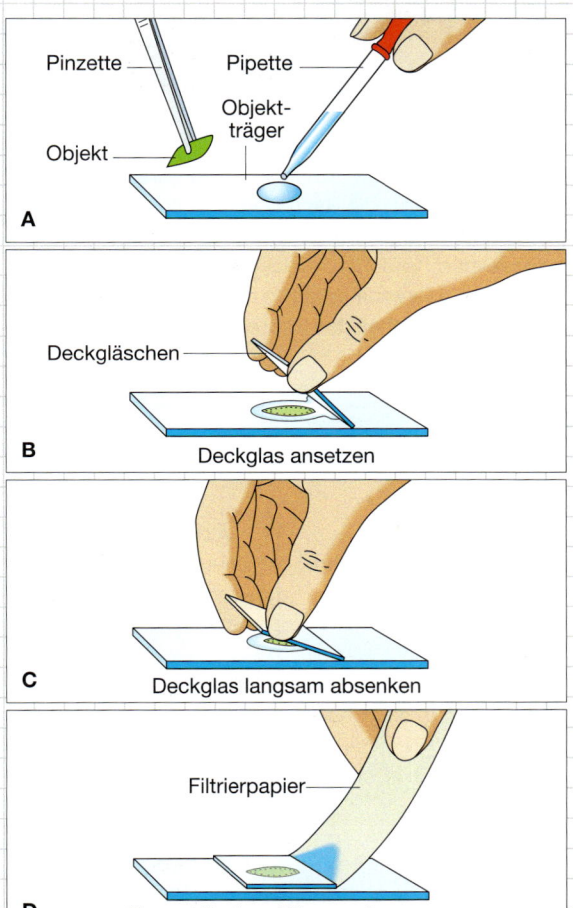

A

B Deckglas ansetzen

C Deckglas langsam absenken

D überschüssiges Wasser absaugen

Aufgaben: a) Mikroskopiere zunächst mit der Lupenvergrößerung, um dir eine Übersicht zu verschaffen.
b) Untersuche die Abrissstelle bei 150–200facher Vergrößerung. Berichte, was du siehst.
c) Fertige eine Zeichnung an. Orientiere dich dabei am Beispiel auf der Seite 136.

V3 Zwiebelhautzellen mikroskopieren

Material: Messer; Rasierklinge mit Korkhalterung; Pinzette; Objektträger; Deckglas; Pipette; Becherglas Mikroskop; Zeichenmaterial; Küchenzwiebel

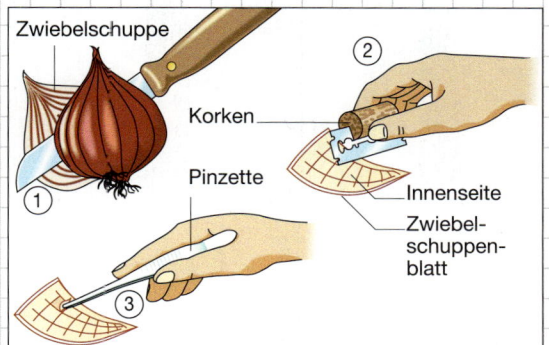

Durchführung: Zur mikroskopischen Untersuchung von Zwiebelzellen eignet sich besonders gut die Außenhaut des Zwiebelschuppenblattes. Du erhältst ein Stückchen Zwiebelhaut, wenn du vorgehst, wie in der Abbildung dargestellt:
Gib einen Tropfen Wasser mit der Pipette auf die Mitte eines Objektträgers. Lege das Zwiebelhautstück auf den Tropfen. Setze ein Deckgläschen seitlich an den Wassertropfen und lege es vorsichtig auf. Auf diese Weise soll verhindert werden, dass Luftblasen in das Präparat kommen. Lege das Präparat auf den Objekttisch deines Mikroskopes.
Aufgaben: Betrachte das Objekt zunächst bei kleinster Vergrößerung. Fertige bei stärkerer Vergrößerung eine Zeichnung einer Zwiebelhautzelle an. Beschrifte.

V4 Färben von Mundschleimhautzellen

Material: Objektträger; Deckglas; Pipette; Methylenblau-Lösung; Mikroskop
Durchführung: Gib einen Wassertropfen auf den Objektträger. Streiche mit einem Finger über die Innenseite deiner Wangen. Wasche die Fingerkuppe in dem Wassertropfen ab. Füge einen kleinen Tropfen Methylenblau-Lösung hinzu. Decke das Präparat mit dem Deckglas ab. Mikroskopiere zunächst bei schwacher, dann bei mittlerer und zuletzt bei starker Vergrößerung.
Aufgabe: Zeichne und beschrifte einige Zellen der Mundschleimhaut.

Methode | # Anfertigen einer mikroskopischen Zeichnung

1 Brennnessel

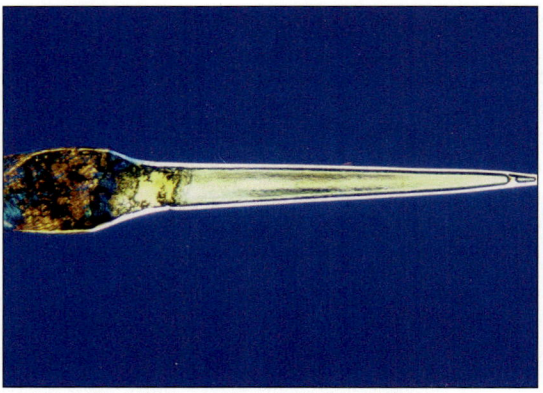

2 Brennnesselhaar unter dem Mikroskop

Mikroskopierst du bei geringer Vergrößerung die Oberfläche eines Brennnesselblattes, so siehst du viele borstenförmige Brennhaare. Sie bestehen aus Kieselsäure und dienen dem Schutz vor Fressfeinden.

Bei stärkerer Vergrößerung erkennst du, dass sich jedes Brennhaar auf einem säulenförmigen Sockel befindet.

Beim Zeichnen eines Objektes müssen einige Regeln eingehalten werden.

- Zeichne das Objekt möglichst groß. Etwa ein Drittel des Blattes soll die Zeichnung einnehmen. Zeichne auf weißem Papier.
- Mikroskopische Zeichnungen werden vollständig mit Bleistift gezeichnet und beschriftet.
- Notiere als Überschrift die Bezeichnung für dein Objekt.
- Schreibe darunter, ob es sich um ein Frisch- oder Dauerpräparat handelt.
- Gib an, ob du dein Präparat gefärbt hast. Notiere dazu das Färbemittel (zum Beispiel blaue Tinte).
- Beschrifte deine Zeichnung rechts. Schreibe die Begriffe auf eine Höhe. Schreibe mit einer ordentlichen Schrift.
- Ziehe die Beschriftungsstriche mit dem Lineal.
- Vervollständige deine Zeichnung links unten mit Namen, Klasse, Datum. Vergiss nicht die Vergrößerung anzugeben (z. B. 10 × 10).
- Zeichne nur Strukturen, die du wirklich siehst. Unwichtige Details kannst du weglassen.

Das Brennhaar besteht nur aus einer einzigen, lang gestreckten Zelle, die nach oben hin schmaler wird. Die Haarzelle endet meist in einem kleinen, schräg aufgesetzten Köpfchen, welches bei Berührung abbricht. Das Haarende erhält so die Form einer Kanüle. Sie injiziert den Inhalt des Haares, z. B. ätzende Ameisensäure, in die Haut.

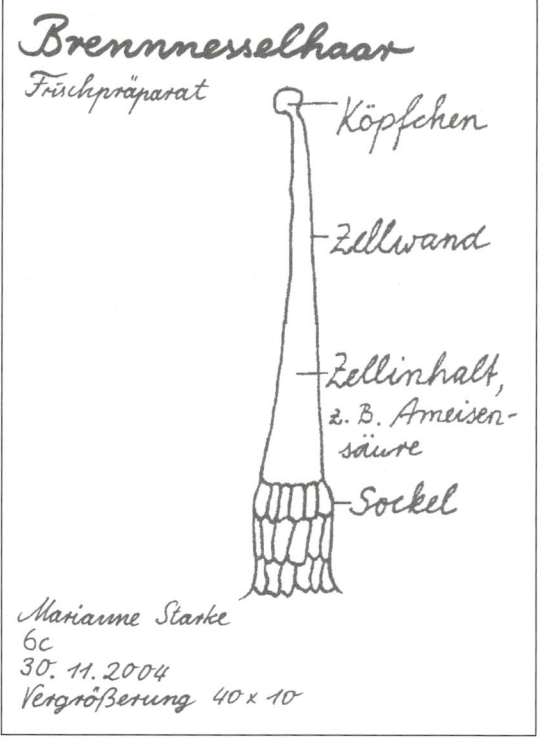

3 Mikroskopische Zeichnung

Zellmodelle

V 1 Bau eines Zellmodells (I)

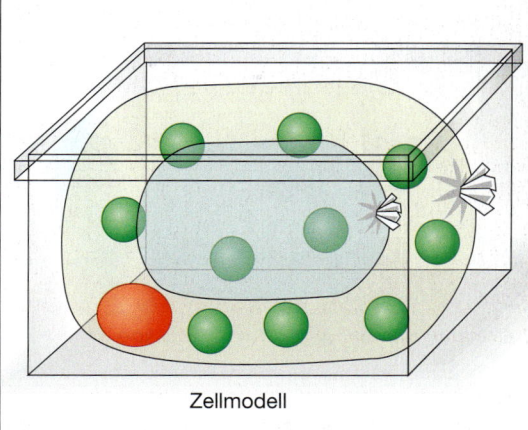

Zellmodell

Material: durchsichtige Plastikdose mit Deckel; grünes und rotes Plastilin (Knetgummi); Tapetenkleister; Wasser; zwei klare Plastikbeutel; angefärbtes Wasser; zwei Gummibänder

Durchführung: Fülle einen Plastikbeutel etwa halb voll mit dünnflüssigem Tapetenkleister und lege ihn in die Plastikdose. Forme aus Plastilin mehrere etwa gleich große grüne Kügelchen und verteile sie im Kleister. Füge eine kleine rote Kugel aus Plastilin hinzu. Fülle die Spitze eines klaren Plastikbeutels mit angefärbtem Wasser und verschließe sie fest mit einem Gummiband. Drücke den Beutel in die Kleistermasse, sodass diese sich rundherum verteilt. Verschließe den ersten Plastikbeutel mit einem Gummiband. Setze den durchsichtigen Plastikdeckel auf. Zeige das Zellmodell mit dem Tageslichtprojektor. Stelle verschiedene Zellbestandteile scharf.

Aufgaben: a) Das Projektionsbild des Zellmodells und das mikroskopische Bild der Pflanzenzelle weisen Gemeinsamkeiten auf. Nenne und beschreibe sie.

b) Vergleiche Pflanzenzelle und Zellmodell in Form einer Tabelle. Ordne dazu jedem Bauteil des Zellmodells den entsprechenden Bestandteil der Pflanzenzelle zu.

c) Beschreibe, welche Aufgabe ein Zellmodell hat.

d) Nenne Unterschiede zwischen Zellmodell und Zelle.

e) Stelle Material zum Bau einer Tierzelle zusammen. Baue das Modell der Tierzelle und zeige es mit dem Tageslichtprojektor.

V 2 Bau eines Zellmodells (II)

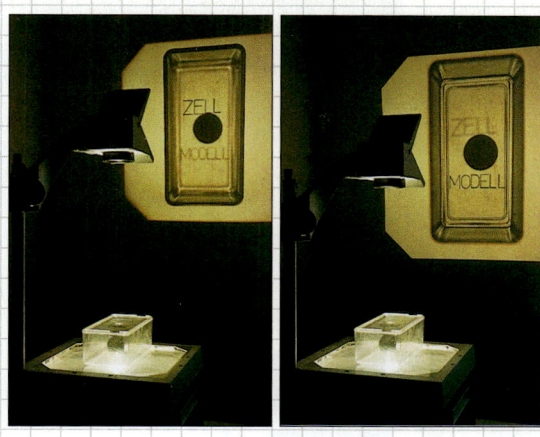

Material: durchsichtiger Kunststoffbehälter (z. B. Vorratsdose aus der Küche); Folienstift abwaschbar; Tischtennsball oder Walnuss; Arbeitsprojektor

Durchführung: Schreibe auf den Boden des Behälters von innen „ZELL" und auf den Deckel von außen „MODELL". Lege den Tischtennisball oder die Nuss in den Behälter und verschließe ihn mit dem Deckel.

Stelle der Behälter anschließend auf den Arbeitsprojektor und projiziere das Bild an die Leinwand. Stelle nacheinander die Schriftzüge „ZELL" und „MODELL" scharf ein.

Aufgaben: a) Beschreibe deine Beobachtungen. Ziehe Schlussfolgerungen für das Mikroskopieren von Zellen und die Zeichnungen.

b) Jede Zelle enthält einen Zellkern. In mikroskopischen Präparaten, zum Beispiel den Zellen des Zwiebelhäutchens, sieht man ihn jedoch nicht in jeder Zelle. Stelle eine begründete Vermutung an, die diesen scheinbaren Widerspruch auflöst.

c) Vergleiche die Zellmodelle in V1 und V2 miteinander. Nenne Vorzüge und Nachteile. Begründe, welches Modell der Natur am nächsten kommt.

1 **Plankton. A** vergrößert im mikroskopischen Bild; **B** Probennahme; **C** selbst gefertigtes Planktonnetz

Draht-ring

Griff

eng-maschiger Stoff

Film-dose

1.6 Kleinlebewesen in stehenden Gewässern

Im zeitigen Frühjahr kannst du durch das klare Wasser eines Sees bis auf den Grund blicken. Schon nach den ersten warmen Tagen trübt sich aber das Wasser etwas. Worauf ist die zunehmende Trübung zurückzuführen?

Um die Trübung zu untersuchen, entnimmst du eine Wasserprobe mit einem *Planktonnetz*. Es besteht aus einem feinmaschigen Gewebe und einem Sammelbehälter. Wenn du mit dem Netz langsam durch das Wasser fährst, sammeln sich die kleinen Teilchen im Behälter.

Unter dem Mikroskop lassen sich viele kleine im Wasser schwebende Kleinlebewesen entdecken, das **Plankton.** Tritt es massenhaft auf, so trübt es das Wasser. Im Frühjahr kommen im See verschiedene einzellige **Algen** vor.

Die *Nierenalge* erkennst du an ihrer Form: Jede ihrer beiden Zellhälften ist nierenförmig. Ihre Zellwand ist mit kleinen Warzen besetzt. Sie bevorzugt sehr sauberes Wasser. Solche einzelligen Algen dienen tierischen Kleinlebewesen als Nahrung. Sie vermehren sich bis zum Sommer oft massenhaft.

Im mikroskopischen Bild siehst du manchmal auch einzellige **Wimperntiere** schwimmen. Ihr Zellkörper ist von

Wimpern umgeben, die zur Fortbewegung oder zum Einstrudeln von Bakterien und Algen dienen. An der einer Schuhsohle ähnlichen Form erkennst du *Pantoffeltierchen*.

Algen und Wimpertiere sind Nahrung für mehrzellige Lebewesen wie die **Rädertiere.** Mit ihrem Räderorgan erzeugen sie einen zum Mund gerichteten Wasserstrom, der die Nahrung anliefert.

Manchmal siehst du in der Wasserprobe schon mit bloßem Auge sich ruckartig fortbewegende Kleintiere. Es handelt sich um **Wasserflöhe.** Sie ernähren sich von kleineren Lebewesen. Wasserflöhe und andere Kleinkrebse sind eine wichtige Nahrung für Fische.

Mit zunehmender Sonneneinstrahlung entwickeln sich an der Oberfläche des Sees mehrzellige, fädige Algen wie die *Schrauben-* und die *Sternalge.*

1 Erläutere, worauf die Trübung im Seewasser beruht.
2 Erstelle eine Tabelle mit ein- und mehrzelligen Kleinlebewesen im See.
3 Untersuche Wasserflöhe mit einer Stereolupe oder bei geringer Vergrößerung unter dem Mikroskop. Fertige eine Zeichnung an.
4 Informiere dich über den Aufbau und die Lebensweise von Wasserflöhen. Beschrifte deine mikroskopische Zeichnung.

Einzellige Algen

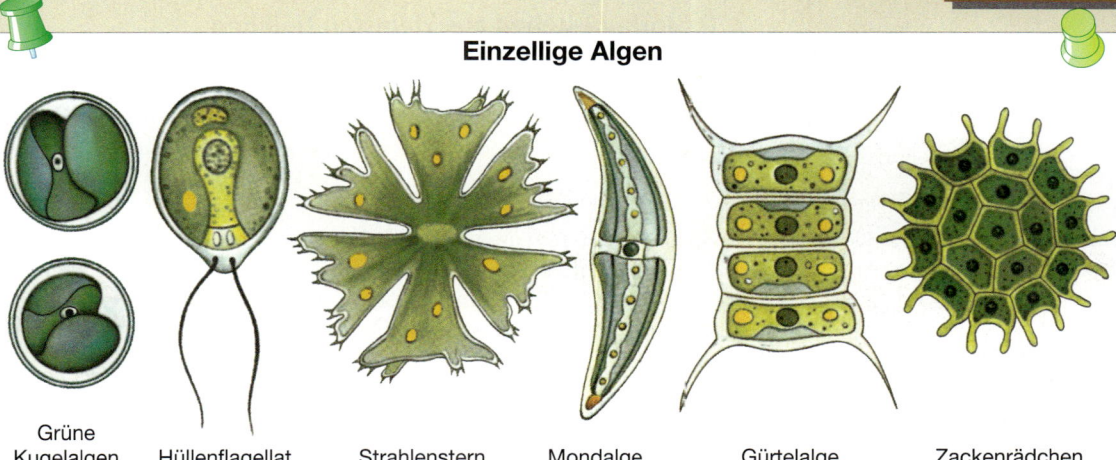

| Grüne Kugelalgen | Hüllenflagellat | Strahlenstern | Mondalge | Gürtelalge | Zackenrädchen |

Einzellige Grünalgen haben manche Gemeinsamkeiten mit Pflanzen. Jede Zelle weist wie bei Pflanzenzellen Zellwand, Zellplasma, Zellkern und Chloroplasten auf. Auch die Fähigkeit, mithilfe der Fotosynthese Nährstoffe selbst herzustellen, haben Algen mit Pflanzen gemeinsam. Einzellige Grünalgen kommen in großer Formenvielfalt vor. Es gibt kugelige, langgestreckte und sogar sternförmige Formen. Man findet bewegliche Formen mit Geißel ebenso wie unbewegliche. Bei manchen Arten schließen sich mehrere Zellen zusammen. Da sie aber keine echten Gewebe mit spezialisierten Zelltypen ausbilden, werden sie von vielen Wissenschaftlern trotzdem zu den Einzellern gezählt.

Den größten Teil der etwa 800 Arten der einzelligen Grünalgen findet man im Süßwasser. Einige Arten leben jedoch auch an Land, wo sie zum Beispiel den grünen Belag an der Wetterseite der Bäume bilden.

Kieselalgen

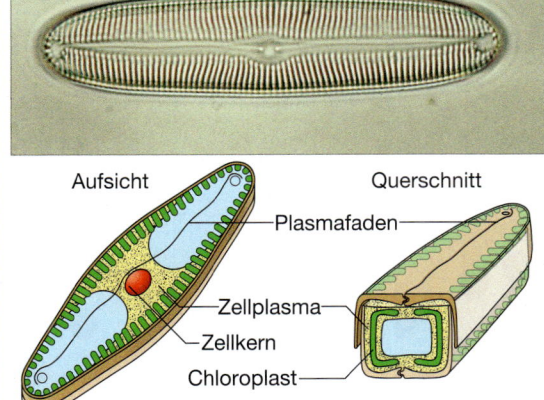

Aufsicht — Querschnitt
— Plasmafaden —
Zellplasma —
Zellkern —
Chloroplast —

Der grünlich-braune Belag auf Wasserpflanzen und auf wasserbedeckten Steinen besteht aus Kieselalgen. Kieselalgen werden von Kieselschalen geschützt, die wie Boden und Deckel einer Schachtel zusammenpassen. Durch einen Längsspalt in den Schalen treten vorn Plasmafäden aus, die hinten wieder in die Zelle einfließen. So bewegt sich die Alge wie ein „Kettenfahrzeug" vorwärts.

Fädige Grünalgen

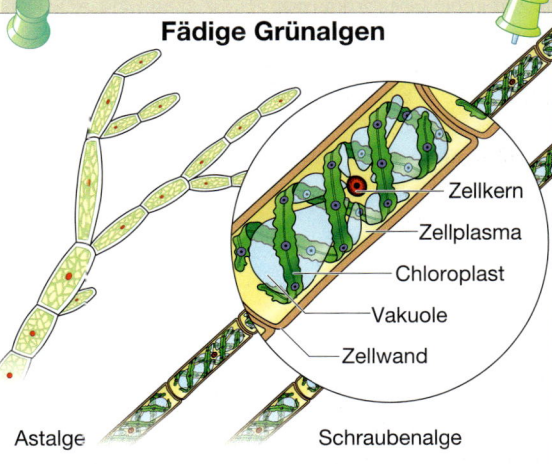

Zellkern
Zellplasma
Chloroplast
Vakuole
Zellwand

Astalge — Schraubenalge

Die „grüne Watte", die im Sommer in Gräben und flachen Tümpeln schwimmt, besteht aus bestimmten Grünalgen. Bei ihnen sind viele Einzelzellen zu unverzweigten oder verzweigten Fäden aneinander gereiht.

1 Überlege, warum viele Arten der im Wasser schwebenden Algen breitflächige Formen und Fortsätze ausgebildet haben. Erläutere deine Vermutung.

2 Nenne drei Unterschiede zwischen Kieselalgen und den übrigen einzelligen Algen.

1 Zucker wird zerkleinert

1 Nenne verschiedene Zucker-
sorten. Gib an, wodurch sie sich
unterscheiden.
2 Nimm ein Stück Kandiszucker
und betrachte es unter der Lupe.
Zerkleinere es in einem Mörser so
fein wie möglich. Betrachte zwischendurch die Zuckerteilchen mit der
Lupe. Beschreibe deine Beobachtungen.
3 Gib ein Stück Kandiszucker in
ein Becherglas mit Wasser. Notiere
deine Beobachtungen.
4 Gib einige Kaliumpermanganatkristalle in ein Becherglas mit
Wasser. Beobachte, was mit den
Kristallen und mit dem Wasser
passiert?
5 Beschreibe den Lösungsvorgang von Zucker in Wasser mit
Abbildung 2.

2 Von Lösungen und Kristallen

2.1 Stoffe bestehen aus kleinsten Teilchen

Zucker gibt es in verschiedenen Formen. Es gibt groben und feinen Zucker,
Würfelzucker, Kandiszucker und Puderzucker. Was passiert zum Beispiel mit
dem Kandiszucker, wenn er in einem Mörser immer weiter zerkleinert
wird?

Du kannst beim Zerreiben feststellen, dass die Zuckerstücke immer kleiner
werden. Bald sind sie so klein, dass du sie auch mit einer Lupe nicht mehr
als einzelne Kristalle erkennen kannst. Dies gelingt aber mithilfe eines
Mikroskops. Damit lassen sich Form und Größe der Zuckerteilchen noch gut
erkennen.

Wird Zucker in Wasser gegeben, so löst er sich nach und nach auf. Nach
einiger Zeit ist er völlig verschwunden. Der süße Geschmack der Lösung
zeigt aber, dass der Zucker noch vorhanden ist.
Auch andere Stoffe lösen sich gut in Wasser. Wenn du einige der dunkel-
violett gefärbten Kaliumpermanganatkristalle in Wasser gibst, kannst du den
Auflösungsvorgang im Unterschied zum farblosen Zucker gut verfolgen. Das
Wasser färbt sich immer dunkler.

Mit der **Modellvorstellung,** nach der alle Stoffe aus *kleinsten, kugelförmigen
Teilchen* aufgebaut sind, lassen sich die Vorgänge beim Lösen von Zucker in
Wasser anschaulich darstellen.

Im festen Zuckerkristall liegen die Teilchen dicht nebeneinander und sind an
ihre Plätze gebunden (braune Kugeln in Abbildung 2 A). Die Wasserteilchen
können sich dagegen frei bewegen. Nach und nach drängen sich die Wasserteilchen zwischen die Zuckerteilchen im festen Kristall und lösen sie aus
dem Zuckerkristall heraus (Abbildung 2 B). Wenn der Zucker vollständig
aufgelöst ist, haben sich alle Zuckerteilchen gleichmäßig zwischen den Wasserteilchen verteilt (Abbildung 2 C).

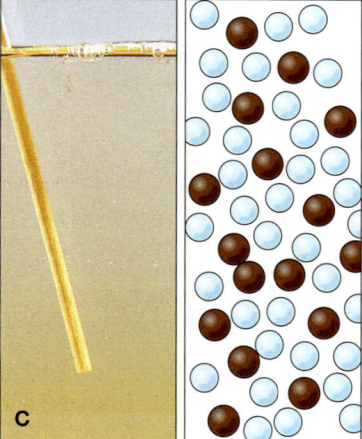

2 Zucker löst sich in Wasser. A *Vor dem Lösen;* **B** *ein Teil ist gelöst;* **C** *alles ist aufgelöst*

Wenn du 50 ml Wasser mit 50 ml Brennspiritus ver- mischst, so erwartest du als Ergebnis das doppelte Volu- men, also 100 ml. Tatsächlich erhältst du aber ein ge- ringeres Volumen. Wie ist das möglich?

Mithilfe eines Modellversuchs lässt sich die Volumen- verringerung erklären. Dabei dienen Erbsen und Senf- körner als Modelle für die kleinsten Teilchen von Spiritus und Wasser. Mischst du 50 ml Erbsen mit 50 ml Senfkör- nern, so erhältst du ebenfalls ein geringeres Volumen als die erwarteten 100 ml. Das liegt daran, dass es zwischen den dicht gepackten Erbsen noch kleine Hohlräume gibt. Werden die Senfkörner dazugegeben, dann füllt ein Teil von ihnen diese Hohlräume aus.

Auch beim Mischen von Spiritus und Wasser füllen die kleineren Wasserteilchen zum Teil die Hohlräume zwi- schen den größeren Spiritusteilchen aus.

Modelle sind in vielen Bereichen der Technik und der Wissenschaft von Nutzen. So werden zum Beispiel bei der Entwicklung neuer Autos Modelle aus Holz oder Ton hergestellt. Aus der Biologie kennst du Modelle für die Funktion von Organen oder den Aufbau von Zellen.

Alle diese Modelle können die Wirklichkeit aber nur teilweise abbilden. Das gilt auch für das Teilchenmodell. Mithilfe dieses Modells ist es möglich, den Aufbau der Stoffe im festen, flüssigen und gasförmigen Aggregat- zustand zu erklären. Über Größe und Aussehen der Teil- chen lässt sich aber nichts aussagen.

Mit dem Teilchenmodell lassen sich auch Trennverfahren wie die Filtration erklären. In einer *Suspension* aus Ton und Wasser bewegen sich die großen Tonteilchen zwi- schen den viel kleineren Wasserteilchen. Wird die Sus- pension durch ein Filterpapier gegossen, bleiben die Tonteilchen vor den Filterporen liegen. Nur die kleinen Wasserteilchen können ungehindert durch die Filter- poren hindurch.

6 Erkläre mithilfe des Teilchenmodells den Lösungs- vorgang von Kaliumpermanganat in Wasser.
7 Wird eine Parfümflasche geöffnet, so riecht man den Duft nach kuzer Zeit im ganzen Raum, auch wenn sich die Luft nicht bewegt. Erkläre diese Beobachtung mit dem Teilchenmodell.
8 Gib in einen Messzylinder 50 ml Wasser. Fülle in einen zweiten Messzylinder 50 ml Brenn- spiritus. Mische beide Flüssigkeiten miteinander. Lies das Volumen der Mischung am Messzylinder ab.

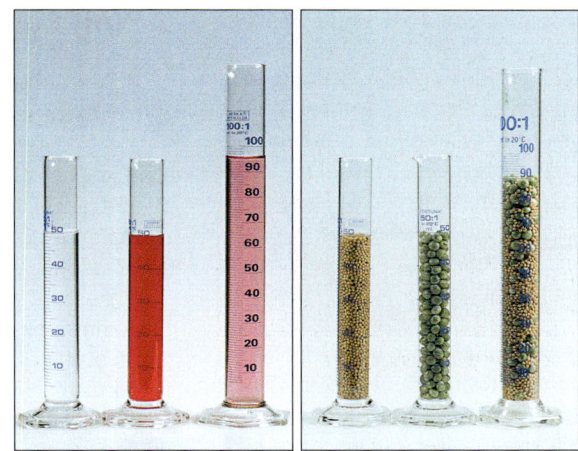

3 *Mischversuche*

9 Gib in einen Messzylinder 50 ml Erbsen und in einen zweiten Messzylinder 50 ml Senfkörner. Mische Erbsen und Senfkörner in einem Becherglas und miss das Volumen der Mischung. Notiere deine Beobachtungen.
10 Stelle in einem Becherglas eine Suspension aus Ton und Wasser her. Gieße sie durch ein Papierfilter in ein zweites Becherglas. Beschreibe den Rückstand und das Filtrat.
11 Beschreibe die Suspension und den Vorgang des Filtrierens mithilfe des Teilchenmodells.
12 Stelle eine begründete Vermutung auf, warum die Teilchen einer Lösung auch bei stärkster Vergrößerung unter dem Mikroskop unsichtbar bleiben.

4 *Suspension und Filtrieren im Teilchenmodell*

2.2 Wasser löst viele Stoffe

Einige violettschwarze Kristalle Kaliumpermanganat werden in einen mit Wasser gefüllten Glaskolben gegeben. Sie sinken langsam zu Boden. Dabei ziehen sie violette Spuren durch das Wasser. Sind die Kristalle am Boden angekommen, lösen sie sich weiter auf. Das Wasser färbt sich langsam violett.

Nicht immer lässt sich der *Lösungsvorgang* eines festen Stoffes in Wasser so gut verfolgen. Salz oder Zucker löst sich zwar ebenfalls gut in Wasser. Doch dabei beobachtest du nur, dass die Kristalle immer kleiner werden. Schließlich sind sie ganz verschwunden. Die Flüssigkeit bleibt *klar* und *durchsichtig,* obwohl sie jetzt Salz oder Zucker enthält. Eine solche Flüssigkeit heißt **Lösung.** Diese kann farbig oder farblos sein. Wenn du Zucker in Tee löst, schmeckt er natürlich süß. Daran erkennst du, dass *gelöste Stoffe* nicht wirklich verschwunden sind.

1 Kaliumpermanganat löst sich in Wasser

Beim Zubereiten von Hagebuttentee wird heißes Wasser über den Teebeutel gegossen. Das Wasser färbt sich rot. Die im Tee enthaltenen Farb- und Geschmacksstoffe lösen sich im Wasser. Wasser ist also das **Lösungsmittel** für die Inhaltsstoffe der Hagebutten.

In der Natur ist Wasser das wichtigste Lösungsmittel. Pflanzen können nur die *Mineralstoffe* aufnehmen, die vom Wasser aus dem Boden gelöst wurden.

Wasser aus großer Tiefe ist mit vielen darin gelösten Mineralstoffen angereichert. Dieses Wasser kannst du als *Mineralwasser* kaufen.

Auch in der Industrie wird Wasser als vielseitiges Lösungsmittel verwendet.

In der chemischen Industrie müssen viele Chemikalien in Wasser gelöst werden, bevor sie weiterverarbeitet werden können.

Viel Wasser benötigt auch die Getränkeindustrie, um Säfte und Erfrischungsgetränke herzustellen.

2 Zucker süßt den Tee

1 Nenne Beispiele für Lösungen, bei denen Wasser das Lösungsmittel ist.

2 Gib ein Stück Würfelzucker in ein Glas mit Wasser, in ein zweites ein großes Stück Kandiszucker. Beleuchte die Gläser von der Seite mit einer starken Lampe. Beobachte und vergleiche beide Lösungsvorgänge.

3 Schütte Brausepulver in ein Glas mit Wasser und rühre um. Begründe, warum das entstandene Getränk eine Lösung ist?

4 Erkläre, warum Mineralwasser eine Lösung ist. Gib zwei Gründe dafür an.

2.3 Löslichkeit

Nicht alle festen Stoffe lösen sich so gut in Wasser wie Zucker und Salz. Es gibt Stoffe, wie zum Beispiel Kalk und Gips, von denen sich nur ganz wenig in Wasser löst. Werden solche Stoffe in das Wasser gegeben, so sinkt der größte Teil davon zu Boden und bildet einen Bodensatz. Stoffe wie Sand oder Eisenpulver lösen sich überhaupt nicht in Wasser. Sie sind *unlöslich*.

1 Ergibt der Aufguss von „Instant-Tee" oder „Instant-Kaffee" eine Lösung? Probiere es jeweils aus.

2 Fülle ein Reagenzglas zur Hälfte mit Wasser. Gib in dieses einen halben Teelöffel Zucker. Verschließe das Reagenzglas mit einem Stopfen und schüttle kräftig. Prüfe, ob sich der Zucker vollständig im Wasser löst.
Führe den gleichen Versuch nacheinander mit Kalkpulver und Sand durch. Vergleiche die Beobachtungen.

3 Prüfe, wie gut sich weitere Stoffe in Wasser lösen. Fertige dazu folgende Tabelle an und trage ein:

Stoff	löst sich		
	gut	**wenig**	**nicht**
Eisenpulver			X
Kakaopulver			
Stärkepulver			
Traubenzucker			
Waschmittel			

4 Stelle ein mikroskopisches Präparat eines in Wasser verdünnten Tropfens Tusche her. Mikroskopiere und begründe, ob es sich um eine Lösung handelt.

Kristalle züchten

Übung

Die Kristalle aus der Erde sind in sehr langen Zeiträumen entstanden. Aus *gesättigten Salzlösungen* kannst du schneller schöne Kristalle züchten.

Materialien:
Glasgefäße; Holzstäbe; Wollfaden, mit einem kleinen Metallstück beschwert; Zwirnsfaden; Pappdeckel; Kochsalz; Alaun (Kaliumaluminiumsulfat); destilliertes Wasser

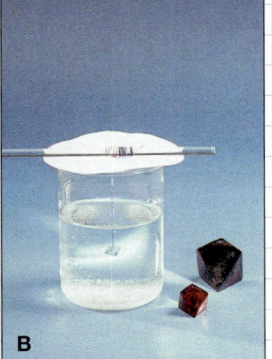

A Kristalle am Wollfaden; B Alaun-Kristalle

V1 Kristalle am Wollfaden

Gieße eine Lösung aus 35 g Kochsalz und 100 ml Wasser in ein Glasgefäß. Befestige den Wollfaden am Holzstab und hänge ihn in das Glas (Abbildung A). Beobachte einige Tage.

V2 So wächst ein Alaun-Kristall

Löse Alaun in destilliertem Wasser von 50 °C (16 g pro 100 ml). Filtriere die Lösung und gieße einen Teil davon in eine flache Schale, den Rest in ein Vorratsgefäß.
Beim Abkühlen kristallisieren am Boden der Schale Alaun-Kristalle aus. Binde einen dünnen Faden um den schönsten Kristall.
Gieße nun Alaunlösung in ein Becherglas und hänge den Kristall in die Lösung.
Stelle das Gefäß an einen Platz mit gleich bleibender Temperatur.
Beobachte das Wachsen des Kristalls über einige Wochen. Entferne zwischendurch die kleinen Kristalle, die sich am Faden bilden (Abbildung B). Gieße bei Bedarf Alaunlösung von gleicher Temperatur nach.

1 Kupfersulfat wird gelöst

2.4 Gesättigte Lösungen

Festes Kupfersulfat besteht aus blauen Kristallen. Wird etwas davon in Wasser gegeben und gelöst, entsteht eine hellblaue und durchsichtige Lösung (Abbildung 1B). Je mehr Kupfersulfat im Wasser gelöst wird, desto kräftiger wird die blaue Farbe der Lösung (Abbildung 1C). So lange das Wasser noch weiteres Kupfersulfat löst, ist die Lösung **ungesättigt.**

Wenn sich kein Kupfersulfat mehr lösen kann, bleibt es auf dem Boden des Gefäßes liegen. Es bildet sich ein Bodensatz (Abbildung 1D). Das Wasser über dem Boden-satz ist jetzt vollständig mit Kupfersulfat gesättigt. Diese Flüssigkeit ist eine **gesättigte Lösung.**

Von unterschiedlichen Stoffen brauchst du unterschiedliche Mengen, um jeweils ein gesättigte Lösung herzustellen. Abbildung 2 zeigt drei Beispiele.

1 Zu 100 ml einer Salzlösung mit Bodensatz werden 50 ml Wasser gegeben. Anschließend wird die Lösung umgerührt.
Was kannst du nach dem Umrühren beobachten?
2 Wie erhältst du eine gesättigte Lösung ohne Bodensatz?
3 Beschreibe jeweils die Flüssigkeit in Abbildung 1. Beachte die Menge des zugegebenen Stoffes.
4 Fülle in ein Becherglas 50 ml Wasser. Gib einen halben Teelöffel Kochsalz in das Becherglas. Rühre so lange um, bis sich alles gelöst hat. Gib erneut die gleiche Menge Kochsalz hinein und rühre wieder um. Wiederhole die Salzzugabe so lange, bis sich trotz längeren Umrührens nichts mehr löst. Beschreibe deine Beobachtungen.
Erläutere, welche Art von Lösung du zu Beginn und am Ende des Versuches hast.
5 Erkläre, woran du eine gesättigte Lösung erkennst.
6 Berechne, wie viel Gramm der in Abbildung 2 angegebenen Stoffe in 100 ml Wasser gelöst werden müssen, damit eine gesättigte Lösung entsteht.

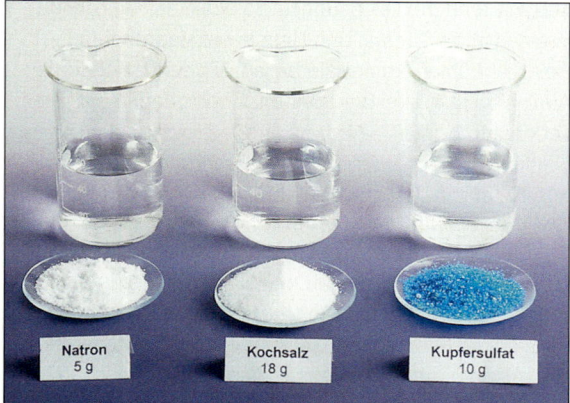

2 So viel Salz ergibt jeweils eine gesättigte Lösung in 50 ml Wasser

1 Salzgärten in der Algarve

2 Salzgewinnung. A *Eindampfen,* **B** *Salzkristalle*

2.5 Eindampfen einer Salzlösung

Salz! Salz – soweit das Auge reicht. Wo aber kommt das Salz her?

Salzbauern legen am Strand flache Becken an, in die das Meerwasser hineinfließt. Sobald die Becken voll sind, werden sie zum Meer hin verschlossen. Jetzt müssen die Bauern nur noch warten. Durch die Wärme der Sonne verdunstet nach und nach das Wasser. Das Salz bleibt zurück. Es wird vollständig getrocknet, abgepackt und in alle Welt verkauft.

Die Salzbauern am Meer müssen recht lange warten, bis sie das Salz aus dem Meerwasser gewonnen haben. Schneller geht es in modernen Salzfabriken. Dort wird das salzhaltige Wasser, die Sole, in großen Pfannen in Siedeöfen erhitzt. Durch die starke Hitze des Siedeofens verdampft das Wasser der Salzlösung recht schnell. Die Salzlösung wird vollständig eingedampft. Am Ende bleibt in den Pfannen eine dicke Schicht aus weißen Salzkristallen zurück.

Im Laufe der Erdgeschichte haben sich in seichten Meeresbuchten, die mehrmals nacheinander überflutet wurden und wieder trocken fielen, Salzlagerstätten gebildet. Heute liegen diese Salzstöcke meist unter der Erdoberfläche, wo sie in Bergwerken abgebaut werden.

1 Vergleiche die Gewinnung von Salz auf Abbildung 1 mit der Salzgewinnung in Vesuch 4. Nenne Vor- und Nachteile beider Verfahren.

2 Nenne andere Stoffe, die sich durch Eindampfen einer Lösung gewinnen lassen.

3 Eindampfen ist ein Trennverfahren. Welche Art von Gemischen kann damit getrennt werden?

4 Baue den Versuch wie in Abbildung 2 auf. Fülle etwa 1 cm hoch Salzlösung in die Glasschale. Stelle den Brenner unter die Glasschale.

Erhitze die Salzlösung mit der klein eingestellten, blauen Brennerflamme. *Vorsicht,* beim Erwärmen kann Salz herausspritzen! Stelle den Brenner ab, bevor das letzte Wasser verdampft ist. Notiere die Beobachtungen, die du während des Versuchs gemacht hast.

5 Betrachte die Salzkristalle durch eine Lupe. Vergleiche sie mit Kristallen von Speisesalz.

6 Suche die Algarve (Abbildung 1) in einem Atlas.

Übung

Führerschein für den Gasbrenner

Im naturwissenschaftlichen Unterricht wirst du häufig Versuche durchführen, bei denen Stoffe erhitzt werden. Für diese Versuche werden Gasbrenner für Erdgas oder Propangas verwendet. Damit du mit diesen Brennern gefahrlos umgehen kannst, musst du bestimmte Regeln beachten:

Vorbereitung

1. Stelle den Gasbrenner kipp-sicher auf eine feuerfeste Unterlage.
2. Schließe den Gasschlauch des Brenners an die Gaszuleitung des Tisches an.
3. Schließe die Gas- und Luftzufuhr des Brenners.

Achtung: Binde lange Haare zusammen und trage immer eine Schutzbrille.

Inbetriebnahme

4. Öffne zuerst die Gaszufuhr am Brenner und dann das Ventil an der Gaszuleitung. Entzünde das ausströmende Gas. Arbeite dabei zügig, aber ohne Hektik!
5. Verändere die Höhe der Gasflamme mit der Gasregulierschraube am Brenner.
6. Öffne dann die Luftzufuhr, bis du eine blaue Flamme erhältst.

Einstellung des Brenners

Die Höhe der Brennerflamme soll der Breite deiner Hand entsprechen.
Arbeite nur mit der blauen, aber noch nicht rauschenden Brennerflamme.

Achtung: Der Gasbrenner darf während der Arbeit nicht unbeaufsichtigt bleiben.

Der Gasbrenner für Erdgas oder Propangas

V1 Untersuchung der Brennerflamme

Die Flamme besteht aus einem inneren, hellblauen und einem äußeren, dunkelblauen Kegel. Untersuche mithilfe eines Magnesiastäbchens die beiden Flammenkegel.
Halte das Stäbchen zunächst einige Zeit ruhig in den inneren Kegel. Ziehe es dann langsam von unten nach oben durch die Flamme. Beschreibe jeweils, was mit dem Magnesiastäbchen passiert.
Wo ist die heißeste Zone der Flamme? Achte besonders auf die Ränder der Flamme und auf den Übergang vom inneren zum äußeren Flammenkegel.

V2 Schmelzen von Glas

Halte ein 30 cm langes Glasrohr an beiden Enden fest und erhitze die Mitte oberhalb des inneren Flammenkegels. Drehe dabei ständig das Glasrohr. Sobald das Glas anfängt weich zu werden, ziehe beide Enden außerhalb der Flamme zügig auseinander.

Schmelze ein weiteres Glasrohr an einem Ende zu. Drehe es dabei und erhitze das Ende so lange, bis das Glas rot glühend ist. Nimm es dann aus der Flamme, blase in das andere Ende hinein und versuche so eine Glaskugel herzustellen.

Achtung: Stelle das Gas nach Beendigung der Arbeit an der Gaszuleitung ab.

Der Kartuschenbrenner

Ein anderer Gasbrenner, der sehr oft Verwendung findet, ist der Kartuschenbrenner. Er wird mit Butangas betrieben, das in einem Metallbehälter, der Kartusche, flüssig ist und als Gas austritt.

Der Kartuschenbrenner für Butangas

Beim Kartuschenbrenner muss besonders gut darauf geachtet werden, dass er senkrecht und kippsicher auf einer feuerfesten Unterlage steht.

Vor dem Anzünden des Gases wird beim Kartuschenbrenner die Luftzufuhr leicht geöffnet. Erst danach wird das Gasventil geöffnet. Das ausströmende Gas-Luft-Gemisch muss sofort entzündet werden.

Auch hier gilt: Arbeite zügig, aber ohne Hektik!

Butangas ist schwerer als Luft und fließt deshalb beim Ausströmen nach unten. Wird das Gas nicht sofort entzündet, sammelt sich das schwere Butangas auf der Tischplatte. Beim Anzünden des Gases kann es dann zu einer Stichflamme kommen.

A3 Regeln für das Erhitzen von Stoffen im Reagenzglas

1. Fülle das Reagenzglas immer nur zu einem Drittel.
2. Gib bei Flüssigkeiten ein Siedesteinchen hinein.
3. Halte das Reagenzglas mit einer Klammer an seinem oberen Ende fest und halte es immer schräg in die klein eingestellte Flamme.
4. Beginne immer mit dem Erhitzen in Höhe des Flüssigkeitsspiegels. Schüttle dabei das Reagenzglas leicht, damit der Inhalt gleichmäßig erwärmt wird.
5. Richte die Reagenzglasöffnung niemals auf dich oder andere Personen.

V4 Schmelzen von Kerzenwachs

Fülle ein Reagenzglas 5 cm hoch mit Kerzenwachs. Halte das Reagenzglas schräg in die Flamme und erhitze zunächst den oberen Teil des Wachses so lange, bis es geschmolzen ist. Ist dies geschehen, erwärme den restlichen Teil des Wachses. Beende den Vorgang, sobald alles Wachs flüssig geworden ist.

V5 Erhitzen von Wasser

Fülle ein Reagenzglas zu einem Drittel mit Wasser. Gib ein Siedesteinchen hinein. Beginne mit dem Erhitzen in Höhe des Flüssigkeitsspiegels. Halte das Reagenzglas schräg in die Flamme und schüttle es dabei leicht hin und her. Beende den Versuch, sobald alles Wasser siedet.

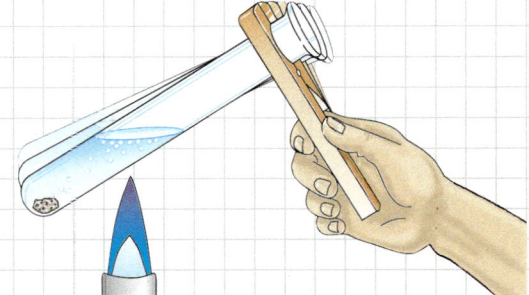

Richtiger Umgang mit Brenner und Reagenzglas

Denke daran: Alle Geräte werden nach dem Experimentieren gereinigt. Der Arbeitsplatz wird sauber und aufgeräumt verlassen.

Streifzug durch die Geschichte — Lüneburger Heide

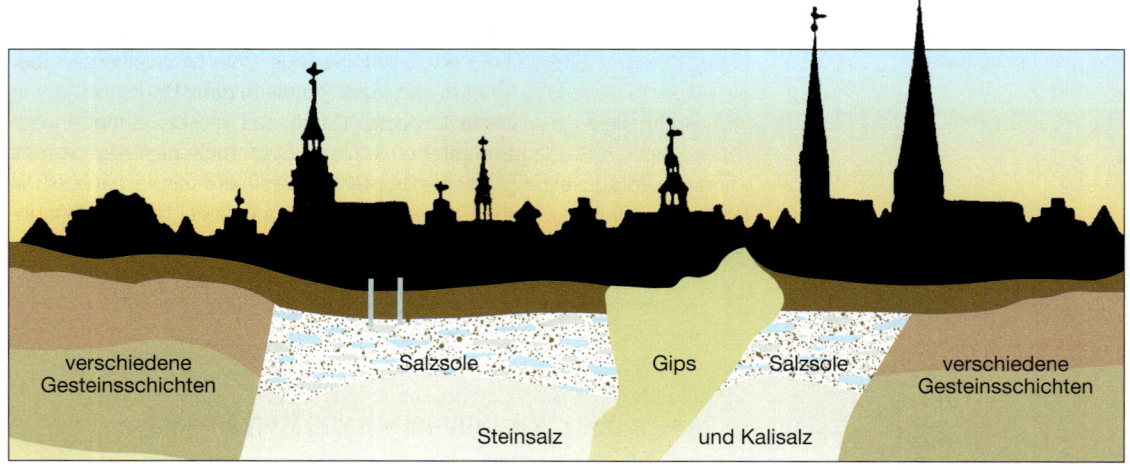

verschiedene Gesteinsschichten — Salzsole — Gips — Salzsole — verschiedene Gesteinsschichten

Steinsalz — und Kalisalz

1 Lüneburg

In Lüneburg, einer Stadt am Nordrand der Lüneburger Heide, zeugen das Rathaus und viele Bürgerhäuser vom Reichtum vergangener Zeiten. Diesen Reichtum verdankte Lüneburg dem Salz aus einem Salzstock, der unmittelbar unter der Altstadt liegt. Das Grundwasser löste das Steinsalz heraus. Diese Sole wurde hochgepumpt und in großen, mit Holz beheizten Siedepfannen eingedampft. Salz war früher ein kostbares Gut und sehr teuer.

Die Arbeit an den Siedepfannen war hart. Jeder musste mit anfassen. Der Siedemeister überwachte den Siedeprozess. Frauen und Kinder führten Hilfsarbeiten aus. Sie sorgten für das Feuer, leerten die Siedepfannen und füllten das Salz in Säcke.

Zum Sieden wurde viel Holz benötigt. Das holten sich die Salzsieder aus der Umgebung. So wurde durch den Holzeinschlag im Laufe der Jahrhunderte der Wald vernichtet. Jetzt breitete sich dort die Heide aus. Lange Zeit wurden diese Heideflächen als Schafweiden genutzt. Als die Nachfrage nach Schafwolle zurückging, fingen die Bauern an, die Heide aufzuforsten. Zu Beginn des 20. Jahrhunderts wurden die noch vorhandenen Heideflächen unter Naturschutz gestellt, da diese Landschaft nun erhalten bleiben sollte.

Heute ist die Lüneburger Heide ein Naturparadies und für viele Menschen ein Erholungsgebiet. Zur Zeit der Heideblüte kommen alljährlich Hunderttausende von Erholung suchenden Menschen in die Lüneburger Heide und bewundern die Schönheit dieser Landschaft. Dabei denkt kaum jemand daran, dass die Heide als Folge der Salzgewinnung entstanden ist.

1 Viele Orte, bei denen Salz gefunden wurde, haben oft die Silbe *-salz* im Namen. Suche im Atlas nach solchen Orten.
2 Auf Salzgewinnung deuten auch Ortsnamen mit *-hall* hin. „Hal" bedeutet Salzbergwerk. Suche auch solche Orte.
3 Salz wird heute meistens aus unterirdischen Salzlagern gewonnen. Suche im Atlas solche Lagerstätten.

2 Salz sieden im Mittelalter

Salzlagerstätten

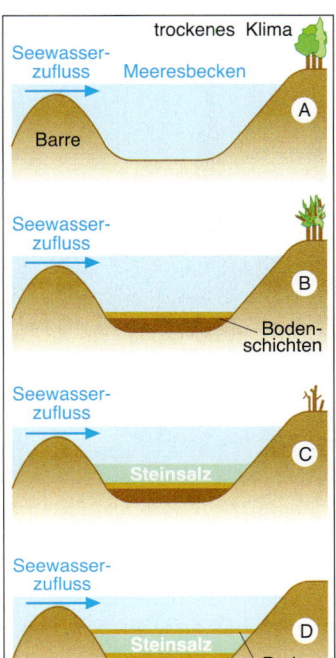

1 Salzlagerentstehung

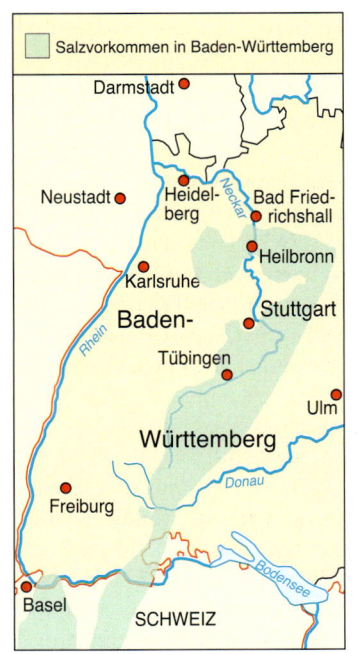

3 Salzvorkommen in Baden-Württemberg

Entstehung der Salzlager

Vor 100 Millionen bis 250 Millionen Jahren bedeckte das Meer weite Gebiete Süd- und Süd-Ost-Europas. Von hier aus strömte Salzwasser über eine Bodenschwelle in Richtung Norden. Praktisch ganz Deutschland war von einem riesigen Salzsee bedeckt. Damit aus diesem abgetrennten Meeresbecken Salzlager entstehen konnten, war trockenes, regenarmes Klima die Voraussetzung. Es musste mehr Wasser verdunsten, als über die Schwelle zufließen konnte. Eine solche Schwelle wird auch Barre genannt (Bild 1A).

Bevor sich das Steinsalz ablagerte, setzten sich jedoch zunächst andere Bodenschichten (Bild 1B) ab. Später verdunstete das Wasser, dabei kristallisierte das Salz aus und setzte sich mit Verunreinigungen gemischt als Steinsalz ab (Bild 1C). Nur wenn sich über dieser Schicht noch eine wasserdichte Gesteinsschicht bildete, wurde das Salz nicht wieder ausgeschwemmt und konnte über Millionen Jahre lagern (Bild 1D).

2 Abflussloser Salzsee

Vorkommen und Abbau von Steinsalz

In Deutschland sind Steinsalzlagerstätten in einer Tiefe von 70 m bis 1000 m zu finden. Die verschiedenen Salzlagerstätten sind über ganz Deutschland verteilt. Heute wird in Deutschland Steinsalz hauptsächlich durch bergmännischen Abbau gewonnen und für technische Zwecke verwendet. Das bergmännisch gewonnene Steinsalz kommt zum Beispiel als „Gewerbesalz", „Fabriksalz" oder „Viehsalz" in den Handel.
Das im Haushalt verwendete „Speisesalz", es heißt auch „Tafelsalz" oder „Siedesalz", wird hingegen durch Aussolung gewonnen. Zu diesem Zwecke wird das Steinsalz unter oder über Tage in Wasser gelöst. Diese Steinsalzlösung wird gereinigt und anschließend eingedampft. Beispiele hierfür sind die Salzstöcke im Raum Stade und die Berchtesgadener Lagerstätte.

In Baden-Württemberg gibt es ein Salzlager, das sich von Bad Friedrichshall bis in die Nordschweiz erstreckt. Bei Bad Friedrichshall wurde diese Salzquelle bereits bei der ersten Besiedlung vor etwa 4000 Jahren genutzt. Heute wird das Salzlager bergmännisch abgebaut. Dies geschieht im Heilbronner Raum durch die Schächte „Heilbronn" und „Franken", die jährlich 2,5 Millionen Tonnen Steinsalz fördern. Das Salz liegt dort in einer Tiefe von rund 200 m und die Salzschicht ist 30 m bis 40 m dick. Im Salzbergwerk Stetten wird ein 8 m bis 10 m mächtiges Steinsalzlager in rund 130 m Tiefe abgebaut.

3 Das Weltall – Blick ins ganz Große

3.1 Der Sternenhimmel über uns

In unseren Städten mit ihren vielen künstlichen Lichtquellen fällt der nächtliche Sternenhimmel kaum noch auf. Betrachtet man jedoch einmal in einer klaren Nacht auf dem Lande, im Gebirge oder an der See den Himmel, entfalten die Sterne mit tausenden von funkelnden Lichtpunkten eine ungeahnte Pracht.

Jedem vertraut ist der größte und hellste **Himmelskörper** – der Mond. Er ist zum Beispiel als mehr oder weniger volle Sichel, als Halbmond oder als Vollmond zu sehen. Alle übrigen Himmelskörper erscheinen uns als punktförmige Sterne. Sie können auffallend hell, weniger hell oder so lichtschwach sein, dass man sie mit bloßem Auge kaum noch wahrnehmen kann. Fast alle Sterne scheinen zu funkeln, wenn man sie länger ansieht. Davon gibt es nur wenige Ausnahmen: Einige der hellsten Sterne scheinen in einem ruhigen Licht und funkeln nicht. Es sind unsere nächsten Nachbarn im Weltall, die **Planeten** unseres Sonnensystems. Besonders hell strahlen die Planeten Venus und Jupiter, manchmal auch Mars und Saturn. Beobachtet man die Planeten über einen längeren Zeitraum, so sieht man, dass sie ihre Position gegenüber den übrigen Sternen langsam verändern. Daher werden die Planeten auch **Wandelsterne** genannt. Alle übrigen Sterne behalten ihre Positionen zueinander dagegen über Jahrtausende bei. Weil sie in ihrer Stellung festzustehen scheinen, nennt man sie **Fixsterne.** Um sich am Fixsternhimmel zu orientieren, hat der Mensch besonders auffällige Sterngruppen zu **Sternbildern** zusammengefasst. Viele dieser Sternbilder tragen Namen aus der griechischen Mythologie. Besonders auffällige Fixsterne haben auch einen Namen, zum Beispiel Sirius, Wega oder Rigel. Der Ursprung vieler dieser für uns ungewohnten Namen liegt in der arabischen Sprache.

Wie weit sind die Sterne von uns entfernt? Diese Frage haben sich Menschen schon vor Jahrtausenden gestellt. Doch erst seit etwa 200 Jahren ist man in der Lage, die Entfernung einiger Himmelskörper genau zu bestimmen. Die Entfernungen in unserem Sonnensystem lassen sich noch in Kilometern angeben. Zum Mond sind es knapp 400 000 Kilometer, zur Sonne aber schon 150 Millionen Kilometer. Der Planet Saturn ist bereits über eine Milliarde Kilometer weit weg.

Fast unvorstellbar weit entfernt ist die große Zahl der übrigen Sterne am Himmel. Man weiß heute, dass sie alle, ähnlich wie die Sonne, selbst leuchtende glühende Gaskugeln sind. Weil sie so weit von uns entfernt sind,

1 Sternenhimmel mit Mondsichel, Venus und Fixsternen

nehmen wir sie aber nur noch als punktförmige Sterne wahr. Die Sterne sind im Weltall nicht gleichmäßig verteilt. Alle mit bloßem Auge sichtbaren Sterne gehören einer riesigen Ansammlung von Sonnen an, die man als **Milchstraßensystem** oder **Galaxis** bezeichnet. Die Sterne umkreisen den Mittelpunkt der Galaxis. Sie verteilen sich dabei nicht gleichmäßig, sondern sind in einzelnen Spiralarmen verdichtet.

Die Entfernungen zwischen den Sternen der Galaxis sind so groß, dass die Verwendung der Längeneinheit Kilometer unpraktisch ist. Man verwendet als Längeneinheit im Weltall stattdessen häufig das **Lichtjahr.** Ein Lichtjahr entspricht der Entfernung, die das Licht innerhalb eines Jahres zurücklegt. Um welche Entfernung es sich dabei handelt, kann man erahnen, wenn man weiß, dass das Licht in einer Sekunde etwa 300 000 Kilometer zurücklegt. Das bedeutet: Wenn man auf der Erde eine sehr starke Lichtquelle einschaltet, kann ein Astronaut dieses Licht auf dem Mond erst mit mehr als einer Sekunde Zeitverzögerung sehen.

Das Weltall ist so groß, dass Milliarden von Galaxien in ihm Platz haben. Eine der nächsten Galaxien ist unter sehr günstigen Bedingungen im Sternbild Andromeda mit bloßem Auge gerade noch als verwaschener Nebelfleck zu erkennen. Die Entfernung zur *Andromeda-Galaxis* beträgt mehr als zwei Millionen Lichtjahre. Zwischen den einzelnen Galaxien gibt es keine Sterne.

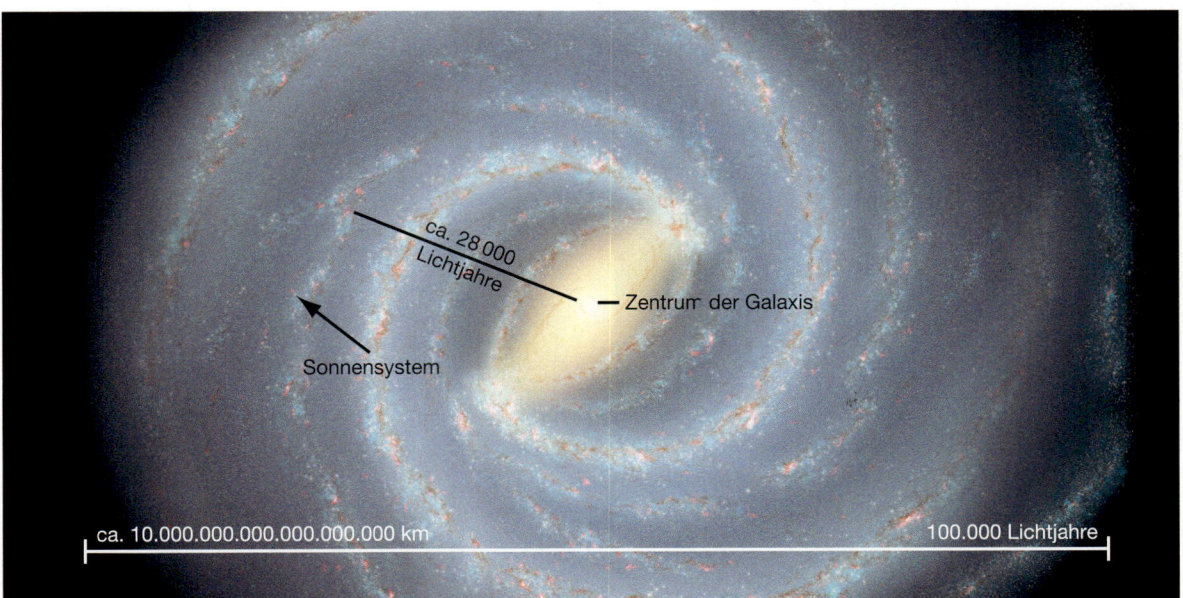

ca. 28 000 Lichtjahre

Zentrum der Galaxis

Sonnensystem

ca. 10.000.000.000.000.000.000 km

100.000 Lichtjahre

2 Position des Sonnensystems in unserer Galaxis

1 Beobachte an einem klaren Abend den Sternenhimmel. Versuche dich mit einer Sternkarte aus dem Atlas, dem Internet oder der Zeitung zu orientieren.
2 Informiere dich darüber, zu welchen Sternbildern die im Text genannten Sterne gehören.
3 Erläutere mithilfe der Abbildung 2 die Größe unserer Galaxis und die Stellung der Sonne in diesem System.

4 Berechne, wie viele Kilometer einem Lichtjahr entsprechen.
5 Manchmal werden als Längeneinheiten auch Lichtsekunde, Lichtminute und Lichtstunde verwendet. Bestimme die jeweils zugehörige Entfernung in Kilometern.
6 Berechne die Entfernung zur Sonne in Lichtminuten.

3 Andromeda-Galaxis

1 Der Planet Jupiter mit vier seiner Monde im Fernohr

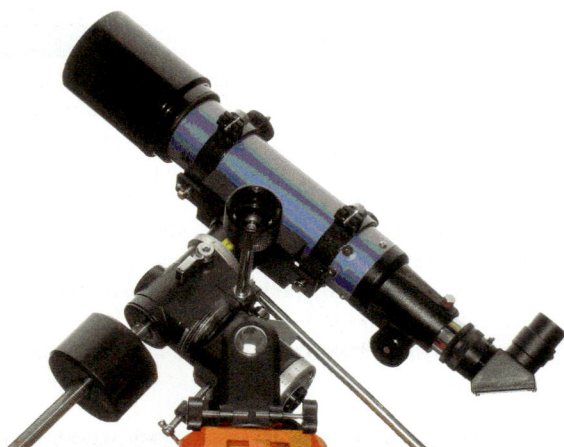

2 Astronomisches Fernrohr in einer Sternwarte

3 Spiegelteleskop

3.2 Fernrohre – unentbehrliche Hilfsmittel der Himmelsforschung

Im Jahre 1610 richtete der italienische Naturforscher Galileo GALILEI erstmals ein selbst gebautes einfaches **Fernrohr** auf den Sternenhimmel. Dabei machte er erstaunliche Entdeckungen: Um den Planeten Jupiter kreisten vier Monde, der Saturn war von einem Ring umgeben, die Milchstraße entfaltete im Fernrohr einen ungeahnten Sternenreichtum.

GALILEI ist einer der Begründer der wissenschaftlichen Himmelskunde, der **Astronomie.** Mit immer besseren Fernrohren gelang es Astronomen im Laufe der Zeit, unsere Kenntnisse über das Weltall enorm zu erweitern.

Mithilfe von Fernrohren kann man weit entfernte Gegenstände vergrößert betrachten. Ein handliches, tragbares Fernrohr ist das **Fernglas,** das auch Prismenglas oder Feldstecher genannt wird. Durch eine bestimmte Anordnung verschiedener Linsen erhält man mit einem Feldstecher ein vergrößertes, aufrechtes Bild.

Mit einem Feldstecher erreicht man nur eine geringe Vergrößerung. Für genauere Beobachtungen des Himmels ist ein **astronomisches Fernrohr** geeignet. Hier erzeugt eine Sammellinse mit großer Brennweite, das *Objektiv,* ein Bild von weit entfernten Gegenständen. Mit einer Lupe, dem *Okular,* wird es vergrößert. Ein solches **Linsenfernrohr** erzeugt ein auf dem Kopf stehendes und seitenverkehrtes Bild. Für Beobachtungen auf der Erde ist es deshalb nicht geeignet.

Die größten heute verwendeten Fernrohre sind **Spiegelteleskope.** Dabei wird das vom Objekt kommende Licht auf einen Hohlspiegel geworfen. Ähnlich wie eine Sammellinse entwirft auch ein Hohlspiegel ein kleines umgekehrtes Bild, das mit einem Okular vergrößert beobachtet werden kann. Gegenüber Linsenfernrohren haben Spiegelteleskope den Vorteil, dass man mit ihnen auch noch sehr lichtschwache Objekte beobachten kann.

1 Beobachte den Mond mit einem Feldstecher. Protokolliere, welche Oberflächenstrukturen zu sehen sind, die mit bloßem Auge nicht zu erkennen sind. **Achtung: Richte nie ein Fernrohr auf die Sonne! Schwere Augenschäden bis zur Erblindung wären die Folge!**
2 Vergleiche Mikroskop und Linsenfernrohr miteinander.

Bau eines Fernrohrs

1 Fernrohr – selbst gebaut

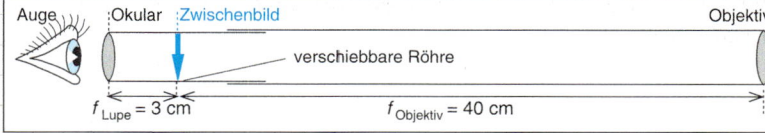

Materialliste

1 Papprohr, 45 mm Durch-
messer, 36 cm lang
1 Papprohr, 45,5 mm Durchmesser, 10 cm lang
Das kürzere Papprohr muss sich gut über das
längere schieben lassen.
1 Linse, Brennweite 36 cm als Objektiv
1 Linse, Brennweite 30 cm als Okular
1 Bogen schwarzes Tonpapier
1 Heißkleber
Textilklebeband
1 Bogen farbiges Tonpapier oder Geschenkpapier

Hinweis: Die Linsen sind beim Optiker erhältlich.

Bauanleitung

Rolle die beiden Papprohre auf dem schwarzen Tonpapier einmal ab. Schneide die Flächen aus, rolle sie
und klebe sie in die beiden Papprohre. Damit vermei-
dest du Streulicht in den Papprohren.

Klebe an ein Ende des langen Rohres die große Linse
mit *f* = 36 cm. Dazu eignet sich Kleber aus der Heiß-
klebepistole sehr gut.
Schneide für die kleine Linse mit *f* = 3 cm aus dicker
Pappe eine kreisrunde Scheibe, die genau in ein Ende
des kurzen Rohres passt. Damit sie nicht in das Rohr
hineinrutscht, klebe vor dem Einsetzen einen schmalen Pappstreifen knapp unter dem Rand innen in das
Rohr.

Schneide in die Mitte der Pappscheibe ein kreisrundes
Loch, das genauso groß ist, dass die kleine Linse hinein-
passt und mit Heißkleber eingeklebt werden kann.

Klebe die Pappscheibe mit der kleinen Linse in das
kurze Rohr. Jetzt lässt sich das kurze Rohr an dem
offenen Ende über das lange Rohr schieben – das
Fernrohr ist fertig.
Der Zwischenraum zwischen den Papprohren könnte
zu groß sein. Dann lassen sich die Rohre zu leicht
verschieben. Klebe dann dort, wo das kurze Rohr hin
und her geschoben wird, Streifen aus Textilklebeband
rund um das lange Rohr.
Zur Verschönerung kannst du die Rohre mit buntem
Papier bekleben.

Hinweis: Als Objektiv kannst du Linsen mit Brennweiten
f = 20 cm, *f* = 30 cm oder *f* = 40 cm wählen.

Die Brennweite der Objektivlinse bestimmt die Länge
des Fernrohres. Bei einer Brennweite von 10 cm wird
das Rohr 10 cm lang, bei *f* = 20 cm wird es 20 cm lang.

Bedenke, dass die Vergrößerung *V* bei fester Okular-
brennweite von der Brennweite des Objektivs abhängt.

Es gilt: $V = \dfrac{f_{Objektiv}}{f_{Okular}}$

$f_{Objektiv}$	Vergrößerung *V*
$1 \cdot f_{Okular}$	1-fach
$2 \cdot f_{Okular}$	2-fach
…	…
$10 \cdot f_{Okular}$	10-fach

2 Vergrößerung beim Fernrohr

3.3 Der Mond ist unser nächster Nachbar im Weltraum

Juli 1969: Die Welt hält den Atem an. Erstmals in der Geschichte der Menschheit landet ein bemanntes Raumschiff auf einem anderen Himmelskörper. Zwei amerikanische Astronauten halten sich mehrere Stunden auf dem Mond auf, sammeln Gesteinsproben und kehren dann wieder zur Erde zurück. Insgesamt dauert die Reise etwa eine Woche. Bis 1972 führten die Amerikaner noch mehrere bemannte Flüge zum Mond durch. Der Mond blieb bis heute der einzige Himmelskörper, den Menschen betreten haben. Das liegt daran, weil der Mond uns verhältnismäßig nah ist – im Mittel nur etwa 384 000 Kilometer. Für eine Reise zum Mars müsste man schon eine Entfernung von weit mehr als 50 Millionen Kilometer zurücklegen und eine Gesamtreisedauer von etwa drei Jahren veranschlagen.

Beobachtet man den Mond in mehreren aufeinander folgenden Nächten, so bemerkt man, dass sich sein Aussehen verändert. Zur Zeit des *Neumondes* ist der Mond überhaupt nicht zu sehen. Einige Tage später erscheint nach Sonnenuntergang im Westen die schmale Sichel des *zunehmenden* Mondes, die bald wieder untergeht. Eine Woche nach Neumond steht der zunehmende *Halbmond* abends am südlichen Himmel. Nach einer weiteren Woche geht der *Vollmond* bei Sonnenuntergang im Osten auf und ist dann die ganze Nacht über zu sehen. Der abnehmende Mond geht dann immer später

in der Nacht auf und vor dem nächsten Neumond ist die schmale Sichel des abnehmenden Mondes nur noch kurz vor Sonnenaufgang am östlichen Himmel zu sehen. Der Mond umkreist die Erde in etwa 28 Tagen. Innerhalb dieser Zeit sind alle **Mondphasen** einmal zu sehen. In welcher Phase wir den Mond am Himmel sehen – ob als Sichel, Halb- oder Vollmond – hängt davon ab, in welchem Winkel Sonne, Mond und Erde zueinander stehen.

Schon mit dem bloßen Auge kann man auf dem Mond Einzelheiten erkennen. Aus dem Nebeneinander von dunklen und hellen Gebieten ergibt sich mit etwas Fantasie „der Mann im Mond". Früher hielt man die dunklen Gebiete für Meere. Heute weiß man, dass es auf dem Mond keine Meere gibt. Die „Mondmeere" sind in Wirklichkeit Gebiete aus besonders dunklem Gestein. Mit Fernrohren erkennt man auf dem Mond eine Vielzahl an *Kratern* in unterschiedlicher Größe. Sie sind durch den Einschlag von kleineren Himmelskörpern entstanden. Weil der Mond keine schützende Lufthülle hat, erzeugt jeder Gesteinsbrocken, den der Mond auf seiner Bahn trifft, einen solchen Einschlagskrater.

Von der Erde aus sieht man immer die gleiche Seite des Mondes. Dies ist darauf zurückzuführen, dass sich der Mond während eines Umlaufs um die Erde auch genau einmal um sich selbst dreht. Die Rückseite des Mondes wurde erst durch Raumschiffe bekannt, die in eine Umlaufbahn um den Mond gebracht wurden.

1 Menschen auf dem Mond

2 Vollmond

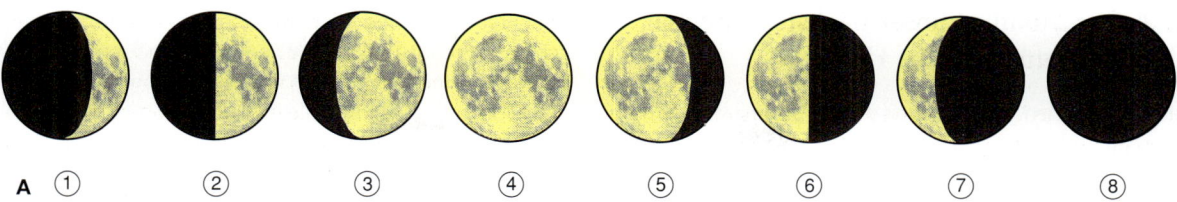

3 Mondphasen. A *Ansicht von der Erde;* **B** *Entstehung (Schema)*

1 Beschreibe anhand von Abbildung 2 die Oberfläche des Mondes. Vergleiche mit der Erde.

2 Beobachte am Abend den Mond und versuche Gebiete wieder zu finden, die auf Abbildung 2 besonders auffallen. Informiere dich mithilfe einer Mondkarte im Atlas oder im Internet über die Namen der jeweiligen Gebiete.

3 Beobachte an mehreren Abenden hintereinander den Mond. Zeichne die Veränderung der Mondphasen von Tag zu Tag.

4 Informiere dich in der Zeitung über die Auf- und Untergangszeiten des Mondes im Laufe einer Woche. Finde eine Erklärung für deine Beobachtung.

5 Erläutere mithilfe der Abbildung 3 die Entstehung der Mondphasen.

6 Plane ein einfaches Experiment, mit dem du nachweisen kannst, dass sich der Mond während eines Umlaufs um die Erde auch einmal um sich selbst dreht.

7 Begründe, aus welcher Beobachtung sich ableiten lässt, dass der Mond keine Lufthülle besitzt.

8 Nimm an, es gäbe eine Autobahn zum Mond. Berechne, wie lange ein Fahrzeug bei einer Geschwindigkeit von 100 Kilometern pro Stunde unterwegs wäre.

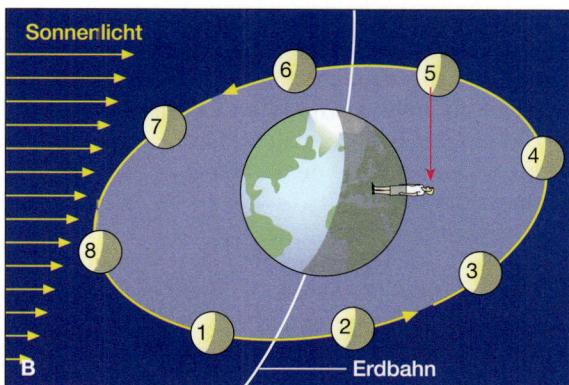

9 Arbeitet in Kleingruppen: Informiert euch über die Mondlandungen im vergangenen Jahrhundert und andere Raumfahrtprogramme zur Erforschung des Mondes. Präsentiert eure Ergebnisse in geeigneter Form.
Finde heraus, ob Planungen für weitere bemannte Flüge zum Mond und zum Mars bestehen.

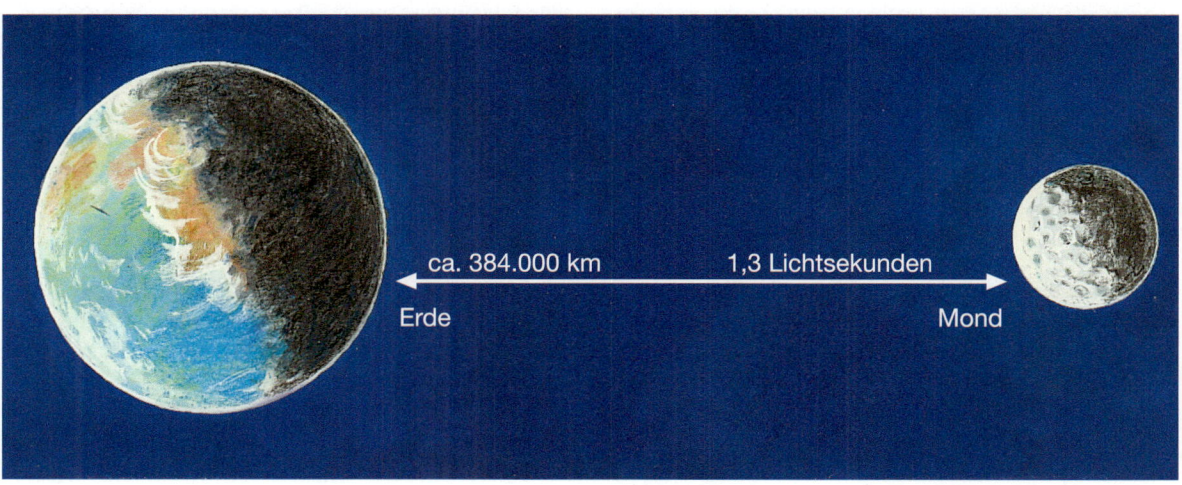

4 Erde und Mond

3.4 Das Sonnensystem – unsere kosmische Heimat

In vielen alten Kulturen wurde die **Sonne** als Gottheit verehrt – spendet sie der Erde und den Menschen doch Licht und Wärme. Die Sonne ist der einzige Stern, der uns so nahe ist, dass er am Himmel wie eine Scheibe erscheint. Am wolkenlosen Himmel strahlt die Sonne so hell, dass man geblendet wird. Die Sonne ist das Zentrum des **Sonnensystems,** unserer Heimat im Weltall. Acht unterschiedlich große **Planeten** und eine Vielzahl kleiner Himmelskörper bewegen sich um die Sonne. In den letzten Jahrzehnten sind alle Planeten von unbemannten Raumsonden besucht worden, die Fotos und Messdaten zur Erde übermittelt haben. Auf Venus und Mars und einem Saturnmond sind auch bereits Raumsonden gelandet.

Die Planeten Merkur, Venus, Erde und Mars haben Umlaufbahnen nahe der Sonne. Sie bestehen vorwiegend aus Gestein und werden die *erdähnlichen Planeten* genannt. Die Bahn des Merkur verläuft so nah an der Sonne, dass es auf seiner Oberfläche bis zu 430 Grad Celsius heiß wird. Wegen der großen Nähe zur Sonne ist der Merkur von der Erde aus nur schwer zu beobachten. Die Venus ist fast jedem als strahlend heller *Morgen-* oder *Abendstern* bekannt. Dieser Planet ist von einer dichten Atmosphäre umgeben, die für ein ausgeprägtes Treibhausklima sorgt. Mit 480 Grad Celsius ist es noch heißer als auf dem Merkur.

Der dritte Planet von der Sonne aus gesehen ist die Erde mit ihrem Mond. Als einziger Planet verfügt die Erde über große Mengen an Wasser im flüssigen Aggregatzustand. Über 70 Prozent der Erdoberfläche wird von Meeren eingenommen, sodass die Erde vom Weltall aus bläulich erscheint. Man nennt die Erde deshalb auch den *blauen Planeten.* Nach unseren heutigen Kenntnissen ist die Erde der einzige Planet, auf dem sich Leben entwickelt hat.

Der sonnenfernste erdähnliche Planet ist der Mars. Etwa alle zwei Jahre kommt er der Erde besonders nah. Dann wird er ein auffallend heller Stern und man erkennt gut seine rötliche Färbung, nach der er auch als *roter Planet* bezeichnet wird. Auf dem Mars haben Raumsonden Einschlagkrater, erloschene Vulkane, Gebirgszüge und tief eingeschnittene Täler entdeckt. Unbemannte geländegängige Bodenfahrzeuge suchen seit einigen Jahren nach Lebensspuren wie zum Beispiel Bakterien – bislang ohne Erfolg.

Die vier äußeren Planeten unterscheiden sich grundlegend von den erdähnlichen Trabanten der Sonne: Sie haben einen wesentlich größeren Durchmesser, bestehen vorwiegend aus leichten Gasen und besitzen alle ein *Ringsystem.* Außerdem wird jeder dieser *jupiterähnlichen Planeten* von einer größeren Anzahl an Monden umkreist. Schon durch irdische Teleskope kann man Einzelheiten in der Atmosphäre des Jupiter erkennen. Besonders auffallend ist ein Wirbel, der *Großer Roter Fleck* genannt wird. Er ist so groß, dass die Erde dreimal hineinpassen würde. Die vier größten Monde des Jupiter zeigen erstaunlich vielfältige Oberflächenstrukturen. Besonders interessant ist Io: Seine Oberfläche sieht aus wie eine Pizza. Vulkane schleudern flüssigen Schwefel 300 Kilometer hoch in den Weltraum.

Das prächtigste Ringsystem von allen jupiterähnlichen Planeten hat der Saturn. Es besteht aus Staub, Gesteinstrümmern und vor allem aus Eiskristallen. Die Planeten Uranus und Neptun sind so weit von uns entfernt, dass wir sie mit bloßem Auge nicht erkennen können. Sie wurden erst nach der Erfindung des Fernrohres entdeckt.

Bis 2006 wurde auch der sehr weit entfernte Pluto zu den Planeten gezählt. Heute kennt man eine ganze Reihe von recht großen Himmelskörpern, die weit außerhalb der Neptunbahn um die Sonne kreisen und nur mit sehr leistungsfähigen Teleskopen entdeckt werden konnten. Sie bestehen vorwiegend aus Eis und Staub und werden als **Zwergplaneten** bezeichnet. Auch Pluto wurde 2006 in diese Gruppe von Himmelskörpern gestellt. Zwischen den Bahnen von Mars und Jupiter gibt es eine Vielzahl an kleineren Trabanten der Sonne, die vorwiegend aus Gestein bestehen. Manche sind schon mit kleineren Fernrohren zu sehen und heißen *Planetoiden.*

1996 und 1997 war im Abstand von wenigen Monaten gleich zweimal ein heller **Komet** am Himmel zu sehen. Diese kleinen Himmelskörper werden auch als *Schweifsterne* bezeichnet. Normalerweise sind sie von der Erde aus nicht zu erkennen. Kommen sie auf ihrer Umlaufbahn jedoch in die Nähe der Sonne, entwickelt sich ein schwach leuchtender Staubschweif, der sich manchmal über den halben Himmel erstrecken kann. Früher wurden Kometen als Unglücksboten angesehen und waren deshalb gefürchtet.

1 Gib anhand der Abbildung 1 Beispiele für die Vielfalt im Sonnensystem.
2 Begründe, warum die Erde im Sonnensystem eine Sonderstellung einnimmt.
3 Ordne den Planeten in der Abbildung 158/159 die richtigen Namen zu. Begründe deine Entscheidungen.

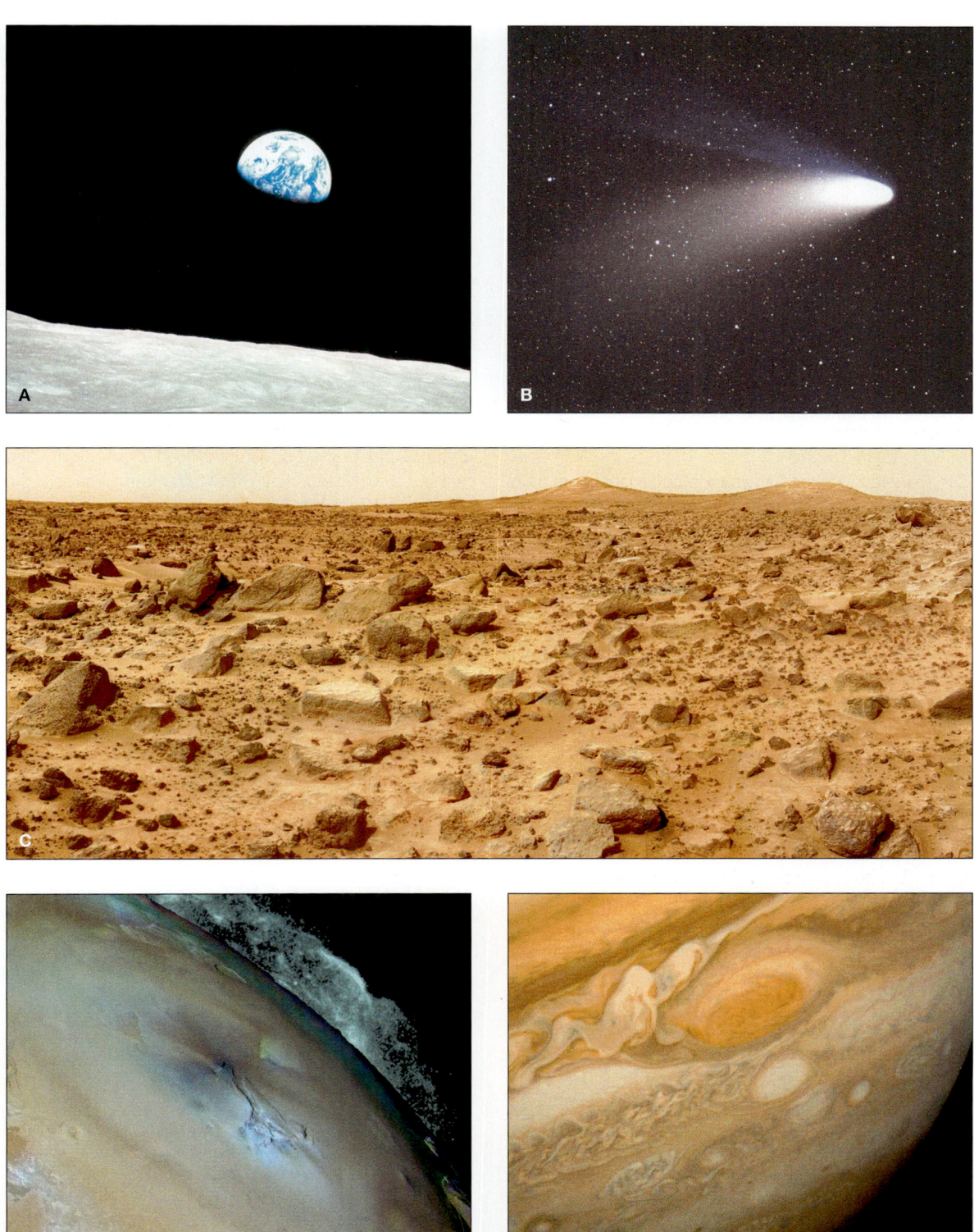

1 Vielfalt im Sonnensystem. A Erde vom Mond aus gesehen; *B* Komet; *C* Oberfläche des Mars; *D* Vulkanismus auf Io;
E Wolkenstrukturen in der Jupiter-Atmosphäre

Projekt

Die Planeten unseres Sonnensystems

In diesem Projekt sollt ihr die Sonne und ihre Planeten genauer kennen lernen. Jede Gruppe erstellt einen Steckbrief über die von ihr ausgewählten Himmelskörper. Damit ihr diese am Schluss des Projektes besser vergleichen könnt, soll jede Gruppe folgende Daten für ihre Himmelskörper recherchieren: Äquatordurchmesser, Bahngeschwindigkeit, Umlaufzeit um die Sonne, Dauer einer Umdrehung um die eigene Achse, Dichte, Temperaturen auf der Oberfläche und Entfernung zur Sonne.

Klärt zudem in jeder Gruppe folgende Fragen:
– Woraus bestehen die Sonne und jeder der Planeten und wie sind sie aufgebaut?
– Woraus bestehen ihre Atmosphären?
– Wie viele Monde besitzen die Planeten?

Neben diesen Daten gibt es noch weitaus mehr Wissenswertes über die einzelnen Himmelskörper. Ihr könnt die jeweiligen Gruppenaufträge nach Belieben erweitern.

Neben Büchern und Informationsbroschüren ist das Internet eine hilfreiche Informationsquelle.

Gruppe 1: Sonne

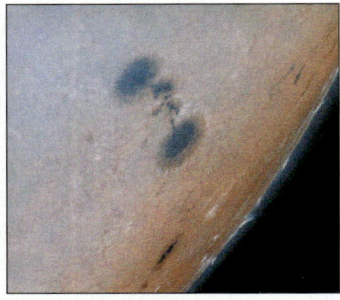

Informiert euch über die erforderlichen Daten der Sonne. Klärt zudem folgende Fragen:
– Wie erzeugt die Sonne Licht und Wärme?
– Wie beeinflusst sie das Leben auf unserer Erde?

Gruppe 3: Erde und Mond

Informiert euch über die erforderlichen Daten von Erde und Mond. Klärt zudem, wie der Mond das Leben auf unserer Erde beeinflusst.

Gruppe 5: Saturn und Uranus

Informiert euch über die erforderlichen Daten von Saturn und Uranus.

Gruppe 2: Merkur und Venus

Informiert euch über die erforderlichen Daten von Merkur und Venus.

Gruppe 4: Mars und Jupiter

Informiert euch über die erforderlichen Daten von Mars und Jupiter.

Gruppe 6: Neptun, Pluto und andere Zwergplaneten

Informiert euch über die erforderlichen Daten von Neptun und Pluto.

Das Sonnensystem als Modell

Die Entfernungen zwischen den einzelnen Planeten sind so groß, dass man sie in einem Buch nicht im richtigen Maßstab darstellen kann. Würde man Sonne und Planeten so weit verkleinern, dass alle diese Himmelskörper im richtigen Abstand zueinander auf eine Buchseite passen, müsste man die Planeten so winzig zeichnen, dass sie gar nicht mehr zu erkennen wären. In Abbildungen wie auf der vorhergehenden Doppelseite stimmen also die Entfernungen und die Größenverhältnisse nicht.

Ein **Modell** kann dabei helfen, die richtigen Größenverhältnisse im Sonnensystem zu veranschaulichen. In manchen Städten, zum Beispiel in Bad Kreuznach, gibt es Planetenwege, auf denen im Freien das Sonnensystem im richtigen Maßstab verkleinert aufgebaut ist. Ein einfaches Modell des Sonnensystems könnt ihr in Kleingruppen auch in der Schule basteln.

V1 Modell des Sonnensystems

Material: weißer Pappkarton; Zirkel; Buntstifte; Lineal; Maßband; Stadtplan des Schulortes

Durchführung: Die Sonne hat einen Durchmesser von etwa 1 400 Millionen km. Im Modell soll ihr Durchmesser 1,4 m betragen. Berechnet zunächst anhand der Tabelle, wie groß die Planeten im Modell sein müssen, wenn sie im gleichen Maßstab wie die Sonne verkleinert gezeichnet werden sollen. Zeichnet anschließend für die Sonne und jeden Planeten eine Papptafel in der richtigen Größe. Ordnet die Tafeln im richtigen Abstand an. Diese Abstände müsst ihr wieder anhand der Tabelle ausrechnen. Ihr werdet feststellen, dass das Modell nicht vollständig auf das Schulgelände passt. Zeichnet das gesamte Modell in einen Stadtplan eures Schulortes ein mit der Sonne am Schulstandort in der Mitte.

Aufgaben: a) Erläutere, welche Einsichten sich mithilfe des Modells erschließen lassen.

b) Setze dich kritisch mit dem Modell auseinander. Welche Eigenschaften des Sonnensystems werden gut wiedergegeben, welche zeigt das Modell nicht?

c) Berechne, wie weit du das Modell verkleinern müsstest, damit es auf das Schulgelände passt. Begründe, ob eine solche Verkleinerung noch sinnvoll ist.

	Merkur	Venus	Erde	Mars	Jupiter	Saturn	Uranus	Neptun
Mittlere Entfernung von der Sonne (in Mill. km)	58	108	150	228	778	1 427	2 870	4 496
Äquatordurchmesser (in km)	4 890	12 100	12 750	6 790	142 800	120 000	50 800	49 000

Planetenweg in Bad Kreuznach

Zusammenfassung # Vom ganz Kleinen und ganz Großen

Basiskonzept System

Jede Zelle eines Lebewesens stellt ein System dar, in dem alle Lebensvorgänge aufeinander abgestimmt sind. Das Gesamtsystem aller Zellen in einem vielzelligen Lebewesen nennt man auch Organismus.

Zellen sind aus verschiedenen Bestandteilen aufgebaut. So sorgt die Zellwand einer Pflanzenzelle für eine bestimmte Form und Stabilität. Die Zellmembran schließt das lebende Zellplasma gegenüber der Umwelt ab und reguliert den Stoffaustausch. Chloroplasten sind so gebaut, dass in ihnen die Fotosynthese ablaufen kann. Lebewesen bestehen mindestens aus einer Zelle. Bei Vielzellern gibt es verschiedene Zelltypen, die unterschiedliche Funktionen wahrnehmen. Sie unterscheiden sich in ihrem Aufbau voneinander. Auch die Zellen von Pflanzen und Tieren haben Besonderheiten, an denen man sie unterscheiden kann. Zellen von Tieren haben im Gegensatz zu Pflanzenzellen weder Chloroplasten noch eine Zellwand.

Systeme gibt es nicht nur im Bereich des Mikrokosmos. Auch im Weltraum findet man Systeme mit einer bestimmten Ordnung. Unsere Erde ist Bestandteil des Sonnensystems. Das Zentrum dieses Systems ist die Sonne, ein selbst leuchtender Stern aus heißen Gasen. Um die Sonne bewegen sich acht unterschiedlich große Planeten: Merkur, Venus, Erde, Mars, Jupiter, Saturn, Uranus und Neptun. Die meisten Planeten werden noch von Monden umkreist, die äußeren Planeten haben zusätzlich auch Ringsysteme. Zum Sonnensystem gehören außerdem noch Zwergplaneten, Planetoiden und Kometen.

Das Sonnensystem ist Teil eines großen Sternsystems, das man als Milchstraßensystem oder Galaxis bezeichnet. Im Weltraum gibt es Milliarden derartiger Sternsysteme.

Basiskonzept Struktur – Eigenschaft – Funktion

Mit unseren Sinnesorganen können wir nur einen Ausschnitt der Umwelt wahrnehmen. So bleiben zum Beispiel sehr kleine Gegenstände für unsere Augen unsichtbar. Ein Mikroskop ist ein technisches Gerät, das aufgrund seiner Struktur die Eigenschaft hat, sehr kleine Gegenstände vergrößert abzubilden. Eine Sammellinse mit kleiner Brennweite, das Objektiv, liefert von einem Gegenstand, dem Objekt, ein vergrößertes Bild. Dieses wird mit Hilfe des Okulars, das wie eine Lupe wirkt, nochmals vergrößert. Jedes Bauteil des Mikroskops hat eine bestimmte Funktion. Alle diese Funktionen zusammen gewährleisten eine optimal vergrößerte Abbildung des Objektes.

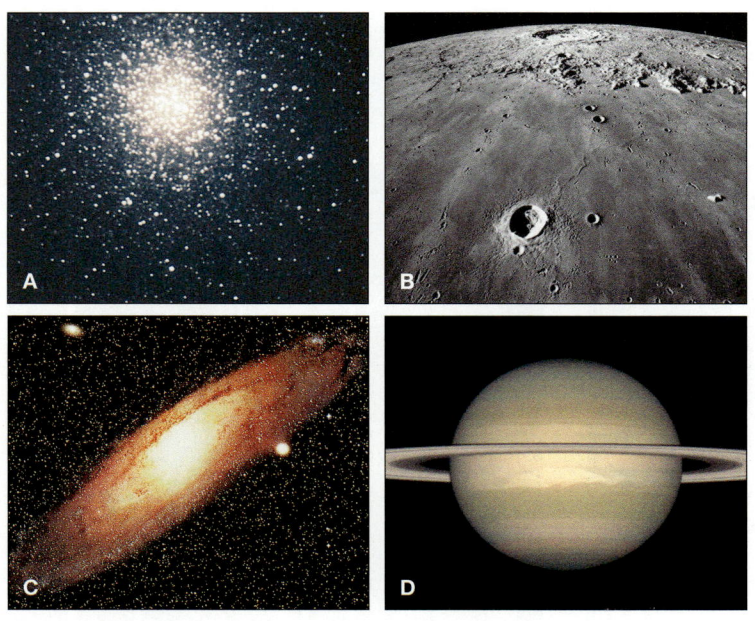

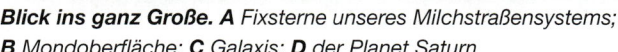
Blick ins ganz Große. A Fixsterne unseres Milchstraßensystems; B Mondoberfläche; C Galaxis; D der Planet Saturn

Auch sehr weit entfernte Gegenstände können wir mit unseren Augen nicht oder nur ungenau erkennen. Fernrohre entwerfen vergrößerte Bilder weit entfernter Gegenstände. Bei einem Linsenfernrohr verwendet man als Objektiv eine Sammellinse mit großer Brennweite und zur weiteren Vergrößerung wie beim Mikroskop zusätzlich ein Okular. Bei Spiegelteleskopen wird das Objektiv durch einen Hohlspiegel ersetzt.

Basiskonzept Entwicklung

Mikroskope und Fernrohre sind in den letzten Jahrhunderten immer leistungsfähiger geworden. Sie sind ein Beispiel für die Entwicklung optischer Geräte, durch die immer neue Entdeckungen möglich geworden sind.

Basiskonzept
Stoff – Teilchen – Materie

Dieses Basiskonzept kann man beispielsweise auf Lösungen anwenden. Gibt man Kristalle aus Zucker oder Salz in Wasser, kommt es zu einer Wechselwirkung zwischen dem Lösungsmittel und den Kristallen. Die Kristalle werden durch die Teilchen des Lösungsmittels in ihre kleinsten Bestandteile aufgelöst. Die gelösten Teilchen und die Teilchen des Lösungsmittels sind so winzig

klein, dass sie auch mit den leistungsfähigsten Mikroskopen nicht sichtbar gemacht werden können. Verdampf man jedoch das Lösungsmittel, bilden sich erneut Kristalle. Aus dieser und ähnlichen Beobachtungen kann man allgemein ableiten, dass alle Stoffe und Körper aus derartig kleinen Teilchen zusammengesetzt sind.

Lösung. A Auflösen eines Kristalls; *B* Teilchenmodell

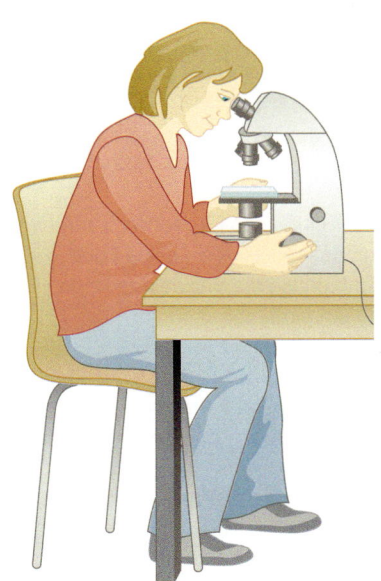

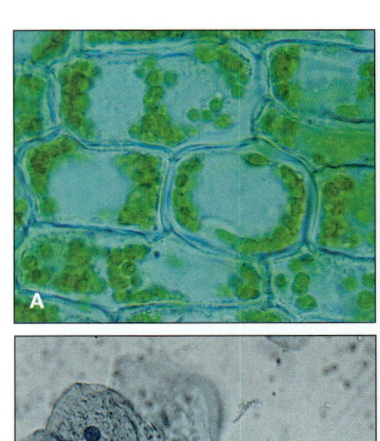
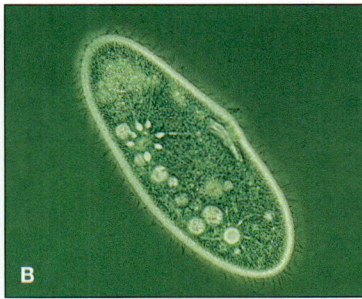
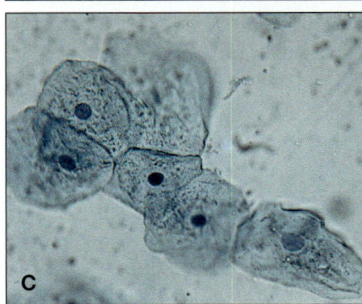
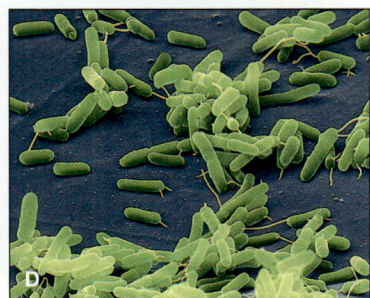

Blick ins ganz Kleine. A Pflanzenzellen; *B* Einzeller;
C tierische Zellen; *D* Bakterien

Vom ganz Kleinen und ganz Großen

A 1 Mikroskop und Zellen

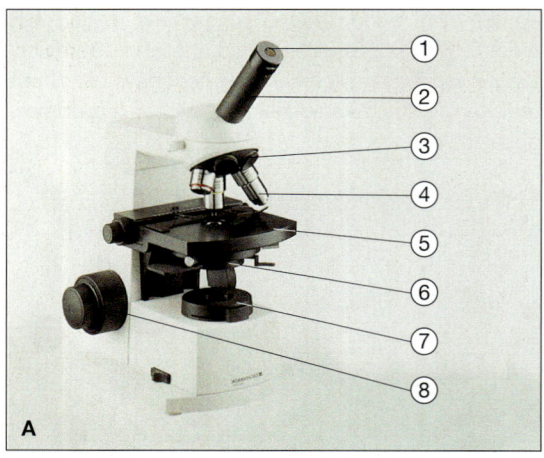

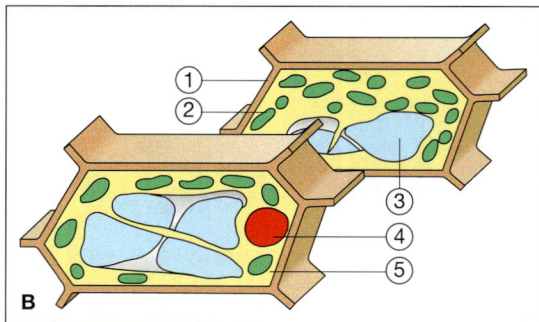

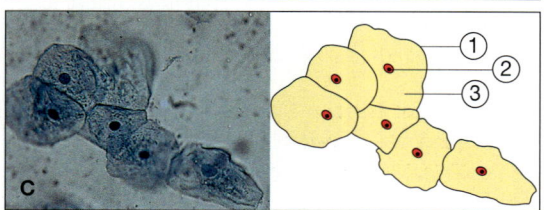

d) Die beiden Teilabbildungen in B zeigen eine unterschiedliche Verteilung der Zellbestandteile. Erkläre diese Beobachtung.

e) Benenne die mit Ziffern gekennzeichneten Bestandteile in Abbildung C und erläutere, um welches Präparat es sich handelt.

A 2 Meerwasser

Das Meer bedeckt etwa drei Viertel der Erdoberfläche. In einem Liter Wasser der Nordsee sind im Durchschnitt 35 Gramm Salz gelöst, in einem Liter Ostseewasser sind es an manchen Stellen nur 4 Gramm. Das salzhaltigste Gewässer der Erde ist das Tote Meer. Dort sind 340 Gramm Salz pro Liter gelöst.

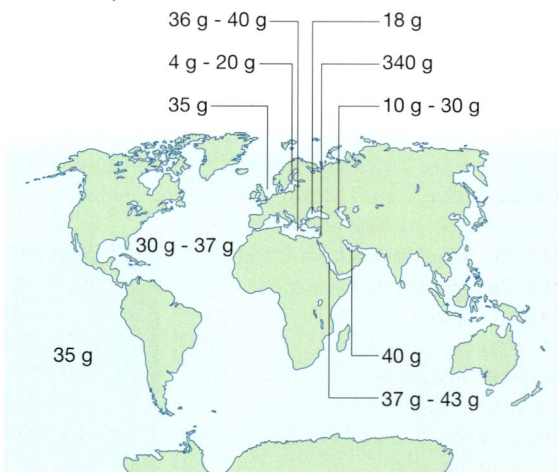

Einige Beispiele zum Salzgehalt der Meere (Gramm Salz in 1 l Wasser)

Die Abbildung A zeigt ein Lichtmikroskop, in Abbildung B sind zwei räumliche Ansichten einer Zelle zu sehen und Abbildung C zeigt ein mikroskopisches Präparat mit zugehöriger Zeichnung.

Aufgaben: a) Ordne den Ziffern in Abbildung A die richtigen Begriffe zu und erkläre, wozu die einzelnen Teile dienen.

b) Begründe, ob es sich in Abbildung B um eine pflanzliche oder um eine tierische Zelle handelt.

c) Ordne den Ziffern in Abbildung B die richtigen Begriffe zu.

Aufgaben: a) Plane ein einfaches Experiment, mit dem du nachweisen kannst, dass Meerwasser eine Lösung ist.

b) Erläutere, auf welche Weise die Salzablagerungen auf dem Festland entstanden sind.

c) Nenne Beispiele für die Nutzung von Salzen.

d) Ordne die Angaben in der Kartenskizze mithilfe von Atlaskarten bestimmten Meeren oder Meeresgebieten zu.

e) Finde Ursachen dafür, warum der Salzgehalt nicht überall im Meer gleich hoch ist.

f) Erläutere mithilfe des Teilchenmodells die Verteilung von Salz in einem Kristall und im Meerwasser.

A3 Mondphasen

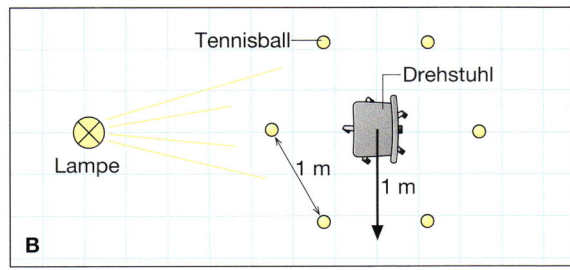

A4 Mars und Erde

Das Foto zeigt, wie der Planet Mars bei der Beobachtung durch ein großes Teleskop von der Erde aus zu sehen ist.

Daten zum Mars:
Durchmesser: 6790 km
Mittlere Entfernung zur Sonne: 228 Mill. km
Umlaufzeit um die Sonne (Marsjahr) 687 Tage
Dauer eines Marstages: 24 Stunden, 37 Minuten
Atmosphäre: sehr dünn, vorwiegend aus Kohlenstoffdioxid

Aufgaben: a) Beschreibe anhand des Fotos, welche Oberflächenstrukturen auf dem Mars durch ein irdisches Teleskop zu erkennen sind.
b) Vergleiche Mars und Erde miteinander. Erstelle dazu eine tabellarische Übersicht. Recherchiere zusätzliche Informationen zu beiden Planeten und beziehe diese mit in deine Tabelle ein. Nenne Eigenschaften, die bei Mars und Erde ähnlich sind und solche, in denen sich beide Planeten unterscheiden.
c) In der zweiten Hälfte des 19. Jahrhunderts wurde die Entdeckung von „Marskanälen" gemeldet, die von intelligenten Marsbewohnern zur Bewässerung trockener Gebiete angelegt worden sein sollten. Informiere dich über diese „Kanäle" und erläutere, wie es zu der Falschmeldung kommen konnte.
d) In Science-Fiction-Filmen und -Romanen ist häufig von intelligenten Marsbewohnern die Rede. Nenne Beispiele. Vergleiche mit der Wirklichkeit.

Die Entstehung der Mondphasen lässt sich im verdunkelten Klassenraum in Modellversuchen verdeutlichen.
Im Modellversuch A setzen sich einige Schüler mit dem Rücken zueinander in einen Kreis. Sie bilden die Erde. Ein weiterer Mitschüler hält einen Ball hoch, der von einem Projektor oder einer anderen starken Lichtquelle angestrahlt wird. Der Schüler mit dem Ball bewegt sich langsam um die „Erde".
Ein weiterer Modellversuch kann von mehreren Kleingruppen gleichzeitig im abgedunkelten Raum durchgeführt werden. Dazu setzt sich ein Schüler auf einen Drehstuhl und ein anderer bewegt sich mit einem Tennisball um den Beobachter auf dem Drehstuhl (Abbildung B):
Aufgaben: a) Zeichne die Phasen des Modell-Mondes an den in Abbildung A und B angegebenen Positionen.
b) Erläutere die Entstehung der Mondphasen im Modell und in der Wirklichkeit.
c) Setze dich kritisch mit dem Modellversuch auseinander. Nenne Zusammenhänge zwischen Sonne, Erde und Mond, die das Modell gut, weniger gut oder gar nicht wiedergibt.

Bewegung an Land, im Wasser und in der Luft

Welcher Bewegungstyp bin ich?

Übertrage die Tabelle in dein Heft und fülle sie aus.

Finde mögliche Begründungen dafür, warum es verschiedene Bewegungstypen gibt.

Tauscht in der Klasse eure Meinungen darüber aus, welche Bedeutung regelmäßige Bewegung für den Körper haben könnte.

	Trifft eher zu	Trifft eher nicht zu
1. Ich bewege mich so wenig wie möglich		
2. „Rumgammeln" ist meine Lieblingsbeschäftigung		
3. Zur Schule fahre ich mit dem Bus o. ä		
4. Ich schwimme regelmäßig		
5. Ich bin im Verein aktiv		
6. Ich trainiere mehrmals wöchentlich		
7. Ich kann schlecht stillsitzen		
8. Ich bin immer in Bewegung		
9. Vor dem Sportunterricht drücke ich mich so oft es geht		
10. Sport ist mein Lieblingsfach		
11. Wenn ich mich nicht bewegen kann, werde ich aggressiv		
12. Am liebsten schlafe ich so lange wie möglich		
13. Zwei Stunden Sportunterricht in der Woche sind ausreichend		
14. Sport und Bewegung erhöhen Konzentration und Lernleistungen		

Wie schätzt du dich selbst ein? ☐ Stubenhocker   ☐ Sportler-Typ

☐ aktiv   ☐ mittelaktiv   ☐ träge   ☐ Bewegungsmuffel

Rückenschwimmen ist besonders gesund

Sportmediziner bezeichnen das Rückenschwimmen als eine für die Gesunderhaltung des Körpers besonders geeignete Sportart. Informiert euch in Fachbüchern und begründet diese Aussage. Interviewt auch Sportlehrkräfte und tragt eure Ergebnisse in der Gruppe vor.

Die kleine Meerjungfrau

Eine Meerjungfrau ist ein Fabelwesen, das wie eine junge, hübsche Frau aussieht, aber statt der Beine einen Fischschwanz hat. Welche Besonderheiten im Körperbau müsste eine Meerjungfrau aufgrund ihrer Lebensweise haben? Diskutiert diese Frage in eurer Gruppe. Überlegt auch, wie sich das Skelett der Meerjungfrau vom Skelett eines Menschen unterscheiden müsste.

Ohne Verkehrsmittel geht nichts

Abgebildet sind unterschiedlich schnelle Verkehrsmittel. Stelle eine Liste mit weiteren Verkehrsmitteln auf und schätze ein, ob sie schnell oder eher langsam sind.

Sprecht in der Klasse über die Bedeutung verschiedener Verkehrsmittel in der heutigen Welt.

Jedes Verkehrsmittel braucht einen Antrieb. Schreibe alle Antriebsmöglichkeiten auf, die du kennst.

Spielvorschlag: Gestaltet ein Quartett mit unterschiedlich schnellen Verkehrsmitteln.

*1 Tiere in Bewegung. **A** Pferd; **B** Mäusebussard; **C** Flussbarsch*

1 Bewegung und Geschwindigkeit

1.1 Es gibt vielfältige Arten der Fortbewegung

In der Natur oder im Zoo kannst du beobachten, dass Tiere sich ganz unterschiedlich fortbewegen. Tiere, die an Land leben, bewegen sich natürlich ganz anders als Tiere, die im Wasser schwimmen oder durch die Luft fliegen.

Aber schon unter den Landtieren gibt es die verschiedensten Arten, vorwärts zu kommen. Geparden, die Beute jagen, können gut sprinten und Zebras, die gejagt werden, haben schlanke Beine, mit denen sie ausdauernd fliehen können. Affen, die sich von Ast zu Ast hangelnd fortbewegen, haben schwache Füße und können schlecht laufen, dafür haben sie aber starke, bewegliche Arme. Schlangen haben gar keine Beine. Sie schlängeln sich vorwärts, können dafür aber sehr gut in schmale Hohlräume kriechen. Tiere sind also durch ihren Körperbau an unterschiedliches Gelände und unterschiedliche Bewegungsarten angepasst.

Ähnlich wie an Land gibt es auch im Wasser viele verschiedene Bewegungsarten: Fische bewegen sich meist durch Schlängelbewegungen ihres Körpers vorwärts, Krabben laufen über den Boden und Tintenfische stoßen Wasser durch eine Art Düse aus.

Menschen können sich selbst schon auf viele verschiedene Arten fortbewegen: gehen, springen, schwimmen, rollen, klettern und mehr. Viele der Bewegungsarten von Tieren kann man mit einfachen Mitteln nachmachen. Mit Taucherflossen können Menschen beispielsweise fast wie Delphine schwimmen. Flugzeuge sind ein Beispiel für technische Erfindungen, die dem Menschen ganz neue Bewegungsarten erschließen.

Für die Entwicklung des Landverkehrs war die Erfindung des Rades von ausschlaggebender Bedeutung. Dadurch und durch die dazugehörigen technischen Verbesserungen ist es uns möglich geworden, uns sehr schnell über weite Entfernungen zu bewegen und große Lasten zu befördern. Diese Bewegungsart kommt bei Tieren gar nicht vor.

  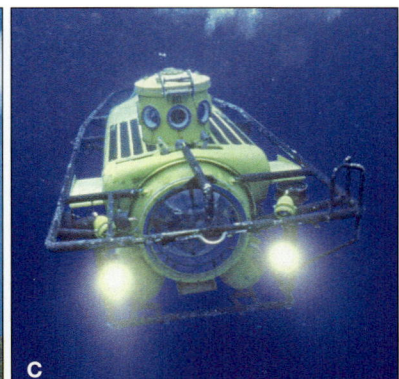

*2 Menschen und ihre Bewegungsapparate. **A** Fahrradfahrer; **B** Gleitschirmspringer; **C** U-Boot*

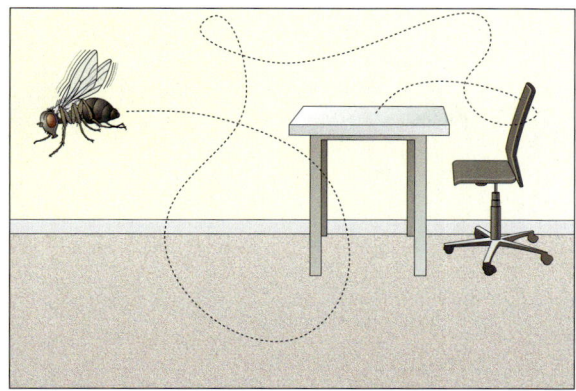

3 Der Weg einer Fliege

Wenn du eine Fliege beim Umherfliegen beobachtest, kannst du erkennen, dass sie ständig ihre Bewegung ändert. Beim Start wird sie zuerst einmal schneller, sie beschleunigt. Manchmal fliegt sie geradeaus, dann wieder Kurven. Beim Landen muss sie stark bremsen. Wegen dieser unregelmäßigen Bewegung kannst du eine Fliege auch nur schwer mit einer Fliegenklatsche erwischen.

Die verschiedenen Bewegungen werden danach unterschieden, ob die Richtung gleich bleibt oder nicht. Bewegt sich ein Tier oder ein Gegenstand in eine gleichbleibende Richtung, wird die Bewegung **geradlinig** genannt. Geradlinige Bewegungen haben Autos auf der Autobahn.
Außerdem beschreibt man Bewegungen noch danach, ob ein Körper sich mit gleicher Geschwindigkeit vorwärts bewegt, schneller oder langsamer wird.
Wird ein Körper weder schneller noch langsamer, behält er also seine Geschwindigkeit bei, nennt man die Bewegung **gleichförmig.** So bewegen sich Vögel auf ihrem Flug oft gleichförmig und Transportschiffe auf ihrer Reise auch.

1 Finde weitere Bewegungsarten an Land, im Wasser und in der Luft und ordne jeder ein bestimmtes Tier zu.
2 Nenne ein Fluggerät, das keine Entsprechung bei Tieren hat.
3 Im Buch „Der Goldene Kompass, Bd. 3" kommt eine Tierart vor, die rollt. Leihe das Buch in der Stadtbücherei aus und lies nach, wie das funktionieren soll. Finde Gründe, warum die Natur so etwas nicht gemacht hat.
4 Beobachte ein Tier in der Natur, im Zoo oder auf dem Bauernhof und beschreibe seine Bewegung. Verwende dazu die Begriffe geradlinig und gleichförmig.
5 Ordne den abgebildeten Körperteilen von Abbildung 4 die Tierart zu, die sich damit bewegt.
6 Erläutere mit Hilfe von Abbildung 5 technische Erfindungen, mit denen der Mensch seine Bewegungsmöglichkeiten verbessert hat.

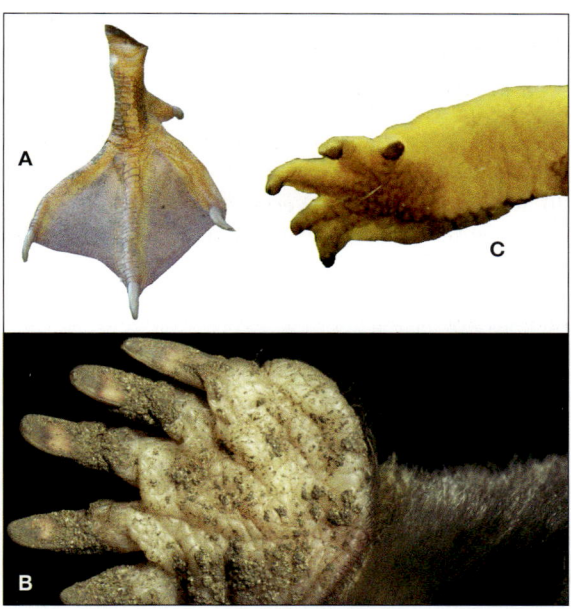

4 Gliedmaßen verschiedener Wirbeltiere.

5 Mechanische Bewegungsapparate. A Kettenfahrzeug; B Beinprothese; C Düsenantrieb

1 Wer ist am schnellsten?

1.2 Bewegungen können mit unterschiedlicher Geschwindigkeit ablaufen

Florian und Verena sind im Sportunterricht gesprintet und ihre Lehrer haben die Zeiten gestoppt. Florian hat 20 Sekunden gebraucht, Verena nur 12 Sekunden. Verena freut sich darüber, aber Florian findet heraus, dass die Mädchen nur 75 Meter gelaufen sind während die Jungs 100 Meter zurücklegen mussten. Wer war denn nun besser?

Um herauszufinden, wer schneller ist, kann man zwei Sportler auf der gleichen Strecke laufen lassen. Dann war derjenige schneller, der dafür die wenigste Zeit gebraucht hat. So werden beispielsweise Skiläufer verglichen, die Slalom fahren.

Man kann aber auch den Sportlern gleichviel Zeit geben und vergleichen, wer nach der Zeit die weiteste Strecke zurückgelegt hat. Der Sportler, der am weitesten gekommen ist, hat dann gewonnen. So funktionieren 24 Stunden-Rennen, wo versucht wird, mit dem Rennwagen auf der Rennbahn möglichst viele Runden in 24 Stunden zu schaffen.

Bei Florian und Verena waren aber die Strecken und die Zeiten unterschiedlich. Da muss ein bisschen gerechnet werden. Florian hat für 100 Meter 20 Sekunden gebraucht. Daraus lässt sich leicht berechnen, dass er in 1 Sekunde 5 Meter zurückgelegt hat. Verena hat mehr als 6 Meter pro Sekunde geschafft, sie war schneller. Genauso misst man bei anderen Bewegungen, welche Strecke in einer gewissen Zeit zurückgelegt wird und berechnet daraus, wie viele Kilometer das dann in einer Stunde wären.

Die Angabe, wie viel Meter pro Sekunde oder Kilometer pro Stunde zurückgelegt werden, heißt **Geschwindigkeit.** Ein Auto, das mit 70 Kilometer pro Stunde (km/h; h von lateinisch hora) fährt, kommt also in einer Stunde 70 Kilometer weiter.

Die Angabe der Geschwindigkeit hilft, die Schnelligkeit von Bewegungen zu vergleichen.
Je mehr Strecke in einer Stunde zurückgelegt wird, desto schneller ist der Körper.

Wenn die Strecke gleich bleibt, so wie beim 100-m-Sprint, gilt:
Je kürzer die Zeit ist, die für eine feste Strecke benötigt wird, desto größer ist die Geschwindigkeit.

Wachstum von Bambus	0,00004 km/h
Gartenschnecke	0,008 km/h
Marathonlauf, rückwärts	11,2 km/h
Schwarze Mamba	19 km/h
Pinguin, schwimmend	27,4 km/h
100-m-Lauf, Weltrekord	36,85 km/h
Libelle	58 km/h
Solarauto Sunraycer	78,4 km/h
Fächerfisch	109 km/h
Gepard	112 km/h
Fahrradfahren, Rekord	169 km/h
Dornschwanzsegler (Vogelart)	170 km/h
Düsenauto	1228 km/h
X 15 Raketenflugzeug	4675 km/h
Apollo 10 (Mondrakete)	39 897 km/h
Erde um die Sonne	108 000 km/h
Licht	1 079 252 849 km/h

2 Geschwindigkeitsrekorde

Geschwindigkeitsmessung

Methode

1 Wie schnell ist das Auto?

Florian möchte die Geschwindigkeit seines Fernsteuerautos bestimmen. Dazu braucht er eine Strecke, die er vorher mit einem Metermaß abgemessen und markiert hat. Florian hat 80 Zentimeter abgemessen.

Dann stoppt er mit einer Stoppuhr die Zeit, die das Auto für diese Strecke braucht und erhält 4 Sekunden (Abkürzung s). Damit rechnet er nach, wie weit es pro Sekunde gefahren ist. Dazu rechnet er:

Geschwindigkeit = zurückgelegter Weg/benötigte Zeit

Im Beispiel also 80 cm / 4 s = 20 cm/s
Das Auto hat die Geschwindigkeit 20 cm/s.

Als Formel schreibt man dafür:
$$v = s/t$$

Dabei bedeuten die Buchstaben:
v: Geschwindigkeit   (lat. **v**elocitas)
s: Strecke   (lat. **s**patium)
t: Zeit   (lat. **t**empus)

Für das Beispiel mit Florians Auto kann man ganz kurz schreiben:

$s = 80$ cm $t = 4$ s $v = s/t = 80$ cm / 4 s = 20 cm/s

Damit man Geschwindigkeiten gut vergleichen kann, sollten sie die gleichen Einheiten haben. Meistens sind das Kilometer pro Stunde (km/h) oder Meter pro Sekunde (m/s). Dazu kannst du die Einheiten umrechnen. Beachte dabei, dass eine Stunde 3600 Sekunden und ein Kilometer 1000 Meter hat:

Ein paar Beispiele:
200 000 m/h = 200 · 1000 m/h = 200 km/h
60 000 mm/min = 60 · 1000 mm/60 s = 60 m/60 s
             = 1 m/s
72 km/h = 72 · 1000 m/3600 s = 72 000 m/3600 s
             = 20 m/s

Bei schwierigeren Rechnungen darfst du den Taschenrechner benutzen.

1 Laufe auf einem Sportplatz, bei dem eine Runde 400 m lang ist. Bestimme die Strecke, die du in 10 min laufen kannst. Rechne deine Geschwindigkeit aus und rechne um in km/h.

2 Suche eine Bewegung, die du gut messen kannst, und bestimme die Geschwindigkeit (z. B. von elektrischen Jalousien). Benutze dazu die Schreibweise mit der Formel.

3 Berechne die Geschwindigkeiten der Leichtathleten aus Abbildung 2.

4 a) Nenne möglichst viele Geräte, mit denen man eine Strecke abmessen kann.
b) Nenne möglichst viele Geräte, mit denen man eine Zeit abmessen kann.
c) Plane Geschwindigkeitsmessungen, bei denen sich deine Geräte aus a) und b) besonders eignen.

100 m	200 m	400 m		1000 m	5 km	10 km	41 km	100 km
9,77 s	19,32 s	43,18 s		2:12 min	12:37 min	27 min	2:05 h	6:13 h

2 Die Bestzeiten der Leichtathletik (Stand 2009)

Übung   Bewegung und Geschwindigkeit

V1 Fallender Gegenstand

Material: Tennisball; Stoppuhr; Maßband

Durchführung: Lass einen Ball aus verschiedenen Höhen (etwa den Stockwerken deiner Schule) fallen. Vorsicht: Stelle sicher, dass niemand getroffen wird! Bestimme mit dem Maßband die Höhe und miss mit der Stoppuhr jeweils die Zeit, bis der Ball unten aufschlägt.

Aufgaben: a) Lege eine Tabelle mit den Werten für Höhe und Zeit an.

b) Vergleiche, wie sich die Flugzeit bei größerer Höhe ändert.

c) Berechne für jedes Messwertepaar die Geschwindigkeit.

d) Begründe, warum man in diesem Zusammenhang vom Begriff „Durchschnittsgeschwindigkeit" spricht.

V2 Noch ein Fluggerät

Material: Papier; Geodreieck; Schere

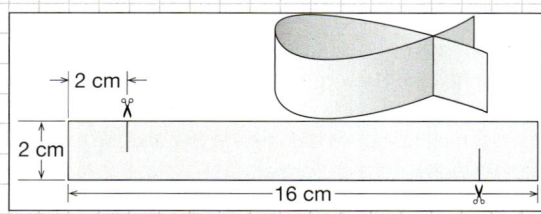

Durchführung: Schneide einen Papierstreifen wie abgebildet aus.

Aufgaben: a) Lass den Papierstreifen fallen, ohne ihn zusammenzustecken. Halte ihn beim Start einmal waagerecht, einmal senkrecht. Beschreibe die Bewegungen, die er macht.

b) Stecke ihn jetzt wie abgebildet zusammen und wiederhole deine Versuche. Beschreibe wieder.

c) Stelle Vermutungen an, warum sich der Papierstreifen auf diese Weise bewegt.

d) Nenne Gegenstände aus Natur und Technik, die nicht gerade herabfallen und beschreibe ihren Flug.

V3 Bau eines Propellerfluggeräts

Material: Papier (DIN A4); Geodreieck; Schere; Stoppuhr; Maßband

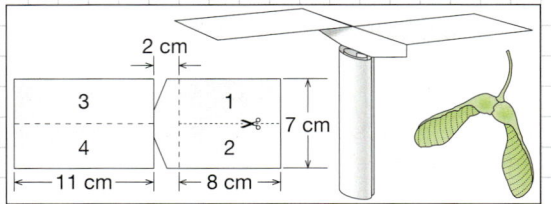

Durchführung: Zeichne die abgebildete Figur auf das Blatt Papier und schneide sie entlang der abgebildeten durchgezogenen Linien aus. Falte sie an den gestrichelten Linien: Teil 1 nach vorne, Teil 2 nach hinten. Rolle Teil 3 und 4 nach innen.

Lass dein Fluggerät aus verschiedenen Höhen fallen. Ändere die Höhe immer in gleichen Schritten, zum Beispiel jeweils 20 cm.

Miss die Flugzeiten und die Höhen.

Aufgaben: a) Trage die Messwerte in einer Tabelle ein.

b) Zeichne ein Diagramm, in das du zu jeder Flughöhe die Flugzeit einträgst. (Nutze die Methode aus Kapitel 2, Seite 115)

c) Vergleiche mit V1, indem du auch wieder die Geschwindigkeiten berechnest.

V4 Fließgeschwindigkeit

Material: Holzstück; Stoppuhr
Vorsicht: Uferböschungen sind gefährlich, man kann leicht ausrutschen!

Durchführung: Miss die Fließgeschwindigkeit eines Baches. Wirf dazu ein Holzstück, das groß genug ist, dass du es vom Ufer aus erkennen kannst, in den Bach. Am besten geht das von einer Brücke aus. Stopp die Zeit, bis es bei der nächsten Brücke oder an anderer besonderer Stelle ankommt. Wiederhole die Messung.

Aufgaben: a) Bestimme die zurückgelegte Strecke. Dazu kannst du vielleicht am Ufer entlang die Schritte zählen, mit dem Fahrradtacho abmessen oder im Internet aus guten Satellitenbildern ablesen.

b) Berechne die Geschwindigkeit mit deinen Werten.

c) Begründe, ob es sich um eine gleichförmige Bewegung handelt.

d) Schätze ab, wie groß der Querschnitt des mit Wasser gefüllten Bachbettes ist und rechne dann mit der Geschwindigkeit aus, wie viel Liter Wasser pro Sekunde vorbeiströmen. (Ein Liter sind 1000 cm³.)

Von der Erfindung des Rades zum Elektrosportwagen

Für die Menschen der Frühzeit bedeutete Fortbewegung, ihre eigenen Beine zu benutzen. Sie waren ausdauernde Läufer und hatten als Hilfsmittel nur Schleppen aus zusammengebundenen Holzstangen, um Lasten zu ziehen.

Eine riesige Erleichterung brachte die Erfindung und der Einsatz von Rädern, die ungefähr ab 3000 v. Chr. an Karren verwendet wurden. Das Rollen erforderte viel weniger Kraft als das Ziehen. Die Römer benutzten schon ab etwa 200 n. Chr. bequeme Reisekutschen, mit denen reiche Bürger weite Reisen unternahmen. Im Jahre 1610 nahm die erste Postkutsche in England ihren Dienst auf. Jetzt konnten auch Menschen, die keine eigene Kutsche besaßen, bequem mitreisen.

Eine Verbesserung des eigenen Gehens ohne Hilfe von Tieren brachte 1815 die Erfindung von Karl DRAIS (1785–1851) – das Laufrad, der Vorgän-

1 Laufrad von DRAIS

ger unserer Fahrräder. Doch ohne die Erfindung von Motoren hätte sich der Verkehr nie so entwickelt, wie er jetzt ist. Als 1886 Carl BENZ (1844–1929) sein motorisiertes Dreirad vorstellte, war das Auto geboren. Es war aber noch ein langsames, lautes, stinkendes Fahrzeug, das die Menschen eher belustigte und verwunderte als begeisterte. Trotzdem ging die Entwicklung der Technik aber schnell voran. Schon 1897 erschien der erste Dieselmotor und 1899 fuhr Camille JENATZY (1868–1913) zum ersten Mal über 100 km/h

schnell mit seinem Auto. Gerade einmal sieben Jahre später, 1906, erreichte Fred MARRIOTT mit einem Auto die 200-km/h-Marke.

Diese Rekordfahrzeuge waren aber teure, empfindliche Einzelkonstruktionen. Mit der Produktion des ersten Volkswagens 1938, der später „Käfer" genannt wurde, kam in Deutschland ein Auto auf den Markt, das sich viele leisten konnten, die vorher höchstens Motorrad gefahren waren. Dadurch nahm die Anzahl der Personenwagen auf den Straßen allmählich zu. Immer wieder kamen Neuerungen in die Serienautos, die zuerst bei Rennautos ausprobiert worden waren, damit die Fortbewegung immer schneller, bequemer und sicherer wurde.

1953 erschien das erste Auto mit Kunststoffkarosserie, eine Corvette, 1968 wurde der Airbag erfunden, der sich bei Unfällen aufbläst, 1972 wurde erstmalig die Mercedes S-Klasse mit Antiblockiersystem gegen das Rutschen bei Vollbremsungen ausgerüstet und 1980 kam der erste Sportwagen von Audi mit Allradantrieb auf den Markt.

1997 wurde nochmal ein interessanter Rekord aufgestellt. Andy GREEN erreichte mit seinem Raketenauto in der Wüste von Nevada eine Geschwindigkeit von 1227,98 km/h.
Aber die Autos wurden nicht nur schneller und größer, 1999 begann VW den Verkauf des 3-Liter-Lupos, der nur ganz wenig Benzin verbraucht. 2006 begann BMW die Produktion von Autos, die mit Wasserstoff, einem brennbaren Gas, statt mit Benzin fahren. Und 2007 erschien mit dem Tesla Roadster der erste flotte Sportwagen mit einem Elektromotor, der von 6800 Handy-Batterien versorgt wird.

2 Dreirad von BENZ

3 Tesla Roadster

1 Bewegung auf der Straße

2 Ohne Energie bewegt sich nichts

2.1 Was versteht man unter Energie?

An einem schönen Sommertag siehst du viele Menschen, die in der Stadt unterwegs sind. Manche gehen zu Fuß, andere fahren mit dem Fahrrad, dem Auto oder der Straßenbahn. Die Menschen und die Fahrzeuge bewegen sich. Von selbst würde sich aber gar nichts bewegen. Zur Bewegung ist **Energie** erforderlich.

Menschen brauchen ständig Energie zum Leben. So hört man oft: „Ich hab heute gar keine Energie", wenn sich jemand müde oder krank fühlt. Wenn sie fit sind, setzen Menschen ihre Energie gern zum Joggen oder Radfahren ein. Manche Tiere bewegen sich erst schnell, wenn sie genügend Energie bei einem Sonnenbad getankt haben.

Doch nicht nur Menschen und Tiere, auch Pflanzen und die unbelebte Welt brauchen Energie, wenn sich etwas entwickeln soll: Pflanzen zum Wachsen und zum Transport ihrer Samen, die Erde für Vulkanausbrüche, Lawinen und den Wind, der Windräder antreiben kann.

Autos brauchen die Energie, die sie mit dem Benzin tanken, um sich zu bewegen und Elektromotoren bekommen ihre Energie mit dem elektrischen Strom. Auf diese Weise fahren beispielsweise Straßenbahnen und die Eisenbahn.

Wenn sich in unserer Welt irgendetwas bewegt, schneller wird oder langsamer, oder sich irgendetwas verändert, wärmer wird oder größer; wenn Musik ertönt oder Licht strahlt, ist dabei immer Energie im Spiel.

Energie ist unsichtbar und sie lässt sich auch nicht ertasten. Nur wenn Vorgänge ablaufen, ist ihr Wirken erkennbar. Obwohl Energie kein echter Stoff ist, kann man sie als „Treibstoff unserer Welt" bezeichnen.

2 Windräder

Die Energie hat ihren Namen aus dem Griechischen und er bedeutet soviel wie **Wirkung.** Das beschreibt genau die Eigenschaft von Energie:
Energie kann etwas be**wirken.**

Je größer die Energiemenge ist, die ein Körper hat oder bekommt, desto mehr kann er bewirken, also zum Beispiel sich schneller bewegen, größere Lasten auf einen Berg transportieren oder heller leuchten.

Energie wird in der Einheit **1 Joule,** abgekürzt 1 J, gemessen, die nach dem britischen Physiker James Prescott JOULE (1818–1889) benannt wurde.

Mit der kleinen Energiemenge 1 J kann man allerdings nicht viel bewirken. Damit lässt sich ein Apfel um 50 Zentimeter heben oder eine starke Haushaltslampe für eine Hundertstel Sekunde betreiben. Deshalb wird auch oft die Größe **Kilojoule** (1 kJ = 1000 J) verwendet.

Für die Energie, die ein Körper zur Verfügung stellen kann, gibt es aber viele weitere Bezeichnungen:
Beim elektrischen Strom wird meist die Einheit *Kilowattstunden* (kWh) benutzt. Dabei entspricht 1 kWh genau 3 600 000 J.

3 James Prescott JOULE

4 Energiezähler

1 Nenne Begriffe aus dem täglichen Sprachgebrauch, in denen „Energie" vorkommt. Versuche, jeweils die Bedeutung dazu zu finden.

2 Eine weitverbreitete Energieeinheit bei Lebensmitteln ist Kalorie (cal).
a) Finde heraus, wie viel davon der Energiemenge 1 J entspricht.
b) Stelle mit Hilfe der Aufdrucke auf Lebensmittelverpackungen eine Liste auf, wie viel man von verschiedenen Lebensmitteln zu sich nehmen muss, um 1000 kJ Energie zu erhalten.

3 Erstelle eine Liste, auf welche Weise Lebewesen oder Maschinen mit Energie versorgt werden können.

4 Lies auf dem Energiezähler in eurem Haus ab, wie viel Energie bisher durchgeflossen ist und vergleiche einen Tag später.

5 Eine Familie braucht im Jahr ungefähr 4000 kWh Energie. Rechne um in Joule.

6 Erläutere jeweils, auf welche Weise bewirkt wird, dass sich der Gegenstand bewegt:
– ein Segelschiff fährt
– ein Pfeil fliegt
– eine Weihnachtspyramide dreht sich
– eine Spielzeugeisenbahn fährt
– eine Rakete hebt vom Startplatz ab.

5 Weihnachtspyramide

2.2 Energieformen

Jan hat Hunger. Er isst einen Apfel und erhält dadurch Energie. Sein Vater will zur Arbeit fahren. Vorher muss er noch tanken, damit das Auto genügend Energie hat. Nach dem Tanken muss er aber erst den Motor starten. Dazu dient die Energie, die die Autobatterie liefert. Bei jedem dieser Vorgänge ist Energie im Spiel, jedes Mal aber auf eine andere Art.

Energie erscheint in verschiedenen Formen, das ist wie beim Geld: Manchmal kann man eine Ware mit verschiedenen Währungen bezahlen. Dem Händler am Flughafen ist es recht, wenn der Kunde mit Euro, Dollar oder Yen bezahlt. Er weiß, dass jedes Geld seinen Wert hat und er dafür auch wieder etwas bekommt. So ist es auch bei der Energie. Sie tritt in verschiedenen Erscheinungsformen auf, hat aber immer einen Wert und kann entsprechend viel oder wenig bewirken. Als Energieformen gibt es:

Elektrische Energie
Elektrische Energie ist an allen Vorgängen beteiligt, bei denen Strom fließt und elektrische Spannung auftritt.

1 Energie durch Nahrung

3 Elektrische Energie beim Blitz

Chemische Energie
Chemische Energie liegt bei allen Körpern vor, die in chemischen Prozessen Energie abgeben können. Dazu gehören auch Lebensmittel und alle Dinge, die verbrannt werden können.

2 Energie durch Treibstoff

4 Chemikalien und Nahrungsmittel

Strahlungsenergie

Jedes Licht, auch das für uns unsichtbare, hat Strahlungsenergie. Mit der Strahlung, die von Handys, Funkgeräten und Mikrowellenherden ausgeht, wird ebenfalls Strahlungsenergie übertragen.

5 Die Mikrowelle erzeugt Strahlungsenergie

Wärmeenergie

Körper, die die Temperatur andere Körper erhöhen können, besitzen Wärmeenergie. Je mehr Wärmeenergie sie enthalten, desto heißer sind sie.

6 Kartoffeln erhalten Wärmeenergie

Spannenergie

Körper, die eine Feder oder andere flexible Bauteile enthalten und gespannt wurden, haben Spannenergie. Wenn sie wieder ihre normale Form einnehmen, bewirkt diese Bewegung meist die Beschleunigung eines anderen Körpers.

7 Der Bogen ist gespannt

Lageenergie

Körper, die sich gegenüber ihrer Umgebung auf größerer Höhe befinden, können beim Herunterfallen etwas bewirken: Dinge verformen oder auch etwas anderes hochziehen. Diese Art von Energie heißt Lageenergie.

8 Der Turner hat Lageenergie

Bewegungsenergie

Körper, die sich gegenüber ihrer Umgebung bewegen, können Energie abgeben. Das zeigt sich besonders, wenn sie gegen etwas stoßen. Diese Art von Energie heißt Bewegungsenergie.

9 Zuviel Bewegungsenergie

Die drei Energieformen Lageenergie, Bewegungsenergie und Spannenergie werden **mechanische** Energieformen genannt.

1 Suche weitere Beispiele zu den verschiedenen Energieformen.
2 Erkläre, warum Windenergie und Solarenergie bei den Energieformen im Text nicht aufgezählt sind.
3 Ordne den Sportarten jeweils passende Energieformen zu:
– Stabhochsprung
– Skispringen
– Kugelstoßen
– Tennis
– Autorennen.

1 Energie unterwegs

2.3 Es gibt viele verschiedene Energieträger

Wer einen Ofen im Haus hat, kann im Winter mit Holz oder Kohle heizen. Diese Stoffe liefern bei der Verbrennung die Energie zum Heizen. Ein Auto braucht zum Fahren Benzin oder Diesel. Stoffe, mit denen die Energie transportiert wird, nennt man **Energieträger.**

Meist wird zum Transport ein Stoff oder ein Gegenstand benötigt, der die Energie enthält. Für die elektrische Energie sind Batterien und elektrische Ströme die Energieträger. Chemische Energie tragen Lebensmittel und Brennstoffe wie Benzin und Öl. Wärmeenergie trägt jeder Körper. Er hat davon umso mehr, je höher seine Temperatur ist. Die mechanischen Energieformen Bewegungsenergie und Lageenergie kann auch jeder Körper tragen, der eine Masse hat, solange man ihn bewegen oder heben kann. Nur Strahlungsenergie braucht keinen Träger.

Manche Energieträger tragen die Energie wie ein LkW, man kann sie abladen und wieder aufladen. Bei Batterien gibt es Einwegbatterien, die nur einmal entladen werden und Akkus, die man mit einem Ladegerät bis zu tausend Mal wieder aufladen kann.

Ein bewegter Körper, beispielsweise ein Fußball, kann seine Energie abgeben und langsamer werden. Wenn er von einem Fußballer getreten wird, wird er wieder mit Energie beladen, wird beschleunigt und kommt dadurch wieder in Bewegung.

Andere Körper verändern sich, wenn sie die Energie abgeben und können nicht einfach wieder beladen werden. Wenn ein Liter Benzin verbrannt wurde, gibt es keinen einfachen Prozess, der aus den Abgasen wieder Benzin machen könnte.

Wie viel Energie einem Energieträger zu entnehmen ist, **gibt der Brennwert** an:

2 Batterien und Akkus

Material	Brennwerte in kJ pro kg
Stroh	14 400
Getreide	15 000
Holzhackschnitzel	10 400
Buchenholz	14 700
Sägemehl	15 200
Holzpellets	17 500
Heizöl	42 700
Steinkohle	28 000
Braunkohle	18 000

3 Energieträger und ihre Brennwerte

Der Energiebedarf bleibt im Laufe eines Tages nicht gleich. So gibt es für elektrischen Strom am Tage mehrere Verbrauchsspitzen, in der Nacht ist die Nachfrage jedoch nur gering. Trotz dieser Schwankungen erwartet der Verbraucher jederzeit eine sichere Energieversorgung. Leider kann aber manchmal nicht genug Energie von den Kraftwerken geliefert werden. Umgekehrt wird auch nicht immer soviel Energie benötigt, wie gerade geliefert werden könnte. So laufen zum Beispiel die großen Kernkraftwerke ununterbrochen, nachts ist der Energiebedarf aber viel geringer als tagsüber und es bleibt Energie übrig. Windräder und Solaranlagen liefern nur sehr unregelmäßig und unzuverlässig elektrische Energie. Deshalb muss man Energie speichern, um im Notfall Vorräte zu haben. Einen Speicher und damit einen Ausgleich bilden die Speicherseen, bei denen mit ungenutzter Energie Wasser in ein hoch gelegenes Becken gepumpt wird, so dass dessen Lageenergie zunimmt. Wird wieder mehr elektrische Energie benötigt, kann man das Wasser sehr schnell durch Rohre über Turbinen herunterströmen lassen. Die Turbinen wandeln dann die Bewegungsenergie des Wassers wieder in elektrische Energie um. Durch dieses Prinzip steht den Verbrauchern immer genau so viel elektrische Energie zur Verfügung, wie sie benötigen. Diese Speichermöglichkeit mit Batterien aufzubauen, wäre viel teurer und durch die verwendeten giftigen Stoffe auch viel schädlicher für die Umwelt.

1 Suche für jede Energieform einen Energiespeicher.

2 Begründe, ob eine Wärmflasche ein Energiespeicher ist.

3 Informiere dich über Speicherseen: Liegen welche in der Nähe deines Schulorts, wie groß sind sie, wie viel Energie können sie speichern?

4 Auch bei Spielzeugautos gibt es eine Energiespeicherung. Beschreibe und benenne die Energieform und den Speicher.

5 Lies auf Batterien und Akkus, wie viel Energie sie gespeichert haben. Oft liest man dort Angaben wie 1,5 V (Volt), 2 Ah (Amperestunden). Die beiden Angaben musst du miteinander und mit 3600 multiplizieren, um die Energiemenge in Joule zu erhalten. Rechne deine Werte um.

6 Informiere dich in Geografiebüchern oder im Internet über die Weltvorräte an Öl, Kohle oder anderen Energieträgern. Berechne damit die gespeicherte Energie.

7 Erläutere, wie eine Tankstelle für Elektroautos funktioniert.

4 Wasserkraftwerk

5 Elektroauto beim Tanken

  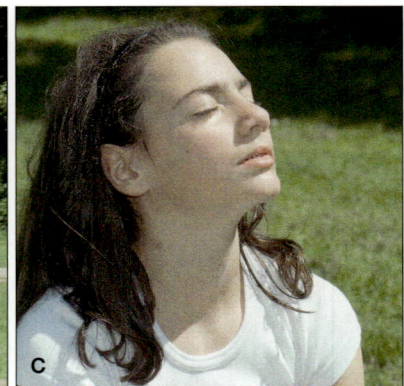

1 Energieumwandlung. A *Mädchen isst;* **B** *Mädchen läuft;* **C** *Mädchen schwitzt*

2.4 Energieumwandlung

Nach dem Essen ihres Pausenbrots hat Julias Körper die chemische Energie des Brotes aufgenommen.

Im Körper passieren jetzt Vorgänge, die die Nährstoffe der Mahlzeit umwandeln. Dabei wird auch die Energie wieder in chemischer Form in Julias Muskeln und Körperzellen gespeichert. Wenn Julia jetzt loslaufen will, muss sich diese chemische Energie in Bewegungsenergie wandeln. Der Vorrat an chemischer Energie nimmt dabei ab.
Nach einem anstrengenden Lauf hat Julia deshalb bald schon wieder Hunger. Ihre chemische Energie ist völlig umgewandelt. Aber auch ihre Bewegung ist zum Stillstand gekommen, Bewegungsenergie hat sie deshalb auch keine mehr. Dafür ist ihr Körper jetzt aber stark erhitzt und erwärmt die Luft: Die Energie hat sich weiter in Wärmeenergie umgewandelt.

Energie kann sich also von einer Form in eine andere wandeln. Man spricht von **Energieumwandlung.**

So wie ein Ofen die chemische Energie des Holzes in Wärmeenergie wandelt, gibt es bei jeder Umwandlung der Energie einen Gegenstand oder eine Maschine, die die Umwandlung durchführen. Diese nennt man **Wandler.**

1 Finde für drei verschiedene Umwandlungen von einer Energieform in eine andere einen Wandler. Zeichne eine solche Energieumwandlung.
2 Begründe, ob es auch Wandler gibt, bei denen die Energieform gleich bleibt.
3 Nenne die Energieformen auf einer Achterbahn. Orientiere dich dabei an Abbildung 2.
4 Beschreibe die Umwandlungen:
Die Sonne scheint auf eine Bananenpflanze. Dort wächst eine Banane. Florian isst die Banane und fährt mit seinem Fahrrad. Da es dunkel wird, schaltet er den Dynamo an. Sein Fahrradlicht leuchtet.

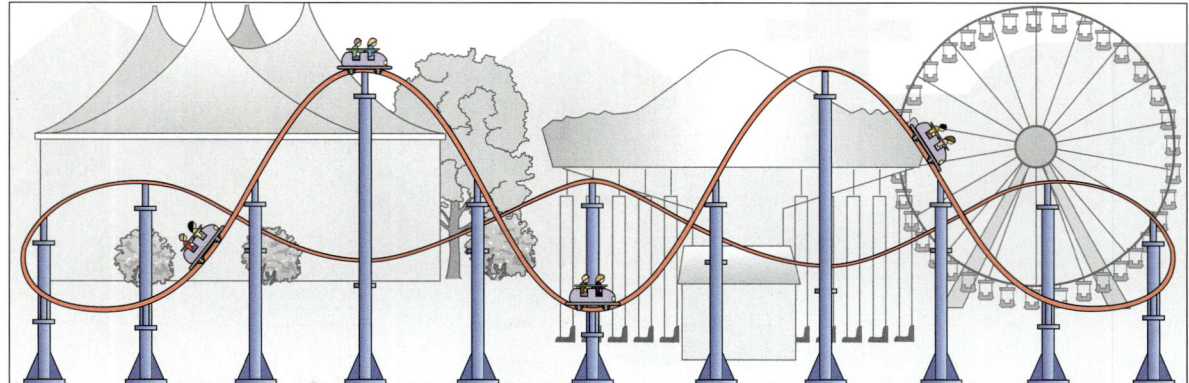

2 Energieumwandlung auf der Achterbahn

Komplizierte Zusammenhänge anschaulich darstellen

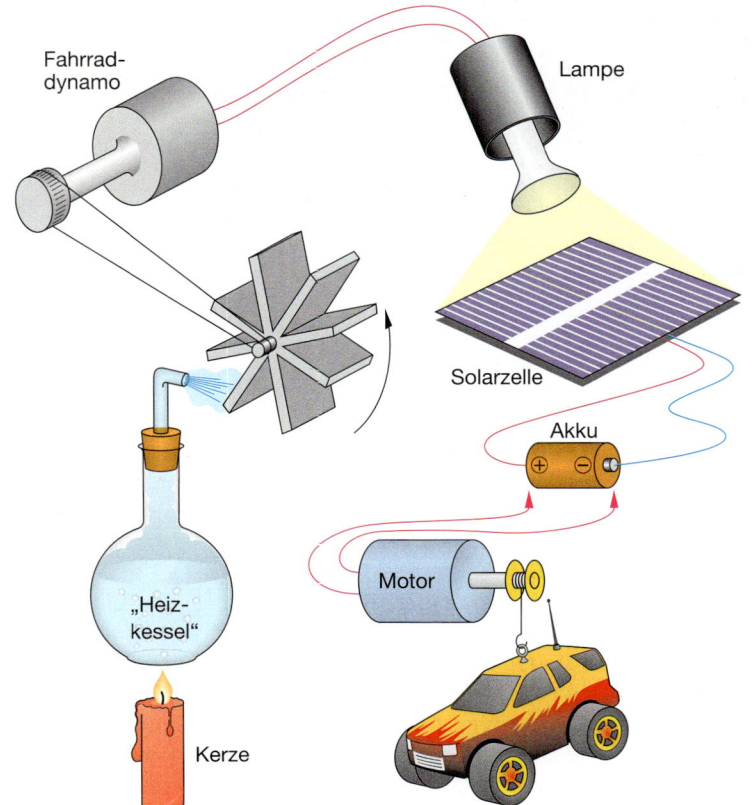

Wärme-
energie
↓
Heiz-
kessel
↓
Bewegungs-
energie
↓
Turbine
↓
elektrische
Energie
↓
Lampe
↓
Licht-
energie
↓
Solar-
zelle
↓
elektrische
Energie
↓
Akku
↓
elektrische
Energie
↓
Motor
↓
Bewegungs-
energie
↓
Lage-
energie

Wir wollen in einem Gedankenversuch möglichst viele Energiewandler aneinander reihen und die verschiedenen Umwandlungen und Formen der Energie verfolgen und als Wandlungskette darstellen.

• Im Rundkolben „Heizkessel" wird durch die heiße Flamme aus Wasser Wasserdampf, der mit hoher Geschwindigkeit auf das Turbinenrad trifft: *Aus Wärmeenergie wird Bewegungsenergie.*

• Die Turbine treibt den Dynamo an. Dieser wandelt *Bewegungsenergie in elektrische Energie um.*

• Der elektrische Strom lässt die Lampe leuchten: *Aus elektrischer Energie wird Lichtenergie.*

• Das Licht fällt auf eine Solarzelle. Das ist ein Bauteil, das bei Beleuchtung elektrische Ströme liefert. *Sie wandelt Lichtenergie in elektrische Energie um.*

• Die elektrische Energie wird dann im Akku gespeichert.

• Die elektrische Energie treibt den Motor an: *Elektrische Energie wird in Bewegungsenergie umgewandelt.*

• Durch die Bewegungsenergie wird der Bindfaden aufgerollt und damit das Auto hochgehoben: *Bewegungsenergie wird zu Lageenergie.*

Fahrrad-
dynamo

Lampe

Solarzelle

Akku

„Heiz-
kessel"

Motor

Kerze

Die elektrische Energie im Akku muss nicht sofort weiter verwendet werden. Wir können unser Auto auch später hochziehen, selbst wenn dann das Kerzenwachs verbrannt oder alles Wasser verdampft ist.

Die Energie, die ursprünglich als chemische Energie im Kerzenwachs gesteckt hat, befindet sich schlussendlich in Form von Lageenergie im hochgezogenen Auto. Aber weil diese Energieumwandlungen nie vollständig geschehen, sondern da bei jeder Umwandlung mehr oder weniger viel Energie „danebengeht", steckt nur ein Teil der ursprünglich eingesetzten Energie im hochgehobenen Auto.

1 a) Stelle eine möglichst lange Energiekette auf, die mit einem Wasserrad beginnt und mit einem Ventilator endet.
b) Zeichne das Energiefluss-Schema.

2 Du bist im Schwimmbad und springst vom 10-Meter-Turm.
a) Erläutere, welche Energieformen auftreten.
b) Zeichne das Energiefluss-Schema.

3 a) Beschreibe die Energieumwandlungen beim Jojo
b) Zeichne das Energiefluss-Schema.

4 Stelle die Energieketten für Hochsprung, Speerwurf, Kugelstoßen, Hammerwurf und Diskuswurf auf.

181

1 Bremsscheibe auf dem Prüfstand

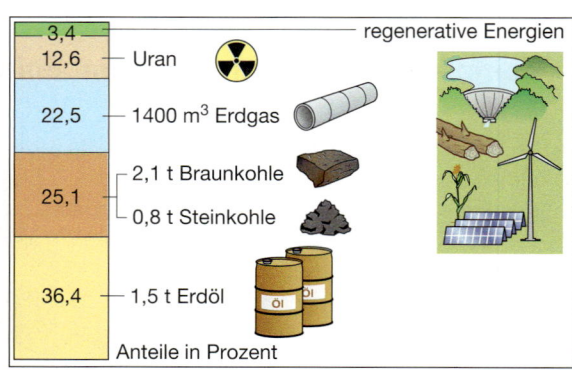

3 Jährlich pro Person in Deutschland genutzte Energieträger und deren Energieanteile

2.5 Kann man Energie verbrauchen oder sparen?

Ein schnell fahrendes Auto hat eine große Bewegungsenergie. Wenn es abgebremst wird, scheint diese Energie verschwunden zu sein. Ist noch irgendwo etwas von ihr zu finden?

Zunächst sind noch die Bremsen und die Bremsscheiben heiß, mit der Zeit kühlen auch sie ab. Die Energie hat dann nur die Umgebung um einen sehr kleinen Betrag erwärmt. Damit ist sie für uns wertlos geworden und hat keinen Nutzen mehr, obwohl sie immer noch vorhanden ist. Der Begriff „verbraucht" ist also im Zusammenhang mit der Energie eigentlich falsch, denn Energie verschwindet nicht, sie wird aber oft von einer nutzbaren Form in eine für uns nicht mehr nutzbare Form gewandelt.

Bei jeder Umwandlung wird ein Teil der eingesetzten Energie zu **Abwärme,** die wir nicht mehr nutzen können.

Die Natur hat über Jahrmillionen riesige Energiespeicher in Form von Kohle und Erdöl angelegt. Wir Menschen haben diese Vorräte in ungefähr zweihundert Jahren weitgehend aufgebraucht und die Energie in nutzlose Abwärme gewandelt. Jetzt und in der Zukunft sollte viel sparsamer mit den Energiereserven umgegangen werden.

Die billigste und umweltfreundlichste Art, den Energieverbrauch zu verringern besteht darin, möglichst wenig Energie zur Umwandlung einzusetzen, das wäre dann gesparte Energie.

Am einfachsten ist es, die Energieverbraucher so oft wie möglich ausgeschaltet zu lassen. Ganz auf Heizung, heißes Wasser und die Hilfe elektrischer Geräte will aber niemand verzichten. Dabei kann trotzdem Energie gespart werden, wenn Maschinen verwendet werden, die die Energie wirkungsvoll nutzen. Beim Kauf kann man an der Energieklasse erkennen, wie sparsam ein Gerät mit der Energie umgeht. Am besten wäre es, nur Geräte der Klasse A zu benutzen.

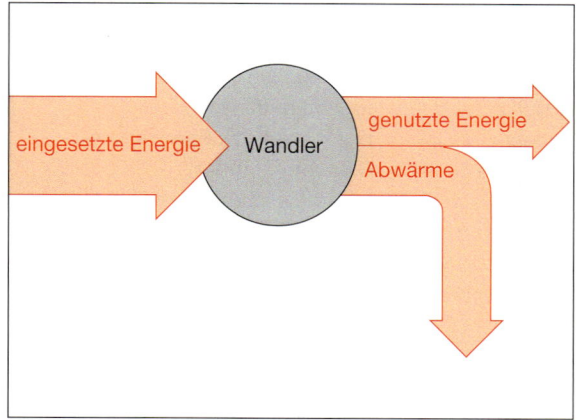

2 Wandlungsdiagramm mit Abwärme

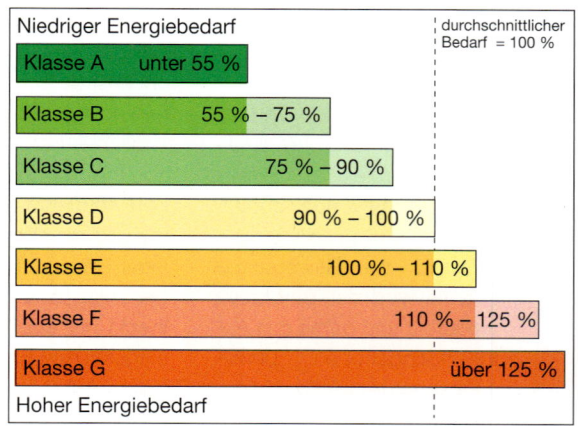

4 Effizienzklassen

Energiesparen in Haushalt und Schule

Im Haushalt werden viele Geräte verwendet, die Energie umwandeln. Ein Toaster benötigt elektrische Energie, um daraus Wärmeenergie zu machen, die den Toast erhitzt. Dabei kann man Energie sparen, wenn man ihn immer voll belädt anstatt nacheinander einzelne Scheiben zu toasten. Sicher findet ihr zu jedem Gerät eine Möglichkeit, sparsamer mit der Energie umzugehen.

Die Mitglieder der Gruppen überlegen, welche Geräte in verschiedenen Bereichen zu Hause und in der Schule benutzt werden. Damit möglichst viele verschiedene Geräte aufgespürt werden, unterteilt sich jede Gruppe nochmals in drei Kleingruppen. Dabei soll jede Kleingruppe nur solche Geräte notieren, die eine ganz bestimmte Energieform erzeugen.

Gerät	Zugeführte Energieform	Erzeugte Energieform	*Sparmöglichkeit*
Wärmeplatte der Kaffeemaschine	Elektrische Energie	Wärme	*Isolierkanne benutzen*
Glühlampe	Elektrische Energie	Licht	*Nicht benötigte Lampen ausschalten*
Elektrisches Messer	Elektrische Energie	Bewegung	*Küchenmesser verwenden*

Geräte, Energieformen und Sparmöglichkeiten

So notiert eine Kleingruppe der Gruppe 1 die Geräte im Haushalt, die Wärme erzeugen, und legt eine Tabelle wie links an. Die zweite Kleingruppe macht das Gleiche für Haushaltsgeräte, die Licht erzeugen. Die dritte Kleingruppe verfährt so für Geräte des Haushaltes, die Bewegung erzeugen.

Die Gruppe 2 sammelt auf die gleiche Weise Geräte, die in der Schule genutzt werden.

Ein Frühstücksbrötchen enthält *chemische Energie* und ein fahrendes Auto besitzt *Bewegungsenergie*. Da Energie sehr wertvoll ist, ist es wichtig, *Energie sinnvoll einzusetzen* und *Energie zu sparen*. Dass wir Energie zum Leben brauchen, ist euch jetzt sicher klar. Wo ihr **Energie sparen** könnt, sollt ihr in diesem Projekt untersuchen.

Überlegt, welche Energieform den Geräten zugeführt wird. Schreibt diese in die zweite Spalte der Tabelle.

Diskutiert in jeder Teilgruppe, welche Möglichkeiten des Energiesparens es bei den Geräten gibt. Schreibt euer Diskussionsergebnis in die vierte Spalte. Stellt es den Mitgliedern der jeweiligen Gruppe vor.

Gruppe 1: Energiesparen im Haushalt

Erstellt eine Tabelle wie oben mit Geräten, die im Haushalt eingesetzt werden.

Geräte im Haushalt

Gruppe 2: Energiesparen in der Schule

Erstellt eine Tabelle wie oben mit Geräten, die in der Schule eingesetzt werden.

Geräte in der Schule

2.6 Auf der Suche nach den Verkehrsmitteln und Energiequellen von morgen

1 Kofferfisch

2 Entwurf für ein Auto der Zukunft

Ein modernes Auto hat wegen seiner windschnittigen Form einen viel kleineren Luftwiderstand als ein Oldtimer: Es muss bei seiner Fahrt viel weniger Luft beiseite schieben und braucht dafür weniger Energie oder es kann mit gleichem Verbrauch schneller fahren. Diese Entwicklung ist noch nicht zu Ende. Um optimale Formen zu entwickeln, orientieren sich die Ingenieure auch an der Natur. So studieren sie, ob sich die strömungsgünstige Form eines Kofferfisches oder eines Pinguins auch auf Fahrzeuge übertragen lässt. Künftige Autos werden deshalb deutlich anders aussehen als heute.
Zudem lässt sich das Gewicht des Autos durch neue Materialien wie Leichtmetall und Kunststoff stark verringern, was auch wieder weniger Verbrauch bedeutet.

Eine Aufhängung der Räder ohne durchgehende Achsen, verbesserte Lager und leichter abrollende Reifen bringen bessere Fahreigenschaften und helfen auch mit, Energie einzusparen. Vielleicht setzen sich auch dreirädrige Fahrzeuge künftig durch.

Darüber hinaus wurden die Motoren bei jeder Autogeneration wieder technisch verbessert, um mehr zu leisten und weniger Treibstoff zu verbrauchen. Bald schon könnten Elektroautos mit Solarzellen ein gewohntes Bild werden. An Tankstellen tankt man in Zukunft statt Benzin vielleicht nur noch Wasserstoff, ein brennbares Gas.

Benzinmotor (Ottomotor)

Vorteile:
billiger als andere Motortypen, läuft ruhiger als der Dieselmotor, geringere Steuern als der Dieselmotor

Nachteile:
stößt Gase aus, die schädlich für die Umwelt sind

Gewicht:	200–400 kg
Nutzung der Energie:	25 %
Verbrauch:	8 l / 100 km
Reichweite:	800 km
Höchstgeschwindigkeit:	180 km/h

Dieselmotor

Vorteile:
läuft meist länger als der Benzinmotor, viel Kraft bei niedrigen Drehzahlen

Nachteile:
stößt schädliche Rußteilchen aus, etwas lauter als Benzinmotor

Gewicht:	500–600 kg
Nutzung der Energie:	33 %
Verbrauch:	6 l / 100 km
Reichweite:	1000 km
Höchstgeschwindigkeit:	170 km/h

Elektromotor

Vorteile:
sauber, keine Abgase, leise, kein Schalten nötig, kann zuhause an der Steckdose aufgetankt werden

Nachteile:
wenige Tankstellen, lange Ladedauer, Erzeugung der elektrischen Energie meist auch mit umweltschädlichen Abgasen verbunden.

Gewicht:	80–200 kg
Nutzung der Energie:	90 %
Verbrauch:	14 kWh / 100 km
Reichweite:	150 km
Höchstgeschwindigkeit:	100 km/h

3 Motorentypen für Mittelklassewagen

4 Verbrauch bei verschiedenen Geschwindigkeiten

Florians Vater hat ein modernes Auto mit Verbrauchsanzeige für das Benzin. Dort lässt sich ablesen, wie viel Benzin das Auto für eine Fahrt von 100 Kilometern bei dieser Fahrweise verbraucht. Wenn er nicht den Gang wechselt, ist der Verbrauch bei höherer Geschwindigkeit auch größer. Besonders hoch ist der Verbrauch, wenn der Fahrer Gas gibt und das Fahrzeug beschleunigt. Mit dem Benzin wird dem Motor die Energie geliefert, die er für die Bewegung braucht, deshalb zeigt die Anzeige damit auch an, wie viel Energie verbraucht wird.

Fortbewegung braucht Energie, zuerst zum Beschleunigen und dann umso mehr, je schneller die Bewegung sein soll.

Bei langsamerem Fahren sinkt somit der Energieverbrauch deutlich. Wer also Energie und Benzinkosten sparen will, muss einfach langsamer fahren. Wahrscheinlich wird es in der Zukunft auch deshalb immer mehr Geschwindigkeitsbeschränkungen geben und einen schnellen Sportwagen zu fahren wird immer teurer und unvernünftiger werden.

Beim Radfahren kennt jeder das Problem, dass man eine Geschwindigkeit von 20 km/h noch leicht treten kann, bei doppelt so großer Geschwindigkeit aber schnell an seine Grenzen stößt. Leider braucht man nicht die doppelte Energie für doppelte Geschwindigkeit, sondern deutlich mehr. Daneben hängt der Energiebedarf auch von vielen anderen Faktoren ab: dem Gewicht, der Größe des Autos, der Art des Fahrrads und anderem.
Auch die Rekordgeschwindigkeit mit dem Fahrrad von Seite 170 konnte nur mit Hilfe eines Autos erreicht werden, das vor dem Rad fuhr und dem Radfahrer ermöglichte, im Windschatten zu fahren.

Gehen	5 km/h	1050 kJ/h
	8 km/h	2100 kJ/h
	16 km/h	4700 kJ/h
Radfahren	10 km/h	2200 kJ/h
	14 km/h	3360 kJ/h
ICE	100 km/h	3,4 kWh/km
	200 km/h	9 kWh/km
	300 km/h	18 kWh/km

5 Energiebedarf bei gleichbleibender Geschwindigkeit

1 Marathonläufer laufen viel langsamer los, als sie könnten. Erkläre diese Lauftaktik.
2 Notiere Gründe, weshalb keine Pinguinautos gebaut werden.
3 Befrage die Autobesitzer, die du kennst, Lehrer, Verwandte, Trainer, welchen Motortyp sie fahren, wie hoch der Verbrauch ist und welche Höchstgeschwindigkeit sie erreichen. Bilde Mittelwerte und vergleiche mit den Daten auf Seite 184.
4 Rechne die Angaben beim ICE in kJ/km um.
5 Notiere die Wege, die du in einer Woche zurücklegst und das Verkehrsmittel, das du dazu benutzt. Berechne dazu, falls möglich, wie viel Energie dazu benötigt wird.
6 Eine durchschnittliche Familie nutzt pro Jahr 4000 kWh elektrische Energie. Berechne, wie weit ein ICE mit der gleichen Energiemenge bei den verschiedenen Geschwindigkeiten fahren kann.
7 Berechne, wie lange man nach dem Trinken eines Liters Cola Radfahren kann. Vergleiche bei beiden Geschwindigkeiten und besorge dir dazu die Energieangaben für Cola.

Übung **Bewegung und Energie**

V1 Bootsantrieb

Material: Brettchen (z. B. 25 cm × 15 cm × 1 cm); Leisten (1 cm × 1 cm); Sperrholz (möglichst dünn); Gummi; Unterlegscheiben; Holzkleber

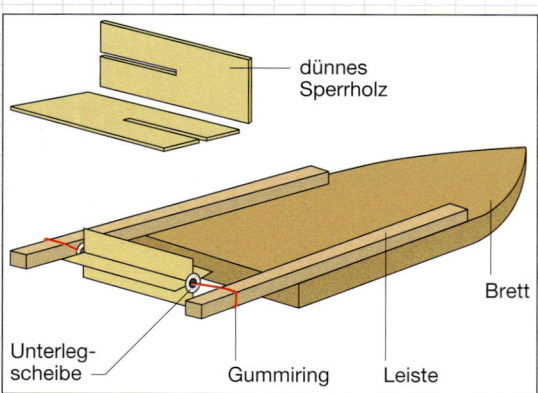

Durchführung: Säge aus dem Brettchen eine Bootsform. Klebe darauf die Leisten, so dass sie weit genug nach hinten überstehen. Befestige dann den Antrieb mit dem Gummi wie abgebildet. Drehe das Schaufelrad mehrfach. Setze das Boot ins Wasser und lass das Schaufelrad los.

Aufgaben: a) Beschreibe die Energieumwandlungen und zeichne eine Wandlungskette.

b) Lege eine Tabelle an und miss, wie weit das Boot fährt, wenn du das Schaufelrad 5, 10, 15, … mal gedreht hast.

c) Belade das Boot mit Schrauben, Steinen oder ähnlichem. Miss wieder, wie weit das Boot kommt und schreibe deine Beobachtungen auf.

d) Probiere, das Boot rückwärts fahren zu lassen. Erkläre deine Beobachtung.

e) Recherchiere, ob es technische Antriebe, Tiere oder Pflanzen gibt, die sich ähnlich bewegen.

V2 Dampfboot

Material: Brettchen (z. B. 25 cm × 15 cm × 1cm); Nägel (4–5 cm); Teelichthülle; Dose; Esbit (aus dem Campingbedarf oder Spielzeugzubehör); Knetmasse zum Abdichten; Maßband; Stoppuhr
Vorsicht: Heiße Flammen und heißer Dampf! Bitte nur mit Hilfe eines Erwachsenen oder deines Lehrers durchführen.

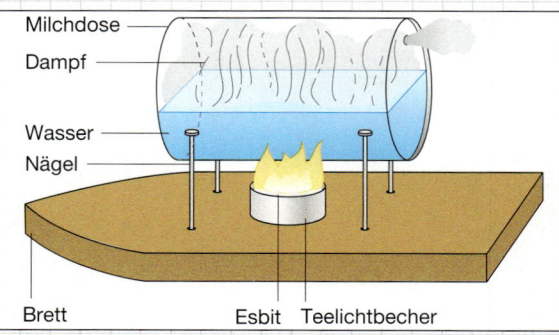

Durchführung: Baue das Boot wie in der Abbildung beschrieben auf. Fülle Wasser in die Dose und dichte sie gut ab. Bohre zuerst nur ein kleines Loch in die Dose. Markiere eine Strecke, die das Boot zurücklegen soll und miss ihre Länge.

Aufgaben: a) Wiege das Boot. Heize den Tank, bis Dampf austritt. Stoppe die Zeit, wie lange insgesamt Dampf austritt. Lass das Boot auf der markierten Strecke schwimmen und miss die Zeit, die es dafür benötigt.

b) Wiege noch mal das Boot.

c) Vergrößere dann vorsichtig das Loch und wiederhole den Versuch mit verschiedenen Lochgrößen. Protokolliere deine Ergebnisse.

d) Berechne die Geschwindigkeiten des Bootes mit den Messwerten.

e) Berechne, wie viel Wasser pro Sekunde ausgeströmt ist.

f) Vergleiche deine Ergebnisse aus d) und e) und erläutere, ob es einen Zusammenhang zwischen der Menge des ausströmenden Wassers und der Geschwindigkeit des Bootes gibt.

g) Vergleiche dein Schiff mit einer Rakete: Welche Bauteile entsprechen sich?

h) Recherchiere über Raketenantriebe: Welche Typen gibt es, was wird verbrannt, wie viel Treibstoff stoßen sie aus?

A3 Bootsantriebe

Es gibt viele unterschiedliche Methoden, Boote anzutreiben. Suche dir eine aus und erstelle ein Plakat dazu mit einem Bild oder einer Grafik des Bootes und seinem Antrieb. Falls du Informationen dazu findest, stelle dar, wo und warum dieser Antrieb eingesetzt wird, wie viel Energie bzw. Treibstoff verbraucht wird, was solche Boote kosten und weiteres Interessantes zu deinem Antrieb.

V 4 Energie beim Bremsen

Material: Ein verkehrstüchtiges Fahrrad mit guten Bremsen und einem Tacho; Maßband; Helm

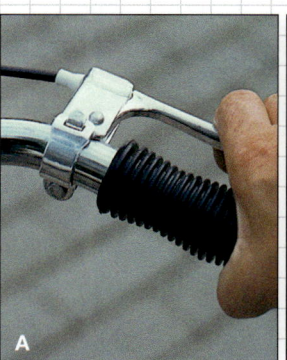 

Handbremse. A Bremshebel; B Felgenbremse

Durchführung: Suche dir eine Strecke, wo du nicht durch Autos gefährdet wirst. Setze den Sattel herunter, so dass du dich bequem mit den Füßen am Boden abstützen kannst. Zeichne eine Stopplinie auf den Boden. Fahre jetzt mit 10 km/h auf die Linie zu, bremse genau dort nicht zu stark bis zum Stillstand ab und miss anschließend, wie weit du gekommen bist. Fasse nach dem Bremsen an die Felge.
Wiederhole den Versuch mit anderen Geschwindigkeiten, bremse aber immer möglichst gleich stark. Protokolliere deine Messwerte.

Aufgaben: a) Nenne die Energiewandlungen, die beim Bremsen stattgefunden haben.
b) Zeichne eine Wandlungskette.
c) Formuliere einen Zusammenhang zwischen der Geschwindigkeit kurz vor dem Bremsen und dem Weg, der beim Bremsen zurückgelegt wird, dem sogenannten Bremsweg.
d) In der Fahrschule lernt man folgende Faustregel: „Bremsweg in Metern ist gleich Geschwindigkeit mal Geschwindigkeit" Geschwindigkeit bedeutet dabei den Zahlenwert vor der Einheit km/h.
Berechne die Bremswege zu deinen Geschwindigkeiten mit der Faustformel und vergleiche mit deinen Messwerten. Nimm Stellung zu auftretenden Abweichungen.
e) Erkundige dich bei Fachleuten oder in Radmagazinen oder Büchern, ob es verschiedene Bremsklötzchen gibt, die besser oder schlechter bremsen. Nenne auch sonstige Unterschiede bei Fahrradbremsen, die das Bremsen verbessern.

V 5 Energieumwandlung am Hang

Material: Ein verkehrstüchtiges Fahrrad mit guten Bremsen und einem Tacho; Maßband; Helm

Durchführung: Suche dir eine Rampe oder eine flache Steigung. Fahre mit unterschiedlichen Geschwindigkeiten auf die Rampe zu und lasse das Rad dann ohne zu treten oder zu bremsen hinaufrollen. Miss immer, wie weit du gekommen bist. Protokolliere deine Messergebnisse.
Wiederhole die Messungen mit mehr Gewicht auf dem Fahrrad oder mit schwererem Fahrer.
Kehre die Versuche dann um: Rolle aus verschiedenen Höhen herunter und miss deine Geschwindigkeit unten.

Aufgaben: a) Nenne die Energieumwandlungen.
b) Trage deine Messwerte in ein Diagramm ein und lies daraus ab, mit welcher Geschwindigkeit man anfahren muss, um auf einen 50 m höheren Berg hoch zu rollen?
c) Recherchiere, wie schnell ein Achterbahnwagen wird, wenn er aus großer Höhe herunterrollt.
d) Erkläre, was eine Notfallbremsspur ist.

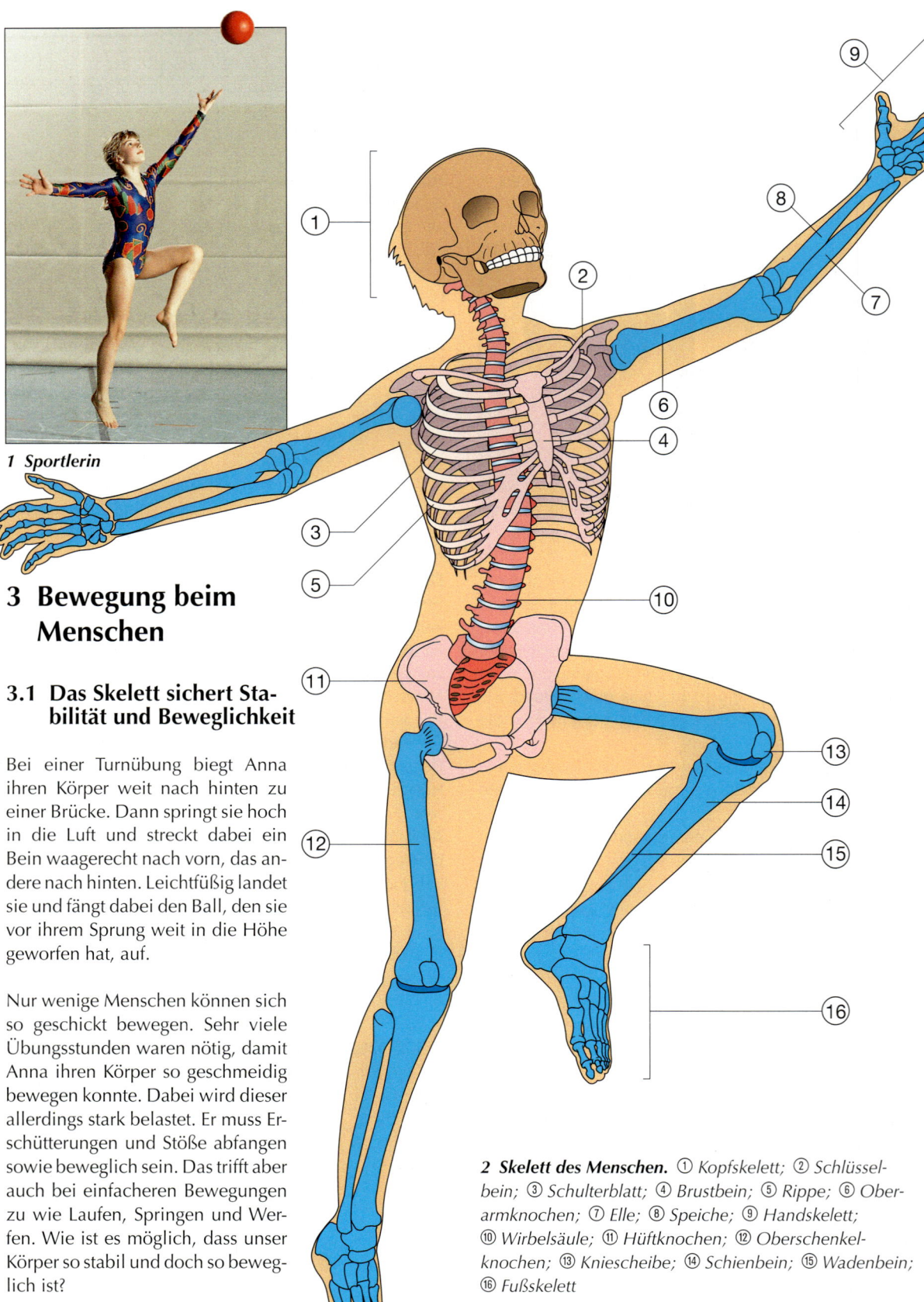

1 Sportlerin

3 Bewegung beim Menschen

3.1 Das Skelett sichert Stabilität und Beweglichkeit

Bei einer Turnübung biegt Anna ihren Körper weit nach hinten zu einer Brücke. Dann springt sie hoch in die Luft und streckt dabei ein Bein waagerecht nach vorn, das andere nach hinten. Leichtfüßig landet sie und fängt dabei den Ball, den sie vor ihrem Sprung weit in die Höhe geworfen hat, auf.

Nur wenige Menschen können sich so geschickt bewegen. Sehr viele Übungsstunden waren nötig, damit Anna ihren Körper so geschmeidig bewegen konnte. Dabei wird dieser allerdings stark belastet. Er muss Erschütterungen und Stöße abfangen sowie beweglich sein. Das trifft aber auch bei einfacheren Bewegungen zu wie Laufen, Springen und Werfen. Wie ist es möglich, dass unser Körper so stabil und doch so beweglich ist?

2 Skelett des Menschen. ① Kopfskelett; ② Schlüsselbein; ③ Schulterblatt; ④ Brustbein; ⑤ Rippe; ⑥ Oberarmknochen; ⑦ Elle; ⑧ Speiche; ⑨ Handskelett; ⑩ Wirbelsäule; ⑪ Hüftknochen; ⑫ Oberschenkelknochen; ⑬ Kniescheibe; ⑭ Schienbein; ⑮ Wadenbein; ⑯ Fußskelett

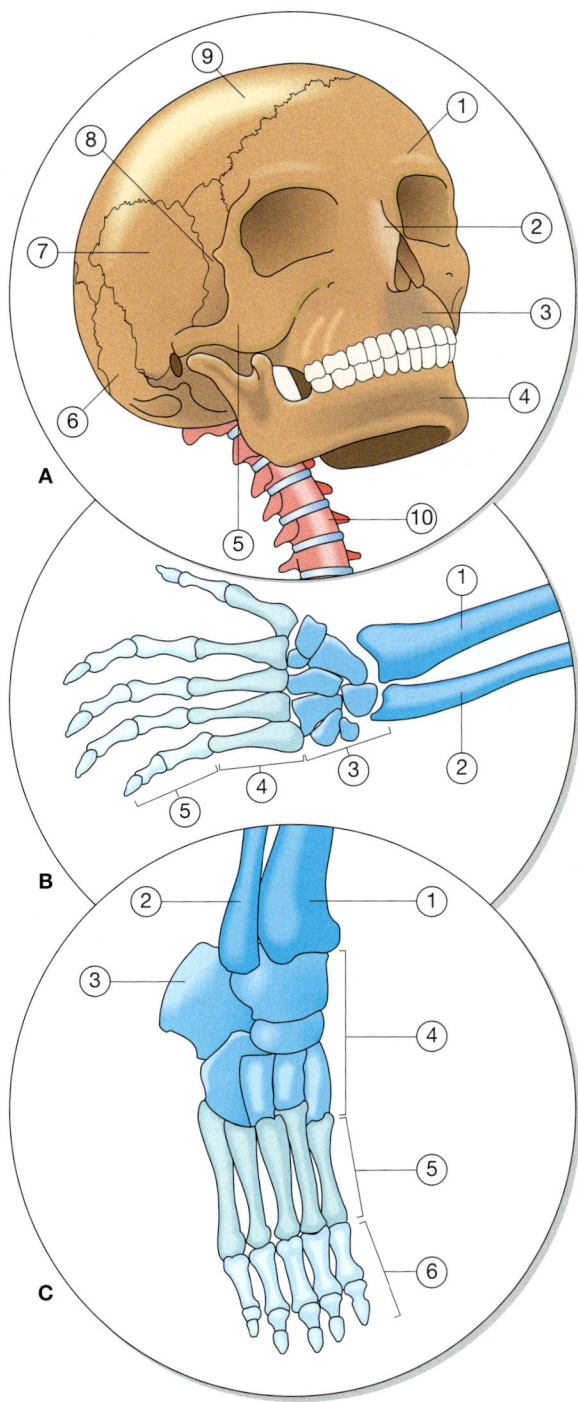

Ein Knochengerüst im Inneren des Körpers, das **Skelett,** sorgt für Halt und Beweglichkeit. Seine mehr als 200 Knochen sind besonders geformt und miteinander verbunden. Beim **Kopfskelett** sind harte, meist flache Knochen zu einer widerstandsfähigen Knochenschale, dem *Gehirnschädel,* verwachsen. Dieser umschließt das Gehirn und schützt es. Der einzige bewegliche Knochen des Schädels ist der Unterkiefer. Er bildet mit dem *Oberkiefer,* dem *Nasenbein* und dem *Jochbogen* den *Gesichtsschädel.*

Der Schädel wird durch die *Wirbelsäule* getragen. Sie ist die zentrale Achse des gesamten **Rumpfskeletts.** Am unteren Ende ist die Wirbelsäule fest mit dem Becken verwachsen. Im Brustbereich setzen seitlich an der Wirbelsäule zwölf bewegliche *Rippenpaare* an, die sich bogenförmig nach vorne krümmen. Die meisten Rippenpaare sind elastisch mit dem *Brustbein* verbunden und bilden so den *Brustkorb.* Der Brustkorb schützt wie ein „Sicherheitskäfig" Herz und Lungen.
Der *Schultergürtel* setzt sich aus je einem *Schulterblatt* und einem *Schlüsselbein* auf jeder Seite zusammen. Er verbindet die Arme mit dem Rumpf.
Das *Becken* besteht aus sechs vollständig miteinander verwachsenen Knochen, den *Hüftknochen.* Sie verbinden die Beine mit dem Rumpf und tragen ähnlich wie eine Schale die Bauchorgane. In der Mitte des Beckens ist die Wirbelsäule verankert. Diesen Bereich des Beckens nennt man *Kreuzbein.*

Die größte Beweglichkeit zeigen die **Gliedmaßen.** Das *Armskelett* besteht aus 30 einzelnen Knochen. An den *Oberarmknochen* schließen die Unterarmknochen *Elle* und *Speiche* an. Die *Handwurzelknochen* und die *Mittelhandknochen* bilden die Handfläche, die *Fingerknochen* die einzelnen Finger.
Ähnlich ist das Beinskelett aufgebaut. Auf den *Oberschenkelknochen* folgen im Unterschenkel *Schienbein* und *Wadenbein.* Vorne am Knie liegt die *Kniescheibe.* Die *Fußwurzelknochen,* die *Mittelfußknochen* und die *Zehenknochen* bilden den Fuß.

1 Ertaste und zähle die Knochen in deinen Fingern. Ordne den ertasteten Knochen die richtigen Namen zu.
2 Vergleiche mithilfe von Abbildung 2 Arm- und Beinskelett. Nenne Unterschiede.
3 Erläutere, welche inneren Organe durch das Skelett besonders geschützt werden.

3 Skelettbereiche. A Kopfskelett: ① *Stirnbein,* ② *Nasenbein,* ③ *Oberkiefer,* ④ *Unterkiefer,* ⑤ *Jochbein,* ⑥ *Hinterhauptsbein,* ⑦ *Schläfenbein,* ⑧ *Keilbein,* ⑨ *Scheitelbein,* ⑩ *Wirbelsäule; B Handskelett:* ① *Speiche,* ② *Elle,* ③ *Handwurzelknochen,* ④ *Mittelhandknochen,* ⑤ *Fingerknochen; C Fußskelett:* ① *Schienbein,* ② *Wadenbein,* ③ *Fersenbein,* ④ *Fußwurzelknochen,* ⑤ *Mittelfußknochen,* ⑥ *Zehenknochen*

1 Turnübung

3.2 Die Wirbelsäule stützt den Körper

Beim Flickflack wird der Rumpf stark gekrümmt. Möglich wird dies durch den Bau der **Wirbelsäule.** Sie besteht aus einzelnen Knochen, den **Wirbeln,** die über **Gelenke** gegeneinander beweglich sind. Die Wirbel sind so übereinander gestapelt, dass sie eine Säule bilden. Starke **Bänder** verbinden die Wirbel miteinander. So wird der Körper gestützt. Außerdem schützen die Wirbel durch die Wirbelbögen das empfindliche **Rückenmark.** Zwischen den Wirbeln liegen elastische Knorpelscheiben. Diese **Zwischenwirbelscheiben** heißen auch **Bandscheiben.** Sie verhindern, dass die Wirbel bei Bewegungen aneinander reiben. Zusätzlich wirken die Bandscheiben wie Stoßdämpfer.

Betrachtet man die Wirbelsäule von der Seite, so fällt die *doppelt-S-förmige Krümmung* auf. Das erste „S" verläuft vom Beginn der Halswirbelsäule bis etwa in die Mitte der *Brustwirbelsäule.* Das zweite „S" schließt nach unten an und reicht über die *Lendenwirbelsäule* bis zum *Steißbein.* Aufgrund dieser Krümmung kann die Wirbelsäule auch harte Stöße gut abfedern.

Abbildungsbeschriftungen (Figur 2):

7 Hals-
wirbel

12 Brust-
wirbel

5 Lenden-
wirbel

Kreuzbein

Steißbein

Brust-
korb

Becken

A

vorderes
Längs-
band

hinteres
Längs-
band

B

Dorn-
fortsatz

Rücken-
mark

C

Wirbel-
körper

Band-
scheibe

Wirbelbogen

Dorn-
fortsatz

Quer-
fortsatz

D

Wirbel-
körper

Wirbelloch
(Rücken-
marks-
kanal)

2 Bau der Wirbelsäule. A *Seitenansicht;* **B** *Bandapparat;* **C** *Wirbelsäule gekrümmt (Längsschnitt);* **D** *Lendenwirbel von oben*

1 Erläutere, auf welche Weise die Wirbelsäule Stöße abfangen kann.

Haltungsfehler

Ärzte warnen immer wieder vor Bewegungsmangel und Fehlhaltungen des Körpers. Solche Fehlhaltungen siehst du auf der nebenstehenden Abbildung. Durch die einseitige Tragehaltung der Schultasche wird die natürliche Form der Wirbelsäule verändert. Als Folge der einseitigen Krümmung können dauerhafte **Haltungsschäden** entstehen.

Auch krummes und zu langes Sitzen an zu niedrigen Tischen belastet die Wirbelsäule einseitig. Besonders nachteilig kann sich dies auf die Bandscheiben auswirken. Durch die dauernde einseitige Belastung wird die Bandscheibe teilweise zwischen den Wirbeln herausgequetscht und drückt auf die nahe liegenden Nervenbahnen des Rückenmarks. Sehr starke Schmerzen oder sogar Lähmungen der Beine können die Folge sein.

Dauerschäden an der Wirbelsäule als Folge falscher Körperhaltungen kannst du vermeiden, wenn du folgende ärztliche Ratschläge beachtest:

Achte immer auf die richtige Höhe von Tisch und Sitz beim Arbeiten!

Gehe in die Hocke und halte deinen Rücken gerade, wenn du schwere Lasten anheben willst!

Verteile schwere Lasten beim Tragen möglichst gleichmäßig auf beide Arme!

Kräftige deine Muskeln an Bauch und Rücken durch regelmäßige Übungen, wie du sie auf der Abbildung nebenan sehen kannst!

Die Füße sind ebenfalls hoch belastet, denn sie müssen das gesamte Körpergewicht tragen. Durch ihren gewölbeartigen Bau wird das Körpergewicht so verteilt, dass zwei Drittel davon auf dem Fußballen liegen, der Rest auf den Zehen und der Ferse. Schuhe mit hohen Absätzen verlagern die Belastung nach vorne auf den Fußballen. Durch die geänderte Gewichtsverteilung wird das Fußskelett überlastet, der Fuß schmerzt. Manchmal sind die Bänder, die die Knochen im Fuß miteinander verbinden, zu schwach. Bei starker Dauerbelastung sinkt das Fußgewölbe ab. Zunächst entsteht ein *Senkfuß,* später ein **Plattfuß.** Häufiges Barfußgehen und Fußgymnastik können dies verhindern.

Von Natur aus ist der Fuß im Bereich des Ballens am breitesten, die große Zehe zeigt geradeaus. Durch vorne sehr spitz auslaufende Schuhe wird die große Zehe aber zu den anderen Zehen hin abgebogen. Dies führt zu seitlichen Druckstellen am Fuß, die stark schmerzen.

1 Falsche Krümmung der Wirbelsäule

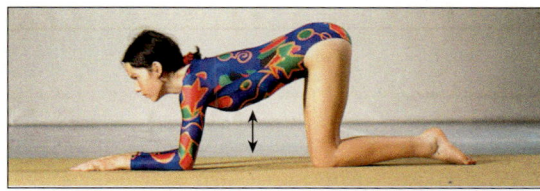

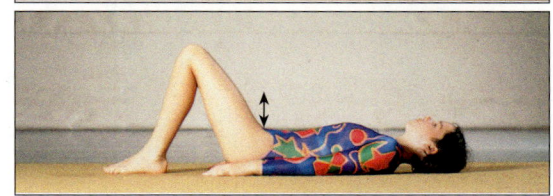

2 Übungen für die Wirbelsäule

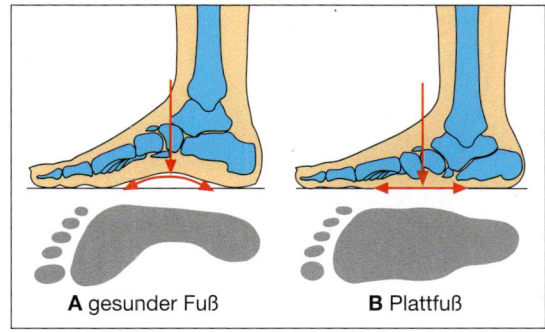

A gesunder Fuß   **B** Plattfuß

3 Fußschäden

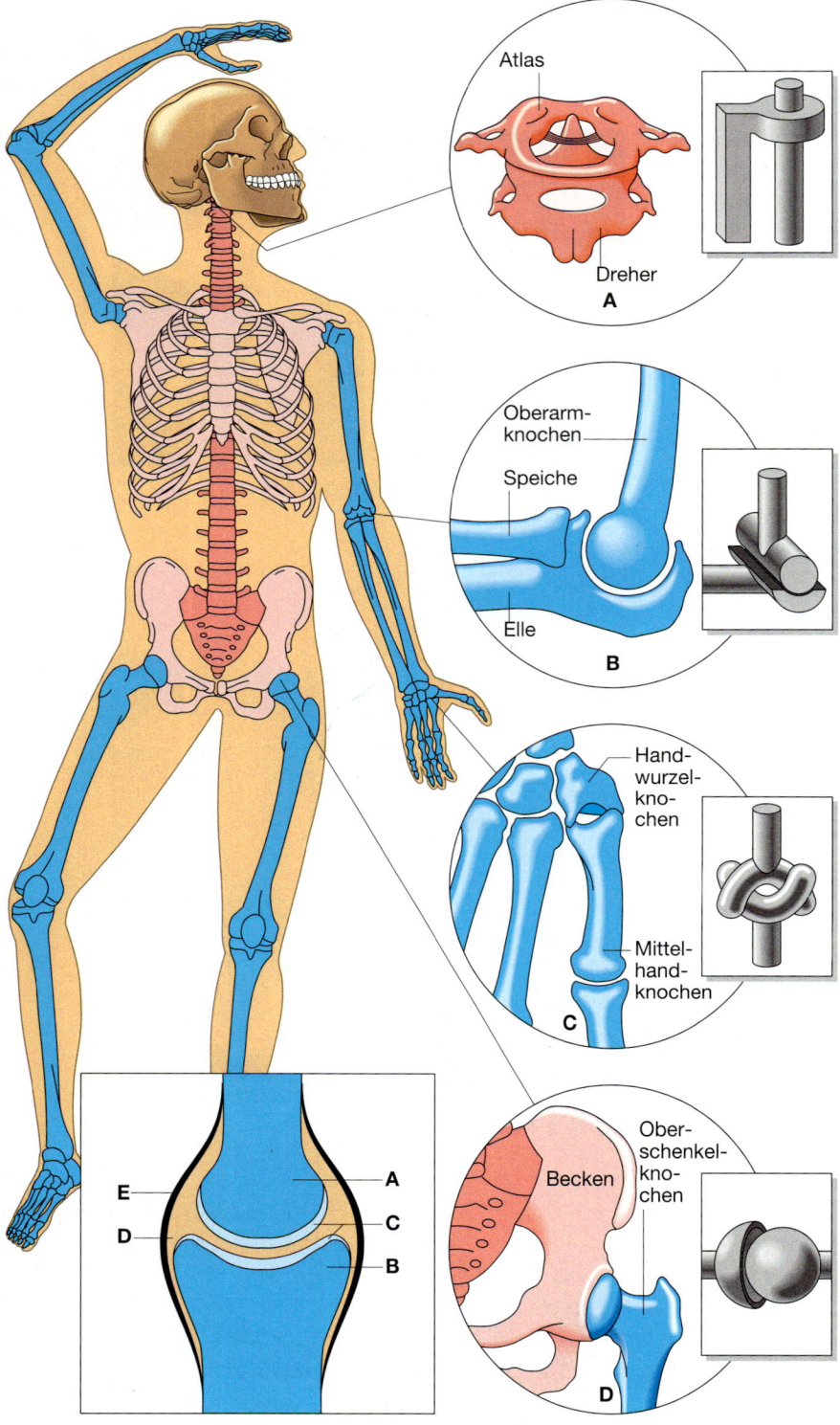

1 Bau eines Gelenks. A *Gelenkkopf;*
B *Gelenkpfanne;* **C** *Gelenkknorpel;*
D *Gelenkspalt und Gelenkschmiere;*
E *Gelenkkapsel und Gelenkbänder*

2 Gelenktypen. A *Drehgelenk*
(zwischen 1. und 2. Halswirbel);
B *Scharniergelenk (Ellenbogen-*
gelenk); **C** *Sattelgelenk (Daumen-*
gelenk); **D** *Kugelgelenk (Hüftgelenk)*

3.3 Gelenke machen das Skelett beweglich

Die Knochen des Skeletts sind über **Gelenke** beweglich miteinander verbunden. Gelenke finden wir zwischen dem Schädel und der Wirbelsäule, den Wirbeln und allen Knochen der Gliedmaßen.

Gelenke sehen zwar sehr unterschiedlich aus, sie besitzen aber einen gemeinsamen Bauplan: Immer zwei Knochen bilden ein Gelenk. Sie sind im Gelenkbereich so geformt, dass ihre Gelenkflächen genau aufeinander passen. Diese Bereiche werden als **Gelenkkopf** und **Gelenkpfanne** bezeichnet. Die Knochen werden durch starke, elastische Bänder, die **Gelenkkapsel,** zusammengehalten. Die Gelenkflächen sind mit **Gelenkknorpel** überzogen. Hierdurch können Stöße abgefedert und die Reibung verringert werden. Die Gelenkkapsel sondert die **Gelenkschmiere** ab, die die Reibung im Gelenk zusätzlich vermindert.

Für die seitliche Drehung des Kopfes ist ein **Drehgelenk** zwischen den beiden obersten Halswirbeln verantwortlich. Das Ellenbogengelenk ist dagegen nur in einer Ebene beweglich. Man bezeichnet dieses Gelenk als **Scharniergelenk.** Das Daumengelenk ist in zwei Ebenen beweglich, ähnlich wie ein Reiter auf einem gesattelten Pferd. Es heißt daher **Sattelgelenk.** In allen Richtungen beweglich ist das **Kugelgelenk** wie das Hüftgelenk oder das Schultergelenk.

1 Nenne die Teile eines Gelenks und ihre Aufgaben. Fertige eine Tabelle an.

3.4 Aufbau und Eigenschaften von Knochen

Ein dünner Längsschnitt durch das obere Ende eines Oberschenkelknochens zeigt, dass der Knochen im Inneren hohl ist. Es sind eine Vielzahl feiner, in bestimmte Richtungen verlaufender Bälkchen zu erkennen. Ein solcher Knochen wird als **Röhrenknochen** bezeichnet.

Bereits das Baumaterial eines Knochens sorgt dafür, dass dieser stabil und elastisch, aber trotzdem leicht ist. Der Knochen setzt sich aus zwei verschiedenen Substanzen zusammen. Die Grundsubstanz, der *Knochenknorpel*, besteht aus Bindegewebsfasern (Eiweißstoffe) und macht den Knochen elastisch. Die eingelagerten Mineralstoffe, vor allem Kalziumsalze, verleihen dem Knochen seine Festigkeit und Härte.

Auch die Konstruktion eines Knochens trägt zur Stabilität bei. Die Oberfläche besteht aus der **Knochenhaut.** Hier befinden sich viele Blutgefäße, die Nährstoffe liefern. Darunter liegt die **Knochenrinde.** Sie besteht aus mehreren Schichten elastischer Fasern, die man als *Knochenlamellen* bezeichnet. Nach innen schließen sich die *Knochensäulchen* an. Diese enthalten im Zentrum dünne Blutgefäße und einen Nerv. Außen herum sind in Kreisen Knochenlamellen angeordnet. Zwischen den Lamellen liegen die **Knochenzellen.** Diese bilden ständig Knochensubstanz und Bindegewebsfasern. Sie sind die lebenden Bestandteile des Knochens.

Das tiefer im Knochen liegende *Schwammgewebe* enthält die *Knochenbälkchen.* Diese sind wie die Knochensäulchen aufgebaut. Sie sind wie die Stahlkonstruktion eines Baukrans oder einer Brücke ausgerichtet und können so den Zug- und Druckkräften entgegenwirken.

Im Inneren eines Röhrenknochens liegt die *Markhöhle.* Sie enthält *Knochenmark,* in dem Blutzellen gebildet werden.

Im Knochen wird die Knochensubstanz ständig ab- und aufgebaut. So bleibt der Knochen stets funktionstüchtig und kann sich auch nach Verletzungen wieder erneuern. Kinder und Jugendliche besitzen an den Enden der Röhrenknochen noch *Wachstumszonen.* Hier wird vermehrt Knochensubstanz eingelagert. Dadurch wächst der Knochen in die Länge.

Außer den Röhrenknochen hat der Mensch **Plattenknochen,** die nicht hohl sind. Solche Knochen sind zum Beispiel die Schädelknochen und die Beckenknochen.

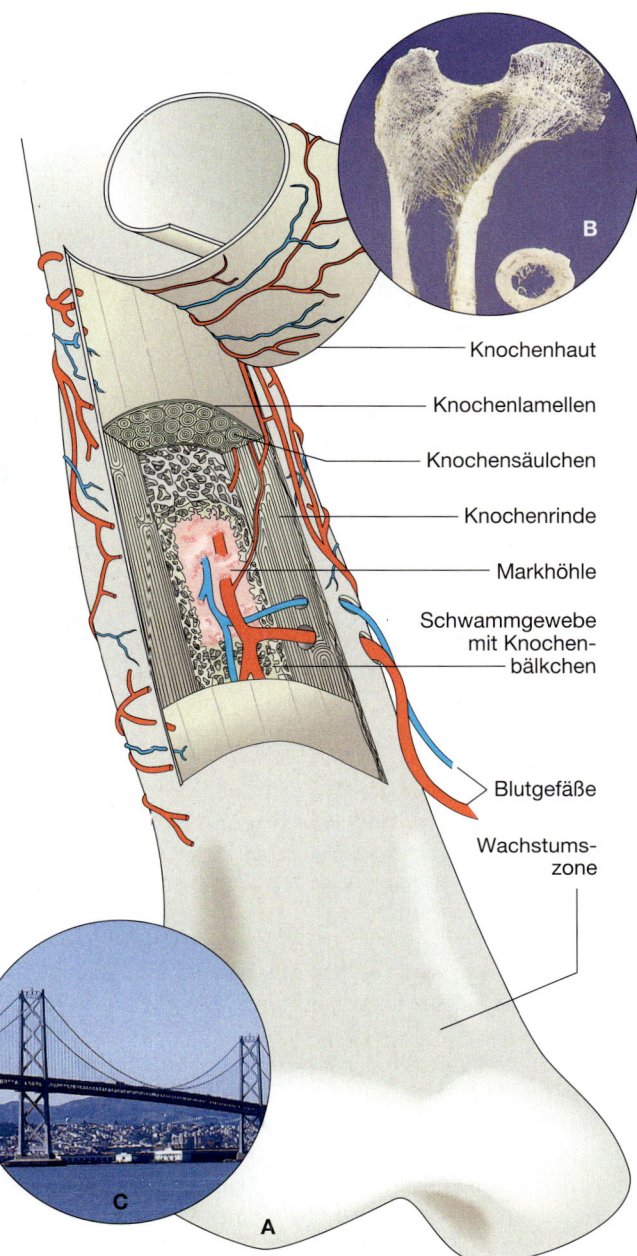

Knochenhaut

Knochenlamellen

Knochensäulchen

Knochenrinde

Markhöhle

Schwammgewebe mit Knochenbälkchen

Blutgefäße

Wachstumszone

1 Röhrenknochen. A *Bau (Schema);* **B** *Bälkchenstruktur am oberen Ende des Oberschenkelknochens;* **C** *Stahlkonstruktion einer Brücke*

1 Nenne Merkmale, die den Knochen als lebendes Organ kennzeichnen.

2 Erläutere, weshalb die Anordnung der Knochenbälkchen oft mit dem Gitterwerk einer Brücke verglichen wird.

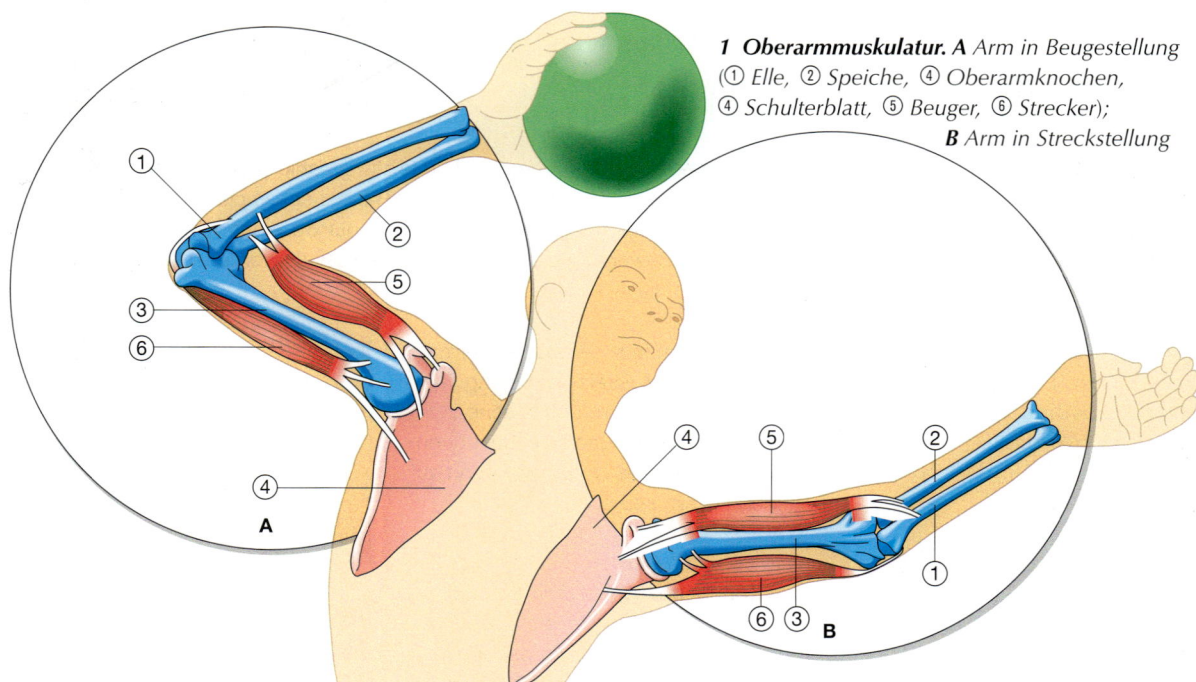

*1 **Oberarmmuskulatur.** A Arm in Beugestellung*
(① Elle, ② Speiche, ④ Oberarmknochen,
④ Schulterblatt, ⑤ Beuger, ⑥ Strecker);
B Arm in Streckstellung

3.5 Muskeln

Christian spielt Handball. Er hebt den Ball mit gebeugtem Arm über den Kopf und zieht den Arm durch. Wie ein Geschoss fliegt der Ball an dem gegnerischen Torhüter vorbei ins Tor. Woher nimmt Christian die Kraft für seinen gelungenen Torwurf?

Die Kraft dazu wird von den **Muskeln** am Arm erzeugt. Vorne am Oberarm findet man einen besonders kräftigen Muskel, den *Bizeps,* auf der Rückseite des Oberarms den *Trizeps.* Verkürzt sich der Bizeps, so wird der Unterarm gebeugt. Diesen Muskel nennt man auch **Beuger.** Die Verkürzung des Muskels *erfordert Energie,* ist also eine *aktive Bewegung.*
Um den Arm wieder zu strecken, muss sich der Trizeps verkürzen. Dieser Muskel heißt daher **Strecker.** Dabei wird auch der Bizeps wieder *passiv* in die ursprüngliche Länge gezogen. Beuger und Strecker sind also **Gegenspieler.** Sie arbeiten stets abwechselnd.

Ein Muskel ist aus vielen einzelnen **Muskelfasern** zusammengesetzt. Außen ist er von einer festen **Hülle** umgeben. Die Hülle gibt dem Muskel die typische Form einer Spindel. An beiden Enden des Muskels geht die Muskelhülle in die zugfesten **Sehnen** über. Sehnen verbinden den Muskel mit den Knochen. Verkürzt sich ein Muskel, wird er dicker. Die Muskelhülle wird gespannt und der Muskel fühlt sich hart an.

Beim Torwurf muss Christian die Kraft der Armmuskeln genau einstellen. Nur dann kann er das Tor treffen. Auch bei anderen Bewegungen ist es wichtig, die Muskelkraft zu steuern. Dies wird möglich, weil sich jede einzelne Muskelfaser getrennt von den anderen verkürzen kann. Nur wenn viele Muskelfasern gleichzeitig arbeiten, erzeugt der Muskel eine große Kraft.
Regelmäßige sportliche Bewegung kräftigt die Muskeln. Sie nehmen an Umfang zu und werden leistungsfähiger. Wenig benutzte Muskeln werden mit der Zeit schwächer. Dies zeigt sich besonders, wenn ein Muskel wegen einer Verletzung nicht benutzt werden kann.

Die Muskeln des menschlichen Körpers machen etwa die Hälfte unserer Körpermasse aus. Die Muskeln, die am Skelett ansetzen, nennt man **Skelettmuskeln.** Sie erzeugen die Bewegungen des Rumpfes und der Gliedmaßen. Diese Muskeln arbeiten nur dann, wenn wir es wollen. Man nennt sie deshalb *willkürliche Muskulatur.* Daneben gibt es auch Muskeln, die wir normalerweise nicht mit dem Willen beeinflussen können. Zu dieser *unwillkürlichen Muskulatur* gehören zum Beispiel die **Eingeweidemuskeln** und der **Herzmuskel.**

1 Erkläre das Gegenspielerprinzip.
2 Untersuche, wie Gegenspielermuskeln bei der Beugung und Streckung des Unterschenkels wirken. Fertige eine Skizze der Funktionsweise an.

Muskeltraining im Klassenzimmer

Dein Körper wird durch Bewegung nicht abgenutzt, sondern gesund und leistungsfähig gehalten. Durch langes Sitzen in der Schule oder vor dem Fernseher werden Muskeln, Sehnen und Bänder schwächer und kürzer. Dadurch wirst du mit der Zeit unbeweglich. Durch die folgenden Übungen kannst du einen kleinen Ausgleich schaffen. Ein Aufwärmen ist nicht nötig, da keine Bewegung stattfinden soll. Die Muskeln werden nur angespannt. Außerdem darfst du keine Schmerzen spüren.

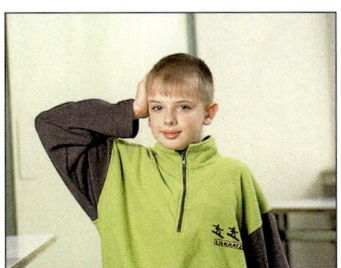

1A Stärkung der Halsmuskeln

Wiederhole jede Aufgabe viermal. Halte jede Muskelanspannung fünf Sekunden lang an und mache zwischen den Übungen zwei Sekunden Pause. Brich die Übung ab, wenn du Schmerzen spürst.

1B Stärkung der Halsmuskeln

1 a) Drücke deine rechte Hand gegen die rechte Schläfe und drücke den Kopf kräftig dagegen. Wiederhole die Übung mit der linken Seite.
b) Lege die gefalteten Hände gegen die Stirn und drücke gleichzeitig den Kopf gegen die Hände.

2 Stärkung der Rückenmuskeln

2 Hake deine Finger beider Hände ineinander und halte die Arme hoch. Versuche nun die Ellenbogen auseinander zu ziehen.

3 Lege deine Handflächen aufeinander. Drücke sie fest gegeneinander.

3 Stärkung der Brustmuskeln

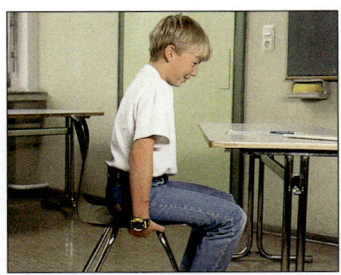

4 Stärkung des unteren Rückens

4 Halte dich mit beiden Händen an der Stuhlunterkante fest. Versuche deinen Rücken gegen diesen Widerstand aufzurichten.

5 Verschränke deine Hände und drücke sie gegen deinen Bauch. Drücke ebenfalls den Bauch gegen die Hände.

6 Strecke deine Beine aus, lege

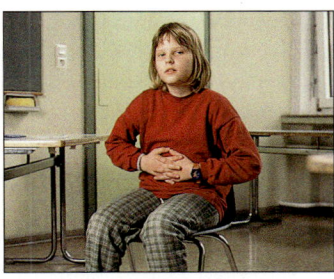

5 Stärkung der Bauchmuskeln

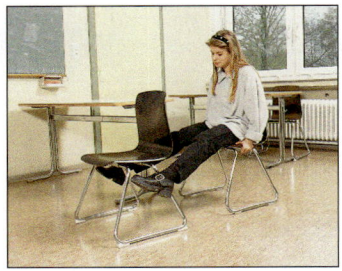

6 Stärkung der Beinmuskeln

die Füße unter den Stuhl deines Nachbarn. Versuche die Stuhlbeine mit ausgestreckten Beinen auseinander zu drücken. Versuche anschließend die Stuhlbeine von außen zusammenzudrücken.

7 Strecke die Beine und winkele die Füße an. Lege die Fußspitzen übereinander und drücke sie gegeneinander. Wechsle die Fußspitzen und wiederhole die Übung.

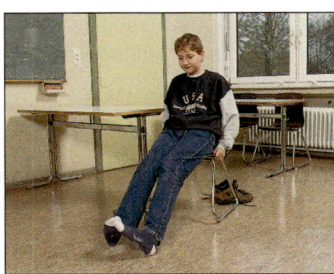

7 Stärkung der Fußmuskeln

Übung   Bewegung

V1 Biegsamkeit der Wirbelsäule

Material: Wellpappe; Schaumstoff 1-cm dick (Betten-fachgeschäft); Kunststoffkleber (z.-B. Silikonkleber); Schere; Locher; Bleistift, Zirkel oder Kreisschablone

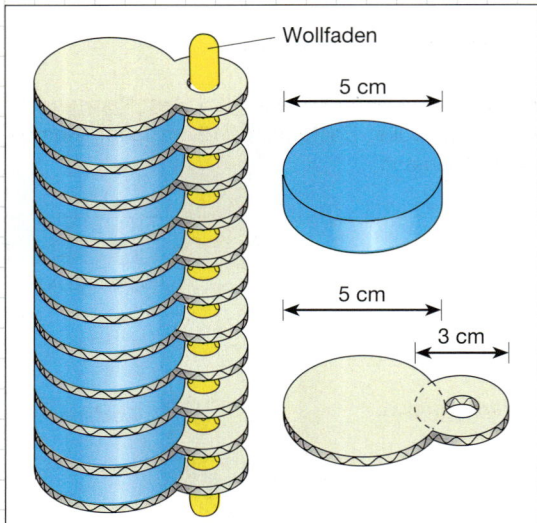

Wollfaden

5 cm

5 cm

3 cm

Durchführung: Zeichne zehn Kreise mit einem Durchmesser von 5 cm auf den Schaumstoff und schneide sie aus. Schneide elf zusammenhängende Doppelkreise wie in der Abbildung mit einem Durchmesser von 5 cm bzw. 3 cm aus der Wellpappe.

Loche die kleinen Kreise wie in der Abbildung zu sehen. Klebe abwechselnd die gleich großen Schaumstoff- und Pappkreise aufeinander. Achte darauf, dass auch die kleineren Kreise übereinander liegen. Ziehe einen Wollfaden durch die Löcher in den kleinen Kreisen.

Aufgaben: a) Erläutere, was durch die Pappe, den Schaumstoff und den Faden veranschaulicht wird.

b) Krümme das Modell zur Seite. Beschreibe die Verformung der einzelnen Teile. Welche Eigenschaft der menschlichen Wirbelsäule kannst du auf diese Weise nachvollziehen?

V2 Belastbarkeit der Wirbelsäule

Material: ca. 1,5 m Klingeldraht; Unterlage (z.B. ein Holzbrett, 10 cm breit, 20 cm lang und 2 cm dick); ca. 65 Büroklammern; Kombizange; Lineal

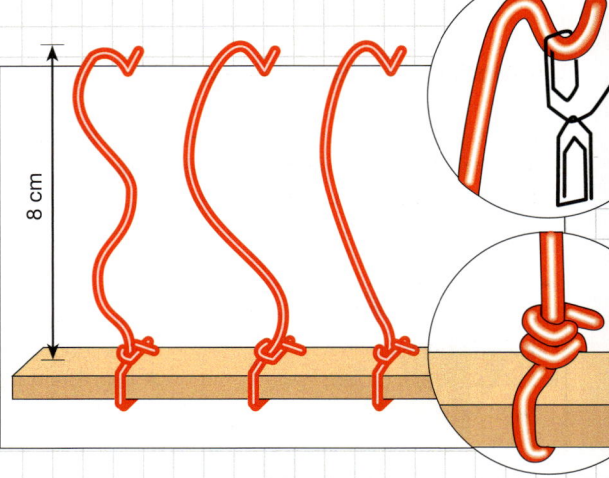

8 cm

Durchführung: Kneife drei etwa 45 cm lange Draht-stücke ab. Schlinge sie um die Unterlage und drehe sie mit der Zange fest. Kürze die überstehenden Enden auf eine Länge von 13 cm. Biege die einzelnen Drahtstücke zu den abgebildeten Formen. Achte darauf, dass alle drei Drahtformen gleich hoch sind. Hänge auf jede Form wie in der Abbildung eine geöffnete Büroklammer.

Aufgaben: a) Miss die Höhe der Drahtstücke. Belaste die Formen zunächst mit zehn Klammern, dann mit 20 Klammern und miss jeweils ihre Höhe erneut. Welches Modell verbiegt sich am wenigsten?

b) Nenne das Modell, das die menschliche Wirbelsäule wiedergibt. Begründe, warum diese Form besonders vorteilhaft ist.

A3 Richtiges Sitzen

Aufgaben: a) Setze dich so wie oben abgebildet hin. Welche ist die gesündere Sitzhaltung? Nenne mögliche Gründe dafür.

b) Nenne mögliche Folgen, die durch eine ungesunde Sitzhaltung entstehen können.

c) Welche anderen Haltungsschäden kennst du noch?

V4 Modell eines Scharniergelenks

Material: Moosgummiplatte (Papier- oder Bastelladen) in zwei Farben; Versandtaschenklammer; Kleber; Schere; Nagelschere, Bleistift, Lineal; Zirkel

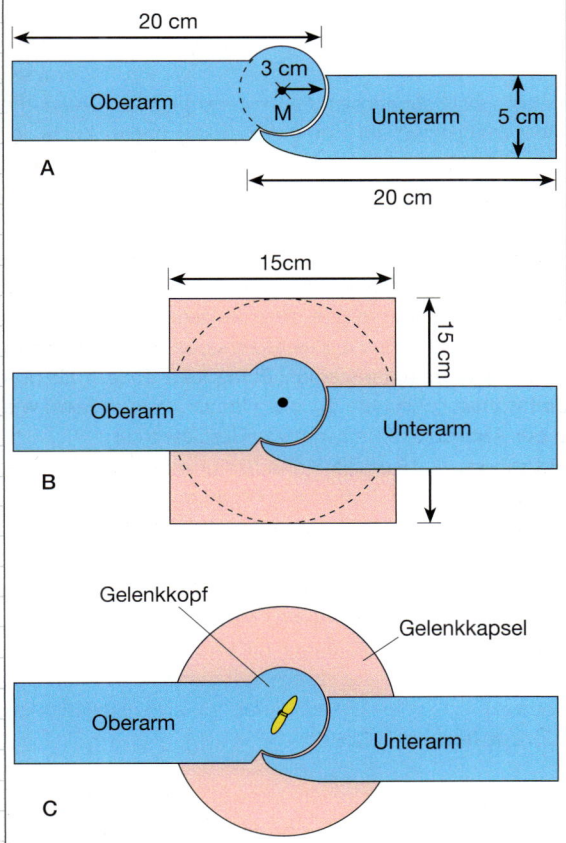

Durchführung: Zeichne das Modell von Oberarm und Unterarm auf Moosgummi in einer Farbe (Abbildung A). Beginne die Zeichnung mit dem Kreis. Zeichne auch den Kreismittelpunkt ein. Schneide „Oberarm" und „Unterarm" aus. Zeichne die „Gelenkkapsel" wie in Abbildung B auf das Moosgummi der anderen Farbe und schneide sie aus. Klebe nun den „Unterarm" wie in Abbildung B auf die „Gelenkkapsel". Loche nun den „Gelenkkopf" in der Mitte. Passe ihn in die „Gelenkpfanne" ein. Markiere das Loch im „Gelenkkopf" auf der Gelenkkapsel. Schneide an der markierten Stelle mit der Nagelschere ein Loch in die Gelenkkapsel. Verbinde nun Gelenkkopf und Gelenkkapsel mit der Versandtaschenklammer (Abbildung C).

Aufgaben: a) Bewege beide Teile des Modells gegeneinander. In welcher Richtung sind sie beweglich?

b) Vergleiche das Modell mit dem Ellenbogengelenk. Halte Gemeinsamkeiten und Unterschiede fest.

V5 Wie Muskeln arbeiten

Material: Gelenkmodell aus V4, 1 Blatt Papier (nicht zu dünn); Wolle; Basteldraht (15 cm lang); Kombizange; Klebstoff

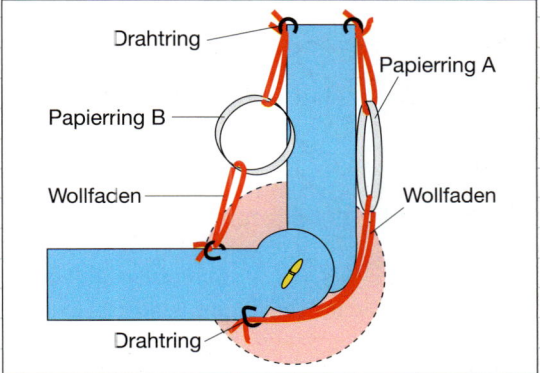

Durchführung: Kneife vier 3 cm lange Drahtstücke ab und steche sie wie in der Abbildung durch das Modell aus V4. Biege den Draht zu kleinen Ringen zusammen.

Schneide zwei Papierstreifen (1 cm breit, 18 cm lang) zu und klebe sie jeweils zu einem Ring zusammen. Schneide vier Wollfäden ab (je 25 cm lang) und befestige damit die Papierstreifen an den Drahtringen wie in der Abbildung. Verknote die Wollfäden zunächst aber nur locker.

Beuge den Modellarm und ziehe die Wolle bei Ring A so fest an, dass dieser Ring zu einem Oval verformt wird. Gleichzeitig sollen die Wollfäden am Ring B zwar gespannt sein, aber der Ring B soll in dieser Armstellung seine kreisrunde Form behalten. Verknote die Wollfäden in dieser Stellung nun endgültig.

Aufgaben: a) Strecke und beuge das Modell. Es muss dabei flach auf der Tischplatte liegen. Beschreibe, wie sich dabei die beiden Papierringe verformen.

b) Beschreibe die Arbeitsweise der Armmuskeln und vergleiche sie mit dem Modell. In welchen Punkten entspricht das Modell nicht der Wirklichkeit?

1 Nahrungsmittel für einen Monat

3.6 Nahrung liefert Energie

Eine Schülergruppe zeigte im Rahmen einer Projektwoche mit dem Thema „Ernährung"eine erstaunliche Präsentation: Sie hatte entsprechende Mengen all der Lebensmittel auf einem Tisch zusammengetragen, die ein Mitglied ihrer Gruppe in den letzten 30 Tagen verzehrt hatte.

Angesichts der großen Menge an festen und flüssigen Lebensmitteln, die der Schüler in den 30 Tagen als Nahrung aufgenommen hatte, ist es erstaunlich, dass sich sein Körpergewicht in diesem Zeitraum kaum verändert. Selbstverständlich hat er während dieser Zeit auch große Mengen an Kot und Wasser ausgeschieden, Letzteres vor allem in Form von Urin und Schweiß. Aber selbst wenn es möglich gewesen wäre, alle Ausscheidungen gewichtsmäßig zu erfassen, würde im Vergleich zu der aufgenommenen Nahrungsmenge noch ein erheblicher Teil fehlen.

Mit der Nahrung werden dem Körper Stoffe zugeführt, die er in körpereigene Substanzen umwandelt. So werden zum Beispiel die Eiweißstoffe aus den Nahrungsmitteln dazu verwendet, neue Muskulatur zu bilden, die etwa 40 Prozent der Körpermasse ausmacht. Zu reichlich aufgenommene Fette und Kohlenhydrate werden nach ihrer Umwandlung in den Fettzellen des Körpers gespeichert. Für diese und alle übrigen Wachstums- und Aufbauvorgänge benötigt der Körper neue **Baustoffe.** Außerdem finden ständig Umbau- und Reparaturvorgänge statt. So werden die äußeren Hautschichten einmal pro Monat vollständig erneuert. Manche Darmzellen werden nur ein bis zwei Tage alt, während Leberzellen nach zehn bis zwanzig Tagen absterben. Diese Zellen werden in entsprechender Zahl ersetzt. Auch Haare und Fingernägel wachsen fortwährend nach: Haare etwa einen Zentimeter, Nägel etwa zwei Millimeter pro Monat.

Der weitaus größere Teil der aufgenommenen Stoffe wird jedoch dazu verwandt, dem Körper Energie zur Verfügung zu stellen, die er für vielfältige Lebensfunktionen benötigt. Diese energiereichen Stoffe halten den Betrieb des Körpers aufrecht, daher werden sie auch als **Betriebsstoffe** bezeichnet.

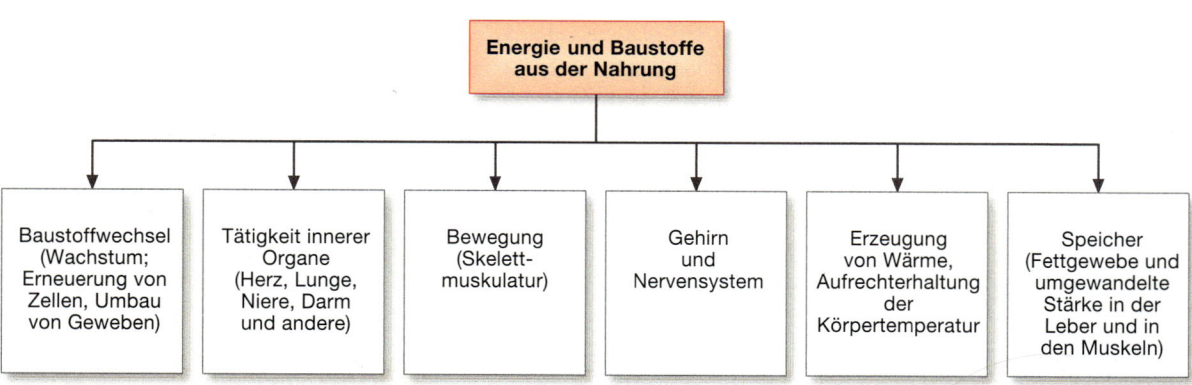

2 Verwendung der Nährstoffe und der in ihnen gespeicherten Energie im Körper

Selbst im Schlaf braucht der Körper ständig Energie, um alle Grundvorgänge, die ihn am Leben erhalten – Atmung, Herzschlag, Verdauung, Hirntätigkeit – ausführen zu können. Bei intensiver Bewegung wird für die Tätigkeit der Muskeln erst recht viel Energie benötigt. Diese kann kurzfristig aus körpereigenen Reserven aufgebracht werden. Auf lange Sicht jedoch muss die notwendige Energie mit der Nahrung zugeführt werden.

Nährstoffe werden im Zuge der Verdauung zerkleinert und mit dem Blut in alle Zellen des Körpers transportiert. Alle Nährstoffe sind unter anderem aus Kohlenstoff aufgebaut, der hier in einer Form vorliegt, die viel Energie gespeichert hat. In den Zellen wird dieser Kohlenstoff mithilfe von eingeatmetem Sauerstoff zu Kohlenstoffdioxid umgewandelt. Dabei entsteht auch Wasser. In diesem Prozess wird die chemisch gebundene Energie freigesetzt; man bezeichnet den Prozess als *Zellatmung*. Die Energie steht nun für alle Lebensvorgänge zur Verfügung und erwärmt gleichzeitig den Körper auf konstant 37 Grad Celsius. Das entstandene energiearme Kohlenstoffdioxid wird mit dem Blut zur Lunge befördert und dort ausgeatmet. Obwohl dieses Gas sehr leicht ist, enthält es doch den Kohlenstoff, der vorher in den Nährstoffen einen wesentlichen Teil des Gewichts ausgemacht hat. Da rund um die Uhr ohne Unterbrechung geatmet wird, werden so mit der Zeit beträchtliche Mengen des in der Nahrung enthaltenen Kohlenstoffs an die Umgebungsluft abgegeben. Bezogen auf die Nahrungsmenge, die der Schüler in den 30 Tagen aufgenommen hatte, kommen auf diese Weise viele Kilogramm zusammen.

Der Energiegehalt der Nahrungsmittel variiert stark. Er hängt zum einen davon ab, aus welchen Nährstoffen die Lebensmittel zusammengesetzt sind, und zum anderen

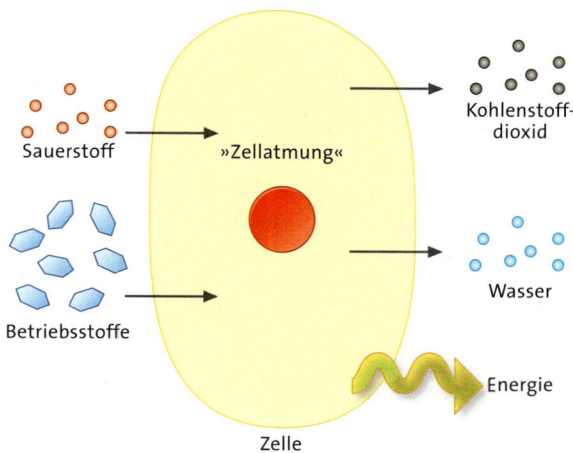

4 Vereinfachtes Schema zur Zellatmung

vom Wasseranteil, da das Wasser keine Energie bereitstellt. Auf Lebensmittelverpackungen sind neben den enthaltenen Nährstoffen meist auch die Energiegehalte aufgeführt. Sie werden in Kilojoule (kJ) angegeben und manchmal auch als Brennwert bezeichnet. Die energiereichsten Nährstoffe sind die Fette. Sie enthalten pro Gramm 39 Kilojoule. Kohlenhydrate und Eiweißstoffe liefern dagegen nur 17 Kilojoule an Energie pro Gramm.

Der Bedarf an Nahrung und Energie ist von Mensch zu Mensch sehr unterschiedlich. Er ist abhängig von der körperlichen Tätigkeit, vom Alter, vom Geschlecht und von Größe und Gewicht. Der **Grundumsatz** dient der Aufrechterhaltung der lebensnotwendigen Körperfunktionen und wird im Liegen bei Raumtemperatur gemessen.

3 Energiegehalte verschiedener Nahrungsmittel in Kilojoule bei mittleren Größen beziehungsweise Portionen

Er liegt zwischen 5000 und 8000 Kilojoule pro Tag. Schon im Sitzen ist der Energieumsatz etwas höher. Durch jede Tätigkeit erhöht sich der Energiebedarf. Die über den Grundumsatz hinaus benötigte Energie wird als **Leistungsumsatz** bezeichnet. Bei sehr schwerer körperlicher Arbeit oder bei extrem anstrengender sportlicher Aktivität kann der Leistungsumsatz auf Werte von über 4000 Kilojoule pro Stunde ansteigen. Eine solch intensive Beanspruchung des Körpers kann selbstverständlich nicht über längere Zeit aufrechterhalten werden. Der **Gesamtumsatz** als Summe aus Grund- und Leistungsumsatz liegt bei maximal 38000 Kilojoule pro Tag.

Liegt der Energiegehalt der aufgenommenen Nahrung unter dem Gesamtenergieumsatz, wird auf Energievorräte im Körper zurückgegriffen. So ist etwa in der Leber Traubenzucker in einer speziellen Form gespeichert, auf die der Körper bei Belastung schnell zurückgreifen kann. Ist die Nährstoffzufuhr über längere Zeit zu gering, werden die Fettreserven im Körper abgebaut. Als Folge davon sinkt das Körpergewicht. Der Körper signalisiert diesen Mangel durch ein ausgeprägtes Hungergefühl. Solche Situationen entstehen unfreiwillig bei Nahrungsknappheit oder gewollt bei einer Diät.

Umgekehrt hat eine über einen längeren Zeitraum anhaltende, zu hohe Nahrungsaufnahme ebenfalls Konsequenzen: Die überschüssigen Stoffe, aus denen der Körper keine Energie freisetzt, werden als Fett eingelagert. Dies geschieht vor allem bei einer zu hohen Aufnahme von Fetten und Kohlenhydraten. Übergewicht und ein erhöhtes Krankheitsrisiko können hier die Folgen sein.

Nicht nur der Mensch, sondern alle Lebewesen nehmen Stoffe aus der Umgebung auf, wandeln sie zum Teil in körpereigene Stoffe um und geben nicht nutzbare Stoffe oder Endprodukte an die Umgebung ab. Dieser als

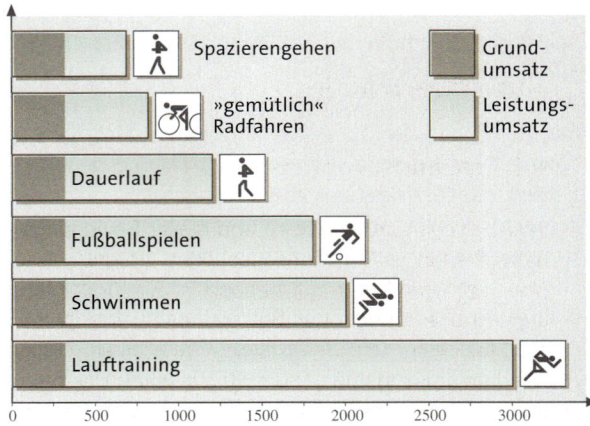

6 *Durchschnittlicher Energieaufwand eines Schülers (45 Kilogramm) für verschiedene Tätigkeiten pro Stunde*

Stoffwechsel bezeichnete Vorgang ist ein *Kennzeichen von Lebewesen*. Solche Stoffumwandlungen sind stets mit dem „Verlust" beziehungsweise dem „Gewinn" – genauer mit der Umwandlung – von Energie verbunden. Ohne Energiezufuhr und den damit verknüpften Stoffumbau ist kein Leben möglich.

1 Berechne, wie lange du Rad fahren oder schwimmen müsstest, um die Energie aus einer Tafel Vollmilchschokolade umzuwandeln. Rechne sowohl mit als auch ohne Grundumsatz.

2 Nenne und erläutere Beispiele aus Natur und Technik, bei denen Stoffumsetzungen mit einer Freisetzung von Energie gekoppelt sind.

3 Diskutiert, ob durch „Energydrinks" oder „Powerdrinks" merkliche Steigerungen der sportlichen Leistungen zu erwarten sind. Vergleicht dazu deren Inhaltsstoffe mit denen einer Apfelsaftschorle. Bedenkt, dass Ärzte bei Kindern vom Koffeingenuss abraten.

A

B

5 *„Treibstoffe".* **A** *Für Autos;* **B** *für Menschen*

Ausdauertraining

A1 Trainingsprogramm

„Wir bewegen uns zu wenig und dieser Bewegungsmangel kann zu Gesundheitsschäden führen!" Diese Mahnung von Ärzten gilt besonders für Kinder und Jugendliche. Sport oder Bewegungstraining helfen, die Muskulatur und den Kreislauf zu stärken. Durch Ausdauertraining wird der Herzmuskel gekräftigt und es kann mehr Blut gepumpt werden. Außerdem kann eine trainierte Lunge mehr Sauerstoff aufnehmen. Zur Stärkung deines Herzens und deiner Atmung eignen sich die rechts stehenden Übungen. Diese Übungen kannst du allein oder in einer Gruppe durchführen.

a) Bevor du mit dem Trainingsprogramm beginnst, muss dein Körper „aufgewärmt" werden. Mach jede Aufwärmübung etwa eine Minute lang.

Aufwärmübung 1: Gehen auf der Stelle und die Arme bewegen;

Aufwärmübung 2: Beine auseinander stellen und den Oberkörper kreisen;

Aufwärmübung 3: Laufen auf der Stelle und Arme bewegen.

b) Mache die Ausdauerübungen täglich zehn Minuten lang, also in einer Woche insgesamt mindestens 70 Minuten Ausdauertraining.

c) Führe über dein Ausdauertraining ein Protokoll. So kannst du deinen Trainingserfolg ablesen.

Woche	Datum	Puls vor Training (Puls/Minute)	Puls nach 5 Minuten Training (Puls/Minute)	Puls nach Trainingsende (Puls/Minute)
1. Mo				
Di				
Mi				
Do				
Fr				
Sa				
So				
2. Mo				

Protokoll des Ausdauertrainings

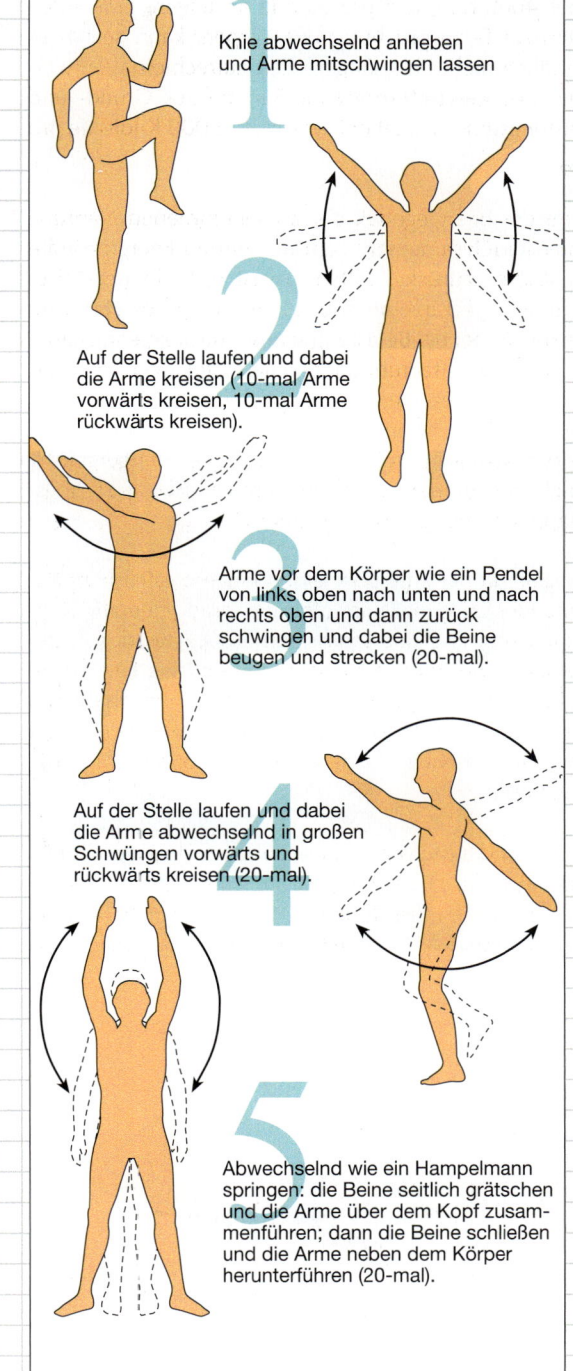

1 Knie abwechselnd anheben und Arme mitschwingen lassen

2 Auf der Stelle laufen und dabei die Arme kreisen (10-mal Arme vorwärts kreisen, 10-mal Arme rückwärts kreisen).

3 Arme vor dem Körper wie ein Pendel von links oben nach unten und nach rechts oben und dann zurück schwingen und dabei die Beine beugen und strecken (20-mal).

4 Auf der Stelle laufen und dabei die Arme abwechselnd in großen Schwüngen vorwärts und rückwärts kreisen (20-mal).

5 Abwechselnd wie ein Hampelmann springen: die Beine seitlich grätschen und die Arme über dem Kopf zusammenführen; dann die Beine schließen und die Arme neben dem Körper herunterführen (20-mal).

1 Goldfische im Gartenteich

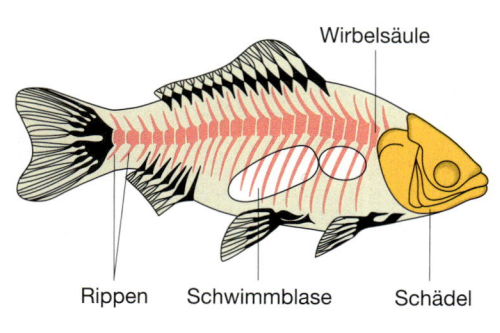

2 Goldfisch. A Körperbau; B Skelett und Schwimmblase

Wirbelsäule

Rippen   Schwimmblase   Schädel

4 Bewegung im Wasser und in der Luft

4.1 Fische leben und bewegen sich im Wasser

Tina steht am Rand des Gartenteiches. Unter den Blättern der Schwimmblattpflanzen sieht sie leuchtend rote Fische. Es sind *Goldfische,* kleine, ursprünglich in China gezüchtete Verwandte unseres Karpfens. Der Körper dieser Fische ist lang gestreckt. Der Kopf geht ohne Hals in den Körper über. Er verschmälert sich zum Kopfende und zum Schwanzende. Durch diese *Spindelform* können sich die Fische im Wasser leicht bewegen. Man spricht von einer **Stromlinienform.**

Die Haut ist sehr glitschig, weil sie mit einer Schleimschicht bedeckt ist. In der Haut liegen dünne Knochenplättchen, die **Schuppen,** dachziegelartig übereinander. Sie schützen den Körper.

Goldfische suchen die Wasserpflanzen nach Insektenlarven, kleinen Würmern, Algen und vermodernden Pflanzenteilen ab. Die Augen sind recht groß und können in der Nähe gut sehen. Mit den Lippen tasten die Fische den Untergrund ab und durchwühlen auf ihrer Nahrungssuche den Schlamm. Goldfische fressen keine anderen Fische. Sie sind also keine Raubfische wie der Hecht, sondern *Friedfische.*

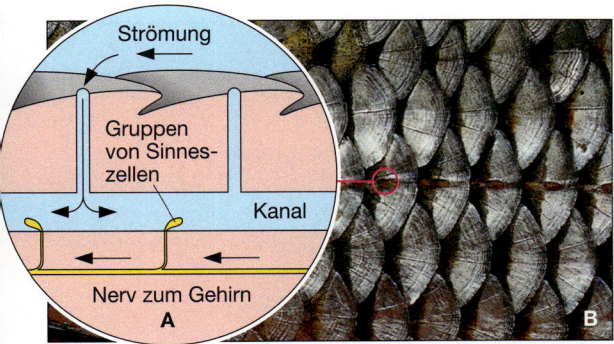

3 Seitenlinienorgan eines Rotauges. A *Haut im Quer-schnitt (Schema);* **B** *Schuppen (Foto)*

Durch Tina werden die Fische aufgeschreckt. Mit schlängelnden Bewegungen des Körpers gleiten sie durch das Wasser. In Längsrichtung des Körpers liegen Muskeln seitlich der Wirbelsäule. Sie ziehen sich abwechselnd zusammen und treiben dadurch den Körper voran. Die Bewegung wird durch die kräftige **Schwanzflosse** verstärkt. Diese besteht aus einer derben Flossenhaut und wird durch Knochenstäbe gestützt. Die **Brustflossen** und **Bauchflossen** dienen zum Steuern, aber auch zum langsamen Schwimmen und zum Bremsen. Die **Rückenflosse** und die **Afterflosse** verhindern wie der Kiel eines Schiffes das seitliche Kippen.

Auch im Dunkeln stößt der Fisch nicht gegen Hindernisse. Er hat ein Sinnesorgan, mit dem er Änderungen der Wasserströmung feststellen kann. Dieses Organ besteht aus je einem kleinen, unter der Haut verlaufenden Kanal an jeder Seite des Fisches. Man bezeichnet es als **Seitenlinienorgan.** Winzige Öffnungen führen aus dem Kanal nach außen. Im Kanal sitzen Sinneszellen, die durch das vorbeiströmende Wasser bewegt werden. Dieses Sinnesorgan gibt es nur bei Fischen.

Ein Fisch kann bewegungslos im Wasser schweben. Dies wird durch die **Schwimmblase,** einen gasgefüllten Hautsack, erreicht. Der Fisch kann die Schwimmblase etwas verkleinern, indem er zum Beispiel Gas aus dem Mund nach außen abgibt. Dann sinkt er im Wasser tiefer. Um höher zu steigen, muss er seine Schwimmblase etwas vergrößern. Er scheidet dann Gas aus dem Blut in die Schwimmblase ab.

1 Nenne Eigenschaften der Fische, die es ihnen ermöglichen im Wasser zu leben und sich dort zu bewegen.

2 Erläutere, weshalb manche Flossen zweifach – also paarig – vorhanden sind, andere aber unpaarig.

3 Nenne zwei Besonderheiten der Haut, die den Körper eines Fisches schützen.

Auftrieb und Vortrieb im Wasser

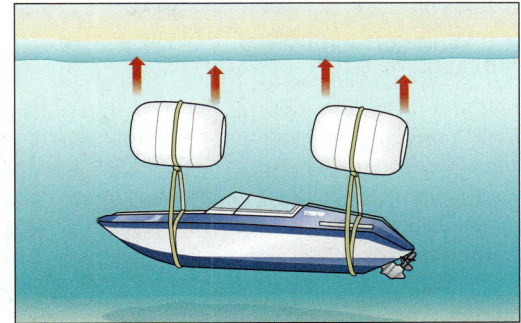

4 Ein gesunkenes Sportboot wird gehoben

Um ein gesunkenes Sportboot zu heben, werden große Behälter angehängt und mit Luft aufgeblasen. Langsam steigt das Boot nach oben.

Alle Dinge werden scheinbar leichter, wenn sie ins Wasser eintauchen. Sie erfahren einen **Auftrieb.** Wenn dieser Auftrieb geringer ist als die Gewichtskraft, mit der sie von der Erde angezogen werden, sinken sie im Wasser nach unten. Ein luftgefüllter Behälter dagegen *schwimmt.* Bei ihm ist die Auftriebskraft größer als die Gewichtskraft. Sind beide Kräfte gleich groß, *schwebt* der Gegenstand im Wasser in gleich bleibender Höhe.

Das gehobene Boot muss nun in den Hafen gezogen werden. Die Schiffsschraube des Schleppers dreht sich und wirft das Wasser nach hinten. Dadurch setzt sich der Schlepper nach vorne in Bewegung. Ein *Vortrieb* im Wasser wird immer dann erreicht, wenn Wasser nach hinten gestoßen wird.

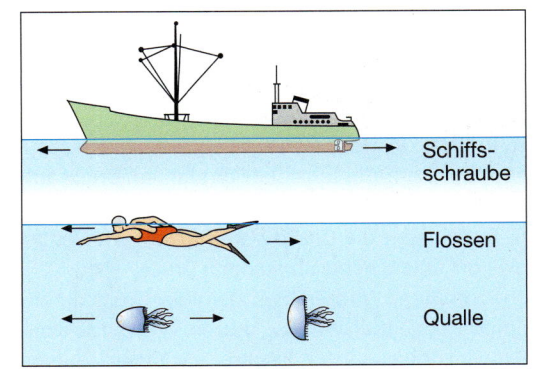

5 Vortrieb im Wasser

Übung **Schwimmen**

V1 Was schwimmt?

Material: Schale mit Wasser; Kartoffel; gekochtes Ei; Nuss; Korken; Stein; andere kleine Gegenstände aus verschiedenen Materialien, zum Beispiel aus Holz, Aluminium oder anderen Metallen, Kerzenwachs, Knetmasse, Kreide, verschiedene Kunststoffe

Durchführung: Stelle fest, ob ein Gegenstand aus einem bestimmten Material *schwimmt,* zu Boden *sinkt* oder im Wasser in gleich bleibender Höhe *schwebt.*

Aufgabe: Halte die Ergebnisse in einer Tabelle wie der folgenden fest:

Gegenstand	Material	schwimmt	schwebt	sinkt
Korken	Kork	+		

V2 Luftblase unter Druck

Material: große Getränkeflasche aus klarem Kunststoff mit Schraubverschluss; Reagenzglas; große Schüssel; Wasser

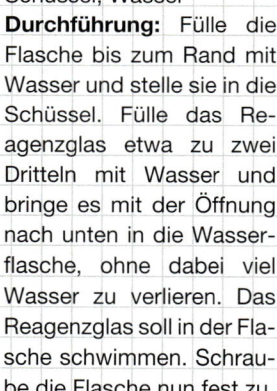

Durchführung: Fülle die Flasche bis zum Rand mit Wasser und stelle sie in die Schüssel. Fülle das Reagenzglas etwa zu zwei Dritteln mit Wasser und bringe es mit der Öffnung nach unten in die Wasserflasche, ohne dabei viel Wasser zu verlieren. Das Reagenzglas soll in der Flasche schwimmen. Schraube die Flasche nun fest zu.

Drücke die Flasche seitlich zusammen und beobachte, was passiert. Drücke auch so fest, dass das Reagenzglas in der Mitte der Flasche schwebt.

Aufgaben: a) Beschreibe die Bewegungen des Reagenzglases bei unterschiedlich starkem Druck auf die Flasche.

b) Beschreibe die Größe der Luftblase im Reagenzglas bei unterschiedlich starkem Druck.

c) In größeren Wassertiefen steigt der Druck durch die darüber liegenden Wassermassen. Wie würde sich die Schwimmblase eines Fisches verändern, wenn er nach unten schwimmt?

V3 Modell der Schwimmblase

Material: große Schüssel; Erlenmeyerkolben (100 ml); Luftballon; Haushaltsgummi; Trinkhalm mit Biegestelle

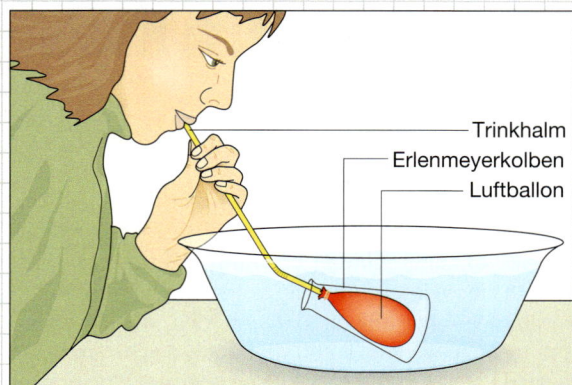

Trinkhalm
Erlenmeyerkolben
Luftballon

Durchführung: Stecke das kurze Ende des Trinkhalms in die Öffnung des Luftballons. Dichte die Verbindung mit dem Haushaltsgummi luftdicht ab. Fülle die Schüssel mit Wasser. Bringe den Erlenmeyerkolben unter Wasser und stecke den Luftballon hinein.

Blase den Luftballon über den Trinkhalm unterschiedlich stark auf und beobachte die Bewegung des Glaskolbens. Blase gerade so viel Luft in den Ballon, dass der Kolben im Wasser schwebt.

Aufgaben: a) Beschreibe die Bewegung des Glaskolbens bei unterschiedlich stark aufgeblasenem Luftballon.

b) Erkläre deine Beobachtungen.

c) Erläutere die Funktionsweise der Schwimmblase eines Fisches mithilfe des Modellversuchs. Wie kann der Fisch in unterschiedlichen Wassertiefen schweben? Wie verändert der Fisch die Luftmenge in der Schwimmblase?

V4 Ein Schiff aus Metall?

Material: Teelichthülle aus Aluminium; Münzen; Becher mit Wasser

Durchführung: Lass die leere Teelichthülle auf dem Wasser schwimmen. Belade dein „Schiff" vorsichtig mit Münzen, ohne dass es umkippt.

Aufgaben: a) Untersuche, wie weit du das Teelicht beladen kannst, ohne dass es sinkt.

b) Begründe, warum ein Schiff aus Metall schwimmen kann, obwohl eine gleich schwere Metallkugel untergeht.

V 5 Wie gleiten verschieden geformte Körper durchs Wasser?

Material: Standzylinder, etwa 50 cm hoch; Wasser; Lineal; Knetmasse; Küchenmesser; Schneidunterlage; Waage; Stoppuhr

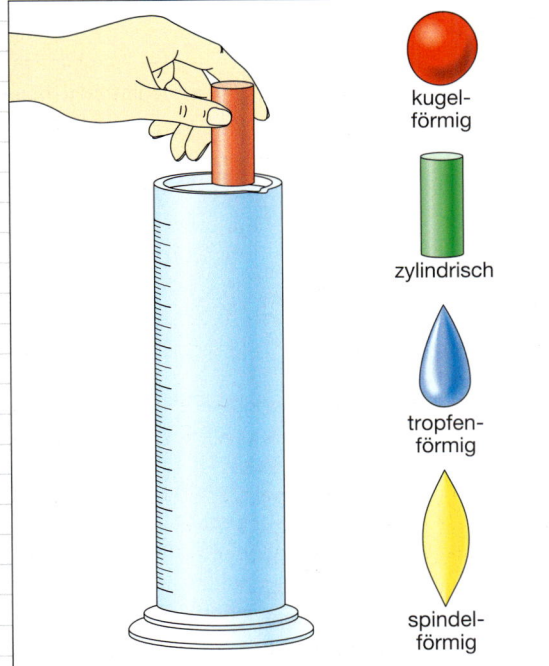

kugel-förmig

zylindrisch

tropfen-förmig

spindel-förmig

Durchführung: Fülle den Standzylinder mit Wasser bis zur oberen Markierung. Forme die Knetmasse zu einer Stange. Schneide vier Stücke von je 5 cm Länge ab. Kontrolliere mit der Waage, ob alle vier Knetstangen das gleiche Gewicht haben. Forme aus jedem Stück eine Figur wie in der Abbildung.

Aufgaben: a) Stelle fest, wie schnell verschieden geformte Körper im Wasser absinken. Miss dazu die Zeit zwischen Loslassen und Auftreffen am Gefäßboden mit der Stoppuhr. Notiere die gemessenen Zeiten. Vergleiche die Ergebnisse.

b) Erkläre deine Beobachtungen.

c) Erläutere, warum viele Fischarten eine Stromlinienform haben und auch Boote in dieser Form gebaut werden.

d) Forme jetzt aus denselben Knetmasseportionen Körper, die möglichst langsam absinken. Welche Körperformen bewegen sich am langsamsten durch das Wasser?

V 6 Düsenantrieb unter Wasser

Material: große Schüssel mit Wasser; Luftballon

Durchführung: Fülle einen Luftballon am Wasserhahn vorsichtig mit Wasser. Der Ballon soll gefüllt nicht dicker als 8 cm sein. Bringe den Ballon dann in die gefüllte Wasserschüssel, drücke ihn unter die Wasseroberfläche und lass ihn jetzt erst los. Beobachte seine Bewegungen.

Aufgaben: a) Beschreibe und erkläre die Bewegung des Ballons.

b) Beschreibe deine Bewegungen, wenn du schwimmst. Wohin bewegst du dabei das Wasser?

V 7 Modell einer Schiffsschraube

Material: Styropor®-Schiffchen (15 cm lang); Haushaltsgummi; Trinkhalmstück (5 cm); Gefrierbeutelklammer; 2 Büroklammern; Klebeband (möglichst wasserfest)

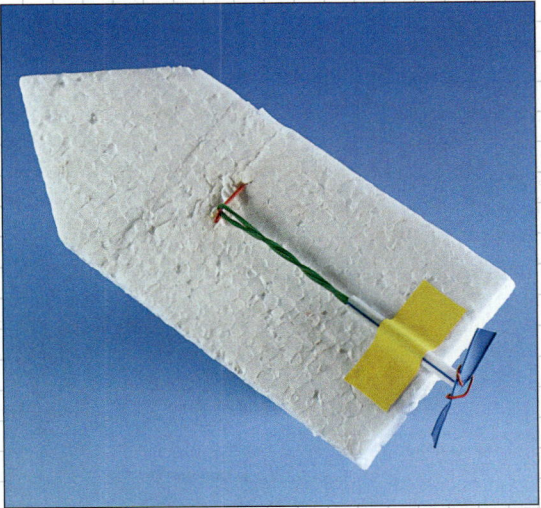

Durchführung: Biege aus der Beutelklammer einen zweiflügeligen Propeller und befestige ihn wie im Bild zu sehen an dem Styropor®-Boot. Stecke die zweite Büroklammer so in der Bootsunterseite fest, dass das Gummi nur leicht gespannt ist.

Aufgabe: a) Lass das Boot in einer größeren Wanne schwimmen. Verdrille mit dem Propeller das Gummiband. Lass die Schiffsschraube los und beobachte die Bewegung des Bootes.

b) Erläutere, warum das Boot vorwärts fährt.

Methode

Gemeinsames Lernen in Projekten

Die Klasse plant ein Projekt

Die Gruppen bearbeiten ihren Auftrag

Selbstständiges Lernen macht viel Spaß, besonders wenn Gleichaltrige zusammen sind. Es klappt besser, wenn jeder seine Ideen einbringt. Mit diesem Buch könnt ihr nicht nur selbständig lernen, es werden euch auch Themen angeboten, die ihr in Gruppen bearbeiten könnt. Solche Themen findet ihr hier unter der Bezeichnung **Projekt.**

Ein Projektthema besprecht ihr zunächst gemeinsam. Es ist oft schon in einzelne Arbeitsaufträge zerlegt. Diese werden jeweils von einer Schülergruppe übernommen. Jede **Gruppe** arbeitet selbständig und unabhängig von den anderen. Natürlich ist auch euer Lehrer dabei, aber er ist in erster Linie Berater. Er gibt euch Tipps und Anregungen, wenn es einmal nicht recht vorangeht. Euer **Auftrag** führt zu Beobachtungen, Versuchen und zu Messungen. Als Hilfe für die Arbeit könnt ihr auch Bücher, Zeitschriften, Prospekte, Bilder, Videos oder den Computer benutzen. Manchmal ist es auch sinnvoll, Fachleute zu fragen.

Projektthema vereinbaren

Projektthema in einzelne Arbeitsaufträge zerlegen

Aufträge in Gruppen übernehmen

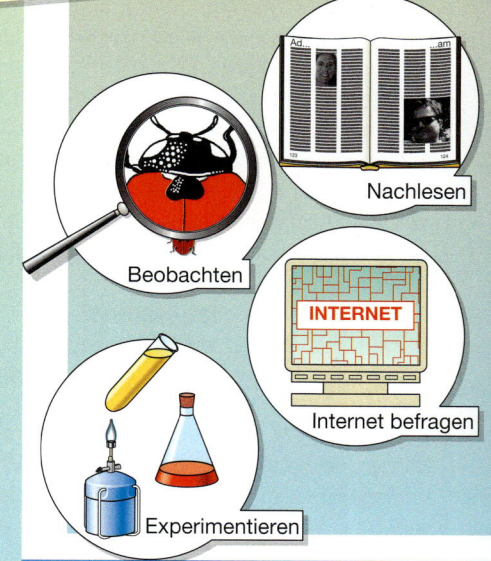

Nachlesen

Beobachten

INTERNET

Internet befragen

Experimentieren

Die Gruppen stellen ihre Ergebnisse vor

Die **Ergebnisse** der Beobachtungen, der Versuche, Befragungen oder Erkundungen stellt erst einmal jede Gruppe für sich zusammen. Damit alle Schüler der Klasse über die einzelnen Arbeitsergebnisse Bescheid wissen, trägt jede Gruppe ihre Ergebnisse den Mitschülern vor. Diese **Vorstellung** gibt somit jedem einen Überblick über alle wichtigen Teile des Projektthemas.

Die Ergebnisse eines Projekts sind oft auch für eine **Ausstellung** geeignet. Ihr könnt damit den anderen Schülerinnen und Schülern der Schule oder euren Eltern zeigen, was ihr erarbeitet und als Ergebnis herausgefunden habt. Bei größeren Projekten gibt es die Möglichkeit, die Ergebnisse im Schaufenster eines Geschäftes, in einer Bank oder gar im Rathaus auszustellen. Übersichtliche Zeichnungen und große Fotos machen Projektergebnisse besonders anschaulich. Gute Arbeiten könnt ihr auch in einer Zeitung veröffentlichen. Dazu müsst ihr die Ergebnisse besonders sorgfältig aufbereiten und sauber darstellen.

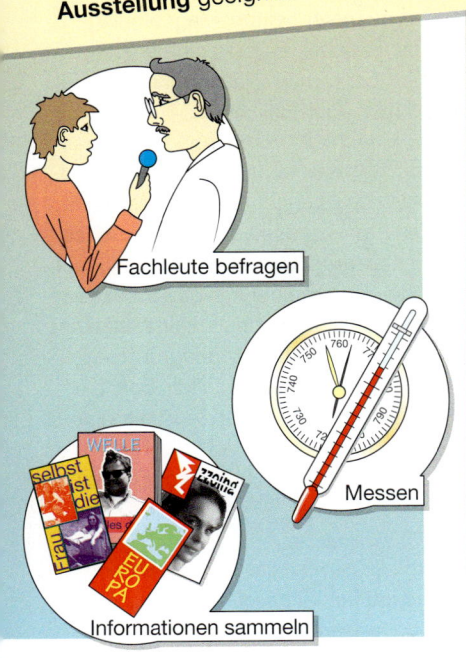

Fachleute befragen

Messen

Informationen sammeln

Poster

Karte

Geräte

Diagramm

Projekt Aquarium

Viele Jungen und Mädchen wünschen sich ein Aquarium. Zu diesem Thema gibt es zahlreiche Projektmöglichkeiten. Das zeigt sich besonders deutlich, wenn ihr eure Ideen stichwortartig sammelt. Schreibt die Begriffe dann so auf und verbindet sie durch Linien, dass eure Gedankengänge sichtbar werden. Es entsteht eine **Mindmap.** Das ist eine Art Landkarte, die euch hilft, eure Gedanken zu einem Thema zu ordnen und noch weitere Ideen zu entwickeln.

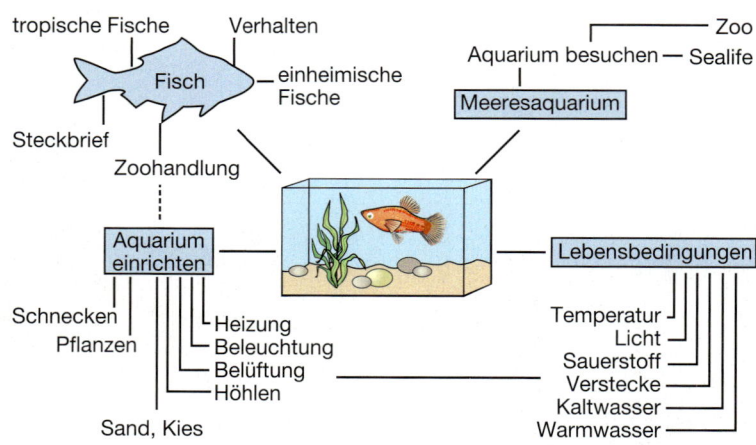

1 Mindmap zur Vorbereitung der Projektarbeit

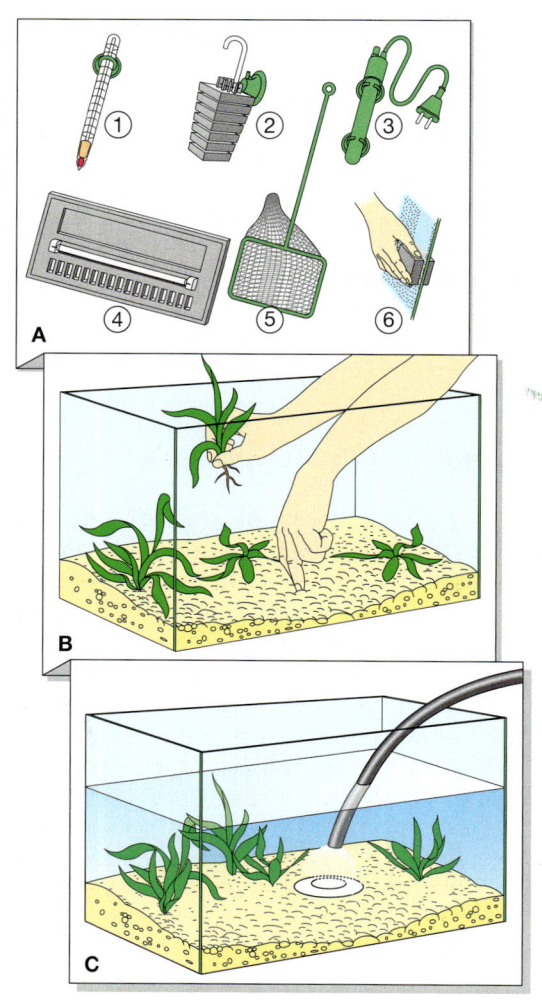

Gruppe 1: Ein Warmwasseraquarium einrichten

In einem Warmwasseraquarium lassen sich Guppys, Schwertträger, Keilfleckbarben, Panzerwelse oder andere Aquarienfische halten.

Um ein Aquarium einzurichten, müsst ihr zunächst die nötigen Materialien aus einer Zoohandlung oder gebraucht von anderen „Aquarianern" besorgen: das Aquarienbecken, einen Innenfilter mit Watte, einen Reglerheizer, eine Leuchtstofflampe mit Abdeckung und Futterklappe, ein Thermometer, einen Magnetreiniger, einen Saugheber, einen Kescher, Flusskies unterschiedlicher Korngröße, einen Eimer und Wasserpflanzen wie Hornkraut, Schwertpflanze oder Vallisneria.

So solltet ihr beim Einrichten vorgehen: Spült das Aquarium mit warmem Wasser aus. Wascht den Kies so oft im Eimer aus, bis das überstehende Wasser nicht mehr trüb ist. Wählt den Standort des Aquariums so, dass es keine direkte Sonneneinstrahlung bekommt. Stellt das Aquarium auf einen festen Tisch. Gebt den gewaschenen Kies ins Becken. Verteilt ihn so, dass der Boden ungefähr vier Zentimeter hoch bedeckt ist. Der Bodengrund sollte möglichst von hinten nach vorn etwas abfallen. Bohrt mit dem Finger einige Löcher in den Kies und setzt die Wasserpflanzen ein. Achtet darauf, dass sich die Pflanzen nahe der Rückwand des Aquariums befinden. Füllt das

2 Aquarium. A Geräte: ① Thermometer, ② Innenfilter, ③ Reglerheizer, ④ Abdeckung, ⑤ Kescher, ⑥ Magnetreiniger; B Einrichten; C Einfüllen des Wassers

4 Meeresaquarium

Wasser ein, indem ihr es über eine umgedrehte Untertasse auf den Bodengrund laufen lasst. Jetzt könnt ihr den Filter, den Reglerheizer und das Thermometer einsetzen und die Beleuchtung anschließen. Die Fische und das Futter besorgt ihr erst, nachdem das Aquarium eine Woche ohne Fische gestanden hat. Als Faustregel gilt: auf fünf Liter Wasser kommt höchstens ein Fisch. Als Futter eignet sich Trockenfutter oder Lebendfutter wie Mückenlarven.

Pflege des Aquariums:

1. Kontrolliert täglich die Wassertemperatur. Sie soll zwischen 22 °C und 26 °C betragen.
2. Gebt den Fischen nur alle zwei Tage so viel Futter, dass nichts am Boden übrig bleibt.
3. Entfernt einmal wöchentlich Mulm und Futterreste. Schabt grüne Beläge an den Scheiben mit dem Magnetreiniger ab. Entfernt abgestorbene Pflanzenteile. Füllt das verdunstete Wasser nach.
4. Säubert monatlich den Filter und ersetzt die verbrauchte Filterwatte. Lichtet die Pflanzen bei zu starkem Wuchs mit einem kleinen Messer aus.

3 Fertig eingerichtetes Aquarium

Gruppe 2: Ein Aquarienbesuch

Eine Projektgruppe bereitet den Besuch der Klasse in ein Schauaquarium vor. Die Gruppe hilft bei der Organisation der Fahrt und bereitet den Besuch inhaltlich vor. Über das Internet oder telefonisch könnt ihr sicherlich erfahren, welche Besonderheiten in dem Aquarium gezeigt werden. Zusätzlich könnt ihr weitere Informationen suchen, zum Beispiel über Haie, über Seepferdchen, über die Wanderungen der Aale und Lachse oder über die Fische im Rhein. Bereitet kurze Einführungen für die Klasse vor.

Gruppe 3: Verhalten beobachten

In einem bereits fertigen Aquarium könnt ihr das Verhalten der Fische genau beobachten und beschreiben: Wie bewegen die Fische beim Atmen Maul und Kiemendeckel? Welche Flossen betätigen sie bei ihren Schwimmbewegungen? Welche Fischarten halten sich bevorzugt im freien Wasser, zwischen Pflanzen, am Grund oder in Höhlen versteckt auf? Welche Fische schwimmen im Schwarm, welche sind Einzelgänger? Gibt es Feindseligkeiten zwischen manchen Fischen? Beanspruchen manche Fische ein Revier für sich?

In einem Aquarium, in dem sich die Fische gut eingelebt haben, könnt ihr mit etwas Glück auch das Balzverhalten, die Eiablage und bei einigen Fischen eine interessante Brutpflege beobachten. Stellt eure Ergebnisse mit Texten, Zeichnungen und Fotos auf einem Plakat vor.

1 Möwe

4.2 Vögel sind an das Fliegen angepasst

Immer wieder schaut Felix bewundernd den Flugkünsten der Möwen zu. „Warum können wir nicht segeln und fliegen wie die Vögel?", fragt er seine Mutter. „Nun" antwortet diese, „der Vogelkörper ist für das Fliegen gebaut, ein Mensch aber nicht."

Schauen wir uns den Vogelkörper einmal genauer an. Er ist stromlinienförmig gebaut. Den gesamten Körper bedeckt ein **Federkleid,** nur Schnabel und Füße sind ohne Gefieder. Durch die dachziegelartige Anordnung der Federn werden Unebenheiten ausgeglichen. So kann die Luft ohne großen Widerstand vorbeiströmen. Unter den **Deckfedern** bilden die weichen **Daunenfedern** eine wärmende Schutzschicht. Sie schließen viel Luft ein und bewahren den Vogel vor Wärmeverlusten. Flügel und Schwanz besitzen große, zum Fliegen notwendige **Schwungfedern.** An ihnen kannst du besonders gut den Aufbau einer Feder erkennen. Von einem hohlen Schaft zweigen nach beiden Seiten viele Federäste ab. Sie bilden die *Fahnen.* Von jedem Federast zweigen wiederum *Strahlen* ab. Sie sind – wie bei einem Klettverschluss – durch kleine Häkchen miteinander verzahnt.

Vögel haben ein Knochenskelett wie alle anderen Wirbeltiere. Trotzdem ist ein Vogel wesentlich leichter als ein Säugetier gleicher Größe. In den großen Röhrenknochen befindet sich Luft. Dadurch sind sie erheblich leichter als die mit Mark gefüllten Säugetierknochen. Ein Netzwerk aus knöchernen Verstrebungen verleiht ihnen Stabilität. Das geringe Körpergewicht stellt eine weitere Angepasstheit an das Leben in der Luft dar.

Die Wirbelsäule ist starr, da alle Wirbel von der Brust bis zum Schwanz miteinander verwachsen sind. Dadurch können Vögel während des Fluges die richtige Körperhaltung bewahren. Auch die Rippen und das Brustbein sind fest miteinander verbunden. An dem kielförmig gebauten Brustbein sitzen die starken Brustmuskeln, mit denen die Flügel bewegt werden.

Eine besondere Einrichtung bei Vögeln sind die **Luftsäcke.** Sie zweigen von der Lunge ab und liegen zwischen den Muskeln und Organen des Rumpfes. Einige reichen bis in die Knochen. Wie Blasebälge pumpen sie die Luft beim Ein- und Ausatmen durch die Lunge. So kann das Blut mehr Sauerstoff aufnehmen. Beim Fliegen erbringen die Muskeln Hochleistungen und brauchen besonders viel Sauerstoff.

Auch die Ernährungsweise ist dem Fliegen angepasst. Vögel fressen häufig. Dabei nehmen sie aber immer nur kleine Mengen an Nahrung zu sich. Die Nahrung wird rasch verdaut. Unverdauliche Reste werden schnell ausgeschieden. So wird der Körper nicht durch zusätzliches Gewicht belastet.

Sogar die Art der Fortpflanzung dient der Gewichtsverminderung. Vögel pflanzen sich mithilfe von Eiern fort. Diese reifen nicht gleichzeitig, sondern nacheinander. Sie werden mit zeitlichem Abstand gelegt. So spart der Vogel Gewicht. Außerdem entwickeln sich die Jungen außerhalb des Vogelkörpers. Auch das bringt im Vergleich zu den Säugetieren eine Gewichtsersparnis.

1 Betrachte den Bau des Vogelflügels und vergleiche mit dem Bau eines Hundebeines, den du auch in diesem Buch findest.

2 Untersuche das Vogelskelett. Verwende dazu das Skelett eines Brathähnchens.

a) Finde Hand, Unterarm und Oberarm heraus.

b) Beschreibe den Aufbau des Brustbeins.

3 Untersuche eine Vogelfeder, auch mithilfe einer Lupe.

a) Zeichne die Feder in dein Heft.

b) Beschrifte deine Zeichnung mit den Begriffen aus Abbildung 1C.

c) Untersuche und erkläre, wie die Teile der Feder zu einer geschlossenen Fläche vereinigt sind.

4 Erläutere zusammenfassend, welche Eigenschaften es einem Vogel ermöglichen zu fliegen.

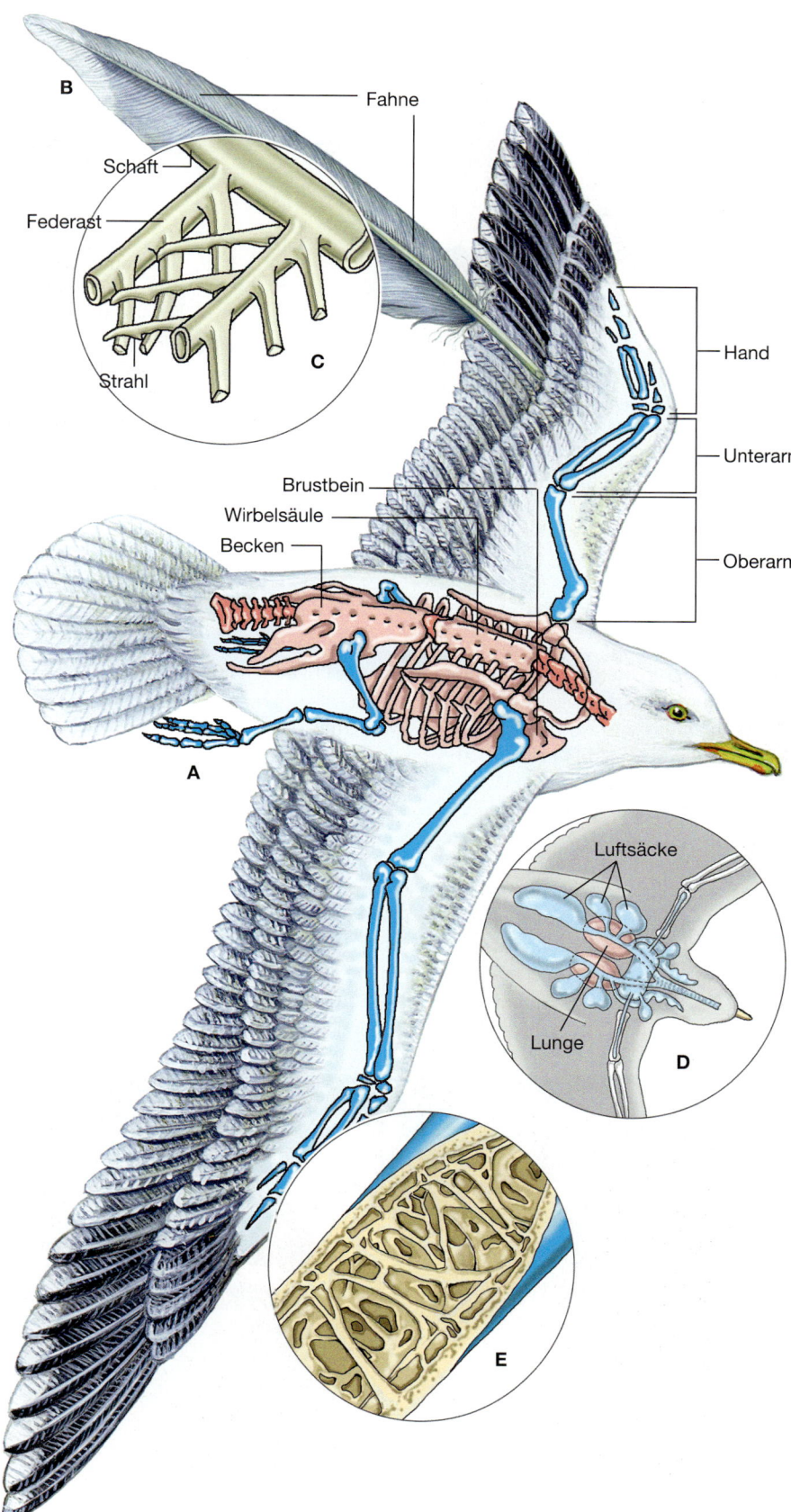

2 Körperbau der Möwe. A Leichtbauweise des Körpers; **B** Schwungfeder; **C** Bau der Feder; **D** Luftsäcke; **E** Bau der Knochen

Fahne

Schaft

Federast

Strahl

C

Hand

Unterarm

Oberarm

Brustbein

Wirbelsäule

Becken

A

B

Luftsäcke

Lunge

D

E

1 Rauchschwalbe.
A *Gleitflug;*
B *Wasser aufnehmend;*
C *Ruderflug*

4.3 Wie Vögel fliegen

Es ist immer wieder faszinierend, Rauchschwalben bei ihren Flugmanövern zu beobachten. In schnellem Flug steuern sie zum Beispiel eine Wasserfläche an und gleiten dicht über die Oberfläche. Sie tauchen kurz mit dem Schnabel ein um Wasser aufzunehmen und steigen mit ein paar Flügelschlägen wieder auf. Das alles geht so schnell, dass man die einzelnen Flugphasen kaum unterscheiden kann.

Leichter ist der Flug beim Höckerschwan zu beobachten. Ehe der Schwan von einer Wasserfläche auffliegen kann, nimmt er Wasser tretend einen langen Anlauf. Dabei bewegt er die Flügel auf und ab, um die Schwerkraft zu überwinden und den nötigen Auftrieb zu erzeugen.

Beim Abwärtsschlag werden die Flügel schräg nach unten geführt. Die Federn bilden eine geschlossene, luftundurchlässige Fläche. So kann sich der Schwan in der Luft halten und gleichzeitig vorwärts bewegen. Beim Aufwärtsschlag werden die Federn so gedreht, dass die Fahnen senkrecht stehen und die Luft zwischen ihnen hindurchströmen kann. Die Flügel werden angewinkelt nach oben gezogen, sodass der Flug nicht abgebremst wird und der Schwan nicht an Höhe verliert. Dieser **Ruderflug** ist die häufigste Form des Vogelflugs. Die Landung erfolgt im **Gleitflug.** Dabei werden die Flügel nicht mehr bewegt, sondern ausgebreitet in der Luft gehalten.

2 Auffliegender Höckerschwan

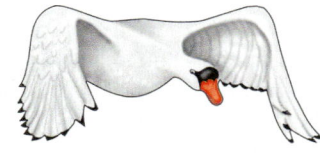

3 Ruderflug des Höckerschwans

4 Fliegender Höckerschwan

6 Schwirrflug des Kolibris

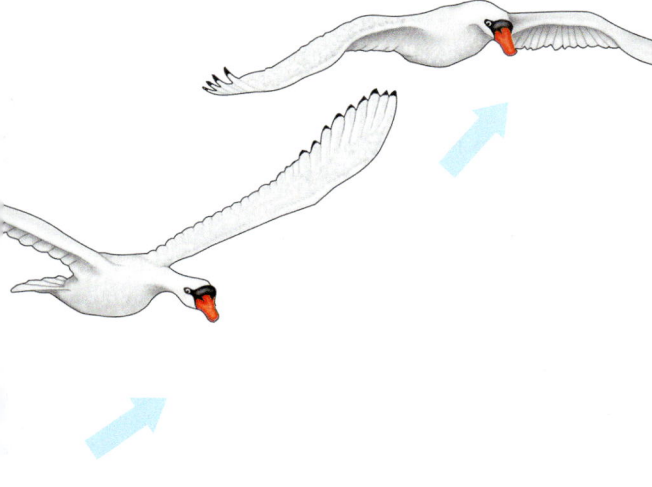

5 Rüttelflug des Turmfalken

Die Anziehungskraft der Erde sorgt dafür, dass der Vogel langsam zu Boden gleitet. Die Flügel bremsen wie ein Fallschirm und der Schwanz wird als Steuer eingesetzt.

Größere Vögel können sich auch während des Fluges lange Zeit ohne Flügelschlag in der Luft halten. Sie nutzen bei ihrem **Segelflug** aufsteigende warme Luftströmungen oder Aufwinde aus, wie das auch die Segelflieger tun.

Eine ganz besondere Flugtechnik beherrschen die Kolibris. Sie bewegen ihre Flügel bis zu 70 Mal in der Sekunde vor und zurück. Dadurch können sie im **Schwirrflug** auf der Stelle „stehen", senkrecht nach oben oder unten und sogar rückwärts fliegen. Auch der Turmfalke „steht" beim **Rüttelflug** auf der Stelle. Er benutzt diese Technik, um den Erdboden nach Beutetieren abzusuchen. Dabei bewegt er seine Flügel sehr schnell. Die Schwanzfedern sind breit gefächert gegen die Flugrichtung gestellt und wirken als Bremse.

1 Beschreibe die Flugtechnik bei der Rauchschwalbe, beim Höckerschwan und beim Kolibri.
2 Beschreibe den Rüttelflug anhand des Textes und Abbildung 5.
3 Begründe, welche der beschriebenen Flugtechniken besonders viel Muskelkraft benötigen.

Übung

Einfache Versuche zum Fliegen

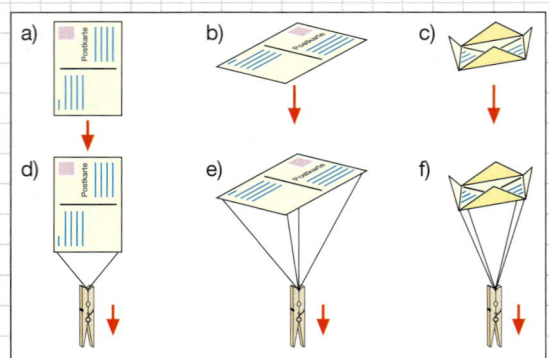

1 Postkarte fällt auf verschiedene Arten zu Boden.

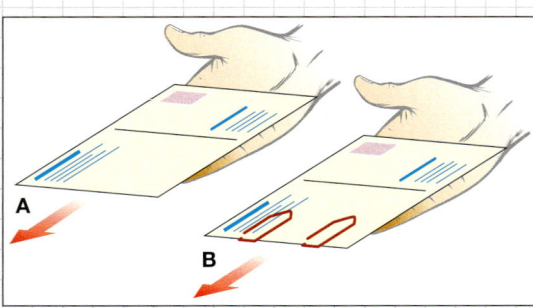

2 Postkarten. A unbeschwert; B beschwert

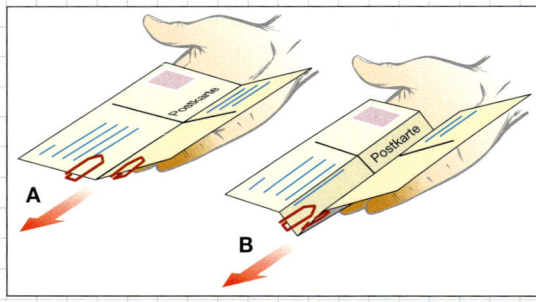

3 Postkarten. A einmal geknickt; B dreimal geknickt

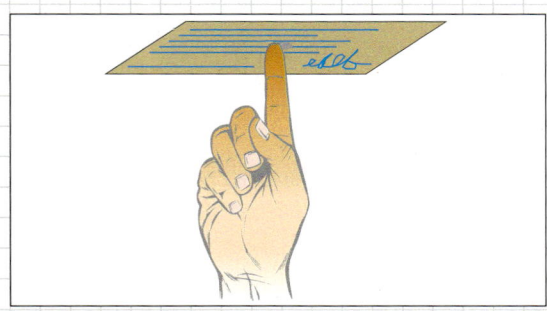

4 Postkarte balancieren

Vögel, Fledermäuse, viele Insekten und vom Menschen gebaute Fluggeräte ähneln sich in ihrer Form und fliegen nach denselben physikalischen Gesetzen. Einige dieser Gesetze sollst du in diesem Praktikum erarbeiten. Dazu werden dir viele Experimente vorgeschlagen, die mit einfachen Mitteln in der Schule und auch zu Hause durchgeführt werden können.

Als Materialien benötigst du lediglich mehrere Postkarten, Wäscheklammern und Büroklammern, eine Rolle Nähgarn, einen Bogen DIN A4-Papier, durchsichtiges Klebeband, eine Uhr, eine Schere und eine Gabel.

Versuche zur Gleitfähigkeit von Postkarten

V 1 Lass wie in Bild 1 eine Postkarte aus 2 m Höhe auf verschiedene Arten zu Boden fallen. Miss jeweils die Fallzeit, beschreibe die Flugbahnen und vergleiche sie miteinander.

A 2 In welchen Fällen ist die Fallzeit besonders groß? Stelle begründete Vermutungen zu deinen Beobachtungen an.

V 3 Lass eine Postkarte aus der flachen Hand leicht nach vorn geneigt fallen (Bild 2 A). Beschwere sie dann nach jedem Gleitversuch an der Vorderseite mit Büroklammern (Bild 2 B), bis sie auf einer gleichmäßig geneigten Bahn möglichst ruhig und weit gleitet.

a) Beschreibe die Bewegungen.

b) In welchem Fall gleitet sie am besten?

c) Miss, wie lange sie jeweils unterwegs ist? Vergleiche die Ergebnisse mit V 1.

A 4 In welchem Fall gleitet eine Postkarte schräg und geradlinig nach unten?

V 5 a) Knicke eine Postkarte einmal (Bild 3 A). Beschwere sie dann wie in V 3 vorn mit Büroklammern und lass sie gleiten. Beschreibe die Flugbahn.

b) Knicke eine Postkarte dreimal (Bild 3 B). Beschwere sie wie in Versuch a) erneut mit Büroklammern und lass sie gleiten. Beschreibe die Flugbahn.

c) In welchem Fall gleitet sie am besten?

V 6 a) Balanciere wie in Bild 4 eine Postkarte auf einem Finger. Markiere auf der Postkarte den Punkt, in dem sie sich im Gleichgewicht befindet.

Hinweis: Dieser Punkt heißt **Schwerpunkt.**

b) Beschwere diese Postkarte wie in Bild 2 B mit Büroklammern. Markiere anschließend erneut den Schwerpunkt.

c) Vergleiche die Lage der Schwerpunkte in a) und b). Was fällt dir auf?

Versuche zum Flugverhalten von Papierfliegern

Bauanleitung:

Falte nach Bild 6 aus einem Bogen DIN A4-Papier einen Gleiter, indem du zunächst entlang der Mittellinie AB faltest und wieder aufklappst. Knicke anschließend den Bogen so ein, dass die Eckpunkte C und D auf die Mittellinie treffen. Mache das Gleiche mit den so entstandenen Eckpunkten E und F. Lege die beiden Hälften entlang der Mittellinie aufeinander und falte jede Seite längs der Verbindungslinie GH zurück. Knicke nun die Flügelenden auf beiden Seiten entlang der Strecke IJ zurück und klappe den Flieger auf. Klebe die oberen Flächen mit Klebestreifen so zusammen, dass der Gleiter seine Form behält.

V 7 Versuche deinen Papierflieger auf einer Essgabel zu balancieren. Fahre dazu mit der Gabel wie in Bild 5 an dem Steg des Fliegers entlang, bis du ihn auf den Gabelspitzen balancieren kannst. Markiere den Schwerpunkt und lass den Papierflieger dann fliegen.

V 8 Beschwere den Papierflieger an der Spitze mit einer Büroklammer oder mit mehreren Klebestreifen. Führe V 7 erneut durch. Vergleiche die Lage der Schwerpunkte und das Flugverhalten des Gleiters.

V 9 a) Beschwere den Papierflieger wie in V 8, aber nun am hinteren Teil. Wiederhole V 7 und vergleiche die Lage der Schwerpunkte sowie das Flugverhalten des Gleiters in allen drei Versuchen. Was stellst du fest?
b) Wann fliegt der Papierflieger am besten?

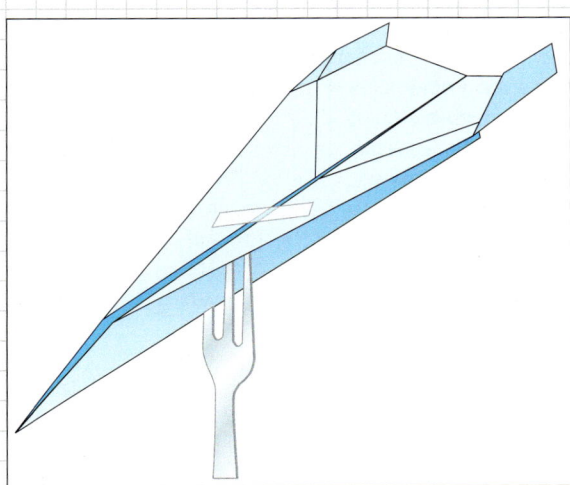

5 Papierflieger im Gleichgewicht

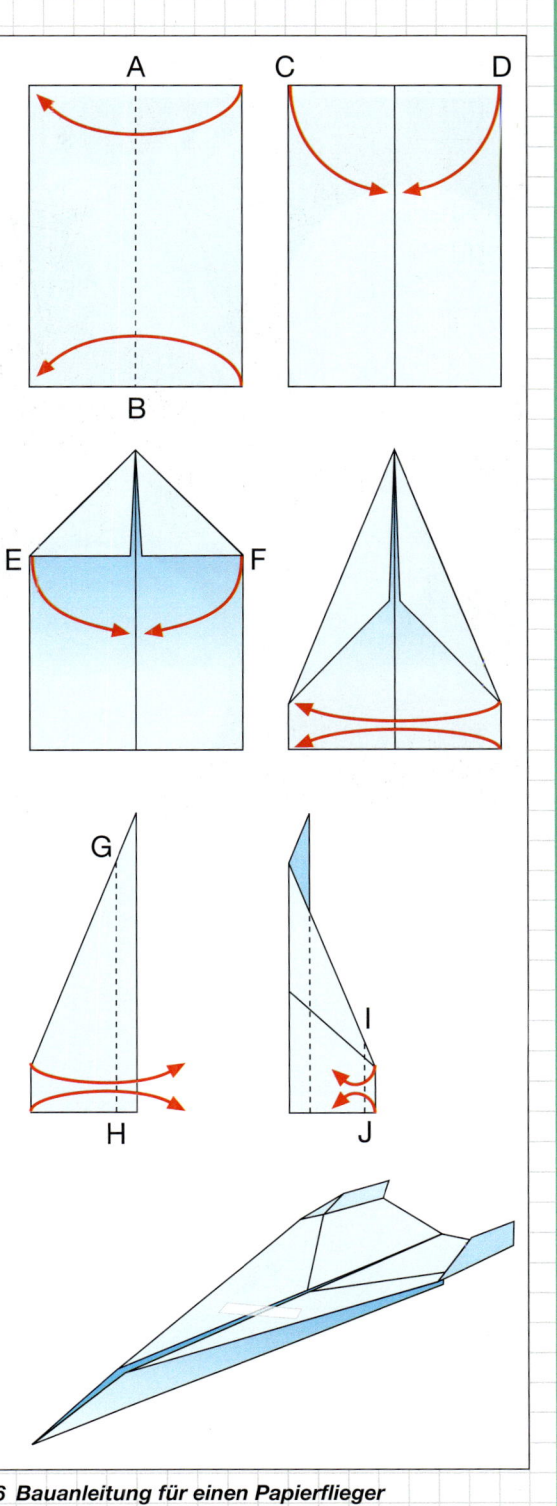

6 Bauanleitung für einen Papierflieger

Übung | **Vogelflug**

A1 Ruderflug

Federstellung
Luftdurchtritt

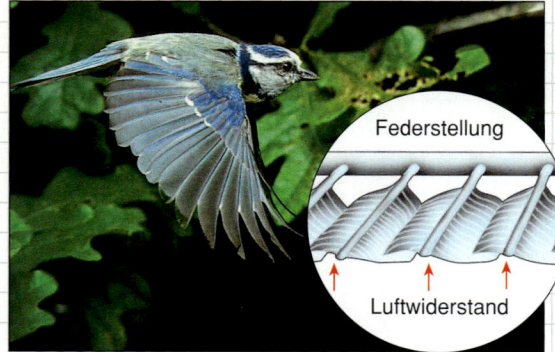

Federstellung
Luftwiderstand

Beschreibe die Stellung der Flügel und der Federn beim Aufwärts- und Abwärtsschlag der Blaumeise. Welche Auswirkungen hat die Federstellung auf den Flug des Vogels?

A2 Segelflug

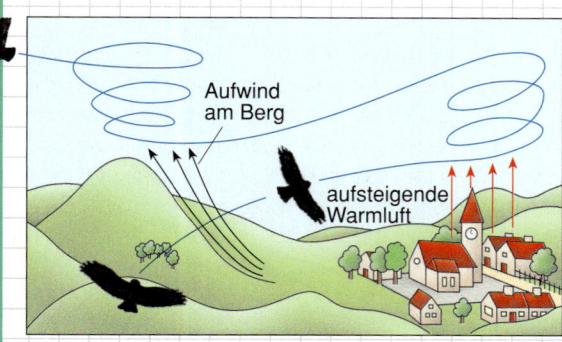

Aufwind am Berg

aufsteigende Warmluft

Erläutere, wie der Mäusebussard bei seinem Segelflug ohne Flügelschlag an Höhe gewinnen kann.

V3 Segeln gegen den Wind

Material: Bleistift; Papier (DIN A5)

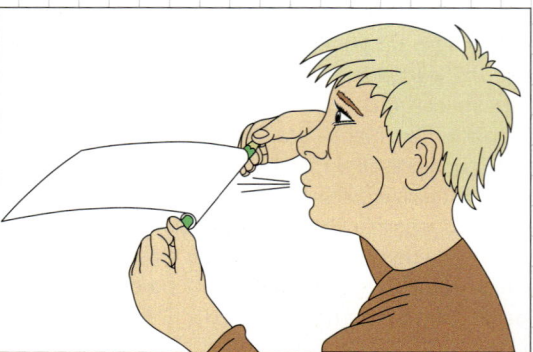

Durchführung: Wickle das Ende des Papiers um den Bleistift. Das Papier entspricht dem Flügel des Vogels.

Aufgaben: a) Beschreibe, was mit dem Blatt geschieht, wenn du darüber bläst.

b) Wiederhole den Versuch und blase diesmal von unten gegen das Blatt. Beschreibe deine Beobachtungen.

c) Finde einen Zusammenhang zwischen dem Versuch und dem Segelflug der Vögel?

V4 Wie wirkt warme Luft?

Material: Teelicht; Hülse einer Haushaltsrolle; Streichhölzer; Daunenfeder

Durchführung:

Zünde ein Teelicht an. Halte die Papierhülse wie in der Abbildung über das Teelicht. Lasse eine Daunenfeder über der Hülse los.

Aufgaben:

a) Was passiert mit der Feder? Notiere deine Beobachtung und ziehe Schlussfolgerungen.

b) Übertrage das Versuchsergebnis auf den Vogelflug.

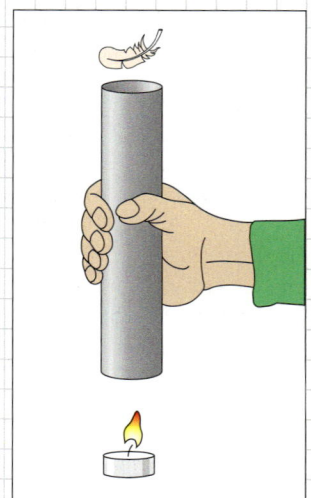

Der Traum vom Fliegen

Fliegen können wie ein Vogel – dies ist ein alter Traum der Menschheit. Immer wieder haben Menschen versucht, diesen Traum zu verwirklichen.

Eine alte Sage aus Griechenland erzählt von DÄDALUS und seinem Sohn IKARUS (um 1500 vor Christus). Die beiden flohen aus der Gefangenschaft, indem sie Vogelfedern mit Wachs zusammenklebten

1 DÄDALUS und IKARUS

2 Otto LILIENTHAL

und diese „Flügel" an ihren Armen befestigten. IKARUS kam bei seinem Flug der Sonne zu nahe. Das Wachs schmolz, die Flügel zerfielen und IKARUS stürzte ins Meer und starb.

Im Mittelalter beschäftigte sich der Wissenschaftler und Künstler Leonardo DA VINCI (1452–1519) mit dem Entwurf und Bau von Flugapparaten. Aber es dauerte bis zum 19. Jahrhundert, ehe die ersten gebaut wurden. Diese Flugapparate mussten entweder mit Muskelkraft betrieben werden oder sie waren nur zum Gleiten geeignet. Otto LILIENTHAL (1848–1896) machte 1891 seine ersten Gleitversuche mit selbst gebauten Flugapparaten. Er startete von einem Turm aus und brachte es auf eine Weite von 500 Metern. Bei einem Flugversuch im Jahr 1896 verunglückte er tödlich. Die von Otto LILIENTHAL gebauten Gleiter ähnelten den heute benutzten Drachen der Drachenflieger.

Die Versuche mit Flugapparaten, die mit Muskelkraft betrieben wurden, konnten nicht gelingen. Denn für Menschen ist es aufgrund ihres Körperbaus und ihrer Masse unmöglich, wie Vögel zu fliegen.

Erst mit der Erfindung des Motors zu Beginn des 20. Jahrhunderts wurde auch der Bau von Flugmaschinen vorangetrieben. Die Motoren waren zunächst nicht besonders leistungsstark. Deshalb wurden die Flugzeuge aus leichten Materialien wie Holz und Leinwand gebaut. Durch Verbesserung der Motorstärke konnte man die Flugzeuge schließlich aus stabilem Metall bauen. Es entbrannte ein Wettstreit um immer leistungsstärkere Maschinen.

Eine der größten Pionierleistungen war die Atlantiküberquerung des Amerikaners Charles LINDBERGH (1902–1974). Er legte 1927 allein und im Nonstopflug eine Strecke von 5810 Kilometern zurück – in einem kleinen, einmotorigen Flugzeug!

In der weiteren Entwicklung wurden die Flugzeuge größer und erhielten mehrere Motoren. Sie konnten lange Strecken ohne Zwischen-

3 Charles LINDBERGH

stopp zurücklegen und mehr Menschen und Frachtgut transportieren.

Ein weiterer Höhepunkt in der Entwicklung der Luftfahrt war die Erfindung des Düsentriebwerkes. Große Passagiermaschinen fliegen heute fast ausschließlich mit Düsentriebwerken. Wir finden es selbstverständlich, mit Flugzeugen schnell und bequem in alle Länder der Erde reisen zu können. Für seinen Atlantikflug brauchte Charles LINDBERGH mehr als 33 Stunden. Die Concorde, das erste Überschall-Verkehrsflugzeug, flog in etwa drei Stunden von New York nach London.

Bewegung an Land, im Wasser und in der Luft

Basiskonzepte Energie

In der belebten und unbelebten Natur kommen vielfältige Bewegungen vor. Die Geschwindigkeit, mit der sich ein Körper oder ein Lebewesen bewegt, berechnet sich aus dem zurückgelegten Weg dividiert durch die dafür benötigte Zeit. Damit eine Bewegung erfolgen kann, muss Energie zur Verfügung stehen. Energie kommt in unterschiedlichen Formen vor, beispielsweise als chemische oder elektrische Energie, als Wärmeenergie, Strahlungsenergie und Lageenergie. Wenn sich ein Körper bewegt, verfügt er über Bewegungsenergie.

Die verschiedenen Energieformen können ineinander umgewandelt werden. Dies erfolgt über einen Wandler. Vielfach können ganze Energieumwandlungsketten verfolgt werden. Sie sind ein Beispiel für die vielfältigen Wechselwirkungen in der Natur. Bei der Umwandlung einer Energieform in eine andere wird immer Wärme frei.

Energie kann in unterschiedlichen Energieträgern gespeichert sein, zum Beispiel in Erdöl, Kohle oder in einer Batterie. Tiere und Menschen nehmen ihre Energie über die Nahrung auf. Sie wird in den Zellen durch den chemischen Prozess der Zellatmung frei gesetzt.

Um den Energiegehalt anzugeben, verwendet man meistens die Einheit Joule (J) oder Kilojoule (kJ). Bei Nahrungsmitteln spricht man auch vom Brennwert. Für elektrische Energie wird häufig die Einheit Kilowattstunde (kWh) benutzt.

Die Energievorräte auf der Erde sind begrenzt. Aus diesem Grunde ist es notwendig, Energie möglichst sparsam zu nutzen. Dazu kann jeder Einzelne im Alltag beitragen.

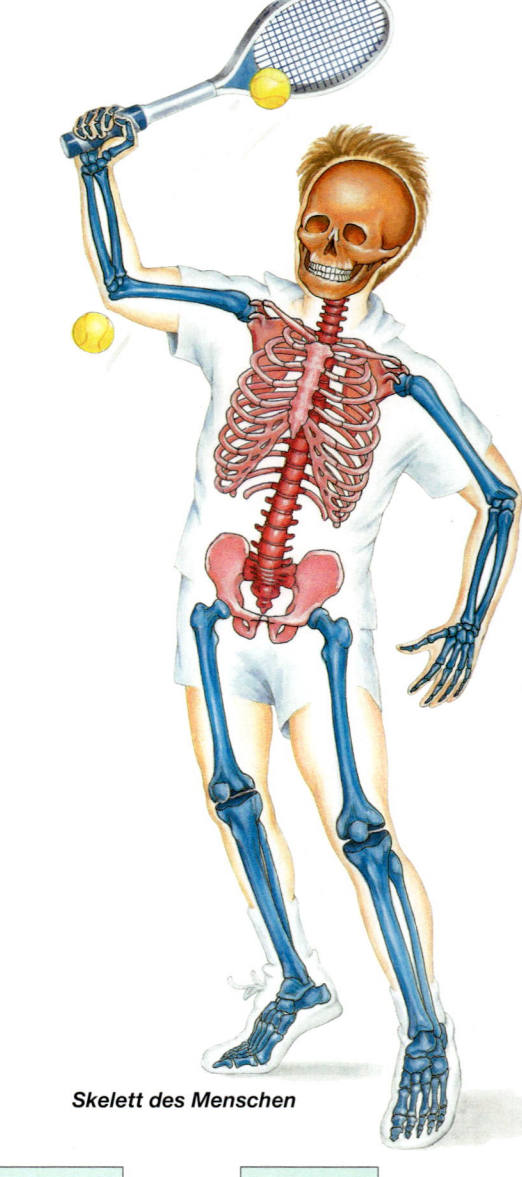

Skelett des Menschen

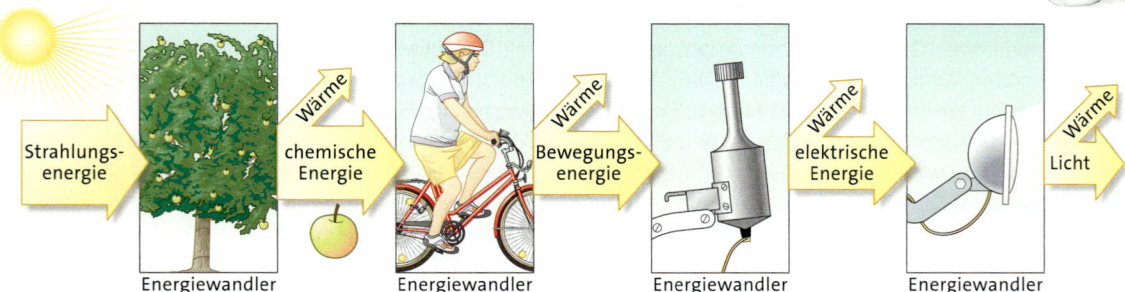

| Strahlungs-energie | Wärme | chemische Energie | Wärme | Bewegungs-energie | Wärme | elektrische Energie | Wärme Licht |

Energiewandler   Energiewandler   Energiewandler   Energiewandler

Beispiel einer Energieumwandlungskette

Fortbewegung bei Wirbeltieren

Zu den vordringlichen Aufgaben der Technik gehört die Erschließung neuer Energiequellen. Außerdem versucht man bei Energieumwandlungen den Wirkungsgrad zu erhöhen. Die ersten, noch wenig leistungsfähigen Automobile wurden erst vor wenig mehr als einem Jahrhundert gebaut. Die schnellen und sicheren heutigen Autos sind ein Beispiel für die rasche Entwicklung auf dem Gebiet der Technik.

Basiskonzept
Struktur – Eigenschaft –Funktion

Wirbeltiere bewegen sich schwimmend, kriechend, laufend, springend oder fliegend fort. Der Bau des Körpers, insbesondere die Struktur des Skeletts, ermöglicht diese vielfältigen Fortbewegungsweisen. Der Mensch bewegt sich überwiegend auf dem Lande. Die doppelt-S-förmige Wirbelsäule federt dabei Stöße beim Laufen und Springen ab. Verschieden aufgebaute Gelenke, vor allem an den Gliedmaßen, erlauben, zusammen mit den verschiedenen Muskeln, fein abgestimmte Bewegungen.

Zu den besonderen Körperstrukturen der Vögel gehören die Federn. Sie bestehen aus Horn und sind gleichzeitig leicht und stabil. An den Flügeln bilden Schwungfedern die Tragflächen zum Fliegen. Andere Federn schützen den Vogelkörper oder dienen der Wärmeisolierung. Das Skelett der Vögel zeichnet sich durch viele stabile, aber dennoch leichte Röhrenknochen aus. Ein deutlich vergrößertes Brustbein dient als Ansatzstelle für die Flugmuskulatur. Die Leichtbauweise ist zusammen mit der besonderen Struktur der Federn und dem Bau der Flügel die Voraussetzung für den Vogelflug. Durch die Bewegung der Flügel erzeugen die Vögel gleichzeitig Auftrieb und Vortrieb. Mit ausgebreiteten Flügeln können sich viele Vögel auch im Segelflug bewegen. Dazu nutzen sie häufig auch Aufwinde.

Ähnlich wie Vögel haben auch Fische einen stromlinienförmigen Körper. Diese Form verringert im Wasser oder in der Luft den Widerstand. Das ermöglicht eine schnelle und Energie sparende Fortbewegung. Fische bewegen sich meist durch Schlängelbewegungen des Körpers sowie Schläge mit der kräftigen Schwanzflosse vorwärts. Die übrigen Flossen dienen der Stabilisierung und Steuerung. Mittels einer Schwimmblase können viele Fische ohne Energieaufwand im Wasser schweben, ohne abzusinken. Im Gegensatz zu den Wirbeltieren an Land und in der Luft, die über Lungen atmen, verfügen Fische als Wassertiere über Kiemen zum Gasaustausch.

Bewegung an Land, im Wasser und in der Luft

A1 Messungen im Straßenverkehr

Bei Verkehrskontrollen der Polizei wird vom gemessenen Geschwindigkeitswert immer ein Teil abgezogen, da man von Ungenauigkeiten der Messgeräte und der Tachos ausgeht.

Aufgaben: a) Diskutiert in der Gruppe die Möglichkeiten, die Anzeige des Autotachos zu überprüfen. Denkt dabei zum Beispiel an die Leitpfosten an der Straße.

b) Formuliert dazu Anweisungen, was zu tun und zu rechnen ist und testet euer Verfahren nach Möglichkeit.

c) Sammelt Messmethoden der Polizei, die euch bekannt sind und stellt Vermutungen dazu an, wie diese funktionieren.

d) Ein Autonavi zeigt auch die Geschwindigkeit an, es ist aber gar nicht mit den Rädern verbunden. Recherchiere, wie Navis ihre Informationen zur Geschwindigkeitsangabe erhalten.

A2 Geschwindigkeiten bei Schiffen

Bei Schiffen ist die Messung der Geschwindigkeit schwieriger als bei Autos, denn sie haben keine Räder, die sich entlang des Weges drehen.

Aufgaben: a) Erkundige dich, ob es für Wasserstraßen, also Flüsse oder Kanäle, auch so etwas wie die Leitpfosten gibt und was diese angeben.

b) Recherchiere, wie die Geschwindigkeit bei Schiffen gemessen wird. Unterscheide dabei frühere Verfahren und heutige Techniken.

A3 Geschwindigkeitsmessung mit dem Fahrrad

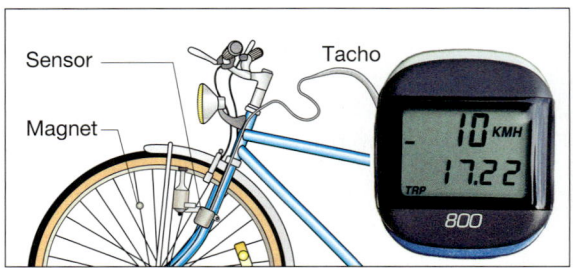

Geschwindigkeiten werden meist durch Messungen von Strecken und Zeiten bestimmt, auch beim Fahrradtacho. Wenn du am Fahrrad einen Tacho hast, kannst du am Vorderrad einen kleinen Magneten erkennen, der sich mit dem Rad dreht. Immer wenn er an dem Sensor, der an der Fahrradgabel montiert ist, vorbei kommt, registriert der Sensor, dass sich das Rad einmal gedreht hat. Für die Anzeige der richtigen Geschwindigkeit muss der Tacho noch die Zeit messen, die inzwischen vergangen ist. Dazu musst du eingeben, wie groß dein Rad ist.

Aufgaben: a) Finde mehrere Möglichkeiten, den Umfang eines Rades zu bestimmen. Stelle Vermutungen an, wie genau die Verfahren sind.

b) Sammelt Bedienungsanleitungen von Fahrradtachos. Entnehmt diesen, welche Einstellungen zu machen sind und diskutiert, welche Auswirkungen es hat, wenn die Einstellungen falsch sind.

d) Erläutere, was passiert, wenn an einem Rad zwei Magnete angebracht sind.

e) Lausche am Sensor, wenn der Magnet vorbeikommt. Stelle Vermutungen an, was im Sensor geschieht.

f) Recherchiere, was die Zahlen bei den Radgrößen bedeuten.

A4 Roboter-Gelenke

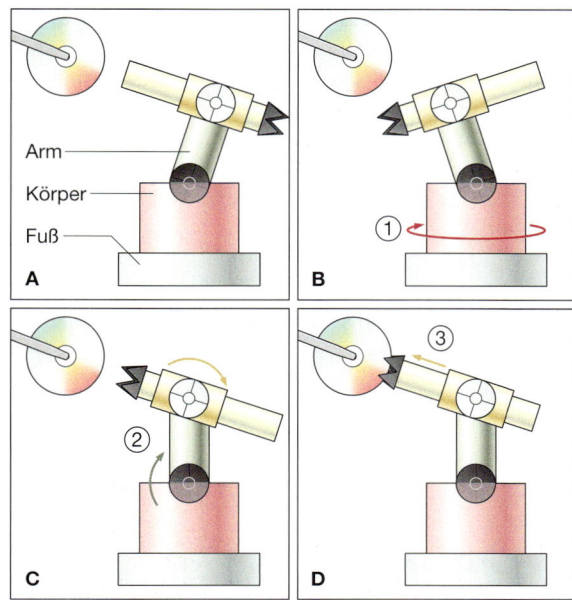

In vielen Industriebetrieben erledigen Roboter einen Teil der Arbeit. Die Abbildungen zeigen einen Roboter, der an der Fertigung von CDs beteiligt ist.

Aufgaben: a) Beschreibe anhand der Abbildungen die Bewegungen des Roboters beim „Ergreifen" einer CD.

b) Erläutere die Bewegungen der mit 1, 2 und 3 gekennzeichneten technischen Gelenke.

c) Nenne Gelenke des Menschen, die ähnliche Bewegungen ausführen können. Begründe, für welches Roboter-Gelenk du kein Beispiel im menschlichen Körper findest.

A5 Schwimmblase

Bei vielen Fischarten, z. B. beim Karpfen, müssen die Jungfische nach dem Schlüpfen aus dem Ei mit eigener Kraft an die Wasseroberfläche schwimmen. Dort schnappen sie etwas Luft und füllen damit ihre Schwimmblase.

Aufgaben: a) Begründe, was zu beobachten wäre, wenn man die Jungfische am Auftauchen hindern würde.

b) Erkläre, weshalb Karpfenweibchen zur Eiablage besonders seichte Stellen des Gewässers aufsuchen.

A6 Gibt es fliegende Fische und unter Wasser fliegende Vögel?

Es gibt sie tatsächlich! Fliegende Fische können über 100 Meter weit durch die Luft gleiten und Pinguine sind Vögel, die sich unter Wasser wie im Flug mit ausgebreiteten Flügeln bewegen.

Aufgaben: a) Beschreibe mit Hilfe der Abbildungen die Besonderheiten im Körperbau, die es Fliegenden Fischen erlauben, kurzzeitig das Wasser zu verlassen und zu fliegen.

b) Vergleiche den Körperbau eines Pinguins mit dem eines Fischs und mit einem flugfähigen Vogel. Liste Besonderheiten der Pinguine auf, die ihre Angepasstheit an das Wasser zeigen.

c) Recherchiere in Büchern oder im Internet über die Lebensweise der Fliegenden Fische.

d) Bereite einen Kurzvortrag über den Körperbau und die Lebensweise von Pinguinen vor. Berücksichtige dabei besonders intensiv die Fortbewegung dieser Vögel.

Sonne, Wetter, Jahreszeiten

Die Sonne – Motor des Lebens auf der Erde und mehr …

Sammle Bildmotive aus Zeitschriften oder aus dem Internet, die einen Bezug zum Thema „Sonne" haben. Wähle ein Bild aus und schreibe eine Geschichte mit der Sonne als zentralem Thema. Schreibe auch auf, was du persönlich mit der Sonne verbindest.

Stelle eine tabellarische Übersicht zusammen, welche Auswirkungen die Sonne für das Leben auf der Erde hat.

Lege eine Mappe zum Thema „Sonne und Natur im Jahresverlauf" an. Zu diesem Thema kannst du zum Beispiel Fotos, Zeichnungen und Gegenstände aus der Natur sammeln.

Blitz und Donner

Gewitter sind besonders eindrucksvolle Erscheinungen des Wetters. Beschreibe das Foto und erläutere den Ablauf eines Gewitters. Berichte über deine eigenen Erfahrungen.

Recherchiere im Internet, in welchen Gebieten der Erde besonders viele Gewitter auftreten. Findest du eine Erklärung?

Erstelle eine möglichst umfangreiche Liste von Wettererscheinungen. Notiere jeweils, welche Auswirkungen sie für den Menschen haben können. Sammle zu den Wettererscheinungen Fotos und Berichte. Lege eine Mappe zum Thema „Die Vielfalt des Wetters" an.

Frieren Pferde im Winter?

Auch im Winter sieht man oft Pferde auf der Koppel.
Zieht Erkundigungen bei Landwirten, Pferdebesitzern
oder Tierärzten ein, ob die Tiere unter der Kälte leiden.
Befragt auch eure Mitschülerinnen und Mitschüler,
die reiten oder Pferde pflegen. Stellt die Antworten
zu einem kurzem Vortrag zusammen. Diskutiert über
weiterführende Fragen.

Treibhäuser

Stelle begründete Vermutungen darüber an, welche
Bedingungen in einem Treibhaus herrschen und
welchen Einfluss sie auf das Pflanzenwachstum haben
könnten. Informiere dich bei einem Gärtner, ob deine
Vermutungen richtig sind. Frage nach, welche Umweltbedingungen den Pflanzen im Treibhaus geboten
werden. Stelle eine Liste von Nutzpflanzen zusammen, die in Treibhäusern gezogen werden.

Wie lange ist es hell?

In Kalendern oder Tageszeitungen werden die genauen
Uhrzeiten für den Sonnenauf- und untergang angegeben. Damit kann man ausrechnen, wie lange die
Sonne an diesem Tag zu sehen ist, wenn man davon
ausgeht, dass keine Wolken am Himmel sind.

Beispiel:	1. Oktober	
	Sonnenaufgang:	6.22 Uhr
	Sonnenuntergang:	18.01 Uhr
Rechnung:		
6.22 Uhr bis	7.00 Uhr:	38 min
7.00 Uhr bis	18.00 Uhr:	11 Std.
18.00 Uhr bis	18.01 Uhr:	1 min
Dauer der Helligkeit:		**11 Std. 39 min**

Wähle nun in jedem Monat einen bestimmten Tag,
zum Beispiel den ersten Tag des Monats, und berechne
die Dauer der Helligkeit. Schreibe deine Ergebnisse
in eine Tabelle. Was fällt dir auf? Gib eine mögliche
Erklärung für deine Beobachtung.

1 Die Erde ist von einer Lufthülle umgeben

2 Der Mond hat keine Lufthülle

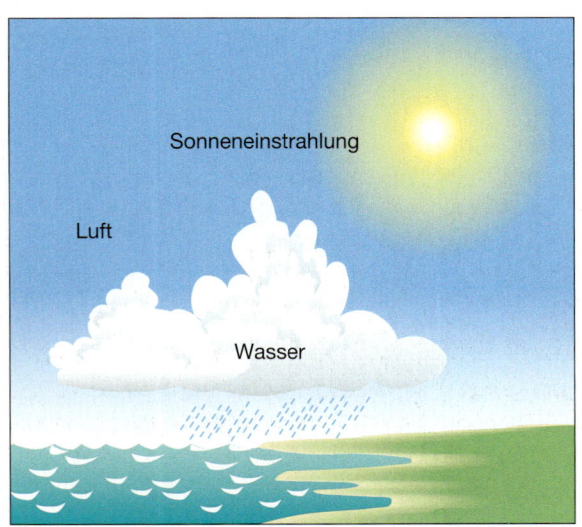

3 Die drei „Zutaten" für das Wetter

1 Die Sonne ist der Motor des Wettergeschehens

1.1 Wie entsteht das Wetter?

In den Jahren zwischen 1969 und 1972 landeten Astronauten auf dem Mond. Sie trugen dicke Schutzanzüge, in denen sie das Wichtigste mit sich führten: Luft. Der Mond hat nämlich keine Lufthülle wie die Erde. Es gibt auf ihm auch kein flüssiges Wasser.

Das bedeutet, dass es auf dem Mond kein **Wetter** geben kann: keinen Wind, keine Wolken, keinen Regen. Nur Sonnenstrahlung bekommt er genug. Aber das reicht nicht, um Wettererscheinungen entstehen zu lassen.

Wenn die Sonne senkrecht auf die Mondoberfläche scheint, heizt diese sich auf über 120 °C auf. Das ist fast doppelt so heiß wie in der Wüste Sahara unter gleichen Bedingungen. Auf der sonnenabgewandten Mondseite kühlt sich seine Oberfläche auf etwa −150 °C ab. Das ist viel kälter als an der eisigsten Stelle auf der Erde, der Antarktis. In der Sahara gibt es nachts nur selten leichten Frost.

Auf der Erde mildern Luft und Wasser die Temperaturunterschiede ab. Wind kühlt den Boden und trägt die Hitze fort. Regenschauer können unterschiedliche Temperaturen noch besser ausgleichen. Das merkt man bei uns gut nach einem Gewitter. Dieser Ausgleich zwischen heiß und kalt ist also eine wichtige Aufgabe des Wetters.

Wie wir jetzt wissen, gibt es nur dann Wettererscheinungen, wenn drei Dinge zusammenwirken: **Sonneneinstrahlung, Luft und Wasser.**

Wie das Wetter im Einzelnen wird, hängt von weiteren Gegebenheiten ab: der geografischen Lage auf der Erdkugel, der Landschaftsform wie Gebirgen, Tiefebenen oder Hochebenen, ferner von der Nachbarschaft zum Meer, der Nähe von großen Seen oder Wäldern.

1 Vergleiche anhand der Abbildungen 1 und 2 die Ansicht von Erde und Mond aus dem Weltraum.
2 Begründe, warum vom Weltraum aus auf der Mondoberfläche mehr Einzelheiten zu erkennen sind als auf der Erde.
3 Nenne die Aggregatzustände des Wassers, die in Abbildung 3 berücksichtigt sind.
4 Erläutere die Bedeutung der Sonne für die Entstehung des Wetters.

1.2 Wie wird das Wetter morgen?

Seit Jahrtausenden beobachten die Menschen das Wetter. Besonders für die Bauern ist das Wettergeschehen wichtig, schließlich hängt die Ernte sehr vom Wetter ab. Ihre langjährigen Erfahrungen sind in zahlreichen Bauernregeln überliefert, etwa: „Ist der Mai kühl und nass, füllt's dem Bauern Scheun' und Fass."

Heute gibt es ein dichtes Netz von **Wetterstationen** auf der ganzen Welt, sowohl auf dem Boden als auch in der Luft und auf dem Wasser. Sie alle tragen mit ihren Beobachtungen und Messungen zu einer möglichst zutreffenden Wettervorhersage bei.

Bei den Wetterstationen fällt besonders die weiß gestrichene Hütte auf zwei Meter hohen Stelzen auf. Sie hat schräge Lamellen. Dadurch ist es im Innern schattig, aber dennoch gut durchlüftet. Dort sind Messgeräte untergebracht: Ein **Thermometer** zur Messung der Lufttemperatur, ein **Hygrometer** mit dem man die Luftfeuchtigkeit bestimmen kann, ein **Barometer** zur Luftdruckmessung sowie verschiedene Geräte, die diese Messwerte über einen längeren Zeitraum aufzeichnen. Im Freien sind **Wind-** und **Regenmesser** sowie weitere Messgeräte aufgestellt. Gemessen wird weltweit immer jeweils um 7, um 14 und um 21 Uhr.

Um auch Wetterdaten aus der Höhe zu erhalten, lässt man Messsonden mit Ballons über 20 Kilometer hoch aufsteigen. Kleine Funksender übertragen dann die Messergebnisse an die Bodenstationen. Beobachtungen aus Flugzeugen und Satellitenfotos ergänzen diese Informationen. Auch der Computer ist zu einem wichtigen Hilfsmittel bei der Wetterforschung geworden. In Deutschland werden alle Messdaten an die Zentrale des Deutschen Wetterdienstes in Offenbach übermittelt. Großrechner erstellen aus diesen Daten die Wetterkarten und Wettervorhersagen.

Der Deutsche Wetterdienst gibt seine Vorhersagen nicht nur an Rundfunk, Fernsehen und Presse weiter. Er versorgt auch die Schifffahrt und Flugzeugpiloten, Landwirte und Ärzte mit Wetter-Informationen, die für sie besonders wichtig sind.

1 Vergleiche eine Woche lang den Wetterbericht mit dem tatsächlichen Wetter.
2 Erläutere die Funktion der in Abbildung 1 dargestellten Messinstrumente.

1 Wetterstation mit verschiedenen Messgeräten. A Wetterhütte mit verschiedenen Thermometern und Schreiber für Temperatur und Luftfeuchtigkeit; B Windmesser; C Regenmesser

1 Unter dem Sonnenschirm ist es kühler

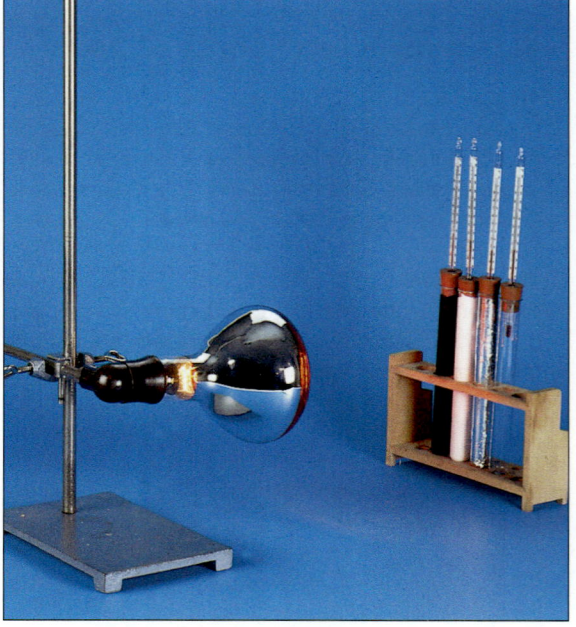

2 Auswirkung der Wärmestrahlung

1.3 Wie kommt die Sonnenwärme zur Erde?

Die Sonne ist ein riesengroßer, sehr heißer Gasball. Ihre Oberfläche hat etwa 6000 °C, ihr Inneres etwa 20 Millionen Grad! Durch ihre Strahlung gibt die Sonne ständig Wärme und Energie in anderer Form an den Weltraum ab.

Dennoch ist es nicht selbstverständlich, dass die Erde von dieser gewaltigen Wärmemenge etwas abbekommt. Denn die Sonne ist weit von uns weg, rund 150 Millionen Kilometer. Zwischen Erde und Sonne liegt aber kalter Weltraum! Wie kommt ihre Wärme zu uns?

Tatsächlich muss man nicht unbedingt eine Wärmequelle berühren, um sie zu spüren. Von einem heißen Körper geht unsichtbare **Wärmestrahlung** aus, die sich erst bemerkbar macht, wenn sie auf einen Gegenstand trifft. Man nennt sie auch **Infrarotstrahlung.** Sie verhält sich ebenso wie das Licht: Sie ist genauso schnell, sie geht fast ungehindert durch Luft und Glas und ebenso durch den kalten Weltraum. Wärme kann also durch Strahlung ohne übertragendes Material transportiert werden.

Die Wärmestrahlung wird von Körpern aufgenommen. Helle und glänzende Oberflächen werfen einen Großteil der Strahlung zurück, matte und dunkle Oberflächen nehmen die Strahlung weitgehend auf und erwärmen sich dabei.

Intensive Sonneneinstrahlung kann auch schädlich sein. So führt ein langer Aufenthalt in der Sommersonne auf ungeschützter Haut zu Sonnenbrand. An Pflanzen entstehen im Sommer manchmal Dürreschäden.

1 a) Verbinde einem Mitschüler die Augen. Halte eine Glühlampe (100 W) in die Nähe der Handrücken oder der Backen. Wie kann er wissen, wann die Lampe eingeschaltet ist?
b) Begründe, wie man bei einem Herd feststellen kann, welche Platte eingeschaltet war, ohne die Platten zu berühren? Kann man es auch herausbekommen, wenn man die Platten mit Aluminiumfolie abdeckt?
2 Schwärze ein Reagenzglas mit Farbe oder Ruß, bemale ein zweites mit weißer Farbe und umwickle ein drittes mit Alu-Folie. Das vierte Reagenzglas bleibt unverändert.
Verschließe jedes Reagenzglas mit einem durchbohrten Stopfen, durch den ein Thermometer gesteckt ist. Stelle die Reagenzgläser an ein sonniges Fenster oder vor einen Infrarotstrahler. Miss die Temperaturen sofort und dann alle zwei Minuten (etwa zehn Minuten lang) und berichte über dein Versuchsergebnis.
3 Nenne die Funktionen von Sonnenschirmen und Jalousien.
4 Begründe, warum man die Temperatur an einem heißen Tag unter einem Sonnenschirm angenehmer empfindet.

Wir bauen einen Sonnenkollektor

Max und Stefan spielen im Garten Fußball. „Ich könnte jetzt eine Erfrischung gebrauchen!", meint Max. „Da liegt der Gartenschlauch. Komm wir nehmen eine Dusche!", antwortet Stefan. Sie drehen den Wasserhahn auf. „Aber das Wasser ist ja ganz warm!", ruft Max erstaunt.

Tatsächlich, eine Zeit lang fließt warmes Wasser aus dem Schlauch, erst nach einer Weile kommt erfrischend kühles Wasser.

Diese Tatsache macht man sich in **Solaranlagen** zunutze. Dazu werden zum Beispiel auf dem Dach eines Hauses **Sonnenkollektoren** montiert, durch die Wasser gepumpt wird.

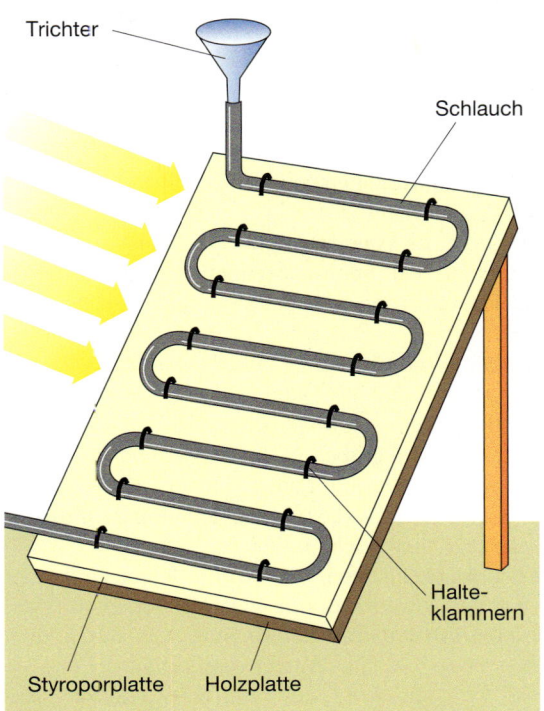

Bau eines Sonnenkollektors

Material: 1 Holzplatte (ca. 50 cm breit, 1 m lang und 1 cm dick); 1 Styroporplatte gleicher Größe; 5–7 m langer Schlauch (möglichst biegsam und schwarz, zum Beispiel Leerrohr aus dem Baumarkt); ca. 15 Halteklammern; Hammer; Schrauben; Schraubenzieher; Trichter; Thermometer

Durchführung: Lege die Styroporplatte auf die Holzplatte. Lege den Schlauch in Schlangenlinien darauf. Befestige den Schlauch mit Hilfe der Halteklammern, die du durch das Styropor in der Holzplatte festschraubst. Achte darauf, dass an jedem Ende ein Schlauchstück (mindestens 50 cm lang) frei bleibt.

Bringe den Sonnenkollektor an einen sonnigen Platz. Halte die beiden Schlauchenden hoch oder binde sie an zwei Holzpfählen oder Ähnlichem fest. Fülle nun Leitungswasser, dessen Temperatur du vorher gemessen hast, mit Hilfe des Trichters in den Schlauch.

Aufgaben: a) Lass das Wasser im Kollektor eine halbe Stunde in der Sonne stehen. Fülle es dann in einen isolierten Vorratsbehälter und miss erneut die Temperatur. Vergleiche die Werte.

b) Erläutere den Zweck der Styroporplatte.

c) Begründe, nach welcher Himmelsrichtung Sonnenkollektoren ausgerichtet werden sollten.

1.4 Luftfeuchtigkeit und Wasserkreislauf

„Heute bin ich zu faul zum Abtrocknen", denkt Timo und lässt das Geschirr einfach im Abtropfgestell stehen. Nach einiger Zeit ist das Geschirr getrocknet.

Lässt man Wasser in offenen Gefäßen längere Zeit stehen, so verdunstet es. Das geht umso schneller, je größer die Oberfläche und je wärmer die Umgebung ist. Bei der **Verdunstung** entweichen Wasserteilchen in die Luft. Sie sind dann gasförmig in der Luft gespeichert. Man spricht von **Wasserdampf.** Der Gehalt von Wasserdampf in der Luft heißt **Luftfeuchtigkeit.** Den Wasserdampf kann man ebenso wenig sehen wie die Luft selbst.

Was aber geschieht, wenn sich die mit Wasserdampf gesättigte Luft abkühlt? Dann bilden sich Wassertröpfchen, die so fein sind, dass sie in der Luft schweben. Aber sie sind viel größer als die Wasserteilchen! Daher sehen wir plötzlich die Luftfeuchtigkeit als Schwaden oder Nebel. Diese Nebelbildung heißt **Kondensation.**

Aus dem Meer, aus Seen, Bächen und Flüssen verdunstet bei warmem Wetter besonders viel Wasser. Auch Pflanzen geben Wasser an die Luft ab. Eine große Buche kann täglich bis zu 500 Liter Wasser verdunsten.

Mit der Einstrahlung der Sonne auf die Erdoberfläche erwärmt sich auch die Luft. Sie steigt dadurch auf und kommt in kältere Luftschichten. Die in ihr gespeicherte Luftfeuchtigkeit kondensiert teilweise. Nun sehen wir sie in Form von **Wolken.**
Wolken sind also nichts anderes als hoch gelegene Nebelfelder. Die Wolkenschicht kann bis zu 10 km mächtig sein. Wolken bilden sich besonders rasch, wenn in der Luft winzige Staubkörner sind. Je mehr feuchte Luft aufsteigt, umso mehr Wasserdampf kann kondensieren. Die Nebeltröpfchen werden immer größer und schwerer. Bald kann sie die Luft nicht mehr in der Schwebe halten. Dann fallen sie als Regen auf die Erde.

1 Wasserdampf kondensiert

1 Gieße in drei breite Bechergläser mit gleichem Durchmesser je 20 ml Wasser (Hinweis: 20 ml entsprechen der Füllmenge eines Normreagenzglases). Erhitze das erste einige Minuten mit dem Brenner. Stelle das zweite an einen warmen Ort, zum Beispiel über einen Heizkörper oder auf eine sonnige Fensterbank. Stelle das dritte an einen kühlen Ort. Was beobachtest du nach fünf Minuten, nach einem Tag, nach drei Tagen? Erkläre deine Beobachtungen.

2 Erhitze Wasser in einem Wasserkessel bis zum Sieden. Beobachte die Ausgussöffnung des Wasserkessels genau. Was siehst du direkt über der Öffnung, was einige Zentimeter darüber?

3 Nach einer heißen Dusche sind Spiegel- und Fensterflächen beschlagen. Erkläre diese Beobachtung.

4 Erläutere mit Hilfe der Abbildung 3 den Wasserkreislauf. Nutze dazu auch das Teilchenmodell, das du bereits kennst.

2 Wolken. A Federwolken; **B** Haufenwolken; **C** Regenwolken

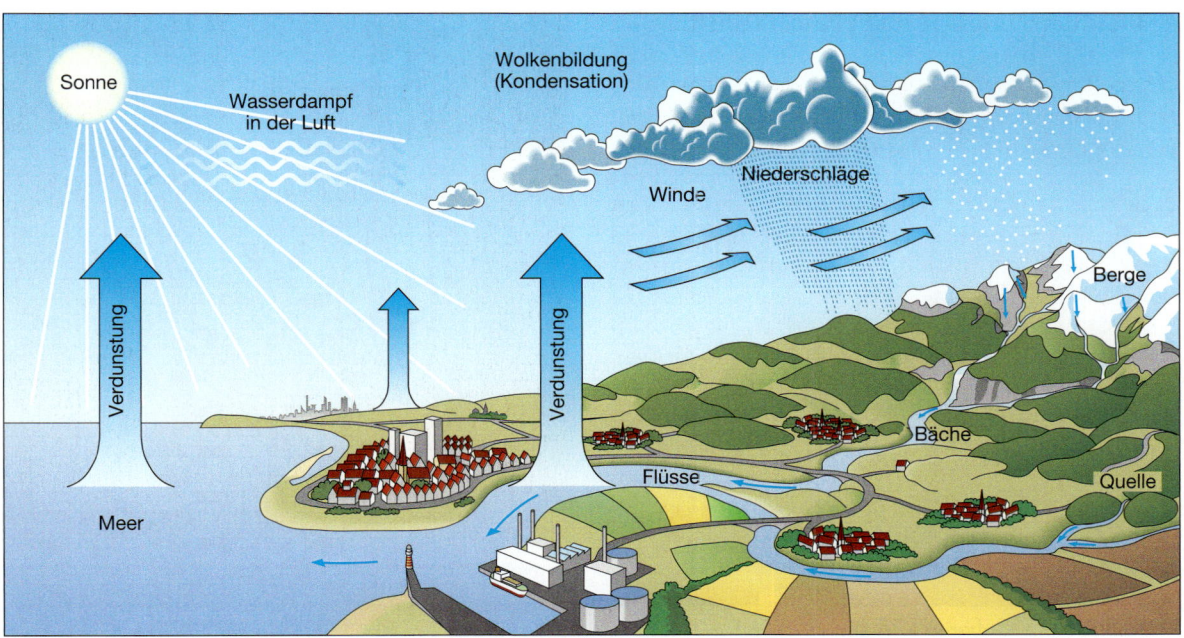

Labels in figure:
Sonne — Wasserdampf in der Luft — Wolkenbildung (Kondensation) — Niederschläge — Winde — Berge — Verdunstung — Verdunstung — Bäche — Quelle — Flüsse — Meer

3 Wasserkreislauf

Schnee, Hagel, Reif

Ist es wärmer als −10 °C, bestehen die Wolken aus Wassertröpfchen, man spricht dann von „Wasserwolken". Weil es in großer Höhe aber meist sehr viel kälter ist, bestehen die Wolken dort aus Eiskristallen. Fallen diese durch Wasserwolken, können sie zu **Schneeflocken** anwachsen. Je nach der Temperatur in den unteren Luftschichten erreichen die Schneeflocken den Erdboden oder tauen vorher schon auf und kommen als Regen unten an.

Hagel entsteht, wenn bereits gebildete Regentropfen gefrieren. Durch ihr Gewicht fallen die Hagelkörner so schnell zur Erde, dass sie keine Zeit zum Schmelzen haben.

In kalten wolkenlosen Winternächten kühlt die Luft in Bodennähe stark ab. Der in ihr enthaltene Wasserdampf gefriert an Gräsern, Ästen, Zäunen und Autos, es bildet sich Reif.

1 Kann Sabrina zaubern?

2 Luftdruck, so „stark" wie drei Elefanten!

1.5 Luftdruck und Fronten

Sabrina füllt ein Glas bis zum Rand mit Leitungswasser und hält die Öffnung mit einer Postkarte zu. Dann dreht sie das Glas um und lässt die Karte los. Kann Sabrina zaubern? Das Wasser läuft nicht aus und Sabrina bleibt bei dem Experiment trocken. Wie ist das möglich?

Wir leben am Grund eines „Meeres" aus Luft. Weil die Luft ein Gewicht hat, drückt sie auf alle Dinge, Pflanzen, Tiere und Menschen. Sie drückt auch gegen die Postkarte in Sabrinas Experiment, sodass das Wasser nicht herauslaufen kann. Dieser **Luftdruck** ist viel stärker als der Druck, den das Gewicht des Wassers verursacht.

Auf einen Fingernagel von dir drückt die Luft so stark wie eine volle 1-Liter-Flasche Wasser. Das entspricht auf deinen ganzen Körper umgerechnet dem Gewicht von etwa drei Elefanten. Warum spürst du das nicht? Die Luft drückt eben von allen Seiten, also auch von unten und von innen gegen den Körper.

Die Luft über einem Gebiet ist nicht überall gleich warm. Nun ist warme Luft aber leichter als kalte. Sie steigt auf, wenn sie von kälterer Luft umgeben ist. Daher übt sie einen etwas niedrigeren Druck aus. So entsteht ein „Tiefdruckgebiet", das man auch einfach **Tief** nennt. Umgekehrt ist ein Bereich mit hohem Luftdruck ein „Hochdruckgebiet" oder kurz ein **Hoch.**

Die Luft in Hoch- und Tiefdruckgebieten führt immer eine Drehbewegung aus. Tiefs drehen sich auf der Nordhalbkugel entgegen dem Uhrzeigersinn, Hochs im Uhrzeigersinn.

Ein Tief bringt meist Wolken und Niederschläge mit sich, weil beim Aufsteigen Luftfeuchtigkeit kondensiert. Wir empfinden es als ein Schlecht-Wetter-Gebiet. Im Hoch lösen sich die Wolken auf, weil die Luft absteigt. Die Sonnenstrahlen können ungehindert auf die Erde fallen. Es gibt sonniges Wetter. Im Sommer wird es dann angenehm warm. Im Winter kann sich der Erdboden in der Nacht bei klarem Himmel im Bereich eines Hochs stark abkühlen. Dann gibt es strengen Frost.

Tiefdruckgebiete ziehen meist von West nach Ost über Deutschland hinweg. Dabei überqueren uns meist unterschiedlich warme Luftmassen. Das Grenzgebiet, an dem sich die Lufttemperatur ändert, nennt man eine **Front.** Beim Durchzug eines Tiefs erreicht uns zunächst die **Warmfront.** Sie kündigt sich meist durch Federwolken an. Die Warmfront bringt in der Regel diesiges Wetter mit Regenwolken, aus denen Landregen fällt. Hinter der Warmfront folgt die Kaltfront mit Schauern, Gewittern und klarer Luft. Schauer fallen aus hoch reichenden Haufenwolken.

1 Besorge dir eine Wetterkarte aus einer Zeitung. Untersuche den Zusammenhang zwischen der Lage von Hoch- und Tiefdruckgebieten und dem jeweiligen Wetter.

2 Nimm ein dünnes Holzbrettchen (wenige Millimeter dick, ca. 30 cm lang, kein Sperrholz, Abfallholz vom Schreiner) lege es auf eine Tischkante, sodass es 10 cm übersteht. Schlage mit der Handkante kräftig auf den überstehenden Teil.

Wiederhole den Versuch, breite aber vorher fünf Seiten einer Tageszeitung flach auf dem Tisch aus, sodass sie über dem Brett liegen. Protokolliere jeweils deine Beobachtungen.

3 Lege ein Dosenbarometer in eine durchsichtige Plastiktüte. Blase die Tüte auf, halte sie mit einer Hand zu und drücke mit der anderen Hand auf die Tüte. Beobachte die Zeigerstellung des Barometers.

4 Erläutere die Luftbewegung in einem Tief und in einem Hoch (Abbildung 3).

5 Erkläre den Aufbau und die Funktion eines Barometers (Abbildung 4).

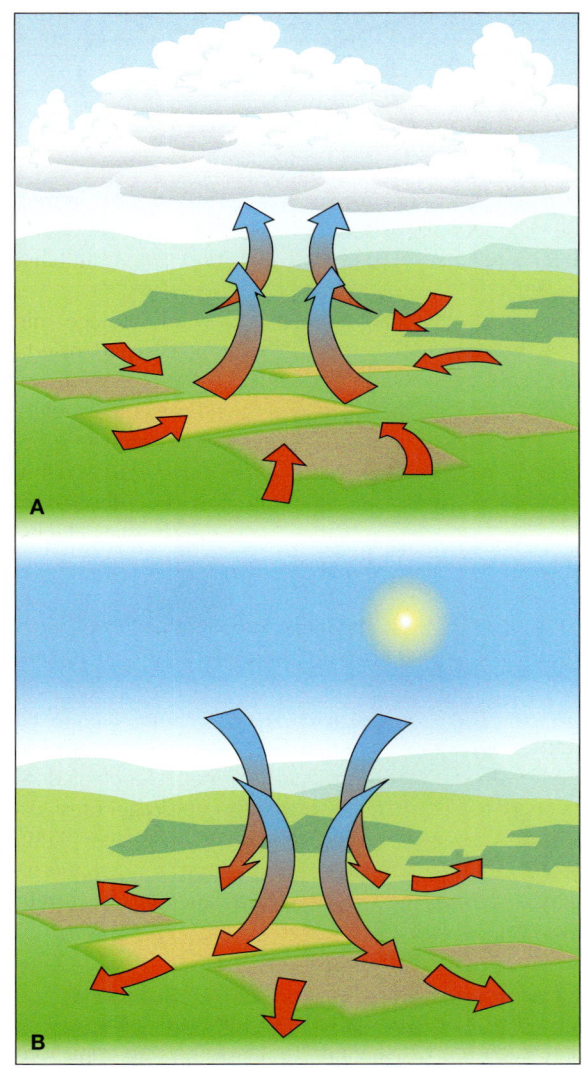

3 Luftdruck. A Tief; **B** Hoch

Den Luftdruck kann man messen

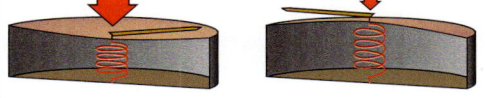

4 Barometer

Schwankungen des Luftdrucks kann man mit einem **Barometer** messen. Ein Metallbarometer enthält eine luftleere Metalldose. Eine Stahlfeder verhindert, dass der Luftdruck die Dose ganz zusammendrückt. Bei hohem Luftdruck wird der Deckel stärker nach innen gedrückt, die Feder wird mehr beansprucht. Bei niedrigem Luftdruck wird der Deckel weniger stark nach innen gedrückt. Diese Änderung wird mit einem Zeiger am Ende der Feder sichtbar gemacht.

Die Skala des Barometers zeigt den Luftdruck in *Hektopascal* (hPa) an. Der Durchschnittswert des Luftdrucks in Meereshöhe beträgt 1013 hPa. Auf einem Berg ist der Luftdruck geringer als im Tal. Die Luftsäule über dem Berg ist schließlich nicht so hoch wie im Tal. Das Dosenbarometer wird immer so eingestellt, dass es den Luftdruck auf Meereshöhe anzeigt. Ist der Luftdruck höher als 1020 hPa, spricht man von einem Hoch, liegt der Druck dagegen unter 1000 hPa, handelt es sich um ein Tief.

1.6 Wind und Wetter

Wenn die Sonne den Erdboden bestrahlt, erwärmt sich auch bald die Luft darüber. Sie steigt auf und, wie du inzwischen weißt, kann dann ein Tief entstehen.
Wenn die Luft einmal aufgestiegen ist, muss sie irgendwo bleiben. Sie schiebt sich in großer Höhe über andere Luftmassen und bildet gewissermaßen einen „Luftberg". Dort erhöht sich der Druck. Es entsteht ein Hoch.
Am Boden drängt die Hochdruckluft dort hin, wo das Tief entstanden ist. Denn da ist ja „dünnere" Luft. Also strömt Luft vom Hoch ins Tief. Das ist die Ursache für den Wind, den wir spüren.
Die Luft steigt im Tief durch Erwärmung auf, zieht oben zum Hoch, steigt hier ab und weht in Bodennähe zum Tief zurück.

Winde kommen also immer auf, wenn zwischen zwei Gebieten Luftdruckunterschiede bestehen.

Weil die Sonneneinstrahlung am Äquator besonders stark ist, enstehen dort häufig Tiefdruckgebiete.
Aber nicht immer muss sich ein Tief an demselben Ort bilden, wo die Sonnenstrahlen auftreffen. Im Nordatlantik gibt es warme Meeresströmungen, die aus dem Süden kommen. Sie sind bekannt als „Golfstrom". Dieser kann die Luft erwärmen. So entstehen über dem Nordatlantik immer wieder Tiefdruckzonen. Oft ziehen sie zu uns nach Mitteleuropa.

Sicher hast du schon beobachtet, dass Wasser aus der Badewanne immer im Kreis durch den Abfluss verschwindet.
Ebenso kann die Luft nicht auf direktem Weg aus dem Hoch ins Tief „wandern". Sie zieht im Kreis um das Tief herum. Ursache dafür ist die Erddrehung. Solche links drehenden Wirbel kann man sehr schön im Wetterbericht sehen, wenn mehrere Satellitenbilder hintereinander gezeigt werden.

Über tropischen Meeren kann besonders viel feuchtwarme Luft aufsteigen. Das geschieht sehr schnell. Die Luftmassen geraten in heftige Drehung. Es entsteht eine mächtige Wolkenspirale, die viel Luft ringsherum ansaugt. So kommt es zu gefährlichen Wirbelstürmen mit Windgeschwindigkeiten von bis zu 300 Kilometern pro Stunde. Solche Wirbelstürme entstehen beispielsweise an der Westküste von Afrika. Von dort wandern sie auf die Karibik und den Süden der USA zu. Man nennt sie dort **Hurrikan.** Im Westen des Pazifischen Ozeans treten ähnliche Wirbelstürme auf. Sie heißen dort **Taifune.** Durch Wirbelstürme werden jährlich Schäden in Millionenhöhe verursacht.

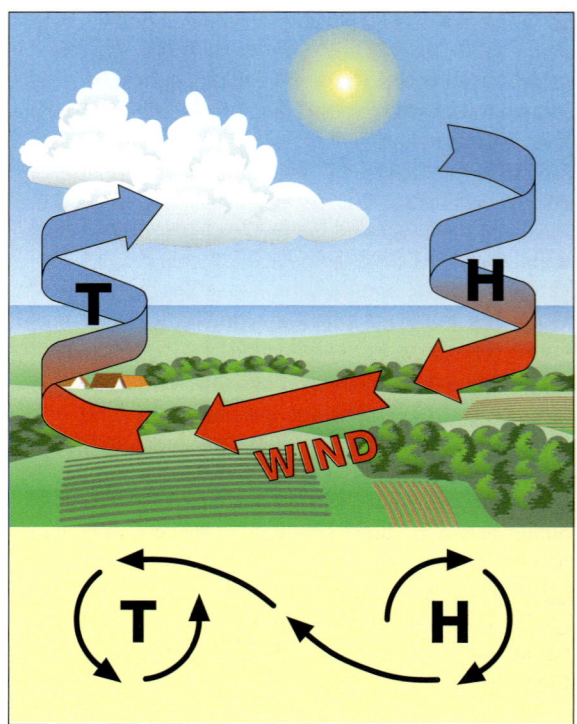

1 Bodenwind vom Hoch ins Tief

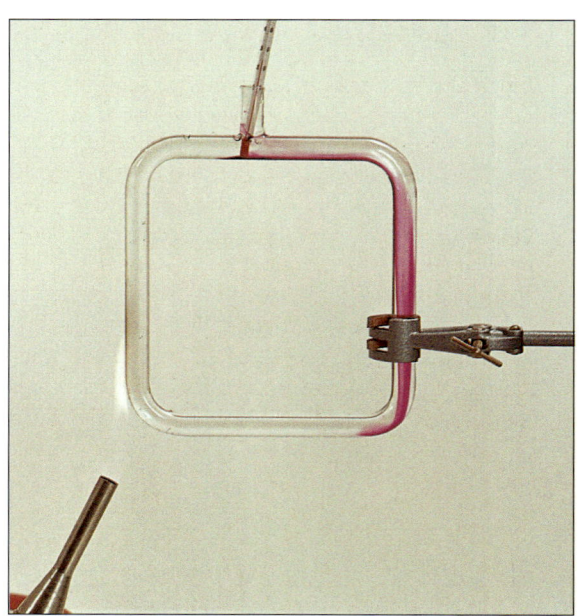

2 Wärmeströmung im Rechteckrohr

1 Informiere dich im Lehrbuchkapitel „Bewegung am Land, im Wasser und in der Luft" über den Vogelflug. Erläutere, welche Eigenschaften der Luft Vögel beim Fliegen nutzen.

2 Gib kleine Papierschnipsel in einen Rundkolben (500 ml oder größer) und fülle ihn zur Hälfte mit Wasser. Erhitze den Kolben von unten mit kleiner Flamme (Abbildung 3). Protokolliere deine Beobachtungen und finde eine Erklärung unter Nutzung des Teilchenmodells.

3 Wenn es in deinem Klassenzimmer wärmer ist als auf dem Flur, kannst du das folgende Experiment machen. Entzünde eine Kerze. Öffne die Tür zum Flur einen Spalt und halte die Kerze einmal in Bodennähe vor den Türspalt und dann möglichst weit oben vor den Spalt. Wie verhält sich die Flamme? Du kannst es auch vor einem Fensterspalt versuchen.

4 Du brauchst ein rechteckiges gebogenes Glasrohr, das oben eine Einfüllöffnung hat. Fülle es mit Wasser und spanne es in ein Stativ. Gib dann eine Spatelspitze eines Farbpulvers (z. B. Kaliumpermanganat) durch die Öffnung auf den oberen Boden und setze einen Stopfen auf. Erhitze dann das Rechteckrohr mit kleiner Flamme an der linken unteren Biegung (Abbildung 2).

5 Erläutere die Luftbewegung vom Hoch zum Tief.

6 In der Nacht kehrt sich die Windrichtung am Meer häufig vom See- zum Landwind um. Erkläre diese Erscheinung.

3 Erwärmungsversuch

Nutzung der Windenergie

Windkraftanlagen fallen bereits aus großer Entfernung auf: Auf einem hohen Betonmast dreht sich ein Propeller mit drei Flügeln, den Rotorblättern. Durch den Wind wird der Propeller in Bewegung versetzt. Diese Bewegung wird über eine Achse auf einen Generator übertragen, in dem die Bewegungsenergie in elektrischen Strom umgewandelt wird. An der Küste und im Bergland, wo der Wind besonders oft und stark weht, gibt es die meisten Windkraftanlagen. Weil Wind immer wieder neu entsteht, zählt man diese Energiequelle zu den **erneuerbaren Energieträgern.** Windenergieanlagen geben keine Abgase in die Umwelt ab und sind aus diesem Grunde umweltfreundlich.

7 Der Mensch nutzt den Wind schon seit Jahrtausenden. Nenne Beispiele dafür.

8 Erläutere, welchen entscheidenden Nachteil die Nutzung des Windes hat.

4 Windkraftanlagen

1.7 Auswirkungen des Wetters auf den Menschen

„Wie wird das Wetter morgen? Wir haben doch Wandertag und wollen zum Bergsee wandern." Lisa wartet gespannt auf den Wetterbericht. Sie überlegt, was sie anziehen wird. Genügen Jeans, T-Shirt und Jacke oder muss sie auch Regenmantel und Mütze bereitlegen?

An diesen Fragen erkennst du, wie sehr wir alle in unseren Unternehmungen und unserem Verhalten vom Wetter abhängig sind. Menschen, die ihren Beruf überwiegend im Freien ausüben, wie zum Beispiel in der Landwirtschaft, im Straßenbau oder auch als Kraftfahrer, sind davon besonders betroffen.

Bei vielen Menschen beeinflusst das Wetter die Stimmungslage. Schönes Sonnenwetter ruft gute Laune und Unternehmungslust hervor. Bei neblig-trübem, nasskaltem Wetter dagegen fühlen sich viele müde und schlapp.

Manche Krankheiten treten zu bestimmten Jahreszeiten gehäuft auf. Im Winter und im Frühjahr kommt es verstärkt zu Erkältungskrankheiten. Der Körper ist dann oft geschwächt, weil er sich unterkühlt hat oder weil wir mit der Nahrung nicht mehr so viele Vitamine aufnehmen. Der Vitamingehalt der Früchte nimmt bekanntlich bei längerem Lagern ab. Krankheitserreger, die ja immer vorhanden sind, haben also leichteres Spiel.
Meist ist eine „Erkältung" harmlos und geht bald vorüber. Anders ist es bei der „echten Grippe", die mit hohem Fieber auftritt. Sie wird durch gefährliche Influenza-Viren hervorgerufen. Vor ihnen kann man sich durch eine vorbeugende Impfung schützen.

Ein gesunder Körper kann auf die verschiedenen Witterungseinflüsse reagieren und sich auf unterschiedliche Temperaturen einstellen. Man kann das unterstützen durch Sport, Bewegung in frischer Luft oder Saunabesuche.

Vor Urlaubsreisen ist es sehr wichtig, sich auf die zu erwartende Witterung im Urlaubsgebiet vorzubereiten. Bei Reisen in trocken-heiße Gebiete sollte leichte Baumwollkleidung mitgenommen werden, die Schweiß aufnehmen kann. In heißen Gebieten muss man viel trinken – am besten Mineralwasser oder Kräutertees – um gesund zu bleiben. Für den Urlaub in Wintersportgebieten muss warme, Wind abweisende Kleidung ins Gepäck. Bei allen Urlaubszielen, in denen mit viel Sonne zu rechnen ist, dürfen Sonnenschutzmittel nicht vergessen werden.

1 Wetter und Wohlbefinden

1 Manche Menschen haben bei bestimmten Wetterlagen oder bei Wetterwechsel gesundheitliche Probleme. Erkundige dich in deinem Bekanntenkreis danach. Erstelle eine Liste über die genannten Beschwerden.
2 In welchen Berufen sind die Menschen besonders vom Wetter abhängig? Beschreibe die Auswirkungen des Wetters auf den Tagesablauf dieser Menschen.
3 In bestimmten Jahreszeiten treten manche Krankheiten ziemlich häufig auf.
Nenne Beispiele. Informiere dich auch beim Arzt oder Apotheker.
4 Gärtner und Obstbauern beachten besonders die Zeit der „Eisheiligen". Dazu zählen die Tage vom 11. bis 15. Mai. Recherchiere, welche Wetterereignisse zu dieser Zeit häufig auftreten und welche Auswirkungen sie auf Pflanzen haben. Informiere dich in ähnlicher Weise über die „Schafskälte" und die „Siebenschläfer"-Regel.
5 Nenne vorbeugende Maßnahmen, um Erkältungen zu vermeiden.
6 Manche Flüsse führen von Zeit zu Zeit gefährliches Hochwasser. Nenne mögliche Ursachen für Flusshochwasser. Überlege, wie sich Menschen vor den Gefahren schützen können.
7 Nenne Wettereinflüsse, die für Autofahrer besonders gefährlich werden können.

Wetter und Wetterbeobachtung

Wie „Wetterfrösche" messen. In den Wettersta-tionen der Wetterämter wird die Temperatur dreimal am Tag gemessen: um 7 Uhr, um 14 Uhr und um 21 Uhr. Aus diesen drei Messungen wird täglich die Durchschnittstemperatur errechnet. Dabei wird der Wert von 21 Uhr doppelt gerechnet. Man macht das heute noch so wie im 18. Jahrhundert. Damals wollte man sich das Aufstehen mitten in der Nacht sparen. Heute weiß man, dass diese Messmethode so genau ist, dass man weiter so verfahren kann.

V 1 Wir messen die Tagestemperatur

Material: Außenthermometer; Notizkalender
Durchführung: Hänge das Thermometer in Augen-höhe im Freien zum Beispiel an einem Baum oder an einem Pfosten auf. Achte darauf, dass das Thermo-meter stets im Schatten hängt.

Aufgaben: a) Lies nun einen Monat lang die Tempe-ratur dreimal am Tag ab, möglichst um 7 Uhr, um 14 Uhr und um 21 Uhr. Falls du einmal die Temperatur nicht selbst ablesen kannst, bitte einen Erwachsenen darum. Notiere die Werte zum Beispiel in einen kleinen Taschenkalender.

b) Schreibe auch auf, ob die Sonne scheint oder ob es regnet, ob der Himmel klar oder bewölkt ist. Du kannst dazu sehr gut die Symbole der Wetterkarte aus der Tageszeitung verwenden:

heiter   wolkig   bedeckt Nebel Regen Gewitter Schnee

c) Führe die Temperaturmessungen und Beobach-tungen zu jeder Jahreszeit einen Monat lang durch, zum Beispiel im Oktober, im Januar, im April und im Juli.

A 2 Wir notieren unsere Ergebnisse in einer Tabelle

Deine Messergebnisse und Beobachtungen kannst du in einer Tabelle übersichtlich notieren. Das Beispiel unten zeigt dir, wie eine solche Tabelle aussehen kann.

Name: *Martina Meier*			
Monat: *Oktober*	1.10.	2.10.	3.10.
Temperatur um 7 Uhr	5 °C	3 °C	7 °C
um 14 Uhr	9 °C	8 °C	14 °C
um 21 Uhr	7 °C	4 °C	8 °C
Wetterlage vormittags	⛅	⛅	☀
nachmittags	⛅	☁	☀

Übung | **Wetter und Wetterbeobachtung**

A3 Wir berechnen die Tagesdurchschnittstemperatur

Aus den drei Messergebnissen für die Tagestemperaturen kannst du nun die Durchschnittstemperaturen errechnen. Beachte: Der Abendwert wird doppelt gerechnet. Das ist eine internationale Vereinbarung.

Beispiel:	1.Oktober	
7 Uhr	5°C	
14 Uhr	9°C	Tagesdurchschnitt:
21 Uhr	7°C	28°C : 4 = 7°C
21 Uhr	7°C	
Summe:	28°C	

Achtung: Bleibt beim Dividieren ein Rest von 1, so runde ab, bleibt ein Rest von 2 oder 3, so runde auf.

Beispiele: 37 : 4 = 9   Rest 1, also 9°C
$$\frac{-36}{1}$$

19 : 4 = 4   Rest 3, also 5°C
$$\frac{16}{3}$$

A4 Messkurve für einen Monat

Stelle die Tagesdurchschnittstemperaturen für einen Monat in einer Messkurve dar.

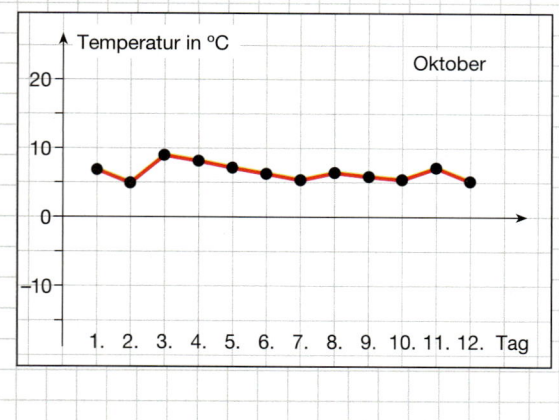

V5 Wir bauen einen Windrichtungsanzeiger

Material: Pappe oder Kartonpapier; Trinkhalm; Stricknadel; Flaschenkorken mit Flasche; Schere; Lineal; Klebstoff; Kompass

Duchführung: Schneide die Pappe nach den Größenangaben in der Zeichnung zu und klebe die Einzelteile zusammen. Die beiden Teile des Papppfeils werden mit dem Trinkhalm verklebt. Fülle anschließend die Flasche mit Wasser, damit sie nicht so leicht umkippen kann und setze den Korken auf. Befestige den Windrichtungsanzeiger mit Hilfe der Stricknadel am Korken.

Aufgaben: a) Stelle das Gerät bei windigem Wetter auf dem Schulhof erhöht auf (z. B. auf einer Mauer). Bestimme die Windrichtung mit Hilfe des Kompasses oder durch Schätzung, wenn dir die Lage der Himmelsrichtungen an deiner Schule bekannt ist (z. B. durch vorangegangene Beobachtungen des Sonnenverlaufes). Beachte dabei, dass die Richtung, aus der der Wind weht, die Windrichtung ist (vgl. auch V6).
b) Beobachte die Windrichtung an verschiedenen Tagen und protokolliere deine Ergebnisse. Untersuche, ob es eine bevorzugte Windrichtung gibt.
c) Für wissenschaftliche Messungen ist dein Gerät nicht geeignet. Nenne Eigenschaften, die ein Windrichtungsanzeiger für Profis haben sollte.

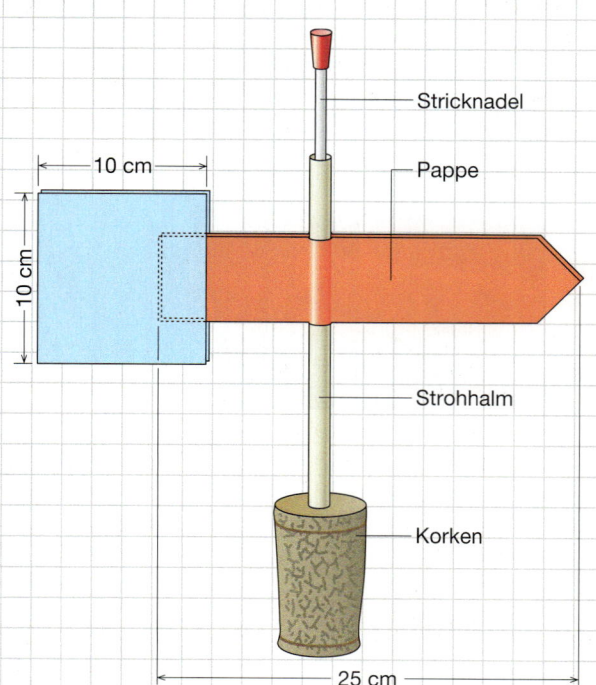

V6 Langzeitbeobachtung des Wetters

Material: Thermometer; Regenmesser; Windrichtungsanzeiger; falls vorhanden: Windstärkemesser, Barometer, Luftfeuchtigkeitsmesser; 1 Wetterbeobachtungsbogen; 1 Stück Karton; Klebstoff; Klarsichthülle

Durchführung: Führe über einen längeren Zeitraum hinweg Wetterbeobachtungen durch. Miss dazu die *Lufttemperatur,* falls möglich auch Luftdruck und *Luftfeuchtigkeit.*

Ermittle die *Windrichtung* und die *Windstärke.* Die Windrichtung wird immer nach der Richtung bezeichnet, aus der er weht. Bei Westwind notiert man daher ein W. Die Windstärke kannst du entweder mit Hilfe der Tabelle rechts bestimmen oder mit Worten beschreiben (windstill, leicht, kräftig, Sturm).

Berichte über die *Niederschlagsmenge* und die Art der *Niederschläge* (Regen, Graupel, Hagel, Schnee).

Die *Bewölkung* kannst du in vier Stufen festhalten:

○ wolkenlos   ◐ heiter
◑ wolkig   ● bedeckt.

Aufgaben: a) Notiere deine Beobachtungen auf einem Beobachtungsbogen (Beispiel unten). Klebe den Bogen auf Karton und schiebe ihn in eine Klarsichthülle.

b) Vergleiche deine eigenen Beobachtungen mit dem regionalen Wetterbericht in der Tageszeitung.

Windstärke	Bezeichnung	Auswirkung	Windgeschw. in km/h
0	still	Rauch steigt gerade empor	0–1
2	leichte Brise	Windfahne bewegt sich, Blätter säuseln	6–11
4	mäßige Brise	bewegt Zweige, dünne Äste, bewegt Staub und loses Papier	20–28
6	starker Wind	bewegt starke Äste, Telefonleitungen pfeifen, Regenschirme schwer zu benutzen	39–49
8	stürmischer Wind	bricht Zweige und kleine Äste, erschwert Gehen erheblich	62–74
9	Sturm	bewirkt kleinere Schäden an Häusern, bricht große Äste	75–88
10	schwerer Sturm	entwurzelt und bricht Bäume, bewirkt große Schäden an Häusern	89–102
11	orkanartiger Sturm	verbreitete Sturmschäden, im Binnenland sehr selten	103–117
12	Orkan	schwerste Verwüstungen, im Binnenland fast nie	über 117

Windstärke-Tabelle

Name: Tobias Barth Klasse: 6a	Monat: *Juni*		
	1.6	2.6	3.6
Temperatur um 7 Uhr	10 °C	12 °C	10 °C
um 14 Uhr	24 °C	26 °C	27 °C
um 21 Uhr	18 °C	19 °C	18 °C
Niederschlagsart		Regen	
Niederschlagsmenge		5 mm	
Windrichtung	W	SW	W
Windstärke	2	4	1
Bewölkung	◑	●	○

Beobachtungsbogen

1 Die Erde aus dem Weltraum gesehen

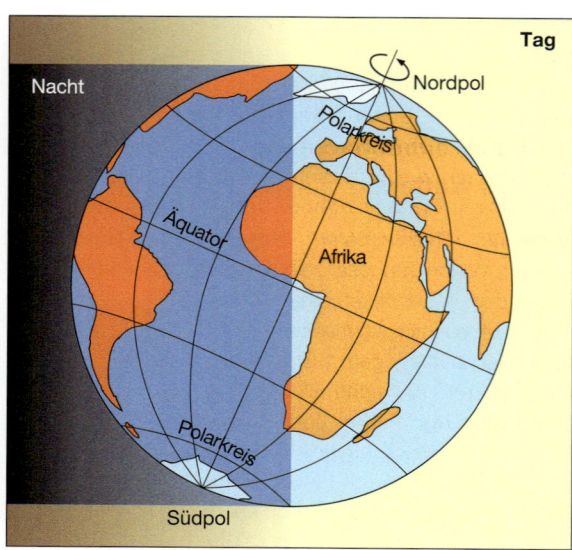

2 Tag und Nacht

2 Die Entstehung der Jahreszeiten

„Im Osten geht die Sonne auf, im Süden steigt sie hoch hinauf, im Westen wird sie untergehen, im Norden ist sie nie zu sehen." Dieser bekannte Merkvers weckt die Vorstellung, dass sich die Sonne um die Erde dreht. In Wirklichkeit *bewegt sich die Erde um die Sonne.*
Außerdem dreht sich die Erde um ihre eigene Achse. Die Zeit, die die Erde für eine solche Drehung um sich selbst

braucht, nennen wir einen **Tag.** Er dauert 24 Stunden. Dabei wird nur die Hälfte der Erde von der Sonne beschienen. Auf ihr ist es dann hell, es ist also **Tag.** Die andere Hälfte der Erde liegt im Schatten, dort ist es deshalb dunkel, es ist also **Nacht.**

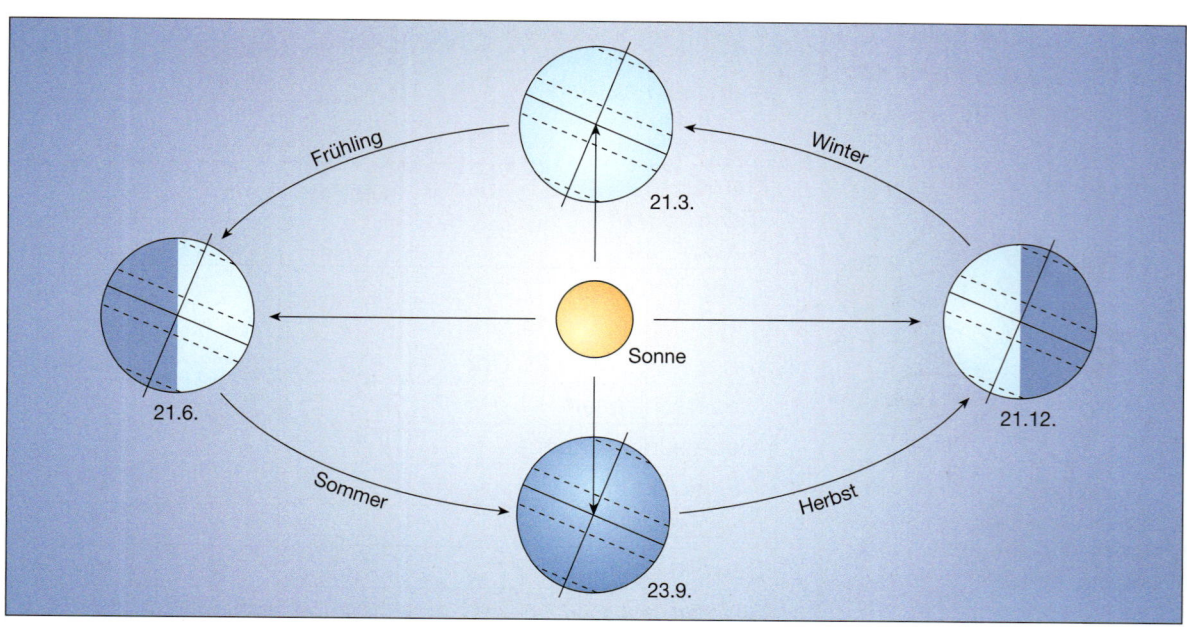

3 Die Entstehung der Jahreszeiten

Viele tausend Jahre lang haben die Menschen angenommen, dass die Erde der Mittelpunkt des Weltalls sei, um den sich die Sonne und die Sterne drehen. Erst seit etwa 500 Jahren weiß man, dass die Sonne den Mittelpunkt unseres Planetensystems bildet. Die Erde und die anderen Planeten wie Mars, Venus und Jupiter bewegen sich auf fast kreisförmigen Bahnen um die Sonne herum. Dass die Sonne im Mittelpunkt unseres Sonnensystems steht,

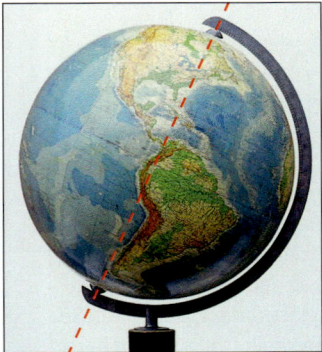

4 Globus

erkannte der deutsche Astronom Nikolaus KOPERNIKUS (1473–1543). Auf welchen Bahnen sich die Planeten um die Sonne bewegen, entdeckte etwa 100 Jahre später Johannes KEPLER (1571–1630).

Wie es zum Tag-Nacht-Rhythmus kommt, ist nun klar. Wie aber entstehen die verschiedenen **Jahreszeiten?**

Die Zeit, die die Erde braucht, um einmal um die Sonne zu wandern, nennen wir ein **Jahr.** Es dauert etwas mehr als 365 Tage. Dabei steht die Erdachse aber nicht *senkrecht* zur Umlaufbahn, sondern sie ist *leicht geneigt.* Diese schräge Lage der Erdachse wird auch bei einem Globus deutlich.

Die Neigung der Achse hat zur Folge, dass im Laufe des Jahres nicht alle Teile der Erde gleich viel Licht und Wärme von der Sonne erhalten.

Eine Zeit lang ist die *nördliche Halbkugel,* da wo wir leben, mehr der Sonne zugeneigt. Dann ist **Sommer.** Bei uns sind dann die Tage länger als die Nächte. Auf der *Südhalbkugel* ist zur selben Zeit **Winter** (lange Nächte, kurze Tage). Auf dem Weg der Erde um die Sonne ändert sich dies aber allmählich. Ein halbes Jahr später ist auf der Südhalbkugel Sommer und bei uns im Norden Winter. Im Frühling und Herbst werden Nord- und Südhalbkugel etwa gleich stark von der Sonne beschienen.

Zu dieser Zeit sind Tag und Nacht gleich lang. Eine Besonderheit gibt es in Polargebieten, die durch die Polarkreise begrenzt werden. In diesen Zonen der Erde geht die Sonne im Sommer für eine gewisse Zeit nicht unter. Man spricht dann vom **Polartag** oder der **Mitternachtssonne.** Im Winter geht die Sonne dort für einige Wochen oder Monate überhaupt nicht auf. In dieser Zeit der **Polarnacht** bleibt es dunkel.

1 a) Wie lang sind auf der Abbildung 2 die Äquatorstrecken auf der Tagseite, wie lang auf der Nachtseite? Miss die Strecken in Millimeter.
b) Miss dann die Länge der Strecke auf der Tag- bzw. Nachtseite bei einem nördlichen und südlichen Breitengrad.
c) Ziehe Schlussfolgerungen aus deinen Messungen.
2 Erläutere anhand von Abbildung 3 die Entstehung der Jahreszeiten auf der Nordhalbkugel.
3 Informiere dich über die Klimagebiete auf der Erde, zum Beispiel die Tropen, die gemäßigten Breiten und die Polargebiete. Erkläre die Unterschiede.

Warum ist es auf der Erde unterschiedlich warm?

Streifzug durch die Erdkunde

Wegen der Kugelform der Erde verteilt sich die Strahlung der Sonne auf unterschiedlich große Flächen auf der Erde.

Am *Äquator* fallen die Sonnenstrahlen sehr *steil* auf die Erde, die getroffene Fläche ist *klein: hohe* Temperaturen.

Zu den Polen hin fallen die Sonnenstrahlen *flach* ein. Das führt zu einer *größeren* Fläche und daher *niedrigeren* Temperaturen.

Strahlung

von der

Sonne

Zu den Polen hin verteilt sich die Wärme der Sonne auf eine größere Fläche. Deshalb ist es dort kühler.

Äquator

Am Äquator verteilt sich die Wärme auf eine kleinere Fläche. Dort ist es daher stets heiß.

1 Einstrahlung der Sonne in verschiedenen Gebieten der Erde

Übung   **Jahreszeiten**

V1 Wir bauen ein Modell Sonne – Erde

Material: 1 Styropor-Kugel (∅ ca. 20 cm); 4 Styropor-kugeln (∅ ca. 10 cm); 4 Holzspieße (ca. 20-cm lang); 2 dünne Holzstäbe (∅ ca. 5 mm, Länge ca. 1 m); Wasserfarben; Pinsel

Durchführung: Male die große Kugel als Sonne mit Wasserfarben gelb an. Male die vier kleineren Kugeln hellblau an: Sie sollen die Erde darstellen. Stecke durch jede der kleinen Kugeln einen Holzspieß als Erdachse. Markiere auf jeder dieser Kugeln mit Klebeband den „Äquator". Zeichne jeweils auf eine Halbkugel ein „N" für Nordhalbkugel und auf die andere Hälfte ein „S" für Südhalbkugel.

Durch die „Sonne" steckst du kreuzweise die beiden längeren Stäbe.

Befestige nun die vier „Erdkugeln" auf die freien Enden der längeren Holzstäbe. Achte darauf, dass die „Erdach-sen" (Holzspieße) stets in dieselbe Richtung zeigen.

Nun hast du ein Modell, das dir zeigt, wie die Erde in den vier Jahreszeiten zur Sonne steht.

Aufgaben: a) Wir leben auf der Nordhalbkugel. In welcher Stellung in unserem Modell wird die Nordhalb-kugel am stärksten beschienen? Welche Jahreszeit herrscht dann bei uns?

b) Welche Jahreszeit herrscht bei uns zu den anderen drei Positionen, die die Erdkugel im Modell einnimmt? (Die Erde dreht sich gegen den Uhrzeigersinn um die Sonne.) Schreibe die Jahreszeiten an kleine Papier-fähnchen, die du jeweils an der „Erdachse" befestigst.

c) Betrachte nun noch einmal Abbildung 2 auf Seite 238. Welche Jahreszeit herrscht gerade in Deutschland?

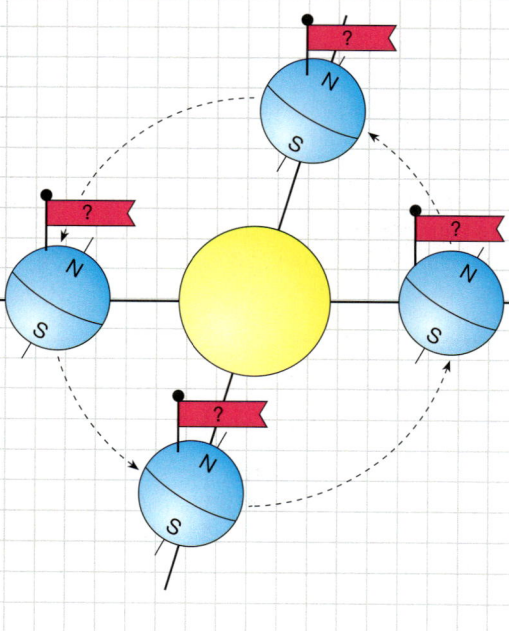

Anmerkung: Die Größenverhältnisse unseres Modells stimmen nicht mit der Wirklichkeit überein. Wenn wir als Sonne eine Kugel mit 20 cm Durchmesser wählen, dann dürfte der Durchmesser der Erde in unserem Modell noch nicht einmal 2 mm betragen. Auch der Abstand zwischen Sonne und Erde ist in unserem Modell viel zu gering. In unserem Modell müsste die Erde in einem Abstand von über 200 m um die Sonne kreisen. Bei einer solchen Verkleinerung wäre allerdings nicht mehr viel zu erkennen.

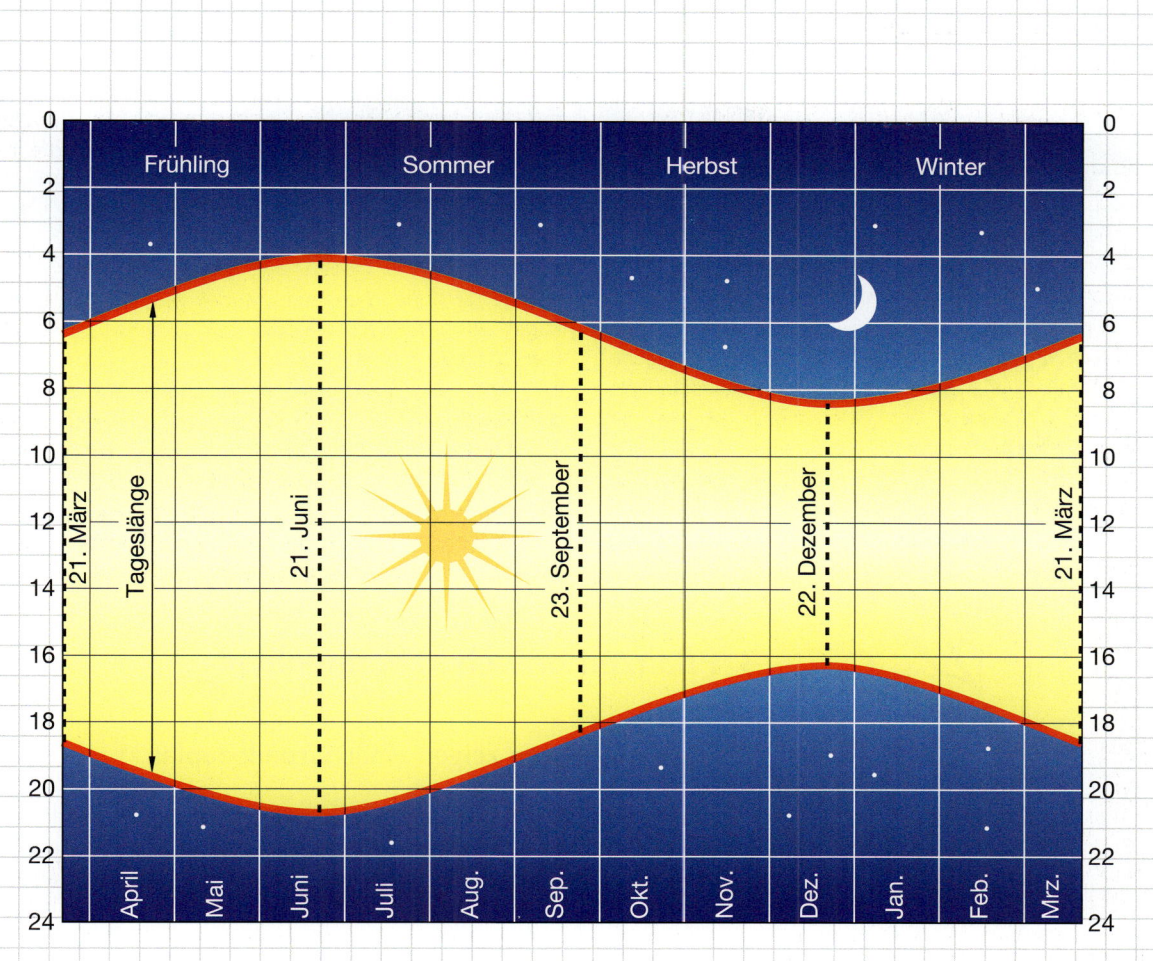

A2 Wir arbeiten mit einem Diagramm der Tageslängen

a) In dem Diagramm kannst du senkrecht die Stunden eines Tages und waagerecht die Monate eines Jahres ablesen. Es zeigt also die gesamte Zeit eines Jahres. Was stellen demnach das gelbe Feld bzw. die blauen Felder dar?

b) Das Diagramm beginnt und endet mit dem 21. März. Warum ist das ein besonderes Datum?

c) Lies den Beginn von allen vier Jahreszeiten ab.

d) Wie ändert sich die Tageslänge in den Jahreszeiten jeweils?

e) Wann ist der längste Tag? Zu welcher Zeit geht dann jeweils die Sonne auf bzw. unter? Lies die Stunden zwischen Sonnenaufgang und Sonnenuntergang ab.

Bestimme dasselbe für den kürzesten Tag.

f) Nenne Gemeinsamkeiten von Frühlingsanfang und Herbstanfang.

g) Wie viele Stunden ist es an einem Tag in den Sommerferien hell (z. B. Anfang August), wie viele in den Weihnachtsferien (z. B. Anfang Januar)?

Hinweis: Die Angaben beziehen sich auf die Stadt Kassel ohne Berücksichtigung der Sommerzeit.

h) Der wärmste Monat des Jahres ist meist der Juli, der kälteste der Januar. Erläutere.

j) Bestimme mit Hilfe des Diagramms und eines Jahreskalenders die Länge der einzelnen Jahreszeiten in Tagen. Was fällt dir auf? Hast du eine Erklärung?

k) Die Tageslänge hat Auswirkungen auf das Leben von Pflanzen und Tieren. Nenne dazu Beispiele.

1 *Blühendes Rapsfeld*

3 Pflanzen brauchen Sonnenlicht

3.1 Samenpflanzen zeigen einen Grundbauplan

Im Frühjahr blüht auf vielen Feldern der Raps. Du erkennst die Rapspflanzen leicht an den gelben Blüten. Zur Zeit der Rapsblüte blühen auch andere Pflanzen wie zum Beispiel die Heckenrose und die Rosskastanie. Pflanzen, die Blüten ausbilden, nennt man *Samenpflanzen.* Haben Samenpflanzen außer Blüten noch weitere gemeinsame Merkmale?

Betrachten wir eine Rapspflanze genauer. Dazu ziehen wir sie aus dem Boden. Deutlich ist die **Wurzel** zu sehen. Sie besteht aus einer pfahlförmigen *Hauptwurzel* und kurzen *Seitenwurzeln.* Die oberirdischen Pflanzenteile bilden den **Spross.** Darunter verstehen wir die Sprossachse mit den Blättern. Die Sprossachse heißt bei *krautigen Pflanzen* wie dem Raps auch *Stängel.* Ist der Stängel verholzt, spricht man von einem *Stamm.* Dies ist bei den *Holzgewächsen* wie der Heckenrose und der Rosskastanie der Fall. Bei der Rosskastanie kann der Stamm sehr dick werden. Er ist lang und trägt die Krone mit den Ästen und Zweigen, an denen sich Blätter und Blüten entwickeln. Eine solche Wuchsform bezeichnet man als *Baum.* Die Heckenrose hingegen ist ein *Strauch:* Von einem sehr kurzen Hauptstamm entspringen kurz über dem Boden viele Seitenstämmchen.

1 Erläutere den Unterschied zwischen krautigen Pflanzen und Holzgewächsen. Nenne möglichst viele Beispiele für beide Pflanzengruppen.
2 Nach einem Sturm wurden Fichten und Buchen entwurzelt, Kiefernstämme abgeknickt. Erläutere diese Beobachtungen. Nimm auch die Pinnwand Seite 243 zu Hilfe.

Spross

Wurzel

Laubblatt

Sprossachse

Seitenwurzel

Hauptwurzel

2 **Rapspflanze** *(Bauplan)*

Bäume sind Samenpflanzen

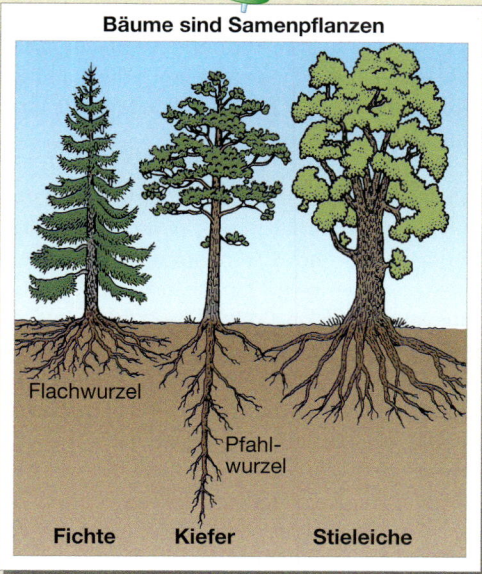

Flachwurzel

Pfahl-
wurzel

Fichte   **Kiefer**   **Stieleiche**

Grundbauplan einer Samenpflanze

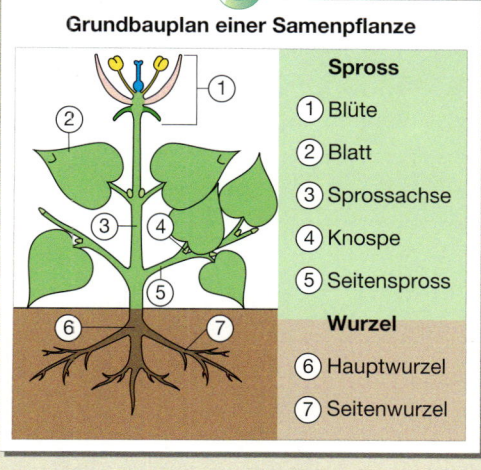

Spross

① Blüte
② Blatt
③ Sprossachse
④ Knospe
⑤ Seitenspross

Wurzel

⑥ Hauptwurzel
⑦ Seitenwurzel

Die Heckenrose – ein Strauch

Die gefleckte Taubnessel, eine krautige Samenpflanze

Blüte

Laub-
blatt

Stängel

unter-
irdischer
Ausläufer

Wurzel

Schema eines Strauches

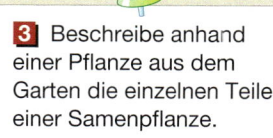

3 Beschreibe anhand einer Pflanze aus dem Garten die einzelnen Teile einer Samenpflanze.

243

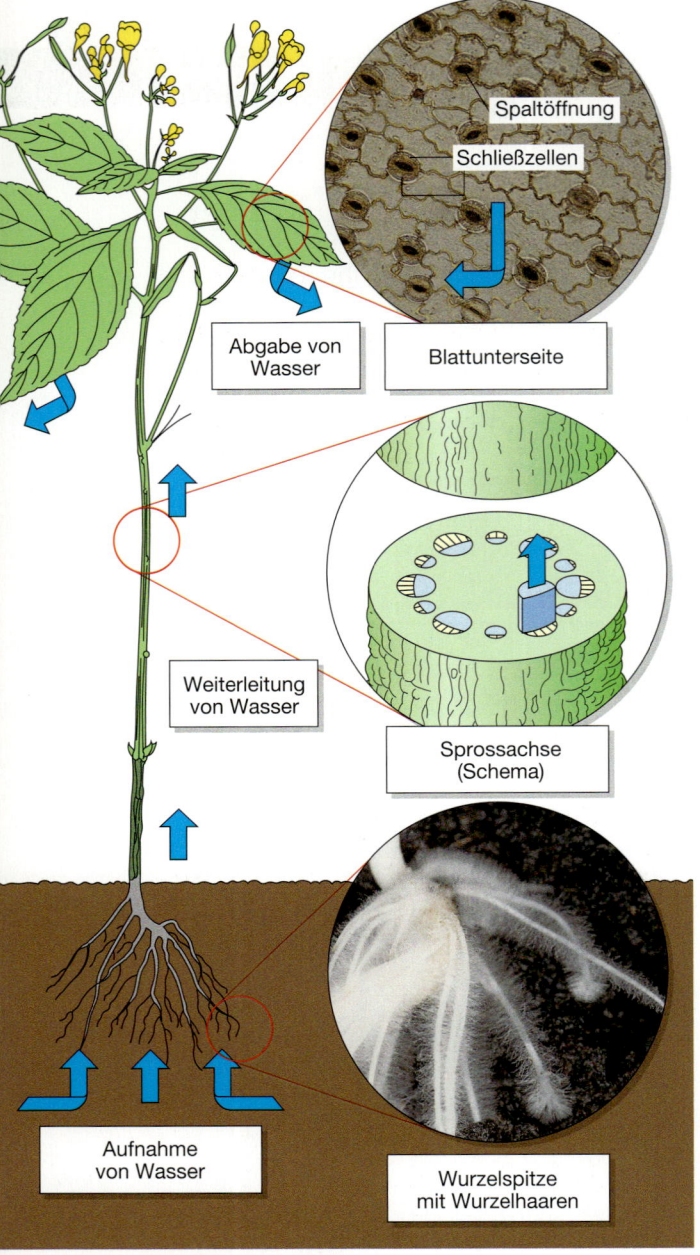

Spaltöffnung

Schließzellen

Abgabe von Wasser

Blattunterseite

Weiterleitung von Wasser

Sprossachse (Schema)

Aufnahme von Wasser

Wurzelspitze mit Wurzelhaaren

1 Springkraut. *Organe des Wassertransports*

1 Beschreibe anhand von Abbildung 1 den Weg des Wassers beim Springkraut.

2 Erstelle eine Tabelle nach folgendem Muster in deinem Heft und fülle sie aus:

Pflanzenorgan	Aufgabe
Blatt	…
Sprossachse	…
Wurzel	…

3.2 Pflanzenorgane erfüllen bestimmte Aufgaben

Stehen Pflanzen auf der Fensterbank nahe einer kalten Fensterscheibe, kann man mitunter eine seltsame Beobachtung machen: Berühren die Blätter die Scheibe, so wird sie an dieser Stelle nass. Auch die Blattunterseiten fühlen sich feucht an. Können Pflanzen über ihre Blätter „schwitzen"?

Betrachtet man die Unterseite eines **Blattes** stark vergrößert mit einem Mikroskop, sieht man kleine ovale Öffnungen. Es sind *Spaltöffnungen,* die jeweils zwei *Schließzellen* besitzen. Damit kann die Pflanze die Spaltöffnungen öffnen und schließen. Über die Öffnungen gibt die Pflanze Wasserdampf ab. An einer kalten Fensterscheibe verdichtet sich der Wasserdampf zu kleinen Tröpfchen. Diese Verdunstung nennt man *Transpiration.* Über die Spaltöffnung wird jedoch nur ein Teil des Wassers abgegeben. Der Rest verbleibt im Blatt und wird dort zur Herstellung von Nährstoffen verwendet. Dazu benötigt die Pflanze außer dem Wasser noch verschiedene Mineralstoffe. Diese sind im Bodenwasser gelöst. Sie werden ebenfalls über die Wurzeln aufgenommen und in den Leitbündeln transportiert. Da Pflanzen ständig Wasser abgeben, muss es aus dem Boden nachgeliefert werden.

Das Wasser wird dem Blatt über die *Blattadern* zugeführt. In den Blattadern verlaufen Bündel von dünnen Röhrchen. Solche **Leitbündel** führen von den Wurzelspitzen durch die **Sprossachse** bis in die Blätter. Die Röhrchen eines Leitbündels, durch die Wasser transportiert wird, nennt man *Gefäße.*

Ihren Ursprung haben die Leitbündel in den Wurzelspitzen. An jeder Wurzelspitze sitzen viele haarfeine Wurzelhärchen. Durch ihre Wände nimmt die Pflanze Wasser aus dem Boden auf. Die Gefäße bilden von den *Wurzelhaaren* bis zu den Blättern zusammenhängende Leitungsbahnen. Eine weitere Aufgabe der **Wurzel** ist die Verankerung der Pflanze im Boden. Bei einigen Bäumen, wie der Kiefer, kann sie mehrere Meter tief in den Boden wachsen. Andere Bäume bilden flache, aber sehr große Wurzelteller, zum Beispiel die Fichte.

3 Eine Pflanze soll im Garten an eine andere Stelle gesetzt werden. Beim Herausziehen aus dem Boden reißen die meisten Wurzelspitzen ab. Erläutere, welche Auswirkungen für die Pflanze zu erwarten sind.

3.3 Die Blätter der grünen Pflanzen wandeln Sonnenenergie um

Wie Menschen und Tiere brauchen auch Pflanzen die Nährstoffe Kohlenhydrate, Fette und Eiweißstoffe für ihre Lebensvorgänge. Mit ihren Wurzeln können sie aber nur Wasser und gelöste Mineralstoffe aus dem Boden aufnehmen. Woher bekommen die Pflanzen die lebensnotwendigen Nährstoffe?

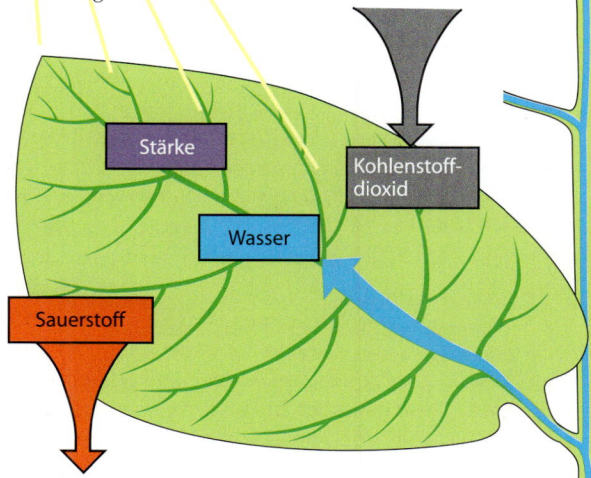

Forscher haben herausgefunden, dass Pflanzen das Kohlenhydrat *Stärke* aus dem *Kohlenstoffdioxid* der Luft und *Wasser* aufbauen können. Dieser Aufbau findet in den *Chloroplasten* der Blätter statt. Die Energie für den Stoffaufbau liefert das *Sonnenlicht.* Diesen Vorgang nennt man **Fotosynthese.**
Bei der Fotosynthese entweicht aus den Spaltöffnungen der grünen Blätter *Sauerstoff,* den fast alle Lebewesen zur Atmung benötigen.

Die Stärke wird von den Pflanzen zu Fetten und Eiweißstoffen umgewandelt, die sie zum Wachsen, Blühen und zur Samenbildung brauchen. Bei diesen Umwandlungsvorgängen werden auch die Mineralstoffe benötigt.

1 Beschreibe anhand der Abbildung, wie die Pflanze Stärke herstellt.
2 Auch Menschen und Tiere benötigen Stärke, Fette und Eiweißstoffe. Erläutere, auf welchem Wege sie sich mit diesen Stoffen versorgen. Vergleiche Pflanzen und Tiere im Hinblick auf die Nährstoffversorgung miteinander.

Wasser

Übung

Wasserleitung und Verdunstung bei Pflanzen

V1 Stängel und Blätter leiten Wasser

Material: Glaszylinder oder Marmeladenglas; Rasierklinge; Lupe; Eosin oder rote Tinte zum Färben; Fleißiges Lieschen

Durchführung: Gib Wasser und Farbstoff in den Glaszylinder. Stelle einen Spross vom Fleißigen Lieschen ohne Wurzeln in den Glaszylinder und bringe ihn an einen hellen Ort.

Aufgaben: a) Kontrolliere Stängel und Blattadern zwei Tage lang in jeder Pause.

b) Schreibe deine Beobachtungen auf und erkläre sie.

V2 Blätter verdunsten Wasser

Material: 3 Marmeladengläser; 3 Plastiktüten; 3 Gummiringe; Öl; Wasser; Filzstift; Fleißiges Lieschen

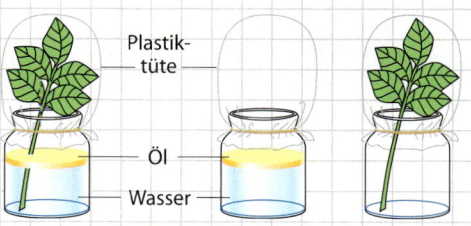

Plastiktüte

Öl

Wasser

Durchführung: Fülle zwei Gläser gleich hoch mit Wasser und markiere die Füllhöhe. Gieße etwas Öl auf das Wasser, damit es nicht verdunstet. Stelle in eines der Gläser ein Fleißiges Lieschen, ebenso in das leere Glas. Stülpe über die drei Gläser jeweils eine Plastiktüte und ziehe die Gummiringe darüber. Stelle die Gefäße an einen hellen Ort.

Aufgaben: a) Miss täglich den Wasserstand. Notiere das Ergebnis.

b) Beschreibe das Aussehen der Pflanzen und die Veränderungen an den Plastikbeuteln.

c) Erkläre deine Beobachtungen.

ZIMMERPFLANZEN AUS VERSCHIEDENEN LEBENSRÄUMEN

Flamingoblume oder Anthurie

Heimat:
Tropische Regenwälder, Südamerika

Wachstumszeit:
März bis September

Pflege:
Standort hell, jedoch keine direkte Sonne; Blumenerde mit Styroporflocken auflockern; Topfballen gleichmäßig feucht halten; mit Regenwasser gießen und von Zeit zu Zeit die Blätter besprühen

Alpenveilchen

Heimat:
Alpen, östliche Mittelmeerländer

Wachstumszeit:
September bis April

Pflege:
Standort halbschattig, kühl; kalkfreies Wasser verwenden, nur in den Untersatz gießen; verblühte Stiele aus der Knolle herausdrehen

Usambaraveilchen

Heimat:
Ostafrika (Tansania)

Wachstumszeit:
Februar bis Oktober

Pflege:
Standort hell, jedoch keine direkte Sonne; mäßig gießen; keine Staunässe; Blätter und Blüten nicht übergießen; Temperatur um 20 °C

Pflegemaßnahmen für Zimmerpflanzen

1. Stelle die Pflanzen möglichst so auf, wie es dem jeweiligen Licht- und Wärmebedürfnis nach ihrer Herkunft entspricht.
2. Verändere nicht so häufig den Standort.
3. Achte auf Ruhezeiten zur Blütenbildung.
4. Gieße nur mit Regenwasser oder abgestandenem Wasser von Zimmertemperatur.
5. Gieße nicht mitten in die Pflanze, sondern vom Rand her.
6. Lasse kein Gießwasser im Topfuntersatz stehen.
7. Lockere die Oberfläche der Erde im Topf nach mehrmaligem Gießen mit einem Holzstab auf.
8. Dünge nur nach Vorschrift.
9. Topfe vor der Weihnachtszeit um, wenn der Topf zu klein geworden ist.
10. Informiere dich im Falle dir unbekannter Zimmerpflanzen in Fachbüchern, in einer Gärtnerei oder in einem Blumengeschäft über Name, Heimat, Wachstumszeit und Pflegehinweise.

1 Informiere dich über die Ansprüche weiterer Zimmerpflanzen. Erstelle dazu weitere Steckbriefe.

Kakteen

Heimat:
Südamerika

Wachstumszeit:
April bis August

Pflege:
Von März bis August sonnig, warm und feucht halten; Kakteenerde verwenden; Wurzelhals vor Nässe schützen; bis Juli einmal in der Woche düngen; ab September hell, aber nicht zu warm stellen (etwa 10 °C); wenig gießen; im Frühjahr umtopfen

Was Pflanzen zum Wachstum brauchen

V1 Wachstum bei Lichtmangel

Material: Kressesamen; zwei Blumentöpfe mit feuchter Gartenerde; Pappschachtel, etwa 20 cm hoch mit Deckel (zum Beispiel ein Schuhkarton)

Durchführung: Streue einige Kressesamen auf die Erde in den Blumentöpfen. Drücke die Samen leicht an. Stelle die Töpfe auf die Fensterbank. Lass die Kressepflänzchen dort etwa fünf Tage lang wachsen. Gieße sie regelmäßig. Gib einen der Blumentöpfe in eine Schachtel und verschließe sie. Stelle sie an einen dunklen Ort, zum Beispiel in einen Schrank. Der andere Topf bleibt weiter im Licht stehen. Halte die Erde in beiden Blumentöpfen feucht. Stelle nach etwa vier Tagen die Töpfe nebeneinander.

Aufgaben: a) Beschreibe die Unterschiede zwischen den Pflanzen in den beiden Blumentöpfen.

b) Salatsorten wie Chicoree, Chinakohl und Staudensellerie sind hell und besonders zart. Informiere dich im Internet über deren Aufzucht. Berichte.

V2 Lichtwendigkeit von Pflanzen

Material: Blumentopf mit feuchter Erde; Kressesamen; Pappschachtel mit Deckel; Messer; Klebeband; Lampe

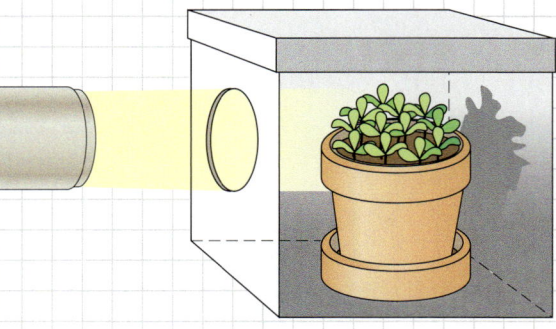

Durchführung: Verfahre wie in Versuch 1. Schneide in die Schachtel seitlich ein zwei Euro großes Loch. Stelle den Topf mit den Pflanzen in die Schachtel. Verschließe diese so, dass nur noch durch das Loch Licht einfällt. Beleuchte die Pflanzen zusätzlich mit einer Lampe. Öffne die Schachtel nach drei Tagen.

Aufgaben: a) Beschreibe die Wuchsform und -richtung der Pflanzen. Erkläre.

b) Erkläre, welche Bedeutung die Lichtwendigkeit für das Gedeihen junger Bäume im Wald hat.

c) Welche Bedeutung hat Licht für alle grünen Pflanzen? Informiere dich dazu auf der Seite „Pflanzenorgane erfüllen bestimmte Aufgaben" und berichte.

V3 Mineralstoffe und Pflanzenwachstum

Material: Samen der Gemüsebohne; Topf mit Blumenerde; 2 Glasgefäße; Fließpapier; Blumendünger; destilliertes Wasser; Styropor®-Stücke

Durchführung: Lass die Samen der Gemüsebohne einen Tag lang in Wasser quellen. Lege sie dann in ein Glasgefäß auf angefeuchtetes Fließpapier. Halte dieses feucht, bis die Keimpflanzen etwa sechs Zentimeter lang sind. Setze eine dieser Pflanzen in Blumenerde. Gieße sie regelmäßig. Stelle eine weitere Pflanze in Düngerlösung und eine andere in destilliertes Wasser. Klemme die Pflanzen durch passende Styropor®-Stücke so fest, dass ihre Wurzeln in die Flüssigkeiten tauchen. Stelle die Pflanzen auf die Fensterbank.

Aufgabe: Vergleiche die Pflanzen nach zwei Wochen bezüglich Größe, Anzahl der Blätter und Wurzelbildung. Berichte und erkläre.

3.4 Blüten dienen der Fortpflanzung

An einem blühenden Kirschzweig findest du neben den weiß leuchtenden Blüten auch Blütenknospen. Schaust du eine Knospe näher an, fällt dir auf, dass grünlich gefärbte Blätter das Blüteninnere schützend umhüllen. Sie sitzen am Rande eines kelchförmigen Blütenbodens und heißen **Kelchblätter.** Die Ähnlichkeit mit einem Laubblatt gibt einen Hinweis auf ihre Herkunft. Kelchblätter sind umgewandelte Blätter. Trifft dies auch auf die anderen Blütenteile zu? Auffallend an der geöffneten Kirschblüte sind die fünf weißen **Kronblätter.** Bei näherem Hinsehen kannst du sogar Blattadern erkennen. Die Kronblätter locken Insekten wie zum Beispiel Bienen an.

Auf die Kronblätter folgt nach innen ein „Büschel" von 30 **Staubblättern.** Die Umbildung aus Laubblättern ist hier nur schwer nachzuvollziehen. Allerdings geben Zuchtformen von Zierkirschen einen Hinweis: Bei ihren gefüllten Blüten sind Staubblätter zu Kronblättern umgewandelt worden. Jedes Staubblatt setzt sich aus dem *Staubfaden* und dem *Staubbeutel* zusammen. Der Staubbeutel enthält gelben Blütenstaub, den Pollen. Er wird in den vier *Pollensäcken* des Staubbeutels gebildet. Der Pollen besteht aus mikroskopisch kleinen *Pollenkörnern.* In ihnen entwickeln sich die männlichen Geschlechtszellen. Staubblätter sind daher die *männlichen Blütenorgane.*

Aus der Mitte der Staubblätter ragt der *Stempel* heraus. Er ist aus einem **Fruchtblatt** entstanden. Deutlich lassen sich die klebrige *Narbe,* der *Griffel* und der verdickte *Fruchtknoten* unterscheiden. Der Fruchtknoten enthält die *Samenanlage* mit der *Eizelle.* Das Fruchtblatt ist also das *weibliche Blütenorgan.* Blüten, die sowohl männliche als auch weibliche Blütenorgane enthalten, heißen *Zwitterblüten.*

1 Stelle in einer Tabelle die verschiedenen Aufgaben von Kelch-, Kron-, Staub- und Fruchtblättern zusammen.

2 Erkläre, woran man erkennen kann, dass die Blütenblätter umgewandelte Laubblätter sind.

3 Plane einen Versuch, mit dem man die Aufgaben der Kronblätter herausfinden kann.

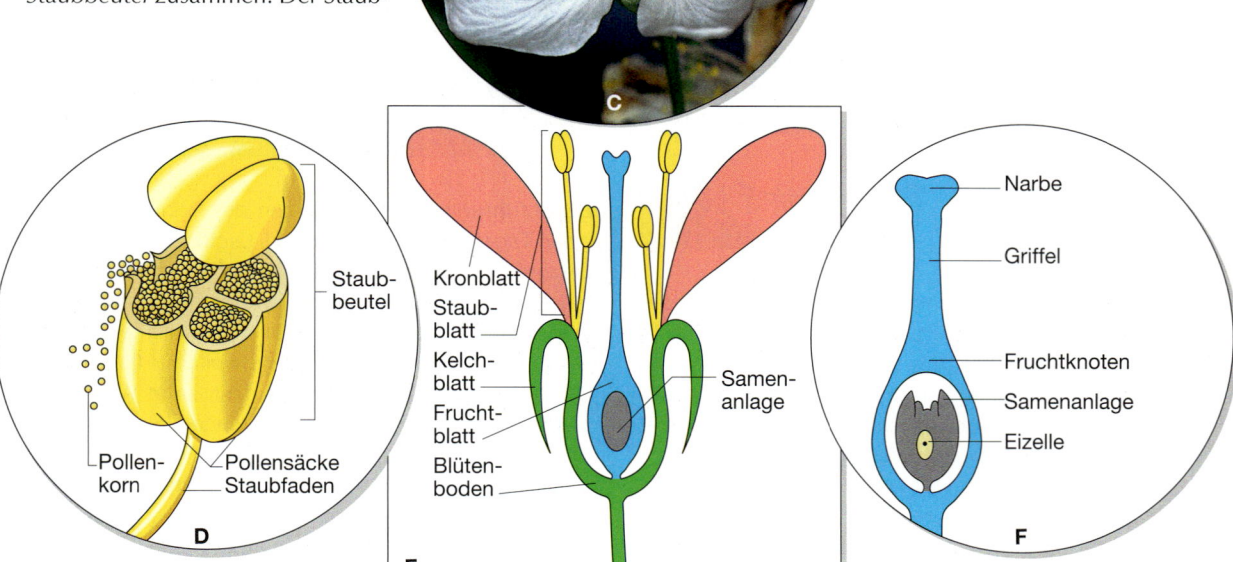

1 Kirschblüte. *A* blühende Kirschzweige; *B* Blütenknospe; *C* Blüte; *D* Staubblatt; *E* Blütenlängsschnitt; *F* Fruchtblatt

Blüten

A1 Wir zeichnen eine Blüte

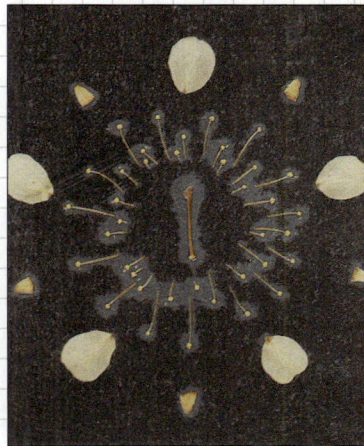

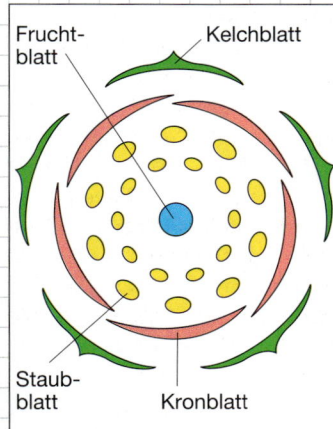

Frucht-blatt
Kelchblatt
Staub-blatt
Kronblatt

Fertige von dem abgebildeten Längsschnitt der Kirschblüte eine Zeichnung an. Beschrifte.

V2 Wir zergliedern eine Kirschblüte

Material: Kirschblüte; Lupe; Pinzette; ein Stück durchsichtige Klebefolie (8 cm × 8 cm); schwarzer Zeichenkarton

Durchführung: Betrachte den Bau der Kirschblüte mit einer Lupe und suche die einzelnen Blütenteile. Lege dann die Klebefolie mit der Klebeseite nach oben auf den Tisch. Zupfe von der Blüte vorsichtig mit der Pinzette zuerst die Kronblätter, dann die Kelchblätter, die Staubblätter und schließlich den Stempel ab. Ordne die Blütenteile auf dem Zeichenkarton so, wie auf der Abbildung dargestellt. Übertrage dann die Blütenteile in dieser Anordnung auf die Klebefolie und drücke jeweils leicht an. Drehe die Klebefolie mit den anhaftenden Blütenteilen um und klebe sie auf den Zeichenkarton. Du hast nun ein Legebild einer Kirschblüte. Stellt man die Anordnung der Blüten-

teile zeichnerisch vereinfacht dar, erhält man einen **Blütengrundriss** oder Blütendiagramm. Im Blütendiagramm sind die einzelnen Blütenteile durch bestimmte Farben gekennzeichnet.

Aufgaben: a) Begründe, warum die Blütenteile im Legebild und im Blütengrundriss kreisförmig angeordnet werden.

b) Zähle die einzelnen Blütenteile und nenne ihre jeweilige Aufgabe.

V3 Wir zergliedern eine Wickenblüte

Material: Blüte einer Gartenwicke; Lupe; Pinzette; ein Stück durchsichtige Klebefolie (10 cm × 10 cm); schwarzer Zeichenkarton

Durchführung: Betrachte den Bau der Wickenblüte mit der Lupe und suche die einzelnen Blütenteile. Stelle dann ein Legebild her. Bedenke, dass Staubblätter und Stempel nebeneinander angeordnet werden müssen.

Aufgaben: a) Die Wickenblüte hat fünf Kronblätter. Vergleiche diese Angabe mit deinem Legebild. Finde eine Erklärung.

b) Vergleiche den Bau der Wickenblüte mit dem der Kirschblüte. Suche im Buch nach Pflanzen, die ähnlich gebaute Blüten wie die Wicke ausbilden.

1 Bestäubung von Kirschblüten durch Bienen

3.5 Blüten werden bestäubt

An dem blühenden Kirschbaum herrscht Hochbetrieb: Bienen fliegen summend von Blüte zu Blüte. Sie werden angelockt von dem Duft, der den weißen Blüten entströmt. Er stammt von einem zuckerhaltigen Saft aus Nektardrüsen am Blütenboden. Dieser *Nektar* dient den Bienen als Nahrung. Sie saugen ihn mit ihrem Rüssel auf und bilden daraus Honig. Verfolgen wir die Blütenbesuche einer Biene!

Bei einer Kirschblüte sind die Staubblätter und der Stempel selten gleichzeitig reif. Landet die Biene in einer älteren Blüte mit reifen Staubbeuteln, so drückt sie die Staubblätter beiseite, um an den Nektar zu gelangen. Dabei bleiben viele klebrige Pollenkörner in ihrem Haarpelz hängen. Damit fliegt sie zur nächsten Blüte.

Ist es eine junge Blüte, sind die Staubblätter noch geschlossen, die Narbe dagegen ist reif. Bei der Suche nach dem Nektar streift die Biene einige Pollenkörner an der Narbe ab. Man sagt, die Blüte ist **bestäubt.** Da die Bestäubung durch Bienen, also durch Insekten erfolgte, spricht man von **Insektenbestäubung.** Dabei werden die Narben von jungen Kirschblüten immer mit den Pollenkörnern von *fremden,* älteren Blüten bestäubt. Man spricht daher von **Fremdbestäubung.**

Fremdbestäubung erfolgt auch bei der *Steinnelke.* Ihre Blüten sind lang gestreckt und im unteren Bereich von einer Kelchröhre umschlossen. Durch diese Röhre kann nur der lange und dünne Saugrüssel eines Schmetterlings den Nektar vom Blü-

tenboden aufsaugen. Dabei werden Pollenkörner auf die Narbe übertragen. Bei der Steinnelke reifen die Staubblätter vor der Narbe. Solche Pflanzen, die von Tagfaltern bestäubt werden, heißen auch **Tagfalterblumen.**

Ganz anders erfolgt die Fremdbestäubung bei der *Salweide.* Bestimmt sind dir im zeitigen Frühjahr schon einmal die leuchtend gelben „Kätzchen" aufgefallen. Ein Kätzchen besteht aus vielen Einzelblüten. Es bildet einen *Blütenstand.*

2 Steinnelke

3 Bestäubung bei der Steinnelke

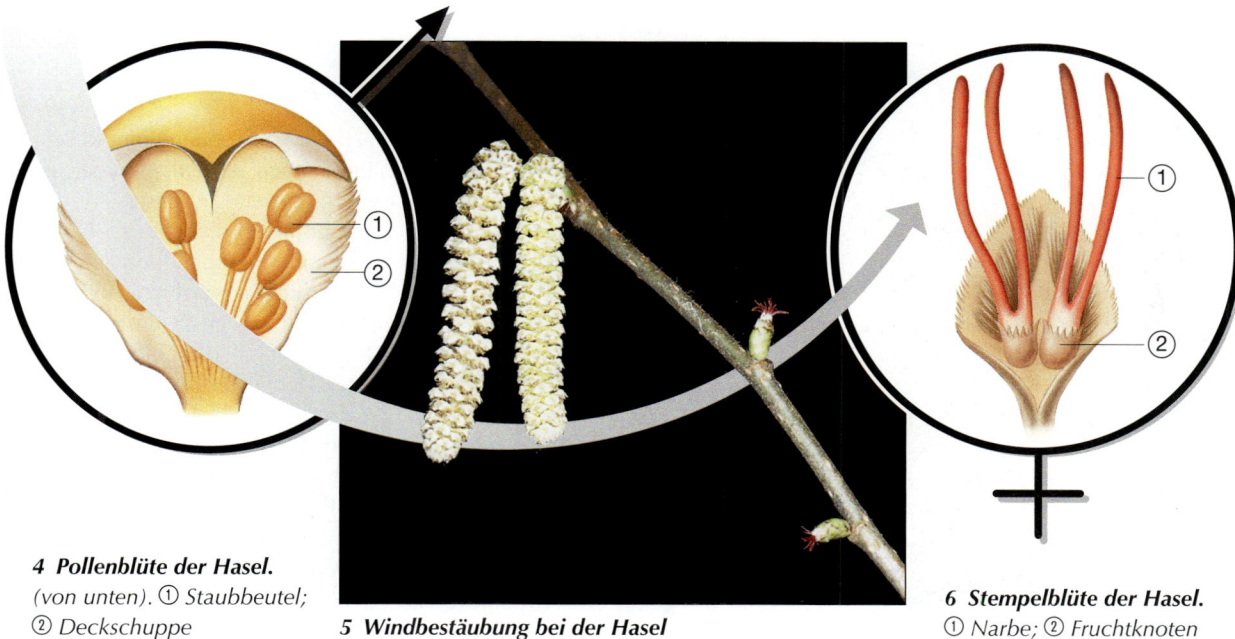

4 Pollenblüte der Hasel.
(von unten). ① Staubbeutel;
② Deckschuppe

5 Windbestäubung bei der Hasel

6 Stempelblüte der Hasel.
① Narbe; ② Fruchtknoten

Allerdings enthalten die Blüten nur Staubblätter. Immer zwei Staubblätter bilden zusammen mit einem kleinen Tragblatt und einer Nektardrüse die männliche Blüte. Man nennt sie *Pollenblüte.* An einer Weide mit Pollenblüten findest du keine weiblichen Blüten. Sie sitzen an Weiden mit grau-grünen Kätzchen. Ein weiblicher Blütenstand setzt sich aus vielen *Stempelblüten* zusammen. Von dem Duft ihres Nektars werden Bienen angelockt. Bei der Nektarsuche bestäuben sie die klebrigen Narben mit Pollenkörnern.

Bei der Salweide sind die weiblichen und männlichen Blüten auf zwei Pflanzen verteilt. Sie „wohnen" sozusagen in „zwei Häusern". Solche Pflanzen heißen *zweihäusig.* Im Gegensatz zu den Zwitterblüten der Kirsche enthalten die Weidenblüten nur männliche oder nur weibliche Blüten. Sie sind *getrenntgeschlechtlich.*

Auch die *Hasel* hat getrenntgeschlechtliche Blüten. Männliche und weibliche Blüten findest du jedoch an einer Pflanze. Sie ist *einhäusig.* Die männlichen Blütenstände kannst du leicht als gelbe Kätzchen erkennen. Die weiblichen Blütenstände sind dagegen nur durch die roten pinselartigen Narben zu erkennen. Sie sind unscheinbar und werden von Insekten nicht besucht. Die Bestäubung erfolgt durch den Wind: Aus den reifen Staubbeuteln einer männlichen Blüte fallen bei warmem Wetter die trockenen, leichten Pollenkörner auf die Deckschuppe der darunter liegenden Blüte. Durch den Wind werden sie fortgeweht. So gelangen einige Pollenkörner zu den weiblichen Blütenständen. Eine solche **Windbestäubung** findest du auch bei den Gräsern und vielen Bäumen.

1 Beschreibe die Bestäubung bei der Kirschblüte.
2 Nenne andere Möglichkeiten der Bestäubung.
3 Begründe, warum Pflanzen mit Insektenbestäubung meist sehr auffällige Blüten haben.
4 Erkäutere, was man unter Fremdbestäubung versteht. Nenne Einrichtungen, durch die Fremdbestäubung gesichert wird.

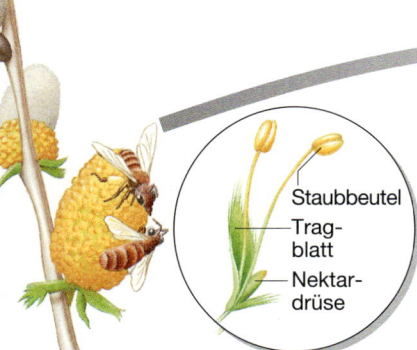

Staubbeutel
Tragblatt
Nektardrüse

7 Salweide *(männlicher Strauch)*

Narbe
Griffel
Fruchtknoten

8 Salweide *(weiblicher Strauch)*

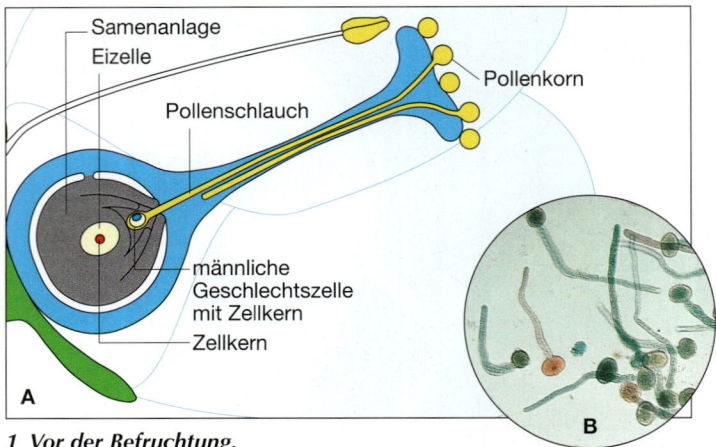

1 Vor der Befruchtung.
A *wachsende Pollenschläuche;* **B** *keimendes Pollenkorn*

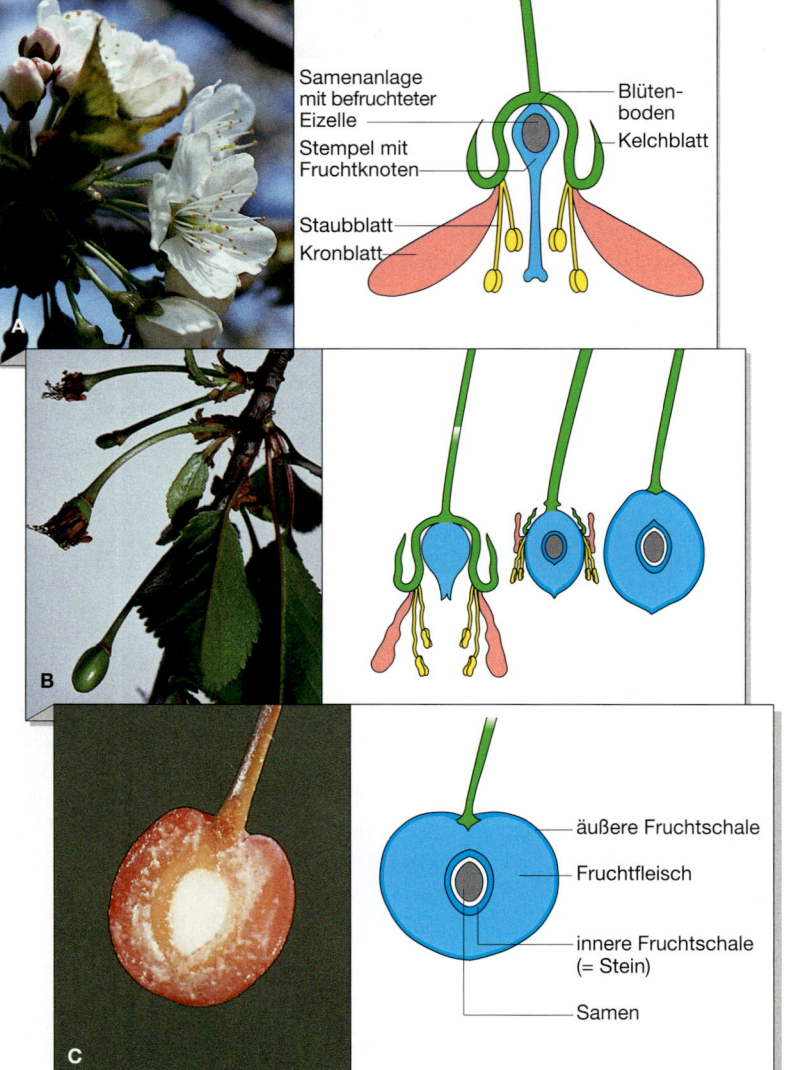

2 A–C Entwicklung der Kirschfrucht

3.6 Von der Bestäubung zur Frucht

Nach der Bestäubung einer Kirschblüte keimen die Pollenkörner auf der Narbe und wachsen in den Stempel hinein. Durch ein Mikroskop kann man den Vorgang der **Befruchtung** beobachten: Aus dem Pollenkorn wächst ein Pollenschlauch durch die Narbe in den Griffel. Der *Pollenschlauch* dringt in die Samenanlage ein, öffnet sich und setzt einen Zellkern frei. Dieser verschmilzt mit der *Eizelle* und damit ist die Eizelle befruchtet.

Nun verschließt sich die Samenanlage, sodass keine weiteren Pollenschläuche in sie eindringen können. Nach der Befruchtung der Eizelle werden die Kronblätter braun und fallen ab. Auch Griffel und Narbe vertrocknen. Der Fruchtknoten wird dagegen dicker und entwickelt sich zur **Kirschfrucht.**

Die auffällig rot gefärbten, schmackhaften Früchte der Kirsche locken hungrige Tiere an, die Früchte fressen. Die Tiere können zwar das Fruchtfleisch verdauen, die innere Fruchtschale widersteht jedoch den Verdauungssäften. Mit dem Kot werden die unverdauten **Samen** der Kirsche wieder ausgeschieden. Sie keimen dann an einem von der Mutterpflanze entfernten Ort.

1 Beschreibe die Entwicklung der Kirschfrucht anhand der Abbildungen 1 und 2.
2 Beschreibe den Aufbau einer reifen Kirsche.
3 Erläutere, welchen Zweck die Kirschfrucht erfüllt.
4 In einer Kirsche und in jeder anderen Frucht ist Sonnenenergie gespeichert. Erkläre diese Aussage.

Geschlechtliche und ungeschlechtliche Vermehrung

Blütenpflanzen können sich auf zweierlei Art vermehren: Meist vermehren sie sich durch *Samen*. Samen entwickeln sich nach der Befruchtung der Eizelle durch eine männliche Geschlechtszelle. Eine solche Vermehrung bezeichnet man als *geschlechtliche Vermehrung*.

Manche Blütenpflanzen sind jedoch in der Lage, sich zusätzlich ohne Ausbildung von Samen zu vermehren. Diese *ungeschlechtliche Vermehrung* erfolgt durch Ausläufer, Ableger, Brutknollen, Wurzelknollen oder Stecklinge.

Die **Erdbeerpflanze** bildet im Sommer Seitensprosse. Aus der Blattrosette der Mutterpflanze wachsen diese *Ausläufer* auf dem Erdboden entlang. In bestimmten Abständen werden aus den Knospen Wurzeln und Blätter gebildet. Wenn diese Tochterpflanzen selbstständig Nährstoffe bilden können, vertrocknen die Ausläufer.

Das **Brutblatt** bildet an den Blatträndern winzige Tochterpflanzen mit Wurzeln und Blättchen. Fallen diese *Ableger* auf die Erde, wachsen sie unter der Mutterpflanze fest. Die Tochterpflanzen können dann umgesetzt werden.

1 Erkundige dich in Baumschulen, welche Pflanzen ungeschlechtlich vermehrt werden. Berichte.

2 Überlege dir, welchen Vorteil die ungeschlechtliche Vermehrung für die Pflanze hat.

Usambaraveilchen aus Blattstecklingen

Steckt man das Blatt eines Usambaraveilchens in feuchte Erde, bilden sich nach etwa einer Woche an der Schnittfläche Wurzeln. Es ist ein *Steckling* entstanden. Aus Stecklingen von einer Mutterpflanze entstehen so beliebig viele Tochterpflanzen.

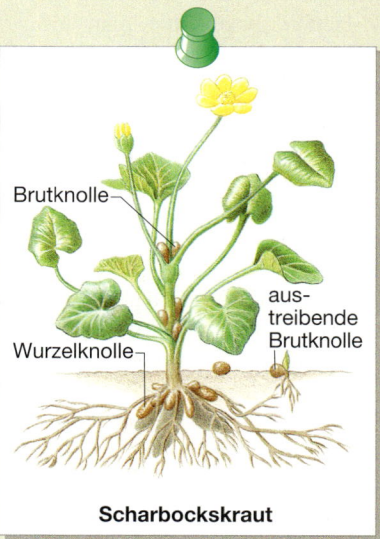

Brutknolle

austreibende Brutknolle

Wurzelknolle

Scharbockskraut

1 Löwenzahn. *„Pusteblume" –*
Fruchtstand des Löwenzahns

3.7 Verbreitung von Früchten und Samen

Wenn du eine „Pusteblume" pflückst und darauf pustest, wirbeln viele kleine, fallschirmartige Gebilde durch die Luft. Die „Pusteblume" ist der Fruchtstand des Löwenzahns. Er besteht aus etwa 150 Einzelfrüchten, denn aus jeder einzelnen Blüte des gelben Blütenstandes hat sich eine Frucht entwickelt. Die Früchte besitzen Widerhaken und hängen an einem „Fallschirm" aus Haaren.

Schirmflieger wie der Löwenzahn werden durch den Wind verbreitet und können viele Kilometer weit fliegen. Solche Früchte bezeichnet man als **Flugfrüchte.** Nach der Landung verankern sie sich mit Widerhaken auf dem Untergrund und keimen zu einer neuen Pflanze aus. So können sie sich an ihrem Standort verbreiten und neue Lebensräume besiedeln. Die Früchte des *Weidenröschens* sind mit einem Haarschopf ausgestattet, der wie ein Wattebäuschchen aussieht. Auch Weiden und *Pappeln* gehören zu den **Schopffliegern.** Ihre „Wattebäuschchen" bilden zur Flugzeit am Boden oft regelrechte Teppiche. Die Früchte von *Birke* und *Erle* haben zwei kleine Häutchen als Flügel. Diese **Segelflieger** schweben durch die Luft und keimen bei der Landung auf geeignetem Untergrund. Die Früchte der *Ulme* sitzen in der Mitte einer häutigen Scheibe. Im Flug rotieren sie um die eigene Achse. Auch der *Spitzahorn* hat Flugfrüchte. Jeweils zwei Früchte mit propellerartigen Flügeln sind zusammengewachsen. Sie werden durch den Wind getrennt. In der Luft drehen sie sich

schraubenförmig und verlängern dadurch ihren Flug. Auch die Früchte von Hainbuche und Esche gehören zu den **Schraubenfliegern.**

Andere Pflanzen wie Ginster und Lupine besitzen **Schleuderfrüchte.** Wenn die Früchte reif sind, trocknen sie aus und brechen auf. Die beiden Hälften der Hülsen verdrehen sich dabei und schleudern die Samen bis zu fünf Meter weit fort. Auch die reifen Früchte des Springkrauts platzen bei Berührung auf und schleudern ihre Samen meterweit fort.

Im Herbst sammeln Eichhörnchen die reifen Früchte vieler Sträucher und Bäume und verstecken sie als Wintervorrat im Boden oder in Baumhöhlen. Aus den Samen der Früchte, deren Verstecke die Eichhörnchen vergessen haben, keimen im Frühjahr neue Pflanzen.

Manche Pflanzen schicken ihre Früchte als „blinde Passagiere" auf die Reise. Sie besitzen Haare mit Widerhaken, die wie eine Klettvorrichtung wirken. Sie haken sich im Fell oder im Gefieder von Tieren fest und werden irgendwo wieder abgestreift. Auch der Mensch verbreitet unfreiwillig **Klettfrüchte** wie Kleblabkraut, Klette und Waldmeister.

Die Früchte des Schneeglöckchens enthalten Samen mit fetthaltigen Anhängseln, die gern von Ameisen gefressen werden. Sie schleppen die Samen häufig zu ihrem Bau. Unterwegs verzehren sie das Anhängsel und lassen den Samen liegen. Veilchen dagegen machen sich die Vorliebe der Ameisen für Süßes zunutze. Die Samen in ihren Früchten haben süße Anhängsel, mit denen sie die Ameisen anlocken. Die Früchte von Schneeglöckchen, Veilchen, Taubnesseln und Schöllkraut nennt man daher **Ameisenfrüchte.**

2 Blühender Löwenzahn

254

3 Schleuderfrucht (Ginster)

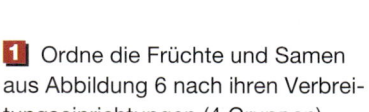

4 Klettfrüchte (Kleblabkraut)

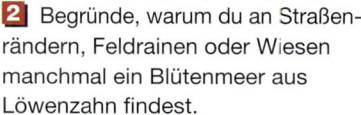

5 Lockfrüchte (Vogelbeere)

Manche Bäume und Sträucher wie zum Beispiel Eberesche, Himbeere, Holunder oder Schneeball haben auffällig gefärbte **Lockfrüchte,** die von Vögeln gefressen werden. Die in den Früchten liegenden Samen haben harte Schalen. Sie sind unverdaulich und werden daher mit dem Kot der Vögel oft weit entfernt von der „Mutterpflanze" ausgeschieden.

Wasserpflanzen wie der Wasserhahnenfuß haben **Schwimmfrüchte.** Sie enthalten Luft in ihrem Gewebe. So können sie auf der Wasseroberfläche schwimmen. Sie treiben mit der Wasserströmung weit fort.

1 Ordne die Früchte und Samen aus Abbildung 6 nach ihren Verbreitungseinrichtungen (4 Gruppen).

2 Begründe, warum du an Straßenrändern, Feldrainen oder Wiesen manchmal ein Blütenmeer aus Löwenzahn findest.

3 Nenne Lockfrüchte, die gern von Vögeln gefressen werden.

4 Lasse im Klassenraum aus etwa 2,50 m Löwenzahnfrüchte zu Boden fallen. Miss mit einer Stoppuhr die Fallzeiten und berechne den Mittelwert. Entferne dann den „Fallschirm" und führe den Versuch erneut durch. Vergleiche die Fallzeiten miteinander und begründe die Unterschiede.

Führe ähnliche Versuchsreihen mit anderen Flugfrüchten durch.

7 Ahorn. A fruchtender Spitzahorn,
B Schraubenflug einer Teilfrucht

6 Früchte werden unterschiedlich verbreitet. ① Birke, ② Ginster, ③ Himbeere, ④ Wasserhahnenfuß, ⑤ Linde, ⑥ Klette, ⑦ Weidenröschen

3.8 Eine Samenpflanze entwickelt sich

Bohnen sind die Samen von Bohnenpflanzen. Ein Bohnensamen wird von einer lederartigen **Samenschale** umgeben. Im Innern liegt ein kleines Pflänzchen, ein **Embryo.** Er enthält zwei große *Keimblätter,* in denen Nährstoffe gespeichert sind. Der Embryo zeigt außerdem eine *Keimwurzel,* einen *Keimstängel* und winzige *Laubblätter.* Als Samen überdauert zum Beispiel die Feuerbohne ungünstige Bedingungen wie Trockenheit oder Frost. Was passiert aber, wenn der trockene Samen in feuchte Erde gelangt?

Zunächst nimmt die Bohne Wasser auf und quillt. Dabei vergrößern sich ihr Gewicht und ihr Umfang. Bei dieser **Quellung** entsteht ein so großer Druck, dass das umgebende Erdreich gelockert wird. Nach einigen Tagen platzt die inzwischen weiche Samenschale: Die Keimwurzel bricht durch. Sie dringt senkrecht in die Erde ein. Dabei streckt sie sich in die Länge. Das *Streckungswachstum* lässt sich durch Markierung der Keimwurzel gut beobachten. Man nennt die Wachstumszone an der Wurzelspitze auch *Streckungszone.* Die so in die Länge wachsende Keimwurzel entwickelt sich zur *Hauptwurzel,* die im oberen Bereich zahlreiche *Seitenwurzeln* ausbildet. Die Spitzen der Wurzeln sind von einem zarten Haarflaum umgeben. Der Bereich dieser *Wurzelhaare* ist bis zu drei Zentimeter lang. Über die Wurzelhaare nimmt die Keimpflanze Wasser und die darin gelösten Mineralstoffe auf. Eine weitere Aufgabe der Wurzeln ist die Verankerung der Pflanze im Erdboden. Dann streckt sich auch der Keimstängel. Dabei biegt er sich hakig um und wächst durch den gelockerten Boden

1 Feuerbohne. A Samen (trocken und gequollen); B Samen aufgeklappt (① Samenschale);

nach oben. Allmählich wird so die Keimknospe mit den zwei gelblichen, inzwischen gewachsenen Laubblättern aus der Samenschale gezogen. Bei der Feuerbohne bleibt im Gegensatz zur Gemüsebohne der Stängelabschnitt mit den Keimblättern im Erdboden. Dann durchbricht der gelblich weiße Stängel mit den Laubblättern den Erdboden und richtet sich auf. Im Licht werden Stängel und Laubblätter grün. Bei der Gemüsebohne ergrünen auch die Keimblätter.

Unter **Keimung** versteht man den Entwicklungsabschnitt bei Pflanzen von der Quellung der Samen bis zur Entfaltung der ersten Laubblätter. In dieser Zeit spricht man von Keimpflanzen.

C Embryo (② Keimblatt, ③ Laubblätter,
④ Keimstängel, ⑤ Keimwurzel)

1 Beschreibe den Aufbau eines Samens der Feuerbohne. In der Einbuchtung der Bohne ist ein heller Fleck
zu sehen, den man als *Nabel* bezeichnet. Um welche
Stelle handelt es sich hier?

2 Beschreibe die Keimung der Feuerbohne. Nimm
auch die Abbildung 2 (A bis H) zu Hilfe.

3 Auf die Keimwurzel, die Keimblätter und die Laub-
blätter eines Embryos der Feuerbohne wird jeweils ein
Tropfen Iodlösung gegeben. Nur bei den Keimblättern
färbt sich die Auftropfstelle blauschwarz. Dies ist ein
Zeichen für das Vorhandensein von Stärke. Finde eine
Erklärung für das Versuchsergebnis.

4 Plane einen Versuch, mit dem du nachweisen
kannst, welche der Bedingungen Wasser, Wärme,
Erde, Licht und Luft für die Keimung notwendig sind.

Methode | Umgang mit Diagrammen und Tabellen

Naturwissenschaftliche Texte enthalten oft **Diagramme** und **Tabellen.** Diese stellen eine Fülle von Informationen übersichtlich und anschaulich dar. Sie müssen oft in mehreren Schritten gelesen werden. Die einzelnen Schritte können dabei von Darstellung zu Darstellung verschieden sein. Es gibt unterschiedliche Darstellungsformen. Am häufigsten sind **Kreisdiagramme** und **Säulendiagramme.** Tabellen und Diagramme können auch als Grundlage für Vorträge dienen.

1 Sieh dir das Kreisdiagramm an. Es zeigt dir, welche Kosten ein Hund in einem Jahr verursacht und wie hoch diese Kosten im Einzelnen sind. Beantworte folgende Fragen:
a) Welche Bedeutung haben die Kreisabschnitte?
b) Welche Bedeutung haben die Farben?
c) Verfasse einen Text, in dem die wichtigsten Aussagen des Diagramms enthalten sind.

2 In diesem Säulendiagramm ist das Wachstum einer Feuerbohne dargestellt. Sieh dir das Diagramm genau an und beantworte die folgenden Fragen:
a) Welche Bedeutungen haben die Achsen?
b) Wie sind die Achsen eingeteilt?
c) Welche Bedeutung haben die Säulen?
d) Verfasse einen Text, in dem die wichtigsten Aussagen des Diagramms enthalten sind.

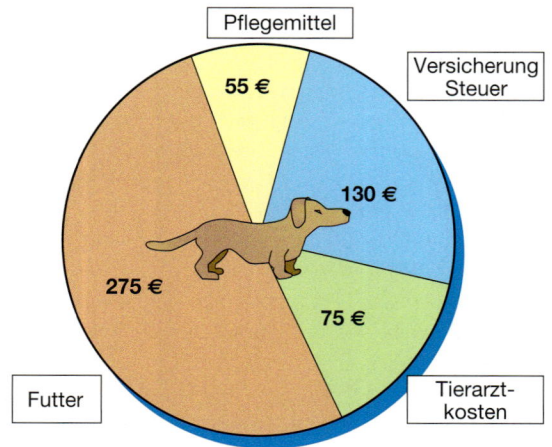

1 Kreisdiagramm (Kosten pro Jahr)

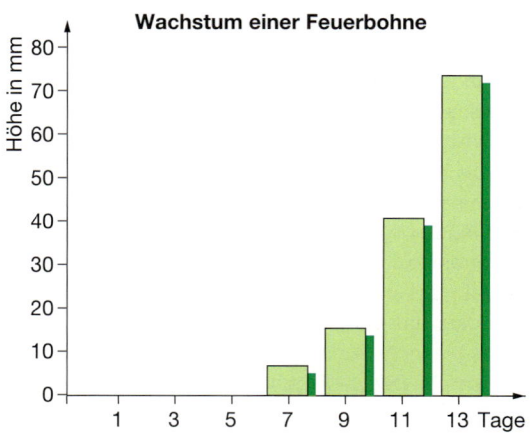

2 Säulendiagramm

3 In der folgenden Tabelle werden die Wachstumsbedingungen für Bohnen dargestellt. Vergleiche die Tabelle mit den Ergebnissen von V4 in der Übung „Keimung und Wachstum". Nenne die Unterschiede.

	Glas A	Glas B	Glas C	Glas D	Glas E	Glas F
Erde	ja	Watte	ja	ja	ja	ja
destilliertes Wasser ohne Mineralstoffe	ja	ja	nein	ja	ja	ja
Temperatur	warm	warm	warm	warm	kalt	warm
Licht	ja	ja	ja	nein	ja	ja
Luft	ja	ja	ja	ja	ja	nein
Ergebnis	wächst	wächst, stirbt später ab	wächst nicht	wächst, ergrünt nicht	wächst nicht	wächst nicht

Keimung und Wachstum

V1 Samen als „Sprengmaterial"

Material: Samen der Gemüsebohne; großer Eimer; kleines Marmeladenglas mit Deckel; Wasser

Durchführung: Fülle das Marmeladenglas randvoll mit trockenen Bohnen. Gib dann, ebenfalls bis zum Rand, Wasser hinzu. Verschließe das Glas mit dem Deckel und stelle es einen Tag lang in den Eimer.

Aufgaben: a) Beschreibe deine Beobachtungen nach einem Tag.

b) Erkläre das Versuchsergebnis.

V2 Wachstumsprotokoll

Material: Samen der Feuerbohne; Blumenerde; Marmeladenglas; Wasser; Lineal

Durchführung: Lege eine Bohne einen Tag lang in Wasser. Fülle Erde in das Marmeladenglas. Drücke den Bohnensamen ganz am Rand etwa vier Zentimeter in die Erde, sodass du ihn von außen sehen kannst. Stelle das Gefäß hell und warm auf.

Aufgaben: a) Miss täglich die Länge des Keimstängels. Schreibe die Werte auf.

b) Fertige ein Diagramm wie in der Abbildung an. Zeichne täglich den sichtbaren Zustand des Samens, des Keimlings und später der Pflanze.

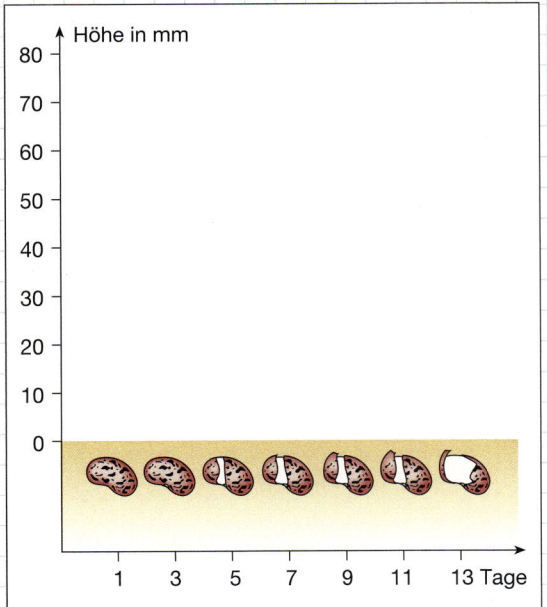

Wachstum einer Feuerbohne

V3 Untersuchung der Keimblätter

Material: gequollene Samen der Feuerbohne; Küchenmesser; Nadel; Pinzette; Zeichenpapier; Bleistift; Lupe

Durchführung: Entferne die Samenschale der Feuerbohne vorsichtig mit dem Küchenmesser. Klappe die beiden Keimblätter auseinander. Betrachte die aufgeklappten Keimblätter mit der Lupe.

Aufgabe: Zeichne beide Keimblätter und beschrifte sie.

V4 Keimungsbedingungen der Gemüsebohne

Material: Samen der Gemüsebohne; sechs gleich große Marmeladengläser (ein Glas mit Deckel); Watte; Blumenerde; Schuhkarton

Durchführung: Glas A: Fülle das Glas zu etwa einem Drittel mit Blumenerde. Feuchte die Erde an. Lege sechs Bohnen gleichmäßig verteilt auf die Erde und drücke sie leicht an. Stelle das Glas an einen hellen und warmen Ort, etwa auf die Fensterbank. Halte die Erde feucht, aber nicht nass.

Glas B: Fülle Glas B zu etwa einem Drittel mit Watte. Verfahre dann weiter wie bei Glas A.

Glas C: Fülle Glas C mit trockener Blumenerde. Verfahre dann weiter wie bei Glas A. Lass die Erde jedoch trocken.

Glas D: Verfahre mit Glas D wie bei Glas A. Stülpe über das Glas dann den Schuhkarton, sodass es vollständig abgedunkelt ist.

Glas E: Verfahre mit Glas E wie bei Glas A. Stelle das Glas bei Frost ins Freie.

Hinweis: Dieser Versuch ist im Sommer nicht machbar. Du kannst ihn nur im Winter bei Frost durchführen.

Glas F: Verfahre mit Glas F wie bei Glas A. Verschließe jedoch das Glas luftdicht mit dem Deckel. Beobachte die Versuchsreihe zwei Wochen lang täglich.

Aufgaben: a) Halte deine Beobachtungen in Form einer Tabelle fest.

b) Erstelle eine weitere Tabelle, aus der du entnehmen kannst, welche Bedingungen Bohnenpflanzen zur Keimung brauchen. Nimm dazu die Methodenseite „Umgang mit Diagrammen und Tabellen" zu Hilfe.

1 **Frühblüher. A** *Laubwald mit Buschwindröschen;* **B** *Krokus*

2 *Scharbockskraut*

4 Pflanzen und Tiere im Jahreszyklus

4.1 Manche Pflanzen findet man nur im Frühjahr

Es ist Frühling: Der Schnee ist geschmolzen. Die wärmende Sonne dringt durch die noch laubfreien Baumkronen im Buchenwald und erhellt den Waldboden. Wie von einem Teppich ist er mit verschiedenen Blütenpflanzen bedeckt. An manchen Stellen erscheint er völlig weiß durch die Blüten der Buschwindröschen. An anderen Stellen bildet das Scharbockskraut durch seine Blüten gelbe Flecken. Es ist leicht an den glänzenden rundlichen Blättern zu erkennen. Pflanzen wie Schneeglöckchen, Buschwindröschen, Scharbockskraut, Krokus und Tulpe blühen als Erste im Frühjahr. Solche Pflanzen heißen **Frühblüher.** Wieso können sie unmittelbar nach der kalten Jahreszeit des Winters wachsen und blühen?

Um hierauf eine Antwort zu erhalten, müssen wir einen Blick unter die Erdoberfläche werfen. Beim Buschwindröschen erkennen wir verdickte Sprosse, die waagerecht unter der Oberfläche liegen.

Solche **Erdsprosse** enthalten Nährstoffe, die in der Wachstumzeit des Vorjahres gebildet wurden. Mit den Erdsprossen überdauert das Buschwindröschen die kalte Jahreszeit. An ihrem vorderen Ende werden im Frühjahr Blütenstängel und Blätter gebildet, während das hintere Ende im Laufe der Zeit abstirbt. Sind die unteren Abschnitte des Sprosses verdickt wie beim Krokus, spricht man von **Sprossknollen.** Auch Wurzelabschnitte können durch die eingelagerten Nährstoffe verdickt sein. Solche **Wurzelknollen** findet man beim Scharbockskraut. Manche von ihnen sind weich und dunkler gefärbt. Es sind die im Vorjahr angelegten Wurzelknollen, deren Nährstoffe in diesem Frühjahr aufgebraucht wurden. Die neuen Vorratsspeicher hingegen sind hell und hart.

Ganz anders hat die Tulpe ihre Nährstoffe gespeichert. Ihre **Zwiebel** kannst du dir als Pflanze vorstellen, deren Stängel wie eine „Radioantenne" zusammengeschoben wurde. Unten findest du ganz normale Wurzeln. Es folgt eine stark verkürzte Sprossachse, an der seitlich dickfleischige, nährstoffreiche Blätter sitzen, wie du sie von der Küchenzwiebel kennst. An der Spitze befindet sich die Sprossknospe für die Ausbildung der grünen Laubblätter und der Blüte.

Wachsen im Frühjahr Laubblätter und Blüte der Tulpe in kurzer Zeit heran, werden die Vorräte aus den dickfleischigen Zwiebelblättern verbraucht. Die entfalteten grünen Laubblätter liefern dann neue Nährstoffe zum Aufbau einer **Ersatzzwiebel,** die den Nährstoffvorrat für das nächste Frühjahr speichert. Außerdem werden **Brutzwiebeln** gebildet, die der Vermehrung der Tulpe dienen.

Im Sommer finden wir keine Buschwindröschen. Wenn die Bäume ab April ein dichtes Blätterdach ausbilden, erreicht nur noch wenig Sonnenlicht den Waldboden. Die oberirdischen Teile der meisten Frühblüher verwelken jetzt, sodass du sie schon wenige Wochen später nicht mehr findest. Im tiefen Schatten des sommerlichen Waldbodens sind nur noch wenige krautige Pflanzen in der Lage, ausreichend Licht zu gewinnen.

1 Beschreibe die Umweltbedingungen, denen Pflanzen im Winter und Vorfrühling im Wald ausgesetzt sind. Berücksichtige bei deinen Überlegungen Lichtverhältnisse und Temperatur.
2 Wie sind die Frühblüher, zum Beispiel das Scharbockskraut, in dieser Zeit den Umweltbedingungen angepasst? Beschreibe anhand der Abbildungen auf Seite 260 und 261, wie sie den Winter überdauern.
Woher nehmen die Frühblüher die Kraft, so früh im Jahr auszutreiben und zu blühen?
3 Beschreibe den Ausschnitt aus dem Laubwald in der Abbildung 1 A. Was wird sich in den nächsten Wochen verändern? Weshalb wachsen und blühen die Frühblüher im Frühling und nicht im Sommer?
4 Liste die Speicherorgane auf, mit denen Frühblüher überwintern. Nenne jeweils eine Pflanzenart als Beispiel.
5 Informiere dich über weitere Frühblüter, zum Beispiel Leberblümchen, Wald-Veilchen und Hohlen Lerchensporn. Erstelle zu den Arten Steckbriefe.

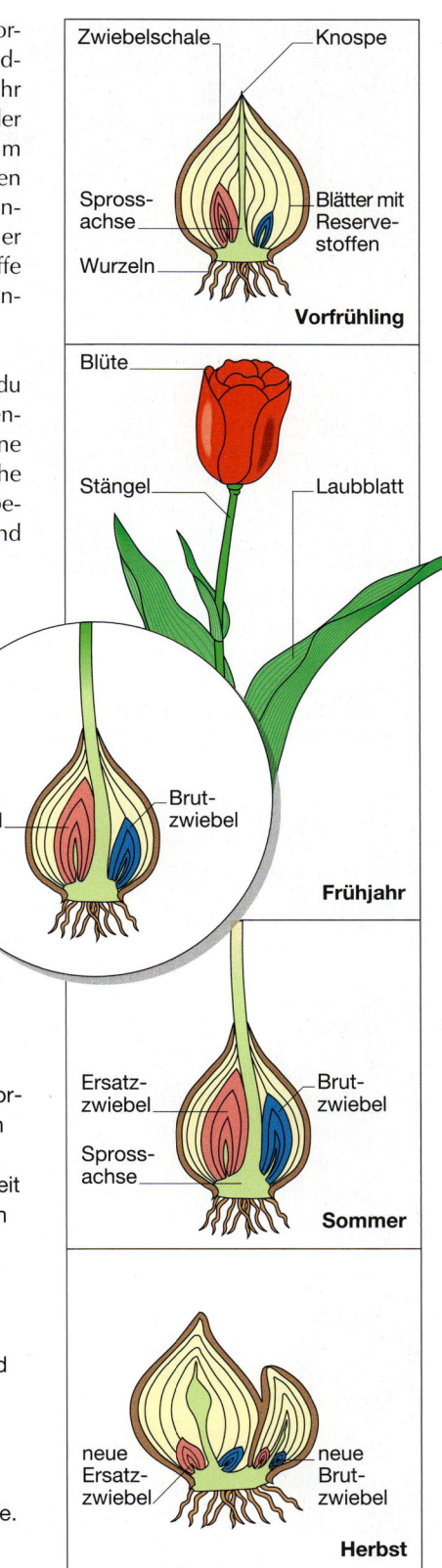

3 Tulpe mit Zwiebel

1 Mischwald im Herbst

2 Herbstlaub

3 Humusbildung

4.2 Im Herbst verändern sich viele Pflanzen

Es ist Herbst. Der Laubwald ist prächtig rot und gelb gefärbt. Anja und Christian sammeln bunte Blätter für den Kunstunterricht. Sie sollen die Blätter zu „Blättertieren" zusammenkleben. Wieso verfärben sich die Laubblätter eigentlich im Herbst? Die grünen Laubblätter versorgten die Pflanze im Frühjahr und vor allem im Sommer mit Nährstoffen. Hierzu benötigten sie neben dem grünen Blattfarbstoff **Chlorophyll** noch Sonnenlicht, Wasser und Kohlenstoffdioxid. Überschüssiges Wasser verdunsteten sie über die Spaltöffnungen in den Blättern.

Im Herbst werden die Tage kürzer und die ersten Nachtfröste setzen ein. Ein gefrorener Boden gibt jedoch kein Wasser mehr her. Die Pflanzen würden kein Wasser aus dem Boden nachsaugen können: Sie würden vertrocknen, wenn sie ihre Blätter behalten. Um die kalte Jahreszeit im Winter zu überstehen, müssen die Pflanzen ihre Blätter abwerfen. Bevor dies geschieht, werden zunächst Nährstoffe und das Chloro-

phyll abgebaut und in Stamm und Wurzel transportiert. Im Blatt bleiben gelbe und rote Farbstoffe zurück. Sie sind die Ursache für die prächtige *Laubfärbung* im Herbst. Jetzt werden an den Abbruchstellen des Blattstiels eine frische Zellschicht und Korkstoff gebildet; hierdurch fällt das Blatt ab. Die entstehenden Blattnarben werden verschlossen. In jeder Blattachsel ruht jedoch bereits die Knospe für einen neuen Seitenspross.

Der Waldboden bedeckt sich nun mit herabfallendem Laub. Die dichte Laubdecke bildet einen Kälteschutz für Pflanzen und Tiere des Waldbodens. Im Laufe der nächsten Monate werden die Blätter von Kleinlebewesen zerfressen und zu **Humus** umgewandelt.

1 Nenne die Früchte auf Seite 263, die nicht nur für Tiere, sondern auch für Menschen essbar sind.
2 Informiere dich über die Merkmale der Fruchttypen auf Seite 263. Stelle eine Tabelle zusammen.

Name: **Heckenrose**
Frucht: kugelige bis längliche *Sammelnussfrucht* (A); wird Hagebutte genannt
Besonderheit: Verarbeitung zu Hagebuttentee; reich an Vitamin C; Winternahrung für Vögel

Name: **Haselnuss**
Frucht: braune, hartschalige *Nuss* (A) mit wohlschmeckendem, ölhaltigem Kern
Besonderheit: wird von manchen Säugetieren als Wintervorrat vergraben

Name: **Schwarzer Holunder**
Frucht: schwarze, kugelige *Steinfrucht* (A) mit 3 bis 6 Steinkernen
Besonderheit: Frucht hat gute Heilwirkung bei Erkältungskrankheiten; reich an Vitamin C

Name: **Zweigriffliger Weißdorn**
Frucht: rote *Scheinfrucht*, am Scheitel kraterförmig vertieft mit zwei Griffeln (A)
Besonderheit: Winternahrung für Vögel

Name: **Eberesche / Vogelbeere**
Frucht: anfangs gelbe, später rote *Scheinfrucht* (A)
Besonderheit: Frucht wird vor allem nach dem ersten Frost von Vögeln gefressen

Name: **Schlehe**
Frucht: dunkelblaue, etwa kirschgroße *Steinfrucht* (A) mit runzeligem Kern und saurem Fleisch
Besonderheit: Nahrung für Vögel; Herstellung von Marmelade und Likör

Name: **Pfaffenhütchen**
Frucht: mehrfächerige, karminrote *Kapsel* (A) mit vier eiförmigen, von einem orangefarbigen Samenmantel umgebenem Samen
Besonderheit: giftig

Name: **Stachelbeere**
Frucht: rötliche, rundlich-eiförmige, borstige *Beere* (A); Kultursorten auch gelb und grün
Besonderheit: Herstellung von Marmelade und Kompott

Knospen

Am winterlichen Zweig sind über den Blattnarben Seitenknospen und die besonders dicke Endknospe zu erkennen.

Winter

Blüten

Die Einzelblüten bestehen aus fünfzipfligem Kelch, vier bis fünf ungleichen Kronblättern, Staubblättern und/oder Stempel.

Frühjahr

Blätter

Die Blätter sind handförmig gefingert mit fünf bis sieben keilförmigen, gesägten Blättchen. Die Herbstfärbung ist meist gelb und braun.

Sommer

Früchte

Die Kapselfrüchte sind grün, kugelig und oft durch kurze, scharfe, biegsame Stacheln igelartig; innen sitzen ein bis drei braune, glänzende Samen, die „Kastanien".

Herbst

1 Rosskastanie im Jahresverlauf

4.3 Die Rosskastanie im Jahresverlauf

Von November bis April hat die **Rosskastanie** keine Laubblätter. Mit ihren kahlen Zweigen wirkt sie im Winter wie abgestorben. Lediglich die hufeisenförmigen Blattnarben erinnern an die Blätter des vergangenen Jahres. Die übereinander liegenden, schuppenförmigen Hüllblätter der **Knospen** schützen die darunter verborgenen zarten Sprossenden sowie Blatt- und Blütenanlagen vor Nässe, Austrocknung und Frost. Die Knospen scheiden eine unangenehm schmeckende harzige Masse aus. Hierdurch werden die Knospenschuppen wasserdicht verklebt und die jungen Blätter vor Tierfraß geschützt.

Im Frühjahr schwellen die Knospen an. Sobald die Wurzeln den Baum wieder mit ausreichend Wasser versorgen, entfalten sich ab April erst die **Blätter** und dann die **Blüten.** Die Seiten- und Endknospen entwickeln sich zu vier handförmig gefingerten Laubblättern. Die Endknospen bringen außerdem den Blütenstand hervor. Die Bestäubung erfolgt durch Hummeln und Bienen. Nach der Befruchtung der Eizellen in den Samenanlagen entwickeln sich stachelige Kapselfrüchte, die bis zum Oktober einen Durchmesser von etwa sechs Zentimetern erreichen.

Im Herbst platzt die Frucht beim Aufschlagen auf den Boden an den Verwachsungsnähten ihrer Fruchtblätter auf und gibt bis zu drei braunrot gefärbte **Samen** frei.

1 Ordne die Zettel 1 bis 5 vom Aronstab auf der Pinnwand Seite 265 in eine zeitliche Reihenfolge.
2 Beobachte einen bestimmten Baum über mehrere Monate. Protokolliere alle Beobachtungen und mache Fotos. Präsentiere deine Ergebnisse in geeigneter Form.

DER ARONSTAB IM JAHRESVERLAUF

feuchter Laubwald – Lebensraum des Aronstabs

Steckbrief:

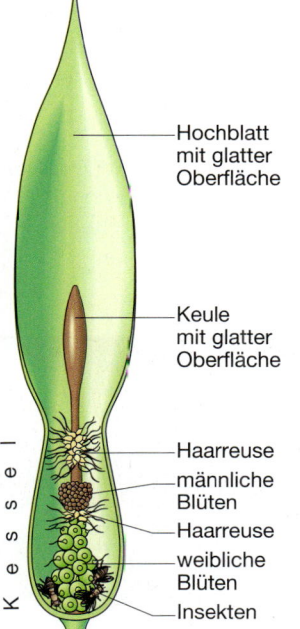

Hochblatt mit glatter Oberfläche

Keule mit glatter Oberfläche

Haarreuse

männliche Blüten

Haarreuse

weibliche Blüten

Insekten

Kessel

Aronstab

Blütezeit: April bis Mai

Vorkommen: krautreiche Buchen-, Laubmisch- und Auenwälder, Hecken, auf mehr oder weniger feuchten, nährsalzreichen Lehm- und Tonböden

Überwinterung: mit einer Sprossknolle im Boden

Fortpflanzung: Die Blühdauer des Aronstabs beträgt etwa einen Tag. Nachdem sich das Hochblatt meistens in den Nachmittagsstunden geöffnet hat, werden Aasfliegen und andere Insekten durch Wärme und kotartigen Geruch angelockt. Sie rutschen von der glatten Oberfläche der Keule oder des Hochblattes in den Kessel und übertragen an ihren Haaren klebende Pollenkörner auf die weiblichen Blüten. Die Haarreuse verhindert für einige Stunden das Entweichen der Insekten aus dem Kessel. Am nächsten Tag reifen die männlichen Blüten, und die Insekten bepudern sich erneut mit Pollenkörnern. Sind die Reusenhaare eingetrocknet, verlassen die Insekten den Kessel und fliegen zum nächsten Aronstab.

4 Blätter

1 Beeren

5 Kessel mit Blüten

3 Blütenstand

2 grüne Beeren

4.4 Viele Vögel ziehen im Winter fort

Im Herbst kannst du beobachten, wie sich Vögel sammeln, um in den Süden zu ziehen. Ihre Winterquartiere liegen in Südeuropa oder Afrika. Vögel, die nur im Frühling und Sommer bei uns sind, um zu brüten, werden **Zugvögel** genannt. Mehr als die Hälfte unserer einheimischen Vogelarten flieht so vor Kälte und Nahrungsknappheit. Störche ziehen sogar tausende von Kilometern bis in den Süden Afrikas.

Lange Zeit war es rätselhaft, wie die Zugvögel den Abflugtermin und den richtigen Weg bestimmen können. Wissenschaftler fanden heraus, dass die Vögel unter-

schiedliche Möglichkeiten nutzen. Sie verfügen über eine Art innere Uhr, die ihnen den Abflugzeitpunkt anzeigt. Auch der zunehmende Nahrungsmangel und die abnehmende Tageslänge sind Hinweise für die Vögel. Zur Orientierung nutzen einige Zugvögel das Magnetfeld der Erde oder die Sterne. Tagzieher wie Störche richten sich dagegen nach der Sonne. Zudem können erfahrene Tiere auffällige Landmarken wie Küsten, Flüsse oder Gebirge nutzen.

Zugvögel sind auf ihrem Weg ins Winterquartier vielen Gefahren ausgesetzt. Manchmal treiben sie starke Winde ab. Sie verfehlen so ihr Zugziel. Oder sie fallen Vogelfängern zum Opfer.

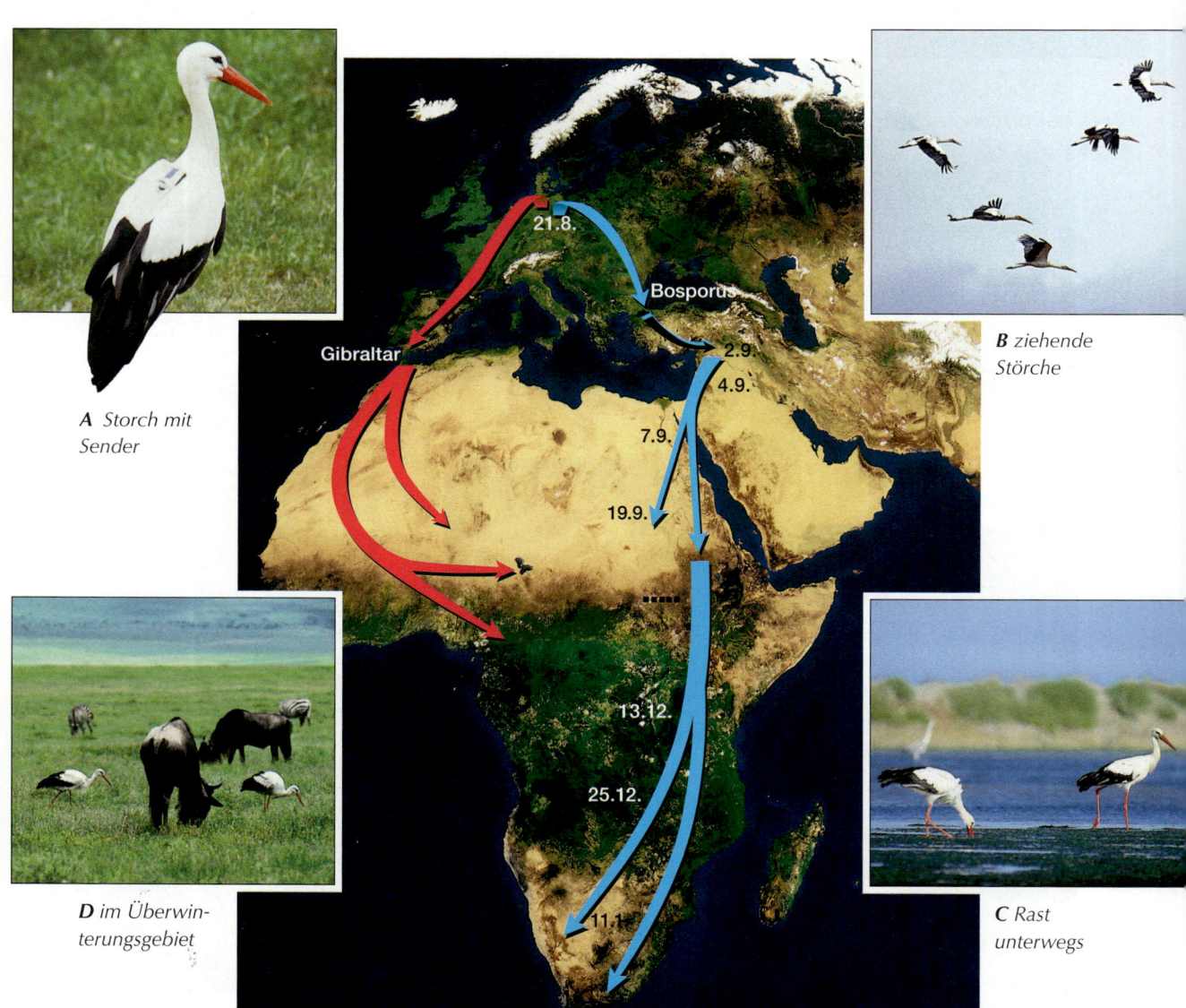

A Storch mit Sender

B ziehende Störche

D im Überwinterungsgebiet

C Rast unterwegs

1 Zug der Weißstörche in ihre Überwinterungsgebiete

Meisen, Drosseln, Finken, Sperlinge und Rotkehlchen sind auch in den Wintermonaten bei uns anzutreffen. Solche Vögel, die das ganze Jahr über in ihrem Brutgebiet bleiben, nennt man **Standvögel** oder *Jahresvögel*.

Viele dieser Standvögel ernähren sich im Winter von den Samen stehen gebliebener Stauden und den Früchten von Sträuchern. Meisen, die im Sommer von Insekten und Würmern leben, stellen sich im Winter um. Sie werden zu Samen- und Körnerfressern. Amseln bevorzugen Früchte. Rotkehlchen suchen auch nach kleinen Samen. Einzelne Insektenfresser wie der Zaunkönig und das Wintergoldhähnchen finden im Laub oder an Zweigen auch im Winter Insektennahrung.

Fichtenkreuzschnäbel haben sich auf die noch verschlossenen Zapfen der Fichten spezialisiert. Ihre Schnabelhälften sind an der Spitze gebogen und überkreuzen sich. Mit diesem „Spezialwerkzeug" spreizen sie die Schuppen der Kiefernzapfen auseinander und gelangen mit der Zunge an die Samen. So finden sie selbst bei Frost und Schnee genug Nahrung. Aufgrund des guten Nahrungsangebots können sie sogar im Winter brüten und ziehen in dieser Zeit ihre Jungen groß.

Neben den Zug- und Standvögeln gibt es Vogelarten, die den ungünstigen Lebensbedingungen nur kurzzeitig ausweichen. Auf der Suche nach Futter streichen sie umher, ohne dabei weit fortzuziehen. Zu diesen **Teilziehern** oder *Strichvögeln* gehören Kohlmeise, Amsel und Saatkrähe.

1 Erkläre die Begriffe Teilzieher, Zugvogel und Standvogel.
2 Stelle in einer Tabelle Beispiele einheimischer Teilzieher, Zugvögel und Standvögel zusammen. Nimm ein Bestimmungsbuch zu Hilfe.
3 Erkläre, wie sich Zugvögel orientieren.
4 Beschreibe die Flugwege von Weißstörchen. Nimm Abbildung 1 und einen Atlas zu Hilfe.
5 Erkläre, weshalb der heimische Fichtenkreuzschnabel sogar im Winter brüten und seine Jungen aufziehen kann.
6 Auch Meisen findet man das ganze Jahr über in Deutschland. Recherchiere die Lebensweise der Kohlmeise und stelle den Jahreszyklus auf einem Informationsplakat dar.

2 Standvögel. A Buchfink, B Rotkehlchen, C Wasseramsel, D Fichtenkreuzschnabel am Nest

Methode

Eine Mindmap erstellen

Du sollst zu einem Thema, zum Beispiel zu Tieren im Winter, einen kleinen Vortrag halten. Zuerst musst du deine Ideen zu diesem Thema ordnen. Das Erstellen einer Mindmap ist eine Möglichkeit, dies zu tun. Du schreibst dabei deine Gedanken nicht wie üblich hintereinander in einem Text auf. Du notierst stattdessen alle Gedanken in einer Art *„Gedankenlandkarte"*, einer **Mindmap.** Sie hilft dir, das Thema weiter auszuarbeiten. Du kannst sie später auch als Stichwortzettel für deinen Vortrag verwenden. Eine Mindmap hilft dir ebenfalls, die Inhalte eines Textes besser einzuprägen.

So gehst du vor:

1. Schreibe das Thema in die Mitte eines Blattes.

2. Zeichne nun für jede weitere Idee, die dir zu diesem Thema einfällt, einen Ast. Schreibe an jeden Ast möglichst mit ein oder zwei Worten, was dir dazu eingefallen ist.

3. An jedem Ast befinden sich dünnere Zweige. Schreibe an jeden dieser Zweige neue Ideen, die dir zu den Begriffen an den Ästen einfallen. Du kannst alle Begriffe mit Bildern oder Zeichen versehen. Dadurch gelingt es dir später leichter, dich wieder an diese Gliederung zu erinnern. Wenn du magst, kannst du die Äste auch in verschiedenen Farben darstellen. Dies trägt zur Übersichtlichkeit bei.

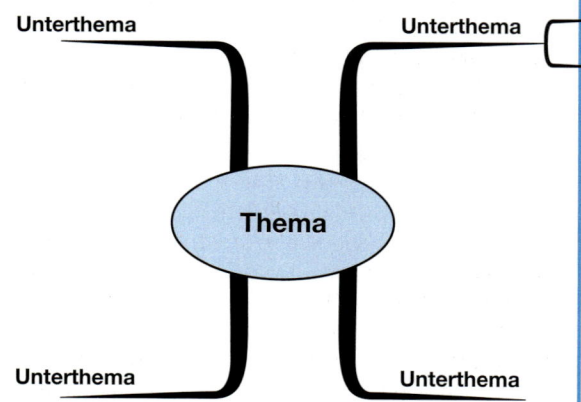

Beispiel für eine Mindmap

In einem Text über Tiere im Winter hast du dir folgende Begriffe markiert: Vögel, Vögel am Futterplatz, Kohlmeise, Sperling, Zugvögel, Star, Schwalbe, Tiere mit Fell, Winterschlaf, Igel, Siebenschläfer, aktive Überwinterung, Feldhase, Fuchs, Wildschwein.

Eine Mindmap dazu könnte so aussehen:

1 Ergänze die Mindmap. Benutze dazu die Begriffe aus der Aufzählung, die noch nicht verwendet wurden.

Internetrecherche in der Schule

Ein Schüler erhält den Auftrag, im Internet Informationen zum Zugverhalten des Weißstorchs zu recherchieren. Zum Speichern der Suchergebnisse wird eine Datei angelegt. Für die Recherche benutzt er eine Suchmaschine. Das ist ein Programm, welches die im Internet verbundenen Computer nach den Suchbegriffen durchmustert. Nach der Eingabe des Suchbegriffs „Weißstorch" meldet ihm die Suchmaschine etwa 5700 deutsche Seiten, auf denen etwas über den Weißstorch zu erfahren ist. Darunter finden sich auch für die Suche völlig wertlose Angaben, wie zum Beispiel Anzeigen von Ferienhäusern. Selbst wenn man pro Seite nur 30 Sekunden zur Überprüfung aufwendet, würde die Durchsicht ungefähr zwei Tage dauern.

Das Thema sollte eingegrenzt werden, um effektiver recherchieren zu können. Dazu notiert man alle Stichworte, die für die Recherche wichtig erscheinen. Durch die Kombination von Suchbegriffen kann man die Treffergenauigkeit erhöhen. Die Eingabe von „Weißstorch +Zugverhalten" liefert dann zum Beispiel noch etwa 200 Treffer. Sucht man lediglich Angaben zur Zugroute ohne Angaben zum Winterquartier, wird „Weißstorch -Winterquartier +Zugroute" eingegeben. Das Ergebnis sind etwa 100 Treffer. Während der Recherche entdeckt man immer neue Stichwörter, die sich für die Suche anbieten. Im Beispiel könnten das die Begriffe Oststörche und Weststörche sein. Durch Eingabe von „Weststörche/Oststörche", kann man sich alle Seiten anzeigen lassen, auf denen mindestens einer dieser beiden Begriffe auftaucht.

Gefundene Informationen müssen vor allem auf ihre Qualität hin beurteilt werden. Dabei sollte man unter anderem beachten, wer den Artikel verfasst hat. Bezogen auf das Beispiel sind Artikel von Naturschutzverbänden und Wissenschaftlern als seriöse Quellen einzustufen. Weitere Kriterien sind die vom Autor verwendeten Quellen und ob überhaupt ersichtlich ist, woher die Informationen stammen. Um diesen Anforderungen auch selbst zu genügen, speichert man die Internetadresse jeder Quelle, die weiterverwendet werden soll.

Umfangreichere Seiten, die man später in Ruhe durchsehen will, werden mit Lesezeichen versehen. Dazu wählt man im Menü Favoriten den Befehl „Favoriten hinzufügen". Bilder können ebenfalls kopiert und gespeichert werden.

1 Führe eine Internetrecherche zum Leben der Störchin „Prinzesschen" durch.

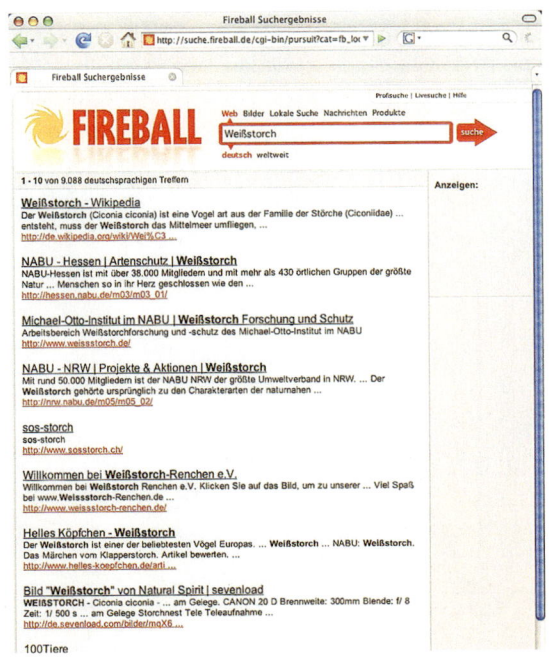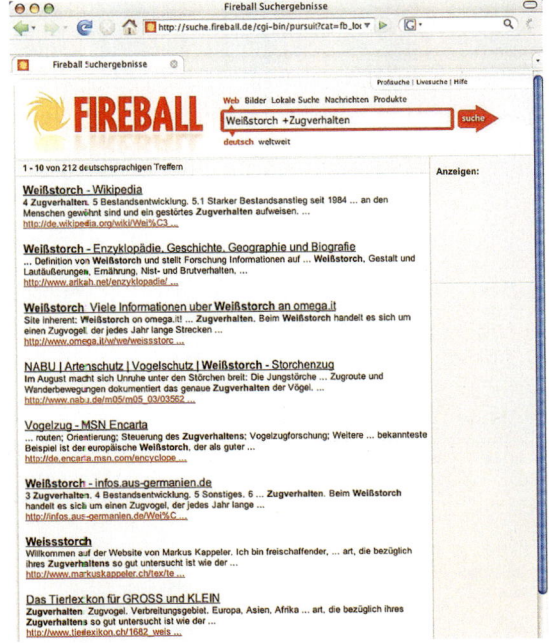

1 Suchergebnisse. A Bei Eingabe von „Weißstorch"; **B** Bei Eingabe von „Weißstorch + Zugverhalten"

4.5 Säugetiere überwintern unterschiedlich

Der Winter ist für Tiere eine schwierige Zeit: Es wird nicht nur kälter, sondern auch die Nahrung wird knapper. Diese ungünstige Periode können Säugetiere auf unterschiedliche Weise überdauern.

Säugetiere sind gleichwarm, das heißt, sie müssen Energie aufbringen, um ihre Körpertemperatur auf einem gleichmäßig hohen Wert zu halten. In der kalten Jahreszeit ist der Temperaturunterschied zwischen einem Säugetier und seiner Umgebung größer als in den wärmeren Jahreszeiten: Das Tier verliert daher mehr Wärme an seine Umwelt. Deshalb sind körperliche Veränderungen, die zu einer besseren Wärmeisolierung beitragen, für Säugetiere im Winter von Vorteil. Dazu gehört zum Beispiel ein **Fellwechsel** zwischen Sommer und Winter. So nimmt zur Winterzeit die Zahl der wärmenden Wollhaare deutlich zu. Diese isolieren das Tier besser gegen die Kälte und der Wärmeverlust wird vermindert.
Wegen des geringeren Pflanzenbewuchses gibt es für viele Tiere im Winter weniger Versteckmöglichkeiten.

Deshalb ist der Fellwechsel manchmal auch mit einem Farbwechsel verbunden. Säugetiere wie Hermelin, Schneehase oder Eisfuchs haben im Winter ein weißes und im Sommer ein erdfarbenes Fell. So wird ihre Tarnung verbessert und sie werden von ihren Fressfeinden und Beutetieren nicht so leicht entdeckt.

Im Winter sind viele Pflanzen oder zumindest deren oberirdische Teile abgestorben. Die meisten Bäume und Sträucher haben ihre Blätter abgeworfen. Auch Beutetiere wie Insekten sind nicht leicht zu finden. Es gibt verschiedene Möglichkeiten, dieser Nahrungsknappheit zu begegnen. Manche Tiere fressen sich in Sommer und Herbst den sprichwörtlichen **Winterspeck** als Vorrat an. Eine dicke Fettschicht unter der Haut bietet daneben den Vorteil einer weiteren Wärmeisolierung. Andere Tiere tragen ihren Wintervorrat nicht dauernd mit sich herum, was auch Energie kostet. Sie legen im Herbst **Vorratslager** an, die sie im Winter aufsuchen. Dies ist aber nur möglich, wenn die gesammelte Nahrung lange haltbar ist. Neben dem Eichhörnchen ist der Feldhamster ein Tier, das Vorräte sammelt. Im Herbst trägt er unermüdlich Grassamen und Getreidekörner in den Backentaschen zu seinem Bau. Man hat unter Getreidefeldern schon Vorratslager eines einzigen Hamsters mit bis zu einheinhalb Kilogramm Körnern gefunden. Tiere, die Vorratslager anlegen, bleiben im Winter mehr oder weniger aktiv.

Igel und Fledermaus überstehen den Winter mit einer deutlichen Absenkung der Körpertemperatur. Sie halten **Winterschlaf,** das verringert den Nahrungsbedarf. Der Stoffwechsel sinkt auf ein Fünfzigstel des Sommerumsatzes. Gleichzeitig werden Atem- und Herzschlag-

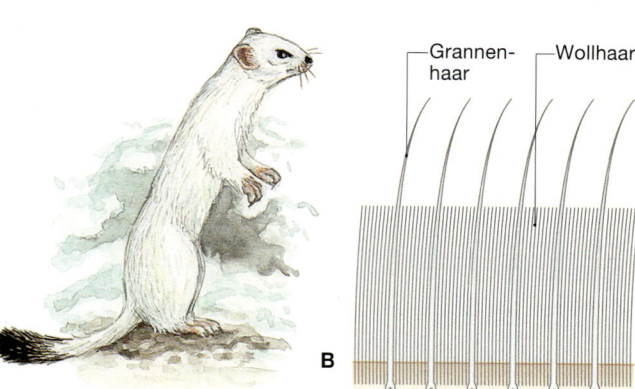

1 Hermelin. A Sommerfell; B Winterfell

2 Hamster mit Vorrat an Getreidekörnern

frequenz deutlich erniedrigt. Während des Winterschlafs wird auch der Stoffwechsel grundlegend umgestellt. Es dürfen zum Beispiel keine giftigen Abbaustoffe entstehen, die das Tier während des Winterschlafes nicht abgeben kann. Siebenschläfer halten einen besonders langen Winterschlaf. Sie sind dämmerungs- und nachtaktive Nagetiere, die Baumhöhlen in Laubbäumen bewohnen. Sie ernähren sich von Obst, Eicheln und Bucheckern. Von Oktober bis Mai ziehen sie sich zum Winterschlaf zurück.

Eichhörnchen halten keinen Winterschlaf, sondern **Winterruhe.** Dabei verbringen sie den Winter zwar auch weitgehend schlafend, senken ihre Körpertemperatur aber nur um ein bis zwei Grad ab. Dadurch verringert sich zwar der Stoffumsatz in den Tieren, aber bei Weitem nicht so sehr wie bei den Winterschläfern. Deshalb müssen Winterruher in dieser Zeit hin und wieder Nahrung aus ihren Vorratslagern aufnehmen.

Manche Tiere führen auch Wanderungen durch, um den Bedingungen des Winters teilweise zu entgehen. So zogen Hirsche im Winter früher aus den höheren Berglagen hinunter in die Täler. Dieser Weg ist ihnen heute oft versperrt, da am Ende der Täler Städte und Dörfer liegen. Die Hirsche verbleiben in den ungünstigen Gebieten. Dort fehlen ihnen aber Gräser und Kräuter wie im Sommer oder Eicheln und Bucheckern wie im Herbst. Hirsche schälen im Winter deshalb die Rinde von den Bäumen oder verbeißen Triebe und Knospen. Dadurch werden die Pflanzen stark geschädigt und ihr Holz wird für die Verarbeitung entwertet. Um starke Verbissschäden zu vermeiden, werden Hirsche im

3 Siebenschläfer.
A *Wach;* **B** *im Winterschlaf*

Winter daher zugefüttert. Dies gilt beispielsweise auch für Wildschweine, insbesondere, wenn sie in einem Gebiet sehr häufig vorkommen.

Durch Aktivitäten des Menschen wird den Tieren die Überwinterung zusätzlich erschwert. Auch wenn viele große Tiere wie Hirsche, Rehe und Wildschweine den Winter durchgehend wach zubringen, bewegen sie sich nicht so viel wie im Sommer und ziehen sich ins Dickicht zurück. Jede Flucht daraus kostet Energie, die bei Nahrungsmangel schwer zu ersetzen ist. Es schwächt die Tiere deshalb zusätzlich, wenn Menschen sich beim Wandern nicht an ausgeschilderte Wege halten und die Tiere stören.

4 Winterfütterung durch den Förster

1 Beschreibe die Unterschiede zwischen Winterruhe und Winterschlaf.

2 Beurteile die Überwinterungsmethoden „Winterschlaf" und „Wachbleiben" nach ihren Vor- und Nachteilen.

Zusammenfassung

Sonne, Wetter, Jahreszeiten

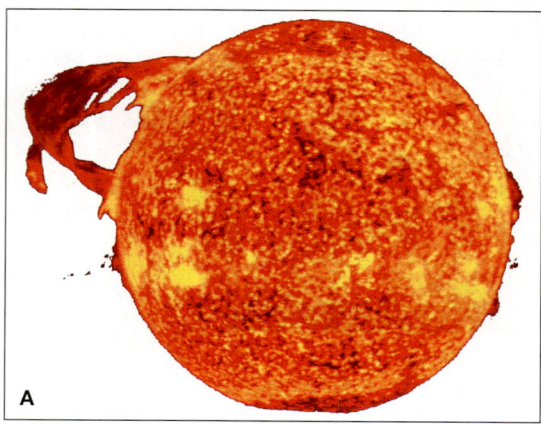

Wechselwirkungen zwischen Sonne und Erde.
*A Energiequelle Sonne; **B** Die Erde – ein belebter Planet; **C** Wetter – von der Sonne angetrieben; **D** Lebewesen nutzen Sonnenenergie*

Basiskonzept Energie und Wechselwirkung

Die Erde ist wahrscheinlich der einzige Planet in unserem Sonnensystem, auf dem Leben existiert. Die Entfernung zur Sonne ist so günstig, dass es weder zu kalt noch zu heiß ist. Die Strahlung der Sonne führt der Erde so viel Energie zu, dass große Mengen des vorhandenen Wassers im flüssigen Aggregatzustand vorliegen. Allerdings kommt Wasser auch in fester Form als Eis und gasförmig als Wasserdampf vor. Durch den Übergang zwischen den Aggregatzuständen entsteht der Wasserkreislauf. Zusammen mit Luftbewegungen, die durch unterschiedliche Erwärmung hervorgerufen werden, entsteht das Wetter. Die Sonne ist nicht nur der Motor des Wetters. Auch alle Lebensvorgänge sind direkt von ihrer Strahlungsenergie abhängig. Pflanzen nutzen bei der Fotosynthese das Sonnenlicht zum Aufbau von Stärke und anderen Nährstoffen. Auf diese Weise entsteht die Nahrungsgrundlage für alle übrigen Lebewesen, einschließlich des Menschen.

Durch den Einsatz technischer Geräte, zum Beispiel von Sonnenkollektoren, nutzt der Mensch Sonnenenergie direkt.

In den Gebieten der Erde, die nicht in unmittelbarer Nähe des Äquators liegen, gibt es Jahreszeiten. Im Laufe des Jahres verändern sich die Tag- und Nachtlänge sowie der Einfallswinkel der Sonnenstrahlung. Die Ursache für die Entstehung der Jahreszeiten ist die Lage der Erdachse, die nicht senkrecht auf der Ebene der Umlaufbahn steht.

Pflanzen und Tiere sind an den Wandel der Umweltbedingungen im Jahresverlauf angepasst.

Basiskonzept
Struktur – Eigenschaft –Funktion

Samenpflanzen sind aus Wurzel, Sprossachse, Laubblättern und Blüten aufgebaut. Mit den Wurzeln nehmen sie Wasser und Mineralstoffe aus dem Boden auf und leiten sie über Leitbündel zu den Laubblättern. Diese nehmen über die Spaltöffnungen Kohlenstoffdioxid auf. Der Aufbau von Stärke erfolgt in den grünen Chloroplasten.

Die Blüten sind die Fortpflanzungsorgane der Pflanzen. In den Staubblättern, den männlichen Fortpflanzungsorganen, reifen die Pollenkörner mit den männlichen Geschlechtszellen. Die Eizellen reifen im Fruchtknoten, einem Teil des Stempels, den weiblichen Fortpflanzungsorganen. Die Bestäubung der weiblichen Blütenteile erfolgt durch den Wind oder mit Hilfe von Tieren, meist Insekten.

Basiskonzept Entwicklung

Die Entwicklung einer Samenpflanze beginnt mit der Keimung des Samens. Zunächst entwickeln sich Keimwurzel und Keimstängel, später auch die ersten Laubblätter. Aus den Fruchtknoten der Blüten entwickeln sich nach der Befruchtung Früchte mit darin enthaltenen Samen. Die Verbreitung von Früchten und Samen erfolgt auf unterschiedlichem Wege.

Bei vielen Pflanzen kann man auch eine Entwicklung im Wechsel der Jahreszeiten beobachten. Frühblüher bilden nur im Frühjahr einen oberirdischen Spross aus. Sie überwintern mit Hilfe unterirdischer Speicherorgane. Andere Pflanzen, zum Beispiel Laubbäume, werfen ihre Blätter im Herbst ab. Erst im nächsten Frühling entwickeln sich wieder neue Laubblätter und Blüten.

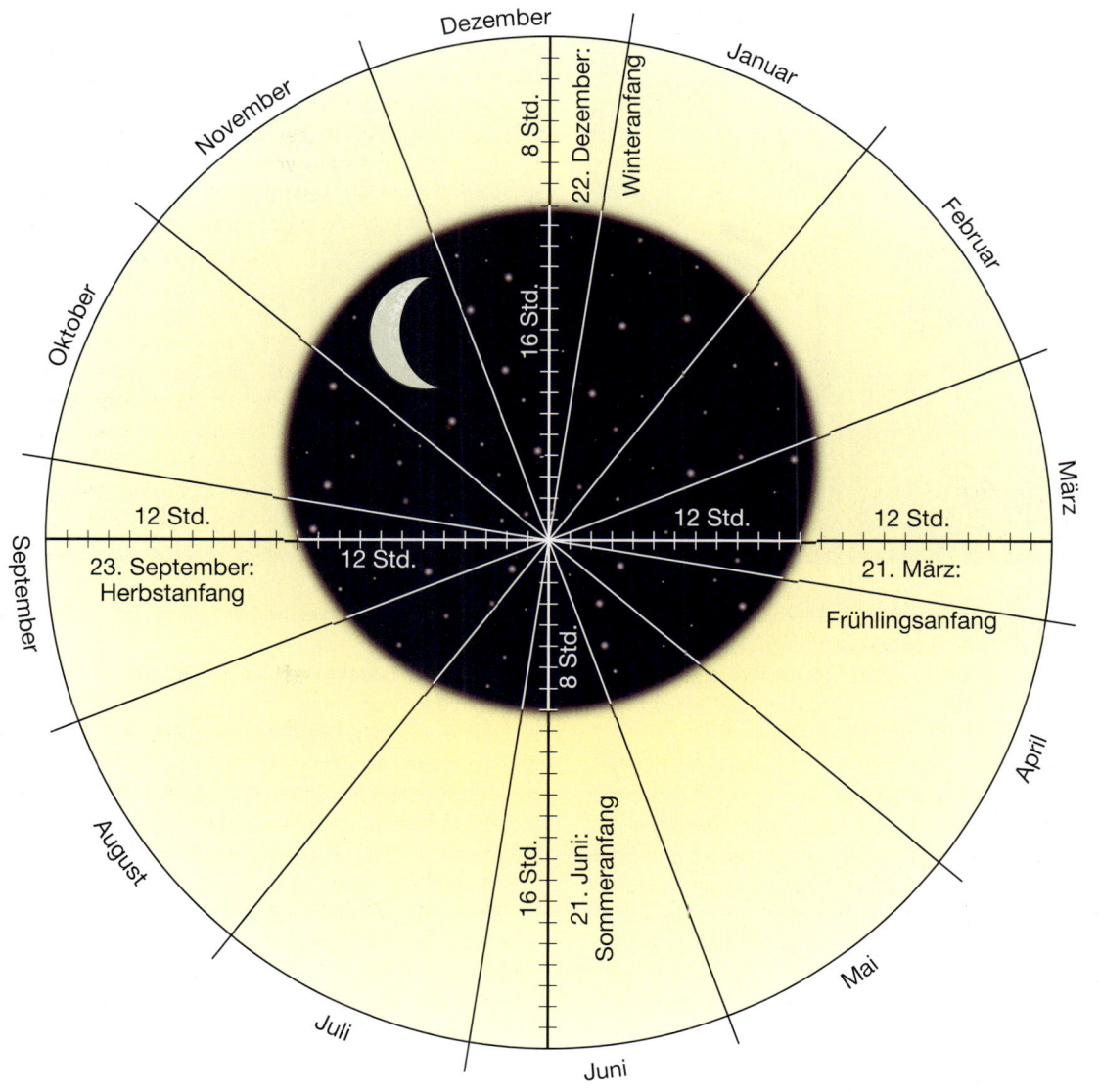

Jahresuhr – Tages- und Nachtlängen im Wechsel der Jahreszeiten

Wissen vernetzt

Sonne, Wetter, Jahreszeiten

A1 Sonnenenergie

A2 Sommer und Winter

Für die Nutzung der Sonnenenergie gibt es viele Beispiele. Einige sind auf den Fotos zu sehen.

Aufgaben: a) Erläutere, in welcher Weise die Sonnenenergie in den Beispielen auf den Fotos genutzt wird. Nenne weitere Anwendungen.

b) Das Prinzip eines Solarkollektors hast du in diesem Kapitel bereits kennen gelernt. Recherchiere, in welcher Form das Sonnenlicht durch Solarzellen genutzt wird.

c) Sonnenenergie gehört zu den erneuerbaren Energieträgern. Erläutere diesen Begriff und nenne weitere Beispiele. Die Nutzung solcher Energiequellen gilt als besonders umweltfreundlich. Beurteile diese Einschätzung.

d) Eigentlich nutzen wir in Windkraftanlagen auch Sonnenenergie. Begründe diese Aussage.

e) Sonne – Pflanzen – Nahrung für Mensch und Tier. Schreibe zu diesen Stichworten einen verbindenden Text.

Die Fotos zeigen die gleiche Landschaft im Sommer und im Winter.

Aufgaben: a) Beschreibe, welche Unterschiede auf den Fotos zu erkennen sind.

b) Erkläre, wie es zur Entstehung der Jahreszeiten kommt.

c) Das Wetter im Sommer unterscheidet sich bei uns deutlich vom Winterwetter. Erkläre diese Beobachtung, indem du einen Zusammenhang zwischen der Tageslänge und dem Sonnenstand in verschiedenen Jahreszeiten herstellst.

d) Pflanzen und Tiere sind an den Wechsel der Jahreszeiten unterschiedlich angepasst. Nenne verschiedene Beispiele.

e) In der Nähe des Äquators gibt es keine Jahreszeiten. Finde eine Erklärung für diese Tatsache.

A3 Zwiebeln und Knollen

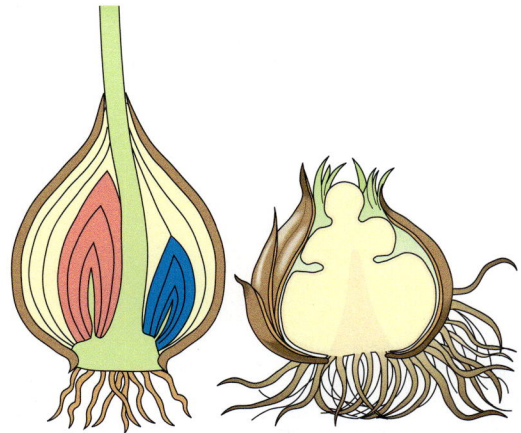

Die Tulpe bildet Zwiebeln, der Krokus Knollen.

Aufgaben: a) Beschreibe den Aufbau von Zwiebel und Knolle.

b) Bei Zwiebeln und Knollen handelt es sich um vollständige Pflanzen. Erläutere.

c) Nenne die Aufgaben von Zwiebeln und Knollen.

A4 Überleben im Winter

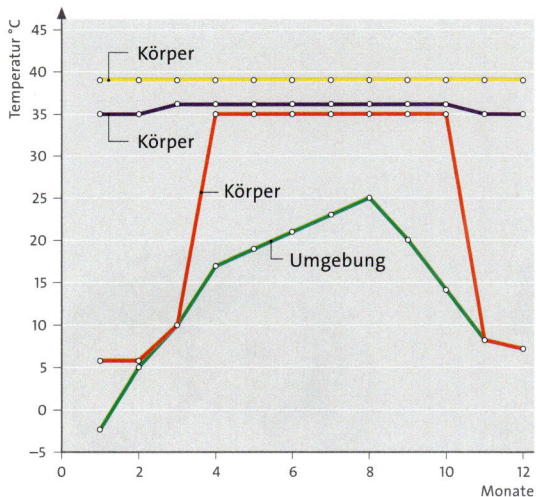

Der Winter ist für viele Lebewesen eine schwierige Jahreszeit. Säugetiere überdauern diese Zeit auf unterschiedliche Art und Weise. Manche bleiben wach, andere schränken in der Winterruhe ihre Aktivitäten deutlich ein oder sinken in tiefen Winterschlaf.

Aufgaben: a) Beschreibe das abgebildete Diagramm und erläutere die Kurvenverläufe.

b) Ordne die drei abgebildeten Körpertemperatur-Kurven den drei Säugetierarten Wildschwein, Eichhörnchen und Igel zu. Begründe jeweils die Zuordnung.

c) Recherchiere die Überwinterung von Bären, Rehen und Rothirschen.

A5 Gesamtstärkeproduktion eines Baumes

Eine etwa 100-jährige Rotbuche mit einer Höhe von rund 25 Metern besitzt im Sommer mehrere Hunderttausend Blätter. Wissenschaftler haben errechnet, dass eine solche Rotbuche an einem Sommertag mit 14 Stunden Sonnenschein mehr als ein Kilogramm Stärke pro Stunde bildet.

Aufgaben: a) Berechne die Gesamtstärkeproduktion einer solchen Rotbuche im Sommer an einem Tag, in einer Woche und in einem Monat.

b) Erläutere, wie die Pflanze die Stärke erzeugt und wofür sie die großen Mengen an aufgebauter Stärke verwendet.

c) Begründe, warum die Stärkeproduktion im Herbst und Winter unterbrochen wird.

d) Stelle Zusammenhänge zwischen Energieversorgung eines Baumes und den Beispielen in A1 her.

Geräte und Maschinen im Alltag

Im Inneren eines elektrischen Schraubenziehers

Bringe von zuhause ein nicht mehr benötigtes elektrisches Gerät mit (zum Beispiel Mixer, Haartrockner, Toaster), das ihr in der Gruppe zerlegen könnt.

Bevor ihr anfangt, besprecht mit eurer Lehrerin, ob das mitgebrachte Gerät ungefährlich und zum Zerlegen geeignet ist.

Nehmt das Gerät Teil für Teil auseinander. Versucht dabei, die einzelnen Teile zu benennen und ihre Funktion zu beschreiben. Dokumentiert eure Ergebnisse schriftlich und stellt sie anschließend in der Klasse vor.

Vergleicht verschiedene Geräte und findet Bauteile, die in verschiedenen Geräten vorkommen, wie etwa Schalter, Lämpchen oder Zahnräder.

In den Abbildungen siehst du einen elektrischen Schraubenzieher. Wenn man ihn aufschraubt, entdeckt man Batterien, einen Schalter und Kabel. Die Kabel führen zu einem Elektromotor. Batterie, Schalter, Kabel und Elektromotor bilden einen Stromkreis.

Das Zahnrad am Kopf des Elektromotors greift in ein Getriebe, das aus Zahnrädern besteht. Das Getriebe treibt die Schraubenzieherspitze an und hat dabei die gleiche Aufgabe wie die Gangschaltung in deinem Fahrrad: Aus der schnellen Drehbewegung des Zahnrads am Elektromotor wird eine langsamere Drehbewegung der Schraubenzieherspitze.

Elektrischer Strom im Alltag

Weißt du, was man mit elektrischem Strom alles machen kann? In unserem Alltag erfüllt der elektrische Strom viele Aufgaben. Mit Strom kann man zum Beispiel

- Licht erzeugen,
- heizen und kühlen,
- Elektromotoren antreiben,
- Informationen speichern und übermitteln.

Bildet Gruppen und schreibt elektrische Geräte auf, die ihr kennt. Ordnet ihnen in einer Tabelle die oben genannten Aufgaben zu. Gewonnen hat die Gruppe, die die meisten Geräte richtig zugeordnet hat.
Hebt eure Tabelle auf und besprecht sie ausführlicher, wenn ihr im Unterricht die Wirkungen des elektrischen Stroms behandelt.

elektrisches Gerät	Aufgaben
Flurlampe	Licht
Klingel	Schall
Summer	Schall
Handy	Information, Licht, Schall
Bügeleisen	

Leben ohne elektrischen Strom?

Hast du schon einmal einen Stromausfall erlebt? Versuche dir vorzustellen, wie die Stadt auf der Abbildung dann aussieht. Alle Lichter gehen aus. Es passiert aber noch viel mehr. Wie stark elektrischer Strom unseren Alltag bestimmt, merken wir erst, wenn er einmal nicht da ist. Wir sitzen im Dunkeln, weil das Licht in der Wohnung nicht funktioniert. Wir erfahren auch nicht, was los ist, weil weder Radio noch Fernsehen sich anschalten lassen. Die Lebensmittel im Kühlschrank verderben, weil dieser nicht mehr kühlt. Auch die Heizung funktioniert nicht mehr. Schreibe eine Geschichte, in der du die Folgen eines Stromausfalls darstellst. Vergleicht eure Geschichten in der Gruppe.

1 Elektrizität im Alltag

1.1 Woraus bestehen Stromkreise?

Der einfachste Aufbau eines Stromkreises besteht aus der **Batterie** und einer **Lampe** (Abbildung 2 A). In Abbildung 2 B siehst du zusätzlich noch eine **Leitung,** die die Batterie mit der Lampe verbindet. Abbildung 2 C zeigt den gleichen Aufbau. Die Lampe ist jetzt in eine Fassung geschraubt. Hier brauchst du zwei Leitungen.

Die bisher betrachteten Stromkreise bestehen also aus einer Batterie, die Elektrizität liefert, und einer Lampe, die Strom anzeigt. Beide Teile sind mit Leitungen verbunden, damit der Stromkreis geschlossen ist.

Ein weiterer Bestandteil eines Stromkreises ist ein **Schalter** (Abbildung 2 D). Mit ihm lässt sich der Stromkreis öffnen oder schließen. Das könntest du auch dadurch erreichen, dass du eine Leitung von der Batterie oder der Lampe trennst. Bequemer geht es aber mit dem Schalter. Um den Schalter einzubauen, musst du den Stromkreis an einer beliebigen Stelle auftrennen.

Abbildung 1 zeigt einen ähnlichen Stromkreis wie Abbildung 2 D. Du erkennst eine flache Taschenlampe mit Batterie, Lampe und Schalter. Alle drei Bauteile sind in ein Gehäuse eingebaut. Die Lampe leuchtet, wenn der Schalter den Stromkreis schließt.

Auch bei der Fahrradbeleuchtung gibt es einen Stromkreis. Häufig wird diese Beleuchtung nicht duch eine Batterie, sondern durch eine Lichtmaschine (Dynamo) betrieben. Diese liefert den elektrischen Strom, wenn sie beim Fahren in Kontakt zu einem der Räder gebracht wird.

1 Erläutere, welche Teile der Stromkreise in Abbildung 2 A bis D der Stromversorgung, welche der Stromanzeige dienen.

2 Nenne die Funktion von Stromleitungen.

3 Welche Stromleitungen siehst du in Abbildung 2 A?

4 Bringe eine 3,5 V-Glühlampe
a) an einer Flachbatterie,
b) an einer runden Batterie zum Leuchten.

5 Schraube die Glühlampe in eine Fassung. Schließe sie erneut an die Flachbatterie an. Beschreibe und vergleiche die notwendigen Materialien mit denen aus Aufgabe 4.

6 Beschreibe, wie du in Aufgabe 5 vorgehen musst, um die Lampe aus- und einschalten zu können.

7 Baue in den Stromkreis aus Aufgabe 5 einen Schalter an verschiedenen Stellen ein. Schalte die Lampe ein und aus. Was stellst du fest?

8 Welchem Aufbau aus deinen Versuchen entspricht der Stromkreis in Abbildung 1? Begründe deine Antwort.

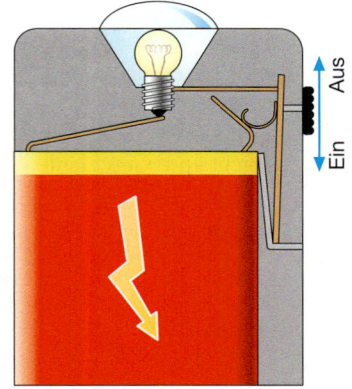

1 Stromkreis in einer Taschenlampe

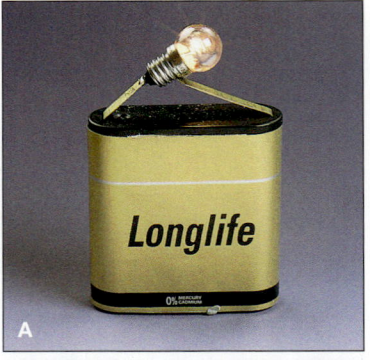

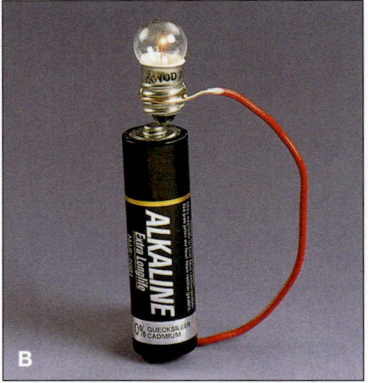

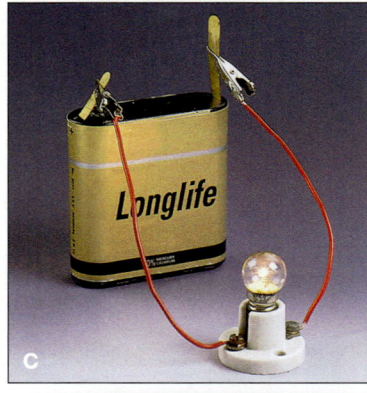

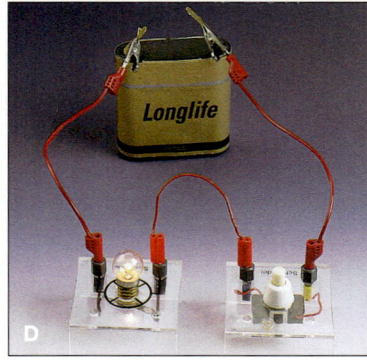

*2 Ein Stromkreis, bestehend aus
A Lampe und Batterie, B mit einer Leitung, C mit zwei Leitungen, D mit Schalter*

1.2 Stromkreise – schnell gezeichnet

Wenn du immer alle Einzelteile von Stromkreisen so zeichnen müsstest wie sie aussehen, würde das sehr lange dauern. Zum Glück hat man sich in Physik und Technik schon frühzeitig auf einfache Zeichen für elektrische Bauteile geeinigt. Diese heißen **Schaltzeichen.** Sie werden weltweit verstanden. Einige lernst du hier kennen.

2 Schaltplan eines elektrischen Stromkreises

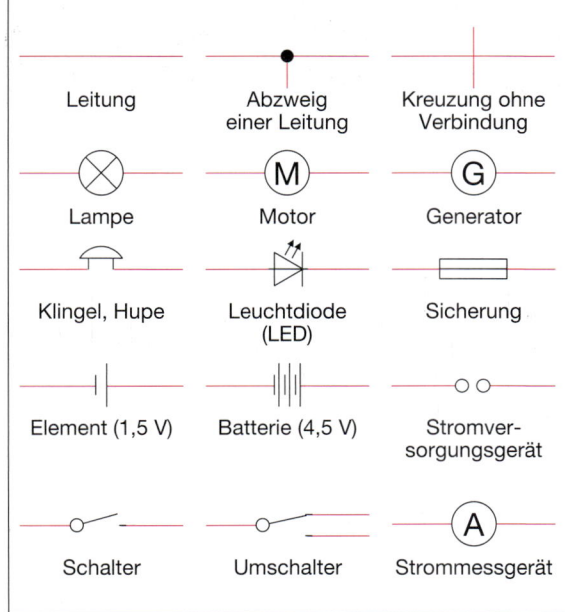

1 Wichtige Schaltzeichen

In einem Stromkreis werden elektrische Bauteile zusammengeschaltet. Du kannst ihn jetzt mit den Schaltzeichen der einzelnen Bauteile einfach und schnell darstellen. Eine solche Zeichnung des Stromkreises ist dann der **Schaltplan.**

Beachte: Beim Zeichnen eines Schaltplanes solltest du jeweils an einem Anschluss der Stromquelle beginnen. Die Leitungen zwischen den einzelnen Bauteilen des Stromkreises werden mit einem Lineal gezeichnet. Der *Stromkreis* wird als *Rechteck* dargestellt (Abbildung 2), unabhängig davon, wie die Kabel im aufgebauten Versuch tatsächlich verlaufen.

1 Zeichne den Schaltplan für die flache Taschenlampe in Abbildung 1 auf der Seite 278. Nutze dazu die Schaltzeichen in Abbildung 1 auf dieser Seite.

2 Erläutere, welche Vorteile das Zeichnen von Stromkreisen mit Schaltzeichen hat.

3 Nenne die Bauteile, die im Schaltplan in Abbildung 2 als Schaltzeichen dargestellt sind.

4 Baue die Schaltung aus Abbildung 2 auf.

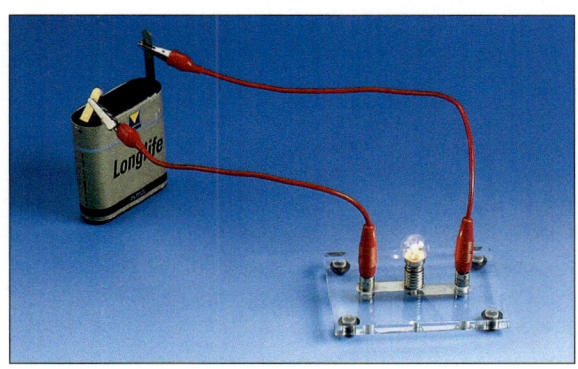

3 Einfacher elektrischer Stromkreis

5 Zeichne zum Aufbau aus Abbildung 3 den zugehörigen Schaltplan.

6 Begründe, warum für beide Stromkreise in Abbildung 2 und nach Aufgabe 5 derselbe Schaltplan gezeichnet wurde.

7 Baue den Stromkreis aus Abbildung 2 nach und setze einen Schalter ein. Zeichne den Schaltplan des veränderten Stromkreises.

8 Zeichne den Schaltplan für den Stromkreis in Abbildung 4. Als Stromversorgung dient ein Generator.

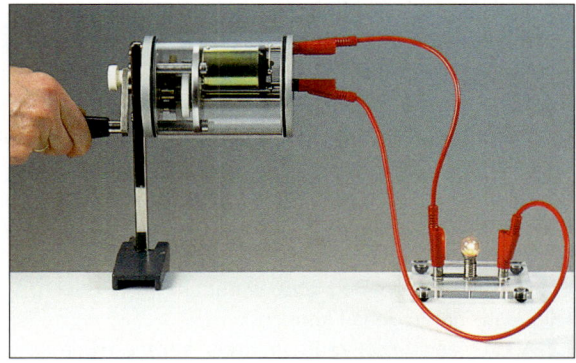

4 Generator als Stromversorgungsgerät

1.3 Elektrizität fließt „im Kreis"

In Abbildung 1 siehst du eine Menschenmenge, die an einem Marathonlauf teilnimmt. Wir könnten hier von einem **Menschenstrom** sprechen. Die Menschen bewegen sich auf der Straße gemeinsam in einer Richtung. Du kennst weitere Ströme: Wasser strömt beispielsweise den Rhein hinunter, viele Autos fahren auf der Autobahn, beim Fön benutzt du den Luftstrom zum Trocknen der Haare.

Was ist elektrischer Strom? In den elektrischen Bauteilen und den Leitungen bewegen sich kleine Elektrizitäts-Teilchen. Diese Teilchen heißen **Elektronen.** Sie sind überall vorhanden. Wenn du zum Beispiel eine Taschenlampe anschaltest, *strömen* die Elektronen in den Leitungen. Das ist *elektrischer Strom.*

Damit du dir einen elektrischen Stromkreis besser vorstellen kannst, vergleichst du ihn am besten mit einem „Wasserstromkreis" (Abbildung 2). Wasser befindet sich in einem geschlossenen Rohr. Zunächst passiert nichts. Wenn aber jemand die Pumpe anstellt, drückt sie das Wasser durch das Rohr in die Turbine. Diese beginnt sich zu drehen. Das Wasser strömt weiter, nichts geht dabei verloren. Wird das Ventil aber geschlossen, strömt kein Wasser mehr, auch wenn die Pumpe noch läuft.

Ähnlich ist es beim elektrischen Stromkreis (Abbildung 3). In den Leitungen und in den elektrischen Bauteilen befinden sich Elektronen. Durch die Verbindung von der Batterie über die Lampe und den Schalter zurück zur Batterie entsteht ein geschlossener Kreis. Die Batterie treibt die Elektronen an. Diese strömen durch die *Hinleitung* zur Lampe und lassen sie aufleuchten. Die Elektronen bleiben aber nicht dort, sondern bewegen sich durch die *Rückleitung* zum anderen Anschluss der Batterie. Sie strömen also im Kreis. Den Elektronenstrom kannst du unterbrechen, wenn du den Schalter öffnest.

1 Nenne die Bedingungen, die für einen elektrischen Strom erfüllt sein müssen.
2 Bilden die Schüler auf dem Schulhof während der Pause auch einen Strom? Begründe.
3 Nenne die „Teile", die auf Abbildung 1 strömen. Erläutere, wodurch dieser Strom geleitet wird.
4 Nenne die Leitung für einen Wasserstrom und einen Verkehrsstrom.
5 Wasser strömt „im Kreis". Welches Gerät treibt die Wasserteilchen an? Begründe warum keine Wasserteilchen verloren gehen können.
6 Auch Meerwasser kann „im Kreis" strömen. Erläutere dies anhand einer Karte der Meeresströmungen im Atlas.

1 Ein Menschenstrom

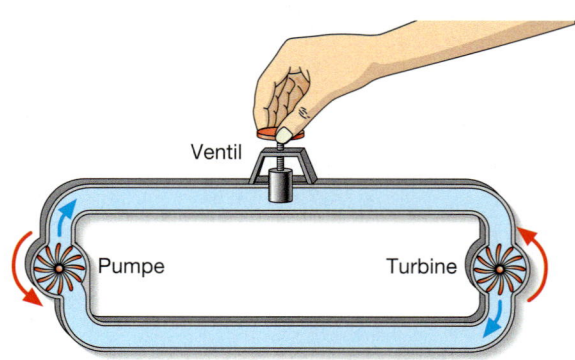

2 Ein Wasserkreislauf

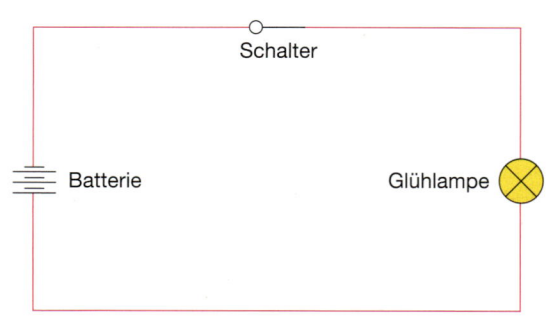

3 Ein elektrischer Kreislauf

7 Nenne die Teile im Schaltplan (Abbildung 3), die der Pumpe, der Turbine, dem Ventil und dem Rohr in Abbildung 2 entsprechen.
8 Auch in deinem Körper gibt es Kreisläufe. Erläutere diese und vergleiche sie mit einem elektrischen Stromkreis.
9 Begründe, ob auch eine Fahrradkette als Modell für den Stromkreis dienen kann.

Elektrische Geräte

V1 Wir zerlegen eine Taschenlampe

Material: Taschenlampe (auseinanderschraubbar)

Durchführung: Bringe von zuhause eine Taschenlampe mit, die sich auseinanderschrauben lässt und nimm sie vorsichtig auseinander.

Aufgaben: a) Benennen und Beschreibe die verschiedenen Bauteile, aus denen Sie besteht.

b) Jede Taschenlampe hat einen Schalter und ein Lämpchen. In neueren Taschenlampen ist oft eine weiße Leuchtdiode (LED) statt eines Lämpchens eingebaut. Leuchtdioden sind dir bestimmt schon öfter aufgefallen. Tauscht eure Erfahrungen in der Klasse aus.

c) Damit ein elektrisches Gerät funktioniert, muss ein geschlossener Stromkreis vorhanden sein. Verfolge und beschreibe den Stromkreis in deiner Taschenlampe.

d) Die Spielzeugtaschenlampe im Bild oben ist durchsichtig, sodass man den Stromkreis besonders gut erkennen kann. Der Fußkontakt des Lämpchens stößt direkt an den einen Pol der Batterie. Beschreibe, wie der andere Pol der Batterie mit dem Lämpchen verbunden ist.

e) Im Bild oben rechts erkennst du einen Metallstreifen im Innern der Taschenlampe. Er verbindet das Lämpchen über die Spiralfeder mit dem zweiten Pol der Batterie. Dazwischen befindet sich noch ein Schalter, mit dem man den Stromkreis öffnen oder schließen kann.

Erläutere, ob man den Metallstreifen im Inneren benötigt, wenn die Taschenlampe ein Metallgehäuse hat.

V2 Im Inneren eines Föns

Material: Alter oder defekter Fön; verschiedene Schraubenzieher

Durchführung: Zerlege den Fön in seine einzelnen Bauteile. Fotografiere mit einem digitalen Fotoapparat die einzelnen Teile und Beschrifte die Abbildungen.

Aufgaben: a) Überlege, was ein Haarfön alles können muss. Erläutere die Struktur und Funktion der Bauteile eines Föns.

b) Verfolge den Stromkreis im Haarfön. Erläutere, warum viele Modelle zwei Schalter haben.

Übung

Austauschen von Bauteilen in Stromkreisen

Stromversorgungsgeräte

STELLTRAFO / POWER SUPPLY

0/12V
5A

0/12V
5A

0/12V
Max 5A

0/12V
Max 5A

Stromanzeiger

Schalter

Leitungen/Verbindungen

Kurzschlussstecker

Verbindungsstecker

Verbindungsstücke

Stecker

Krokodilklemmen

Lüsterklemmen

Batterien unterscheiden sich in ihrer Form und haben alle einen Aufdruck, z.B. 1,5 V, 9 V, 12 V. Dieser Wert ist für ihre Verwendung sehr wichtig. Das **Stromversorgungsgerät** kann auf verschiedene Werte für V eingestellt werden. Auch ein **Spielzeug-Trafo** kann geregelt werden. **Eine Solarzelle** liefert Elektrizität, wenn Licht darauf fällt, die **Fahrradlichtmaschine**, wenn du sie drehst.

Es gibt vielfältige Formen und Größen von **Glühlampen.** Alle tragen einen Aufdruck wie z.B. 3,5 V, 6 V, 230 V. Dieser Wert ist bei ihrem Einsatz zu beachten. Eine **Leuchtdiode** muss immer mit dem längeren Beinchen an den (+)-Pol angeschlossen werden. **Motor, Spielzeuglokomotive** und **Klingel** sind ebenfalls Stromanzeiger.

Schalter gibt es in den verschiedensten Ausführungen. Einfache Schalter kannst du auch selbst bauen.
Ein interessanter Schalter ist der **Reed-Schalter.** Ihn kannst du mit einem Magneten betätigen. Du findest ihn z.B. in elektrischen Zahnbürsten oder in Alarmanlagen.

Zum Experimentieren werden farbige **Leitungen** mit Steckern benutzt. In der Elektrotechnik werden verschiedene Arten von Kabeln verwendet. Ein Kabel enthält mindestens zwei Leitungen.
Zum Basteln kannst du **Klingeldraht** nehmen. Als Verbindungsstücke dienen Krokodilklemmen, Lüsterklemmen, Bananenstecker und Buchsen.

Der Stromkreis wurde bisher aus folgenden Bestandteilen aufgebaut:
– Batterie zur *Stromversorgung*
– Lampe zur *Anzeige* des Stromes
– Schalter zum *Schließen* oder *Öffnen* eines Stromkreises
– Leitungen zum *Verbinden* der Einzelteile.
Alle diese Teile lassen sich durch andere ersetzen, die die gleiche Aufgabe erfüllen. Beispiele dafür findest du im abgebildeten Schrank.

In dieser Übung sollst du verschiedene Bauteile jeweils zu einem Stromkreis zusammenfügen. Dabei müssen die gewählten Bauteile zusammenpassen. Auf vielen elektrischen Geräten findest du dafür eine wichtige Angabe, z.B. 1,5 V. Der Buchstabe „V" ist die Abkürzung für Volt. Beim Aufbau eines Stromkreises musst du darauf achten, dass das Stromversorgungsgerät und das Anzeigegerät zueinander passen.

V1 Aufbau verschiedener Stromkreise

Baue jeweils aus Geräten für die Stromversorgung und die Stromanzeige sowie aus Schaltern und Leitungen Stromkreise auf. Überlege vorher und überprüfe, ob die Bauteile zusammenpassen. Wenn ein Stromkreis richtig aufgebaut ist und die Teile richtig gewählt sind, dann leuchtet die Glühlampe oder die Diode, läuft der Motor, fährt die Lok oder läutet die Klingel. Beim Experimentieren mit Leuchtdioden musst du darauf achten, dass du sie nur kurz zum Leuchten bringst.

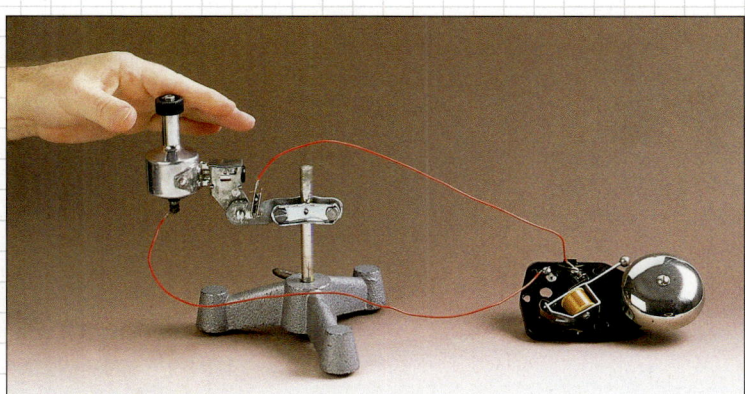

Fahrradlichtmaschine als Stromversorgung

Stelle in einer Tabelle die Bauteile jedes Stromkreises zusammen. Notiere, ob Strom angezeigt wird, ob die Teile also zueinander passen.

Stromversorgung	Stromanzeiger	Schalter	Leitung	Strom wird angezeigt
1,5 V-Batterie	Klingel	Hebelschalter	Klingeldraht	nein

Methode ## Einen Versuch planen, durchführen und protokollieren

Wenn du herausfinden willst, welche Lampen aus der Physiksammlung noch zu gebrauchen sind, kannst du einen **Versuch** durchführen. Dazu ist es wichtig, dass du dir vor dem Experimentieren Gedanken darüber machst, wie ein solcher Versuch ablaufen soll. Du erstellst eine **Versuchsplanung.**

Was wird benötigt?

Überlege zunächst, welche Bauteile erforderlich sind, damit du die Lampen prüfen kannst (Abbildung 2).

Wie wird der Versuch aufgebaut?

Mache dir klar, wie die Bauteile verbunden werden müssen, damit ein Stromkreis entsteht und damit empfindliche Materialien nicht zerstört werden.

2 Bauteile im Physikschrank

Problemstellung: 6.12.2009
Welche Lampen sind noch zu gebrauchen?

Material:
Batterie, verschiedene Lampen, Schalter, Leitungen

Versuchsbeschreibung:

Batterie — Lampe — Schalter

Ich verbinde einen Pol der Batterie mit einem Anschluss des Schalters. Den zweiten Anschluss des Schalters verbinde ich mit der Lampe. Anschließend verbinde ich den freien Anschluss der Lampe mit dem zweiten Pol der Batterie.

Versuchsdurchführung:
Ich schließe den Schalter und beobachte, ob die Lampe leuchtet.
Danach öffne ich den Schalter, tausche die Lampe aus und schließe den Schalter wieder.

Lampe Nr.	1	2	3	4
leuchtet	ja	nein	ja	nein

Auswertung:
Fünf der zwölf Lampen im Materialschrank funktionieren nicht mehr. Bei allen ist der Glühdraht durchgebrannt. Sie werden aussortiert.

1 Versuchsprotokoll

Am Anfang eines **Versuchsprotokolls** werden die Problemstellung und das Datum als Überschrift notiert (Abbildung 1).

Im nächsten Schritt schreibst du die *Materialien* auf, die zum Experimentieren erforderlich sind.

Material

Zeichne in der *Versuchsbeschreibung* eine Skizze, in der dargestellt ist, wie die Bauteile verbunden werden. Beschreibe mit deinen eigenen Worten, wie du den Versuch aufbaust.

Versuchsbeschreibung

Ist die Planung abgeschlossen, kannst du das Experiment durchführen. Schreibe deine *Versuchsdurchführung* sehr genau auf, damit der Versuch auch von jemandem durchgeführt werden kann, der nicht am Unterricht teilgenommen hat.
Die Beobachtungen oder Messwerte können in Form von Sätzen oder in einer Tabelle notiert werden.

Versuchsdurchführung

Die Versuchsergebnisse werden in Form von Sätzen, in einer Tabelle oder als Zeichnung in der *Auswertung* des Protokolls festgehalten. Sie werden danach beurteilt, ob die Problemstellung des Versuchs geklärt werden konnte. Kannst du mit Hilfe des Experiments auch weitergehende Schlussfolgerungen gewinnen, so werden diese ebenfalls in der Auswertung aufgeschrieben.

Versuchsauswertung

Gruppen- und Partnerarbeit beim Experimentieren

Im Unterricht kommt es häufig vor, dass ihr selbstständig Experimente plant und durchführt. Dazu wird in einer größeren Gruppe oder zu zweit gearbeitet.

Die **Gruppenarbeit** hat viele Vorteile. So kann jedes Gruppenmitglied Ideen einbringen, die ihr gemeinsam diskutieren könnt. Zudem ist es möglich, Aufgaben untereinander aufzuteilen.

Bei der **Partnerarbeit** dürft ihr zu zweit experimentieren. Dabei kann der Einzelne beim gleichen Versuch mehr tun als bei der Gruppenarbeit. Darüber hinaus ist es oft einfacher, sich zu zweit auf eine Vorgehensweise zu einigen als in einer größeren Gruppe.

Vom Sport her wisst ihr aber auch, dass ein Team nur dann gut zusammenarbeiten kann, wenn klare Regeln vereinbart wurden.

1 Arbeiten am Gruppentisch

Wichtige Regeln für die Gruppenarbeit

Plant den Versuch gemeinsam. Jeder in der Gruppe soll verstehen, wie der Versuch durchzuführen ist.

Es redet immer nur ein Gruppenmitglied. Die anderen hören aufmerksam zu.

Habt ihr innerhalb der Gruppe unterschiedliche Vorschläge und Meinungen, diskutiert sie in Ruhe aus und einigt euch auf eine Vorgehensweise.

Ein Gruppenmitglied holt die Versuchsmaterialien, ohne dabei zu rennen.

Teilt euch die Arbeit während des Experiments auf. Ein oder zwei Gruppenmitglieder führen den Versuch durch, ein oder zwei weitere Mitglieder beobachten und halten die Ergebnisse im Versuchsprotokoll fest.

Experimentiert in Ruhe, sodass die anderen Klassenmitglieder nicht gestört werden.

Wechselt euch bei den Aufgaben ab. Jeder muss beim nächsten Versuch eine andere Aufgabe übernehmen.

Haltet Ordnung auf dem Experimentiertisch eurer Gruppe.

Erstellt das Versuchsprotokoll gemeinsam. Jeder in der Gruppe sollte zum Schluss das gleiche Versuchsprotokoll vorliegen haben.

Treten in eurer Gruppe beim Experimentieren Konflikte auf, versucht sie zunächst selbst zu lösen. Holt erst dann eure Lehrerin oder euren Lehrer zu Hilfe, wenn ihr nicht mehr weiterkommt.

1.4 Elektrizität und elektrische Energie

Andrea hat ein Problem: Sie will telefonieren, doch das Handy funktioniert nicht. Die Balkenanzeige auf dem Display gibt an, dass der Akku leer ist. Deshalb muss Andrea zum Aufladen des Akkus das Handy über ein Ladegerät mit der Steckdose verbinden. Die Elektrizität aus der Steckdose sorgt dann dafür, dass das Handy wieder einsatzbereit ist.

Diese Fähigkeit der Elektrizität, beispielsweise das Handy zu betreiben, wird **elektrische Energie** genannt. Sie wird im Handy in Licht, Wärme und Schall umgewandelt. Das Handy ist also ein **Energiewandler.** Elektrische Energie, Licht, Wärme und Schall sind **Energieformen.**

Auch viele andere Geräte aus dem Alltag arbeiten erst dann, wenn sie mit elektrischer Energie versorgt werden.

Wenn du den Stecker deiner *Schreibtischlampe* in die Steckdose steckst und den Schalter betätigst, dann strömt die elektrische Energie von der Steckdose in die Glühlampe. Der Glühdraht wird heiß und beginnt zu glühen. Die leuchtende Glühlampe wandelt elektrische Energie in die beiden Energieformen *Licht* und *Wärme* um. Die Lampe ist also ebenfalls ein Energiewandler. Den Transport der elektrischen Energie von der Steckdose zur Lampe übernehmen dabei die fließenden Elektronen.

Ein *CD-Player* nimmt ebenfalls aus der Steckdose oder aus Batterien elektrische Energie auf. Auch er ist ein Energiewandler. Er wandelt die elektrische Energie in *Bewegungsenergie* und *Schall* um. Die CD dreht sich und du hörst die Musik.

Ein *Toaster* arbeitet ähnlich wie eine Glühlampe. Wenn er eingeschaltet ist, fließen Elektronen durch die Heizdrähte in seinem Innern. Dort wird die elektrische Energie hauptsächlich in *Wärme,* zu einem kleinen Teil auch in *Licht* umgewandelt. Somit ist auch der Toaster ein Energiewandler. In ähnlicher Weise arbeiten auch andere Geräte in der Küche. Die Kochplatten eines Elektroherdes werden heiß, wenn elektrischer Strom durch die Heizspiralen geführt wird. Bei einem Rührgerät wird elektrische Energie in *Bewegungsenergie* umgewandelt.

Auch der *Computermonitor* ist ein Energiewandler. Beim Einschalten strömt elektrische Energie aus der Steckdose in das Gerät. Dort wird sie durch komplizierte Vorgänge in *Licht* und *Wärme* umgewandelt. Das Licht erscheint auf dem Bildschirm. Jetzt siehst du auf dem Monitor Texte und Bilder.

1 Erläutere den Begriff Energiewandler. Beziehe in deine Antwort auch Beispiele aus dem Kapitel „Bewegung an Land, im Wasser und in der Luft" mit ein, in dem du bereits etwas über Energie und Energieumwandlung gelernt hast.

2 Nenne die Energieformen, in welche die elektrische Energie bei einem Staubsauger umgewandelt wird.

3 Nenne weitere Energiewandler aus dem Haushalt. Gib jeweils an, in welche Energieformen sie die elektrische Energie umwandeln.

1 Das Handy funktioniert nicht!

4 Erläutere, was du tun musst, um mit einem Handy wie in Abbildung 1 wieder telefonieren zu können.

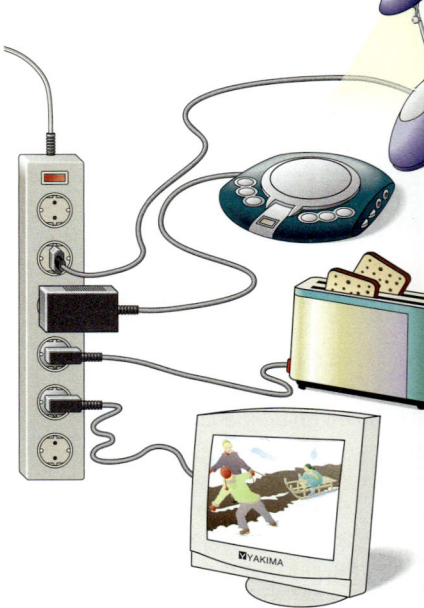

2 Nutzer elektrischer Energie

5 a) Nenne die Energiewandler in Abbildung 2.

b) Welche Form von Energie nehmen sie auf, in welcher Form geben sie Energie ab?

6 Überlege, in welche Energieformen die elektrische Energie in einem Radio umgewandelt wird.

7 Ein Windrad erzeugt elektrische Energie, die zum Betrieb einer Wasserpumpe verwendet wird. Welche Formen der Energieumwandlung sind beteiligt?

1.5 Transport elektrischer Energie

Abbildung 1 zeigt das NASA-Testflugzeug „Helios", das am 13. August 2001 einen neuen Höhenflug-Weltrekord aufstellte. Es erreichte eine Höhe von 32,2 km.
Dabei gewann „Helios" diese enorme Höhe durch einen besonderen Antrieb seiner Rotoren. Sie werden von Solarzellen auf der Tragfläche mit elektrischer Energie versorgt. Dadurch ist das Testflugzeug sehr leicht.
Wie kommt die elektrische Energie von den Solarzellen auf den Tragflächen zu den Rotoren?

Der Aufbau von „Helios" lässt sich mit einem einfachen Versuch wie in Abbildung 2 darstellen. Fällt Licht auf eine Solarzelle, dann wirkt sie wie ein Stromversorgungsgerät. Sie treibt die Elektronen an, die von der Solarzelle zum Motor und wieder zurückfließen. Der Stromkreis ist geschlossen und die Motorwelle beginnt sich zu drehen.

Die Solarzelle wandelt zunächst das Licht in elektrische Energie um. Diese wird im geschlossenen Stromkreis von den fließenden Elektronen zum Motor transportiert und dort in Bewegungsenergie umgewandelt. Die elektrische Energie kann nur dann von einer Stromquelle zu einem elektrischen Gerät transportiert werden, wenn Elektronen fließen.
Die beiden Ströme, die beim Transport von elektrischer Energie auftreten, kannst du in Abbildung 2 erkennen.

Dieser Vorgang des Energietransportes und der Energieumwandlung kann übersichtlich in einem *Energieflussdiagramm* wie in Abbildung 3 dargestellt werden. In einem solchen Diagramm wird der Energiefluss als Pfeil von einem zum anderen Energiewandler gezeichnet. Je breiter der Pfeil ist, desto größer ist der Energiefluss.

1 Beschreibe den Energiefluss in Abbildung 3.
2 Zeichne zum Energieflussdiagramm von „Helios" den entsprechenden Elektronenfluss.
3 a) Welcher Fehler könnte bei deiner Fahrradbeleuchtung vorliegen, wenn der Scheinwerfer nicht leuchtet, obwohl Glühlampe und Fahrradlichtmaschine funktionieren?
b) Nenne Energieformen und Energiewandler bei der Fahrradbeleuchtung.
c) Zeichne das zugehörige Energieflussdiagramm.
4 Nenne Beispiele für den Einsatz von Solarzellen. Begründe, warum es sich dabei um eine umweltfreundliche Energienutzung handelt.

1 NASA-Testflugzeug „Helios"

5 a) Verbinde eine Solarzelle mit einem geeigneten Kleinstmotor und beleuchte sie mit einer starken Taschenlampe. Beschreibe deine Beobachtungen.
b) Wie könntest du die Motorwelle wieder zum Stillstand bringen? Nenne verschiedene Möglichkeiten.

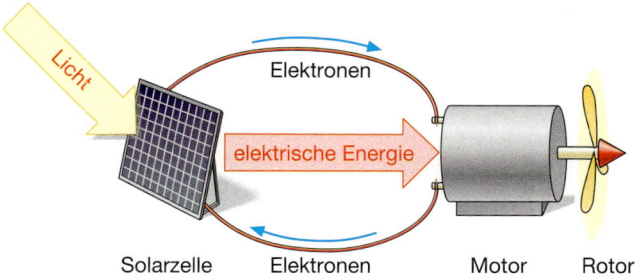

2 Energie- und Elektronenfluss

6 Beschreibe den Energie- und den Elektronenfluss nach Abbildung 2 an einem einfachen Stromkreis.

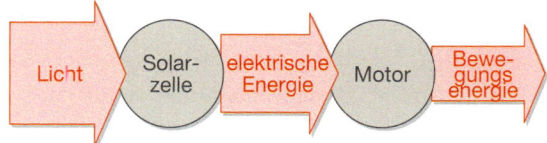

3 Energieflussdiagramm von „Helios"

7 Übertrage das folgende Energieflussdiagramm in dein Heft und ergänze die fehlenden Begriffe.

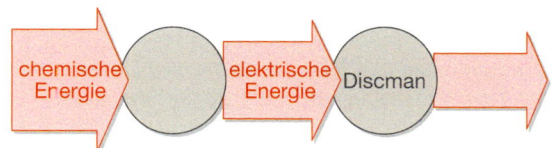

4 Unvollständiges Energieflussdiagramm

2 Schaltungen

2.1 Reihenschaltung

Eine Lichterkette gibt eine tolle Beleuchtung für dein Lieblingsposter. Ärgerlich ist nur, wenn ein Lämpchen „durchbrennt". Dann ist möglicherweise die ganze Herrlichkeit zu Ende. Wie kommt das?

Wenn du den Stromkreis von der Steckdose aus von einer Lampe zur nächsten verfolgst, stellst du fest, dass jede Lampe durch eine einzige Leitung mit der benachbarten Lampe verbunden ist. Erst von der letzten Lampe führt wieder eine Leitung zur Steckdose. Alle Lampen sind hintereinander geschaltet. Diese Schaltung heißt daher *Hintereinanderschaltung* oder **Reihenschaltung.**

Die Elektronen fließen auch hier im Kreis nacheinander durch alle Lampen. Ein einfaches Beispiel für Reihenschaltung siehst du in Abbildung 2. Wenn du in diesem Aufbau eine Lampe herausdrehst, erlöschen alle. Du hast dadurch den Stromkreis unterbrochen.
In Abbildung 2 sind zwei Lampen in Reihe geschaltet. Abbildung 3 zeigt die Erweiterung auf drei Lampen. Du erkennst, dass du beliebig viele Lampen in Reihe schalten könntest. Bei jedem Aufbau genügt es, eine Lampe aus der Fassung zu lösen, um alle Lampen auszuschalten.

Du wirst allerdings beobachten, dass die Helligkeit der Lampen in einer Reihenschaltung abnimmt, je mehr du hintereinander schaltest.
Es gibt auch Lichterketten, bei denen die anderen Lampen weiter leuchten, wenn eine ausfällt. Bei diesen Lichterketten liegt dann aber eine andere Schaltungsart vor.

1 Besorge dir eine Lichterkette und verfolge die Anschlüsse der einzelnen Lampen. Wie viele Leitungen laufen jeweils zwischen zwei benachbarten Lampen?
2 Baue die Schaltung aus Abbildung 2 auf. Drehe eine Lampe locker. Erkläre, was passiert.
3 Zeichne den Schaltplan zum Aufbau im Versuch in Aufgabe 2.
4 Baue den Versuch in Abbildung 3 auf. Welche Lampe musst du herausschrauben, damit alle ausgehen? Zeichne den Schaltplan zum Aufbau.
5 Wiederhole den Versuch aus Aufgabe 4 mit einer Fahrradlichtmaschine. Benutze zuerst eine Lampe. Schalte dann zwei Lampen und anschließend drei in Reihe.
Beschreibe deine Beobachtung.

1 Lichterkette

6 Begründe die Bezeichnung „Reihenschaltung" mit dem Versuchsaufbau nach Abbildung 3.
7 Begründe, warum bei einer Lichterkette wie in Abbildung 1 keine Reihenschaltung vorliegen sollte.
8 Die Lichterkette am Weihnachtsbaum brennt nicht. Nenne drei mögliche Ursachen für den Ausfall.
9 Welche elektrischen Bauteile sind in einer flachen Taschenlampe in Reihe geschaltet? Begründe die Reihenschaltung anhand des Schaltplans.

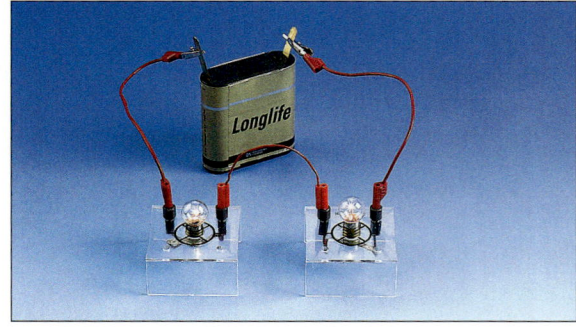

2 Zwei Lampen im Stromkreis

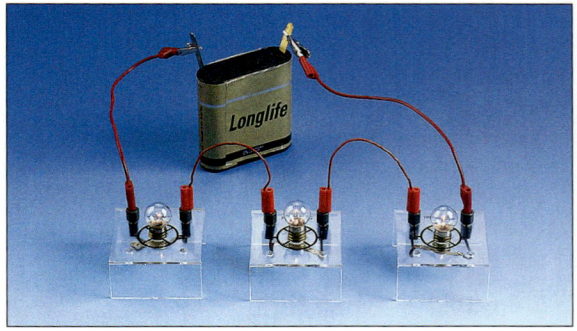

3 Drei Lampen im Stromkreis

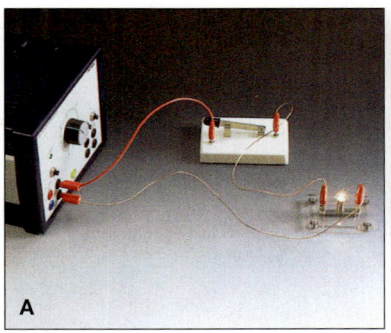
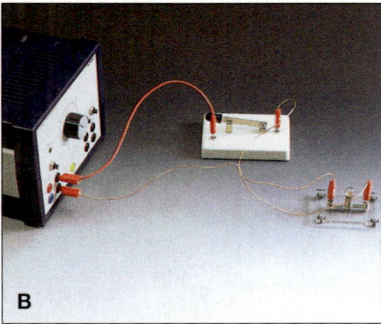

1 Warum leuchtet die Lampe in A und nicht die in B?

4 a) Baue den Versuch nach Abbildung 1 A auf. Benutze als Zuleitung blanke Kupferdrähte mit einem Durchmesser von 0,2 mm. Verwende eine Lampe 6 V|3 W. Schalte das Stromversorgungsgerät ein und regle es auf 6 V. Beobachte die Lampe.
b) Schiebe die Drähte aus a) an einer Stelle zusammen. Was stellst du fest?

2.5 Kurzschluss

In Abbildung 1 sind zwei geschlossene Stromkreise dargestellt. In Abbildung 1 A leuchtet die Lampe, in Abbildung 1 B nicht. Du siehst, dass sich im rechten Stromkreis die blanken Drähte der Zuleitung berühren. Die meisten Elektronen fließen durch die Berührungsstelle und nicht durch die Lampe. Sie kann daher nicht leuchten. Wenn sich blanke Drähte in einem Stromkreis berühren, dann liegt ein **Kurzschluss** vor.

Fällt in einer Parallelschaltung eine Lampe aus, leuchten alle anderen Lampen weiter. Bei einem Kurzschluss leuchtet aber keine Lampe mehr. Die Zuleitungsdrähte bis zur Kurzschlussstelle werden jedoch sehr warm. Sie können dabei ihre Umgebung so stark erwärmen, dass ein Brand entstehen kann. Um das zu vermeiden, wird in jeden Stromkreis der Hausinstallation eine *Sicherung* eingebaut, die den Stromkreis bei einem Kurzschluss unterbricht.

2 Kurzschluss in einer Parallelschaltung

1 Nenne Beispiele, bei denen es in deiner Umgebung zu Kurzschlüssen kommen kann. Denke dabei auch an dein Fahrrad und an Elektrospielzeuge.
2 Erkläre, warum eine Halogen-Schreibtischlampe nicht mehr leuchtet, wenn beide Metallstäbe von einer Schere berührt werden.
3 Informiere dich über die Funktionsweise von Sicherungen wie sie im Haushalt und bei elektrischen Maschinen verwendet werden. Bereite dazu einen kurzen Vortrag vor.

5 a) Baue den Versuch nach Abbildung 2 auf. Verwende drei Lampen 6 V|3 W. Schalte das Stromversorgungsgerät ein und regele es auf 6 V.
b) Überbrücke die erste Lampe wie in Abbildung 2 kurz mit einem Anschlusskabel. Beschreibe, was du bei den Lampen beobachtest.
c) Überbrücke nacheinander kurz die zweite und dritte Lampe in der Parallelschaltung. Erkläre deine Beobachtungen.
6 Baue einen Schienenring einer Modelleisenbahn auf. Verbinde ihn mit dem Trafo und lass eine Lok im Kreis fahren. Überbrücke die Strom führenden Schienen mit einem blanken Draht. Beschreibe deine Beobachtungen.
7 Erkläre jeweils, wodurch der Kurzschluss in den Abbildungen 3 A bis C hervorgerufen wird.

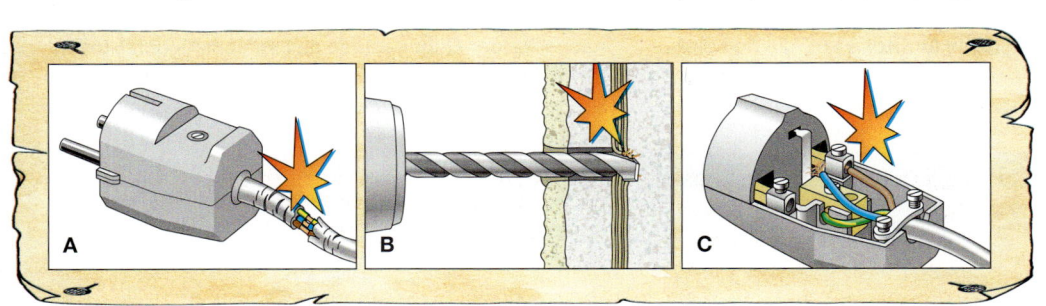

3 Ursachen von Kurzschlüssen

3 Elektrische Leitfähigkeit von Stoffen

3.1 Leiter, Nichtleiter und Halbleiter

Eine Weide wird eingezäunt, damit die Tiere nicht weglaufen können. Einen Zaun aus Drähten könnten die Pferde leicht umreißen, an einem Stacheldraht könnten sie sich verletzen. Hier hilft ein Elektrozaun. Das ist ein Band aus Draht, an dem die Tiere bei Berührung einen schmerzhaften, aber ungefährlichen elektrischen Schlag erhalten. Nach dieser Erfahrung halten sie Abstand.

Der Elektrozaun wird von einer Batterie mit Strom versorgt. Die Zuleitungen von der Batterie zum Zaun sind mit Kunststoff überzogen. Hier ist die Berührung des Drahtes ungefährlich.
Es ist also ein großer Unterschied, ob der blanke oder der geschützte Draht berührt wird. Nur beim Berühren des blanken Drahtes erhalten die Pferde einen elektrischen Schlag.
Stoffe, die den elektrischen Strom leiten, heißen **Leiter.** Aus solchen Stoffen besteht das Band oder der Draht des Elektrozaunes. Der Kunststoff um die Zuleitungen leitet den elektrischen Strom nicht. Solche Stoffe heißen **Nichtleiter** oder **Isolatoren.**

Mit dem Versuch in Aufgabe 4 kannst du herausfinden, welche Stoffe den Strom leiten und welche nicht. Bei einem Leiter in der *Prüfstrecke* (Abbildung 2) leuchtet die Lampe. Bei einem Nichtleiter leuchtet sie nicht.
Der Versuch zeigt, dass alle Metalle leiten. Ein weiterer Leiter ist Grafit, aus dem eine Bleistiftmine besteht. Nichtleiter sind viele andere Stoffe, zum Beispiel Glas, Kreide, Gummi, Holz und Kunststoff. Stromleitungen und Telefonkabel, die unter Putz oder in der Erde verlegt werden, müssen mit besonders dauerhaften Nichtleitern isoliert werden.

Eine besondere Art der Leitfähigkeit besteht bei **Halbleitern.** Die meisten von ihnen verhalten sich bei tiefen Temperaturen wie Isolatoren, sind bei Zimmertemperatur jedoch Leiter.

1 Zähle weitere Beispiele für Stoffe auf, die den elektrischen Strom leiten und solche, die ihn nicht leiten. Ergänze folgende Tabelle:

Leiter	Nichtleiter
Gold	Gummi

1 A Pferde auf der Weide, B Anschluss des Elektrozaunes an das Stromversorgungsgerät

2 Prüfe die Beispiele aus Aufgabe 1 mit dem Aufbau aus Aufgabe 4. Korrigiere, falls nötig, deine Tabelle.
3 Überlege, warum
a) ein dünnes Band die Pferde auf der Weide halten kann.
b) die Zuleitungen zum Weidezaun mit Kunststoff überzogen sind.

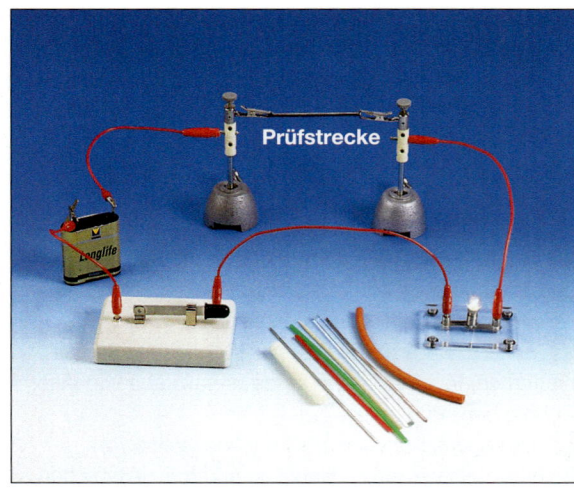

2 Stromkreis mit Prüfstrecke und Anzeigegerät

4 Baue den Stromkreis nach Abbildung 2 auf. Spanne nacheinander Gegenstände aus verschiedenen Stoffen in die Prüfstrecke ein, zum Beispiel eine Stricknadel, ein Stück Kreide, einen Glasstab, eine Bleistiftmine. Notiere in einer Tabelle, ob die Lampe leuchtet oder nicht.
5 Zeichne den Schaltplan zu Aufgabe 4.
6 Aus welchen Stoffen bestehen die Gegenstände in Aufgabe 4, wenn die Lampe leuchtet bzw. nicht leuchtet?

3.2 Leitfähigkeit fester Stoffe

Viele Elektrogeräte, wie der Staubsauger, der Föhn oder der Computer, werden über ein Kabel an die Steckdose angeschlossen. Diese Kabel sind außen mit einem biegsamen Kunststoffmantel umhüllt. Innen befinden sich zwei oder drei Leitungen, die *Adern*. Diese bestehen aus vielen dünnen Kupferdrähten, der *Litze*. Jede der drei Litzen ist ihrerseits mit verschieden farbigem Kunststoff überzogen. Dieser Kunststoff ist ein Isolator, er verhindert eine leitende Verbindung zwischen den Drähten und sorgt auf diese Weise dafür, dass kein Kurzschluss entstehen kann.

Warum wird im Kabel als Litze eigentlich das teure Kupfer benutzt? Eisen wäre doch viel billiger. Die Antwort auf diese Frage ergibt sich aus dem Versuch in Aufgabe 6. Das Messgerät zeigt für Kupfer einen viel höheren Wert an als für Eisen. Dies bedeutet, dass Kupfer den elektrischen Strom sehr viel besser leitet als Eisen, seine **elektrische Leitfähigkeit** ist größer.

Leiter unterscheiden sich also in ihrer Leitfähigkeit. Sie gibt an, ob ein Stoff den elektrischen Strom gut oder weniger gut leitet. Stoffe mit guter Leitfähigkeit sind neben Kupfer auch Silber, Gold und Aluminium. Andere Stoffe, wie Eisen und Grafit haben eine geringere Leitfähigkeit. Kupfer leitet den elektrischen Strom etwa sechsmal besser als Eisen und sogar siebenhundertmal besser als Grafit.

Andere Stoffe, wie Kunststoffe, Glas, Porzellan oder Gummi, leiten den elektrischen Strom nicht, ihre elektrische Leitfähigkeit ist null. Es sind Nichtleiter.

Wichtige Halbleitermaterialien sind Silicium und Germanium.

1 Begründe, warum elektrische Leitungen mit Kunststoff überzogen sind.

2 Welche Eigenschaft eines Stoffes ist mit Leitfähigkeit gemeint?

3 Die Drähte in Kabeln bestehen aus Kupfer oder Aluminium. Erläutere, warum nicht Eisen oder Gold verwendet wird.

4 Nenne eine Möglichkeit mit der du prüfen kannst, ob ein fester Stoff ein Leiter oder ein Isolator ist.

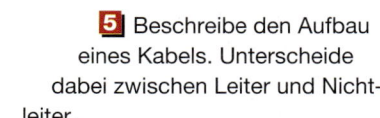

5 Beschreibe den Aufbau eines Kabels. Unterscheide dabei zwischen Leiter und Nichtleiter.

6 Baue einen wie in Abbildung 1 gezeigten Stromkreis auf. Wähle für die Prüfstrecke den Abstand 1 m.

Spanne Drähte aus Kupfer, Eisen und Konstantan mit einem Durchmesser von 0,2 mm in die Prüfstrecke ein. Schließe kurzzeitig den Stromkreis und beobachte das Messgerät. Notiere die angezeigten Zahlenwerte.

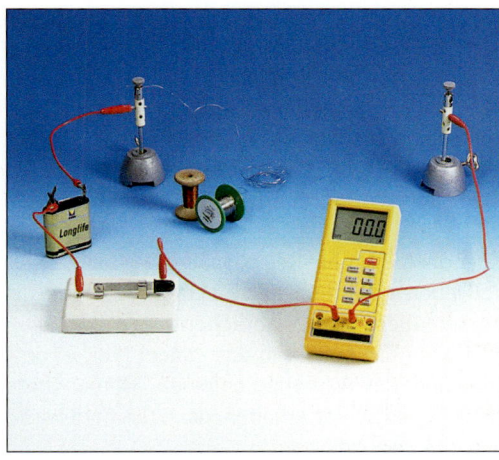

2 Stromkreis mit Prüfstrecke und Messgerät

7 Zeichne den Schaltplan zu Aufgabe 6.

8 Die in Aufgabe 6 angezeigten Zahlenwerte sind ein Maß für die Leitfähigkeit. Je größer die Zahl, desto höher ist die elektrische Leitfähigkeit des jeweiligen Stoffes.

Ordne die Stoffe nach ihrer elektrischen Leitfähigkeit. Beginne mit dem Stoff, der die höchste Leitfähigkeit besitzt.

9 Wiederhole Aufgabe 6 mit Gegenständen aus Nichtmetallen. Passe dabei die Länge der Prüfstrecke dem Gegenstand an. Begründe jeweils die Anzeige des Messgerätes.

1 Elektrische Leitung.
① *Kabel;* ② *Ader;* ③ *Litze*

1 Elektrogeräte im Bad sind lebensgefährlich

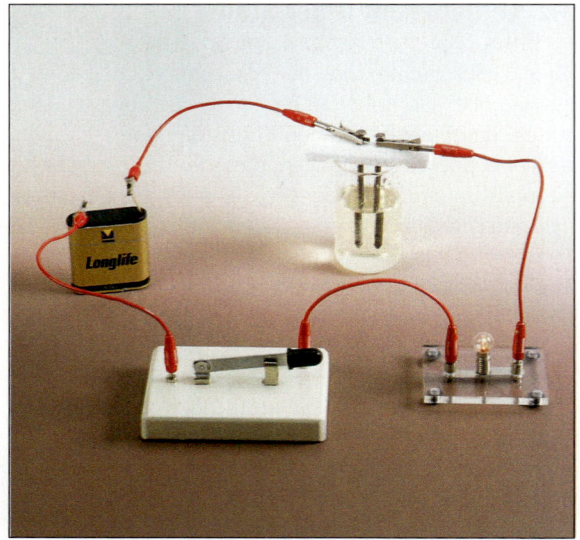

2 Flüssigkeiten leiten elektrischen Strom

3.3 Leitfähigkeit flüssiger Stoffe

Maren freut sich auf ein richtig schönes, heißes Bad. Dabei möchte sie gerne die Musik ihrer Lieblingsgruppe hören. Da ihr MP3-Player gerade kaputt ist, nimmt sie sich einen CD-Spieler mit in das Bad. Diesen schließt sie mit einem Verlängerungskabel an die Steckdose im Flur an. Gerade als sie mit dem Gerät in das Bad gehen will, ruft ihre Mutter sie zurück.
Maren versteht überhaupt nicht, was ihre Mutter gegen den CD-Spieler im Badezimmer einzuwenden hat.

Aber die Mutter hat Recht. Marens Verhalten ist tatsächlich lebensgefährlich. Das Elektrogerät könnte ins Badewasser fallen – mit gefährlichen Folgen.
Wenn der CD-Spieler in das Wasser fällt, ist der Stromkreis über das Wasser geschlossen. Maren würde einen elektrischen Schlag erhalten, denn das Badewasser leitet den elektrischen Strom.

Das kannst du mit dem Versuch 4 nachstellen. Er zeigt, dass manche Flüssigkeiten den elektrischen Strom leiten können. Gute Leiter sind Salzwasser und Essig. Eine geringere elektrische Leitfähigkeit besitzt Leitungswasser. Öl und destilliertes Wasser sind Nichtleiter.

Woran liegt es nun, ob ein Stoff Leiter oder Nichtleiter ist? Wie du bereits weißt, entsteht ein elektrischer Strom dadurch, dass Elektronen fließen. In einem Leiter befinden sich viele frei bewegliche Elektronen oder andere elektrisch geladene Teilchen. In einem Nichtleiter ist dies nicht der Fall. Je mehr freie Elektronen in einem Leiter vorhanden sind, umso besser ist die Leitfähigkeit.

1 Erläutere, warum Marens Verhalten lebensgefährlich ist und erkläre warum die Mutter Maren aus dem Bad zieht.
2 Marens Badewasser wird Badesalz zugefügt. Begründe, wie sich dadurch die Leitfähigkeit verändert.
3 Baue den Versuch nach Abbildung 2 auf.
Achte darauf, dass sich die Nägel nicht berühren. Ihr Abstand sollte etwa 1 cm betragen.
Fülle das Becherglas mit Leitungswasser.
Schließe den Stromkreis und beobachte die Lampe.
Wiederhole den Versuch mit Essig und mit Öl.
Notiere, ob die Lampe leuchtet.
4 Führe den Versuch aus Aufgabe 3 noch einmal mit Leitungswasser durch. Schließe den Stromkreis und füge jetzt einen Teelöffel Kochsalz hinzu. Rühre um und beobachte dabei die Lampe. Was bewirkt das Salz?
5 Erläutere, auf welche Weise sich die elektrische Leitfähigkeit verändert, wenn du dem Leitungswasser Kochsalz hinzufügst.
6 Zeichne den Schaltplan zum Versuch in Aufgabe 3.
7 Baue den Versuch erneut auf. Ersetze die Glühlampe durch ein empfindliches Messgerät und die Batterie durch ein Stromversorgungsgerät. Stelle es auf 10 V ein. Benutze als Flüssigkeit nacheinander destilliertes Wasser, Leitungswasser und Salzwasser. Schließe den Stromkreis und beobachte jeweils das Messgerät. Was stellst du fest? Welche Wasserart hat die beste Leitfähigkeit? Finde eine Erklärung für deine Beobachtungen.

Bau eines Feuchtigkeitsanzeigers

Der fertige Feuchtigkeitsanzeiger

Haben die Blumen auf der Fensterbank noch genug Wasser? Auch wenn die Oberfläche schon trocken erscheint, könnte es im Wurzelbereich ja noch feucht genug sein. Das lässt sich mit einem **Feuchtigkeitsanzeiger** überprüfen. Ein solches Gerät kannst du dir selbst bauen. Es besteht aus einem *Anzeigeteil,* einem *Fühler* und einer *Batterie* als Stromversorgung.

V1 Bau des Anzeigeteils

Materialliste:
– 1 Holzbrettchen
  (5 cm × 7 cm × 1 cm)
– 1 Leuchtdiode
– 1 Widerstand (120 Ω)
– 2 zusammenhängende
  Lüsterklemmen
– 1 Holzschraube
– Klingeldraht
– 2 Reißnägel

Bauanleitung:
Schraube die Lüsterklemmen auf das Holzbrett. Schließe die Leuchtdiode an je eine Lüsterklemme an. Befestige den Widerstand an der Lüsterklemme, an der das kürzere Beinchen der Leuchtdiode steckt. Schließe an die zweite Lüsterklemme ein Stück Klingeldraht an. Löte das freie Ende des Widerstandes und des Klingeldrahtes auf je einen Reißnagel. Löte auf jeden Reißnagel ein Stück Klingeldraht als Zuleitung.

V2 Bau des Fühlers

Materialliste:
– 2 dünne Stahlstricknadeln
– 2 einzelne Lüsterklemmen
– 1 Korken
– Klingeldraht

Bauanleitung:
Halbiere den Korken in der Längsrichtung. Durchbohre eine Hälfte des Korkens mit einem dünnen Bohrer oder mit einer glühenden Nadel an zwei Stellen. Stecke anschließend die beiden Stricknadeln durch die Löcher des Korkens. Schraube an die oberen Enden der Stricknadeln je eine Lüsterklemme.
Baue aus dem Anzeigeteil, dem Fühler und der Batterie das Gerät zusammen, wie du es auf dieser Seite siehst. Beachte, dass du den Zuleitungsdraht mit dem Widerstand an die lange Metallzunge der Batterie, den ⊖-Pol, anschließen musst.

Aufgabe:
Fülle ein Gefäß mit Erde und feuchte diese an. Überprüfe, ob dein Feuchtigkeitsanzeiger funktioniert.

Der Fühler im Einsatz

1 *Gefahr beim Spiel mit Drachen*

Unfall beim Drachensteigen

(Windburg) Gestern ließen einige Jugendliche auf den Feldern Drachen steigen. Dabei kam es zu einem folgenschweren Unfall. Ein Junge musste mit schweren Verbrennungen ins Krankenhaus eingeliefert werden. Sein Drachen hatte sich in einer Hochspannungsleitung verfangen. So bekam der Junge einen lebensgefährlichen Stromschlag.

3.4 Leitfähigkeit des Menschen

Wie kann es zu einem Unfall beim Drachensteigen kommen? In der feuchten Herbstluft wird auch die Drachenschnur feucht. Wenn der Drachen eine Stromleitung berührt, befindet sich der Mensch mit der Stromleitung, der Drachenschnur und der feuchten Erde in einem geschlossenen Stromkreis.

Solche Unfälle zeigen, dass der menschliche Körper den elektrischen Strom leitet. Die Leitfähigkeit des Menschen lässt sich aber auch in einem ungefährlichen Versuch (Abbildung 2) zeigen.

Der unvorsichtige Umgang mit elektrischem Strom kann also lebensgefährlich sein. Die Gefahr nimmt sogar noch zu, wenn Wasser im Spiel ist. Bei schweren Unfällen mit Strom gibt es nicht nur Verbrennungen, zusätzlich kann sich das Herz verkrampfen. Das kann dann den Herzschlag beeinflussen und zum Tode führen.

2 *Der Mensch leitet*

1 Erläutere mit Hilfe der Abbildung 1 die Gefährdung der Kinder.

2 Begründe wo du in deiner Umgebung keine Drachen steigen lassen darfst.

3 Schwalben, Amseln, Stare und andere Vögel können offenbar ungefährdet auf Hochspannungsleitungen sitzen. Erkläre diese Beobachtung.

4 **Lehrerversuch:** Die Lehrerin oder der Lehrer befindet sich mit einer Batterie und einem Messgerät zum Anzeigen des elektrischen Stromes in einem geschlossenen Stromkreis (Abbildung 2).
Beachte die Anzeige des Messgerätes, wenn die Versuchsperson
a) die beiden Metallstäbe fest in beide Hände nimmt.
b) die Hände auch noch befeuchtet.
Vergleiche die Werte.

5 Was schließt du aus den Ergebnissen dieses Versuches? Begründe die Unterschiede zwischen 4 a und 4 b).

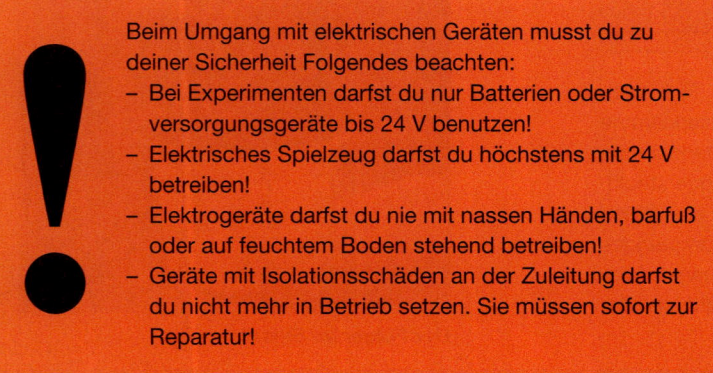

Beim Umgang mit elektrischen Geräten musst du zu deiner Sicherheit Folgendes beachten:
- Bei Experimenten darfst du nur Batterien oder Stromversorgungsgeräte bis 24 V benutzen!
- Elektrisches Spielzeug darfst du höchstens mit 24 V betreiben!
- Elektrogeräte darfst du nie mit nassen Händen, barfuß oder auf feuchtem Boden stehend betreiben!
- Geräte mit Isolationsschäden an der Zuleitung darfst du nicht mehr in Betrieb setzen. Sie müssen sofort zur Reparatur!

Pinnwand

Im Bad dürfen **keine Elektrogeräte** benutzt werden!

Dieses Gerät muss zur Reparatur!

Vorsicht! Lebensgefahr!

1 Beschreibe die Bilder und begründe, dass die Vorsichtsmaßnahmen und das Verhalten der gezeigten Personen richtig sind.

2 Suche in deinem Umfeld Schilder, die vor Gefahren im Zusammenhang mit elektrischem Strom warnen. Stelle diese Hinweise auf einem Plakat übersichtlich zusammen.

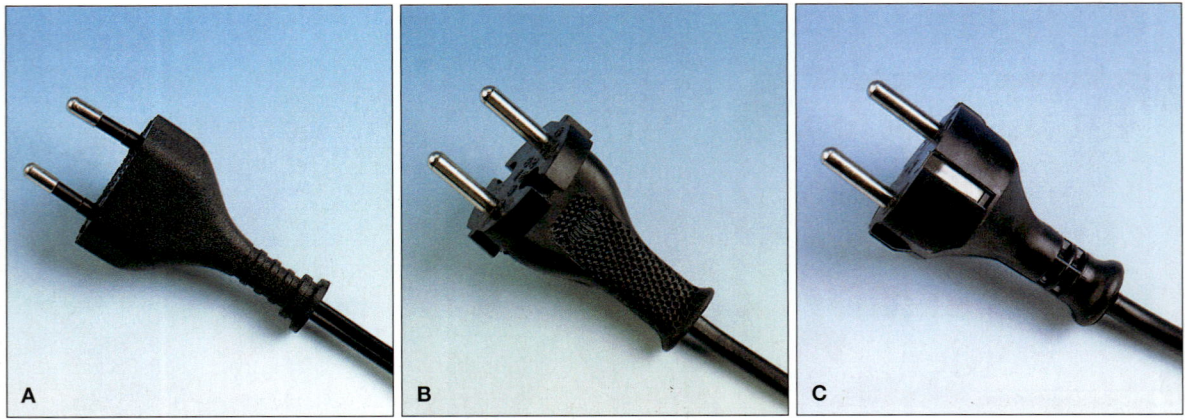

1 Verschiedene Stecker. A *Flach-Stecker (Euro-Stecker);* **B** *Kragen-Stecker;* **C** *Schuko-Stecker*

3.5 Wie werden Elektrogeräte versorgt?

Viele Elektrogeräte werden mit einem Stecker an eine Steckdose angeschlossen. Dadurch werden sie mit dem Stromversorgungsnetz verbunden und du kannst sie benutzen. Meistens ist auch noch ein zusätzlicher Schalter eingebaut.

Wenn du dir die Stecker genauer ansiehst, stellst du fest, dass es unterschiedliche Arten gibt. Einige Geräte besitzen einen **Flach-Stecker** (Abbildung 1 A) oder einen **Kragen-Stecker** (Abbildung 1B). Andere Geräte besitzen einen vollen, runden Stecker mit seitlichen Metallstreifen, den **Schuko-Stecker** (Abbildung 1 C).

Wodurch unterscheiden sich diese Stecker? Den äußerlichen Unterschied erkennst du in Abbildung 1. Wie diese Stecker innen aussehen, zeigen dir die Schnittbilder 2 A bis C. Alle Stecker besitzen zwei Anschlussstifte, die mit je einer Leitung verbunden sind, damit sich beim Anschluss des Elektrogerätes ein geschlossener Stromkreis ergibt.

Der Schuko-Stecker stellt einen Sonderfall dar. Eine Leitung ist mit blauem Kunststoff isoliert, die zweite mit braunem. Zusätzlich findest du eine dritte Leitung, die mit gelb-grünem Kunststoff isoliert ist. Sie heißt **Schutzleiter** und ist an den beiden Metallstreifen, den Schutzkontakten, angeschlossen. Damit kannst du dir jetzt auch die Bezeichnung Schuko als Abkürzung für **Schu**tz**ko**ntakt erklären.

Solche Schutzkontakte befinden sich auch in allen Steckdosen. Es handelt sich um die Metallklammern, die genau zu den Metallstreifen der Stecker passen.

Auch die Flach-Stecker und Kragen-Stecker kannst du an jede Schuko-Steckdose anschließen. Dabei haben sie keine Verbindung zu den Schutzkontakten. Trotzdem sind die angeschlossenen Geräte geschützt. Denn diese Stecker dürfen nur bei Elektrogeräten verwendet werden, die in einem *Kunststoffgehäuse* eingeschlossen sind. Diese Geräte sind dadurch **schutzisoliert.** Sie tragen das rechts abgebildete Zeichen.

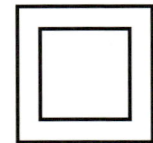

3 Gerät ist schutzisoliert

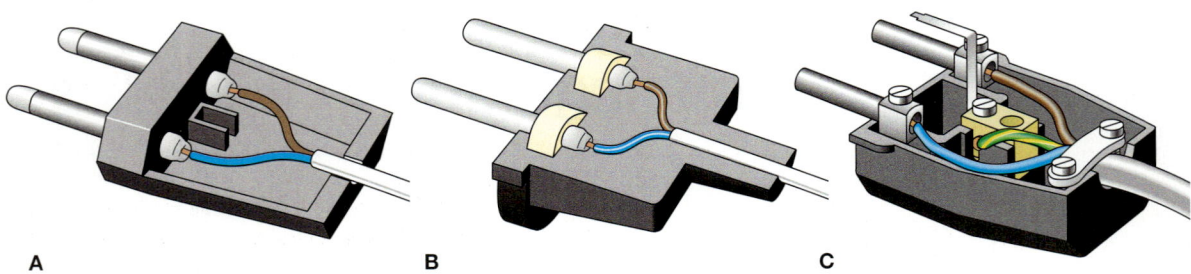

2 Schnittbilder der Stecker. A *Flach-Stecker;* **B** *Kragen-Stecker;* **C** *Schuko-Stecker*

Jeder Stadtteil und jedes Dorf werden über eine eigene „Trafostation" mit Elektrizität versorgt. Die Trafostation bekommt ihrerseits Elektrizität über das Umspannwerk und die Überlandleitungen vom Elektrizitätswerk.

Sie ist durch zwei Zuleitungen über den Hausanschluss mit der Steckdose im Haus verbunden. Wenn du zum Beispiel einen Wasserkocher anschließt, ergibt sich ein geschlossener Stromkreis mit folgenden Stationen und Wegen: Trafostation – 1. Zuleitung – Hausanschluss – braune Leitung – Steckdose – Stecker – braune Leitung – Wasserkocher – blaue Leitung – Stecker – Steckdose – blaue Leitung – 2. Zuleitung – Trafostation.

Du weißt bereits, dass Erde leitet. Das nutzt man aus, um die 2. Zuleitung einzusparen. In der Trafostation wird eine Leitung mit einem langen Metallstab, dem **Erder,** verbunden. Dieser reicht bis in das Grundwasser. Einen gleichen Erder gibt es an jedem Haus. An diesem ist die blaue Leitung angeschlossen. So ist der Stromkreis immer über die Erde geschlossen.

Der Schutzleiter ist die gelb-grüne Leitung, die überall im Haus mit den beiden anderen Leitungen mitläuft. Er ist zusammen mit der blauen Leitung an den Erder angeschlossen. Wie du weißt, ist der Schutzleiter auch die dritte Leitung im Anschlusskabel eines Schuko-Steckers. Diese sind für Elektrogeräte vorgeschrieben, die ein *Metallgehäuse* haben. Der Schutzleiter ist im Gerät mit dem Metallgehäuse verbunden. Wovor und wie schützt er dich?

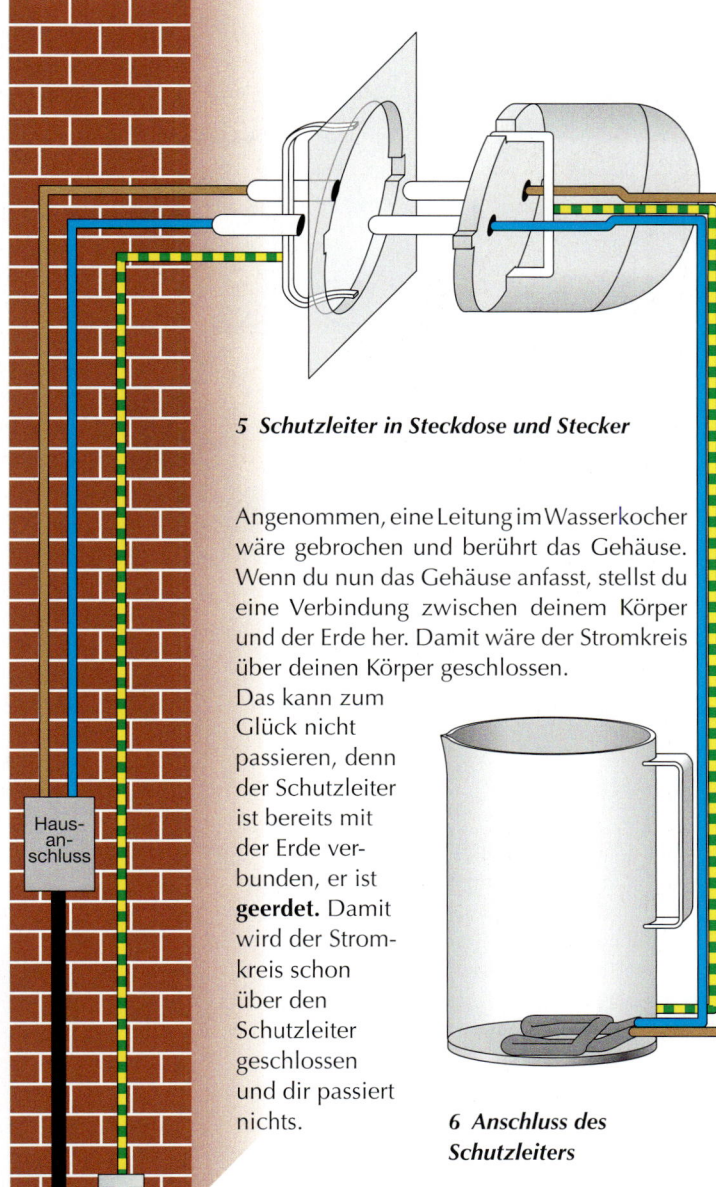

Haus-an-schluss

5 Schutzleiter in Steckdose und Stecker

Angenommen, eine Leitung im Wasserkocher wäre gebrochen und berührt das Gehäuse. Wenn du nun das Gehäuse anfasst, stellst du eine Verbindung zwischen deinem Körper und der Erde her. Damit wäre der Stromkreis über deinen Körper geschlossen.

Das kann zum Glück nicht passieren, denn der Schutzleiter ist bereits mit der Erde verbunden, er ist **geerdet.** Damit wird der Stromkreis schon über den Schutzleiter geschlossen und dir passiert nichts.

6 Anschluss des Schutzleiters

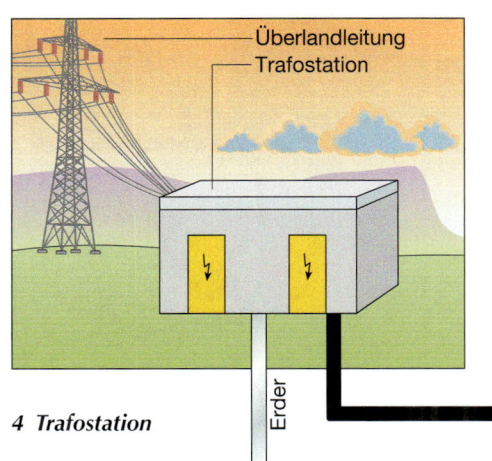

Überlandleitung
Trafostation

Erder

4 Trafostation

Erder

1 Zähle auf, welche Elektrogeräte mit Flach- oder Kragen-Stecker und welche mit Schuko-Stecker angeschlossen werden.
2 Begründe, warum die einzelnen Leitungen farblich unterschiedlich gekennzeichnet sind.
3 Erder reichen bis ins Grundwasser. Erkläre die Anordnung.
4 Informiere dich über die Funktionsweise eines Blitzableiters. Stelle Zusammenhänge mit den Informationen auf dieser Lehrbuchseite her.

1 Bastian hat sich die Finger verbrannt

4 Wirkungen des elektrischen Stromes

4.1 Heizdrähte

Aua – Bastian hat sich die Finger verbrannt und dabei hat er doch nur die Weißbrotscheibe aus der Toasteröffnung befreien wollen. Die hatte sich nämlich verkantet und wollte nicht herausspringen. Und jetzt schimpft seine Mutter auch noch mit ihm: „Ist doch klar, dass die Drähte heiß sind. Dir hätte sogar noch was viel Schlimmeres passieren können. Du weißt ja, wie gefährlich elektrischer Strom sein kann!"

Natürlich hat Bastian gewusst, dass Strom aus der Steckdose gefährlich sein kann. Er hat auch gewusst, dass der Toaster an der Steckdose angeschlossen ist – aber wieso die Drähte glühen, darüber hat er sich eigentlich nie Gedanken gemacht.

Weißt du denn, was das Glühen der Drähte mit dem elektrischen Strom zu tun hat? Wenn du den Versuch in Aufgabe 4 durchführst, siehst du, dass der Konstantandraht heiß wird. Er beginnt sogar zu glühen. Aus Konstantandraht ließe sich also ein **Heizdraht** herstellen.

Im weiteren Versuchsverlauf liegen Kupferdraht und Konstantandraht in demselben Stromkreis, dennoch erwärmt sich der Kupferdraht kaum, der Konstantandraht wird aber wieder genauso heiß wie zuvor.

Kupferdraht ist zur Herstellung von Heizdrähten offensichtlich ungeeignet. Als Material für die **Zuleitungen** zu elektrischen Geräten eignet sich Kupfer aber sehr gut, denn die Zuleitungen sollen ja nicht heiß werden. Heizdrähte müssen hohe Temperaturen viele Stunden lang aushalten ohne zu schmelzen oder zu verbrennen. Besonders gut eignen sich Chrom-Nickel-Drähte. Sie werden so heiß wie Konstantandraht, halten aber wesentlich länger.

1 Was für einen Draht würdest du als Heizdraht verwenden, wenn du einen Toaster bauen wolltest? Begründe deine Antwort.

2 Elektrische Leitungen werden heute meistens aus Kupfer hergestellt. Erkläre diese Feststellung.

3 Nenne elektrische Geräte, die zur Erzeugung von Wärme dienen. Bei welchen dieser Geräte sind die Heizdrähte zu sehen?

4 a) Schließe ein 20 cm langes Stück Konstantandraht mit einem Durchmesser von 0,2 mm an ein Netzgerät an (Abbildung 2). Stelle das Netzgerät auf 10 V ein und beobachte den Draht.

b) Verlängere die Leitung aus Konstantandraht mit einem Kupferdraht (0,2 mm dick, 20 cm lang) und wiederhole den Versuch. Beobachte beide Drähte. Ziehe Schlussfolgerungen aus den Versuchen.

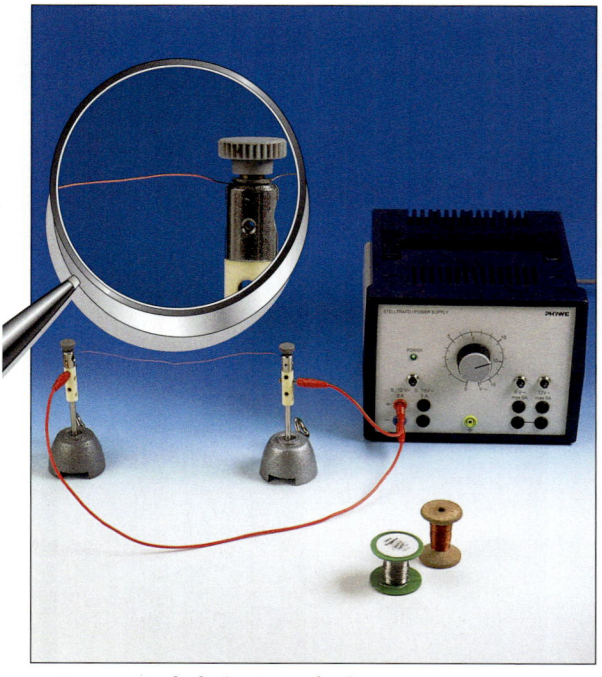

2 Konstantandraht im Stromkreis

In jedem Leitungsstück eines geschlossenen Stromkreises entsteht Wärme. Diese Wärme ist oft nicht erwünscht. Viele Geräte können dadurch sogar zerstört werden. Deshalb müssen sie durch Kühlgebläse geschützt werden.

1 Nenne elektrische Geräte, die durch ein Kühlgebläse geschützt werden.

Auf Haushaltsgeräten kannst du oft den Aufdruck KB5 oder KB10 finden. Das bedeutet, dass das betreffende Gerät nur für eine Kurzzeit-Belastung von 5 Minuten oder 10 Minuten geeignet ist.

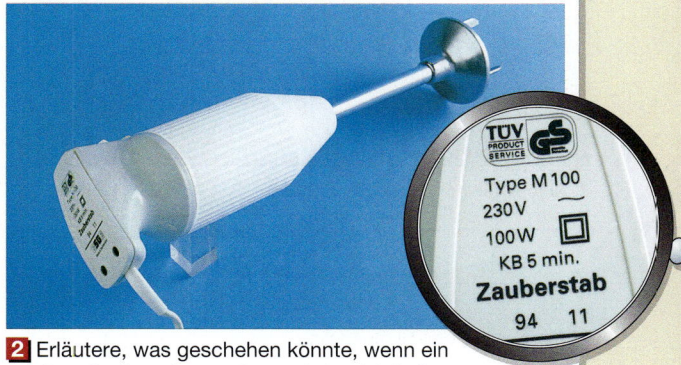

2 Erläutere, was geschehen könnte, wenn ein solches Gerät zu lange eingeschaltet bleibt?

Ein Tauchsieder – selbst gebaut

Ein Tauchsieder ist ein Gerät, mit dem du Wasser erwärmen kannst.

Materialliste:
– ein Flaschenkorken
– zwei stabile Drähte, je 15 cm lang
– Klebeband
– Konstantandraht (0,2 mm dick, 20 cm lang)

Bauanleitung:
Biege von jedem der Drahtstücke ein 5 cm langes Stück um.

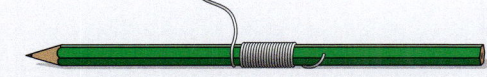

Befestige die Drähte mit dem Klebeband am Korken.

Wickle den Konstantandraht schraubenförmig auf einen Bleistift oder ein etwa gleich dickes Glasrohr. Ziehe ihn vorsichtig ab. Ein so gewickeltes Drahtstück heißt „Wendel".

Drehe die Enden der Wendel um die Drahtstücke.

Einsatz:
Halte den Tauchsieder in ein kleines Becherglas mit Wasser. Schließe ihn dann an ein Netzgerät an, stelle es auf 8 V ein und warte.

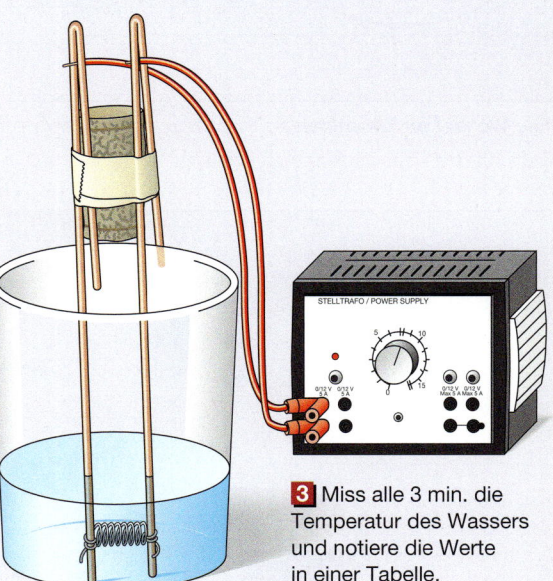

3 Miss alle 3 min. die Temperatur des Wassers und notiere die Werte in einer Tabelle.

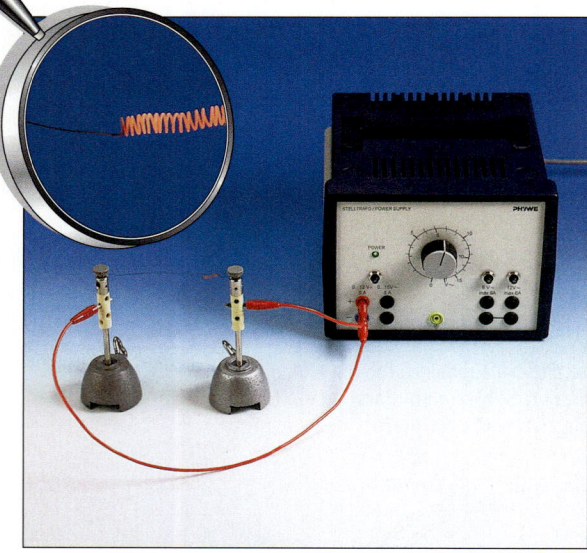

1 Scheinwerfer in einem Theater

2 Die Wendel im Stromkreis

3 A Die Glühlampe; B die Glühwendel

4.2 Heizdrähte werden zu Glühdrähten

Wenn du Licht brauchst – kein Problem: Du schaltest einfach eine elektrische Lampe an. Das Licht bekommst du wohl meistens von einer Glühlampe.

Du weißt auch, wieso Glühlampen leuchten, schließlich heißen sie ja „Glüh"lampen, außerdem hast du dir vielleicht schon einmal an einer solchen Lampe die Finger verbrannt.

Drähte in einem Stromkreis können heiß werden, das weißt du von den Heizdrähten. In Glühlampen werden sie sogar so heiß, dass sie hell leuchten.

Wenn der Kolben einer Glühlampe aus klarem Glas besteht, kannst du den Glühdraht deutlich erkennen. Aber hast du dir so einen Glühdraht schon einmal genau angesehen? Der Draht ist schraubenförmig aufgewickelt, er ist *gewendelt*. Ein solcher Draht in einer Glühlampe heißt **Glühwendel.**

Warum der Draht gewendelt wird, zeigt dir der Versuch in Aufgabe 3. Der gerade Teil und der gewendelte Teil eines Drahtes liegen im selben Stromkreis.

Die Wendel wird heißer als der gerade Teil des Drahtes. Dort liegen die einzelnen Windungen dicht nebeneinander und wärmen sich gegenseitig. Je heißer ein Glühdraht wird, desto heller leuchtet er.

1 Begründe, warum die Kolben von Glühlampen aus Glas und nicht aus Kunststoff hergestellt werden, obwohl Glas doch leicht zerbrechlich ist.

2 Betrachte den Glühdraht einer Glühlampe mit klarem Glaskolben durch eine Lupe. Die Glühlampe darf nicht eingeschaltet sein.
Beschreibe, wie der Glühdraht geformt ist.

3 Wickele ein 20 cm langes Stück Konstantandraht mit einem Durchmesser von 0,2 mm zur Hälfte auf einen Nagel oder eine Stricknadel auf. Schließe den Konstantandraht an ein Netzgerät an und stelle es auf 8 V ein.
Beobachte den aufgewendelten und den geraden Teil des Drahtes. Schreibe deine Beobachtungen auf.

4 Begründe, warum es sinnvoll ist, den Glühfaden einer Lampe zu wendeln. Beziehe bei deiner Antwort das Ergebnis aus Aufgabe 3 mit ein.

5 Erkläre, warum die Wendel bei manchen Glühlampen noch einmal gewendelt ist.

Die Glühlampe

Die ersten brauchbaren Glühlampen hat Heinrich GOEBEL gebaut. Er wurde 1818 in Springe in der Nähe von Hannover geboren.

GOEBEL wanderte 1848 nach Amerika aus. In New York gelang es ihm nach vielen Versuchen Glühlampen zu bauen, bei denen der Glühfaden bis zu 400 Stunden lang leuchtete. GOEBEL hatte kein Metall zur Verfügung, das heiß genug werden konnte, ohne zu schmelzen. Als Glühfaden wählte er eine Bambusfaser, die er zuvor verkohlen ließ, damit sie elektrisch leitend wurde. Die Glaskolben stellte er aus Glasrohren oder leeren Parfümflaschen her. GOEBEL hat mit seinen Lampen allerdings kein Geld verdient. Sie sind dann in Vergessenheit geraten.

Thomas Alva EDISON dagegen war ein erfolgreicher Erfinder. Als er 1878 mit der Arbeit an einer elektrischen Glühlampe begann, hatte er schon eine Reihe anderer wichtiger Erfindungen gemacht. EDISON arbeitete mit vielen tüchtigen Mitarbeitern in einem gut eingerichteten Labor. Er hatte genug Geld, um seine Erfindungen immer so weit zu entwickeln, bis sie wirklich zu gebrauchen waren.

Als EDISON im Jahr 1879 seine Glühlampe zum Patent anmeldete, hatte er schon daran gedacht, dass Lampen manchmal ersetzt werden müssen. Sie bekamen deshalb einen Schraubsockel, wie er heute noch verwendet wird. Als Glühfaden diente auch ihm eine Faser aus verkohlter Baumwolle. 1892 nahm EDISON in New York das erste öffentliche Elektrizitätswerk der Welt in Betrieb. Erst jetzt konnte sich die Glühlampe im alltäglichen Gebrauch durchsetzen.

Die Größe des Sockels und der Schraubfassung für Glühlampen wird noch heute als E 14 oder E 27 angegeben. Die Zahl gibt den Durchmesser des Lampensockels in Millimetern an, das E erinnert an EDISON.

Etwa um die Jahrhundertwende wurde der Kohlefaden einer Glühlampe durch einen Metallfaden ersetzt. Es musste ein Metall sein, das sehr heiß werden konnte, ohne dabei zerstört zu werden. Denn je heißer ein glühender Draht wird, desto heller leuchtet er. Ein solches Metall ist Wolfram.

Der Glaskolben einer Glühlampe darf keine Luft enthalten, der glühende Draht würde sonst sofort verbrennen. Die ersten Glühlampen wurden deshalb luftleer gepumpt. Heute sind die Glaskolben mit dem Gas Argon gefüllt.

Glühlampen werden zu vielen verschiedenen Zwecken eingesetzt. Sie sehen entsprechend unterschiedlich aus. Es gibt sogar Lampen, die nicht leuchten, sondern wärmen sollen. Es sind Infrarotlampen, die unter anderem bei der Aufzucht von Küken oder Ferkeln verwendet werden.

Weil in Glühlampen der allergrößte Teil der Elektrizität nicht in Licht, sondern in Wärme umgewandelt wird, ersetzt man sie heute zunehmend durch Energiesparlampen.

A *GOEBELs Lampe (um 1860)*

B *EDISONs Lampe (1885)*

C *Moderne Lampe*

1 Entwicklung der Glühlampe

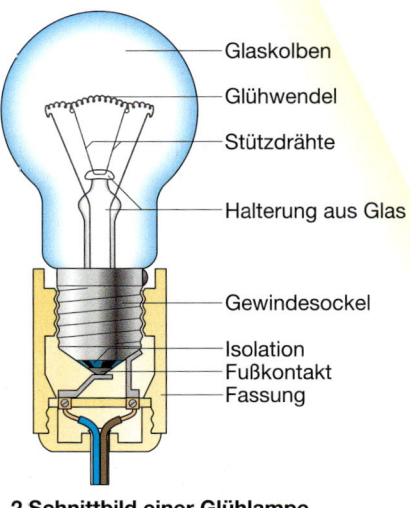

Glaskolben

Glühwendel

Stützdrähte

Halterung aus Glas

Gewindesockel

Isolation
Fußkontakt
Fassung

2 Schnittbild einer Glühlampe

DIE FAHRRADBELEUCHTUNG

Für Fahrräder gibt es umfangreiche Sicherheitsvorschriften. Neben den Bremsen, sind vor allem die Beleuchtungseinrichtungen des Fahrrades genau vorgeschrieben. Danach gibt es Bestimmungen für die aktive Beleuchtung des Fahrrades – das sind Bauteile, die selbst Licht erzeugen – und für die passive Sicherheit durch Bauteile, die auftreffendes Licht zurückwerfen. Letzteres ist vor allem dann erforderlich, wenn die Eigenbeleuchtung durch Scheinwerfer oder Rücklicht ausfällt.

Wenn es keine aktive Beleuchtung gibt, muss mit passiven Bauteilen dafür gesorgt werden, dass Rad und Fahrer gesehen werden können. Dafür hat man allerlei verschiedenfarbige Rückstrahler entwickelt: rot für die Strahlung nach hinten, weiß oder gelb nach vorn bzw. zur Seite. Diese vielfältigen Reflektoren machen ein Fahrrad auch bei Dunkelheit aus allen Richtungen erkennbar. Radfahrer, die ihr Rad nicht so ausrüsten, riskieren nicht nur Geldstrafen, sondern leben sehr gefährlich!

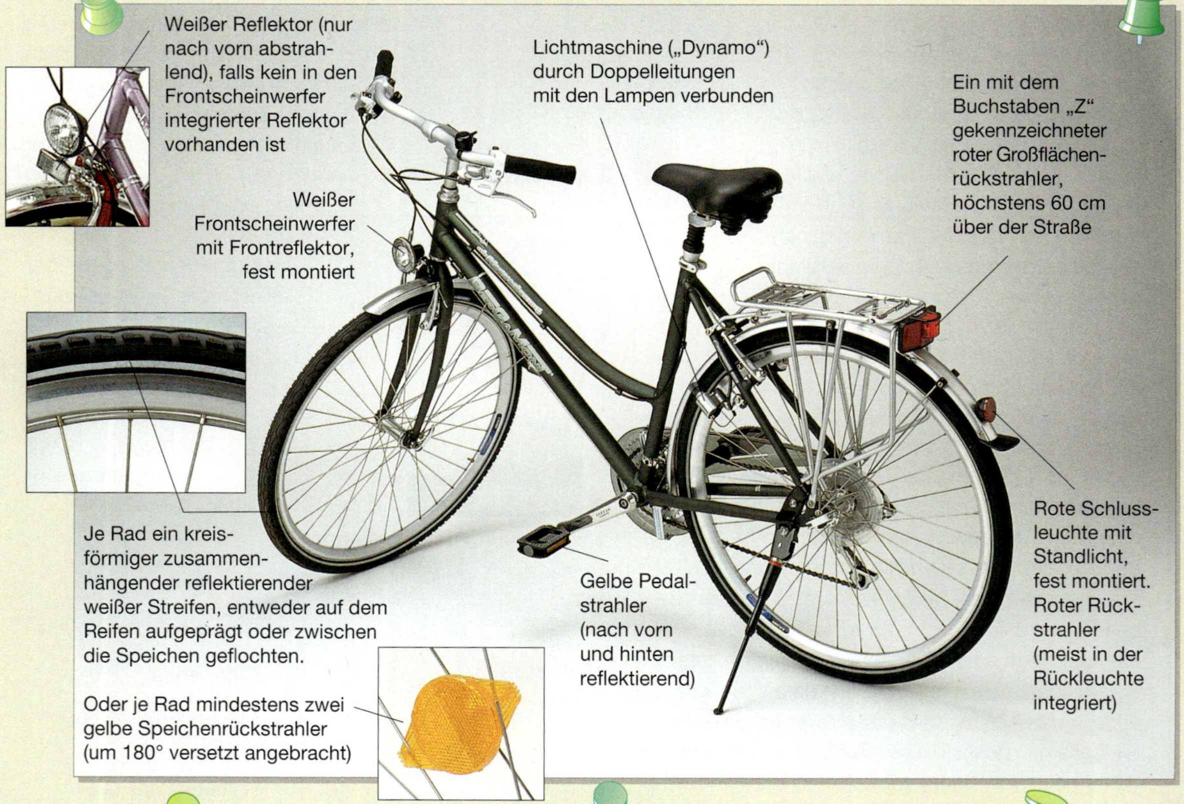

Weißer Reflektor (nur nach vorn abstrahlend), falls kein in den Frontscheinwerfer integrierter Reflektor vorhanden ist

Lichtmaschine („Dynamo") durch Doppelleitungen mit den Lampen verbunden

Ein mit dem Buchstaben „Z" gekennzeichneter roter Großflächenrückstrahler, höchstens 60 cm über der Straße

Weißer Frontscheinwerfer mit Frontreflektor, fest montiert

Je Rad ein kreisförmiger zusammenhängender reflektierender weißer Streifen, entweder auf dem Reifen aufgeprägt oder zwischen die Speichen geflochten.

Oder je Rad mindestens zwei gelbe Speichenrückstrahler (um 180° versetzt angebracht)

Gelbe Pedalstrahler (nach vorn und hinten reflektierend)

Rote Schlussleuchte mit Standlicht, fest montiert. Roter Rückstrahler (meist in der Rückleuchte integriert)

Batteriebeleuchtung mit Ladezustandsanzeige

Kein Dynamo erforderlich
Achtung: Batteriebeleuchtung ist nur für Rennräder bis 11 kg oder Geländeräder bis 13 kg erlaubt

Blink- oder Dauerleuchten mit Dioden

Das Blinken erregt Aufmerksamkeit; Leuchte darf nur am Körper getragen werden, nicht am Rad montiert sein

Dioden-Rücklicht mit Standlicht

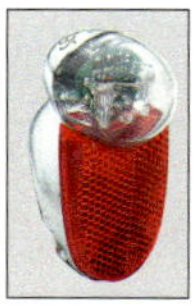

Dank spezieller Speichertechnik Lichtabgabe auch im Stand; wegen der Diode (statt Glühlampe) geringerer Energieverbrauch

Halogenscheinwerfer mit Frontreflektor und Standlicht

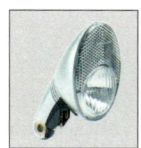

Sehr helles Licht durch Halogenlampe, kein eigener Reflektor nötig

Bau von Stromkreisen I

In diesem Projekt könnt ihr Geräte oder Anlagen bauen, für die unterschiedliche Schaltungen entwickelt werden müssen. Überlegt genau, wie die Schaltung aussehen soll, bevor ihr mit dem Bau beginnt. Zeichnet jeweils einen Schaltplan.

Wenn alle Gruppen fertig sind, werden die Schaltungen vorgestellt und erläutert.

Gruppe 1: Ein Geschicklichkeitsspiel

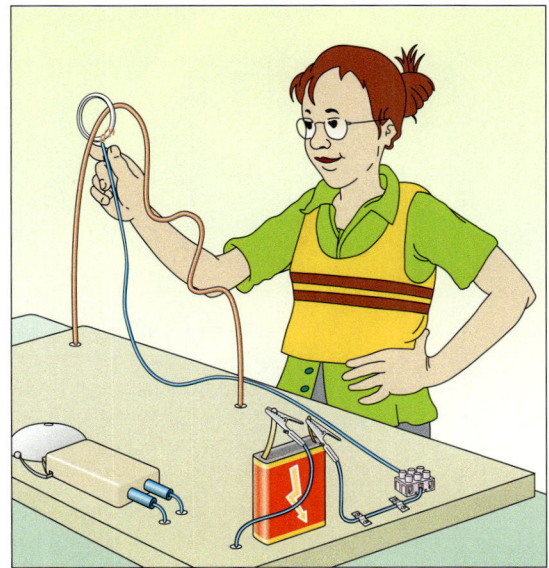

Der „heiße Draht"

Spielanleitung:

Der Schlüsselring soll vom Anfang bis zum Ende des gebogenen Drahtes geführt werden. Dabei darf er den Draht nicht berühren, sonst wird der Stromkreis geschlossen und die Klingel meldet einen Minuspunkt für die Spielerin oder den Spieler.

Das Spiel wird schwieriger,

– wenn der Draht viele Biegungen bekommt;
– wenn der Schlüsselring sehr eng ist;
– wenn ihr nach Zeit spielt.

Wenn ihr mehrere gleiche Geräte baut, könnt ihr gegeneinander spielen.

Ihr könnt aber auch mehrere Geräte parallel schalten und an eine Batterie anschließen, dann wird der „heiße Draht" zum Mannschaftsspiel. Es gewinnt die Mannschaft, bei der keine Mitspielerin oder kein Mitspieler den „heißen Draht" berührt hat.

Gruppe 2: Die Alarmanlage

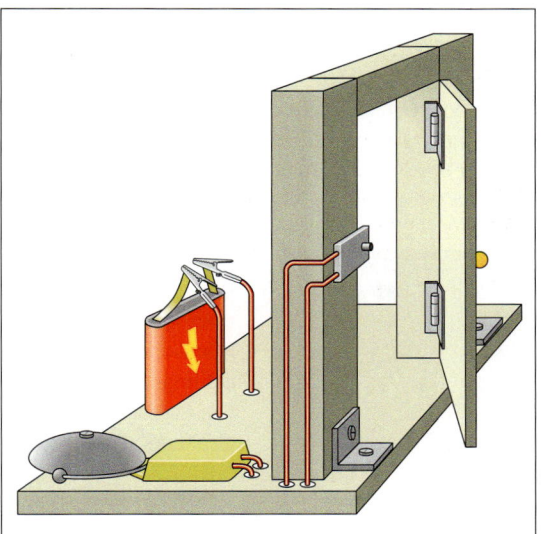

Beim Öffnen der Tür gibt es Alarm

Bei einer Alarmanlage wird an der Zimmertür ein Schalter angebracht, der den Stromkreis bei geschlossener Tür unterbricht. Er schließt ihn, sobald die Tür geöffnet wird. Mit einem solchen Schalter wird die Kühlschrankbeleuchtung ein- und ausgeschaltet. Der Stromkreis besteht neben dem Schalter aus einer Klingel oder einem Summer und einem Stromversorgungsgerät, zum Beispiel der 4,5 V-Batterie.

Baut euch ein Modell einer Tür. Dazu benötigt ihr folgende Materialien:

– 1 Grundplatte (30 cm × 20 cm)
– 2 Holzlatten (30 cm lang), 1 Holzlatte (15 cm lang) als Türrahmen
– 1 Holzplatte mit entsprechender Größe als Tür
– 2 Türscharniere
– 2 Winkeleisen
– Nägel, Holzschrauben, Holzleim
– Hammer, Schraubendreher

Baut nun an dieses Türmodell eure Alarmanlage an.

Überlegt auch, wie die Alarmanlage geschaltet sein müsste, wenn ein Zimmer mehrere Eingänge hat oder wenn auch die Fenster gesichert werden sollen. Der Alarm soll ausgelöst werden, wenn eine Tür oder ein Fenster geöffnet wird.

Projekt | # Bau von Stromkreisen II

Gruppe 3: Die Fahrradbeleuchtung

Ihr sollt den Stromkreis der Fahrradbeleuchtung untersuchen und nachbauen.

1. Schaut euch den Stromkreis und seine Bauteile an einem Fahrrad an. Unterscheidet dabei den Stromkreis für Vorder- und Rücklicht. Bringt die Lampen mit einer 4,5 V-Batterie zum Leuchten.

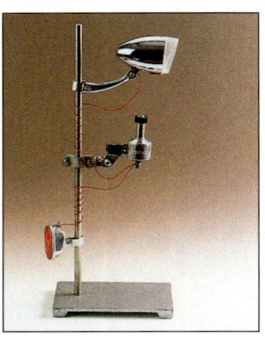

2. Baut die Stromkreise der Fahrradbeleuchtung mit Scheinwerfer, Rücklicht und Fahrradlichtmaschine mit Stativmaterial nach. Achtet dabei auf die Kontakte.

Stromkreise mit nur einem Kabel

3. Besorgt euch ein Fahrrad, bei dem die Beleuchtung defekt ist und bringt sie wieder in Ordnung.

Mögliche Fehlerquellen:
– Bauteile nicht angeschlossen
– Kabel fehlt oder ist gebrochen
– Schutzblech locker
– Kontakte verschmutzt oder verrostet
– Lampen oder Fahrradlichtmaschine defekt

Dieses Fahrrad ist verkehrssicher

Gruppe 4: Ein elektrischer Würfel

Ein Würfel hat 6 Flächen mit 1 bis 6 Punkten. Ihr könnt hier einen ganz anderen „Würfel" bauen. Er ist elektrisch gesteuert und Glühlampen zeigen die „gewürfelte" Zahl an. Jede Lampe ist über einen Schleifkontakt mit der Batterie verbunden. Zum Würfeln müsst ihr das Holzrad in Schwung setzen.

Ein elektrischer „Würfel"

Materialliste:
– Grundplatte aus Holz
– Holzleisten als Ständer
– Holzscheibe als Schwungrad
– leere und gereinigte Milchdose
– großer Nagel als Achse
– 7 Chrom-Nickel-Drähte als Schleifer (0,4 mm)
– 6 Lampenfassungen mit Lampen (3,5 V)
– 7 Lüsterklemmen
– Klingeldraht als Zuleitung
– 4,5 V-Batterie
– Schrauben, Nägel, Klebestreifen, Holzleim

Damit immer nur eine Lampe leuchtet, werden zur Isolierung sechs Klebestreifen um die Dose geklebt. Jeder Streifen hat als Kontaktstelle eine gleich große Lücke. Diese Lücken liegen gleichmäßig versetzt auf der Dose. Sie wird dann mittig auf die Schwungscheibe geklebt und auf der Achse befestigt.

Gruppe 5: Puppenhaus-Beleuchtung

Aus Schuhkartons lassen sich schöne Puppenzimmer bauen.

Ihr benötigt
- dicken, aber noch gut biegbaren Draht
- Lampen und eine Flachbatterie
- mindestens 3 Schuhkartons
- eine Rundzange, einen Seitenscheider

Mehrere solcher Zimmer können zu einem ganzen Puppenhaus zusammengestellt werden. Ihr könnt in eurer Gruppe solch ein Haus gemeinsam bauen: Jede/r übernimmt ein Zimmer. Eine oder einer von euch baut das Treppenhaus. Als erstes wird die Beleuchtung entworfen.

1. Jeder entwirft für sein Zimmer bzw. für das Treppenhaus eine Schaltskizze für den Einbau mehrerer Lampen. Sie sollen in den Zimmern alle zusammen von einem Schalter an der Tür an- und ausgeschaltet werden können.
Im Treppenhaus soll das Licht von unten und von oben beliebig an- und ausgeschaltet werden können.

2. Fügt die Schaltskizzen zu einer gemeinsamen Skizze für das ganze Haus zusammen. Es soll nur eine elektrische Quelle (Flachbatterie) verwendet werden.

3. Jeder führt die Verlegung der Leitungen, der Lampen und des (der) Schalter(s) für sein Zimmer nach nebenstehender Konstruktionsanweisung aus. Jeder prüft noch nach, ob die Lampen in seinem Zimmer auch leuchten.

4. Zum Schluss werden alle Zimmer zusammen gebaut und an die Batterie angeschlossen.

5. Fertigt einen Abschlussbericht über den Bau des Puppenhauses an mit Aussagen über die Schaltungsarten und mit einer vollständigen Schaltskizze der elektrischen Anlage.

6. Selbstverständlich könnt ihr die Wände eures Hauses tapezieren und es mit Möbeln ausstatten.

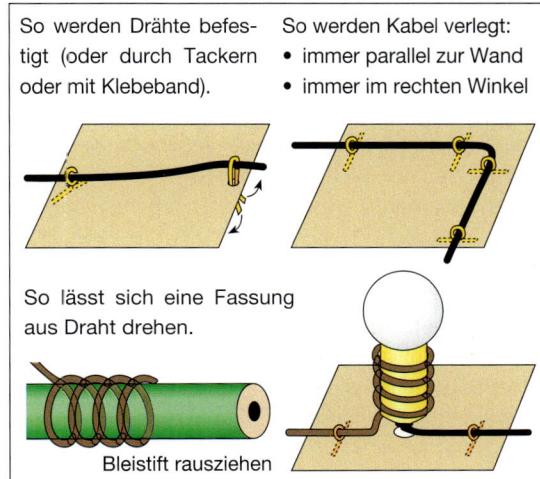

So werden Drähte befestigt (oder durch Tackern oder mit Klebeband).

So werden Kabel verlegt:
- immer parallel zur Wand
- immer im rechten Winkel

So lässt sich eine Fassung aus Draht drehen.

Bleistift rausziehen

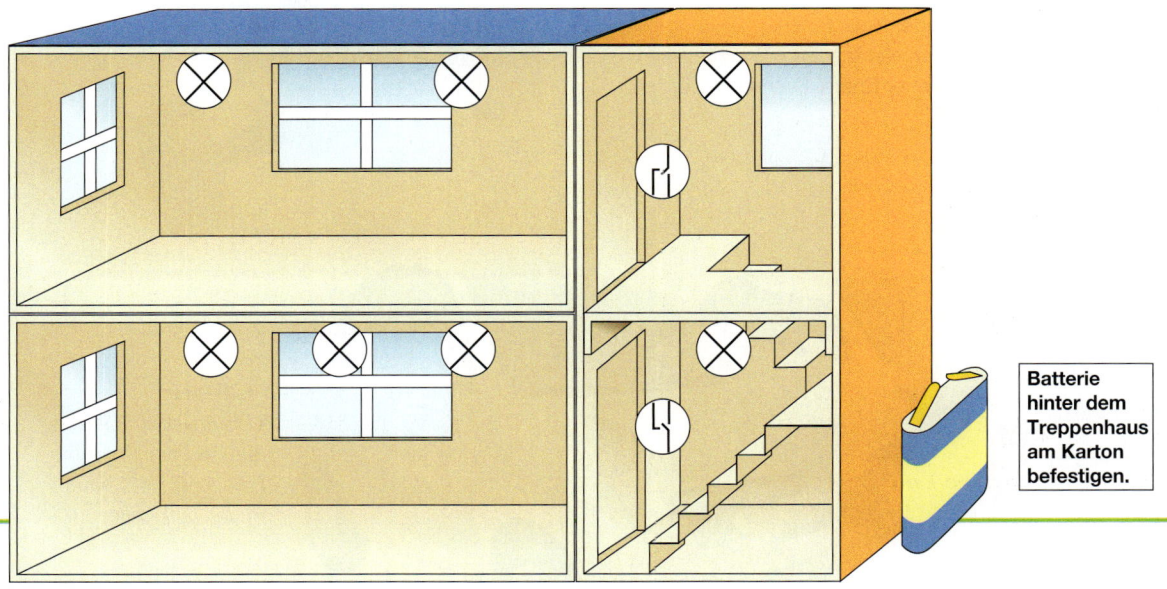

Batterie hinter dem Treppenhaus am Karton befestigen.

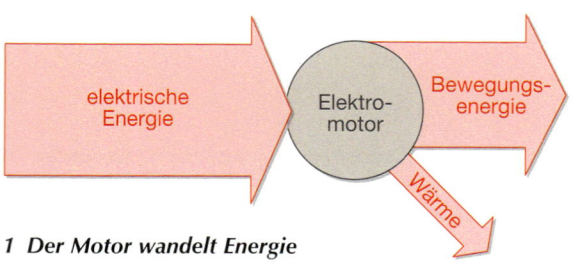

1 Der Motor wandelt Energie

A

4.3 Aus Elektrizität wird Bewegung

Das Elektroauto in Abbildung 2 A fährt nur, wenn du vorher Batterien eingesetzt hast. Die Batterien als Stromquelle geben elektrische Energie ab, die in dem Elektromotor (Abbildung 2 B) in Bewegungsenergie umgewandelt wird. Ein Teil der Energie wird dabei in Wärme umgesetzt.

Bei allen elektrisch angetriebenen Fahrzeugen findet durch den Elektromotor als Wandler eine Umwandlung von elektrischer Energie in Bewegungsenergie statt (Abbildung 1). Auch andere elektrisch getriebene Maschinen wie der Mixer in der Küche, die Waschmaschine, die Bohrmaschine, der elektrische Hobel, der Ventilator und das Elektroauto (Abbildung 2 C) arbeiten auf die gleiche Weise.

Der Renner in Abbildung 2 A bezieht seine elektrische Energie aus mehreren Batterien oder wiederaufladbaren Akkus. Andere Maschinen oder Elektrogeräte und das Elektroauto beziehen die von ihnen benötigte elektrische Energie über die Steckdose.

1 Zähle weitere Möglichkeiten auf, elektrische Energie in Bewegungsenergie umzuwandeln. Nenne dazu die entsprechenden Geräte oder Maschinen.
2 Erläutere, wie die vielen elektrischen Einrichtungen in einem Auto mit elektrischer Energie versorgt werden.

B

2 Full speed.
A elektrisches Spielzeugauto, **B** Blick unter die Haube, **C** Elektroautos an der Tankstelle

C

Die Lokomotive einer Modelleisenbahn fährt mit elektrischer
Energie. Der Motor wandelt diese
elektrische Energie in Bewegungsenergie um. Mit dem Trafo
kannst du die Geschwindigkeit
regeln.

1 Erläutere, wie die Modelleisenbahn mit elektrischer Energie versorgt wird.

Auch die Fahrzeuge des Auto-
scooters werden mit elektrischer
Energie angetrieben. Sie wird von
einem starken Elektromotor in
Bewegungsenergie umgewan-
delt.

2 Beschreibe den Stromkreis
beim Autoscooter. Bedenke,
dass die einzelnen Fahrzeuge auf
einer Eisenplatte fahren.

Bau eines Luftschraubenfahrzeuges

Diesen flotten Renner kannst du dir leicht selbst
bauen. Der Bausatz ist im Handel erhältlich.
Ihm liegt eine ausführliche Bauanleitung bei.
Die Versorgung mit elektrischer Energie erfolgt
über eine 4,5 V-Flachbatterie. Der Elektromotor
wandelt die elektrische Energie in Bewegungsenergie um, die an die Luftschraube weitergegeben wird.
Hinweis: Um Druckstellen beim Zusammenkleben
des Renners zu vermeiden, lege stabile, glatte
Holzreste oder Stücke von fester Pappe zwischen
das Sperrholz und die Klemmzwingen.
Löte die elektrischen Verbindungen, nur so ist
ein zuverlässiger Kontakt möglich.
Anschließend kannst du in einem Rennen feststellen, wer von euch der beste Baumeister ist.

5 Kommunikations- und Informationstechnik

5.1 Telefon und Mobiltelefon

Mit dem Handy telefonieren – das ist für dich nichts Besonderes. Wenn du den Bus verpasst hast, rufst du zuhause an, dass du etwas später kommst. Aber hast du schon einmal darüber nachgedacht, wie die Übertragung deiner Stimme von Ort zu Ort funktioniert? Schließlich befindet sich ja „nur Luft" zwischen deinem Handy und dem Telefon zuhause – oder doch nicht?

Um das allgemeine Prinzip sichtbar zu machen, das bei jeder Informationsübertragung im Hintergrund steht, kannst du dir mit ganz einfachen Mitteln ein Telefon selbst bauen (siehe Aufgabe 1 und Abbildung 1).

Wie funktioniert ein solches Schnurtelefon? Derjenige von euch, der gerade spricht, stellt den **Sender** dar. Der Schall aus seinem Mund trifft auf den Boden des Joghurtbechers und versetzt diesen in Schwingungen. Die Schwingungen übertragen sich auf die Schnur, die den Schall weiterleitet. Die Schnur bildet den **Übertragungsweg** für die Information. Am zweiten Joghurtbecher werden die von der Schnur hervorgerufenen Schwingungen des Becherbodens wieder in Schallwellen umgewandelt, die das Ohr des Hörers erreichen. Er stellt den **Empfänger** der Information dar.

Das Prinzip *Sender-Übertragungsweg-Empfänger* spielt bei jeder Informationsübertragung eine Rolle. Wenn du mit deinem Handy eine Nummer wählst, stellt es eine Funkverbindung zur nächsten Basisstation her. Solche Stationen kannst du als Mobilfunkantennen auf man-chen Gebäuden sehen. Die Basisstation versorgt ein Gebiet von bis zu fünf Kilometern und leitet das Gespräch per *Funk* oder über *Glasfaserleitungen* zu einer Vermittlungsstelle. Schließlich gelangt das Gespräch an den Apparat der Eltern.

Bei diesem Vorgang bist du mit deinem Handy der Sender, deine Eltern mit ihrem Telefon sind der Empfänger. Der Übertragungsweg ist allerdings komplizierter als beim Schnurtelefon: Funkwellen, Basisstation und Vermittlungsstelle gehören dazu. Während der Übertragung ist mehrfach eine **Umwandlung von Signalen** nötig. Ein Mikrofon im Handy nimmt, wie der Boden des Joghurtbechers, die Schallschwingungen auf und wandelt sie in Stromschwingungen um. Diese werden vom Handy per Funk weitergegeben und wieder als elektrisches Signal übertragen. Für Glasfaserleitungen ist die Umwandlung in Lichtimpulse nötig. Im Telefon des Empfängers wandelt ein Lautsprecher die Stromschwankungen wieder in Luftschwingungen um, die vom menschlichen Ohr aufgenommen werden und in Form von elektrischen Impulsen an das Gehirn übertragen werden.

Veranschauliche dir noch einmal die Gemeinsamkeiten bei der Informationsübertragung mit Schnurtelefon und Handy. Bei beiden gibt es einen *Sender* und einen *Empfänger,* in denen Signale umgewandelt werden. Der *Übertragungsweg* ist beim Handy wesentlich komplizierter als beim Schnurtelefon. Trotzdem werden die Vorgänge vom Modell „Sender – Übertragungsweg – Empfänger" beschrieben.

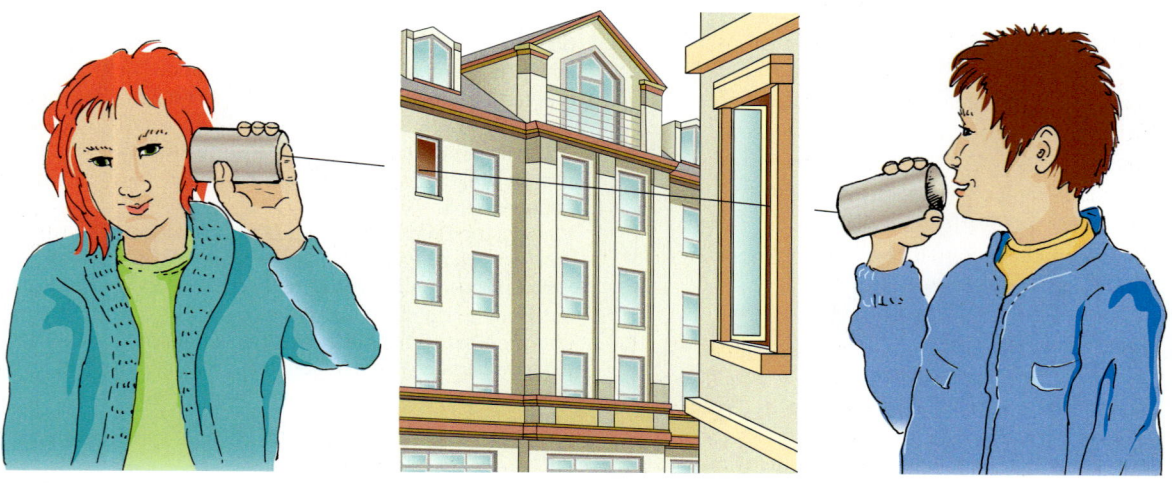

1 Schnurtelefon

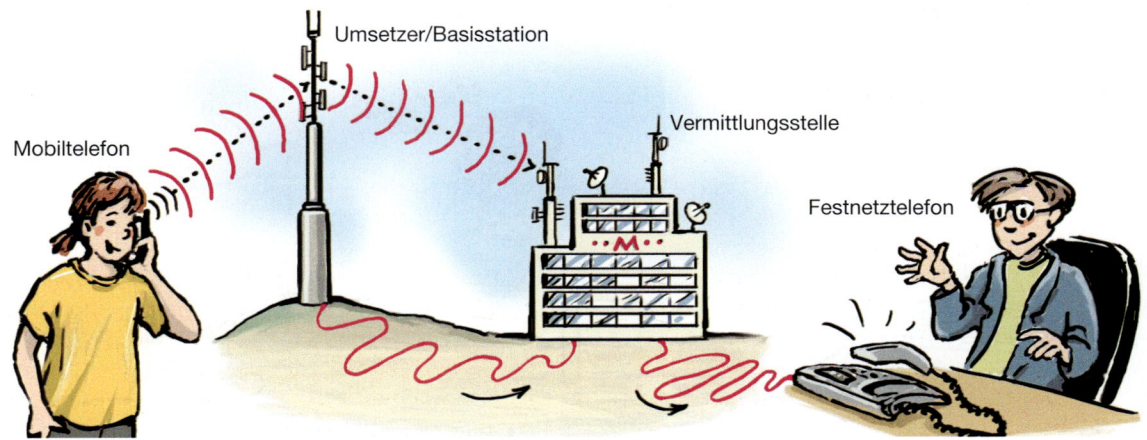

2 Übertragungswege von einem Mobiltelefon zu einem Festnetztelefon

1 Bau dir dein eigenes Schnurtelefon. Dazu brauchst du zwei größere Joghurtbecher, in deren Boden du ein kleines Loch bohrst. Fädele das Ende einer etwa 5 m langen Paketschnur durch das Loch im Joghurtbecher. Verknote die Schnur im Inneren des Bechers, sodass sie nicht durch das Loch hindurch rutschen kann.
Das andere Ende der Schnur befestigst du in gleicher Weise am anderen Joghurtbecher.
Nun könnt ihr zu zweit telefonieren. Das Telefon funktioniert nur, wenn die Schnur gespannt ist. Einer von euch spricht, der andere hält sein Ohr an den Joghurtbecher. Probiert aus, wie leise ihr sprechen könnt, um noch verstanden zu werden. Könnt ihr auch mehrere Telefone verknüpfen?

2 Probiert aus, ob das Joghurtbecher-Telefon auch mit einer längeren Schnur noch genauso gut funktioniert. Erklärt eure Beobachtungen.

3 Beschreibe den Übertragungsweg von einem Handy zu einem Festnetztelefon.

4 Nenne die Signalumwandlungen, die für die Übertragung von einem Handy zu einem Festnetztelefon notwendig sind.

5 Beschreibe die Informationsübertragung beim Schnurtelefon im Modell „Sender – Übertragungsweg – Empfänger".

Die Erfindung des Telefons: Philipp REIS und Alexander BELL

Streifzug durch die Geschichte

Johann Philipp REIS (1834–1874): Der Physiklehrer bastelte an einem Ohr-Modell und entdeckte dabei das Telefon. Sein Apparat war in der Lage, Töne in elektrischen Strom zu wandeln und an einem anderen Ort als Schall wiederzugeben. Der erste dabei ins Telefon gesprochene Satz lautete „Das Pferd frisst keinen Gurkensalat." und wurde am anderen Ende der Leitung kaum verstanden. Die Konstruktion von REIS war noch sehr unausgereift und konnte sich nicht durchsetzen.

Alexander BELL (1847–1922): BELL entwickelte 1876 einen ähnlichen Apparat wie REIS. Es gelang BELL seine Idee durch ein Patent schützen zu lassen, sodass er nach einigen Verbesserungen die ersten Fernsprechverbindungen aufbauen konnte. Er gründete 1877 eine Telefon-

gesellschaft, aus der sich einer der weltgrößten Telefonkonzerne entwickelte.

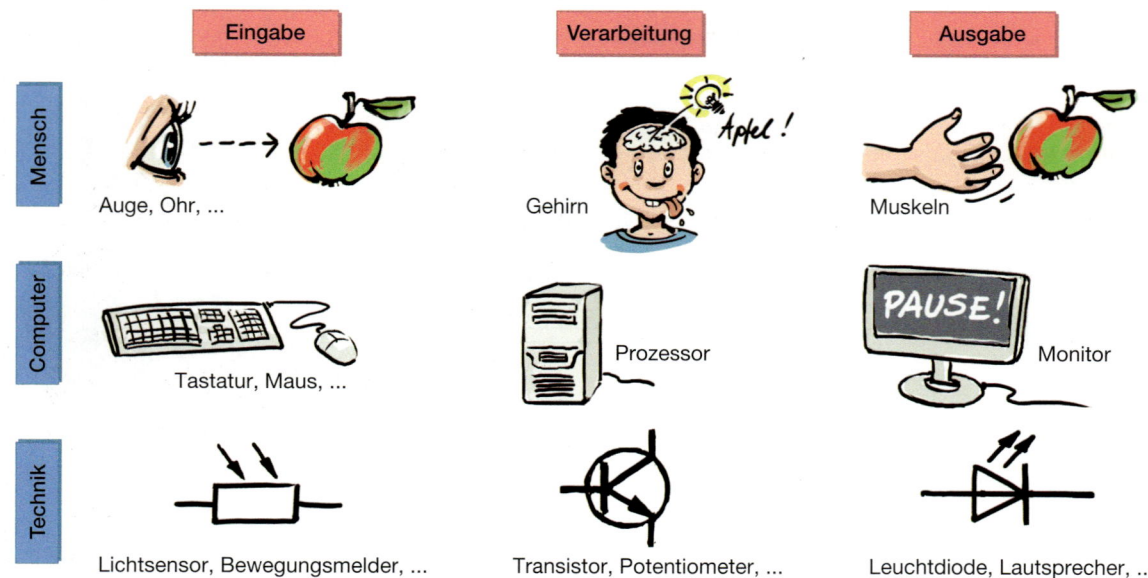

1 Das EVA-Prinzip bei Mensch, Computer und Elektronik

5.2 Das EVA-Prinzip

Die Verarbeitung von Informationen kann man sowohl beim Menschen als auch bei einem technischen Gerät mit dem **EVA-Prinzip** beschreiben. Dabei steht **E** für Eingabe, **V** für Verarbeitung und **A** für Ausgabe. Wie funktioniert das beim Menschen?

Eingabe. Für die Eingabe von Informationen beim Menschen sind seine Sinnesorgane wie etwa die Augen zuständig. Reize aus der Umwelt werden wahrgenommen und so umgewandelt, dass sie über das Nervensystem weitergeleitet werden können.

Verarbeitung. Im Gehirn werden die eingehenden Informationen verarbeitet. Unwichtige Informationen werden verworfen, wichtige im Gedächtnis abgelegt. Erst im Gehirn wird aus einem roten runden Etwas ein Apfel, weil das Gehirn bereits früher gelernt hat, wie ein Apfel aussieht. Für die Verarbeitung von Informationen im Gehirn spielen Erfahrungen, logisches Denken, Gefühle und persönliche Wertvorstellungen eine große Rolle.

Ausgabe. Die verarbeiteten Informationen werden anschließend ausgegeben, zum Beispiel indem eine Hand nach dem Apfel greift. Dazu gibt das Gehirn Befehle an die entsprechenden Muskeln.

Auch technische Geräte funktionieren nach dem EVA-Prinzip. Beispiele sind dein Handy und dein Computer.

Eingabe. Beim Handy erfolgt die Eingabe der Rufnummer durch Tastendruck. Während des Telefonats kommt die Eingabe durch den Schall deiner Stimme zustande. Die Schallschwingungen treffen auf ein Mikrofon und werden von diesem in Stromschwingungen umgewandelt.

Verarbeitung. Wenn du schon einmal ein geöffnetes Handy gesehen hast, weißt du, dass sich in seinem Innern elektronische Schaltkreise befinden. Sogenannte Chips, übernehmen die Verarbeitung der vom Mikrofon kommenden Signale. Sie sind auf einen Träger für elektronische Bauteile, der sogenannten Platine, gelötet.

Ausgabe. Beim Handy spielen zwei Formen der Ausgabe eine Rolle. Die von den Chips ausgehenden elektrischen Signale werden in der eingebauten Antenne in Funkwellen umgewandelt und an die Basisstation gesendet. Wenn dein Gesprächspartner antwortet, wird seine Stimme von dem kleinen Lautsprecher ausgegeben, der im Handy eingebaut ist.
Lautsprecher funktionieren genau umgekehrt wie Mikrofone, sie wandeln elektrische Signale in Schallwellen um.

Eine besondere Rolle spielt das EVA-Prinzip beim Computer. Hier sind Ein- und Ausgabegeräte besonders auffällig.

Eingabe. Du kennst verschiedene Formen der Eingabe für den Computer: Mit der Tastatur kannst du Texte eingeben, mit der Maus bewegst du den Cursor auf dem Bildschirm. Oft ist auch ein Mikrofon vorhanden, zum Beispiel in einem Headset.

Verarbeitung. Der Computer hat eine zentrale Stelle zur Verarbeitung der eingegebenen Informationen: den Prozessor (CPU). Er führt einige Milliarden Verarbeitungsschritte in jeder Sekunde durch. Auf einem modernen Chip befinden sich etwa 500 Millionen Transistoren, die elementaren Bausteine der Informationsverarbeitung. Neben der CPU spielt auch die Grafikkarte eine wichtige Rolle bei der Informationsverarbeitung im Computer. Hier wird alles für die Ausgabe auf dem Bildschirm vorbereitet.

Ausgabe. Hauptsächlich erfolgt die Ausgabe beim Computer über den Bildschirm. Aber auch die Ausgabe von Klängen und der Austausch von Informationen mit dem Internet sind bei modernen Computern wichtig.

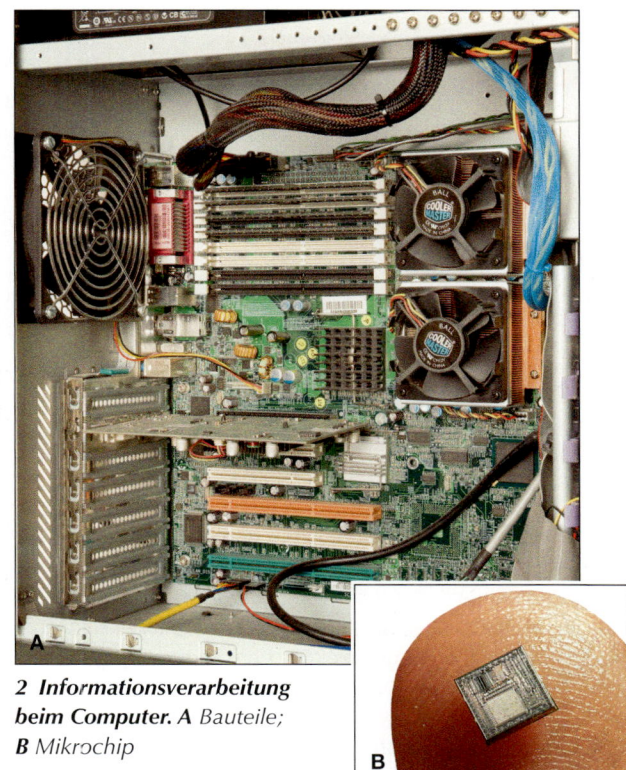

2 Informationsverarbeitung beim Computer. A *Bauteile;* **B** *Mikrochip*

Der erste Transistor

Der Transistor ist das elementare Bauelement zum Schalten und Verstärken von elektrischen Signalen. Er hat drei Anschlüsse. Wenn man ein Signal an einen davon legt, kann man den Stromfluss durch die anderen steuern.

Oft wird die Entwicklung des Transistors als die weitreichendste Erfindung des 20. Jahrhunderts bezeichnet. Computer und Internet sind nur die auffälligsten Beispiele für Entwicklungen, die auf dem Transistor beruhen und die unsere Gesellschaft in den letzten 30 Jahren entscheidend verändert haben. Heutzutage kommt fast kein Gerät mehr ohne elektronische Steuerung aus – von der Waschmaschine im Haushalt bis zur Ampelanlage im Verkehr.

Das Funktionsprinzip des Transistors wurde 1925 von dem deutschen Physiker Julius Edgar LILIENFELD zum Patent angemeldet. Das erste funktionsfähige Exemplar wurde 1947 William SHOCKLEY, John BARDEEN und Walter BRATTAIN gebaut, die dafür 1956 den Physik-Nobelpreis verliehen bekamen. BARDEEN

1 Transistoren

ist der Einzige, der ihn ein zweites Mal bekam: 1972 für die Erklärung der Supraleitung, der Stromleitung ohne jeden Widerstand bei sehr tiefen Temperaturen.

Meilensteine der Elektrotechnik und Elektronik

1 Allesandro VOLTA

3 Jack KILBY

Bevor sie technisch nutzbar gemacht wurde, galt die Elektrizität nur als eine interessante Erscheinung, die zur Unterhaltung vorgeführt wurde. Um 1800 entwickelt Allesandro VOLTA die erste Batterie. Nach ihm ist die Einheit der elektrischen Spannung, das Volt, benannt. Mit VOLTAs Batterie stand zum ersten Mal eine zuverlässige Quelle von elektrischem Strom zur Verfügung. Doch erst die Erfindung des Dynamos durch Werner von SIEMENS erlaubte den Einsatz der Elektrizität im großen Maßstab.

Mit riesigen Dynamos konnte Elektrizität in Kraftwerken erzeugt werden. Nun war es möglich, öffentliche Gebäude und viele Haushalte mit elektrischer Beleuchtung auszustatten. Auch Elektroherde, elektrische Aufzüge und viele andere elektrische Geräte kamen auf. 1881 wurde in Berlin-Lichterfelde die erste elektrische Straßenbahnlinie eröffnet. Nach und nach wurden die alten Dampfloks von elektrischen Eisenbahnen sowie von Dieselloks abgelöst. Es dauerte aber noch fast 100 Jahre, bis die letzten Dampfloks ausgemustert wurden.

Eine Anwendung der Elektrizität, die immer wichtiger wird, ist die Verarbeitung von Informationen. Nach der Erfindung des Transistors entwickelte Jack KILBY im Jahr 1958 den ersten Chip. Dafür erhielt er im Jahr 2000 den Physik-Nobelpreis. Er legte den Grundstein für die Entwicklung der Computerindustrie.

Anfangs waren Computer so groß und teuer, dass sie nur in Rechenzentren in Universitäten und großen Firmen zu finden waren. Um 1980 halten die ersten Computer Einzug in die Haushalte. Der abgebildete Computer hatte einen Hauptspeicher von 7167 Byte und ein Kassettenlaufwerk statt einer Festplatte. Heute sind Hauptspeichergrößen von 2 Milliarden Byte und mehr üblich.

Seit den 1980er Jahren setzt sich die mobile Unterhaltungselektronik immer mehr durch. Laptop, Handy und MP3-Player haben eine enorme Verbreitung gefunden. Technisch wurde dies durch die immer weiter getriebene Miniaturisierung der Elektronik und durch die fortlaufende Verbesserung der Akkus ermöglicht. Eine aktuelle Entwicklung ist die Internet-Anbindung mobiler Geräte, die viele neue Möglichkeiten eröffnet.

2 Elektrische Straßenbahn von 1881

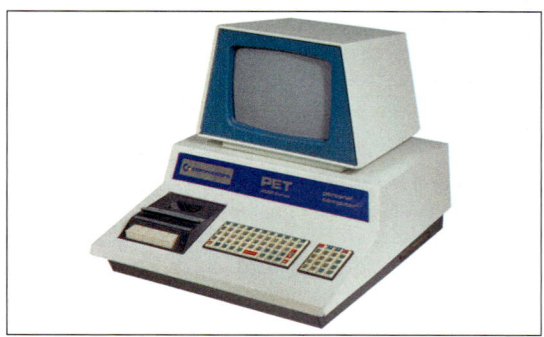

4 Heimcomputer aus dem Jahr 1977

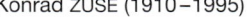

Werner v. SIEMENS (1816–1892)

1866 erfindet Werner von SIEMENS den Dynamo. Dadurch wird die Stromerzeugung in Kraftwerken im großen Maßstab möglich. Die Elektrizität kann ihren Siegeszug durch Industrie und Haushalte beginnen. Heute prägt sie unsere moderne Lebensweise.

Konrad ZUSE (1910–1995)

Konrad ZUSE entwickelte seit 1934 den ersten frei programmierbaren Computer. Sein Computermodell Z3 von 1941 gilt als der erste funktionierende Computer der Welt. Er arbeitete noch nicht elektronisch, sondern mit Hilfe von elektromagnetischen Schaltern.

Tim BERNERS-LEE (geb. 1955)

Tim BERNERS-LEE ist der Entwickler des WWW-Protokolls (World Wide Web) zum weltweiten Informationsaustausch im Internet. 1990 wurde im Physik-Forschungszentrum CERN der erste Webserver in Betrieb genommen. Die Idee hat sich weltweit durchgesetzt; heute gibt es viele Milliarden Webseiten.

Thomas Alva EDISON (1847–1931)

Kaum ein Mensch hat so viele Erfindungen gemacht wie Thomas EDISON. Er war nicht nur Mit-erfinder der Glühlampe, sondern auch der Erste, der Musik auf einem Tonträger festhalten konnte (Phonograph, 1877). EDISON trieb auch den Ausbau der Strom-versorgung für Industrie und Haushalte energisch voran.

Zusammenfassung

Geräte und Maschinen im Alltag

Basiskonzept System

In einem System ist das Ganze mehr als die Summe seiner Teile. Am Beispiel des Stromkreises wird dies besonders deutlich.

Für den Aufbau eines einfachen Stromkreises braucht man eine Batterie, ein Lämpchen und zwei Drähte, mit denen das Lämpchen und die beiden Pole der Batterie verbunden werden. Wenn der Stromkreis geschlossen ist, fließen die Elektronen in dem einen Draht von der Batterie zum Lämpchen, im anderen Draht fließen sie wieder zurück.

Den Stromkreis kann man mit einem Schalter unterbrechen. Das Lämpchen erlischt dann. Mit dem Elektronenmodell kann verdeutlicht werden, was beim Öffnen des Schalters geschieht. Wenn sich der Schalter vor dem Lämpchen befindet, kommen die von der Batterie durch den Stromkreis gepumpten Elektronen gar nicht erst bis zum Lämpchen, sodass es nicht leuchtet.

Das Lämpchen erlischt jedoch auch, wenn der Schalter sich dahinter befindet. Anscheinend „wissen" die Elektronen von einem Schalter, der erst nach dem Lämpchen kommt.

Der Stromkreis ist ein System, in dem alle Teile dazu beitragen, dass das Ganze funktioniert. In einem solchen Stromkreis verhindert der Schalter hinter dem Lämpchen, dass die Elektronen zur Batterie zurückfließen. Im Draht entsteht ein „Elektronenstau", der bis vor das Lämpchen reicht, sodass auch hier keine Elektronen fließen können.

Fast alle technischen Geräte bestehen aus zusammen wirkenden Bauteilen unterschiedlicher Funktion. Man sagt, sie sind modular aufgebaut. Die zusammen wirkenden Bauteile bilden ein System.

Ein Handy ist ein sehr komplexes Gerät, das auf kleinem Raum viele Bauteile enthält, die alle zusammenarbeiten müssen, damit das Gerät funktioniert:

(1) Der Akku versorgt das Handy mit Strom. Wenn er erschöpft ist, muss er neu aufgeladen werden.

(2) Mikrofon und Lautsprecher dienen zur Ein- und Ausgabe.

(3) Die Verarbeitung der Information erfolgt durch die Chips auf der Platine. Wie ein Computer hat ein Handy einen Prozessor. Neue Geräte besitzen sogar schon mehrere Prozessoren, um die Ausgabe von Grafiken und Videos zu beschleunigen.

(4) Die Sendeelektronik, die die Sprachsignale in elektrische Impulse umwandelt.

(5) Eine Antenne, die die elektrischen Signale als Funkwellen abstrahlt und empfängt.

(6) Eine Tastatur zur Eingabe der Telefonnummern.

Einige Handymodelle verwenden hierzu einen berührungsempfindlichen Bildschirm, der eine bequeme Eingabe erlaubt und dazu noch Platz für das Abspielen von Videos bietet.

Wenn eines der Bauteile ausfällt, funktioniert das ganze System nicht mehr. Vor allem Feuchtigkeit kann die empfindliche Elektronik beschädigen. Wenn es nass wird, kann das Handy funktionsunfähig werden.

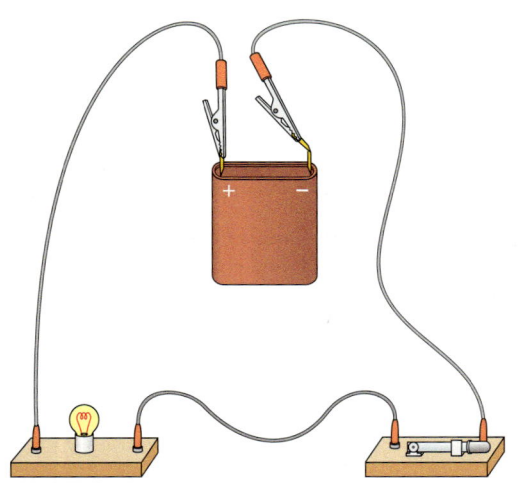
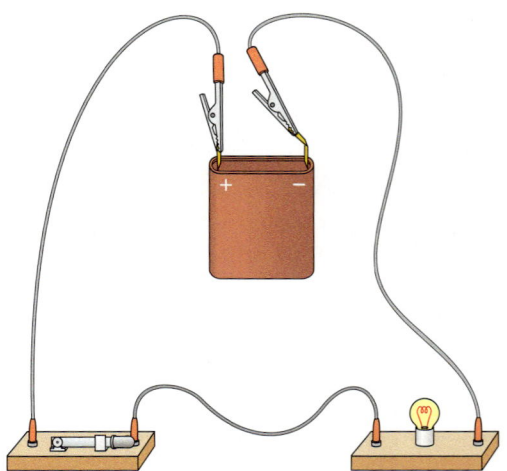

Einfache Stromkreise

Das Handy: Ein System von Einzelteilen

Basiskonzept Energie

Elektrischer Strom wird auf vielfältige Weise verwendet. In einem Toaster oder einem Fön wird mit dem elektrischen Strom ein Heizdraht betrieben, der Wärme an die Umgebung abgibt. Auch für die Lichtwirkung in Glühbirnen wird elektrischer Strom verwendet. Eine weitere wichtige Wirkung des elektrischen Stroms ist seine Fähigkeit, Elektromotoren anzutreiben.

In allen elektrischen Geräten kommt es zu Energie-umwandlungen. Eine Lampe beispielsweise wandelt elektrische Energie in Licht und Wärme um.

Basiskonzept
Struktur – Eigenschaft – Funktion

Wenn technische Geräte auf ihre Umwelt reagieren sollen, brauchen sie **Sensoren** oder „Fühler". Ein Beispiel ist der Bewegungssensor an vielen Haustüren, der eine Lampe einschaltet, wenn sich jemand nähert. Sensoren müssen Umwelteinflüsse in elektrische Signale umwandeln.

In manchen Geräten werden Materialien aufgrund ihrer Eigenschaften als Leiter oder Nichtleiter als Sensoren verwendet.

In Wasserstands-Messgeräten für Hydrokultur-Pflanzen werden solche Materialien als Sensor verwendet. Wenn Wasser die beiden Drahtenden des Sensors berührt, können die Elektronen durch das Wasser von einem Draht zum anderen fließen und der Stromkreis ist geschlossen. Der Sensor zeigt dann an, dass noch genügend Wasser vorhanden ist.

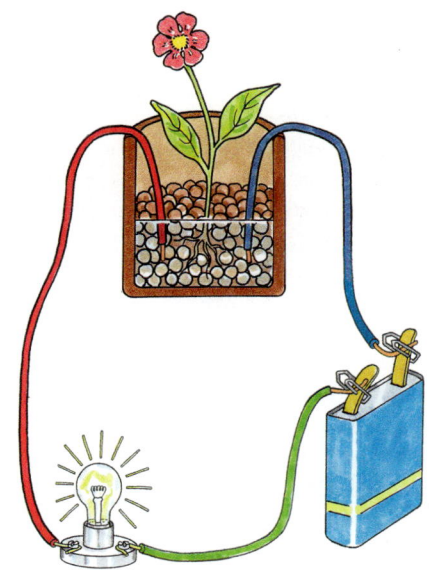

Feuchtigkeitsmessgerät
als Sensor

In elektrischen Geräten wird Energie umgewandelt

319

Wissen vernetzt

Geräte und Maschinen im Alltag

A 1 Die Glühlampe vor 1901

A 2 Die Glühlampe verschwindet

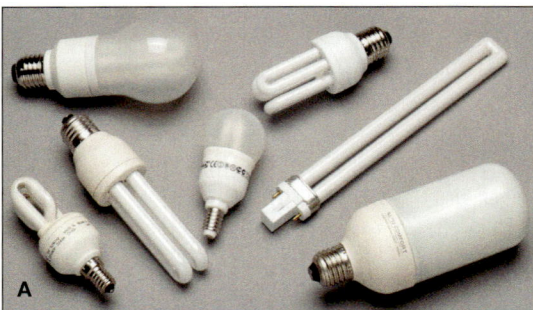

A

B

Die älteste noch funktionierende Glühlampe der Welt ist seit dem Jahr 1901 in Betrieb. Obwohl sie schon über 100 Jahre alt ist, sieht sie fast so aus wie heutige Glühlampen. Sie besteht aus einem mundgeblasenen Glaskolben und einem Glühfaden aus Kohle.

Die Glühlampe diente als Nachtlicht in einer Feuerwache in San Francisco. Sie überlebte unter anderem das große Erdbeben im Jahr 1906 und einen Umzug der Feuerwache 70 Jahre später, bei dem sie mit einer Polizeieskorte transportiert wurde.

Es gibt eine eigene Internet-Seite für diese Glühlampe, auf der man sie live mit einer Webcam beobachten kann.

Aufgaben: a) Recherchiere im Internet über die älteste Glühlampe der Welt. Präsentiere deine Ergebnisse in geeigneter Form.

b) Begründe, warum das Alter dieser Glühbirne überraschend ist. Beziehe die Materialien, die in der Glühbirne verwendet wurden, in deine Überlegungen mit ein.

Nach über 100 Jahren hat die von Göbel und Edison erfundene Glühlampe ausgedient. Der Grund: Sie wandelt zu wenig Energie in Licht um und gibt zu viel Wärme ab. Andere Lampenformen sind da effektiver: die sogenannten Energiesparlampen oder weiße Leuchtdioden (LEDs).

Aufgaben: a) Recherchiere nach den verschiedenen Lampen-Bauformen und bereite eine Präsentation deiner Ergebnisse vor.

b) In der Europäischen Union wird die Glühlampe schrittweise in den Jahren 2009 bis 2016 abgeschafft. Nach und nach dürfen verschiedene Glühlampenarten nicht mehr verkauft werden.

Informiere dich über die Hintergründe der EU-Regelungen und die Diskussion, die sie ausgelöst haben. Diskutiert eure Ergebnisse in der Klasse.

A3 Energiesparmöglichkeiten

Energiesparen schont den Geldbeutel

Koblenz. Fernseher, Stereoanlage, DVD-Player – viele Geräte in unserem Haushalt sind nie richtig ausgeschaltet und laufen immer betriebsbereit im Stand-by-Betrieb. Doch auch im Stand-by-Betrieb fließt weiterhin Strom durch die Geräte. Eine Studie des Verbraucherschutzbundes ergab, dass im privaten Haushalt jährlich zwischen 50 € und 120 € Stromkosten gespart werden könnten, wenn diese Geräte vollständig ausgeschaltet wären.

Aus Zeitungsberichten und aus dem Fernsehen weißt du bestimmt, dass Energie knapp und teuer ist.

Aufgaben: a) Der Zeitungsartikel zeigt eine Möglichkeit zum Energie sparen. Nimm dazu Stellung.

b) Mehrfachsteckdosen mit Schaltern können helfen, den Stromverbrauch zu Hause zu senken. Erläutere anhand eines Schaltplans, wie dies funktioniert.

c) Am meisten Energie wird von den deutschen Haushalten für Heizung (etwa 50 % der verbrauchten Energie) und Auto (ca. 32 %) aufgewendet. Hier liegen auch die größten Einsparmöglichkeiten, etwa bei überflüssigen Fahrten mit dem Auto.

Überlege dir Möglichkeiten, den Energieverbrauch bei euch zuhause zu verringern. Diskutiert darüber in der Klasse.

A4 Ein selbstgebauter Elektromagnet

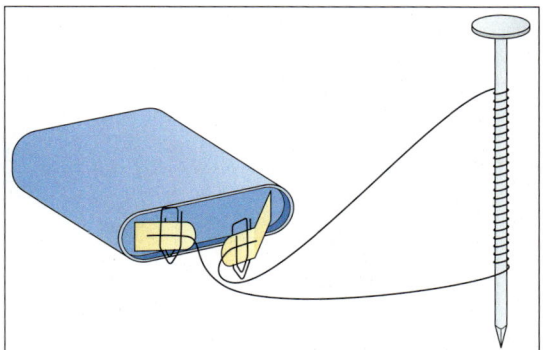

Aufgaben: a) Baue dir selbst einen Elektromagneten. Wickle dazu isolierten Draht in engen Windungen um einen dicken Nagel. Schließe die Drahtenden an eine Flachbatterie an. Probiere aus, wie viele Büroklammern dein selbstgebauter Magnet halten kann. Aber achte darauf, den Elektromagneten nicht zu lange an die Batterie anzuschließen. Die Batterie ist sonst sehr schnell leer.

b) Recherchiere Anwendungsmöglichkeiten eines Elektromagneten für ein Gerät im Alltag. Beschreibe die Funktionsweise und stelle deine Ergebnisse in geeigneter Form vor.

A5 Ein Telefongespräch

Aufgaben: a) Ein Telefonat wird geführt. Beschreibe den Weg der Signale von einem Mobiltelefon zu einem Festnetztelefon.

b) Nenne die Bauteile, die eine Umwandlung der Signale übernehmen.

c) Welche Energieumwandlungen finden statt?

Stoffe im Alltag

Stoffe unterscheiden

Nahrungsmittel und Getränke kann man in der Regel leicht unterscheiden, denn sie sehen unterschiedlich aus, riechen und schmecken jeweils anders. Doch auch andere Stoffe kannst du aufgrund bestimmter Eigenschaften unterscheiden.

Erstelle eine Liste von möglichst vielen Gegenständen, die du in deinem Zimmer findest. Notiere ebenfalls, durch welche besonderen Eigenschaften sich diese Gegenstände unterscheiden lassen. Denke dabei zum Beispiel an verschiedene Materialien, Härte, Farbe, Geruch und Verformbarkeit.

Woher kommt das Material für unsere Kleidung?

Aus welchem Material die Kleidung besteht, kann man auf den Etiketten nachlesen. Erstelle daraus eine Liste der verschiedenen Materialien.
Betrachte die Abbildung und versuche herauszufinden, welche Rohstoffe für Textilien genutzt werden.
Informiere dich an einem Beispiel darüber, welche Verarbeitungsschritte vom Rohstoff bis zur fertigen Kleidung durchlaufen werden müssen.

Eisenbahnen und Flugzeuge bestehen aus unterschiedlichen Werkstoffen

Für den Bau von Eisenbahnen verwendete man von Anfang an Stahl. Bei Flugzeugen erwies es sich zunächst als schwierig, geeignete Materialien zu finden. Die ersten Maschinen bestanden meist noch aus einem Holzgerüst, das mit Stoff bespannt war. Erst seit etwa 1930 setzte sich nach und nach Aluminium als Werkstoff für Rumpf und Flügel durch.

Überlege, welche Eigenschaften Werkstoffe haben müssen, aus denen man Eisenbahnen oder Flugzeuge bauen kann. Informiere dich darüber, welche Vorteile Aluminium für den Flugzeugbau hat.

Versuche in Erfahrung zu bringen, ob man Aluminium auch für den Bau von Autos nutzt.

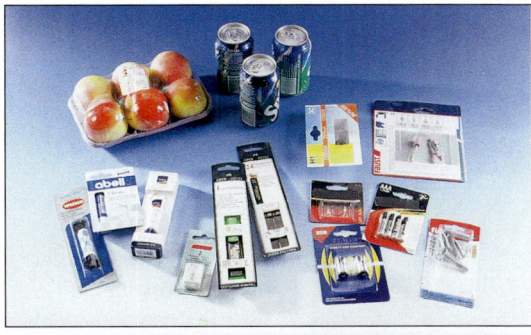

Überall Verpackungen!

Vergleiche die beiden Abbildungen miteinander und ziehe Schlussfolgerungen. Sammle die Verpackungen, die im Haushalt innerhalb einer Woche anfallen. Was geschieht damit? Erstelle zum Thema Müll eine Mindmap.

Eine Kerze brennt

Führe das Experiment wie abgebildet durch. Beschreibe die Ergebnisse. Stelle selbst Fragen und suche Erklärungen. Stelle einen Zusammenhang zwischen diesem Experiment und der Atmung her.

1 Stoffe haben unterschiedliche Eigenschaften

1.1 Körper und Stoffe erkennen und unterscheiden

Du benutzt deine Sinnesorgane, um Gegenstände und Stoffe unserer Umwelt zu erkennen.
Stell dir vor, eine Klassenkameradin soll dir eine Süßigkeit beschreiben, die du nicht sehen kannst. Wie beschreibt sie ein Gummibärchen? Sicher beschreibt sie das Aussehen, also die Farbe und die Form, dann den Geruch und möglicherweise auch noch die Verformbarkeit, die sie ertastet hat. Augen, Nase und der Tastsinn wirken hier zusammen und geben dir eine Vorstellung der Süßigkeit.

Die **Augen** sind dein wichtigstes Sinnesorgan. Mit ihnen erkennst du nicht nur die Farbe und die Form, sondern auch, wie die Oberfläche eines Gegenstandes beschaffen ist.

1 Farbe

Außerdem erkennst du, ob ein Stoff fest oder flüssig ist und ob der Gegenstand undurchsichtig, durchscheinend wie Milchglas oder klar durchsichtig wie Glas ist.

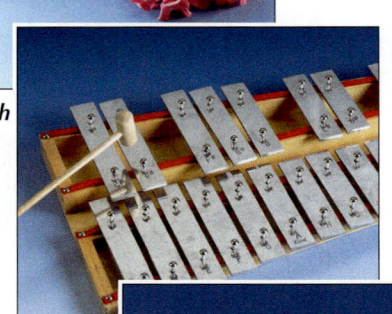

2 Geruch

Deine **Nase** lässt dich viele Gerüche wahrnehmen und warnt dich manchmal vor gefährlichen Gasen. Der beißende Rauch eines Feuers veranlasst dich, einen Ort mit frischer Luft zu suchen.

3 Klang

Im Zusammenwirken mit der **Zunge** werden besonders Nahrungsmittel erkannt und unterschieden. Deine Zunge unterscheidet dabei süß, sauer, bitter und salzig. Beim Erkennen und Genießen der Nahrung spielen aber auch noch die Tastsinneszellen der Lippen und im Mundbereich eine wichtige Rolle.

Im Labor und bei Versuchen darf der Geruch nur durch vorsichtiges Zufächeln festgestellt werden. Geschmacksproben dürfen **nicht** durchgeführt werden!

Mit den **Ohren** erkennst du viele Stoffe an einem besonderen Klang, den sie beim Anschlagen erzeugen. So kannst du den hellen Klang eines Trinkbechers aus Glas deutlich von dem dumpfen Klang eines Plastikbechers

unterscheiden. Auch viele andere Vorgänge sind von charakteristischen Geräuschen begleitet.

Mit den druck- und wärmeempfindlichen Sinneszellen deiner **Haut** kannst du nicht nur die Oberfläche ertasten, sondern auch noch eine Aussage zur Masse eines Gegenstandes machen. Auch seine Verformbarkeit kann ertastet werden. Die wärmeempfindlichen Sinneszellen sagen dir etwas über die Temperatur eines Gegenstandes.

1 Erläutere, auf welche Weise in den vorstehenden Beispielen Körper und Stoffe unterschieden werden.

2 Begründe, warum du dir bei einer Geruchsprobe den Duft vorsichtig zufächeln sollst.

3 Geschmacksproben im Labor sind verboten. Begründe diese Maßnahme.

4 Nenne Gründe, warum ein Sinnesorgan in der Regel nicht ausreicht, um einen Stoff oder Gegenstand zu erkennen.

4 Tasten

5 Verformbarkeit

1.2 Jeder Körper hat eine Masse

„Karin, hol mir schnell ein Kilogramm Tomaten!" Wie viel ist das? Für Karin ist das kein Problem, denn die elektronische Waage im Supermarkt zeigt das Gewicht an. Am Morgen hat sich Karin schon selbst auf eine Waage gestellt. Sie wollte ihr Gewicht überprüfen.
Wenn du einen Brief richtig frankieren willst, musst du ihn auf eine Briefwaage legen. Dann kannst du sein Gewicht ablesen und die richtige Briefmarke aufkleben.
Es gibt sogar Athleten, die große Gewichte in die Höhe stemmen. Sie heißen Gewichtheber.

Alle reden von Gewicht und doch meint jeder etwas anderes. Karin muss beim Einkauf wissen, wie viel sie nach Hause trägt. Am Morgen will sie ablesen, wie schwer sie ist. Der Gewichtheber prüft, wie stark er ist. In der Physik sind alle drei Messungen gleichberechtigt. Alles, was mit einer Waage bestimmt werden kann, heißt **Masse.** Dieses Wort ersetzt also den umgangssprachlichen Ausdruck Gewicht.

Um die Masse eines Körpers zu bestimmen, brauchst du eine Waage. Darauf legst du den Körper und wartest, bis die Anzeige ruhig steht. Jetzt kannst du die Masse m ablesen.
Das geht leicht, wenn die Waage den Wert gleich anzeigt, wie die elektronische Waage (Abbildung 1), die Personenwaage oder die Briefwaage.
Es gibt aber auch Waagen, die keinerlei Anzeige haben, wie die Balkenwaage (Abbildung 2).

Wenn du damit eine Masse bestimmen willst, brauchst du einen Vergleichskörper, von dem du schon weißt, welche Masse er hat. Ein solcher Körper liegt im internationalen Maßbüro bei Paris und heißt **Urkilogramm.** Davon sind alle gebräuchlichen Wägestücke abgeleitet.

Um einen Körper zu wägen, legst du ihn auf eine Waagschale der Balkenwaage. Auf die andere Schale legst du so viele Wägestücke, bis die Waage im Gleichgewicht ist. Dazu musst du so lange kleinere oder größere Wägestücke auflegen, bis der Zeiger der Waage in der Mitte der Skala zur Ruhe kommt. Die Werte der einzelnen Wägestücke brauchst du nun nur noch zu addieren. Die Summe gibt dann die Masse des Körpers an. Mit einer Balkenwaage vergleichst du also die masse des Körpers mit der Gesamtmasse aller Wägestücke.

Die Masse eines festen Körpers kannst du auch bestimmen, wenn du ihn an eine Paketwaage hängst. Er dehnt dabei eine Feder ein bestimmtes Stück aus. Am Ende der Feder befindet sich ein Zeiger, der auf einer Skala die Masse des Körpers anzeigt.

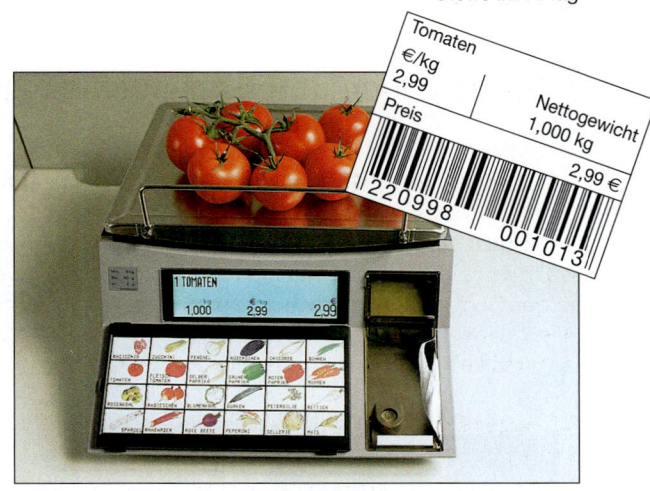

1 Elektronische Waage mit Anzeige

2 Balkenwaage

1 a) Beschreibe, wie du auf einer elektronischen Waage die Masse von Tomaten bestimmst.
b) Wie gehst du vor, wenn du am Morgen dein Gewicht bestimmen willst?
2 a) Erkundige dich, welche Waagen ihr zu Hause habt.
b) Sieh nach, wie groß die Masse eines Körpers jeweils sein darf, damit du ihn noch mit der Waage bestimmen kannst.
3 Ein Wägesatz enthält folgende Wägestücke: ein 1 g-, zwei 2 g-, ein 5 g- und ein 10 g-Stück.
a) Welche Massen kannst du damit bestimmen?
b) Welche Wägestücke müsste der Wägesatz haben, damit du einen Körper mit einer Masse von 119 g wägen kannst?

WÄGEN UND WAAGEN

Laufgewichtswaage

Bei dieser Waage musst du die Laufgewichte bei den entsprechenden Kerben einhängen und die Einzelwerte addieren.

Briefwaage

1 Erkundige dich, wie groß die Masse bei einem Standard- und Kompaktbrief höchstens sein darf.

Urkilogramm

In diesem **Wägesatz** für Balkenwaagen findest du Wägestücke von 1 g bis 500 g. Für Zwischenwerte sind Gramm-, Zehngramm- und Hundertgramm-Stücke enthalten.

Paketwaage

Wie wird die Masse von Wasser bestimmt?

2 Besorge dir ein Glas und bestimme die Masse des Glases. Fülle nun das Wasser hinein und bestimme jetzt die Masse von Glas und Wasser. Subtrahiere dann die Masse des Glases von der Gesamtmasse. Auf diese Weise kannst du auch die Masse von anderen Flüssigkeiten bestimmen.

Masseeinheiten

1 Milligramm	1 mg	
1 Gramm	1 g	= 1000 mg
1 Kilogramm	1 kg	= 1000 g
1 Tonne	1 t	= 1000 kg

Bestimmen von Massen

3 Lege nacheinander verschiedene Körper wie Holzklötze, Steine oder Schrauben auf eine Briefwaage und bestimme jeweils die Masse. Halte die Werte in einer Tabelle fest.

4 Bestimme die Massen der Körper aus Aufgabe 3 auch mit einer Balkenwaage und einer Laufgewichtswaage. Halte die Werte in einer zweiten und dritten Tabellenspalte fest und vergleiche sie miteinander.

Welche Waage zeigt die Masse am genauesten an?

5 Bestimme die Masse von 200 ml Wasser.

1 Max ist offenbar stärker als Moritz!

1.3 Ist Holz schwerer als Eisen?

Der kleine, schmächtige Max hebt die Kugel mühelos hoch, der große, kräftige Moritz kommt mit seiner Kugel nicht aus der Hocke. Woran kann das liegen? Beide Kugeln sind doch gleich groß.

Offenbar spielt hier eine Rolle, aus welchem Stoff die jeweilige Kugel ist. Max ist nämlich doch nicht stärker als Moritz. Er stemmt ganz locker eine Kugel aus Kunststoff, während Moritz sich mit einer Kugel aus Eisen abmüht.

Wenn du aus einer Stange Plastilin eine Kugel formst, dann eine aus zwei Stangen, ergibt die Volumenbestimmung, dass das Volumen der größeren Kugel doppelt so groß ist wie das der kleinen. Klar, du hast ja zwei Stangen Plastilin benutzt.

Ebenso kannst du feststellen, dass sich die Masse verdoppelt hat. Doch dieses Ergebnis erhältst du nur, wenn beide Kugeln aus demselben Stoff bestehen. Aus Abbildung 1 ersiehst du, dass gleiches Volumen nicht immer gleiche Masse bedeutet.

Um verschiedene Stoffe zu vergleichen, muss eine Größe eingeführt werden, die Masse und Volumen gleichermaßen berücksichtigt. Diese neue Größe heißt **Dichte** eines Stoffes. Sie ergibt sich, wenn der Wert der Masse durch den Wert des Volumens eines Körpers dividiert wird.

$$\text{Dichte} = \frac{\text{Masse}}{\text{Volumen}}; \quad \rho = \frac{m}{V} \ (\rho - \text{gelesen: rho})$$

1 a) Forme aus einer Stange Plastilin eine Kugel und bestimme deren Masse und Volumen.
b) Forme nun aus zwei Stangen Plastilin eine Kugel und bestimme ebenfalls Masse und Volumen.
c) Nimm dann eine beliebige Menge Plastilin und bestimme erneut Masse und Volumen.
d) Dividiere für jede Kugel den Wert ihrer Masse durch den Wert ihres Volumens. Begründe deine Beobachtung.
2 Bestimme die Masse und das Volumen von verschiedenen festen Körpern, wie von deinem Haustürschlüssel, von einem Nagel, von einem Kieselstein oder von einem Stück Kupferrohr. Berechne mit diesen Werten jeweils die Dichte des Stoffes.
3 Bestimme die Masse eines Flaschenkorkens mit einer Briefwaage.
Miss sein Volumen mit dem Überlaufgefäß. Achte darauf, dass der Korken ganz untertaucht. Dazu musst du ihn mit einer dünnen Nadel ins Wasser drücken, damit das Volumen der Nadel gegenüber dem des Korkens nichts ausmacht. Bestimme die Dichte.
4 Bestimme die Dichte von Leitungswasser, Spiritus und Speiseöl. Beachte: 1 ml = 1 cm³.

Stoff	Dichte in $\frac{g}{cm^3}$	Stoff	Dichte in $\frac{g}{cm^3}$
Gold	19,3	Grafit	2,25
Blei	11,3	Kiesel	≈ 2,1
Kupfer	8,9	Holz	≈ 0,7
Eisen	7,9	Hartgummi	≈ 1,2
Aluminium	2,7	Kork	0,2
Zink	7,13	Styropor	≈ 0,04
Zinn	7,28	Wasser	1,0
Messing	≈ 8,5	Spiritus	0,8
Glas	2,5	Benzin	0,65
Beton	≈ 2,0	Salatöl	0,9

2 Dichte einiger Stoffe

3 Korken. A Bestimmung der Masse; **B** Bestimmung des Volumens

Zur Berechnung der Dichte musst du den Zahlenwert der Masse durch den Wert des Volumens dividieren. Eine besonders einfache Rechnung ergibt sich, wenn im Nenner des Bruchs die Zahl 1 steht. Dies erreichst du, wenn du zur Dichtebestimmung einen Probekörper mit dem Volumen $V = 1\ cm^3$ wählst. Solche Probekörper kannst du dir selbst herstellen. Sie sind als Würfel in Abbildung 4 dargestellt. Der Zahlenwert für die Dichte stimmt mit dem Zahlenwert der Masse überein.

4 Würfel mit dem Volumen von 1 cm³

5 Erläutere, welche Messungen du an einem Körper vornehmen musst, um die Dichte des Stoffes festzustellen, aus dem der Körper besteht.

6 Welcher der Körper, von denen du in den Aufgaben 1 bis 4 die Dichte bestimmt hast, schwimmt, welcher geht im Wasser unter? Vergleiche die Dichte der Stoffe dieser Körper mit der von Wasser. Was fällt dir auf?

7 Errechne die Dichte eines Steines, der eine Masse von 0,09 kg und ein Volumen von 0,045 dm³ hat.

8 Bestimme die Dichte der in Abbildung 4 abgebildeten Probekörper. Bestimme anschließend den Stoff mit Hilfe der Tabelle 3.

9 Ein 1 kg-Goldbarren kostet ungefähr 8000 €. Herr Meier konnte ihn für 6000 € kaufen.
Die Form seines Goldbarrens ähnelt einem Quader.
Seine Kantenlängen betragen Länge l = 12 cm,
Breite b = 4,9 cm und Höhe h = 1,5 cm.
War das wirklich ein günstiges Geschäft?

5 Ein Goldbarren

Messbecher

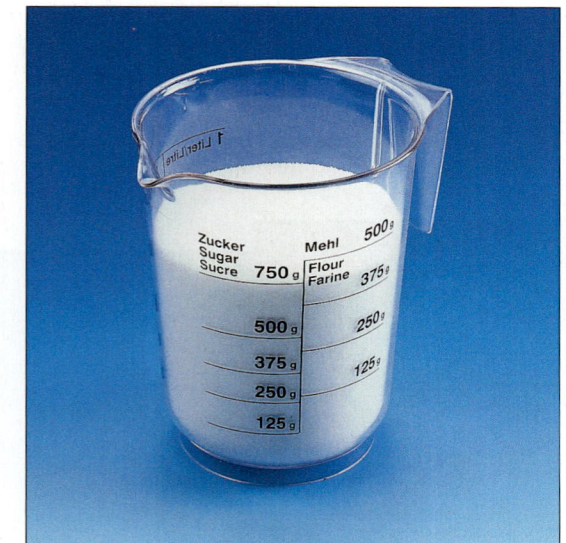

6 Messbecher für Mehl und Zucker

Mit einem Messbecher, der in der Küche verwendet wird, kannst du die Masse zum Beispiel von Mehl und feinem Zucker in Gramm (g) abmessen. Warum sind für Zucker und Mehl zwei verschiedene Skalen notwendig? Du siehst, die eingefüllte Menge Zucker mit 750 g nimmt so viel Raum ein wie ungefähr 430 g Mehl. In das gleiche Volumen passt mehr Zucker als Mehl. Die Dichte von Zucker muss offensichtlich größer sein als die Dichte von Mehl.

Wenn du die Dichte von Zucker und Mehl bestimmst, erhältst du folgende Werte:

Zucker $\rho = 1{,}1\ \frac{g}{cm^3}$, Mehl $\rho = 0{,}6\ \frac{g}{cm^3}$.

Das bedeutet also, dass 1 cm³ Zucker die Masse 1,1 g enthält, 1 cm³ Mehl dagegen nur die Masse 0,6 g. Diese unterschiedlichen Dichten sind bereits bei der Einteilung der Skalen des Messbechers berücksichtigt.

1.4 Stoffeigenschaften lassen sich untersuchen

In unserem Alltag begegnen uns immer wieder Stoffe, die sich sehr ähnlich sind. So kann es Probleme geben, wenn Stoffe gleich aussehen und die Gefäße nicht mehr richtig beschriftet sind.

Es gibt verschiedene Verfahren, mit denen die Eigenschaften von Stoffen genau untersucht werden können. So kannst du einen einfachen Steckbrief erweitern.

Härte

Durch Ritzen kannst du feststellen, wie *hart* die Stoffe sind.
Um Stoffe miteinander zu vergleichen, können sie wechselseitig geritzt werden. Dabei musst du immer mit gleicher Kraft arbeiten.

Du kannst aber auch mit einem Bleistift, einem Eisennagel oder einem Stahlnagel Ritzversuche durchführen. So hast du die Möglichkeit über die Ritztiefe die Härte von Stoffen zu vergleichen.

Dichte

Um die Dichte eines Stoffes zu bestimmen, musst du die Masse und das *Volumen* eines Körpers messen.

Die Masse bestimmst du mit Hilfe einer Waage. Sie wird in g angegeben.
Das Volumen wird mit der Überlaufmethode oder der Differenzmethode ermittelt. Es wird in cm³ angegeben.

Magnetisierbarkeit

Mit Hilfe eines Magneten kannst du überprüfen, ob ein Stoff magnetisch oder *magnetisierbar* ist.

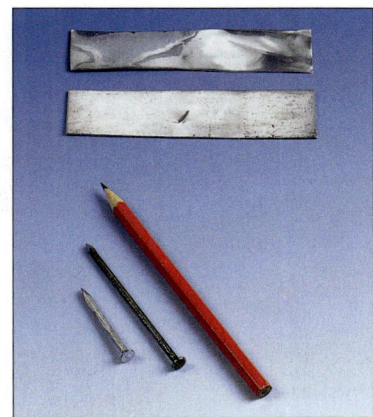

1 Bestimmung der Härte durch Ritzen

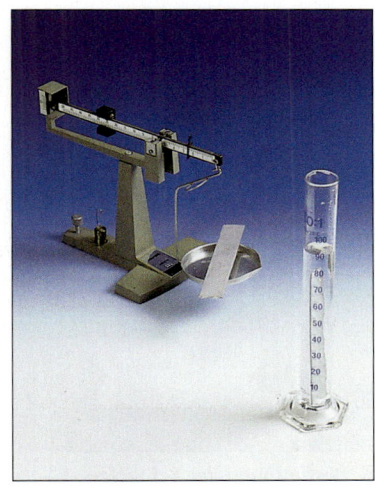

2 Bestimmung der Dichte aus Masse und Volumen

3 Bestimmung der Magnetisierbarkeit

1 Vergleiche ein Stück Aluminiumblech mit einem Zinkblech. Lege dazu für beide Stoffe einen einfachen Steckbrief an. Beschreibe dann die Eigenschaften der beiden Stoffe mit Hilfe deiner Sinnesorgane.

2 a) Ritze beide Bleche wechselseitig. Beschreibe deine Beobachtungen und ziehe Schlussfolgerungen.
b) Ritze das Aluminiumblech und das Zinkblech mit einem Bleistift, einem Eisennagel und einem Stahlnagel. Vergleiche die Ergebnisse.

3 a) Bestimme mit einer Waage die Masse des Aluminiumblechs und die Masse von Zinkblech. Notiere die Ergebnisse in Gramm.
b) Miss das Volumen von beiden Blechen mit einem Messzylinder. Achte darauf, dass der ganze Körper in das Wasser taucht. Notiere die Ergebnisse in cm³.
Beachte: 1 ml = 1 cm³
c) Berechne die Dichte von Aluminium und von Zink nach der Formel:
$$\text{Dichte} = \frac{\text{Masse}}{\text{Volumen}}$$
d) Vergleiche die Ergebnisse. Was stellst du fest?

4 Prüfe mit einem Magneten die Magnetisierbarkeit des Aluminiumbleches und des Zinkbleches.

5 Erweitere mit den Ergebnissen aus den Aufgaben 2 bis 4 die einfachen Steckbriefe aus Aufgabe 1.

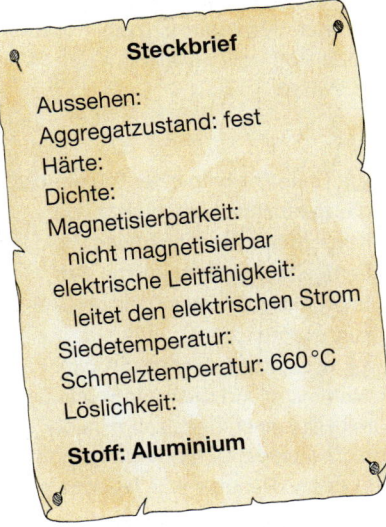

Steckbrief

Aussehen:
Aggregatzustand: fest
Härte:
Dichte:
Magnetisierbarkeit:
  nicht magnetisierbar
elektrische Leitfähigkeit:
  leitet den elektrischen Strom
Siedetemperatur:
Schmelztemperatur: 660 °C
Löslichkeit:

Stoff: Aluminium

4 Erweiterter Steckbrief

Elektrische Leitfähigkeit

Mit einer Prüfstrecke kannst du herausfinden, ob ein Stoff den elektrischen Strom leitet.

Schmelz- und Siedetemperatur

Im Schullabor gelingt die Bestimmung dieser Temperaturen nur bei Stoffen mit relativ niedrigen Schmelz- und Siedetemperaturen, zum Beispiel bei Wasser oder Spiritus. Viele Stoffe haben aber so hohe Schmelz- und Siedetemperaturen, dass diese Werte nur aus Tabellen entnommen werden können. So schmilzt das Metall Titan bei 1700 °C und siedet erst bei 3260 °C.

Löslichkeit

Mit der Löslichkeit ist in der Regel die Löslichkeit in Wasser gemeint. Aber auch die Löslichkeit in anderen Flüssigkeiten, zum Beispiel in Alkohol oder Benzin, ist eine kennzeichnende Eigenschaft für Stoffe.

Und nicht nur Feststoffe lösen sich in Flüssigkeiten, sondern auch andere Flüssigkeiten. So löst sich zum Beispiel die Flüssigkeit Alkohol in jedem beliebigen Verhältnis in Wasser. Auch Gase, zum Beispiel Sauerstoff oder Stickstoff, lösen sich in Wasser.

6 Teste mit Hilfe einer Prüfstrecke die elektrische Leitfähigkeit von Körpern aus Aluminium und Zink. Fertige zum Aufbau und zu den Ergebnissen ein ausführliches Versuchsprotokoll an.

7 a) Erhitze zuerst ein Stück Aluminium und dann ein Stück Zink mit Hilfe einer Tiegelzange in der nicht leuchtenden Brennerflamme. *Vorsicht:* Benutze eine feuerfeste Unterlage.
Beobachte und beschreibe.

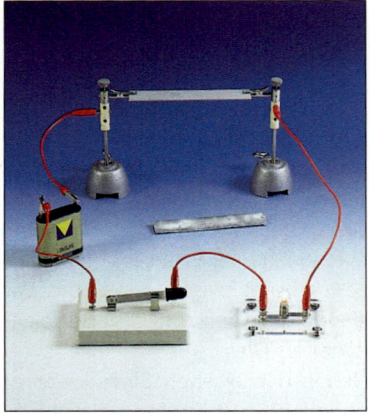

5 Bestimmung der elektrischen Leitfähigkeit

6 Bestimmung der Schmelztemperatur

7 Bestimmung der Löslichkeit

b) Vergleiche das Verhalten der beiden Stoffe und notiere deine Beobachtungen.

8 Suche aus Büchern oder im Internet die Siede- und Schmelztemperaturen von Aluminium und Zink heraus. Vergleiche sie. Was stellst du fest?

9 Vervollständige die erweiterten Steckbriefe aus Aufgabe 5.

10 Fülle einen hohen Erlenmeyerkolben mit zerstoßenem Eis. Erhitze ihn wie in Abbildung 6. Miss die Temperatur alle 30 s, bis das Eis geschmolzen ist. Fertige eine Tabelle an, in der du die Zeit und die dazugehörige Temperatur einträgst.

11 Fülle 100 ml Wasser in einen Erlenmeyerkolben (250 ml) und füge zwei Siedesteinchen hinzu. Erhitze vorsichtig bis zum Sieden. Miss alle 30 s die Temperatur und beobachte die Veränderungen. Bestimme die Siedetemperatur. Ergänze die Tabelle aus Versuch 10.

12 Beschreibe, wie du die Dichte und die elektrische Leitfähigkeit von Flüssigkeiten bestimmen kannst.

13 Untersuche weitere Stoffe auf ihre Eigenschaften und erstelle dazu Steckbriefe.

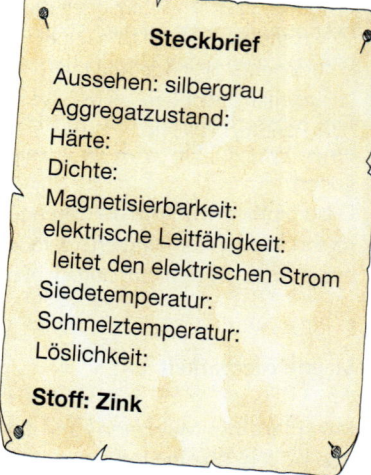

Steckbrief

Aussehen: silbergrau
Aggregatzustand:
Härte:
Dichte:
Magnetisierbarkeit:
elektrische Leitfähigkeit:
 leitet den elektrischen Strom
Siedetemperatur:
Schmelztemperatur:
Löslichkeit:

Stoff: Zink

8 Unvollständiger Steckbrief

Steckbriefe von Stoffen

Gesucht!

1 Steckbrief

Ein *Steckbrief* ist ein Plakat, mit dem Personen gesucht werden. Darauf sind die Personen nach ihrem Aussehen und ihren Eigenschaften beschrieben. In diesem Projekt sollt ihr **Steckbriefe von Stoffen** erstellen. Diese Steckbriefe sind Beschreibungen, an denen jeder den Stoff wieder erkennen kann. Einen ersten Eindruck über den Stoff, den ihr bestimmen sollt, erhaltet ihr über eure **Sinne.** Bei der Beschreibung wählt ihr am besten einen Vergleichsstoff, zum Beispiel *klebrig wie Honig, farblos wie Wasser, härter als Glas.*

Neben den eigenen Sinnen werden in der Chemie **physikalische und chemische Methoden** gewählt, um einen Stoff zu untersuchen und zu beschreiben. Einige Untersuchungsmöglichkeiten habt ihr schon beim Arbeiten mit diesem Buch kennen gelernt. Dazu gehören das Bestimmen der Schmelz- und Siedetemperatur, der elektrischen Leitfähigkeit, der Löslichkeit, der Dichte und der Magnetisierbarkeit. Von festen Stoffen lässt sich zusätzlich noch die Härte bestimmen. Falls ihr Stoffe untersuchen wollt, die mit einem Gefahrensymbol gekennzeichnet sind, müsst ihr dessen Bedeutung unbedingt beachten.

Teilt die Klasse in drei Gruppen ein. Jede Gruppe erstellt zu jedem untersuchten Stoff einen Steckbrief und stellt ihn dann vor.

Gruppe 1: Steckbriefe von Flüssigkeiten

Aussehen
Zur Beschreibung können Farbe und Durchsichtigkeit dienen.

Geruch
Haltet unbekannte Flüssigkeiten nicht direkt unter die Nase, sondern fächelt euch den Geruch vorsichtig mit der Hand zu. Zur Beschreibung könnten folgende Angaben dienen: stechend, süßlich, wie Parfüm, wie Gülle.

Siedetemperatur
Gebt in Flüssigkeiten, die ihr erhitzt, einen Siedestein hinein und beachtet die Regeln für den Umgang mit dem Gasbrenner. Erhitzt brennbare Flüssigkeiten nur in kleinen Mengen im Wasserbad.

Leitfähigkeit
Nutzt zur Bestimmung der Leitfähigkeit euren Feuchtigkeitsanzeiger. Zur Anzeige könnt ihr auch eine Glühlampe oder ein Messgerät benutzen.

2 Flüssigkeiten

Dichte
Zur Dichtebestimmung müsst ihr Masse und Volumen des Körpers messen. Die Masse wird auf einer Waage bestimmt und in g angegeben. Das Volumen wird mit einem Messzylinder bestimmt. Es wird in cm³ angegeben.

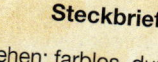

Steckbrief

Aussehen: farblos, durchsichtig
Geruch: riecht nach nichts
Siedetemperatur: 98 °C bis 100 °C
Leitfähigkeit: sehr gering
Dichte: $1\ \frac{g}{cm^3}$

Stoff: Leitungswasser

Steckbriefe von Stoffen

giftig

gesundheits-
schädlich

ätzend

entzündlich

brandfördernd

umwelt-
gefährdend

3 Gefahrstoffsymbole

Gruppe 2: Steckbriefe von Metallen

Aussehen
Zur Beschreibung können Wörter wie glatt, rau, eben, uneben, matt, glänzend, mit Riefen durchzogen dienen.

Magnetisierbarkeit
Nähert dem Körper einen Magneten und überprüft, ob er magnetisch ist.

Dichte
Zur Dichtebestimmung müsst ihr Masse und Volumen des Körpers messen.
Die Masse wird auf einer Waage bestimmt und in g angegeben. Das Volumen kann bei quaderförmigen Körpern errechnet werden, wenn ihr Länge, Breite und Höhe gemessen habt.
Bei unregelmäßig geformten Körpern wird es mit der Differenz- oder Überlaufmethode bestimmt. Es wird in cm^3 angegeben.

Schmelztemperatur
Die Bestimmung der Schmelztemperatur wird nur für wenige gewählte Stoffe gelingen, weil euer Thermometer vermutlich nicht weit über 100 °C hinausreicht. Sucht für Stoffe mit einer höheren Schmelztemperatur den entsprechenden Wert aus Tabellen heraus.

4 Metalle

Härte
Durch Ritzen lässt sich feststellen, welcher von zwei Körpern der härtere ist. Der härtere Gegenstand ritzt dabei immer den weicheren. Es bleibt ein Kratzer auf der Oberfläche zurück. Versucht durch wechselseitiges Ritzen der Körper herauszufinden, welcher der jeweils härtere ist. Erstellt eine Liste, beginnt mit dem weichsten Körper. Bei Gegenständen aus Gold und Silber solltet ihr auf die Härteprüfung verzichten.

Leitfähigkeit
Spannt die Körper als Probekörper zwischen Krokodilklemmen. Achtet darauf, dass die Prüfstrecke nicht zu lang ist. Benutzt als Anzeigegerät eine Glühlampe oder eine Diode und als Stromversorgungsgerät eine 4,5 V-Batterie.

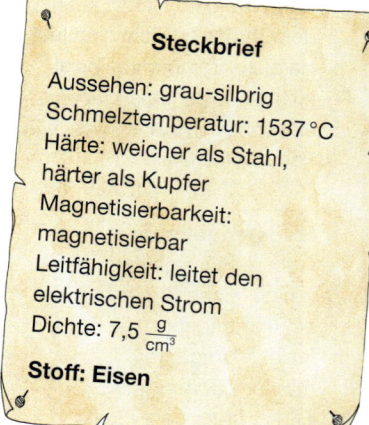

Steckbrief

Aussehen: grau-silbrig
Schmelztemperatur: 1537 °C
Härte: weicher als Stahl, härter als Kupfer
Magnetisierbarkeit: magnetisierbar
Leitfähigkeit: leitet den elektrischen Strom
Dichte: 7,5 $\frac{g}{cm^3}$

Stoff: Eisen

Gruppe 3: Steckbriefe von Nichtmetallen

Aussehen

Zur Beschreibung können Wörter wie glatt, rau, eben, uneben, matt, glänzend, wachsartig, durchsichtig, Kristalle, Pulver dienen.

Schmelztemperatur

Die Bestimmung der Schmelztemperatur wird nur für einige gewählte Stoffe gelingen, weil euer Thermometer vermutlich nicht weit über 100 °C hinausreicht.
Sucht für Stoffe mit einer höheren Schmelztemperatur den entsprechenden Wert aus Tabellen heraus. Für Gemische kann keine feste Schmelztemperatur angegeben werden.

Geruch

Zur Beschreibung könnten folgende Angaben dienen: süßlich, stechend, fruchtig, wie Parfüm, säuerlich.

Härte

Durch Ritzen lässt sich feststellen, welcher von zwei Körpern der härtere ist. Der härtere Gegenstand ritzt dabei immer den weicheren. Es bleibt ein Kratzer auf der Oberfläche zurück. Versucht durch wechselseitiges Ritzen der Körper herauszufinden, welcher jeweils der härtere ist. Erstellt eine Liste, beginnt mit dem weichsten Körper. Bei einem Pulver lässt sich die Härte natürlich nicht untersuchen.

Leitfähigkeit

Spannt die Körper als Probekörper zwischen Krokodilklemmen. Achtet darauf, dass die Prüfstrecke nicht zu lang ist. Benutzt als Anzeigegerät eine Glühlampe oder eine Leuchtdiode und als Stromversorgungsgerät eine 4,5V-Batterie.

5 Nichtmetalle

Verformbarkeit

Versucht vorsichtig die Körper zu verbiegen oder zusammenzudrücken. Achtet auf das Verhalten der Körper, wenn ihr sie wieder loslasst.
Wenn der Körper seine ursprüngliche Form wieder einnimmt, ist er elastisch. Behält er aber die neue Form, ist er plastisch.
Ein Pulver lässt sich nicht auf Verformbarkeit untersuchen.

Dichte

Zur Dichtebestimmung müsst ihr Masse und Volumen des Körpers messen.
Die Masse wird auf einer Waage bestimmt und in g angegeben. Bei quaderförmigen Körpern kann das Volumen errechnet werden, wenn ihr Länge, Breite und Höhe gemessen habt. Bei unregelmäßig geformten Körpern wird es mit der Differenz- oder Überlaufmethode bestimmt. Es wird in cm³ angegeben. Das Volumen von einem Pulver lässt sich annähernd genau mit einem Messzylinder bestimmen.

Löslichkeit

Verwendet als Lösungsmittel Wasser.
Die Löslichkeit vieler Stoffe hängt auch von der Temperatur des Lösungsmittels ab. Deshalb sollte das Wasser erwärmt werden, wenn sich ein Stoff kaum oder gar nicht löst. Gebt also bei der Löslichkeit auch die Temperatur des Wassers an.

Steckbrief

Aussehen: gelb, glatt
Schmelztemperatur: 65 °C
Geruch: süßlich
Härte: mit Fingernagel ritzbar
Leitfähigkeit: leitet den elektrischen Strom nicht
Verformbarkeit: plastisch
Dichte: 0,95
Löslichkeit: nicht löslich

Stoff: Bienenwachs

2 Stoffe werden genutzt

2.1 Geräte aus alter Zeit

Die ersten Materialien, die den Menschen schon sehr früh zur Verfügung standen, waren Holz, Stein, Knochen und Ton. Sie stellten daraus Gefäße, Werkzeuge und Waffen her.

Die Bearbeitung dieser Materialien war schwierig und dauerte lange. Aus einem Stück Feuerstein eine Steinaxt herzustellen erforderte viel Zeit und Geschick. Das Loch für den Stiel wurde mit einem Knochen, Wasser und Sand in den Stein gebohrt.

Töpfe und Gefäße wurden aus Ton angefertigt. Sie dienten als Schüsseln für Lebensmittel und wurden zur Aufbewahrung von Vorräten und Saatgut für das nächste Jahr benutzt.
Aber erst nach dem Brennen waren die Tongefäße so haltbar, dass Vorräte über einen längeren Zeitraum in ihnen gelagert werden konnten.

Auch Geräte für die Jagd und den Fischfang wurden aus den Materialien hergestellt, die die Menschen in der Natur vorfanden. Knochen und Fischgräten konnten als Angelhaken benutzt werden. Für die Jagd wurden Speer- und Pfeilspitzen aus Feuerstein angefertigt. Pfeile und Speere mit Steinspitzen wurden außer zur Jagd auch bei kriegerischen Auseinandersetzungen benutzt.

Holz spielte zu jeder Zeit als Bau- und Heizmaterial eine große Rolle.

1 Nenne Beispiele, wo auch heute noch Holz als Baumaterial verwendet wird.

2 a) Fertige aus einem Klumpen Ton drei kleine Gefäße an. Sie

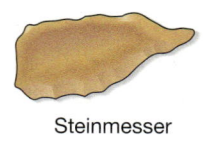
Steinmesser

Pfeilspitze

Speerspitze

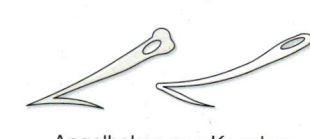
Steinaxt

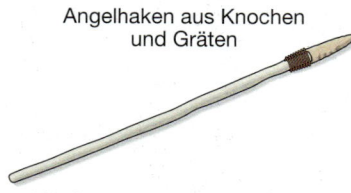
Angelhaken aus Knochen und Gräten

Wurfspeer mit steinerner Spitze

1 Verschiedene Gegenstände aus der Steinzeit

2 Schmuck aus Speckstein

sollen möglichst dünnwandig sein. Stelle sie zum Trocknen in einen nicht zu warmen Raum.
b) Überprüfe nach drei Wochen an einem Gefäß, ob es sich mit den Händen zerbrechen lässt. Beschreibe seine Festigkeit.

3 a) Lass dir die beiden anderen Gefäße aus Aufgabe 2 brennen.
b) Ziehe Handschuhe an und setze eine Schutzbrille auf. Wiederhole mit einem Gefäß Aufgabe 2b).
c) Fülle das zweite gebrannte Gefäß mit Wasser. Was kannst du nach einiger Zeit an dem Tongefäß beobachten?

4 Überlege, für welche Zwecke gebrannte Schüsseln verwendet werden können. Was kann in ihnen nicht aufbewahrt werden?

5 Stelle durch gegenseitiges Ritzen die Härte von Kalkstein, Feuerstein und Speckstein fest. Dabei ritzt immer der härtere den weicheren Stein. Begründe, aus welcher Gesteinsart du die Klinge für ein Messer herstellen würdest.

6 a) Bohre mit einem runden Holzstab ein Loch durch ein dünnes Stück Speckstein. Drehe dabei den Holzstab zwischen deinen Handflächen.
b) Wiederhole a), benutze einen Bogen mit einer Sehne. Wickle die Sehne einmal um den Holzstab und bewege den Bogen wie eine Säge hin und her. Stülpe eine alte Tasse auf den Holzstab und halte ihn damit fest.
c) Wiederhole b), streue auf die Bohrstelle und später in das Bohrloch etwas feinen Sand.
d) Vergleiche den Zeitaufwand bei den Verfahren in a) bis c).

7 Fertige aus einem dünnen Stück Speckstein eine runde Scheibe an. Bearbeite sie so, dass sie zum Rand hin dünner wird. Verziere sie strahlenförmig und bohre in die Mitte ein Loch. An einem Lederriemen kannst du sie jetzt um den Hals tragen.

2.2 Stein – ein Material aus der Natur

Ebenso wie Holz ist Stein ein Material, das die Natur in vielfältiger Form dem Menschen zur Verfügung stellt.

Gestein wird in Steinbrüchen abgebaut. Dabei bestimmt der Verwendungszweck, wie das Gestein abgebaut wird. Es kann aus dem Berg herausgesprengt werden oder es wird in Blöcken aus dem Berg gesägt.
Danach wird das Gestein je nach Bedarf in eine bestimmte Form gebracht, wobei die Bearbeitung von Naturgestein schwierig und aufwändig ist.

Die in der Natur vorkommenden Gesteinsarten sind unterschiedlich hart. Daraus ergeben sich die verschiedenen Verwendungsmöglichkeiten.
Eine Gesteinsart, der *Basalt,* ist besonders hart. Aus ihm werden Pflastersteine für den Straßenbau hergestellt. Außerdem wird er noch für Ufer- und Küstenbefestigungen verwendet.
Eine andere Gesteinsart, der *Tuffstein,* ist dagegen weich und lässt sich gut bearbeiten. Er wird hauptsächlich für den Hausbau eingesetzt.

Marmor – ein edler Baustoff

Marmor ist eine besondere Form von Kalkstein. Er ist ein edles Baumaterial. Marmor ist hart und lässt sich gut schleifen und polieren.
Auch die schönen Farben und die Maserungen machen ihn zu einem beliebten Baustoff. So wird er für Fensterbänke, Bodenbeläge, Wandvertäfelungen und Treppenstufen verwendet.

2 Marmorabbau in Carrara, Italien

1 Informiere dich über weitere natürliche Gesteinsarten, die als Baustoffe Verwendung finden. Bereite dazu einen kurzen Vortrag vor.
2 Nenne Baustoffe, die nicht in der Natur vorkommen, aber wie natürliche Steine benutzt werden.
3 Informiere dich darüber, wie Gestein weiterverarbeitet wird, das aus dem Berg gesprengt wurde.
4 Setze eine Schutzbrille auf und ziehe Arbeitshandschuhe an!
a) Schlage mit einem Hammer ein kleines Stück von einem Kieselstein ab und betrachte das Bruchstück. Vergleiche die Bruchkanten mit der Klinge eines Steinzeitmessers.
b) Ritze mit dem Steinstück aus a) verschiedene Materialien. Beschädige bei den Versuchen keine wertvollen Gegenstände. Fasse die Ergebnisse in einer Tabelle zusammen.

Material	von Kieselstein	
	ritzbar	nicht ritzbar
Holz	X	
Asphalt		
Eisen		
Aluminium		
Glas		
Marmor		

5 Welche Materialien aus der Tabelle sind härter, welche weicher als Kieselstein? Ordne sie in einer Liste der Härte nach.
6 Schlage mit einem Hammer ein Stück von einem Kalksandstein ab. Betrachte auch hier die Bruchkanten. Vergleiche sie mit den Bruchkanten des Kieselsteins. Was stelltst du fest?
7 Gieße ein paar Tropfen verdünnte Salzsäure auf ein Bruchstück von glatt poliertem Marmor. Lass die Säure eine halbe Stunde auf den Marmor einwirken. Spüle das Marmorstück mit Wasser ab und beschreibe den Zustand der Marmorfläche.
8 Wiederhole den Versuch aus Aufgabe 7 mit einem Stück poliertem Granit.
Beschreibe auch hier den Zustand der Granitfläche nach dem Versuch.
9 Der Baustoff Ytong® lässt sich mit Hammer und Meißel bearbeiten. Er lässt sich auch sägen, bohren, schaben und schleifen. Vorsicht: Bearbeite Ytong® nur im Freien, da dieses Material sehr stark staubt. Stelle aus diesem Baustoff eine Figur oder eine Maske her.
10 Schleife ein Stück Ytong® zuerst mit grobem, dann mit feinem Schleifpapier. Vergleiche die geschliffene Fläche mit poliertem Marmor.

2.3 Stoffe lassen sich zu unterschiedlichen Zwecken nutzen

In der Schule, am Arbeitsplatz, im Haushalt und in der Freizeit nutzt der Mensch viele verschiedene Gegenstände, die aus unterschiedlichen Materialien bestehen. Die Stoffe, aus denen diese Gegenstände hergestellt werden, nennt man **Werkstoffe.**

Zu den ältesten Werkstoffen, die der Mensch verwendet, gehört außer Knochen und Steinen das **Holz.** Dabei handelt es sich um einen *nachwachsenden Rohstoff:* Durch Wiederaufforstung von geschlagenen Bäumen im Wald kann Holz in Abständen von einigen Jahrzehnten oder Jahrhunderten immer wieder an derselben Stelle „geerntet" werden. Jede Baumart liefert Holz mit bestimmten Eigenschaften. Härte, Farbe und Maserung des Holzes bestimmen die Verwendung, zum Beispiel als Bauholz, Möbelholz oder für Fußböden. Aus Rohholz wird in Sägebetrieben aus den Baumstämmen zunächst Schnittholz hergestellt, das dann weiter verarbeitet werden kann. Presst man Holzspäne mit einem Kleber zu großen Platten zusammen, erhält man *Spanplatten. Sperrholz* entsteht durch kreuzweise übereinander geklebte sehr dünne Holzplatten, die man *Furniere* nennt. Holz ist auch der Rohstoff, aus dem Papier und Pappe hergestellt werden.

Ebenfalls schon seit Jahrtausenden verwendet der Mensch **Metalle** als Werkstoffe. Dazu gehören beispielsweise Eisen, Kupfer, Zinn, Zink, Blei und Gold. Die meisten Metalle müssen aus *Erzen* gewonnen werden. Darunter versteht man bestimmte Gesteine, in denen die Metalle chemisch gebunden vorliegen. Aus Metallen werden heute meist feste und dauerhafte Werkzeuge und Maschinenteile hergestellt. Gold und andere *Edelmetalle* sind unter anderem Rohstoffe zur Fertigung von Schmuck. Weil diese Metalle selten sind, gelten sie als wertvoll. Noch heute legen viele Menschen ihr Geld in Gold oder Gegenständen aus Gold an.

Zu den wichtigsten Werkstoffen, die in der Industrie verarbeitet werden, gehören die **Kunststoffe.** Aus Rohstoffen wie Erdöl, Kohle und Zellulose stellt die chemische Industrie eine Vielzahl verschiedener Kunststoffe her. Sie lassen sich gut verarbeiten und die Endprodukte sind leicht, Wasser abweisend und beständig gegen Chemikalien. Neben Pappe und Papier dienen Kunststoffe vielfach als *Verpackungsmaterial.* Die Flut von Verpackungsmüll aus Kunststoff verursacht große Umweltprobleme.

Einige Stoffe werden nicht als Werkstoffe verwendet, sondern verbrannt, um auf diesem Wege Energie freizusetzen. Zu diesen **Brennstoffen** gehören in erster Linie Erdöl, Erdgas, Stein- und Braunkohle sowie in einigen Ländern auch noch Holz. Brennstoffe liefern Wärmeenergie für Heizungen oder sie treiben Motoren an. Ohne den Brennstoff Benzin, der aus Erdöl hergestellt wird, hätte sich der moderne Verkehr nicht entwickeln können. Auch zur Erzeugung von elektrischem Strom in Kraftwerken setzt man vielfach noch Brennstoffe ein. Im Gegensatz zu den nachwachsenden Rohstoffen erneuern sich Kohle, Erdöl und Erdgas nicht wieder. Es ist bereits absehbar, dass die Vorräte an diesen *fossilen* Brennstoffen bald erschöpft sein werden. Die Umstellung der Energiegewinnung von solchen Brennstoffen auf andere Energiequellen gehört zu den wichtigsten technischen Herausforderungen der Gegenwart.

1 Werkstoffe. A *Holz;* **B** *Kunststoffe;* **C** *Metalle*

Einige besondere Eigenschaften mancher Stoffe hast du in diesem Buch bereits kennen gelernt: Stoffe, die elektrischen Strom leiten, werden als **Leiter** bezeichnet. Dazu gehört beispielsweise das Metall Kupfer. Zu den **Nichtleitern** oder **Isolatoren** zählen Glas, Keramik, Gummi und bestimmte Kunststoffe.

Viele Stoffe können als Kleber eingesetzt werden. Natürliche **Klebstoffe** kann man aus Stärke und anderen pflanzlichen Stoffen herstellen. Dazu gehören Kleister und Naturharze. Meist werden Klebstoffe jedoch auf chemischem Wege erzeugt. Man spricht von *synthetischen* Klebstoffen. Zu ihnen gehören die Alleskleber sowie Kontaktklebstoffe, beispielsweise für Klebeetiketten.

Eine ganze Industrie beschäftigt sich mit der Herstellung und Verwendung von **Aromastoffen** und **Duftstoffen.** Aromastoffe sind wohlschmeckende und wohlriechende natürliche oder synthetisch hergestellte Stoffgemische. Natürliche Aromastoffe stammen hauptsächlich von Pflanzen, etwa Zimt, Vanille, Safran und Ingwer. Allein im Kaffeearoma konnte man über 600 verschiedene Einzelstoffe nachweisen. Industriell erzeugte Nahrungsmittel enthalten oft künstliche *Geschmacksverstärker,* die ebenfalls zu den Aromastoffen gehören. Von den Aromastoffen zu unterscheiden sind die Duftstoffe, die auch Geruchsstoffe heißen. Sie verdampfen bei Zimmertemperatur rasch und verteilen sich dabei in der Luft. In der Nahrung kommen meist sowohl Aroma- als auch Duftstoffe vor.

Jeder kennt die Duftstoffe, die von pflanzlichen Blüten ausgehen. Diese Blütendüfte locken Bienen oder andere Insekten an, die für die Bestäubung der jeweiligen Blüten sorgen. Auch viele Tiere erzeugen Duftstoffe, um Reviere zu markieren oder Geschlechtspartner anzulocken. Manche der natürlichen Duftstoffe werden auch vom Menschen genutzt. Parfüm besteht zu 30 Prozent aus Duftstoffen, die in Alkohol gelöst sind. Natürliche oder synthetische Duftstoffe sind den meisten Körperpflegemitteln beigemischt. Seife, Duschgel und Schampon werden oft aufgrund ihrer Duftnote ausgewählt.

1 Stelle in einer Tabelle Gegenstände aus dem Haushalt zusammen und notiere die Werkstoffe, aus denen sie vorwiegend bestehen.

2 In Abbildung 2 findest du den Steckbrief des Metalls Kupfer. Informiere dich über andere Metalle und erstelle entsprechende Steckbriefe.

3 Nenne Lebensmittel und Gebrauchsgegenstände, die meistens in einer Kunststoffverpackung verkauft werden.

4 Untersuche alle Gegenstände in deinem Zimmer darauf, ob sie Kunststoffe enthalten oder ganz aus Kunststoff gefertigt sind. Stelle dir vor, du müsstest diese Gegenstände abgeben. Auf was müsstest du alles verzichten?

5 Auf der Verpackung von Lebensmitteln findest du Angaben über die Inhaltsstoffe. Untersuche verschiedene Lebensmittel darauf, ob sie Geschmacksverstärker enthalten. Probiere einige dieser Lebensmittel und entscheide, ob du diese Zusatzstoffe herausschmeckst.

6 Erstellt eine „Hitliste", welche Duftstoffe in Hygieneartikeln in eurer Klasse am beliebtesten sind.

7 Arbeitet in Kleingruppen: Informiert euch über die Gewinnung und Verwendung von Edelmetallen, Aroma- und Duftstoffen. Präsentiert die Ergebnisse.

Kupfer

- Rötlich-braun glänzende Oberfläche
- Schmelztemperatur 1083 °C
- hart, aber gut verformbar witterungsbeständig
- leitet sehr gut Wärme und elektrischen Strom
- wird hauptsächlich in der Elektrotechnik und für Gas- und Wasserleitungen verwendet
- Weltproduktion etwa 12 Millionen Tonnen pro Jahr

2 Steckbrief Kupfer

3 Brennstoffe

Glas, ein zerbrechlicher Werkstoff

Zur Herstellung von Glas ist eine Temperatur von bis zu 1600 °C erforderlich, bei der die Ausgangsstoffe Kalk, Sand und Soda geschmolzen werden. Besonders kunstvolle Gläser werden auch heute noch im Mundblasverfahren hergestellt. Ein Glasbläser entnimmt mit seiner Glasbläser-pfeife einen großen Glastropfen aus dem Ofen. Dieser wird zu einem Glasballon aufgeblasen und in einer Metallform ausgeformt oder von Hand frei geformt.

Gold, ein ungewöhnliches Metall

Gold zeichnet sich durch seine Seltenheit und Schönheit aus. Es ist unglaublich verformbar. So lassen sich zum Beispiel 10 g Gold zu einem hauchdünnen Blatt von 3,5 m² oder zu einem extrem dünnen Draht von etwa 25000 m Länge verarbeiten. In der Natur ist das Gold meistens in Gestein sehr fein verteilt. Seltener findet sich Gold in Form von Goldsand und Goldklümpchen (Nuggets). Nach dieser Art Gold schürften früher mit ihren primitiven Waschpfannen die Goldsucher. Heute wird Gold mit modernsten Berg-werkstechniken gewonnen. Um 10 g Gold zu gewinnen, müssen mehr als 1000 kg Gestein gefördert und weiter-verarbeitet werden.

Kunststoff, ein leichter Werkstoff

Ein Auto besteht im Durchschnitt aus 5000 Teilen. Fast 1500 Teile sind aus Kunststoff. Durch den vermehrten Einsatz dieses leichten Werkstoffes wiegen kleinere Autos statt früher 1000 kg heute zwischen 760 kg und 800 kg.

1 Nenne Vor- und Nachteile von Getränkeflaschen aus Glas beziehungsweise aus Kunststoff.
2 Nenne Vorteile der Gewichtsersparnis durch den Einsatz von Kunststoffen im Auto.
3 Gold eignet sich in besonderem Maße zur Schmuckherstellung. Begründe.

Eigenschaften von Textilien

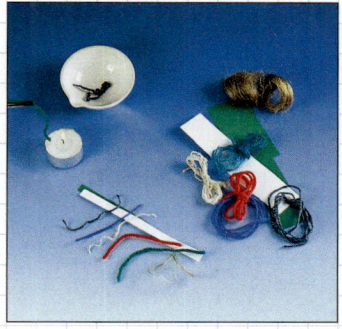

V 1 Wie verhalten sich textile Materialien beim Verbrennen?

Material: Garnstücke aus unterschiedlichen Rohstoffen (zum Beispiel Baumwolle, Leinen, Wolle, Seide, Polyester), Vergleichsmaterialien (Papier, Haare, Folie), Pinzette, Teelicht, Streichhölzer, Porzellanschale

Durchführung: Schneide von den Garnen sechs bis acht Zentimeter lange Stücke ab. Zünde das Teelicht an. Halte nun ein Garnstück mit der Pinzette im Abstand von ein bis zwei Zentimetern an die Flamme. Beobachte das Verhalten des Garnstücks. Halte dann das Garnstück in die Flamme und beobachte es weiter. Anschließend nimmst du das Garnstück wieder aus der Flamme und siehst es dir genau an. Die Verbrennungsrückstände und die Reste der Garne legst du in die Porzellanschale. Wiederhole den Versuch mit den anderen Garnproben und Materialien.

Aufgaben: a) Lege eine Tabelle an, in der du von jeder Probe den Verbrennungsverlauf, das Aussehen des Rückstandes und den Geruch notierst.
b) Notiere, welche Faserart ein ähnliches Brennverhalten wie die Vergleichsmaterialien zeigen.

V 2 Wie verhalten sich textile Materialien beim Waschen?

Material: Stoffproben aus unterschiedlichen Rohstoffen (zum Beispiel Baumwolle, Wolle, Polyester), Becherglas (250 ml), Gasbrenner, Streichhölzer, Dreifuß mit Keramikdrahtnetz, Glasstab, Thermometer (bis 100 °C), heißes Wasser, Waschmittel, Lineal

Durchführung: Miss die Größen der Stoffproben und notiere sie. Gib heißes Wasser und Waschmittel in das Becherglas. Lege dann die Stoffproben hinein. Zünde den Gasbrenner an, stelle ihn unter den Dreifuß und stelle das Becherglas darauf. Koche nun die Stoffproben mindestens sieben Minuten lang. Kontrolliere die Temperatur mit dem Thermometer. Sie sollte nicht weniger als 98 °C betragen. Rühre mit Hilfe des Glasstabes ab und zu um. Hole dann die Stoffproben aus dem Becherglas, lege sie auf den Tisch und miss erneut ihre Größen.

Aufgaben: a) Stelle die Größen der Stoffproben vor und nach dem Kochen in einer Tabelle zusammen.
b) Entscheide, welche Stoffprobe „kochfest" ist und welche nicht.

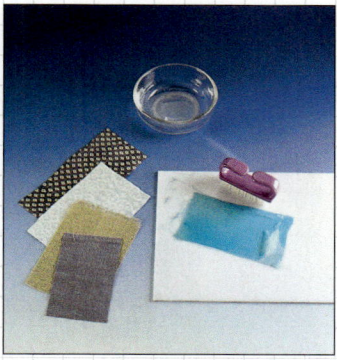

V 3 Wie scheuerfest sind textile Materialien?

Material: Stoffproben aus unterschiedlichen Rohstoffen (zum Beispiel Baumwolle, Wolle, Polyester), kleine Bürste, Gefäß mit Wasser, Tuch zum Trockenreiben

Durchführung: Tauche die Bürste in das Gefäß mit Wasser und lass das überschüssige Wasser wieder abtropfen. Scheuere nun mit der feuchten Bürste auf jeder Stoffprobe hin und her. Ist eine Stoffprobe nicht scheuerfest, wird das Stoffstück aufgeraut oder es lösen sich Fasern aus der Probe.

Aufgabe: Vergleiche die Scheuerfestigkeit der einzelnen Stoffproben und notiere sie in einer Tabelle.

A 4 Textilien sind verschieden

Jetzt hast du einen Überblick über verschiedene Eigenschaften von textilen Materialien bekommen.
a) Betrachte die Etiketten in deiner Kleidung. Begründe die Auswahl der textilen Rohstoffe.
b) Du möchtest ein Schlampermäppchen nähen. Wähle einen geeigneten Stoff und begründe deine Auswahl.

1 Helfer im Haushalt

2.4 Manche Stoffe bergen Gefahren

Auf Seite 332 dieses Buches hast du bereits einige Gefahrstoffsymbole kennen gelernt. Sie weisen darauf hin, dass beim Experimentieren mit bestimmten Stoffen besondere Vorsichtsmaßregeln beachtet werden müssen. Hinweise auf mögliche Gefährdungen und vorsichtige Handhabung bei der Anwendung findest du auch auf vielen „Helfern im Haushalt", beispielsweise Reinigungsmitteln. Diese enthalten meist *Laugen* oder *Säuren*. Auf Haut oder Schleimhäute wirken solche Stoffe *ätzend*, atmet man die Dämpfe ein, kann es zur *Reizung* der Atemwege oder anderen Gesundheitsgefährdungen kommen. Wie stark ätzend oder die Haut reizend ein Stoff ist, hängt von der Konzentration der darin enthaltenen Säuren oder Laugen ab. So werden etwa Zitronensäure und Essigsäure bei der Zubereitung von Salaten und anderen Speisen verwendet, ohne dass davon eine Gesundheitsgefährdung ausgeht.

Zu den verheerendsten Unglücken gehören Brände. Oft werden sie durch unachtsamen Umgang mit leicht *entzündlichen* oder *brandfördernden* Stoffen verursacht. Zu den leicht brennbaren Stoffen gehören manche Gase wie Methan und Butan sowie flüssige Brennstoffe wie Alkohole, Benzin und Kerosin.

Gifte sind Stoffe, die bestimmte Vorgänge im Körper von Lebewesen stören. Manche dieser Gifte sind so stark, dass sie tödlich wirken. Solche Gifte erzeugen manche Tiere, zum Beispiel Giftschlangen, um ihre Beute zu töten. Viele Pflanzen, etwa Hahnenfuß und Goldregen, enthalten Gifte als Schutz vor Pflanzenfressern. In der Industrie fallen ebenfalls viele Giftstoffe an. Sie müssen als *Sondermüll* behandelt und sorgfältig entsorgt werden, damit sie nicht in die Umwelt gelangen.

Solche Gifte in Abfällen gehören zu den vielen **Schadstoffen,** die der Mensch erzeugt und die als *umweltgefährdend* gelten. Gasförmige Schadstoffe entstehen bei allen Verbrennungen, beispielsweise in Automotoren oder in Kraftwerken. Man versucht heute mit großem technischem Aufwand möglichst viele dieser Schadstoffe aus den Abgasen zu filtern und in unschädliche Stoffe umzuwandeln. Dennoch gibt es immer wieder Meldungen über Umweltbelastungen durch Schadstoffe.

An vielen Orten, insbesondere an stark befahrenen Straßen, gibt es Messstationen, die die Luftqualität ständig kontrollieren. Wenn Grenzwerte überschritten werden, beispielsweise bei Ozon oder bei Feinstaub, wird Alarm ausgelöst.

1 Nenne Beispiele von Stoffen, auf die die Gefahrstoffsymbole auf Seite 332 zutreffen.

2 Stellt in der Klasse eine Liste mit Verhaltensmaßregeln zusammen, auf welche Weise beim Hantieren und Experimentieren mit gefährlichen Stoffen Unfälle vermieden werden können. Unterscheidet dabei nach den verschiedenen Gefahrensymbolen auf Seite 332.

3 Untersuche die Etiketten von Haushaltsreinigern auf gefährliche Inhaltsstoffe.

4 Nenne Maßnahmen, mit denen man die Gefährdung der Umwelt durch Schadstoffe vermindern kann.

5 Recherchiert in der Zeitung oder im Internet nach Fällen von Umweltbelastungen durch Schadstoffe. Bereitet dazu ein Informationsplakat vor.

6 Erläutere mit Hilfe der Informationen auf Seite 341, warum die Einordnung eines Stoffes als Schadstoff nicht immer eindeutig ist.

Ist Kohlenstoffdioxid ein Schadstoff?

Für das Wachstum von Pflanzen ist das Gas Kohlenstoffdioxid, das Menschen und Tiere täglich ausatmen, von größter Bedeutung. Pflanzen nehmen das Kohlenstoffdioxid aus der Luft mit Hilfe ihrer Blätter auf. Ohne dieses Gas könnten die Pflanzen nicht leben.

Kohlenstoffdioxid ist aber auch für das gesamte Leben auf der Erde von großer Bedeutung, denn es sorgt zusammen mit gasförmigem Wasserdampf für den **natürlichen Treibhauseffekt,** durch den die Durchschnittstemperatur auf der Erde +15 °C statt lebensfeindlicher −18 °C beträgt.

Die Treibhausgase befinden sich in der Lufthülle, die die Erde umgibt. Sie lassen die Sonnenstrahlung ungehindert zum Erdboden, der die Strahlung aufnimmt und sich dadurch erwärmt. Der Erdboden strahlt einen großen Teil der aufgenommenen Wärme wieder ab. Die Treibhausgase sorgen dafür, dass diese Wärmestrahlung nicht ungehindert in den Weltraum entschwindet, sondern zum Teil zur Erde zurückgeworfen wird. Die Luft und der Boden erwärmen sich. Nur durch diesen Effekt, der zur Erwärmung der Erde führt, ist ein Leben auf der Erde möglich.

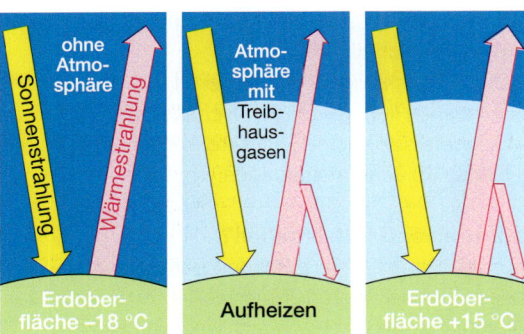

Den Treibhauseffekt nutzen auch Gärtner, wenn sie in Glashäusern (Treibhäusern) Pflanzen ziehen. Das Glasdach erfüllt die Funktion der Treibhausgase: Es lässt die Sonnenstrahlung in das Glashaus hinein, sodass sich der Boden, die Pflanzen und die Luft erwärmen. Das Glasdach verhindert aber, dass die entstandene Wärme das Treibhaus verlassen kann.

Vor einer **Verstärkung des Treibhauseffektes** wird seit einigen Jahren durch Wissenschaftler gewarnt. Diese meinen damit einen *zusätzlichen* Treibhauseffekt, der durch menschliches Handeln verursacht wird. Durch Verbrennungsvorgänge in der Industrie, in Haushalten und im Verkehr entstehen Kohlenstoffdioxid, Wasserdampf und andere Treibhausgase in riesigen Mengen. Diese reichern sich in der Lufthülle an und nehmen mehr von der Wärmestrahlung auf, die eigentlich in den Weltraum entweichen würde. Dadurch steigt die Temperatur der Erdatmosphäre und folglich auch die Durchschnittstemperatur der Erde an, was katastrophale Folgen haben wird:

- Abschmelzen des Eises der Polkappen und der Gletscher. *Folge:* Ansteigen des Meeresspiegels und dadurch Überflutung von bislang bewohnten Küstengebieten.
- Verschieben der heutigen Klimazonen. *Folgen:* Ganze Landstriche werden zu Trockengebieten oder Wüsten; die nutzbare Ackerfläche wird verkleinert, was Hungersnöte zur Folge haben wird.

Damit diese alarmierenden Vorhersagen nicht Wirklichkeit werden, gibt es seit Ende des 20. Jahrhunderts Klimakonferenzen, auf denen die Staaten der Welt Maßnahmen diskutieren, um den weiteren Ausstoß von Treibhausgasen zu verringern und damit den zusätzlichen Treibhauseffekt abzuschwächen.

Methode | **Auswerten von Tabellen und Grafiken**

Um die richtigen Schlüsse aus Messergebnissen ziehen zu können, musst du selbst angefertigte Tabellen und Grafiken oder solche, die du bei deiner Suche nach Informationen z. B. im Internet gefunden hast, deuten.

① Was stellt die Tabelle bzw. die Grafik dar?

| Jährlicher Schadstoffausstoß in Deutschland | Entwicklung des Schadstoffausstoßes 1966–2001 |

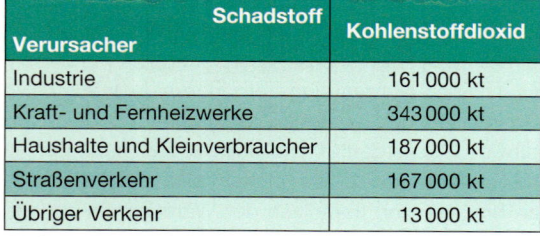

② Welche Größen sind dargestellt?

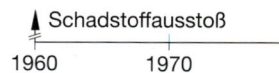

③ In welcher Einheit sind die Zahlenwerte angegeben?

Die Einheiten sind in der Regel so groß gewählt, dass die Zahlenwerte möglichst klein sind. Das Lesen der Tabelle/Grafik wird erleichtert, wenn hier z. B. die Einheit kt (Kilotonne; 1 kt = 1000 t) statt t (Tonne) gewählt wird.

④ Was lässt sich aus der Tabelle bzw. aus der Grafik ablesen?

Anhand der Überschrift lassen sich Fragen formulieren, auf die du durch das Lesen der Tabelle bzw. das Betrachten der Grafik eine Antwort erhältst.

Z. B.: *Wie viele Kilotonnen Kohlenstoffdioxid wurden von den jeweiligen Energienutzern ausgestoßen?*

Verursacher	Schadstoff Kohlenstoffdioxid
Industrie	161 000 kt
Kraft- und Fernheizwerke	343 000 kt
Haushalte und Kleinverbraucher	187 000 kt
Straßenverkehr	167 000 kt
Übriger Verkehr	13 000 kt

- Alle Werte, die sich in der *Spalte* des interessierenden Schadstoffs (z. B. Kohlenstoffdioxid) befinden, miteinander vergleichen und den größten und den kleinsten Wert ermitteln.
- Eine Antwort auf deine Fragen formulieren.

Weitere wichtige Frage aus der Überschrift ableiten, z. B.: *Welcher Verursacher hat welchen Schadstoff am meisten bzw. am wenigsten produziert?*
- Die Werte in der Zeile des betreffenden Verursachers (z. B. Haushalte) miteinander vergleichen.

Z. B.: *Wie hat sich der Ausstoß von Schadstoffen seit 1966 entwickelt?*

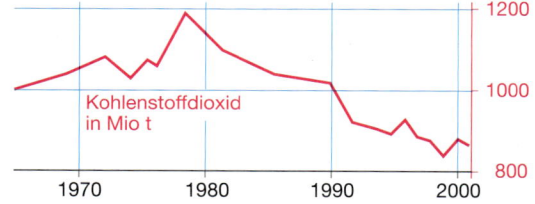

- Anhand der Punkte entlang der Rechts-Achse die Veränderungen in Richtung der Hoch-Achse betrachten.
- Anhand des Verlaufs einer „Linie" eine Antwort auf die Frage formulieren. Hier z. B.: Der Kohlenstoffdioxid-Ausstoß in Deutschland hat von 1966 bis 1978 zugenommen und danach abgenommen. In den Jahren 1999 und 2000 sind die niedrigsten Werte erreicht worden.
- Die Entwicklungen der anderen Schadstoffwerte ablesen. Hier: Auch der Schadstoffausstoß von Schwefeldioxid und Stickstoffoxiden hat in den letzten 15 Jahren stark abgenommen.

⑤ Wie werden genaue Zahlenwerte aus einer Grafik ermittelt?

Durch Anlegen eines Geodreiecks eine unsichtbare, nur „gedachte" Linie zu beiden Achsen ziehen, dort Zahlenwerte ablesen. (*Hinweis:* Die Aufteilung der Achsen kann bei großen Zahlenwerten ein Abschätzen des gesuchten Zahlenwertes erfordern, da ein millimetergenaues Ablesen nicht möglich ist.)

Präsentieren von Ergebnissen

Eine Schülergruppe aus der 6c hat die Aufgabe, die Auswirkungen von Mopedabgasen auf Kresse zu untersuchen und die Ergebnisse anschließend zu präsentieren.

Die rechts aufgeführten Möglichkeiten der Präsentation können auch kombiniert und erweitert oder eingeschränkt werden.

Zu Beginn der Planung der Ergebnispräsentation sollte zunächst überlegt werden,
① welches das wichtigste Ergebnis ist,
② wie kann es in den Mittelpunkt gerückt werden.

Plakat
Plakat
Kurze Texte, Stichworte (große Schrift), mit Bildern veranschaulicht

Overhead-Projektor
Tabellen, Grafiken

Laptop und Beamer
Stichworte, kurze Sätze, mit Bildern veranschaulicht, mehr Platz und mehr Darstellungsmöglichkeiten als auf einem Plakat

Video
Interview, Darstellung menschlicher Handlungen, chemisch-physikalischer Prozesse und Vorgänge

Die Schüler entscheiden sich dafür, die Auswirkungen mit einer Videokamera zu dokumentieren. Zusätzlich wollen sie auf einem Plakat eine Erklärung für ihre Beobachtungen vorstellen.

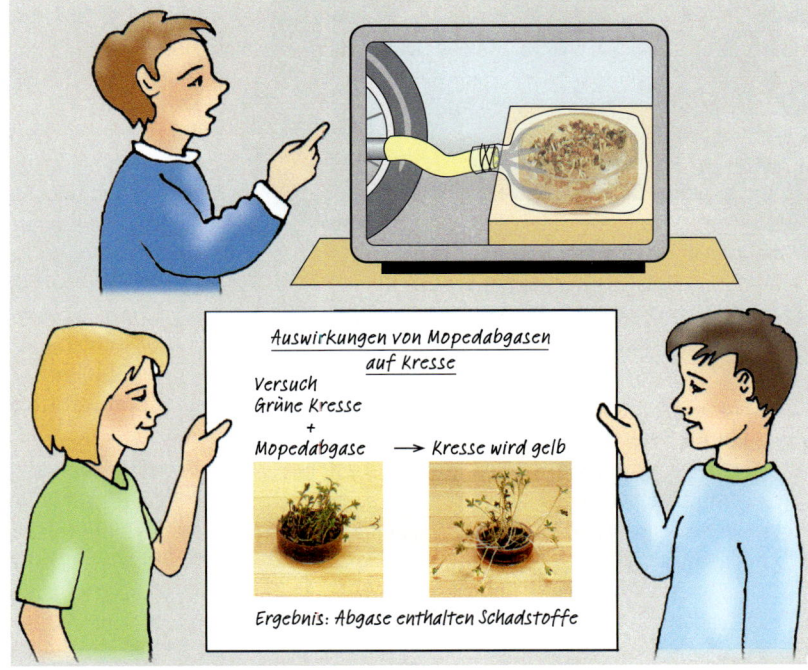

Auswirkungen von Mopedabgasen auf Kresse

Versuch
Grüne Kresse
+
Mopedabgase → Kresse wird gelb

Ergebnis: Abgase enthalten Schadstoffe

Bei der Vorstellung ihrer Ergebnisse beachten die Schüler folgende Tipps.

Tipps für das mündliche Vortragen
- Sprich laut und deutlich
- Verwende eventuell einen Stichwortzettel als Gedächtnisstütze
- Lies den Vortrag nicht ab
- Suche Blickkontakt zu deinen Zuhörern
- Verwende keine unbekannten Fachbegriffe
- Halte zeitliche Vorgaben ein

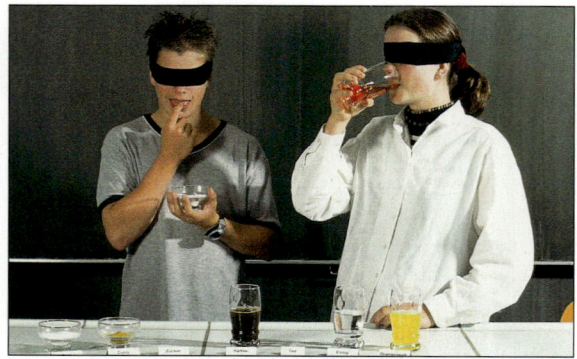

1 Geschmacksproben bei Lebensmitteln

1 Versuche mit verbundenen Augen verschiedene Lebensmittel wie Zucker, Salz, Essig, Orangensaft, Curry, Kaffee und Tee zu bestimmen. Wie gehst du vor? *Achtung:* Verwende keine verunreinigten Lebensmittel und nur für Lebensmittel geeignete Gefäße!

2 Brausepulver und Zucker unter der Lupe

2 Notiere Lebensmittel, die du an ihrem typischen Geruch erkennen kannst.

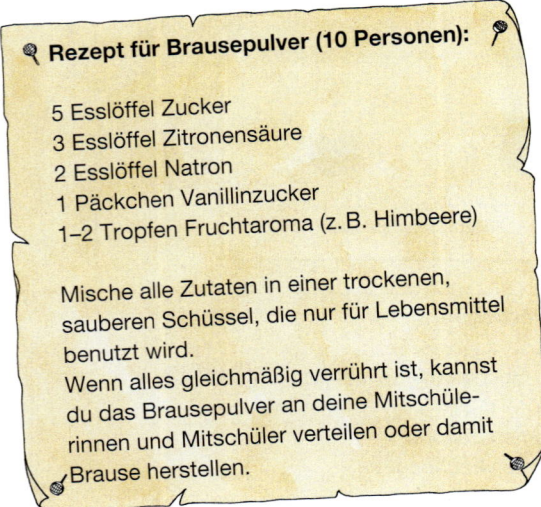

🔨 **Rezept für Brausepulver (10 Personen):** 🔨

5 Esslöffel Zucker
3 Esslöffel Zitronensäure
2 Esslöffel Natron
1 Päckchen Vanillinzucker
1–2 Tropfen Fruchtaroma (z. B. Himbeere)

Mische alle Zutaten in einer trockenen, sauberen Schüssel, die nur für Lebensmittel benutzt wird.
Wenn alles gleichmäßig verrührt ist, kannst du das Brausepulver an deine Mitschülerinnen und Mitschüler verteilen oder damit Brause herstellen.

3 Stoffgemische

3.1 Reinstoffe und Stoffgemische

„Hast du schon Essig in der Salatsoße?" fragte Mutter. Tina wusste es nicht genau, doch es war kein Problem für sie. Erst schnupperte sie, und als sie sich dann noch nicht ganz sicher war, schmeckte sie die Soße vorsichtig ab.

Viele Stoffe, vor allem aus Küche und Haushalt, lassen sich mit den Augen, der Nase und der Zunge leicht erkennen. Manche Stoffe, wie Salz und Zucker, lassen sich allerdings allein mit den Augen nur schlecht auseinander halten. Mit einer Geschmacksprobe wirst du diese beiden Stoffe jedoch leicht unterscheiden können.

Zucker gibt es in verschiedenen Formen, als feinen Puderzucker, groben Streuzucker, als Zuckerwürfel oder weißen Kandiszucker. Fein zermahlen schmeckt jede Zuckerart gleichmäßig süß. Zucker ist ein **Reinstoff.** Reinstoffe sind einheitlich aufgebaut und haben an allen Stellen die gleichen Eigenschaften.

Beim Brausepulver ist das anders. Im Unterschied zum Zucker schmeckt Brausepulver nicht an allen Stellen gleich. Es schmeckt teils süß, teils sauer, und es schäumt sogar auf der Zunge.
Betrachtest du Brausepulver mit einer Lupe, dann siehst du, dass es aus verschiedenen Bestandteilen zusammengesetzt ist, die auch unterschiedlich schmecken. Brausepulver ist also ein **Stoffgemisch.** Es besteht aus mehreren Reinstoffen: Zucker, Weinsäure oder Zitronensäure, Natron und Farbstoff.

Stoffgemische begegnen dir täglich, zum Beispiel als Kräutersalz, Waschmittel oder Backmischungen. Manche Stoffgemische lassen sich durch einfache Trennverfahren auch wieder in Reinstoffe zerlegen.

3 Betrachte Streuzucker und Brausepulver mit einer Lupe. Was stellst du fest?
4 a) Ordne die folgenden Stoffe nach Reinstoffen und Stoffgemischen: Vogelfutter, Schwefel, Limonade, Müsli, Kupfer, Kochsalz, Tinte, Kandiszucker, Curry.
b) Begründe, warum du die einzelne Stoffe jeweils als Reinstoffe oder Stoffgemische eingeordnet hast.
5 Auch Luft ist ein Stoffgemisch. Finde eine Begründung für diese Feststellung.

Pinnwand

1 a) Zerlege Studentenfutter in seine einzelnen Bestandteile. Wie gehst du vor?
b) Finde einen Namen für dieses Trennverfahren.

4 Zum Trennen grober Suspensionen, zum Beispiel Nudeln vom Kochwasser, werden in der Küche Siebe und Sieblöffel benutzt. Nenne weitere Beispiele.

2 Betrachte Vollkornmehl mit einer Lupe. Gib es durch ein Sieb und betrachte es danach noch einmal. Wie wurden die Bestandteile getrennt?

5 Presse eine frische Zitrone aus. Du möchtest den Saft möglichst ohne das Fruchtfleisch verwenden, aber kein weiteres Küchengerät benutzen. Beschreibe, wie du dabei vorgehst.

3 a) Rühre drei Teelöffel kakaohaltiges Getränkepulver in ein Trinkglas mit Milch. Lass das Glas einige Zeit ruhig stehen und beschreibe, was dabei geschieht.
b) Trinke ohne umzurühren das Glas leer und betrachte danach den Boden des Glases.

6 In vielen Küchen sind über der Kochstelle Dunstabzugshauben eingebaut. Informiere dich darüber, wie diese Geräte arbeiten.

1 Orangensaft – vor und nach dem Schütteln

3.2 Suspensionen und Trennverfahren

„Ihr hättet den Orangensaft schütteln sollen", sagte die Mutter. So war keiner recht zufrieden. Jan fand den Saft zu dünn, Silke meinte, es wäre viel zu viel Fruchtfleisch darin. Der Ärger mit dem Orangensaft kommt daher, dass er feste Teilchen enthält, die größtenteils zu Boden gesunken sind. Ein solches Gemisch aus Flüssigkeit und festen Teilchen heißt *Aufschwemmung* oder **Suspension.**

Suspensionen sind in unserer Umwelt überall zu finden. Auch Flüsse, Kanäle oder Teiche enthalten kein reines Wasser, sondern Suspensionen.
An einem Gemisch aus Wasser und Gartenerde kannst du zeigen, dass sich Suspensionen wieder in ihre Be-

standteile zerlegen lassen. Wenn das Gemisch eine Zeit lang ruhig steht, steigen die leichteren Bestandteile, die *Schwimmstoffe,* an die Oberfläche. Sie lassen sich abschöpfen. Schwerere Bestandteile, die *Sinkstoffe,* sinken zu Boden. Sie **sedimentieren** und bilden den *Bodensatz,* das **Sediment.**
Von diesem Bodensatz lässt sich die darüber stehende Flüssigkeit abgießen, **dekantieren.** In der dekantierten Suspension sind noch sehr kleine Teilchen, die *Schwebstoffe.* Wenn du die Suspension von der Seite beleuchtest, werden die Schwebstoffe sichtbar. Nach längerer Zeit sinken auch diese Stoffe zu Boden.

1 Nenne Beispiele von Suspensionen die es auf einer Baustelle gibt.
2 Gib einen Esslöffel Gartenerde und einen Löffel Sand in ein hohes Becherglas mit Wasser. Rühre gut um und lass das Gemisch dann eine Zeit lang stehen. Beobachte und beschreibe, was du siehst.
3 Schöpfe alle Teile ab, die an der Oberfläche schwimmen und gib sie in eine Schale. Gieße dann die über dem Bodensatz stehende Flüssigkeit vorsichtig in ein zweites Becherglas ab. Achte darauf, dass dabei der Bodensatz nicht aufgerührt wird.
4 Beleuchte die dekantierte Flüssigkeit im abgedunkelten Raum von der Seite mit einer Taschenlampe (Abbildung 2 D). Was beobachtest du dabei?
5 Betrachte die Schwimmstoffe und den Bodensatz mit einer Lupe. Welche Stoffe kannst du unterscheiden?
6 Nenne andere Stoffgemische, die durch Sedimentieren und Dekantieren in ihre Bestandteile zerlegt werden können.
7 Du kennst bereits das Teilchenmodell. Wende es auf Suspensionen an.

2 **A** *Gartenerde in Wasser;* **B** *Sedimentieren;*
C *Dekantieren;* **D** *Beleuchten*

3.3 Trennung von Stoffgemischen durch Filtrieren

Wer Tee nicht gerade aus Teebeuteln bereiten will, gibt die Teeblätter in ein Porzellangefäß und übergießt sie mit fast kochendem Wasser. Der fertige Tee wird dann durch ein *Teesieb* in die Teekanne gegossen. Das Sieb hält die Teeblätter zurück, die Farb- und Aromastoffe gehen hindurch.

Wolltest du auch Kaffee auf diese Weise zubereiten, wäre ein Sieb zu grob. Das feinere Kaffeepulver wird erst durch ein *Filterpapier* vollständig zurückgehalten. Für die gelösten Inhaltsstoffe des Kaffees ist das Filterpapier kein Hindernis.

Die festen Teilchen einer Suspension, wie Teeblätter oder Kaffeepulver, lassen sich also durch Siebe oder noch besser durch Filter von der Flüssigkeit trennen. Dieser Vorgang heißt **Filtrieren.** Die Teilchen, die im Filter zurückbleiben, bilden den **Rückstand.** Die Flüssigkeit, die durch das Filterpapier hindurchgelaufen ist, heißt **Filtrat.** Das Filterpapier hat Löcher, ebenso wie ein Sieb, nur sind diese sehr viel kleiner. Sie heißen **Filterporen.** Natürlich können die festen Teilchen nur dann zurückgehalten werden, wenn sie größer sind als die Löcher im Filter. Gelöste Stoffe laufen durch das Filterpapier hindurch.

Filter werden auch in vielen Bereichen der Technik eingesetzt, etwa zur Trinkwasseraufbereitung oder im Auto als Luft-, Kraftstoff- und Ölfilter.

In vielen Industriebetrieben sowie in Kohlekraftwerken entstehen große Mengen an Staub. Diese wurden früher durch Schornsteine in die Umwelt abgegeben und trugen in einem hohen Maß zur Luftverschmutzung bei. Durch den Einsatz von Filteranlagen konnte die Luftqualität in Deutschland in den letzten Jahrzehnten deutlich verbessert werden.

1 Erläutere die Bezeichnung Trennverfahren und nenne Beispiele.

2 Beschreibe den Aufbau und die Wirkungsweise eines Aquarienfilters.

3 Eine Atemmaske ist ein Luftfilter. Sie kann etwa beim Schleifen von Steinen oder Hartholz gesundheitsschädlichen Staub zurückhalten. Solche Staubteilchen sind unterschiedlich groß. Worauf musst du deshalb beim Kauf einer Atemmaske achten?

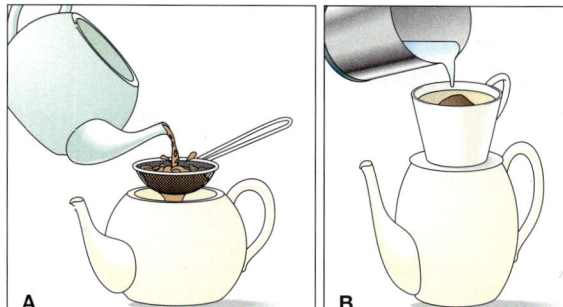

1 A *Tee aufgießen;* **B** *Kaffee filtrieren*

4 Falte eine Filtertüte aus einem Rundfilterpapier nach der Anweisung in Abbildung 2. Achte darauf, dass das Filterpapier beim Falten nicht beschädigt wird. Befeuchte die fertige Filtertüte mit etwas Wasser, damit sie im Trichter haften bleibt.

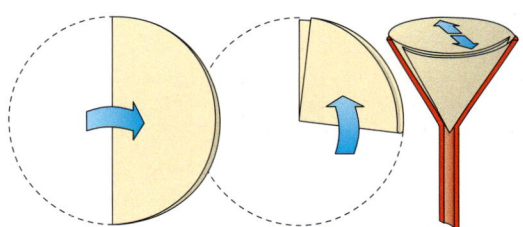

2 So wird ein Filter gefaltet

5 Trenne eine Suspension aus Gartenerde und Wasser. Gieße dazu jeweils einen gleich großen Teil davon
a) durch ein Teesieb, b) durch eine Kaffeefiltertüte,
c) durch das selbst gefaltete Filterpapier.
Vergleiche die Durchlaufgeschwindigkeiten und die Filtrate.

6 Zeichne die Abbildung 3 ab und ordne folgende Begriffe zu: Trichter, Filter, Filterporen, Rückstand, Filtrat.

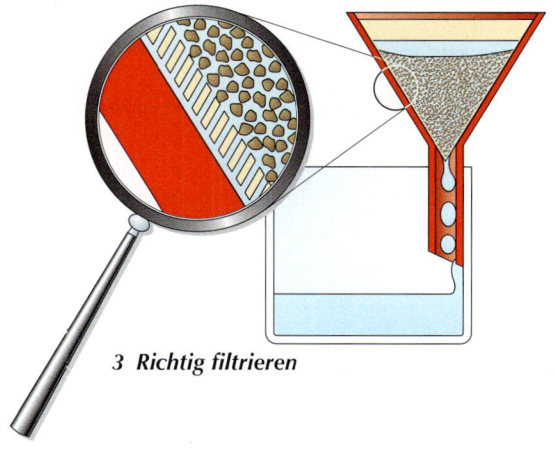

3 Richtig filtrieren

TRENNVERFAHREN IN DEN NATURWISSENSCHAFTEN

Lösungen und Suspensionen sind Gemische. Sie bestehen aus gelösten und ungelösten Stoffen und dem Lösungsmittel. *Beispiel Meerwasser:* Es enthält gelöstes Salz, Sand und andere Feststoffe, Pflanzenreste und Kleinstlebewesen; das Lösungsmittel ist Wasser.

Durch geeignete Trennverfahren lassen sich Lösungen in ihre Bestandteile zerlegen. Je nach dem angewendeten Trennverfahren bekommt man das Lösungsmittel oder die gelösten oder ungelösten Stoffe.

Absetzen (Sedimentieren)

Eignung:
Lösungsmittel und ungelöster Stoff können getrennt werden.

Vorgehensweise:
Das Gemisch wird erschütterungsfrei stehen gelassen. Sobald sich der Feststoff abgesetzt hat, kann die Flüssigkeit vorsichtig abgegossen werden.

Eindampfen

Eignung:
Die gelösten Stoffe können vom Lösungsmittel getrennt werden.

Vorgehensweise:
Die Lösung wird so lange erhitzt, bis das Lösungsmittel verdampft ist. Die ursprünglich gelösten Stoffe bleiben als Feststoff zurück.

Filtrieren

Eignung:
Ungelöste Stoffe können vom Lösungsmittel getrennt werden.

Vorgehensweise:
Das Stoffgemisch wird nach und nach in einen Filter geschüttet. Das Lösungsmittel fließt hindurch, der Feststoff bleibt zurück.

Destillieren

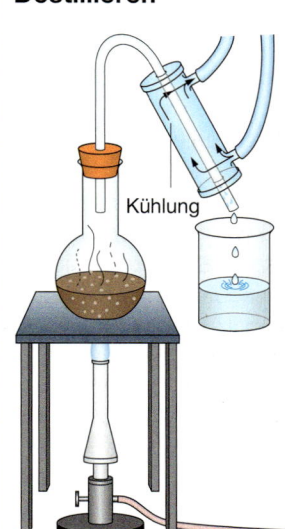

Kühlung

Eignung:
Lösungsmittel und gelöste Stoffe können getrennt werden.

Vorgehensweise:
Das Stoffgemisch wird erhitzt. Das verdampfende Lösungsmittel wird abgekühlt und aufgefangen. Die vorher gelösten Stoffe bleiben als Feststoff zurück.

MAJONÄSE

Zutaten:
1 frisches Ei
1 viertel Liter Pflanzenöl
1 Esslöffel Zitronensaft
1 Teelöffel Senf
1 Prise Pfeffer
1 viertel Teelöffel Salz
1 Prise Zucker

Verrühre alle Zutaten bis auf das Öl mit einem Schneebesen zu einer glatten Masse. Gib unter ständigem, gleichmäßigem Rühren das Öl zuerst tropfenweise, dann esslöffelweise und zum Schluss in dünnem Strahl dazu.

Deine Majonäse kannst du für Kartoffel- und Nudelsalat ebenso verwenden wie für frische Gemüsesalate und natürlich auch für Pommes frites!

1 Rezept für Majonäse

3.4 Emulsionen – Gemische, die es gar nicht geben dürfte

Wenn du versuchst, ein Gemisch aus Öl und Zitronensaft oder aus Öl und Wasser herzustellen, wirst du merken, dass sich diese Flüssigkeiten nicht mischen lassen. Bei der Herstellung von Majonäse wird dir das aber gelingen. Der Zusatz von Eigelb bewirkt, dass sich das Öl und der Zitronensaft dauerhaft mischen lassen. Ein solches Gemisch heißt **Emulsion.** Das Eigelb dient als Hilfsstoff, es ist der **Emulgator.**

Außer Eigelb gibt es auch viele chemisch hergestellte Emulgatoren. Einige werden in Geschirrspülmitteln und im Waschpulver verwendet.

Eine zweite Möglichkeit eine Emulsion herzustellen ist das *Homogenisieren.* Dabei werden die Flüssigkeiten durch winzige Düsen gedrückt, damit ganz kleine Tröpfchen entstehen. Auch auf diese Weise entsteht eine stabile Emulsion.

1 Nenne weitere Nahrungsmittel, die Emulsionen sind.
2 Suche auf Verpackungen von Nahrungsmitteln Hinweise auf Emulgatoren und notiere sie.
3 Fülle in ein Reagenzglas 1 cm hoch Zitronensaft und füge die gleiche Menge Speiseöl hinzu. Verschließe das Reagenzglas mit dem Daumen und schüttle es kräftig. Stelle es dann ab und lass es kurze Zeit stehen. Beobachte, was geschieht. Protokolliere für diesen und für die folgenden Versuche alle Ergebnisse.
4 Führe den gleichen Versuch mit Wasser und Öl durch. Notiere deine Beobachtungen.

5 Wiederhole Versuch 3 und füge dieses Mal etwas rohes Eigelb hinzu. Beobachte das Gemisch. Was bewirkt das Eigelb?
6 Wiederhole Versuch 4 und gib ein paar Tropfen Geschirrspülmittel hinzu. Vergleiche die Ergebnisse der letzten beiden Versuche und ziehe Schlussfolgerungen.

Auch **Milch** ist eine Emulsion. In Wasser sind Fett, Milchzucker, Eiweiß, Mineralstoffe und Vitamine verteilt.

Lässt man frisch gemolkene Milch stehen, sammelt sich das Milchfett, der **Rahm**, nach kurzer Zeit an der Oberfläche, die Emulsion trennt sich. Um diese Trennung zu verhindern, wird die Milch homogenisiert. Dabei wird das Milchfett in winzige Tröpfchen zerteilt.

Durch kurzzeitiges Erhitzen auf 75 Grad wird die Milch keimfrei gemacht, sie wird pasteurisiert. Sie ist jetzt mehrere Tage im Kühlschrank haltbar. Wenn die Milch kurzzeitig auf 150 Grad erhitzt wird, ist sie sogar ungekühlt mehrere Monate haltbar. Diese ultrahocherhitzte Milch heißt H-Milch.

2 Milch

Übung | # Reinigungsmilch und Handcreme zum Selbermachen

Viele Körperpflegemittel sind Emulsionen. Einige kannst du nach einfachen Rezepten sogar selbst herstellen. In diesem Praktikum werden dir zwei Rezepte vorgestellt.

Die Zutaten für beide Rezepte und Hilfsmittel zum Abmessen bekommst du in Apotheken oder in Naturkostläden, die Kosmetik zum Selbermachen anbieten. Diese selbst hergestellten Körperpflegemittel kommen ohne schädliche Konservierungsstoffe aus. Ihre Haltbarkeit ist begrenzt. Du solltest sie nach 3 Monaten nicht mehr benutzen. Schreibe dir zur Sicherheit das Herstellungsdatum auf das Vorratsgefäß.

Handcreme

Öl:	6 g	Sesam- oder Sojaöl
	1,5 g	Bienenwachs
Wasser:	30 g	destilliertes Wasser
Emulgator:	2,5 g	Tegomuls 90 S
Duft- und		
Hilfsstoffe:	1 g	Cetylalkohol
	20 Tropfen	Euxyl
	4 Tropfen	Parfümöl

Gib Öl und Wachs zusammen mit dem Emulgator und dem Cetylalkohol in ein Becherglas und erwärme es in einem Wasserbad auf 70 Grad. Erhitze das destillierte Wasser in einem zweiten Becherglas auf die gleiche Temperatur. Gib dann unter ständigem Rühren das destillierte Wasser in das Fettgemisch, erst tropfenweise und dann in dünnem Strahl. Wenn alles gut verrührt und die Emulsion auf 30 bis 35 Grad abgekühlt ist, rühre die restlichen Duft- und Hilfsstoffe ein.

Gib die Handcreme in eine verschließbare Dose und notiere darauf das Herstellungsdatum.

Reinigungsmilch

Öl:	15 g	Sonnenblumenöl
Wasser:	80 g	destilliertes Wasser
Emulgator:	4 g	Tegomuls 90 S
Duft- und		
Hilfsstoffe:	1 g	Cetylalkohol,
	10 Tropfen	Menthol

Gib das Öl, den Emulgator und den Cetylalkohol in ein Becherglas und erwärme das Gemisch in einem Wasserbad auf 65 bis 70 Grad. Erhitze das destillierte Wasser in einem zweiten Becherglas ebenfalls auf diese Temperatur.

Gib dann unter ständigem Rühren das destillierte Wasser in das Fettgemisch, erst tropfenweise und dann in dünnem Strahl. Lass das Gemisch auf etwa 30 Grad abkühlen und rühre dann das Menthol hinein. Fülle die Reinigungsmilch in ein verschließbares Gefäß und notiere darauf das Herstellungsdatum.

3.5 Trinkwasser – Brauchwasser

Aus unserer Wasserleitung kommt **Trinkwasser.** Es enthält keine Krankheitserreger und keine anderen schädlichen Stoffe. Wir können es verwenden, ohne uns Sorgen um unsere Gesundheit machen zu müssen.

Die Versorgung der Haushalte mit Trinkwasser ist bei uns noch kein Problem. An vielen Orten wurden Brunnen in die Erde gebohrt. Von dort wird dann Grundwasser in die Leitungen gepumpt. Manche Orte im Gebirge werden mit Quellwasser versorgt, andere erhalten ihr Wasser aus Stauseen.

Die Bewohner von Hannover erhalten den größten Teil ihres Trinkwassers aus Brunnen, die bis zu 30 m tief sind. Ein kleinerer Teil des Wassers kommt aus den Stauseen im Harz. In der Rheinebene bei Ludwigshafen gibt es Trinkwasserbrunnen, die bis zu 200 m tief sind.

Oft muss Wasser noch aufbereitet werden, wenn es als Trinkwasser genutzt werden soll. Dabei werden unerwünschte Bestandteile, wie zum Beispiel Eisen, Mangan oder Kohlenstoffdioxid, daraus entfernt. Dies ist sehr aufwendig und teuer.

Zu unserer Versorgung ist sehr viel Trinkwasser erforderlich, denn jeder von uns verbraucht an einem Tag im Durchschnitt etwa 140 Liter. Davon werden nur 3 Liter zum Trinken und zur Nahrungszubereitung verwendet. Der Rest dient zum Wäschewaschen, zum Duschen, für die Toilettenspülung und andere Zwecke.

Es wird auch viel Wasser gebraucht, das nicht die gute Qualität von Trinkwasser haben muss. Es dient zum Kühlen und Reinigen in Fabriken sowie zum Bewässern in Gärtnereien und in der Landwirtschaft. Dieses Wasser heißt **Brauchwasser.**

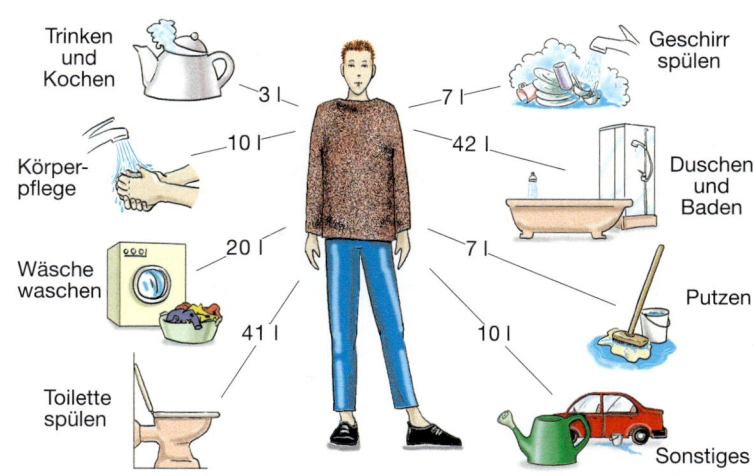

1 *So viel Wasser verbraucht jeder von uns im Durchschnitt an einem Tag.*

Es wird aus Flüssen, Seen oder Hausbrunnen entnommen. So kann wertvolles Trinkwasser gespart werden. Außerdem erspart uns Brauchwasser auch einen Teil der Kosten, die wir für Trinkwasser bezahlen müssten.

Auch bei dir zu Hause könnt ihr Brauchwasser gewinnen, wenn ihr Regenwasser auffangt und in Behältern sammelt. Ihr könnt es zum Gießen und zum Reinigen verwenden.

1 Für welche Zwecke verwendest du Trinkwasser aus der Leitung? Erstelle eine Liste.
2 Nenne Möglichkeiten, um mit Trinkwasser sparsamer umzugehen.
3 Erkläre wie in Abbildung 2 Brauchwasser gewonnen wird.
4 Wo findest du an deiner Schule Möglichkeiten, Brauchwasser zu sammeln? Wozu könntet ihr es verwenden?
5 Wasser aus Flüssen und Seen ist sowohl eine Lösung als auch eine Suspension. Erläutere diese Aussage.

2 *Hier wird Regenwasser als Brauchwasser gesammelt.*

351

3.6 Kläranlage – verschmutztes Wasser wird gereinigt

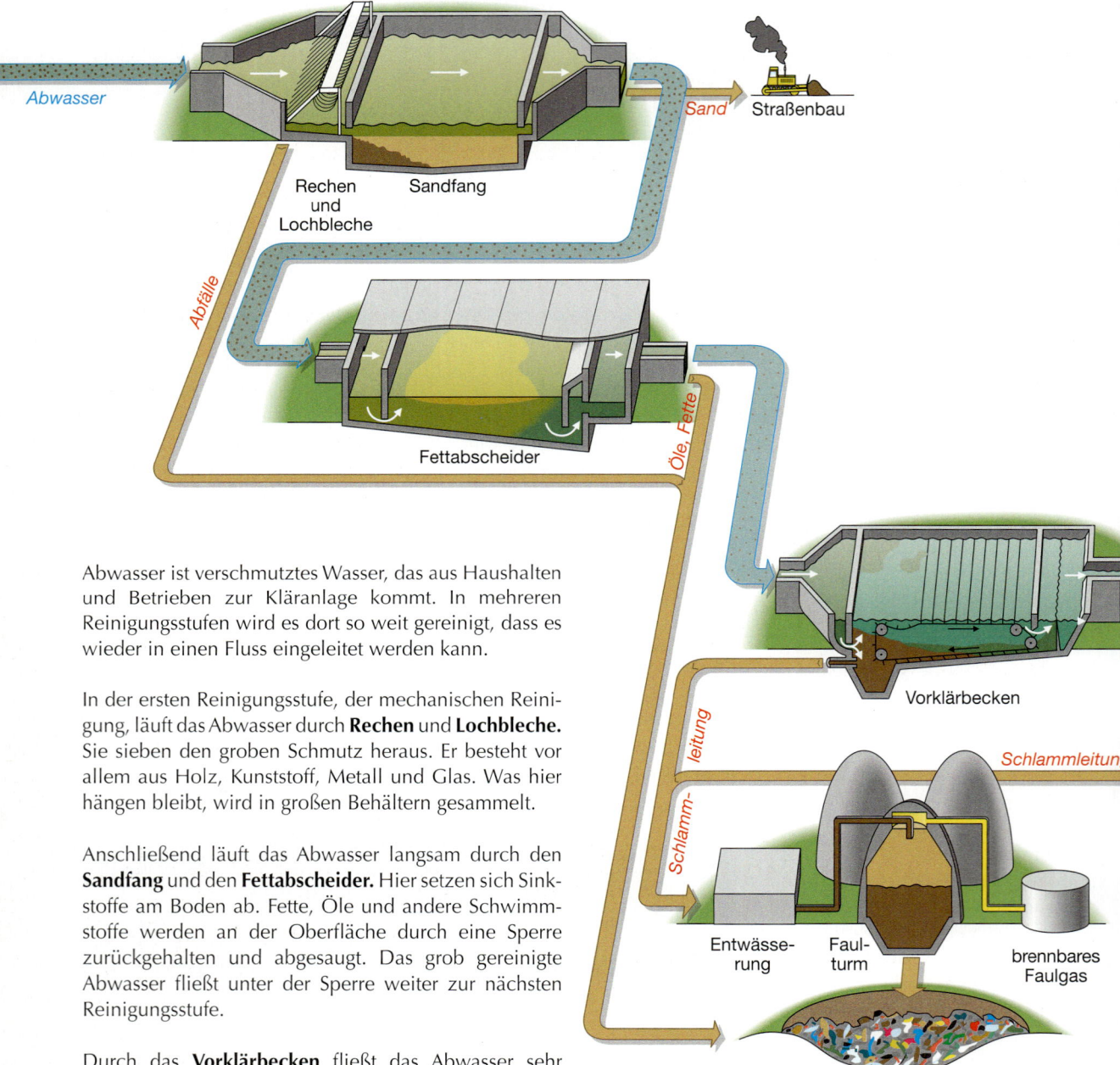

Abwasser

Rechen und Lochbleche

Sandfang

Sand   Straßenbau

Abfälle

Fettabscheider

Öle, Fette

Vorklärbecken

Schlamm-leitung

Schlammleitung

Entwässe-rung

Faul-turm

brennbares Faulgas

Deponie

Abwasser ist verschmutztes Wasser, das aus Haushalten und Betrieben zur Kläranlage kommt. In mehreren Reinigungsstufen wird es dort so weit gereinigt, dass es wieder in einen Fluss eingeleitet werden kann.

In der ersten Reinigungsstufe, der mechanischen Reinigung, läuft das Abwasser durch **Rechen** und **Lochbleche.** Sie sieben den groben Schmutz heraus. Er besteht vor allem aus Holz, Kunststoff, Metall und Glas. Was hier hängen bleibt, wird in großen Behältern gesammelt.

Anschließend läuft das Abwasser langsam durch den **Sandfang** und den **Fettabscheider.** Hier setzen sich Sinkstoffe am Boden ab. Fette, Öle und andere Schwimmstoffe werden an der Oberfläche durch eine Sperre zurückgehalten und abgesaugt. Das grob gereinigte Abwasser fließt unter der Sperre weiter zur nächsten Reinigungsstufe.

Durch das **Vorklärbecken** fließt das Abwasser sehr langsam hindurch. Jetzt sinkt auch ein Teil der Schwebstoffe zu Boden. Sie werden von dem Schlammräumer zusammengeschoben und dann entfernt. Dieses Becken heißt auch *Absetzbecken.*

Abwässer aus Industriebetrieben müssen manchmal noch mit Chemikalien behandelt werden, wenn sie Stoffe enthalten, die sich anders nicht entfernen lassen.

Der Schlamm aus den Klärbecken verfault in **Faultürmen.** Dabei entsteht brennbares Gas. Ist der Schlamm ausgefault, wird er auf einer Deponie gelagert oder verbrannt. Falls er keine schädlichen Stoffe enthält, kann er zur Verbesserung des Ackerbodens eingepflügt werden.

Das Abwasser wird im **Belebungsbecken** durch Kleinstlebewesen, zum Beispiel Bakterien, weiter gereinigt. Die im Abwasser immer noch reichlich vorhandenen Schwebstoffe und gelösten Stoffe dienen den Bakterien als Nahrung. Man spricht von der biologischen Reinigung.

Im Belebungsbecken bleibt das Abwasser viele Stunden lang stehen. Dabei wird es ständig von unten belüftet und bewegt. So erhalten die Kleinstlebewesen den lebensnotwendigen Sauerstoff. Bei diesen idealen Bedingungen vermehren sie sich ständig und bilden einen flockigen **Belebtschlamm.**

Aus dem Belebungsbecken wird ständig ein Teil des Belebtschlamms in ein **Nachklärbecken** gepumpt. Dort wird er nicht mehr belüftet und nicht mehr bewegt. Die Kleinstlebewesen sinken nach unten, viele sterben ab, denn es fehlen ihnen Sauerstoff und Nährstoffe. Am Boden des Beckens setzt sich der Schlamm ab. Er wird mit einem Schieber in die vertiefte Mitte des

Beckens geschoben. Ein Teil davon wird in das Belebungsbecken zurückgepumpt, der andere Teil kommt in den Faulturm.

Das geklärte Abwasser läuft dann über den gezackten Rand des Nachklärbeckens in eine Rinne. Jetzt darf es in einen Fluss eingeleitet werden. Das aufnehmende Gewässer heißt **Vorfluter.**

Die von den Rechen und Lochblechen zurückgehaltenen Abfälle werden auf einer Deponie gelagert oder verbrannt.
Der Sand aus dem Sandfang kann im Straßenbau benutzt werden.

Öl, Fett und andere Schwimmstoffe aus dem Fettabscheider werden entweder in einen Faulturm gegeben oder auf einer Deponie gelagert.
Der Schlamm aus den Vor- und Nachklärbecken wird entwässert und in Faultürme gebracht.

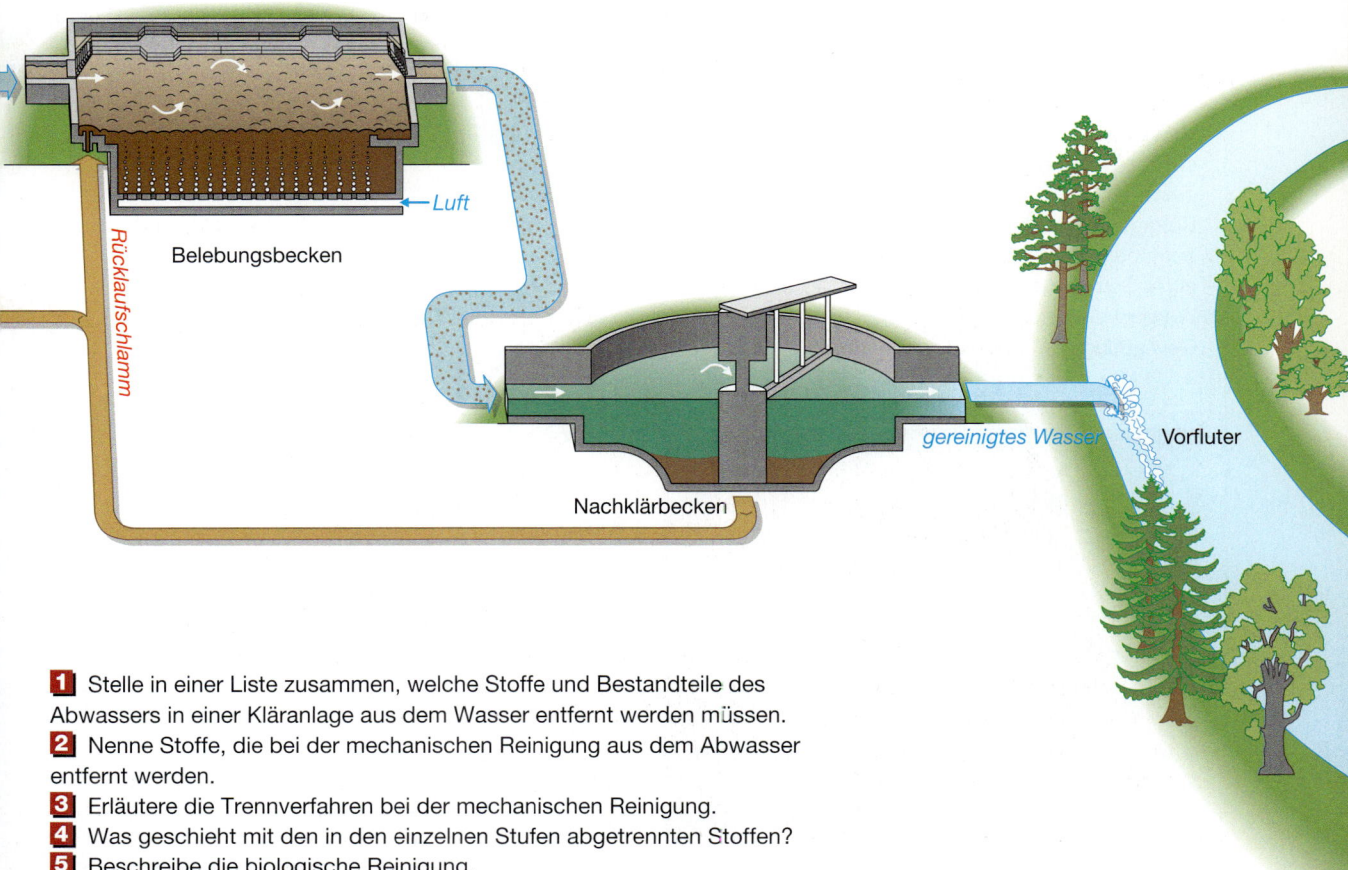

Luft
Rücklaufschlamm
Belebungsbecken
gereinigtes Wasser   Vorfluter
Nachklärbecken

1 Stelle in einer Liste zusammen, welche Stoffe und Bestandteile des Abwassers in einer Kläranlage aus dem Wasser entfernt werden müssen.
2 Nenne Stoffe, die bei der mechanischen Reinigung aus dem Abwasser entfernt werden.
3 Erläutere die Trennverfahren bei der mechanischen Reinigung.
4 Was geschieht mit den in den einzelnen Stufen abgetrennten Stoffen?
5 Beschreibe die biologische Reinigung.
6 Nenne mögliche Folgen bei einem Ausfall der Kläranlage.

Projekt   Trinkwassergewinnung

In Deutschland wird der größte Teil des Trinkwassers aus Quell- und Grundwasser gewonnen. Diese Vorräte reichen aber häufig nicht aus. Deshalb muss zusätzlich Wasser aus Flüssen entnommen werden.

Nun lässt sich aber das Wasser aus Flüssen oder Bächen nicht ohne weitere Aufbereitung trinken. Viele Gewässer sind zum Beispiel durch die Einleitung von Abwässern aus Haushalten und Fabriken verschmutzt. Das Wasser muss also gereinigt und aufbereitet werden, bevor es als Trinkwasser verwendet werden darf.

In diesem Projekt könnt ihr erfahren, wie der Zustand der Gewässer in eurer Umgebung ist und wie sich aus Flusswasser Trinkwasser gewinnen lässt.

Gruppe 1: Zustand der Gewässer

Stellt anhand von Landkarten aus eurer Umgebung fest, welche Arten von Gewässern bei euch zu finden sind. Informiert euch auch mit Hilfe von aktuellen Gewässergütekarten über den Zustand dieser Gewässer. Die Karten erhaltet ihr bei den Stadtwerken.

Ihr könnt den Zustand der Gewässer auch selbst überprüfen. Sammelt dazu *Zeigerorganismen,* bestimmt sie und bewertet mit ihrer Hilfe die Wasserqualität. Dazu benötigt ihr ein Bestimmungsbuch für Lebewesen im Wasser.

Erkundigt euch, unter welchen Voraussetzungen ein Gewässer zur Trinkwassergewinnung genutzt werden darf. Welche Anforderungen werden an ein Gebiet gestellt, in dem Trinkwasser gewonnen werden soll? Befragt dazu auch Fachleute aus Wasserversorgungsbetrieben, Mitglieder aus Umweltverbänden oder aus eurer Gemeindeverwaltung.

Welche Gebiete in eurer Umgebung werden zur Gewinnung von Trinkwasser genutzt?

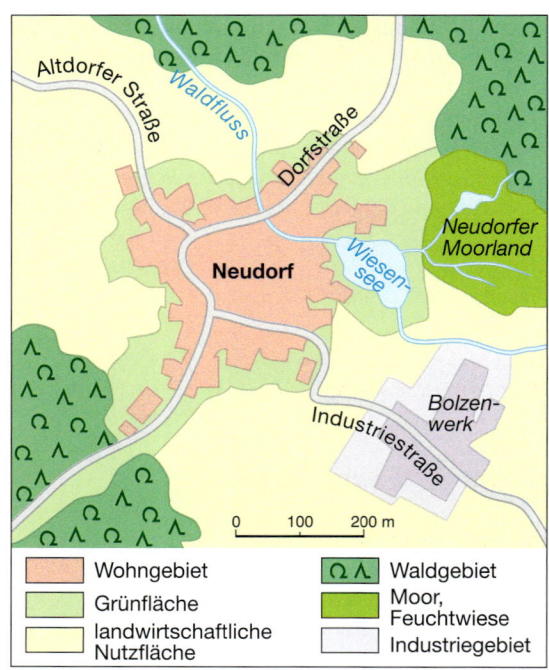

Landkarte

Stausee als Trinkwasserspeicher

Gruppe 2: Trinkwasser

Trinkwasser wird in Deutschland auf verschiedene Weise gewonnen und scheint unbegrenzt zur Verfügung zu stehen. Damit das Wasser nicht plötzlich knapp wird, werden gewaltige Mengen Wasser in Stauseen und unterirdischen Wasserbecken gespeichert. Erkundigt euch bei eurem Wasserwerk, woher ihr euer Trinkwasser bezieht, wie es gewonnen und aufbereitet wird.

Die Vorräte an Trinkwasser sind aber auch bei uns nicht unerschöpflich. Findet heraus, wie viel Wasser ihr täglich verbraucht. Nennt Möglichkeiten, wo und wie ihr sparsamer mit Trinkwasser umgehen könnt.

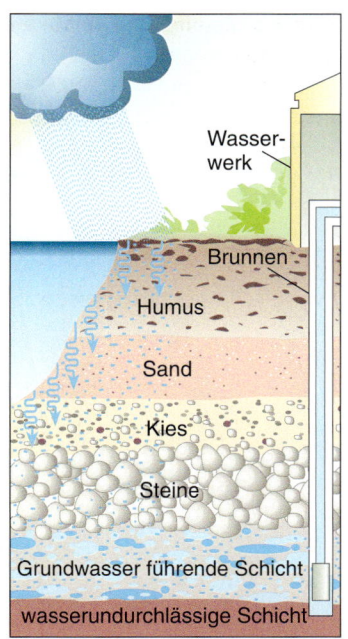

Uferfiltration in der Natur

Gruppe 3: Uferfiltration

Um aus Flusswasser trinkbares Wasser zu gewinnen, muss das Wasser gereinigt werden. Dazu werden die verschiedenen Bodenschichten unterhalb des Flusses und an den Ufern ausgenutzt. Betrachtet die Abbildung links und erklärt daran die Uferfiltration in der Natur.

Schichtet anschließend wie in der Abbildung rechts vorgeschlagen verschiedene Materialien in einer durchsichtigen Tennisballröhre übereinander. Erklärt daran das Modell der Uferfiltration. Vorher müsst ihr mit einem Nagel viele kleine Löcher in den Boden der Röhre bohren. Schüttet dann von oben mit Lehm, Humus, Sägemehl und ein paar Tropfen Speiseöl vermischtes „Schmutzwasser" hinein.

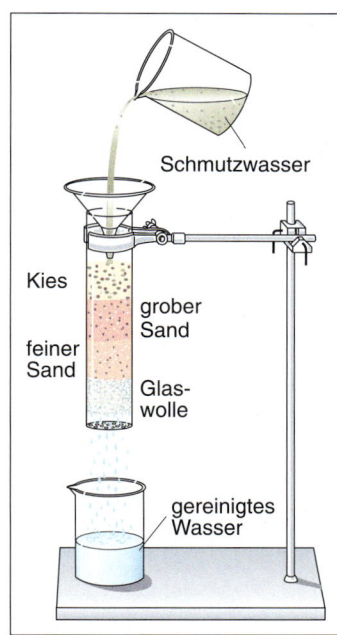

Uferfiltration im Labor

Gruppe 4: Wasserkreisläufe

Untersucht in eurer Gruppe den *natürlichen* und den vom Menschen geschaffenen *künstlichen* Wasserkreislauf. Beschreibt dazu den Weg des Wassers in beiden Kreisläufen und vergleicht die Wege miteinander. Nennt Gemeinsamkeiten und Unterschiede der Kreisläufe. Welche Vorgänge tragen zur Reinigung des Wassers bei?

Der natürliche Wasserkreislauf

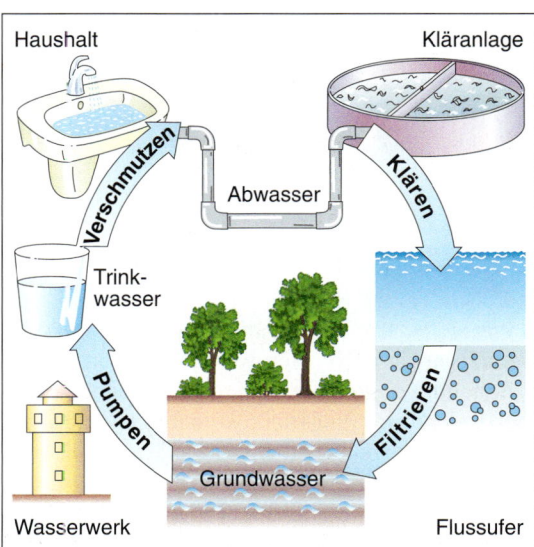

Der künstliche Wasserkreislauf

4 Müll trennen und verwerten

4.1 Müll sortieren

Müll ist nicht gleich Müll. Wenn du dein Zimmer aufräumst, entscheidest du, in welchen Müllbehälter du deine leeren Tintenpatronen, das zerknüllte Papier, den farbigen Karton oder den kaputten Bleistiftanspitzer wirfst. Vieles wandert in die Wertstofftonne oder den gelben Sack. Du sortierst deinen Müll vor. Damit trennst du die Wertstoffe von anderen Abfällen.

90 kg Wertstoff im Jahr pro Einwohner:
24,9 kg Kunststoffe und Leichtverpackungen
18,0 kg Pappe, Papier, Karton
32,8 kg Glas
9,0 kg Metalle
5,3 kg Sonstiges

1 Die Wertstofftonne

Die Wertstoffe, die du sammelst, werden in **Müllsortieranlagen** gebracht. Dort werden die Wertstoffe in ihre Bestandteile getrennt. Aus diesen können dann wieder neue Dinge hergestellt werden. Deshalb ist es wichtig, dass du den wertvollen Müll vom Restmüll trennst. Das schont unsere Umwelt.
Wertstoffe sind unter anderem Papiere und Kartons, Folien, Plastikflaschen, Kunststoffbecher, Dosen, Deckel, Kunststofftaschen und Aluminiumschalen oder Aluminiumfolie.

1 Stelle eine Probepackung mit gereinigtem Müll zusammen. Sammele dazu alle Abfälle, die du auch in die Wertstofftonne oder den gelben Sack geben würdest. Deine Probepackung sollte verschiedene Papierabfälle, Kartons, unterschiedliche Kunststoffe und Metalle enthalten.

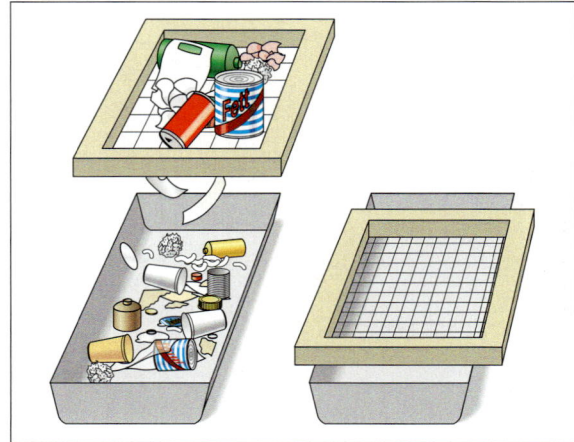

2 Trennen mit Sieben

2 Baue zwei Siebe aus Draht mit Maschenweiten von 10 cm und 15 cm wie in Abbildung 2. Nimm drei Auffangbehälter und siebe deinen Müll. Beginne dabei mit dem grobmaschigen Sieb.
Betrachte und beschreibe die Ergebnisse.

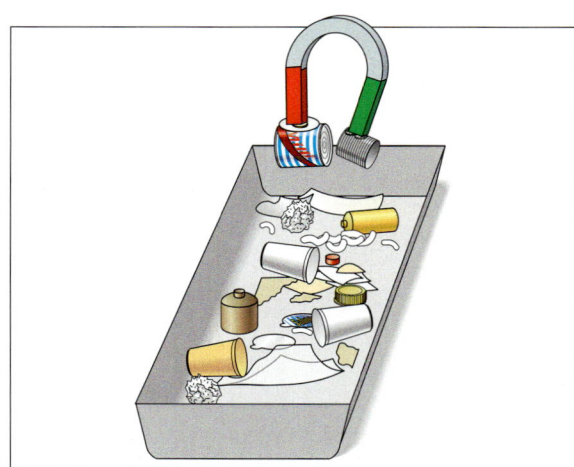

3 Trennen mit dem Dauer- oder Elektromagneten

3 Halte einen Dauermagneten an den Müll. Welche Stoffe werden vom Magneten angezogen?
4 Wiederhole Aufgabe 3 mit einem Elektromagneten. Berichte und erkläre den Unterschied zum Ergebnis des Versuches mit dem Dauermagneten.

5 Baue einen Windsichter wie in Abbildung 4. Besorge dazu einen Föhn, dessen Luftstrom du regulieren kannst. Außerdem benötigst du eine Röhre aus Pappe oder Kunststoff. Der Föhn wird dabei so an der Röhre angebracht, dass die Luft durch die schräg nach oben gestellte Röhre gepustet wird.

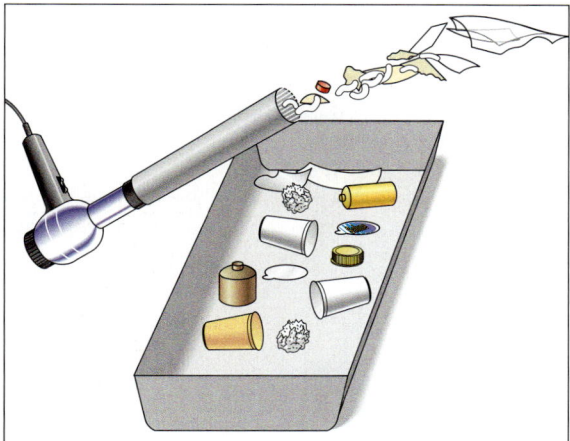

4 Trennen im Windsichter

6 Gib in die schräg gestellte Röhre deines Windsichters verschiedene Materialien deiner Probepackung Müll. Was stellst du fest?
7 Ändere in Aufgabe 6 die Einstellungen des Luftstroms. Was geschieht? Beschreibe deine Beobachtungen.

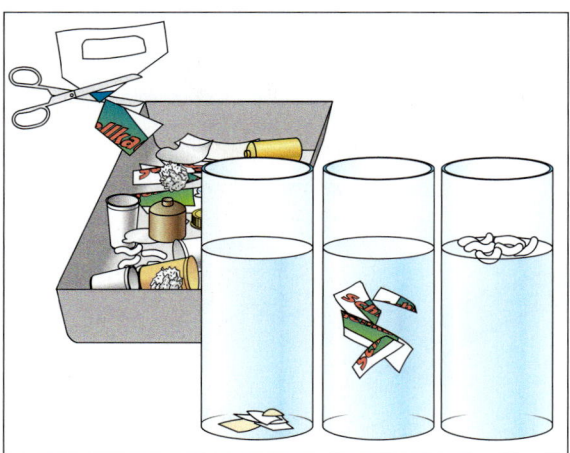

5 Trennen aufgrund der Dichte

8 Wähle verschiedene Kunststoffe aus deiner Müllsammlung aus. Zerkleinere sie mit einer Schere. Gib die etwa gleich großen Stücke nacheinander in Wasser wie in Abbildung 5. Notiere, welche Unterschiede du feststellen kannst.

Die Wertstoffe, die du in der Schule oder zu Hause sammelst, werden von Müllwagen eingesammelt. Diese fahren zu einer Müllsortieranlage. Dort kommt der Müll auf ein langes Förderband.

Zuerst werden Wertstoffe nach ihrer *Größe* getrennt. Durch ein **Sieb,** das ständig bewegt wird, fallen die kleinen Teile hindurch und werden so von den größeren Teilen getrennt. Größere Verpackungen aus Aluminium, Kunststoff und Verbundstoffen werden dann aussortiert. Dieses **Auslesen** geschieht meistens per Hand.

Danach wird mit **Windsichtern** nach der *Masse* sortiert. Windsichter sind starke Gebläse. Sie blasen die leichten Plastikverpackungen, Papier und Pappe vom Fließband weg.

Nun werden alle Teile aus den *Metallen* Eisen, Nickel und Cobalt mit **Elektromagneten** herausgeholt. Mit den abschaltbaren Elektromagneten lassen sich die Metallteile in die richtigen Behälter sortieren.

Der Wertstoffhaufen ist jetzt schon viel kleiner geworden und enthält fast nur noch Kunststoffe und Aluminium. Die Kunststoffreste werden in gleich große Teile zerkleinert und aufgrund der unterschiedlichen *Dichte* der Stoffe getrennt. Im **Wasser** oder in einer **Salzlösung** schwimmen die Stoffe oder sie sinken auf den Boden und können so zurückgewonnen werden.

Zum Schluss sind die verschiedenen Wertstoffe nach Sorten getrennt. Sie werden **Müllfraktionen** genannt. Es sind Kunststoffe, Metalle, Aluminium, Verbundstoffe, Papiere. Jede Fraktion wird zusammengepresst. Aus den Wertstoffen stellen Firmen wieder etwas Neues her. Diese Wiederverwertung wird **Recycling** genannt.
Die verschiedenen Metalle werden eingeschmolzen. Das Papier und die Pappe nutzt die Papierindustrie als Rohstoff. Die Kunststoffe werden nochmals in die einzelnen Sorten getrennt. Dann können sie von der Kunststoffindustrie weiterverarbeitet werden.

9 Stelle in einer Tabelle übersichtlich zusammen mit welchen Methoden Müll sortiert werden kann. Notiere auch, welche Stoffe und Gegenstände jeweils aussortiert werden.
10 Nenne Vorteile, die sich durch das Recycling von Wertstoffen aus dem Müll ergeben.

4.2 Was bedeutet der grüne Punkt?

Auch du kennst den **grünen Punkt** aus dem Alltag. Betrachtest du verschiedene Produkte, wirst du feststellen, dass er fast überall aufgedruckt ist: auf Jogurtbechern, auf Shampooflaschen, auf Milch- und Plastiktüten sowie auf Getränke- und Konservendosen. Doch was bedeutet er genau?

Zunächst musst du wissen, dass nur die Produkte den grünen Punkt tragen dürfen, deren Verpackungsmaterial zur Wiederverwertung genutzt werden kann. Dazu zählen Papier, Glas, Metall, Kunststoff und Verbundmaterialien. Aber nicht jeder Artikel mit diesen Verpackungen darf den grünen Punkt tragen. Der grüne Punkt ist ein Zeichen, dass Firmen, zum Beispiel Verpackungshersteller, mit der Firma Duales System Deutschland AG einen Vertrag geschlossen haben. Mit diesem Vertrag versprechen diese Unternehmen Geld zu zahlen, damit die gebrauchten Verpackungen gesammelt, sortiert und wieder verwertet werden. Gleichzeitig verpflichtet sich das Duale System, den Müll mit dem grünen Punkt einzusammeln und zu verwerten.

Schon in den Kaufhäusern findest du Möglichkeiten, den Verpackungsmüll in Wertstofftonnen oder -säcken zu entsorgen. In den Haushalten wird ebenfalls eifrig gesammelt und sortiert. Die öffentliche Müllabfuhr oder private Entsorgungsunternehmen übernehmen den Abtransport der Wertstoffe.

Metalle, Verbundstoffe, Kunststoffe

Glas, nach Farben sortiert

Papier, Pappe, Karton

1 Nenne die Funktionen von Verpackungen. Erläutere in welchen Fällen sie notwendig sind und wann man auf sie verzichten könnte.

2 Schau in den Küchenschrank und notiere verschiedene Produkte, die den grünen Punkt tragen.

3 Wie werden die Verpackungen der Produkte entsorgt?

1 Verpackungen im Kreislauf

1 Müllfahrzeuge holen unseren Müll ab.

4.3 Der Restmüll – wohin damit?

Staubsaugerbeutel, Porzellan, stark verschmutztes Papier, Windeln, Asche, gebrauchte Papiertaschentücher oder Hygienepapiere und vieles mehr werfen wir täglich in die Restmülltonne. Jeder von uns produziert im Jahr ungefähr 200 kg Abfälle, die nicht wieder verwertet werden können. Viele Müllautos transportieren täglich diese großen Mengen Müll zu den **Mülldeponien.** Dort warten schwere Müllwalzen, um die neue Müllschicht zusammenzudrücken. Der Müll wird *verdichtet,* weil der *Deponieraum* in Deutschland knapp ist. Eine neue Deponie anzulegen ist teuer, denn das Grundwasser, der Boden und die Luft müssen geschützt werden. Das muss sorgfältig geplant werden und kostet sehr viel Geld.

Ein Viertel des Restmülls in Deutschland wird in **Müllverbrennungsanlagen** verbrannt. Hier muss darauf geachtet werden, dass beim Verbrennen die Luft nicht übermäßig verschmutzt wird. Daher werden mit Hilfe von aufwändigen Reinigungsanlagen die Schadstoffe weitgehend entfernt.

1 Erkundige dich, auf welche Weise der Restmüll in deinem Wohnort entsorgt wird.

2 Restmülltonne

3 Müllfahrzeuge bringen unseren Müll zur Hausmülldeponie.

4.4 Endlich getrennt –
Müll als Rohstoff

Viele Abfälle und Reste sind wertvolle Rohstoffe und können mehrfach wieder verwendet werden. Dazu gehören Papier, Glas und der Inhalt der gelben Säcke oder Tonnen.

Durch besondere Sammlungen können gut erhaltene Bekleidung und Schuhe Bedürftigen zur Verfügung gestellt werden. Des Weiteren können Textilien auch zerkleinert werden und als wertvoller Rohstoff bei der Papierherstellung dienen.

Auch nach der Sperrmüllabfuhr werden noch verwendbare Dinge auf Recyclinghöfen aussortiert, bevor die Reste zur Mülldeponie gebracht werden.

Der Inhalt der Biotonnen wird kompostiert und später als Gartenerde verwendet. Nur der Restmüll wird deponiert.

Etwa ein Drittel des Restmülls besteht noch aus Papier, Kunststoffen und Metallen, weil nicht sorgfältig genug getrennt wurde. In besonderen Anlagen für die Restabfallbehandlung können auch diese wieder verwertbaren Stoffe zurückgewonnen werden.

Die Problemstoffe werden auf Sondermülldeponien gelagert.

Die Wiederverwertung von Abfällen und Resten aus den Haushalten spart teure Rohstoffe und verringert die Müllmenge, die auf Deponien gelagert werden muss.

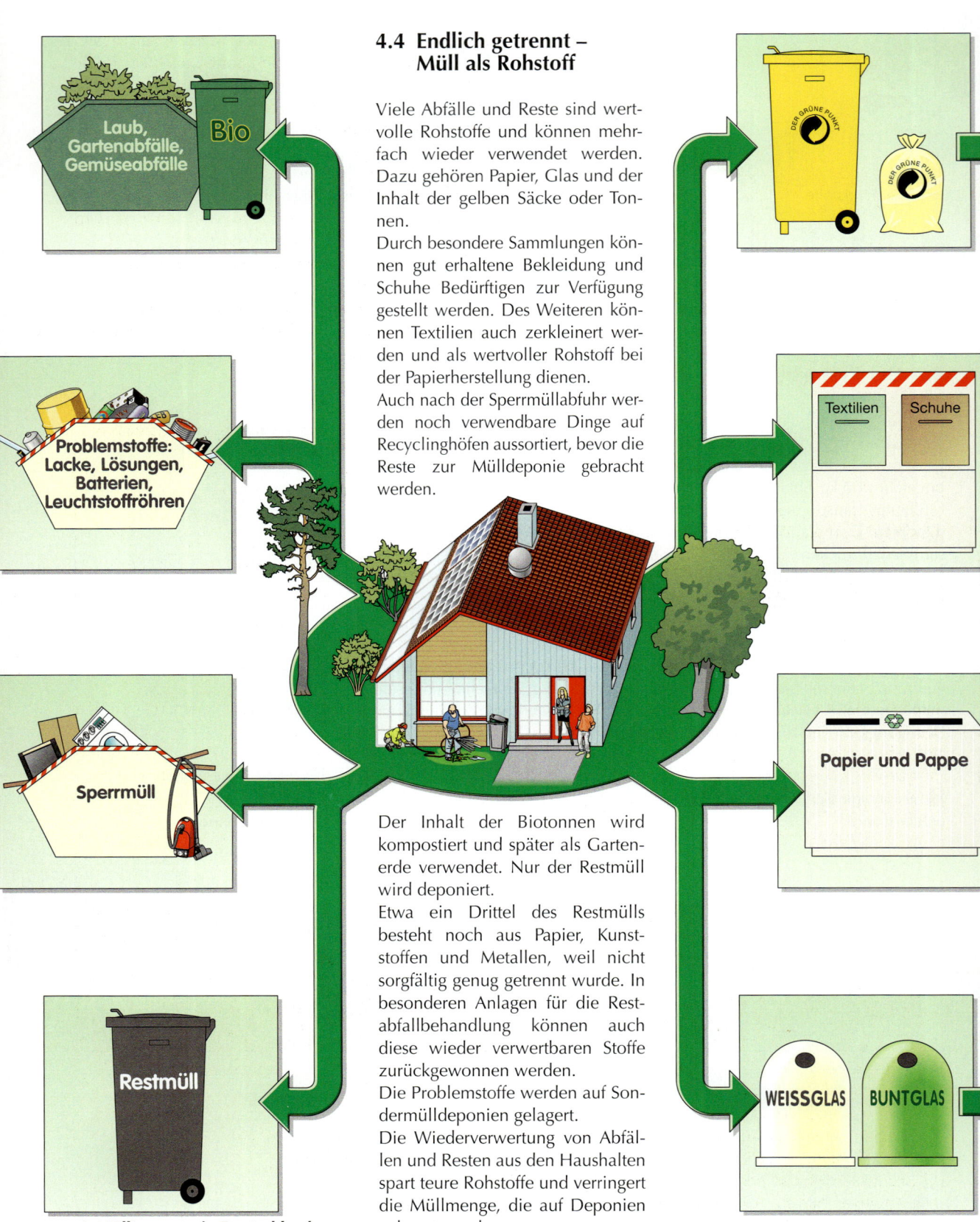

1 Mülltrennung in Deutschland

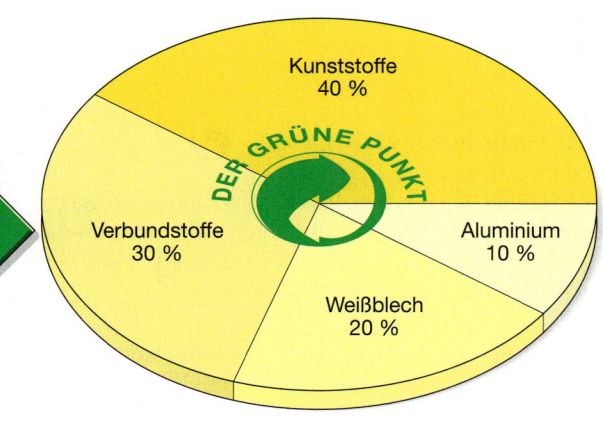

2 Inhalt der gelben Säcke oder Tonnen

Der Inhalt der gelben Säcke oder der gelben Tonnen besteht überwiegend aus **Kunststoffen** aller Art. Reine Kunststoffsorten können erneut zu Kunststoffgegenständen verarbeitet werden. Vermischte Kunststoffsorten können zum Beispiel als Erdölersatz in Hochöfen verbrannt werden.

Getränkekartons sind **Verbundverpackungen,** die aus Papier, Kunststoff und Aluminium bestehen. Das Papier wird abgetrennt und wieder verwertet. Der Rest wird bei der Zementherstellung verwendet.

Fast alle Konservendosen bestehen aus **Stahlblech.** Es kann zu neuem Stahl eingeschmolzen werden.

Auch das **Aluminium** der Getränkedosen und anderer Verpackungen wird wieder verwendet. Es wird geschmolzen und zu neuen Produkten verarbeitet.

3 Papierrecycling

Altpapier und Kartons werden zerkleinert. Danach werden Fremdstoffe wie Metalle abgeschieden. Der Papierbrei wird entfärbt und zu Recyclingpapier verarbeitet. Daraus werden Briefumschläge, Zeitungspapier, Toilettenpapier und Kartons hergestellt.

Das Altglas, das nach Farben getrennt gesammelt wurde, wird zerkleinert. Metalle und Papierreste werden automatisch aussortiert. Dann wird das Glas geschmolzen und dient als Zusatz zur Herstellung neuer Flaschen und Gläser.

4 Glasrecycling

1 Erläutere, in welche Müllsorten unser Abfall bereits zu Hause getrennt werden kann.

2 Informiere dich darüber, wie das Sammeln von Biomüll, Altpapier, Altglas, Textilien und Sperrmüll in deiner Gemeinde organisiert ist.

3 Nenne Möglichkeiten, wie sich die großen Müllladungen verkleinern ließen.

1 Petroleumleuchte und Stövchen

1 Betrachte die Petroleumleuchte und das Stövchen. Wo kann Luft einströmen und an die Flamme gelangen?
2 a) Stelle ein Teelicht auf eine feuerfeste Unterlage und entzünde es. Stülpe einen Glaszylinder über das Teelicht (Abbildung 2 A).
b) Verschließe den Glaszylinder mit einer Glasplatte (Abbildung 2 B).
c) Entzünde das Teelicht erneut, stülpe den Glaszylinder darüber und halte ein schwelendes Räucherstäbchen an den oberen Zylinderrand.
d) Stelle den Glaszylinder auf zwei Bleistifte (Abbildung 2 C). Halte das schwelende Räucherstäbchen sowohl an den oberen Rand als auch an den unteren Rand des Glaszylinders.
e) Verschließe den Glaszylinder mit der Glasplatte (Abbildung 2 D). Halte das schwelende Räucherstäbchen an den unteren Rand.
f) Beobachte jeweils die Flamme und den Rauch des Räucherstäbchens. Beschreibe und erkläre deine Beobachtungen aus den Versuchen a) bis e).

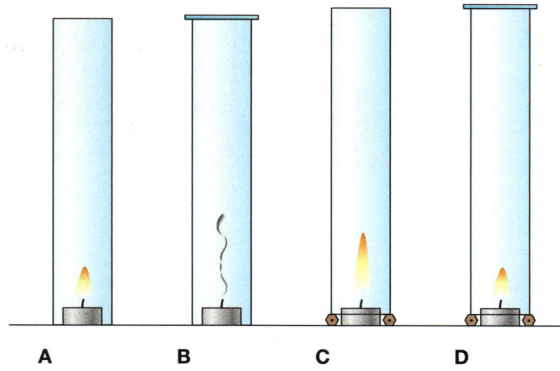

A   B   C   D

2 Luft zum Brennen

5 Stoffe können umgewandelt werden

5.1 Verbrennungsvorgänge

Die Flammen in der Petroleumleuchte und im Stövchen benötigen Luft. Die Luft kann durch Öffnungen an die Flammen gelangen. Aber nur ein ständiger Luftstrom unterstützt die Verbrennung besonders gut.

Wird bei einer Verbrennung die Luftzufuhr unterbunden, so wie bei der Kerzenflamme in Abbildung 2 B, dann erstickt die Flamme sehr schnell, obwohl im Zylinder noch Luft ist. Die Luft besteht nämlich aus verschiedenen Gasen. Der Anteil der Luft, der das Brennen unterstützt, heißt **Sauerstoff.** Der Anteil der Luft, der die Flamme erstickt, heißt **Stickstoff.**

Wenn Luft und damit Sauerstoff nur von oben an die Flamme kommen können, brennt sie nur schwach. Die warme Luft steigt im Zylinder nach oben, so kann nur wenig frische Luft nachströmen (Abbildung 2 A).

Wenn die Luftzufuhr von unten gesichert ist und die Verbrennungsgase zusammen mit dem Stickstoff leicht entweichen können, brennt das Feuer besonders gut. Dabei entsteht im Schornstein ein Luftzug von unten nach oben. Die Verbrennungsgase können nach oben entweichen und frische Luft kann von unten nachströmen (Abbildung 2 C). Dies wird als **Schornstein-Effekt** bezeichnet.
Sobald der Schornstein abgedeckt wird, können die Verbrennungsgase nur schlecht entweichen und die Flamme brennt nicht so groß und hell (Abbildung 2 D).

Luft besteht nur zum fünften Teil aus Sauerstoff. Dies reicht zum Atmen und Leben aus. In der Technik und in der Medizin wird jedoch häufig reiner Sauerstoff benötigt.
Er wird beim Schweißen benutzt, damit eine sehr heiße Flamme entsteht. Eine Rakete, die in den Weltraum startet, braucht ihn als Teil des Treibstoffes. Taucher nehmen ihn in Flaschen mit, um unter Wasser atmen zu können. Auch ein Bergsteiger, der auf sehr hohe Berge steigt, braucht zusätzlichen Sauerstoff aus einem Atemgerät. Feuerwehrleute benötigen Atemgeräte, wenn sie bei einem Brand Menschen aus verqualmten Räumen retten müssen. Krankenhäuser und Rettungswagen sind mit Sauerstoffgeräten zur künstlichen Beatmung ausgerüstet.

Sauerstoff ist überall dort notwendig, wo eine Verbrennung stattfinden soll. Tauchst du einen glimmenden Holzspan in ein Gefäß mit reinem Sauerstoff, fängt er

3 Bergsteiger mit Maske

Oxidationen sind ein Beispiel für eine **chemische Reaktion.** Auch ein Stück Holzkohle verbrennt, wenn man es ausreichend erhitzt. Das Verbrennungsprodukt ist ein farbloses und geruchloses Gas, das Kohlenstoffdioxid. Dieses Gas entsteht auch bei der Oxidation von Traubenzucker in den Zellen von Lebewesen.

Bei allen Verbrennungen wird Wärme frei. Dies ist eine Form von **Energie.** Die im Brennstoff enthaltene chemische Energie wird bei der Verbrennung in eine andere Energieform **umgewandelt.**

5 Raketenstart

an zu brennen. Dieser Versuch wird **Glimmspanprobe** genannt. Er ist der Nachweis für Sauerstoff.

Verbrennungsvorgänge laufen um so besser ab, je mehr Sauerstoff vorhanden ist. Eine Kerze brennt in reinem Sauerstoff viel heller als in Luft. Sogar Metalle wie Eisen lassen sich in Sauerstoff verbrennen. Eisenwolle glüht in Luft nur schwach. In reinem Sauerstoff verbrennt sie dagegen heftig. Dabei sprühen sogar Funken. Es bleibt ein schwarzer, fester Stoff zurück. Aus der Eisenwolle ist durch die Verbrennung ein neuer Stoff entstanden. Er heißt **Eisenoxid.**
Eine solche Verbrennung wird in der Chemie als **Oxidation** bezeichnet. Die Stoffe, die dabei entstehen, heißen **Oxide.**

3 Entzünde ein Teelicht und stülpe ein Becherglas darüber. Beobachte die Flamme.
4 Entzünde ein Teelicht und stelle es in ein mit Sauerstoff gefülltes Glasgefäß. Verschließe das Gefäß mit einem Deckel. Notiere deine Beobachtungen und vergleiche sie mit denen aus Aufgabe 3.
5 Halte etwas Eisenwolle mit einer Tiegelzange kurz in eine Brennerflamme und beobachte.
6 **Lehrerversuch:** Ein Stück Eisenwolle wird wie in Abbildung 4 entzündet und dann sofort in ein Gefäß mit Sauerstoff gehalten.
7 Vergleiche die Verbrennungsvorgänge in Aufgabe 5 und 6.
8 Entzünde einen Holzspan (Abbildung 6). Lass ihn kurz brennen. Puste ihn dann aus. Halte den noch glimmenden Holzspan in ein mit Sauerstoff gefülltes Gefäß. Was passiert?
9 Erkunde an verschiedenen Feuerstellen, wie jeweils eine gute Luftzufuhr erreicht wird.
10 Informiere dich, wie die Luftzufuhr beim Gasbrenner geregelt wird. Verwende dazu die Ausführungen im Kapitel „Vom ganz Kleinen und ganz Großen."

11 In einem Gasbrenner wird Erdgas verbrannt. Erkläre, ob es sich hierbei um eine Oxidation handelt.
12 Erläutere, warum manche Bergsteiger Sauerstoffgeräte verwenden.
13 Stell dir vor, unsere Atmosphäre bestände nur aus reinem Sauerstoff. Was wären dabei die Vorteile, was die Nachteile?

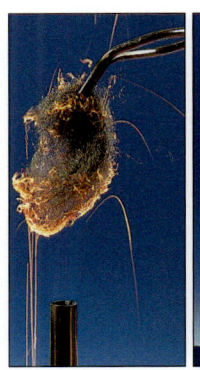

4 Eisen verbrennt

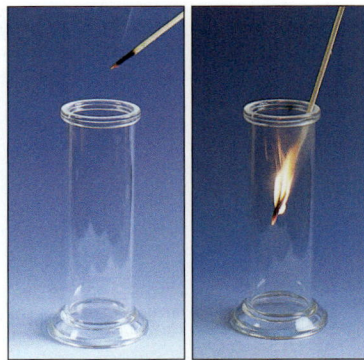

6 Glimmspanprobe

5.2 Anwendung des Teilchenmodells auf eine brennende Kerze

Wir wissen heute, dass alle Stoffe aus kleinen Teilchen bestehen. Die können wir uns sehr vereinfacht als kleine Kügelchen vorstellen. Sie sind so winzig, dass wir sie auch durch das beste Mikroskop nicht sehen können.

Die Vorstellung vom Aufbau der Stoffe nennen wir „Teilchenmodell". Diese Modellvorstellung hilft uns, das Verhalten eines Stoffes im festen, flüssigen und gasförmigen Zustand zu erklären.

Als Beispiel zur Erklärung nehmen wir eine Stearinkerze. Sie hat längere Zeit gebrannt und wurde gerade ausgeblasen.

Im *festen* Stearin sind die Teilchen auf engem Raum regelmäßig angeordnet. Sie haben feste Plätze, von denen sie sich nicht fortbewegen können. Diese regelmäßige Ordnung im Inneren erkennst du übrigens auch äußerlich an den schönen, regelmäßigen Kristallen des festen Stearins.

Im *flüssigen* Stearin sind die Teilchen nicht mehr regelmäßig geordnet und werden nicht mehr so fest zusammengehalten. Es sind Lücken dazwischen. Die Teilchen können jetzt leicht gegeneinander verschoben werden und darum jeden beliebigen Platz in der Flüssigkeit einnehmen.

Im *gasförmigen* Stearin sind die Stearinteilchen noch sehr viel weiter voneinander entfernt. Sie haben jeden Zusammenhalt verloren.

1 Erkläre mit dem Teilchenmodell, warum eine Flüssigkeit keine feste Form hat, sondern sich jedem beliebigen Gefäß anpasst.

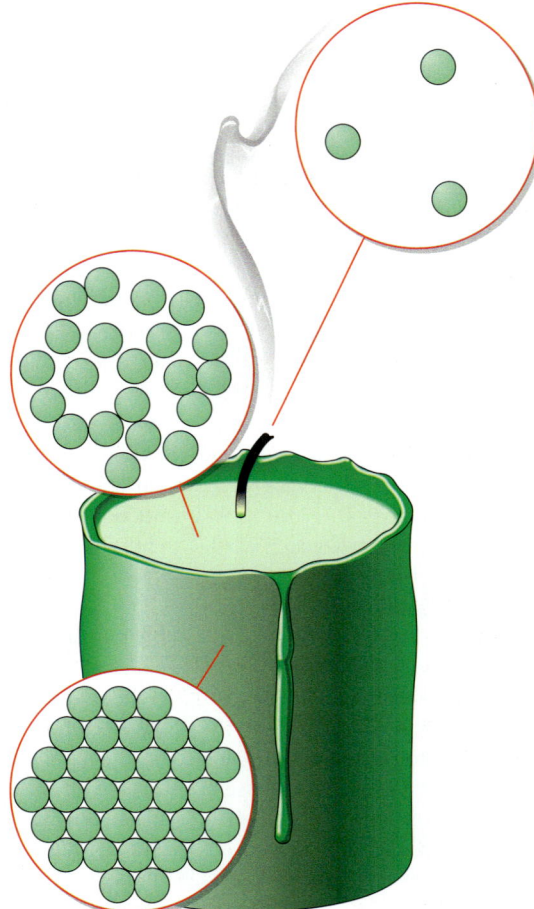

2 Die drei Zustandsformen von Stearin im Teilchenmodell

2 Gasförmiges Stearin befindet sich nur dicht um den heißen Kerzendocht. Dieser Stearindampf ist unsichtbar. Welchen Aggregatzustand könnte das Stearin im weißen Rauch der ausgeblasenen Kerze haben? Begründe deine Entscheidung.

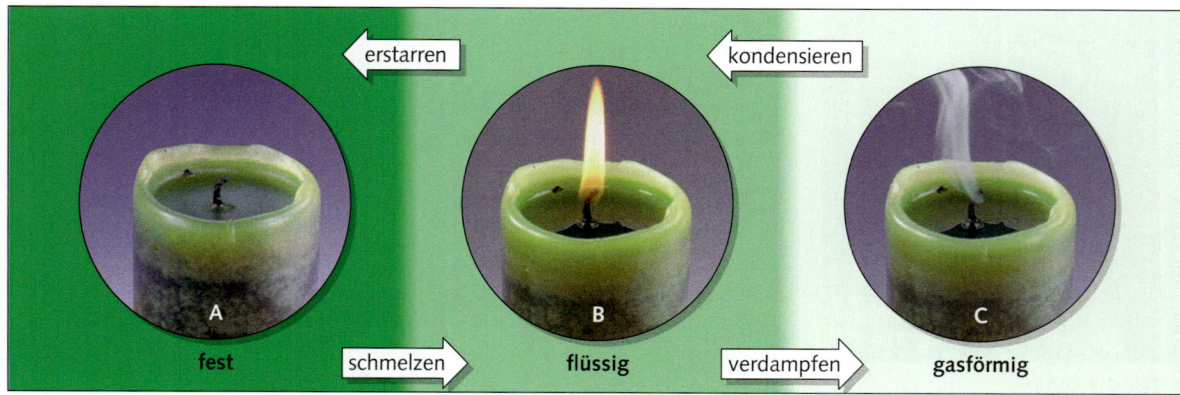

1 Die Aggregatzustände und die Zustandsänderungen bei Stearin

Die Kerzenflamme

Sicher hast du schon oft eine Kerze angezündet und die Kerzenflamme beobachtet. Hast du dir aber schon einmal überlegt, was in der Flamme passiert?

Jede Kerze besitzt einen Docht. Wenn du die Kerze anzündest, hältst du das Streichholz natürlich an den Docht. Denn wenn du das Streichholz an den Kerzenrand hältst, schmilzt das Wachs zwar, aber es entzündet sich nicht.
Wenn du den Docht anbrennst, wird durch die Wärme das Wachs im Docht flüssig und verdampft. Dieser Wachsdampf lässt sich leicht entzünden und es entsteht eine Flamme. Die Kerzenflamme lässt weiteres Wachs auf der Oberfläche der Kerze schmelzen. Dadurch entsteht um den Docht herum ein See aus flüssigem Wachs. Der äußere Rand bleibt fest, weil dort das Wachs von der Luft gekühlt wird. Das flüssige Wachs steigt im Docht hoch, verdampft und verbrennt. So lange festes Wachs vorhanden ist, wiederholt sich dieser Vorgang ständig und die Kerze geht nicht aus.

Wenn du die Flamme vorsichtig ausbläst, siehst du, wie weißer Rauch vom Docht aufsteigt. Diesen Rauch kannst du kurz über dem Docht mit einem Streichholz

entzünden und die Kerze beginnt wieder zu brennen. Der Rauch besteht aus ganz kleinen, schon wieder festen Wachsteilchen. Sie lassen sich im Unterschied zum festen Wachs des Kerzenstumpfes leicht anzünden.

Warum leuchten rote, grüne oder blaue Kerzen alle mit der gleichen gelben Flamme?
Betrachte einmal eine Kerzenflamme genau. Um den Docht herum siehst du einen dunklen Bereich. Hier befindet sich Wachsdampf, der aber noch nicht brennt, da dort kein Sauerstoff hineingelangt. Darüber befindet sich die sichtbare Flamme. Hier verbrennt der Dampf. Dabei entstehen gleichzeitig Rußteilchen, die wegen der großen Hitze gelb leuchten. Diese Rußteilchen gibt es bei allen brennenden Kerzen, gleichgültig welche Farbe sie haben. Deshalb leuchten alle Kerzen mit einer gelben Flamme. Du kannst die Rußteilchen nachweisen, wenn du eine Porzellanschale in die Kerzenflamme hältst.

Der in dem dunklen Bereich aufsteigende Wachsdampf lässt sich mit einem Glasröhrchen ableiten. Du kannst ihn an der Spitze des Röhrchens entzünden und erhältst eine „Tochterflamme".

V1 Die Kerzenflamme

Entzünde eine Kerze und beobachte Flamme, Docht und Kerzenwachs. Zeichne die Kerzenflamme. Blase die Flamme aus und notiere deine Beobachtungen.

V2 Der Docht

Fülle in eine Porzellanschale etwas Speiseöl. Halte einen dicken Baumwolldocht mit den Fingern in das Öl. Was stellst du nach einiger Zeit fest?
Halte den Docht jetzt mit der Tiegelzange fest und führe ein brennendes Streichholz an sein oberes Ende. Welche Aufgabe hat der Docht?

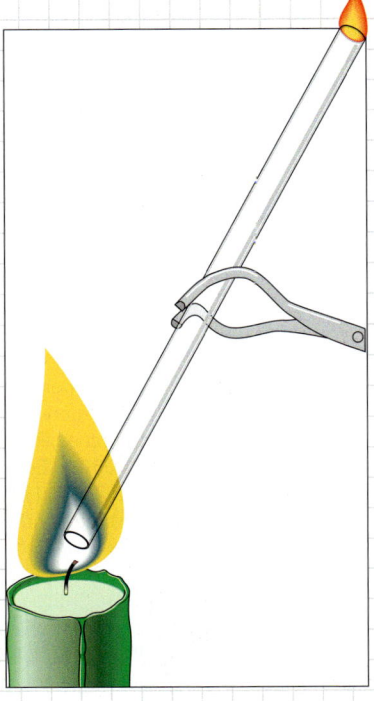

V3 Der Brennstoff

a) Entzünde die Kerze erneut. Lass sie einige Minuten brennen. Blase dann die Flamme aus und halte sofort ein brennendes Streichholz 2 cm über dem Docht in den Rauch. Was kannst du beobachten?
b) Halte mit einer Tiegelzange eine Porzellanschale schräg in die Flamme. Notiere deine Beobachtungen.
c) Halte mit einer Tiegelzange ein etwa 5cm langes Glasrohr schräg in den dunklen Bereich der Kerzenflamme. Halte dann ein brennendes Streichholz an das andere Ende des Glasrohres. Nenne den Brennstoff der Kerze.

Kerze mit Tochterflamme

Pinnwand

112
Feuer • Unfall • Notruf

Ein Brand muss noch nicht gleich ein Unglück sein. Aber falsches Verhalten kann einen kleinen Brand zu einer großen Katastrophe werden lassen. Wenn es einmal brennt, musst du wissen, wie du ein Feuer meldest, und du musst über den richtigen Umgang mit Löschgeräten informiert sein. Es ist auch wichtig, die Bedeutung der Hinweisschilder zu kennen. Stets sind aber die Anweisungen der Feuerwehrleute zu befolgen.

Fluchtweg
„Da geht's lang!" – Gibt den kürzesten und sichersten Weg aus einem Gebäude an.

Notausgang
„Hier geht's 'raus!" – Kennzeichnet den Ausgang in einen sicheren Bereich.

Feuerlöscher
Das wichtigste Gerät zur sofortigen Bekämpfung von Bränden.

Löschwasserschlauch
Der Schlauch ist schon angeschlossen und sofort einsatzbereit.

Verbot offener Flammen
Hier dürfen weder Streichhölzer entzündet noch Feuerzeuge benutzt werden.

Verbandskasten
Vom Pflaster bis zum Verband findest du hier alles Notwendige für die Erste Hilfe.

Schnellste Meldung eines Feuers bei der Feuerwehr.

2 Nenne Vor- und Nachteile des Feuermelders.

1 Erläutere die Anweisungen und Hinweise auf den sechs Schildern.

Brände, Unfälle im Haus, Betrieb oder Verkehr - jeder Notfall ist anders, aber das Ziel ändert sich nicht:
Menschenrettung – rund um die Uhr!
Die Feuerwehren zwischen Flensburg und Passau, zwischen Rhein und Oder rücken jedes Jahr zu über 2 800 000 Einsätzen aus. Alle 11 Sekunden sind die Frauen und Männer der Feuerwehr im Einsatz: bei Bränden und Explosionen, bei Naturkatastrophen und Unwettern und bei Unglücksfällen auf der Straße, der Schiene oder auf dem Wasser.
In Deutschland sind 1 400 000 Feuerwehrleute jederzeit bereit zu helfen. Die meisten davon tun dies freiwillig. Wenige Minuten nach dem Alarm sind entweder Helfer der freiwilligen Feuerwehr, einer Werksfeuerwehr oder der Berufsfeuerwehr am Einsatzort.

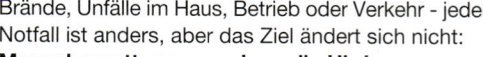

3 Übe die korrekte Meldung eines Brandes bei der Feuerwehr.

ALARMIERUNG DER FEUERWEHR

- 112 anrufen
- Folgende Angaben machen:
    - Wer meldet?
    - Wo brennt es?
    - Was brennt?
    - Wie sieht es jetzt aus?
- Warten, welche Anweisungen folgen

Von vorn nach hinten löschen!
Immer in Windrichtung löschen!

Mit diesen zwei Anweisungen ist sicher schon oft Hilfe möglich. Richtiges Helfen in allen Situationen kannst du bei der Feuerwehr lernen, als Mitglied der Jugendfeuerwehr. Dort kommt neben der Ausbildung und den Übungen auch der Spaß nicht zu kurz. In Zeltlagern und bei Wettkämpfen mit anderen Jugendfeuerwehren stehen spannende Spiele an erster Stelle.

Öl brennt in der Pfanne. Jetzt heißt es überlegt handeln! Schnell einen Topfdeckel auf die Pfanne und das Feuer ersticken. Dann musst du die Herdplatte ausstellen und warten, bis alles abgekühlt ist.
Auf keinen Fall darfst du hier Wasser benutzen. Es würde explosionsartig verdampfen. Schwere Verbrennungen am Körper und ein großer Brand im Haus könnten die Folgen sein.

Brennt die Kleidung an einem Menschen, müssen die Flammen schnellstens erstickt werden. Mit einer Löschdecke oder einer anderen Decke kannst du hier helfen.

4 Erläutere, wie Feuerlöscher, Löschwasserschlauch und Löschdecke zur Brandbekämpfung eingesetzt werden.

5 Nenne Aufgaben der Feuerwehr und ordne sie den Bereichen Löschen – Bergen – Retten – Schützen zu.

6 Suche einen Bericht über einen Feuerwehreinsatz, lies ihn und berichte deinen Mitschülern.

7 Welche Regeln gelten für den Feueralarm an deiner Schule?

8 Informiere dich, welche Vorsorgemaßnahmen oder Schutzeinrichtungen es in deiner Wohnung oder der näheren Umgebung gibt.

9 Begründe, warum du durch einen falschen Alarm andere Menschen in Gefahr bringen würdest.

1 Erläutere den Begriff Korrosion.

2 Welche Stoffe sind nach deiner Erfahrung für die Korrosion verantwortlich?

3 Tauche je einen Bausch entfetteter Eisenwolle in klares Wasser, Salzwasser, Essig und Maschinenöl. Gib die abgetropfte Eisenwolle in je ein Reagenzglas. Drücke in ein fünftes Reagenzglas trockene Eisenwolle. Tauche die Reagenzgläser wie in Abbildung 2 etwa 1 cm tief in Wasser. Betrachte am Ende der Stunde die Veränderungen an der Eisenwolle und den Wasserstand. Vergleiche die unterschiedlichen Ergebnisse in den fünf Reagenzgläsern und erkläre sie.

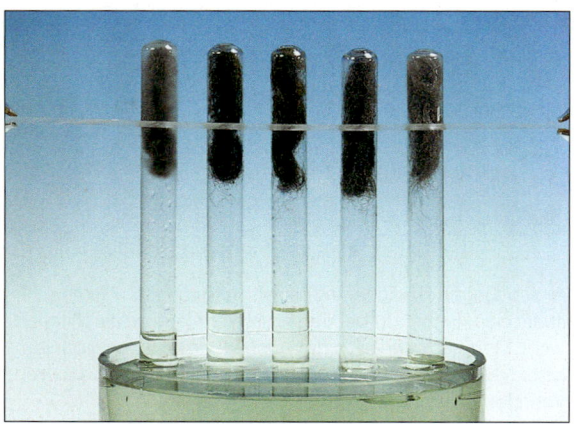

2 **Korrosionsversuche mit Eisenwolle**

4 Stecke drei Eisennägel in feuchte Watte, von denen einer mit Rostschutzfarbe gestrichen ist, einer eingefettet und ein dritter unbehandelt ist.
Überprüfe nach einigen Tagen, wie stark sich die einzelnen Eisennägel verändert haben. Welche Folgerungen kannst du aus deinen Beobachtungen ziehen?

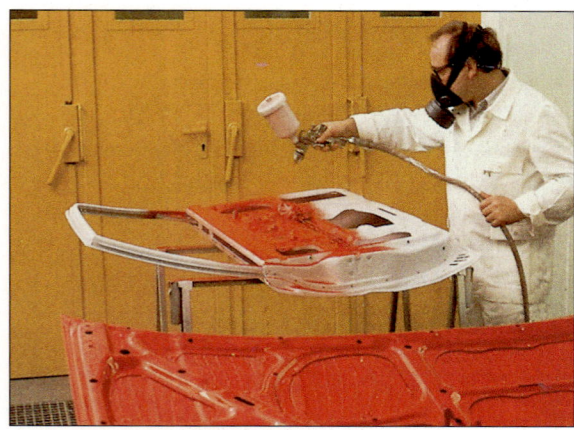

3 **Korrosionsschutz durch Lackieren**

1 **„Rostlaube".** **A** *Autowrack;* **B** *Rost unter der Lupe*

5.3 Korrosion und Korrosionsschutz

Kaum zu glauben: Durch Korrosion und die dadurch verursachten Folgeschäden entstehen in Deutschland Kosten von über 50 Millionen Euro im Jahr.

Rosten ist eine **langsame Oxidation** von Eisen in feuchter Luft. Dieser Vorgang heißt allgemein **Korrosion.** Der Verbrauch an Sauerstoff kann mit einem Versuch deutlich gezeigt werden. Essig oder Salz verstärken das Rosten. Eisen korrodiert besonders stark, weil der Rost eine raue und lockere Oberfläche bildet, die ein Weiterrosten nicht verhindert.

Auch andere Metalle oxidieren. Denke zum Beispiel an den mattgrauen Überzug bei Aluminium. Gegenüber dem Eisen haben viele andere Metalle den Vorteil, dass ihre Oxide dauerhafte Schichten bilden. Sie schützen die Metalle vor weiterer Oxidation.

Natürlich ist Korrosion unerwünscht. Es gibt daher eine Reihe von Verfahren zum **Korrosionsschutz.** Dabei werden die Metalle mit einer Schutzschicht versehen. Sie soll verhindern, dass Sauerstoff und Wasser an die Metalle gelangen. Das wird durch Kunststoffüberzüge, Rostschutzfarben und Lacke (Abbildung 3), Einfetten, Einölen oder Einwachsen erreicht.

Ein besonderes Verfahren des Korrosionsschutzes besteht darin, zum Beispiel Eisen durch das Beschichten mit einem anderen Metall vor Rost zu bewahren. Dazu eignen sich die Metalle Kupfer, Nickel, Zink und Chrom. Manche Materialien schützt man vor Korrosion auch durch Versilbern oder Vergolden.

5 Wie können Metallteile, Drähte und Drahtzäune aus Eisen vor Rost geschützt werden?

6 Nenne Anwendungen für die verschiedenen Korrosionsschutzverfahren.

Metallabfälle sind wertvolle Rohstoffe

Recycling von Metallen

Alle Rohstoffe der Erde sind nur in begrenzten Mengen vorhanden. Auch wenn sie voraussichtlich noch für Jahrzehnte ausreichen, werden sie irgendwann einmal zur Neige gehen. Kupfererz beispielsweise wird bei derzeitigem Verbrauch in einigen Jahrzehnten aufgebraucht sein. Daher ist die Wiederverwendung von Abfallstoffen, das **Recycling,** von großer Bedeutung.

Auch Maßnahmen zum Korrosionsschutz sind wichtig, denn die Korrosion verursacht hohe Materialverluste. Durch Korrosionsschutz und Recycling werden Rohstoffreserven und Umwelt geschont und große Geldbeträge eingespart.

1 *Aluminiumverbrauch in Deutschland*

(Elektrotechnik 5 % · Haushaltswaren 5 % · Eisen- und Stahlindustrie 7 % · Verschiedenes 13 % · Verkehr 35 % · Maschinenbau 10 % · Bauwesen 17 % · Verpackung 8 %)

Recycling von Aluminium

Bei Metallen ist die Wiederverwertung besonders sinnvoll. Es werden nicht nur wertvolle Rohstoffe gespart, sondern auch viel Energie. Diese wird nämlich reichlich gebraucht, um Metalle aus ihren Erzen zu gewinnen.
Das Recycling von Aluminium lohnt sich wegen des sehr hohen Energiebedarfs bei der Herstellung ganz besonders. Wird dieses Metall nach einer ersten Verwendung wieder eingeschmolzen, können gegenüber dem aus Bauxit neu gewonnenen Aluminium 95 % Energie eingespart werden. Auch im Haushalt kannst du einen Beitrag leisten und Aluminium über den gelben Sack oder die gelbe Tonne entsorgen.

2 *Sammelstelle für Aluminium*

Recycling von Eisenschrott

Ein altbewährtes Beispiel für das Recycling von Metallen liefert die Stahlherstellung, denn hier war Eisenschrott schon immer ein wertvoller Rohstoff.

Bei einem bestimmten Verfahren zur Stahlherstellung werden zum flüssigen Roheisen etwa 25 % Eisenschrott hinzugegeben. Bei den heftigen Oxidationsvorgängen durch Zufuhr von Sauerstoff wird so viel Wärme frei, dass die Temperatur der Schmelze bis auf 2000 °C ansteigt.
Durch die Zugabe von Eisenschrott wird die Schmelze etwas kühler, was erwünscht ist. Gleichzeitig wird Eisenschrott energie- und kostengünstig eingeschmolzen.

3 *Eisenschrott – ein wertvoller Rohstoff*

Zusammenfassung

Stoffe im Alltag

Stoffe mit unterschiedlichen Eigenschaften.
A Tragfläche eines Flugzeugs (Metall) und Wolken;
B Wasser, Eis und Gestein; C Baumaterialien aus Beton,
Glas und Metall

Basiskonzept Stoff – Teilchen – Materie

Alle Gegenstände bestehen aus Stoffen, die durch bestimmte Eigenschaften gekennzeichnet sind. Stoffe können in den Aggregatzuständen fest, flüssig und gasförmig vorkommen. Am einfachsten lassen sich die Eigenschaften von Feststoffen untersuchen. Sie haben eine feste Form und ein bestimmtes Volumen. Zur Beschreibung von Stoffen können beispielsweise die Form, die Farbe, die Oberflächenbeschaffenheit, der Geruch und die Verformbarkeit dienen. Weitere wichtige Eigenschaften sind die Härte, die Siedetemperatur, die elektrische Leitfähigkeit, die Magnetisierbarkeit und die Löslichkeit.

Alle Stoffe bestehen aus Teilchen. Sind alle Teilchen gleich, spricht man von einem Reinstoff. Die meisten in der Natur vorkommenden Stoffe sind jedoch Stoffgemische. Zu den festen Stoffgemischen gehören beispielsweise Gesteine, während die Luft ein gasförmiges Stoffgemisch ist. Sind die Teilchen eines Feststoffes oder Gases gleichförmig in einer Flüssigkeit verteilt, spricht man von einer Lösung. Verteilen sich die Teilchen eines Feststoffes in einer Flüssigkeit nicht, sondern bleiben als gröbere Bestandteile zusammen, spricht man von einer Suspension. Steht eine solche Suspension längere Zeit in Ruhe, so setzt sich der Feststoff am Boden des Gefäßes ab – er sedimentiert. Eine Emulsion liegt vor, wenn sich verschiedene flüssige Bestandteile nicht gleichmäßig durchmischen lassen, wie etwa Öl in Wasser.

Zur Trennung von Stoffgemischen gibt es verschiedene Verfahren. Dazu gehören Aussieben, Sedimentieren, Filtrieren, Eindampfen und Destillieren. Die Trennung von Stoffgemischen kommt im Alltag häufig vor, beispielsweise in der Küche. Zu den technisch aufwändigen Trennverfahren gehört die Reinigung von verschmutztem Wasser in einer Kläranlage. Dort wird das Abwasser auf verschiedenen Wegen von Verunreinigungen getrennt und zu Trinkwasser aufbereitet.

Eine weitere Trennung von Stoffgemischen muss beim Müll erfolgen. Durch getrenntes Sammeln von verschiedenen Müllarten, zum Beispiel Glas, Papier und organischen Abfällen, kann die Mülltrennung bereits im Haushalt vorbereitet werden. Ziel der Mülltrennung ist es unter anderem, Stoffe zur Wiederverwertung zu gewinnen. Zu diesem Recycling eignen sich vor allem Glas, Metalle und Papier.

Basiskonzept
Struktur – Eigenschaft –Funktion

Stoffe können wegen ihrer unterschiedlichen Eigenschaften zu verschiedenen Zwecken genutzt werden. Werkstoffe verwendet man zur Fertigung von Gebrauchsgegenständen, Werkzeugen, Maschinen und Bauwerken. Zu den natürlich vorkommenden Werkstoffen gehören Holz und verschiedene Gesteinsarten. Aus Erzen gewinnt der Mensch eine Vielzahl von Metallen, darunter Eisen, Kupfer, Aluminium, Blei, Zinn und Zink. Metalle sind aus unserer modernen Technik nicht mehr wegzudenken, doch wurden manche von ihnen in den letzten Jahrzehnten teilweise durch Kunststoffe ersetzt. Grundlage für die Herstellung von Kunststoffen ist das Erdöl.
Neben Werkstoffen nutzt der Mensch in großem Umfang verschiedene Brennstoffe zur Energieversorgung.
Die chemische Industrie stellt eine große Vielzahl verschiedener Produkte mit besonderen Eigenschaften und zur gezielten Verwendung her, zum Beispiel als Kleb- oder Duftstoffe.
Aus bestimmten Eigenschaften mancher Stoffe ergeben sich Gefahren für die Gesundheit oder die Umwelt. Auf solche Risiken machen die Gefahrstoffsymbole aufmerksam. Je nach Art der Gefährdung müssen beim Umgang mit solchen Stoffen bestimmte Sicherheitsbestimmungen beachtet werden. Trotz derartiger Vorsichtsmaßnahmen gelangen heute noch viele Schadstoffe in die Umwelt.

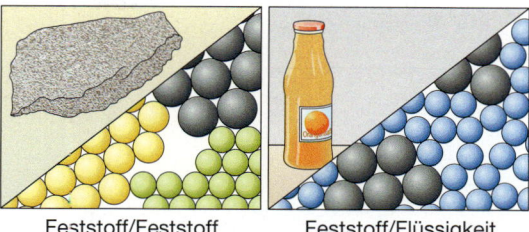

Feststoff/Feststoff
Granit: Gemenge

Feststoff/Flüssigkeit
Orangensaft: Suspension

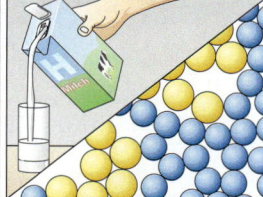

Feststoff/Gas
Grillfeuer: Rauch

Feststoff/Flüssigkeit
Milch: Emulsion

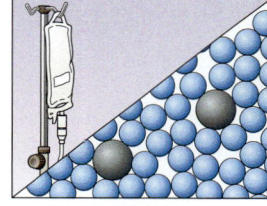
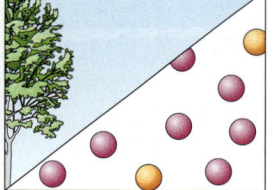

Feststoff/Flüssigkeit
Zuckerwasser: Lösung

Gas/Gas
Luft: Gasgemisch

Unterschiedliche Stoffgemische im Teilchenmodell

Basiskonzept chemische Reaktion

Bei chemischen Reaktionen werden Stoffe dauerhaft umgewandelt. An einer solchen Umwandlung sind mehrere Stoffe beteiligt, bei einer Verbrennung beispielsweise der Brennstoff und Sauerstoff aus der Luft. Man spricht dann von einer Oxidation. Manche Oxidationen laufen sehr langsam ab, wie das Verrosten von Eisen. Durch eine solche Korrosion verändern sich die Eigenschaften des Metalls – es verliert beispielsweise seine Festigkeit.

Feuerwerk – Ergebnis chemischer Reaktionen

Wissen vernetzt

Stoffe im Alltag

A1 Farben

A2 Müll sammeln und trennen in der Schule

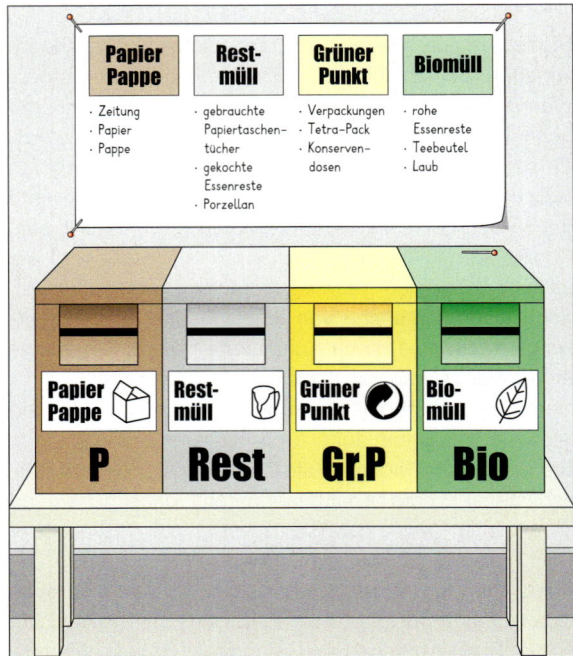

Wandfarben oder Holzschutzfarben werden als Flüssigkeiten verkauft, damit sie sofort streichfähig sind. In Malkästen, wie du sie für den Kunstunterricht verwendest, liegen die Farben in fester Form vor. Um die gebrauchsfertige Malfarbe zu erhalten, musst du sie mit Wasser anrühren.

Aufgaben: a) Auf den Vorratsgefäßen für Wand- und Holzschutzfarben steht immer der Hinweis „Vor Gebrauch gut umrühren!" Begründe diese Anweisung und entscheide, ob es sich bei diesen Farben um Lösungen oder Suspensionen handelt.

b) Stelle begründete Vermutungen darüber an, ob du beim Malen mit Deckfarben eine Lösung oder eine Suspension verwendest.

c) Schlage eine Untersuchungsmethode vor, mit deren Hilfe man die Frage „Lösung oder Suspension" entscheiden kann.

d) Mikroskopiere einen Tropfen verdünnter Tusche. Beschreibe deine Beobachtung und ziehe Schlussfolgerungen.

Müll trennen beginnt im Alltag und kann auch an deiner Schule durchgeführt werden.

Aufgaben: a) Sammelt in der Klasse den Müll mit dem grünen Punkt während einer Schulwoche. Benutzt geeignete Sammelbehälter, die ihr selbst basteln könnt.

b) Ordnet den Müll nach verschiedenen Materialien, zum Beispiel Glas, Papier, Pappe, Biomüll. Bestimmt Masse und Volumen der verschiedenen Müllsorten. Berechnet die gesamte Müllmenge der Schule im Jahr, stellt eure Ergebnisse anschaulich dar (zum Beispiel als Balkendiagramm) und präsentiert sie auf einem Plakat.

c) Führt in der Schule eine Befragung zum richtigen Sortieren von Müll durch. Befragt nicht nur Mitschüler, sondern auch das Reinigungspersonal, den Hausmeister sowie die Lehrkräfte. Die Ergebnisse der Befragung könnten die Notwendigkeit ergeben, eine Aufklärungsaktion zum Thema Müll oder eine Projektwoche in eurer Schule durchzuführen.

d) Organisiert für die ganze Schule eine Aktion zur Müllvermeidung. Erstellt dazu Plakate mit Informationen zur Müllvermeidung und zum richtigen Sammeln und Trennen von Müll.

A 3 Kupfer – ein begehrtes Metall

Kupfererz wird in riesigen Tagebaubetrieben abgebaut (A). Das aus dem Erz gewonnene reine Metall transportiert man in Form von Kupferplatten (B), um es dann weiterzuverarbeiten (C).

Aufgaben: a) Nenne Eigenschaften von Kupfer, die für seine Verwendung als Werkstoff von Bedeutung sind.

b) Begründe, warum auf den Eisenbahnwagen (Abbildung B) jeweils nur verhältnismäßig wenige Kupferplatten gestapelt sind.

c) Erstelle eine Liste von Gegenständen, Geräten und Maschinen, in denen Kupfer verarbeitet ist.

d) Beschreibe anhand von Abbildung A den Kupfererzabbau. Erläutere Auswirkungen des Bergbaus auf die Umwelt.

e) Kupfer gehört zu den Buntmetallen. Finde heraus, worauf sich diese Bezeichnung bezieht.

A 4 Chemische Reaktionen

Aufgaben: a) Erläutere, was man unter einer chemischen Reaktion versteht.

b) Begründe, ob eine chemische Reaktion vorliegt:
– Kochsalz wird in Wasser gelöst;
– Brausepulver wird in Wasser gerührt;
– Wasser verdampft;
– eine Diamant verbrennt;
– Eisen wird mit Schwefel vermischt;
– Kupfer bildet mit Iod Kupferiodid;
– Pflanzen stellen durch die Fotosynthese Traubenzucker her;
– Eiweißstoffe werden bei der Verdauung in Aminosäuren aufgespalten.

A 5 Kohlenstoffdioxid im Weinkeller

Wenn Traubensaft zu Wein vergärt, entsteht Kohlenstoffdioxid. Da früher keine Lüftungsanlagen in Weinkellern vorhanden waren, nutzten die Winzer Erfahrungen, um diese Keller gefahrlos betreten zu können:

In einem Meter Höhe sind kleine gemauerte Vorsprünge an den Wänden. Auf diese Vorsprünge stellten die Winzer langsam brennende Kerzen, wenn der Weinkeller über Nacht verschlossen wurde. Waren die Kerzen am nächsten Morgen erloschen, dann wussten sie, dass sich am Boden ein Gas angesammelt hatte, das die Atemluft verdrängt hatte.

Aufgaben: a) Erläutere die Funktion der Kerzen im Weinkeller.

b) Erkläre, warum die Kerzen durch den Einfluss von Kohlenstoffdioxid verlöschen.

c) Mache Vorschläge, was der Winzer tun sollte, wenn er feststellt, dass die Kerzen erloschen sind.

Körper und Gesundheit

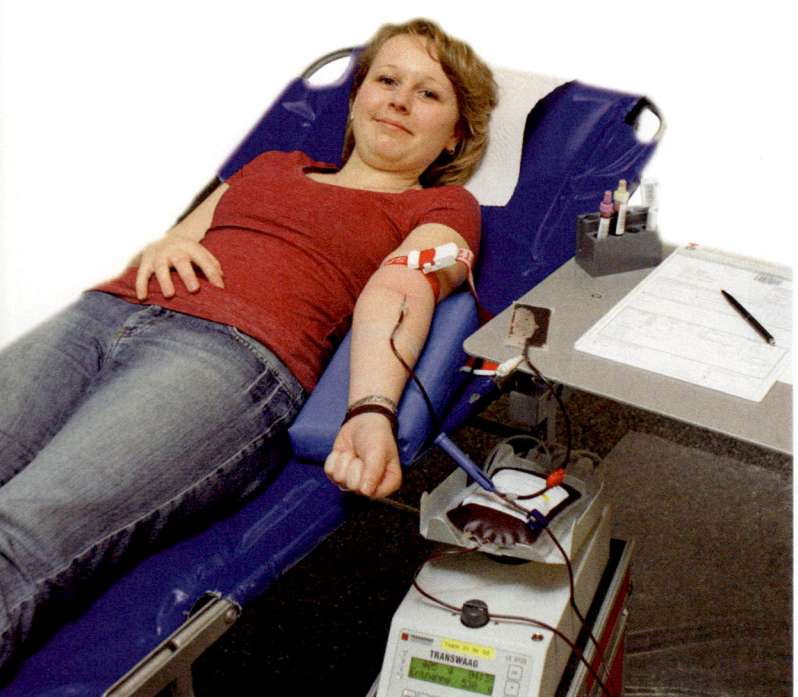

Warum Blut spenden?

In regelmäßigen Abständen wird die Bevölkerung dazu aufgerufen Blut zu spenden. Stelle Vermutungen an, welche Bedeutung das Blutspenden hat.

Erkundige dich, wann und wo man an deinem Wohnort Blut spenden kann. Informiere dich auch darüber, auf welche Weise die Blutabnahme vorgenommen wird, wie viel Blut man jeweils entnimmt, welche Personengruppen für eine Blutspende in Frage kommen und was mit den Blutkonserveren geschieht.

Kann man sich von Schokolade allein ernähren?

Vergleicht die beiden Kreisdiagramme. Versucht, die in der Überschrift gestellte Frage zu beantworten. Formuliert auf Grund der Kreisdiagramme weitere Fragen und sucht Antworten.

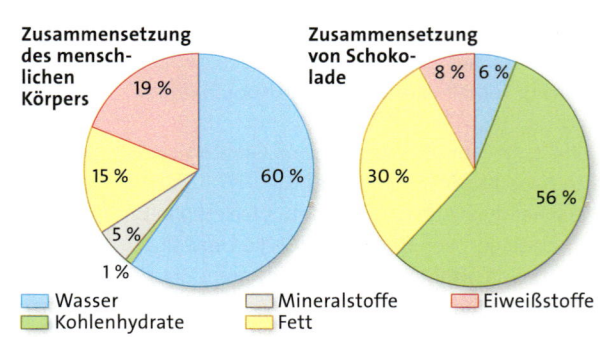

Zusammensetzung des menschlichen Körpers: 60 % Wasser, 19 %, 15 %, 5 %, 1 %

Zusammensetzung von Schokolade: 56 %, 30 %, 8 %, 6 %

Wasser — Mineralstoffe — Eiweißstoffe — Kohlenhydrate — Fett

Nur ein Platz war noch frei …

Schreibt zu der Abbildung passende Geschichten.
Sprecht in der Klasse über die Situation aus der Sicht
verschiedener Beteiligter.

Typisch männlich – typisch weiblich?

Vergleicht die beiden Abbildungen. Besprecht
in der Gruppe, ob die jeweils genannten
Adjektive aus eurer Sicht zutreffend sind,
oder ob es sich eher um Vorurteile handelt,
die wenig mit der Wirklichkeit zu tun haben.
Sammelt Werbungen und untersucht sie darauf, welche Männer- und Frauenbilder sie
zeigen. Gestaltet dazu ein Plakat.

A

B

2 Jennifer. A Foto;
B Strichzeichnung

1 Die fünfjährige Jennifer hat ihre
Schwester wie in Abbildung 2 B
gezeichnet. Was hat sie dargestellt?
2 Schau dir die Abbildung 3 an.
Zeige, an welcher Stelle sich bei dir
die abgebildeten Organe befinden.

1 Ernährung und Verdauung

1.1 Der Körper des Menschen

Es ist Pause. Alle haben sich auf dem Schulhof zusammengefunden. Die
Schülerinnen und Schüler erkennen sich auf den ersten Blick, denn jeder
sieht anders aus. Sie unterscheiden sich unter anderem in der Hautfarbe.
Susannes Freundin Ying zum Beispiel ist Chinesin. Ihre Eltern haben seit
vielen Jahren ein Restaurant in der Stadt. John und Mike sind dunkelhäutig.
Beide stammen aus Afrika und sind erst vor einigen Jahren nach Deutschland
gekommen. Doch so verschieden die Schülerinnen und Schüler auch aussehen, ihr Körper ist in immer der gleichen Weise gegliedert: in den **Kopf,**
den **Rumpf** und die Arme und Beine, die **Gliedmaßen.** Auch der innere
Aufbau des Körpers ist bei allen gleich. Einen Überblick über die inneren
Organe des Menschen und ihre Lage im Körper gibt dir die Abbildung 3.

Organe, die gemeinsam eine Aufgabe erfüllen, fasst man zu einem **Organ-
system** zusammen. So steuert das Gehirn die Lebensvorgänge und über die
Nerven werden die Befehle des Gehirns weitergeleitet. Gehirn und Nerven
bilden das **Nervensystem.** Nerven verbinden auch die **Sinnesorgane** mit dem
Gehirn. Durch sie werden Informationen aus der Umwelt an das Gehirn
gemeldet. Im Brustraum liegt die Lunge, ein Organ des **Atmungssystems.**
Auch das Herz, das unseren **Blutkreislauf** antreibt, liegt im Brustraum. Der
Magen, die Leber und der Darm befinden sich im unteren Teil des Rumpfes,
in der Bauchhöhle. Es sind Organe des **Verdauungssystems.** Schließlich
kannst du noch die beiden Nieren und die Blase sehen, die zum **Ausschei-
dungssystem** gehören.

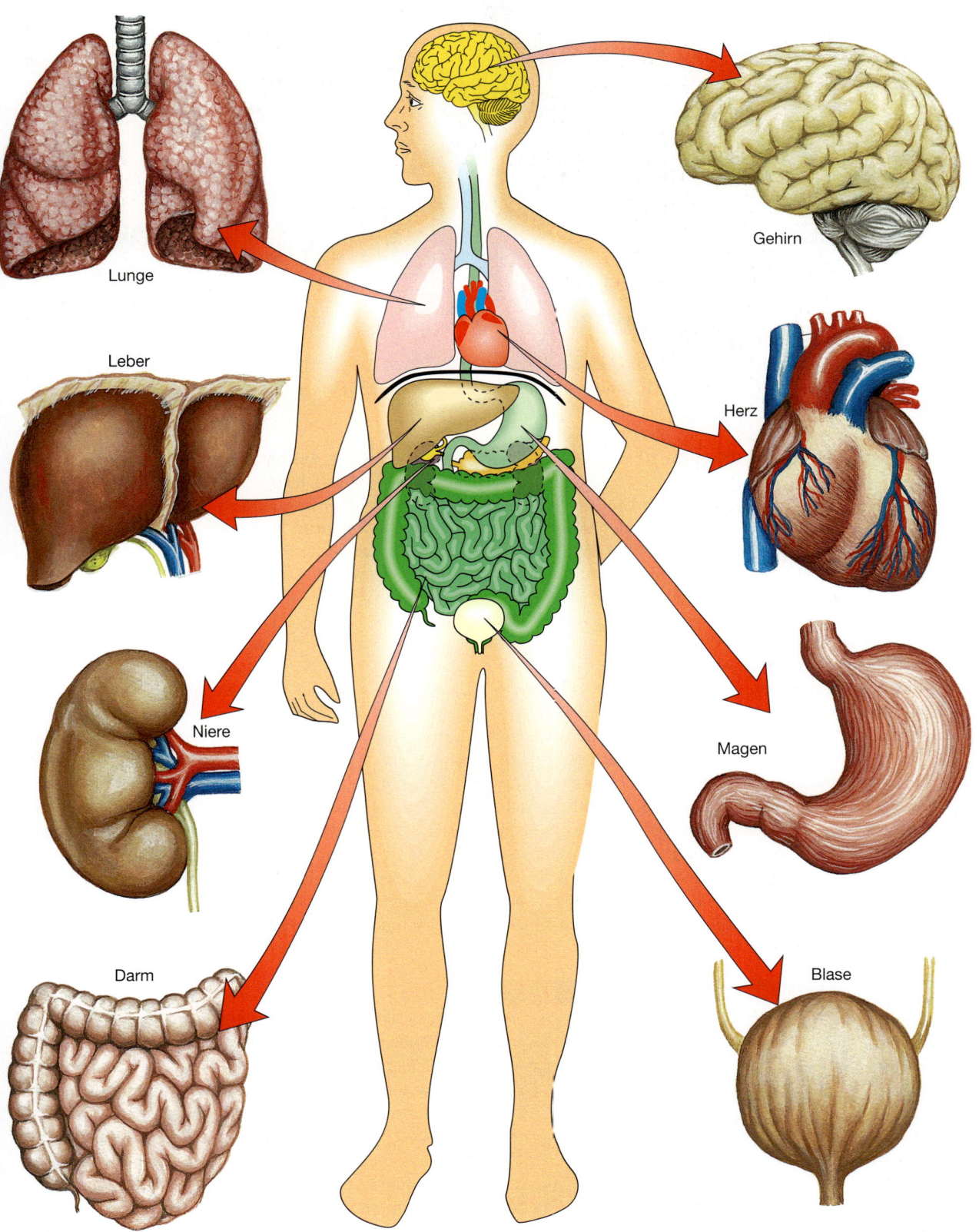

Lunge

Leber

Niere

Darm

Gehirn

Herz

Magen

Blase

3 Die inneren Organe des Menschen *(Auswahl)*

1 Kohlenhydratreiche Lebensmittel. A *Zusammenstellung;* **B** *Modelle von Kohlenhydraten*

1.2 Kohlenhydrate machen fit

Morgen ist Marcels großer Tag: Er wird an dem Schüler-Triathlon teilnehmen. Während der letzten Wochen hat er fast täglich trainiert und er fühlt sich fit. Was kann er nun noch tun, um beim Wettkampf bis zum Schluss genügend Energiereserven zu haben? Seine Mutter will ihm Schokoriegel als Energiespender mitgeben. Ist das das Richtige für ihn?

Der Schokoriegel enthält vor allem **Kohlenhydrate,** hier in Form von Traubenzucker. *Traubenzucker* ist tatsächlich eine wichtige Energiequelle. Er besteht, wie alle Kohlenhydrate, aus *Kohlenstoff, Sauerstoff* und *Wasserstoff.* Dabei ist der Traubenzucker die einfachste Kohlenhydratverbindung. Da Traubenzucker schnell ins Blut übergeht, gibt er uns durch den erhöhten Blutzuckerspiegel einen richtigen „Leistungskick". Doch nach wenigen Minuten ist es damit vorbei. Danach sinkt der Blutzuckerspiegel oft unter das Normalmaß, und die Kräfte lassen schnell nach. Für Marcel würde das ein Leistungstief bedeuten, das er sich bei solch einem Wettkampf nicht leisten kann.

Wer körperliche Ausdauer beweisen will, sollte am besten auf stärkehaltige Kohlenhydrate zurückgreifen, wie sie in Vollkornbrot, Nudeln, Haferflocken, Reis und Gemüse vorkommen. *Stärke* besteht aus langen Ketten von Traubenzuckerteilchen. Im Darm werden die Ketten in die einzelnen Stücke aufgespalten und nach und nach in kleinen Portionen an das Blut abgegeben.

Marcel entscheidet: Heute abend gibt es eine große Portion Nudeln mit frischer Tomatensoße, um die Energiereserven des Körpers aufzufüllen. Und morgens wird er sich vor dem Wettkampf mit Müsli und Obst fit machen. Den Schokoriegel wird er essen, wenn alles vorbei ist.

Nicht nur bei körperlicher Tätigkeit, sondern auch beim Nachdenken und Lernen verbraucht man Kohlenhydrate. Allerdings reichen dazu weitaus geringere Mengen als bei starker körperlicher Betätigung. Nimmt man mehr auf, als man verbraucht, wird der Überschuss als *Glykogen* in Leber und Muskeln gespeichert.

Kohlenhydrat	Andere Namen	Vorkommen
Traubenzucker	Glucose, Dextrose	Weintrauben, Honig, Süßigkeiten, Rosinen
Haushaltszucker	Rübenzucker, Rohrzucker, Saccharose	Süßigkeiten, Kuchen, Schokolade, Limonaden
Fruchtzucker	Fructose, Lävulose	Obst, Marmelade
Milchzucker	Lactose	Milch, Butter, Käse
Malzzucker	Maltose	Kartoffeln, Malzbier
Vielfachzucker	Stärke	Getreide, Kartoffeln, Nudeln, Brot, Bananen

2 Kohlenhydrate in Lebensmitteln

1 Du schreibst eine Klassenarbeit. Welche Nahrungsmittel solltest du in der Pause davor möglichst essen? Begründe deine Antwort.

2 Schaue zu Hause in den Vorratsschrank. Auf den Verpackungen von Fertignahrungsmitteln findest du eine Liste mit den Inhaltsstoffen. Finde mit Hilfe der Tabelle 2 heraus, welche Lebensmittel Zucker enthalten.

3 Begründe, warum viele Ausdauersportler vor dem Wettkampf große Portionen von Nudeln essen.

4 Erläutere mit Hilfe von Abbildung 1 B, aus welchen Bausteinen Kohlenhydrate bestehen.

1 Fetthaltige Nahrungsmittel. A Zusammenstellung; **B** Fettmodell

1.3 Fette bringen (zu) viel Energie

„Ein Croissant mit Butter und Nussnugatcreme – das schmeckt einfach himmlisch", schwärmt Annika. Und was so gut schmeckt, muss auch gesund sein – oder? Informiert man sich über die Zusammensetzung der Nahrung, stellt man fest, dass neben Kohlenhydraten allein im Croissant ca. 12 g **Fett** stecken. Butter und der süße Aufstrich enthalten mindestens weitere 12 g Fett. Mit dieser Fettmenge hat Annika bereits einen großen Anteil der empfohlenen Tagesration von 60 bis 80 g zu sich genommen.

Viele Menschen essen viel zu fett, denn die versteckten Fette in Wurst, Käse und Süßigkeiten beachtet man nicht. Außerdem hat Fett den höchsten Energiegehalt aller Nährstoffe. Wenn man täglich zu viel Fett zu sich nimmt, baut der Körper schließlich daraus eigene Fette auf und speichert sie als Depotfette an Bauch, Hüften und Gesäß.

Neben Übergewicht können Herz-Kreislauf-Erkrankungen und Zuckerkrankheit weitere Folgen von erhöhtem Fettkonsum sein.

Doch Fette sind auch wichtig für unseren Körper. Er braucht sie, damit die Zufuhr der fettlöslichen Vitamine A, D und E gesichert ist. Im Gewebe unter der Haut sorgen Fettschichten für eine Isolation gegen Kälte. Fette dienen auch als Energiereserve bei langer Krankheit. Fette bestehen aus Glycerin und drei Fettsäuren, von denen es viele verschiedene Typen gibt. Einige dieser Fettsäuren sind **essenziell,** das heißt der Mensch muss sie mit der Nahrung aufnehmen, weil er sie selbst nicht bilden kann. Sie kommen vorwiegend in pflanzlichen Fetten wie zum Beispiel in Olivenöl vor. Solche Fettarten sollte man tierischen Produkten wie beispielsweise Schmalz vorziehen.

1 Stelle die Mengen an versteckten Fetten in Abbildung 2 grafisch dar. Ergänze die Aufstellung durch weitere fetthaltige Lebensmittel von Seite 380.
2 Erläutere, warum Fette einerseits lebenswichtig sind, andererseits auch belastend sein können.
3 Mache Vorschläge, wie man bei der Nahrungszubereitung Fett sparen kann.
4 100 g gekochte Kartoffeln enthalten überhaupt kein Fett, 100 g Pommes frites dagegen 14–16 g Fett. Wie erklärst du diesen Unterschied?
5 In Nachkriegszeiten gab es deutlich weniger Herzinfarkte. Welche Gründe kannst du dafür nennen?
6 Erläutere anhand der Abbildung 1 B den Aufbau von Fetten.

31 g Emmentaler

31 g Schweinekotelett

30 g Schokolade

50 g Salami

41 g Leberwurst

50 g Walnüsse

32 g Bratwurst

2 Versteckte Fette (Anteil pro 100 g Lebensmittel)

1 **Proteinhaltige Nahrungsmittel. A** *Zusammenstellung;* **B** *Modelle*

1.4 Eiweiß – nicht nur im Hühnerei

Daniel kommt von einem langen Schultag hungrig nach Hause. Als er sieht, dass es Gemüseauflauf mit Käse überbacken gibt, mault er: „Gibt es denn kein Fleisch dazu? Wie soll ich da zu Kräften kommen?" Ist seine Kritik am Essen berechtigt?

Fleisch enthält tatsächlich einen wichtigen Nährstoff, nämlich *Eiweiß,* auch **Protein** genannt. Proteine brauchen besonders Kinder und Jugendliche für ihr Wachstum, denn Proteine sind die Grundbausteine von Muskeln, Organen, Haut, Haaren, Blut und Hormonen. Auch für die Verdauung sind spezielle Proteine nötig. Das Abwehrsystem braucht Proteine, um Antikörper bilden zu können. Insgesamt machen die Proteine ein Fünftel des menschlichen Körpers aus.
Es gibt zahlreiche unterschiedliche Proteine. Ihre Grundbausteine, die *Aminosäuren,* sind wie Perlen einer Kette aneinander gereiht. *Essenzielle* Aminosäuren müssen unbedingt mit der Nahrung aufgenommen werden. Meist reichen 50 bis 60 g Protein pro Tag bzw. 0,8 g pro kg Körpergewicht aus, um den Bedarf zu decken. Fleisch, Fisch, Milchprodukte und Eier enthalten tierisches Eiweiß. Aber auch pflanzliche Produkte wie Bohnen, Erbsen, Linsen, Nüsse und Kartoffeln liefern Protein. Eine Kombination von pflanzlichen und tierischen Proteinquellen liefert hochwertige Proteine mit allen essenziellen Aminosäuren.

Pellkartoffeln und Quark, Kartoffeln und Ei, Bohnen und Reis sind solche idealen Gerichte. Dabei reicht es auch für Kinder vollkommen aus, wenn sie zwei- bis dreimal pro Woche eine kleine Fleischportion essen.

1 Kann ein Käse-Gemüse-Auflauf dem Körper hochwertige Proteine liefern? Begründe deine Antwort.
2 Finde eine abwechslungsreiche Zusammenstellung von Lebensmitteln, die ca. 60 g Protein enthält. Suche dazu aus der Tabelle in Abbildung 2 vier bis fünf unterschiedliche Lebensmittel heraus. Beachte dabei, dass eine Fisch- oder Fleischportion mit 200 g berechnet wird.

Lebensmittel	Protein (g)	Kohlen-hydrate (g)	Fett (g)
Vollmilch	3,5	3,5	5
Schnittkäse	25	3	28
Magerquark	37	3	2
Hühnerei (1 Stück)	7	–	6
Fischstäbchen	16	7	20
Rotbarsch	18	–	4
Brathähnchen	15	–	9

Lebensmittel	Protein (g)	Kohlen-hydrate (g)	Fett (g)
Schweineschnitzel	21	–	8
Rindfleisch, mager	20	–	4
Bohnen	26	47	2
Linsen	24	56	2
Erbsen	23	52	2
Erdnüsse	28	16	45

2 *Nährstoffgehalt von proteinreichen Lebensmitteln*

Nachweis von Nährstoffen

V1 Nachweis von Glucose und Stärke

Material: Iod-Kaliumiodidlösung; Stärke; Glucose; Spatel; Wasser; Pipette; zwei kleine Bechergläser; Glasstab; Glucose-Teststreifen

Durchführung: Fülle zwei Bechergläser gleich hoch mit Wasser und gib ins erste eine Spatelspitze Glucose und ins zweite eine Spatelspitze Stärke. Rühre gut um. Untersuche beide Lösungen zuerst mit dem Teststreifen und tropfe danach in beide Lösungen 1 bis 2 Tropfen Iod-Kaliumiodidlösung.

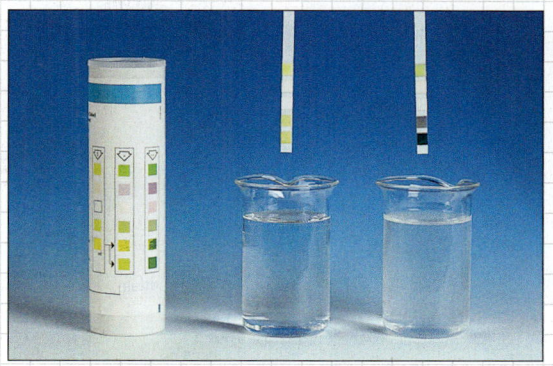

Glucosetest

Stärketest

Aufgabe: Beschreibe deine Beobachtungen und ziehe Schlussfolgerungen.

V2 Nachweis von Eiweißstoffen

Material: zwei kleine Bechergläser; Wasser; Eiweiß-Teststreifen aus der Apotheke; Hühnerei

Durchführung: Nimm vom Hühnerei etwas Eiklar. Fülle ein Becherglas mit wenig Wasser und das andere mit etwas Eiklar. Tauche je einen Teststreifen in das Wasser und in das Eiklar. Vergleiche die Testzonen auf den Streifen mit der Farbskala auf der Packung.

V3 Nachweis von Fetten

Material: Löschblatt oder Butterbrotpapier; Wasser; Öl

Durchführung: Gib etwas Öl auf das Löschblatt und setze einen Wassertropfen daneben. Wenn das Papier getrocknet ist, halte es gegen das Licht.

Aufgabe: Beschreibe das Ergebnis der Fettfleckprobe.

V4 Untersuchung von Nahrungsmitteln

Material: alle Materialien der Versuche 1 bis 3; kleine Bechergläser und Petrischalen; Messer; Reibe; Löffel; Proben von Nahrungsmitteln, z. B.: Brot, Fruchtsaft, Milch, Getreideflocken, Wurst, Nüsse, Käse, Kartoffeln, Gemüse, Früchte

Durchführung: Führe Nachweise für Stärke, Glucose, Eiweißstoffe und Fette durch. Beachte, dass du den Nachweis von Eiweißstoffen nur mit flüssigen, aufgelösten oder sehr fein zerteilten (zerriebenen) Proben durchführen kannst. Eventuell musst du die Probe noch mit Wasser mischen. Für die Durchführung der Fettfleckprobe musst du feste Nahrungsmittel ebenfalls zerkleinern.

Aufgaben: a) Stelle eine Tabelle mit deinen Versuchsergebnissen zusammen.

b) Ordne den untersuchten Nahrungsmitteln die nachgewiesenen Nährstoffe zu.

Neben den Vitaminen sind die **Mineralstoffe** wie z. B. *Calcium* für Jugendliche besonders wichtig. Knochen und Zähne enthalten insgesamt bis zu 1,5 kg davon. Da Knochenzellen und Zahnschmelz ständig erneuert werden, brauchen sie für ihre Stabilität täglichen Nachschub von Mineralstoffen. Dabei ist zu beachten, dass es Substanzen gibt, die eine Aufnahme von Mineralstoffen stören können. So hemmen beispielsweise Cola, Spinat und Rhabarber die Aufnahme von Calcium. Dann sollte besonders darauf geachtet werden, dass man genügend Milchprodukte und Käse zu sich nimmt.

Spurenelemente wie *Eisen* und *Zink* sind teilweise in noch geringerer Menge wirksam als die Mineralstoffe. So weiß man heute, dass 6–12 mg Zink im gesamten Blut ausreichen, um die Abwehrzellen zu stärken, die Wundheilung zu fördern und Schadstoffe besser abzubauen. Raucher sollten deshalb genügend fettarme Fleisch- und Fischsorten zu sich nehmen, da diese besonders viel Zink enthalten.

Jedes Vitamin, jeder Mineralstoff und jedes Spurenelement erfüllt für den Organismus ganz bestimmte Aufgaben. Ein optimales Zusammenspiel aller Wirkstoffe fördert unsere Gesundheit nur dann, wenn alle Stoffe in ausreichender Menge täglich zur Verfügung stehen. Zwar können einige Stoffe auch im Körper gespeichert werden, jedoch sind bei Erkrankungen, erhöhtem Stress oder starker seelischer und körperlicher Belastung die „Speicher" schnell leer. Deshalb kann es durchaus sinnvoll sein, bei solchen Belastungen für eine bestimmte Zeit mit Vitamin- und Mineralstoffpräparaten Mangelerscheinungen vorzubeugen.

Angst vor einer Überdosierung von Vitaminen braucht man im Allgemeinen nicht zu haben. Sind die Speicher in Leber und Fettgewebe des menschlichen Körpers aufgefüllt, werden die unverbrauchten Wirkstoffe ausgeschieden. Vitamin A jedoch, das zum Beispiel in Lebertran vorkommt, sollte nur über einen begrenzten Zeitraum eingenommen werden.

1 Begründe, warum einseitige Ernährung auf Dauer zu einer Unterversorgung mit bestimmten Wirkstoffen führt.
2 Seefahrer litten früher unter der Mangelkrankheit Skorbut. Das Zahnfleisch blutete, die Zähne fielen ihnen aus und die Menschen starben an Infektionen.
Nenne das Vitamin, das auf den Schiffsreisen fehlte.
Die Tabelle auf der gegenüberliegenden Pinnwand hilft dir bei der Beantwortung.

1	Vit. A, B$_2$, B$_6$, B$_{12}$, D, E, Calcium, Magnesium
2	Vit. B$_6$, E, Calcium
3	Vit. B$_2$, B$_6$, B$_{12}$, Folsäure
4	Folsäure, Magnesium
5	Vit. C
6	Vit. A

1 Wirkstoffe in Lebensmitteln

1.5 Kleine Mengen – große Wirkung!

Zusätzlich zu den Nährstoffen müssen Menschen auch **Wirkstoffe** zu sich nehmen. Dazu gehören Vitamine, Mineralstoffe und Spurenelemente. Wir sind auf ihre Zufuhr durch die Nahrung angewiesen, weil unser Körper sie – mit wenigen Ausnahmen – nicht herstellen kann. Schon wenige Milligramm dieser Stoffe reichen jedoch aus, um den Tagesbedarf zu decken.

Vitamine sorgen für den Aufbau und die Erneuerung der Zellen, helfen bei dem komplizierten Verdauungsprozess und stärken unser Abwehrsystem. Sie können für gute Laune sorgen, unterstützen den Sehvorgang und lassen Haut und Haare gesund wachsen. Einige Vitamine, z. B. *Vitamin D*, werden nur als Vorstufen mit der Nahrung aufgenommen. Erst im Körper bildet sich daraus das wirksame Vitamin. Die unterschiedlichen Vitamine sind entweder wasser- oder fettlöslich. Frisches Obst und Gemüse ist besonders reich an Vitaminen; deshalb ist es wichtig, täglich mehrmals davon zu essen. Wenn man dann zusätzlich darauf achtet, möglichst unterschiedliche Obst- und Gemüsesorten zu sich zu nehmen und sie mit tierischer Kost zu ergänzen, deckt man seinen täglichen Vitaminbedarf am besten.

VITAMINE, MINERALSTOFFE UND SPURENELEMENTE

Wirkstoff	Wirkung auf	Vorkommen	Wissenswertes
Vitamin C	Abwehrkräfte, Zähne und Zahnfleisch, Knochen, Allergien, Enzymaktivität	Zitrusfrüchte, Kiwi, Paprika, Holunderbeeren, Brokkoli, Zwiebeln	Raucher haben erhöhten Bedarf, weil 1 Zigarette 30 mg Vitamin „verbraucht"
Vitamin B_1	Nerven, Konzentrationsfähigkeit, Verdauung von Kohlenhydraten und Fetten	Weizenkeime, Sonnenblumenkerne, Naturreis, Schweinefleisch, Blumenkohl	Beim Schwitzen über die Haut ausgeschieden, oft unzureichende Versorgung
Vitamin B_2	Sehvorgang, Stoffwechsel von Kohlenhydraten	Leber, Hefe, Milch, Eigelb, Fisch, Pilze	Bei Mangel: Erschöpfung und eingerissene Mundwinkel
Vitamin B_6	Verdauung der Proteine, gute Laune, Hautleiden	Bananen, Leber, Walnüsse, Milch, Käse, Fisch, Eier	Beim Kochen 40% Vitaminverlust
Vitamin B_{12}	Verdauung der Nährstoffe, Bildung der roten Blutkörperchen, Wachstum	Fisch, Krabben, Fleisch, Milchprodukte, Ei	Calcium erhöht und Zucker senkt die Aufnahme
Folsäure	Blutbildung, Funktion der Nerven	Grünes Gemüse (Kohl, Spinat, Salat, etc.), Eigelb, Tomaten	Bei Einnahme der Antibabypille erhöhter Bedarf
Vitamin A	Augen, Haut, Schleimhaut, Infektionsvorbeugung	Leber, Butter, Vollmilch, als Vorstufe (Carotin) in Möhren und Aprikosen	Sportler, Bildschirmarbeiter, Kleinkinder haben hohen Bedarf
Vitamin D	Knochen, Zähne (regelt den Calcium- und Phosphathaushalt)	Als Vorstufe in Lachs, Aal, Hering, Champignon, Butter	Mangelkrankheit: Rachitis (Knochenverkrümmung); Vorstufe wird durch Sonnenlicht in Vitamin D verwandelt
Vitamin E	Sauerstoffversorgung der Zellen; fördert die Durchblutung	Pflanzenöle, Mandeln, Walnüsse, Erdnüsse, Butter, Hering	Hilft bei Rheuma und beugt Alterserscheinungen vor; wichtig für Diabetiker
Calcium	Knochen, Zähne, Muskelbewegung, Hormone	Milchprodukte, Nüsse, Vollkornbrot, Basilikum	Mindert allergische Erscheinungen, Vitamin C unterstützt die Aufnahme
Magnesium	Knochen, Zähne, Nerven, Muskel- und Enzymtätigkeit	Grünes Gemüse, Milch, Käse, Fisch	Bei Stress und Sport besonders wichtig, regelmäßiger Nachschub notwendig
Eisen	Blut, Sauerstoffversorgung, Enzymaufbau	Fast in allen Nahrungsmitteln außer Milchprodukten	Bei Blutverlust erhöhter Bedarf, tierische Quellen sind leichter verwertbar
Jod	Schilddrüsenhormon	Meeresfische, jodiertes Speisesalz	Jugendliche meist unterversorgt, beugt Kropfbildung vor

□ wasserlösliche Vitamine   □ fettlösliche Vitamine   □ Mineralstoffe   □ Spurenelemente

1 Begründe, warum es sinnvoll ist, manche Lebensmittel roh oder nur kurz gedünstet zu sich zu nehmen.

2 Nenne Wirkstoffe, die Sportler in besonderem Maße brauchen.

3 Erläutere, welche Wirkstoffe für die gesunde Bildung von Knochen und Zähnen wichtig sind.

1.6 Gesunde Ernährung

Ein Pausenfrühstück kann ganz unterschiedlich gestaltet sein. Mancher zieht ein Brötchen mit Wurstbelag vor, andere wiederum mögen lieber Vollkornschnitten mit Butter, Käse und einem Salatblatt sowie zusätzlich einen Apfel. Während einer Diskussion über gesunde Ernährung kann man ganz unterschiedliche Meinungen hören.

Mit der Frage nach einer für den Menschen richtigen und gesunden Ernährung beschäftigen sich Ernährungswissenschaftler. Sie erarbeiten auf der Grundlage ihrer Forschungen Empfehlungen, die unter anderem Aussagen über die Beschaffenheit, die Menge sowie den Energiegehalt der zugeführten Nahrung enthalten. Daraus ergeben sich Konsequenzen für das tägliche Leben.

Den Hauptanteil der zugeführten Stoffe stellen die Getränke. Der Körper benötigt am Tag etwa 1,5 Liter Flüssigkeit. Wasser, ungesüßter Tee oder verdünnte Fruchtsäfte mit geringem Energiegehalt sind für die Flüssigkeitszufuhr optimal. Milch- und Milchprodukte gehören ebenso auf den täglichen Speiseplan wie mindestens vier Handvoll frisches Obst und Gemüse sowie reichlich Getreideprodukte. Fleisch, Wurst und besonders fettreiche Lebensmittel sollten in kleineren Mengen gegessen werden.

1 Frühstück auf dem Pausenhof

Auf zu viel Süßigkeiten sollte verzichtet werden. Sie fördern aber das Wohlbefinden und müssen deshalb nicht gänzlich vom Speiseplan verbannt werden. Die Aufzählung zeigt, dass es weder „gute" noch „schlechte" Lebensmittel gibt. Eine gesunde Ernährung sollte abwechslungsreich und ausgewogen sein. Die empfohlenen täglichen Anteile der Nahrungsmittel können in einer **Ernährungspyramide** veranschaulicht werden. Es hat sich als günstig erwiesen, fünf kleinere Mahlzeiten über den Tag zu verteilen, die man in Ruhe und mit Genuss zu sich nimmt.

2 Pausenfrühstück. A Ausgewogenes Frühstück; B einseitiges und zu energiereiches Frühstück

Da jedes Nahrungsmittel einen bestimmten Energiegehalt hat, muss neben der Zusammensetzung der Nahrung auch auf die Menge geachtet werden. Im täglichen Leben ist es selten möglich, die genaue Masse jedes Lebensmittels auszurechnen, damit mit der Nahrung die notwendige Energiemenge aufgenommen wird. Deshalb kann man die verschiedenen Lebensmittel nach einfachen Faustregeln portionieren. Die eigene Hand, ein Glas oder ein Löffel dienen als Maßstab für eine Portion. So sollte ein etwa zehnjähriges Kind am Tag etwa vier seiner Hände voll Obst und Gemüse essen, fünf Glas Wasser und ein Glas Fruchtsaft trinken, aber höchstens eine kleine Handvoll Süßigkeiten zu sich nehmen.

Werden dauerhaft mehr energiereiche Stoffe zugeführt, als der Körper benötigt, wird Fettgewebe gebildet. Dies ist meist die Ursache für die Entstehung von **Übergewicht.** Damit können Erkrankungen des Herz-Kreislauf-Systems verbunden sein. Umstellungen der Ernährungsgewohnheiten und sportliche Aktivitäten wirken dem Übergewicht entgegen. Manchmal ist es erforderlich, dass Betroffene auf ärztlichen Rat hin eine *Diät* machen müssen. Intensive Diäten, die in kurzer Zeit viel Körpergewicht abbauen, können den Körper schädigen. Das gilt besonders für das Hungern, um einem modernen „Schönheitsideal" zu entsprechen, wie es manche Models verkörpern. Aus der Absicht, ein paar Pfunde abzunehmen, kann schnell eine Erkrankung werden: die **Magersucht** oder *Anorexie.* Wie der deutsche Name verrät, handelt es sich um eine suchtartige Krankheit, welche die Betroffenen meist nur mit Hilfe von Ärzten und Psychologen überwinden können. Da über längere Zeit lebenswichtige Stoffe wie zum Beispiel Eiweißstoffe in zu geringer Menge zugeführt werden, greift der Körper magersüchtiger Menschen auf körpereigene Eiweißstoffe zurück. Auf diese Weise werden die Muskeln immer weiter abgebaut und der Körper verfällt in einen lebensbedrohlichen Zustand.

Eine Maßzahl zur Ermittlung des Verhältnisses von Körpergröße, Gewicht und Alter erwachsener Menschen ist der *BMI* (engl. Body-Mass-Index). Der BMI zeigt, inwiefern das eigene Körpergewicht von einem festgelegten Durchschnittswert abweicht.

1 Ernährungswissenschaftler haben Regeln für eine gesunde Ernährung zusammengestellt, die im Lehrbuchtext „versteckt" sind. Stelle die Regeln zusammen und diskutiere sie in der Gruppe.

2 Vergleiche die in Abbildung 2 dargestellten Frühstücksportionen und bewerte sie hinsichtlich einer gesunden Ernährung.

3 Erläutere, welche Bedeutung die Ernährung für die Gesundheit hat.

3 **Ernährungspyramide**

PROJEKTWOCHE
GESUNDES FRÜHSTÜCK UND PAUSENSNACKS

Knackig, fruchtig, gesund & lecker

Unter diesem Motto führten die 6. Klassen ein Projekt zur gesunden Ernährung durch. Höhepunkt war die Zusammenstellung und Zubereitung eines gesunden Frühstücks und von Pausensnacks. Wir von der Redaktion der Schülerzeitung durften an dem Frühstück teilnehmen und kosten. Danach können wir uns nur dem Urteil aller „gesunden Frühstücker" anschließen, es war einfach lecker! Unser Tipp: Probiert die Rezepte aus, denn fruchtiges Obst und knackiges Gemüse machen fit. Nüsse, Milch-und Vollkornprodukte geben Power und halten gesund.

Dazu brauchst du:
- 200 g Speisequark (20 % oder 40 % Fettgehalt)
- 1 kleinen Apfel
- 2 Esslöffel Mineralwasser
- 1 Esslöffel Zitronensaft
- 1 Teelöffel Zimt
- 1 Teelöffel Honig

Stelle bereit:
1 Schüssel, 1 Küchenreibe, 1 verschließbares Gefäß, Küchenpapier

Apfel-Quark-Creme
(für 2 Personen)

Zubereitung:
Verrühre Quark und Mineralwasser mit dem Mixer schaumig. Wasche den Apfel und entferne das Kerngehäuse. Rasple den Apfel auf der Küchenreibe und träufle Zitronensaft über den zerriebenen Apfel. Gib Apfel, Zimt und Honig zur Quarkcreme und verrühre die Zutaten. Fülle die Apfel-Quark-Creme in ein gut verschließbares Gefäß.

Dazu brauchst du:
- 2 Vollkornbrötchen
- 2 Salatblätter, z. B. Eisbergsalat oder Lollo Rosso
- 1 kleines Stück Schlangengurke
- 1/2 rote Paprika
- 2 Scheiben Gouda

Stelle bereit:
1 Küchenbrett, Küchenmesser

Mac Snack
(für 2 Personen)

Zubereitung:
Wasche das Gemüse gründlich. Schäle die Gurke und schneide sie in dünne Scheiben. Schneide die Paprika auf, entkerne eine Paprikahälfte und schneide 8 Streifen ab. Schneide das Brötchen auf. Belege die untere Brötchenhälfte mit 1 Salatblatt, 1 Scheibe Käse, 2 Gurkenscheiben und 4 Paprikastreifen. Klappe die obere Brötchenhälfte darüber und verstaue den "Mac Snack" in deiner Brötchendose.

Dazu brauchst du:
- 1/4 Liter Milch
- 100 g Vollmilchjogurt
- 100 g frische süße Früchte
  (z. B. Banane, Pfirsich, Erdbeeren, Himbeeren)

Stelle bereit:
1 Mixer oder Pürierstab,
1 Schüssel, 1 Küchenmesser

Fruchtmilchmix
(für 2 Gläser)

Zubereitung:
Wasche bzw. schäle das Obst
und schneide es, wenn notwendig, in kleine Stücke. Gib
Obst und Jogurt mit einem
Schuss Milch in die Schüssel
und zerkleinere es mit dem
Mixer (Pürierstab). Rühre die
restliche Milch darunter.

Dazu brauchst du:
- 2 Scheiben Vollkornbrot
- 20 g Butter
- 100 g Gouda am Stück
- 1 Banane
- 2 Kiwis oder 8 Weintrauben oder 8 Erdbeeren
  oder anderes Obst der Saison
- 2 Teelöffel Honig
- 2 Esslöffel Sesam

Stelle bereit:
1 Küchenbrett, 1 Küchenmesser, 1 Backpinsel,
1 Teller, 4 Schaschlikspieße

Fruchtspießchen
(für 4 Portionen)

Zubereitung:
Bestreiche das Vollkornbrot mit Butter und teile
jede Scheibe in 6 Stücke. Schneide den Käse in
Würfel. Wasche beziehungsweise schäle die
Früchte und schneide sie in große Stücke. Stecke
Brotstücke, Käsewürfel und Obststücke abwech-
selnd auf die Schaschlikspieße.
Verteile Sesam auf dem Teller. Bestreiche die
Spieße mit dem Pinsel mit Honig und wende
die Spieße in dem Sesam.
Je nach Geschmack kannst du auch Stücke von
Gemüse wie Möhre, Gurke oder Kohlrabi auf-
spießen. Aber dann empfiehlt sich der Honig-
Sesam-Überzug nicht!

Dazu brauchst du:
- 6 Esslöffel Vollkornhaferflocken
- 6 Esslöffel Rosinen oder Sultaninen
- 2 Esslöffel grob gehackte Haselnusskerne oder
  Mandeln oder auch Kokosflocken
- 2 Esslöffel Sonnenblumenkerne
- 2 Teelöffel Zucker
- 2 Teelöffel Kakaopulver
- Obst und Milch oder Jogurt

Stelle bereit:
Für den Vorrat: 1 große verschließbare Dose
Für die Pause: 1 kleine verschließbare Dose und
1 Teelöffel

Pausenmüsli
(Vorrat für mehrere Pausen)

Zubereitung:
Vermische die Zutaten und bewahre sie in einer
verschließbaren Dose an einem trockenen Platz
auf.
In den Pausen kannst du das Müsli trocken
essen, mit Obststückchen oder mit Milch oder
Jogurt vermischen.

Nahrungsmittel selbst herstellen

Das Lebensmittelangebot wächst ständig. Heute wissen wir oft nicht mehr, wie ein Nahrungsmittel entstanden ist und aus welchen Inhaltsstoffen es besteht. Viele Menschen legen deshalb Wert darauf, die genaue Herkunft und Zusammensetzung der Nahrungsmittel zu kennen. Sie gehen dazu über, wieder mehr selbst zu machen.

Auch ihr könnt einige Lebensmittel selbst herstellen. Bakterien helfen euch bei der Herstellung und Konservierung von Nahrungsmitteln. Rohmilch, auch Vorzugsmilch genannt, wird zum Beispiel nach kurzer Zeit dickflüssig und sauer, wenn man sie in einem Gefäß offen stehen lässt. Ursache hierfür sind Milchsäurebakterien, die Milchzucker zu Milchsäure abbauen. Diese Bakterien spielen auch bei der Herstellung von Sauerkraut eine wichtige Rolle. Andere Mikroorganismen, die Hefepilze, werden genutzt, um Brotteig gehen zu lassen.

Nahrungsmittel selbst hergestellt

Gruppe 1: Quark

Um Quark herzustellen, braucht ihr eine Glasschale, ein feinmaschiges Küchensieb, ein Leinentuch, abgekochte Vorzugsmilch vom Bauern oder aus dem Bioladen und Lab-Enzym aus der Apotheke. Gießt etwas Milch in eine Glasschale. Verdünnt einige Tropfen Labenzym mit Wasser, gebt es zur lauwarmen Milch und rührt sofort gut um. Lasst dann die Schale einige Stunden im warmen Zimmer stehen. Gießt danach den Inhalt der Schale durch das Küchensieb. Die abgetrennte Flüssigkeit nennt man Molke. Die Molke ist ein gesundes Getränk. Sie schmeckt gekühlt sehr gut. Gebt anschließend den Inhalt des Siebes in ein sauberes Leinentuch. Presst durch kräftiges Zusammendrücken den Rest der Molke aus. Fertig ist flockiger Quark. Ihr könnt ihn mit etwas Salz, Kräutern und zugesetzter Frischmilch abschmecken und mit Brot essen.

Gruppe 2: Jogurt

Um Jogurt selbst herzustellen, benötigt ihr zwei Liter Milch, einen Becher Naturjogurt mit lebenden Kulturen, einen Esslöffel und ein 2 l-Gefäß. Verrührt zwei Esslöffel Jogurt mit etwas Milch. Gebt danach die restliche Milch dazu. Stellt das Gefäß bei 40 °C in den Wärmeschrank. Habt ihr keinen Wärmeschrank, verwendet eine Kühltasche und stellt zwei Flaschen mit heißem Wasser dazu. Nach wenigen Stunden oder über Nacht ist der Jogurt fertig. Je länger der Jogurtansatz warm steht, desto saurer wird er. Stellt den fertigen Jogurt in den Kühlschrank und verzehrt ihn möglichst bald.

Gruppe 3: Weißbrot

Vermischt 350 g Weizenvollkornmehl mit einem Teelöffel Salz in einer großen Schüssel. Löst einen halben Hefewürfel in 250 ml lauwarmem Wasser auf und rührt die Flüssigkeit in das Mehl. Rührt den Teig kräftig, bis er sich von der Schüssel lösen lässt. Knetet den Teig dann ordentlich mit den Handballen durch und lasst ihn an einem warmen Ort gehen. Deckt ihn mit einem sauberen Tuch ab. Formt nach etwa zwei Stunden einen Brotlaib. Gebt ihn in den auf 220 °C vorgeheizten Backofen und stellt eine Tasse Wasser hinzu. Der Teiglaib wird 15 Minuten gebacken und bei 180 °C weitere 30 Minuten fertig gebacken. Bei weiteren Backversuchen könnt ihr mit verschiedenen Körnern oder Gewürzen als Zutaten experimentieren.

Gruppe 4: Sauerkraut

Zur Herstellung von Sauerkraut braucht ihr einen Stein-guttopf, der zehn Liter fassen kann, ein ausreichend großes, rundes Holzbrett als Deckel, einen Holzstampfer, schwere Steine, ein sauberes Küchentuch, einen Kraut-hobel, 10 kg Weißkraut, 60 g Salz und zehn Wacholder-beeren.

Schneidet den Krautkopf mit dem Krauthobel in dünne Streifen. Füllt den Steinguttopf etwa fünf Zentimeter hoch mit diesen Krautschnitzeln. Stampft die erste Krautlage mit dem Holzstampfer so lange, bis sich oben Wasser ange-sammelt hat. Bestreut dann die Krautschicht mit einem kleinem Teil der angegebenen Salzmenge und mit einigen Wacholderbeeren. Wiederholt diese Vorgänge so oft, bis der Steinguttopf voll ist. Bedeckt den vollen Topf mit einem Tuch und legt den Deckel und die Steine so darauf, dass das Kraut zusammengepresst wird. Stellt den Topf an-schließend an einen kühlen Platz. Nach etwa vier bis sechs Wochen ist euer Sauerkraut fertig.

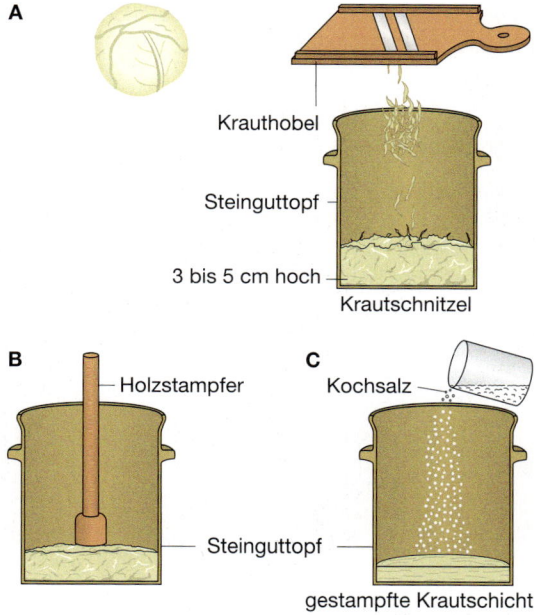

A

Krauthobel

Steinguttopf

3 bis 5 cm hoch

Krautschnitzel

B Holzstampfer

C Kochsalz

Steinguttopf

gestampfte Krautschicht

Sauerkrautherstellung

Gruppe 5: Butter

Ihr braucht einen Liter Rahm (Schlagsahne) vom Bauern oder aus dem Bio-laden, eine große Glasschüssel, eine Rührschüssel, ein Küchentuch, ein Hand-rührgerät, ein Sieb und ein Förmchen für die Butter.

Gießt den Rahm in die Glasschüssel, deckt sie mit einem Tuch ab und lasst sie einen Tag bei Zimmertemperatur stehen. Kühlt dann den Rahm auf 15 °C ab und lasst ihn einen weiteren Tag stehen. Rührt dann den ab-gekühlten Rahm mit dem Handrührgerät so lange, bis sich kleine Butter-klümpchen bilden. Siebt die Butterklümpchen von der Buttermilch ab. Wascht die Klümpchen gründlich unter fließendem, kaltem Wasser. Knetet die Butter zu einem Klumpen. Diesen Butterklumpen könnt ihr formen, zum Beispiel in einem Buttermodel. Diesen müsst ihr vor Gebrauch zehn Minuten in heißes Wasser legen und anschließend kalt abspülen. Drückt die Butter so in den Model, dass keine Luftlöcher entstehen. Stellt die geformte Butter in den Kühlschrank.

Buttermodel

| **Methode** | **Ernährungspläne auswerten** |

Um zu beurteilen, ob deine Ernährung wirklich abwechslungsreich und ausgewogen ist, kannst du einen Ernährungsplan auswerten. Dazu schreibst du zum Beispiel von deinem Frühstück zu Hause und in der Schule alle Lebensmittel auf. Daneben notierst du die entsprechende Menge in Gramm. Diese kannst du mit Hilfe einer Küchenwaage bestimmen.

Um diese Werte zu verwenden, musst du die Zusammensetzung der Lebensmittel kennen. Du kannst die Tabelle auf dieser Seite nutzen oder andere Tabellen aus dem Schulbuch, aus Fachbüchern oder von der Ernährungsberatung.

Bestimme, wie viel Gramm Kohlenhydrate, Fette und Eiweißstoffe in deinem ersten und zweiten Frühstück enthalten sind.

Berechne dann die Abweichung zu folgender Empfehlung für ein ausgewogenes Frühstück für Schülerinnen und Schüler: 18 g Eiweißstoff, 27 g Fett, 96 g Kohlenhydrate. Beurteile dein Frühstück.

LINDA

1. Frühstück

1 Brötchen 40 g
Butter 20 g
Marmelade 20 g
Milch (entrahmt) 150 g
Kakaopulver 5 g

2. Frühstück

Mischbrot 50 g
Butter 10 g
Leberwurst (mager) 15 g
Apfel 100 g
Banane 100 g
Orangensaft 330 g

JAN

1. Frühstück

1 Brötchen 40 g
Butter 20 g
Schoko-Nuss-Aufstrich 40 g
Cornflakes 150 g
Kuhmilch 50 g
Zucker 20 g

2. Frühstück

1 Brötchen 40 g
Butter 20 g
gekochter Schinken 55 g
Cola 330 g
Chips 50 g
Schoko-Müsli-Riegel 25 g

Lebensmittel	Eiweiß-stoffe g	Fett g	Kohlen-hydrate g
Brötchen (40 g)	2,8	0,4	23,2
Mischbrot (50 g)	3,5	0,5	26
Butter (20 g)	0,2	16,6	–
Marmelade (20 g)	–	–	13,2
Schoko-Nuss Aufstrich (20 g)	1,6	5,8	11,86
Milch, entrahmt (150 g)	6	–	7,5
Kakaopulver (5 g)	1	1,25	1,9
Leberwurst, mager (15 g)	2,55	3,15	0,3
Schinken, gekocht (55 g)	10,5	11	–
Salami (20 g)	3,56	9,94	–
Apfel (100 g)	0,3	–	12
Banane (100 g)	1,1	0,2	18,8
Vollmilchjogurt (200 g)	10	8	10
Cornflakes (150 g)	12	1,5	124,5
Zucker (20 g)	–	–	20
Kuhmilch (50 g)	1,75	1,75	2,5
Orangensaft (330 g)	0,66	–	9,24
Orangenlimonade (330 g)	–	–	39,6
Cola (330 g)	–	–	36,3
Schoko-Müsli-Riegel (25 g)	1,5	3,4	16,3
Milchwaffel (25 g)	2	8	13
Chips (50 g)	2,75	15,75	20,3

1 Bestimme bei Linda und Jan, wie viel Gramm Kohlenhydrate, Fette und Eiweißstoffe in ihrem ersten und zweiten Frühstück zusammen enthalten sind.

2 Berechne für Linda und Jan, um wie viel Gramm die einzelnen Nährstoffe, die insgesamt im ersten und zweiten Frühstück enthalten sind, von den Empfehlungen abweichen. Bewerte beide Zusammenstellungen.

1.7 Die Zähne zerkleinern die Nahrung

Martina ist nach dem Unterricht hungrig. Sie packt ihr Pausenbrot aus, beißt ein Stück ab und zerkaut es. Wie geschieht das?

Im Spiegel könnt ihr sehen, dass eure Zähne unterschiedliche Formen und Größen haben. Die vordersten Zähne sind die *Schneidezähne.* Sie haben eine scharfe Oberkante und schneiden damit Stücke von der Nahrung ab. Die spitzen *Eckzähne* helfen mit, die Nahrung festzuhalten. Die Aufgabe des Zermahlens und Zerreibens der Nahrung erfüllen die *Backenzähne* mit ihren breiten Kauflächen.

Das vollständige Gebiss eines Erwachsenen besteht aus 32 Zähnen: zwei Schneidezähne, ein Eckzahn und fünf Backenzähne je Kieferhälfte im Ober- und Unterkiefer. Bei kleinen Kindern ist die Zahl geringer. Sie haben keine hinteren Backenzähne und die Zähne sind kleiner. Dieses *Milchgebiss* aus 20 Zähnen wird etwa ab dem 6. Lebensjahr durch das *Dauergebiss* ersetzt.

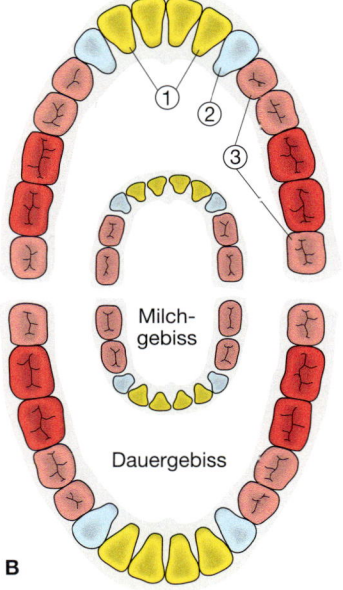

Milchgebiss

Dauergebiss

B

Die hintersten Zähne im Dauergebiss werden auch *Weisheitszähne* genannt. Sie kommen häufig erst nach dem 20. Lebensjahr zum Vorschein.

Die richtige Zahnstellung ist für das Zerkleinern und das Kauen der Nahrung wichtig. Am bleibenden Gebiss können durch *Zahnregulierungen* Fehlstellungen ausgeglichen werden. Auf die vorderen Zähne werden Plättchen aus Kunststoff oder Metall, *Brackets* genannt, aufgeklebt. Die Backenzähne werden meistens von Metallbändern eingefasst. An kleinen Haken dieser Apparatur können spezielle Gummiringe eingehängt werden, die die Zähne allmählich in die richtige Stellung ziehen.

Damit die Nahrung mundgerecht zerkleinert werden kann, müssen die Oberflächen der Zähne aus einem sehr harten Material bestehen. Dieser *Zahnschmelz* bedeckt als Überzug den sichtbaren Teil des Zahns, die *Zahnkrone.* Er glänzt wie Porzellan, ist härter als Stahl, gleichzeitig aber spröde wie Glas. Darunter liegt das weichere *Zahnbein,* ein knochenähnlicher Stoff. Das Zahnbein verankert den Zahn mit seinem unteren Teil, der *Zahnwurzel,* im Kieferknochen. Die Wurzeln sind mit *Zahnzement* überzogen. Zusammen mit den *Fasern* der Knochenhaut sorgt er für einen festen Sitz der Zähne im Kiefer. In der *Zahnhöhle* im Inneren des Zahns liegen die Nerven und Blutgefäße.

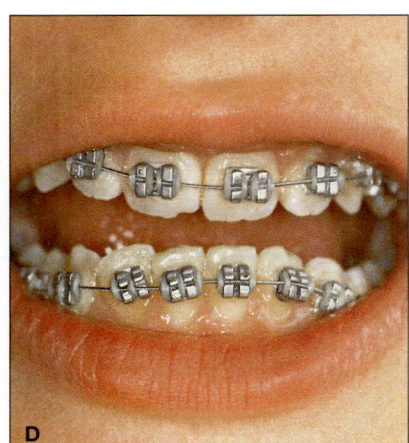

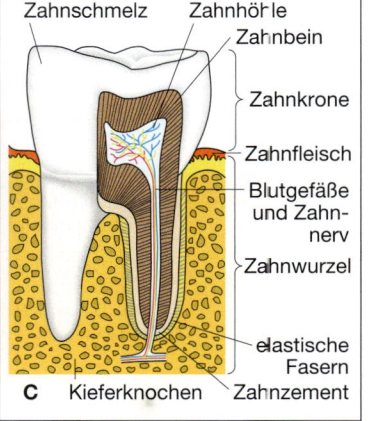

Zahnschmelz — Zahnhöhle — Zahnbein

Zahnkrone

Zahnfleisch

Blutgefäße und Zahnnerv

Zahnwurzel

elastische Fasern

C Kieferknochen — Zahnzement

D

1 Erläutere, worin sich Milch- und Dauergebiss unterscheiden.
2 Nenne die Teile eines Zahns und ihre Aufgaben.
3 Nenne die Aufgaben der Zähne.
4 Erkundige dich bei deinem Zahnarzt, welche Probleme bei Fehlstellungen von Zähnen auftreten können.

1 Aufgaben und Bau der Zähne. A *Zähne zerkleinern die Nahrung;*
B *Milch- und Dauergebiss (1 Schneidezähne, 2 Eckzähne, 3 Backenzähne);*
C *Bau eines Backenzahnes;* **D** *festsitzende Zahnspange zur Zahnregulierung*

1.8 Die Verdauungsorgane zerlegen die Nahrung

Eine Pausenmahlzeit besteht oft aus einem mit Wurst belegten Brötchen. Nach dieser kleinen Mahlzeit fühlt man sich gesättigt und sowohl körperlich als auch geistig wieder leistungsfähig.

Mit der Nahrung erhält der Körper lebensnotwendige Stoffe, darunter die als Energielieferanten besonders schnell verfügbaren Kohlenhydrate. Die Zellen des Körpers können natürlich nicht mit Brötchen, Wurst oder Butter versorgt werden. Die Nahrung muss in kleine Bausteine zerlegt sein, damit sie vom Körper aufgenommen und in den Zellen weiterverarbeitet werden kann. Der Vorgang, der dies bewerkstelligt, wird als **Verdauung** bezeichnet.

Beim Anblick leckerer Speisen läuft einem „das Wasser im Mund zusammen". So beschreibt man manchmal die Abgabe von Speichel aus den Speicheldrüsen in die *Mundhöhle*. Der Speichel enthält einen bestimmten Wirkstoff, ein **Enzym.** Dieses beginnt die Stärke des Mehls aus dem Brötchen in Bruchstücke zu spalten. Außerdem durchmischt der Speichel beim Kauen die Speisebrocken und macht sie gleitfähig. So rutscht der Speisebrei leichter durch die *Speiseröhre* in den *Magen*.

Im Magen wird der Speisebrei gespeichert und weiter vermischt. Die Innenwand des Magens ist mit einer faltigen Schleimhaut ausgekleidet.

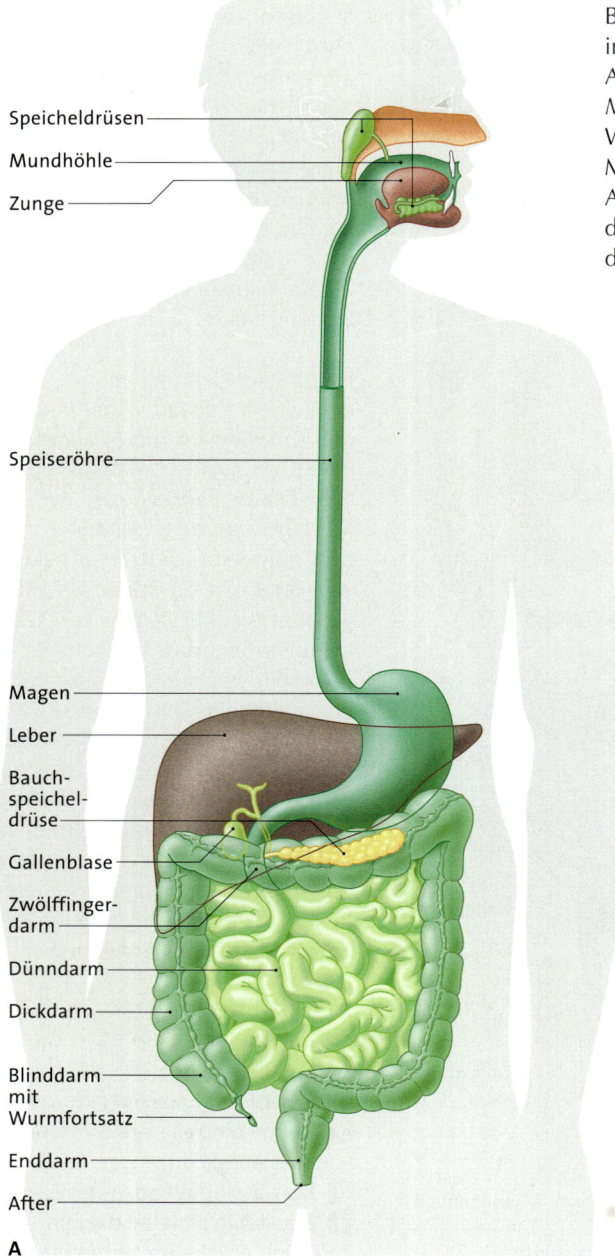

Speicheldrüsen
Mundhöhle
Zunge

Speiseröhre

Magen
Leber
Bauch-
speichel-
drüse
Gallenblase
Zwölffinger-
darm
Dünndarm
Dickdarm
Blinddarm
mit
Wurmfortsatz
Enddarm
After

A

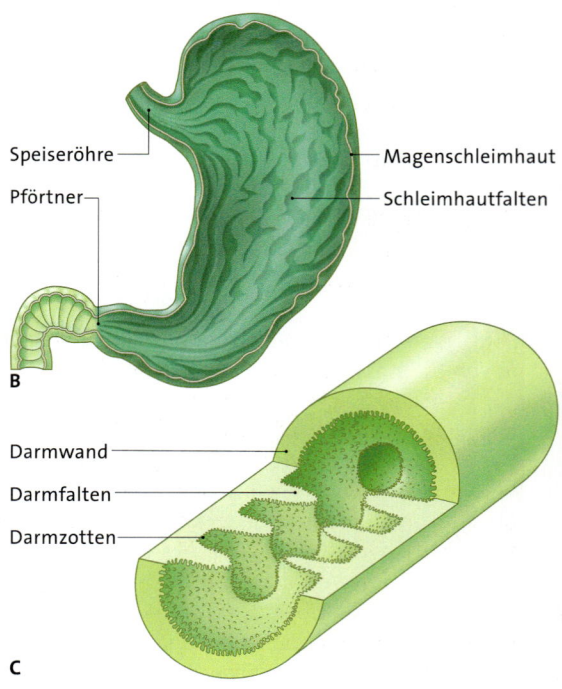

Speiseröhre
Pförtner

Magenschleimhaut
Schleimhautfalten

B

Darmwand
Darmfalten
Darmzotten

C

1 Verdauungsorgane des Menschen. A *Der Weg der Nahrung,* **B** *Magen;* **C** *Dünndarm mit Falten und Zotten*

In diese sind verschiedene Zellen eingebettet. Einige produzieren zähen Schleim, andere bilden den Magensaft. Der Schleim schützt den Magen vor der Selbstverdauung. Der Magensaft besteht unter anderem aus Salzsäure. Diese tötet die meisten mit der Nahrung aufgenommenen Krankheitserreger ab und schützt den Körper so vor Infektionen. Außerdem enthält der Magensaft ein Enzym, das Eiweißstoffe spaltet. Dieses Enzym spaltet die Eiweißstoffe aus der Wurst. Nach ein bis fünf Stunden Aufenthalt im Magen wird der Speisebrei durch einen Ringmuskel, den *Magenpförtner,* portionsweise in den *Zwölffingerdarm* abgegeben.

Der Zwölffingerdarm ist der erste Abschnitt des drei bis fünf Meter langen *Dünndarms,* in dem die in Mund und Magen begonnenen Verdauungsprozesse fortgeführt werden. Dazu werden dem Speisebrei verschiedene Verdauungssäfte mit unterschiedlichen Enzymen aus der *Bauchspeicheldrüse* und der Dünndarmschleimhaut zugesetzt. Die Stärke aus dem Brötchen und die Eiweißstoffe aus der Wurst werden nun restlos in ihre Bestandteile zerlegt. Die Fette aus der Butter waren bisher noch nahezu unverändert. Doch jetzt werden auch sie durch den von der *Leber* gebildeten Gallensaft in sehr kleine Tröpfchen zerlegt. Damit wird ihr endgültiger Abbau durch Enzyme gefördert. Diese Vorgänge dauern etwa drei bis neun Stunden. Die in der Nahrung enthaltenen Ballaststoffe werden nicht verdaut. Sie fördern aber die Darmtätigkeit und somit die Verdauung. Die innere Oberfläche des Dünndarms wird durch zahllose Falten beträchtlich vergrößert. Bei näherer Betrachtung dieser Darmfalten erkennt man auf ihnen fingerförmige Ausstülpungen, die *Zotten.* Falten und Zotten sorgen für eine große Kontaktfläche zwischen dem Speisebrei und den Darmzellen. So können in kurzer Zeit viele Nährstoff-Bausteine durch die Wandzellen der Zotten hindurch in die Blutgefäße gelangen. Auf dem gleichen Weg werden auch Vitamine und Mineralstoffe aufgenommen und mit dem Blutstrom im Körper verteilt.

Aus dem Dünndarm gelangen die unverdaulichen Reste in den *Dickdarm.* Unterhalb der Einmündung des Dünndarms in den Dickdarm liegt der *Blinddarm.* Der anhängende *Wurmfortsatz* hat für die Verdauung keine Bedeutung, ist aber wichtig für die Abwehr von Krankheitserregern. Im Dickdarm wird dem Nahrungsbrei über einen Zeitraum von zehn bis dreißig Stunden Wasser entzogen. So wird aus dem Brei Kot. Dieser tritt in den *Enddarm* ein, wo er nach ein bis vier Tagen Stuhldrang hervorruft. Über den *After* verlassen die Reste jener Nahrung den Körper, die ein bis fünf Tage vorher durch den Mund aufgenommen wurde.

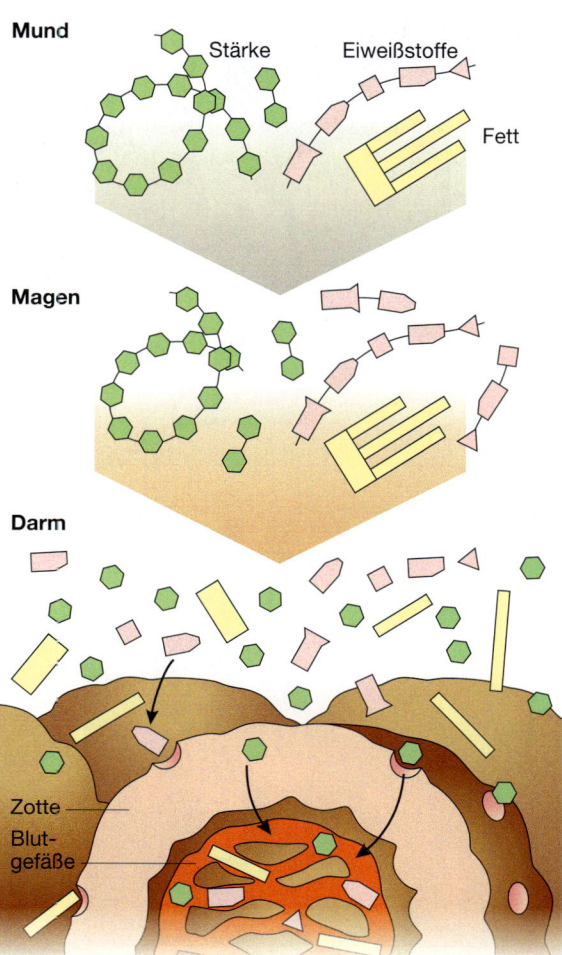

Mund

Stärke Eiweißstoffe Fett

Magen

Darm

Zotte
Blutgefäße

2 Verdauung der Nährstoffe

1 Beschreibe die Veränderungen der Nahrung im Mundraum.

2 Nenne die Bestandteile des Magensaftes und erläutere ihre Wirkung. Erkläre auch, wovor und wie der Magen geschützt wird.

3 Erläutere die in Abbildung 2 dargestellten Vorgänge. Berücksichtige deine Kenntnisse zum Aufbau der Nährstoffe.

4 Erstelle eine Tabelle mit den einzelnen Verdauungsorganen und ihren jeweiligen Aufgaben beim Abbau der Nährstoffe.

2 Blutkreislauf und Atmung

2.1 Stofftransport durch das Blut

Lena ist von einem Auto angefahren worden. Schwer verletzt wird sie mit dem Rettungswagen in eine Klinik transportiert. Lena hat viel Blut verloren. Um ihr Leben zu retten, werden mehrere Blutübertragungen durchgeführt. Woher kommt dieses lebensrettende Blut?

Das Deutsche Rote Kreuz führt in allen Städten regelmäßige Blutspendeaktionen durch. Hier können gesunde Personen, die älter als 18 Jahre sind, freiwillig Blut spenden. Dazu wird aus einer Vene am Arm etwa ein halber Liter Blut entnommen. Das Blut wird dann untersucht und als *Blutkonserve* in eine *Blutbank* gebracht, um in einem Notfall zur Verfügung zu stehen. Wieso ist ein Blutverlust so lebensgefährlich?

Alle Organe, besonders das Gehirn und die Muskeln, brauchen Sauerstoff. Dieser Sauerstoff wird mit dem Blut von den Lungen in die Körperorgane transportiert. Wenn man einen Tropfen Blut mit einem starken Vergrößerungsgerät, einem Mikroskop, betrachtet, kann man winzige, rötlich gefärbte Scheibchen erkennen. In einem Tropfen Blut sind etwa 250 Millionen dieser Scheibchen enthalten. Dies sind bestimmte Blutzellen, die **Roten Blutkörperchen.** Sie enthalten den roten Blutfarbstoff, das Hämoglobin, und *transportieren Sauerstoff.*

Neben den Roten Blutkörperchen kann man im Mikroskop auch die selteneren **Weißen Blutkörperchen** finden. Man kann sie erst durch Anfärben deutlicher sichtbar machen. In der Abbildung erkennst du sie als runde Gebilde mit einem angefärbten Kern. Sie *fressen Krankheitserreger* und schützen dadurch den Körper.

Die Blutkörperchen schwimmen in einer gelblichen, durchsichtigen Flüssigkeit, die man **Blutplasma** nennt. Wenn man einen Bluttropfen auf eine Glasplatte gibt, kann man nach wenigen Minuten feststellen, dass er sich in eine ziemlich feste Masse umwandelt. Man nennt dieses Erstarren des Blutes *Blutgerinnung.* Diese geht von den **Blutplättchen** aus. So werden verletzte Blutgefäße verschlossen und Blutungen gestoppt. Im Blutplasma werden Nährstoffbausteine, Vitamine und Mineralstoffe transportiert, die in allen Körperorganen gebraucht werden. Auch Abfallstoffe des Stoffwechsels, die manchmal sogar giftig sein können, werden im Blutplasma transportiert. Sie werden in die Leber gebracht und dort abgebaut oder durch die Nieren ausgeschieden. Schließlich verteilt das Blut die Körperwärme gleichmäßig und verhindert ein Auskühlen des Körpers.

1 Nenne die Bestandteile des Blutes und erläutere ihre Aufgaben.
2 Beschreibe Abbildung 2. Eräutere, welche Blutbestandteile zu erkennen sind.

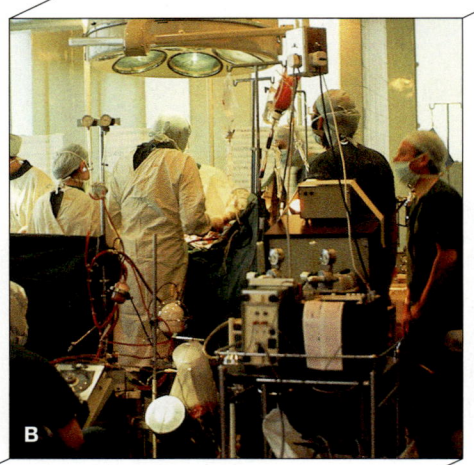

1 Blut spenden kann Leben retten.
A Unfall; *B* Operation mit Blutübertragung; *C* beim Blut spenden

2 Blut unter dem Mikroskop

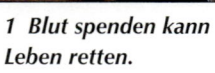

Ina kommt beim 400-Meter-Lauf als Erste durch das Ziel. Nun hockt sie keuchend im Gras. Sie kann das heftige Schlagen ihres Herzens spüren. Allmählich wird ihr Atem ruhiger und ihr Herz schlägt langsamer. Atmung und Herztätigkeit müssen jetzt nicht mehr so viel leisten wie während des Laufs. Die Muskeln brauchen bei Anstrengungen viel mehr Sauerstoff als beim Ruhen und die Lungen müssen mehr Luft aufnehmen. Da der Sauerstoff mit dem Blut von den Lungen in die Muskeln transportiert wird, muss auch das Herz kräftiger und schneller pumpen.

Das Herz ist ein Hohlmuskel. Es schlägt ununterbrochen und das ganze Leben lang. Deshalb braucht es viel Sauerstoff und Nährstoffe, die es über die *Herzkranzgefäße* erhält. Der Innenraum des Herzens wird durch die *Herzscheidewand* in zwei **Herzkammern** geteilt. Jede Herzkammer hat einen **Vorhof,** über den das Blut ins Herz gelangt. Die großen Adern, die das Blut zum Herzen transportieren und in die Vorhöfe münden, nennt man **Venen.** Zwischen den Vorhöfen und den Herzkammern liegen die *Herzklappen.* Sie lassen das Blut nur in eine Richtung strömen, wirken also wie Ventile. Solche Klappen befinden sich auch dort, wo das Blut durch je eine große Ader wieder aus den Herzkammern herausströmt. Adern, die das Blut vom Herzen wegführen, nennt man **Arterien** oder *Schlagadern.*

Das Herz pumpt in Ruhe etwa 70-mal in der Minute. Jede Pumpbewegung kann in zwei Abschnitte gegliedert werden: Im ersten Abschnitt strömt Blut in die beiden Vorhöfe. Gleichzeitig entspannen sich die Herzkammern, dehnen sich aus und saugen das Blut aus den Vorhöfen an. Im zweiten Abschnitt ziehen sich die Herzkammern zusammen und pumpen das Blut in die

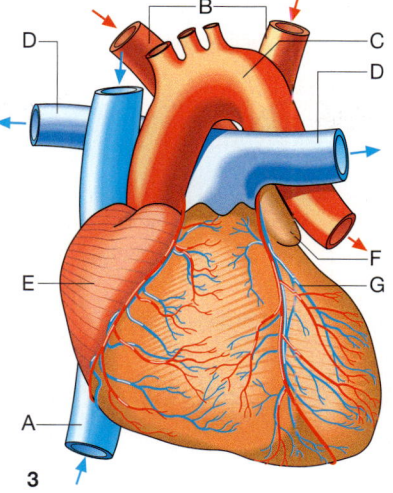

3

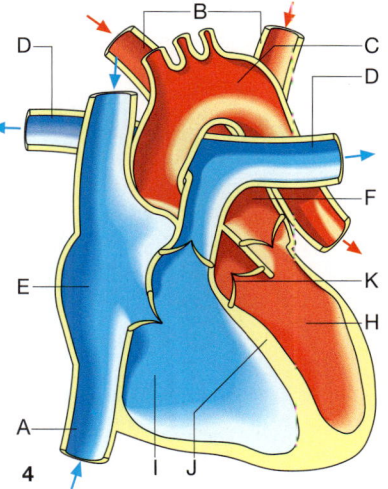

4

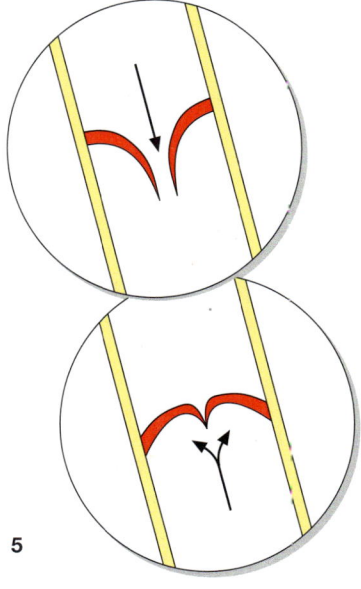

5

beiden großen Adern, die aus den Herzkammern herausführen. Diesen Pumpstoß des Herzens kann man als *Puls* an den Schlagadern am Handgelenk oder an der Schläfe spüren.

*3 **Das Herz des Menschen.** A Körpervene; **B** Lungenvene; C Körperarterie (Aorta); **D** Lungenarterie; **E** rechter Vorhof; **F** linker Vorhof; **G** Herzkranzgefäße*
*4 **Innerer Bau des Herzens und Weg des Blutes.** A – G siehe Abbildung 1; H linke Herzkammer; I rechte Herzkammer; J Herzscheidewand; K Herzklappen*
*5 **Wirkung der Herzklappen***

3 Beschreibe den Aufbau des Herzens und die Funktion der verschiedenen Strukturen.
4 Beschreibe mit Hilfe der Abbildung 4 den Weg des Blutes von der Körpervene zur Lungenarterie.
5 Erläutere die Aufgabe der Herzkranzgefäße.
6 Erkläre, warum sich bei einer sportlichen Anstrengung der Pulsschlag beschleunigt.
7 Durch Überanstrengung oder als Folge von manchen Infektionskrankheiten kann ein Herzklappenfehler entstehen, bei dem eine Herzklappe nicht mehr richtig schließt. Erläutere die Folgen.
8 Vielleicht ist dir aufgefallen, dass in der Abbildung 4 die rechts gezeichnete Herzkammer als linke Herzkammer bezeichnet wird bzw. umgekehrt. Erläutere diesen scheinbaren Widerspruch.
Stelle dir dabei vor, aus welcher Position ein Arzt seinen Patienten betrachtet.

Tim klagt über Schwindelgefühl am Morgen beim Aufstehen. Manchmal wird ihm „schwarz vor Augen", sodass er sich schnell wieder hinsetzen muss. „Das könnten Kreislaufschwächen sein", meint seine Mutter und schickt ihn zum Arzt. Dieser untersucht Tim genau. Mit dem *Stethoskop* hört er die Herztöne ab und schließlich wird auch der Blutdruck gemessen. „Dein Blutdruck ist zu niedrig, weil du in letzter Zeit ziemlich schnell gewachsen bist", sagt der Arzt. „Keine Sorge", meint er, „dein Blutkreislauf wird bald wieder in Ordnung sein."

Bei jedem Herzschlag wird Blut aus den beiden Herzkammern in die Schlagadern gepresst. An der Schlagader des Arms kann gemessen werden, ob das Herz mit genügender Kraft pumpt. Dies bezeichnet man als *Blutdruck.*

Wir wollen nun den Weg des Blutes durch den Körper verfolgen. Aus der linken Herzkammer gelangt das Blut in die größte **Arterie** unseres Körpers, die *Aorta.* Diese verzweigt sich in kleinere Schlagadern, die in alle Teile des Körpers führen. Die feinsten Verästelungen haben nur etwa einen hundertstel Millimeter Durchmesser. Dies sind die **Kapillaren.** Ihre Wände sind so dünn, dass Sauerstoff leicht aus dem Blut in die Körpergewebe und Kohlenstoffdioxid in umgekehrter Richtung gelangen kann. Die Kapillaren vereinigen sich wieder zu größeren Gefäßen, den **Venen,** die das Blut zum Herzen zurücktransportieren. Der Blutdruck ist in den Venen sehr niedrig. Deshalb wird das Blut durch die Bewegung von Muskeln oder von anliegenden Arterien vorwärts getrieben. Die *Venenklappen* wirken wie Ventile und verhindern das Rückströmen des Blutes. Durch die Körpervene gelangt schließlich das sauerstoffarme, kohlenstoffdioxidreiche Blut in den rechten Vorhof und in die

rechte Herzkammer. Das Blut wird in einem Kreislauf zum Herzen zurückgebracht. Jedoch ist der Ausgangspunkt, die linke Herzkammer, noch nicht erreicht.

Jetzt wird das Blut in die Lungenarterien gepresst. Auch hier verzweigt sich die Schlagader bis in feinste Kapillarnetze, die in die Wände der Lungenbläschen eingelagert sind. Nun gibt das Blut das Kohlenstoffdioxid an die Luft in den Lungenbläschen ab und nimmt neuen Sauerstoff auf. Das sauerstoffreiche Blut strömt über die Lungenvenen in den linken Vorhof und in die linke Herzkammer. Den Weg von der linken Herzkammer durch die Kapillarnetze des Körpers zurück in die rechte Herzkammer nennt man den *Körperkreislauf.* Den etwas kürzeren Weg von der rechten Herzkammer durch die Lungen in die linke Herzkammer bezeichnet man als *Lungenkreislauf.* Mit jedem Herzschlag wird also Blut sowohl in den Körperkreislauf als auch in den Lungenkreislauf getrieben. Das Blut strömt auf dem gesamten Weg innerhalb von Adern. Dies nennt man einen **geschlossenen Blutkreislauf.**

Lungenkreislauf

Körperkreislauf

A

B

Arterie

Vene

C

Taschenklappen

D

Kapillaren

6 Der Blutkreislauf. A *Schema;* **B** *im „gläsernen Menschen" sind die größeren Gefäße gut zu erkennen;* **C** *Bewegung des Blutes in den Venen;* **D** *Schema der Blutkapillaren*

9 Stelle den Blutkreislauf als Pfeildiagramm dar. Arbeite dazu mit Abbildung 6A. Beginne beim kohlenstoffdioxidreichem Blut im Körperkreislauf. Verbinde die einzelnen Stationen und Vorgänge mit Pfeilen (→).

10 Manchmal wird ein Kind geboren, bei dem die Herzscheidewand ein Loch aufweist. Erläutere, weshalb diese Kinder unter ständigem Sauerstoffmangel leiden.

Blut und Blutkreislauf

V1 Mikroskopie von frischem Schweineblut

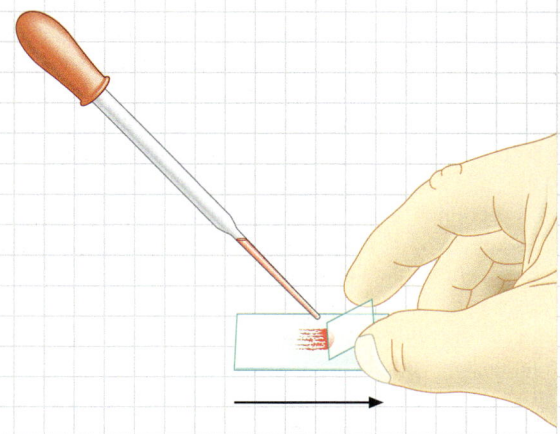

Material: frisches Schweineblut; Mikroskop; Objektträger und ein Deckglas; Pipette

Durchführung: Mit der Pipette wird ein winziger Tropfen des Blutes auf den Objektträger gegeben. Anschließend wird der Tropfen mit dem schräg gehaltenen Deckglas verteilt. Nach dem Auflegen des Deckglases wird der so vorbereitete Blutausstrich bei maximaler Vergrößerung mikroskopiert.

Hinweis: Über die Bedienung des Mikroskopes informiert die Methode auf Seite 213.

Aufgaben: a) Zeichne und benenne die sichtbaren Bestandteile des Blutausstriches.

b) Erläutere, warum im mikroskopischen Bild nicht alle Zelltypen des Blutes sichtbar sind.

V2 Blut kann seine Farbe ändern

Je nachdem, wie viel Sauerstoff das Blut aufgenommen hat, verändert es seine Farbe. Sauerstoffreiches Blut ist leuchtend rot, sauerstoffarmes Blut dagegen dunkelrot.

Aufgaben: a) Zeichne ein stark vereinfachtes Schema des menschlichen Blutkreislaufes und kennzeichne mit Buntstiften die Farbe des in den einzelnen Abschnitten vorliegenden Blutes.

b) Plane ein Experiment, welches die Farbveränderung von frischem Blut sichtbar machen kann.

V3 Pulsmessung

Material: Uhr mit Stoppfunktion oder Sekundenzeiger; Papier und Stift

Durchführung: Mit Zeige- und Mittelfinger der linken Hand wird die Pulsader der rechten Hand gesucht. Die Uhr kann in der rechten Hand gehalten werden. Erst wenn man den Puls deutlich spürt und mitzählen kann, werden die Pulsschläge innerhalb einer Zeit von 30 Sekunden gezählt.

Aufgaben: a) Führe dreimal hintereinander eine Pulsmessung durch und notiere die Ergebnisse.

b) Berechne aus den Ergebnissen die durchschnittliche Zahl der Herzschläge pro Minute.

c) Erkläre, warum man den Herzschlag an der Arterie der rechten Hand fühlen kann, die weit vom Herzen entfernt ist.

d) Der Puls ist an der linken Halsschlagader den Bruchteil einer Sekunde eher zu spüren als an der rechten Hand. Erkläre das Phänomen.

A4 Abwehr von Krankheitserregern

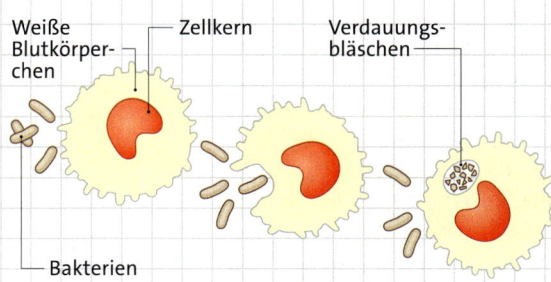

Weiße Blutkörperchen — Zellkern — Verdauungsbläschen — Bakterien

Aufgabe: Beschreibe, wie Weiße Blutkörperchen in den Körper eingedrungene Bakterien unschädlich machen.

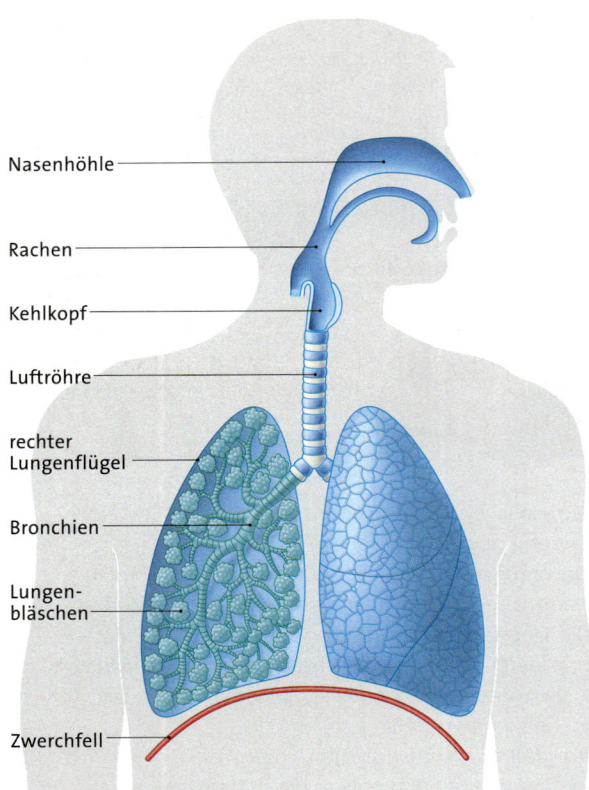

Nasenhöhle

Rachen

Kehlkopf

Luftröhre

rechter
Lungenflügel

Bronchien

Lungen-
bläschen

Zwerchfell

1 Bau der Atmungsorgane

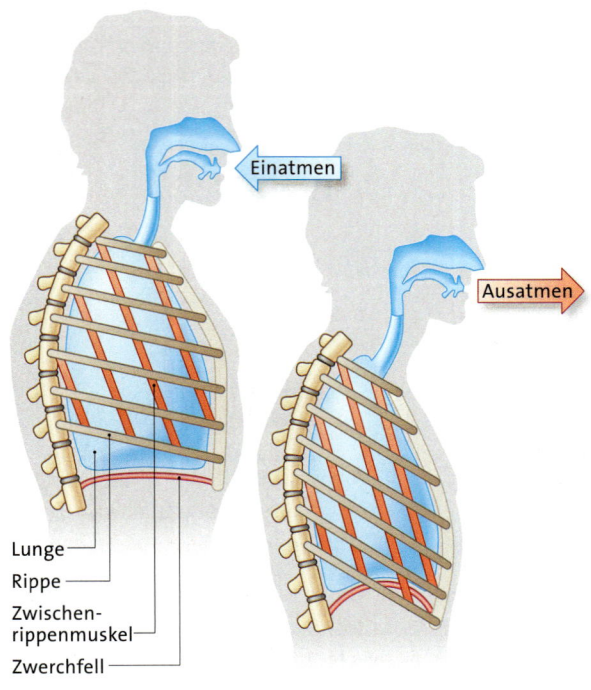

Einatmen

Ausatmen

Lunge
Rippe
Zwischen-
rippenmuskel
Zwerchfell

2 Atembewegungen

2.2 Atmung beim Menschen

Bei einem Atemzug nimmt ein erwachsener Mensch einen halben Liter Luft auf. Dieser scheinbar einfache Vorgang wird durch das **Atmungssystem** ermöglicht, in dem viele verschiedene Organe zusammenwirken.

Die frische, sauerstoffhaltige Luft wird beim Einatmen durch die Nase oder den Mund eingesogen. In der Nase streicht sie an mit Schleimhaut bedeckten Hautfalten, den Nasenmuscheln, vorbei. An deren Oberfläche wird die Luft befeuchtet, angewärmt und von Staub befreit. Über den Rachenraum gelangt der Luftstrom in den aus Knorpelteilen aufgebauten *Kehlkopf.* Ein beweglicher Deckel gewährleistet, dass weder Nahrung noch Speichel beim Schlucken in die tiefer liegenden Teile des Atmungssystems gelangt. Nur selten kann der Kehldeckel die *Luftröhre* nicht schnell genug verschließen. Dann „verschluckt" man sich und muss automatisch husten. Im Kehlkopf befinden sich auch die *Stimmbänder,* die durch vorbeiströmende Luft in Schwingungen versetzt werden können und dadurch die Töne der Stimme bilden. Der Kehlkopf leitet den Luftstrom weiter in die Luftröhre. Feste Knorpelringe halten die Röhre offen, damit die Luft ungehindert passieren kann. Am unteren Ende teilt sich die Luftröhre in zwei Äste, die *Bronchien,* auf. In den beiden Lungenflügeln verzweigen sich die Bronchien in immer feiner werdende Bronchienäste. Durch sie wird die eingeatmete Luft in alle Bereiche der Lungen verteilt. An den Enden der feinsten Verzweigungen der Bronchienäste gelangt die Luft schließlich in Millionen kleine Hohlräume, die **Lungenbläschen.**

Da die Bestandteile des Atmungssystems selbst keine kräftige Muskulatur enthalten, werden für die Atembewegungen Muskeln anderer Organe aktiv. Beim tiefen Ein- und Ausatmen hebt und senkt sich der Brustkorb. Diese Form der Atmung nennt man **Brustatmung.** Dabei kontrahieren die *Zwischenrippenmuskeln,* wodurch die Rippen angehoben werden und sich der Innenraum des Brustkorbes weitet. Da die Lungen über eine dehnbare Haut mit der Innenseite des Brustkorbes verbunden sind, werden bei dieser Bewegung die Lungen so gedehnt, dass in ihnen ein Unterdruck entsteht. Dadurch strömt Luft in die Lungen. Erschlaffen die Zwischenrippenmuskeln, so sinkt der Brustkorb ab, die Lungen werden zusammengedrückt und die Luft wird durch den Überdruck herausgepresst. Beim Atmen hebt und senkt sich außerdem die Bauchdecke. Die **Bauchatmung** wird durch das *Zwerchfell* ermöglicht. Es trennt als muskulöse Haut den Brust- vom Bauchraum ab. Ist das Zwerchfell entspannt, wölbt es sich wie eine Kuppel nach oben und verkleinert dadurch den Brustraum. Wie bei der Brustatmung entsteht ein Überdruck in der Lunge: Luft wird ausgeatmet. Kontrahiert das Zwerchfell, dann wird es flach und vergrößert den Brustraum. Es entsteht ein Unterdruck und Luft wird eingeatmet. Brust- und Bauchatmung wirken meist zusammen.

Obwohl der Mensch die aufgenommene Luft bereits nach etwa einer Sekunde wieder ausatmet, unterscheiden sich Einatem- und Ausatemluft. Während eingeatmete Luft sehr viel Sauerstoff enthält, sinkt dessen Anteil in der Ausatemluft. Mit dem Kohlenstoffdioxid verhält es sich genau umgekehrt: Eingeatmete Luft enthält sehr wenig, ausgeatmete Luft dagegen relativ viel Kohlenstoffdioxid. Ursache für diese Veränderungen sind Vorgänge in den Lungenbläschen.

Unter dem Mikroskop zeigt sich der genaue Aufbau der Lungenbläschen: Jedes Bläschen ist von einem Netz feiner Blutgefäße umgeben. Sowohl die Blutgefäße als auch das *Lungenbläschen* selbst haben so dünne Wände, dass Gasteilchen diese ohne Probleme durchdringen können. Das Blut, welches aus dem Körper an den Lungenbläschen vorbeiströmt, enthält wenig Sauerstoff und

viel Kohlenstoffdioxid. Aus der eingeatmeten, sauerstoffreichen Luft gelangen deshalb viele Sauerstoffteilchen über die Wände in das Blut. Gleichzeitig wird ein großer Teil des Kohlenstoffdioxids aus dem Blut in den Innenraum der Lungenbläschen abgegeben. Die Ausatemluft enthält nun relativ viel Kohlenstoffdioxid und wenig Sauerstoff. Auf diese Weise werden Sauerstoff und Kohlenstoffdioxid zwischen Luft und Blut ausgetauscht. Den Vorgang nennt man deshalb auch **Gasaustausch.** Der Gasaustausch funktioniert umso besser, je größer die Oberfläche ist, über die beide Gase ausgetauscht werden können. Beim Menschen beträgt diese Oberfläche durch die zahllosen Lungenbläschen ungefähr 100 Quadratmeter.

■1 Beschreibe mit Hilfe der Abbildung 2 die Atembewegungen.
■2 Erläutere anhand der Abbildung 3 den Aufbau der Lunge.
■3 Beschreibe den Gasaustausch in den Lungen.
■4 Stelle einen Zusammenhang zwischen der Funktion der Lungen und dem Blutkreislauf her.

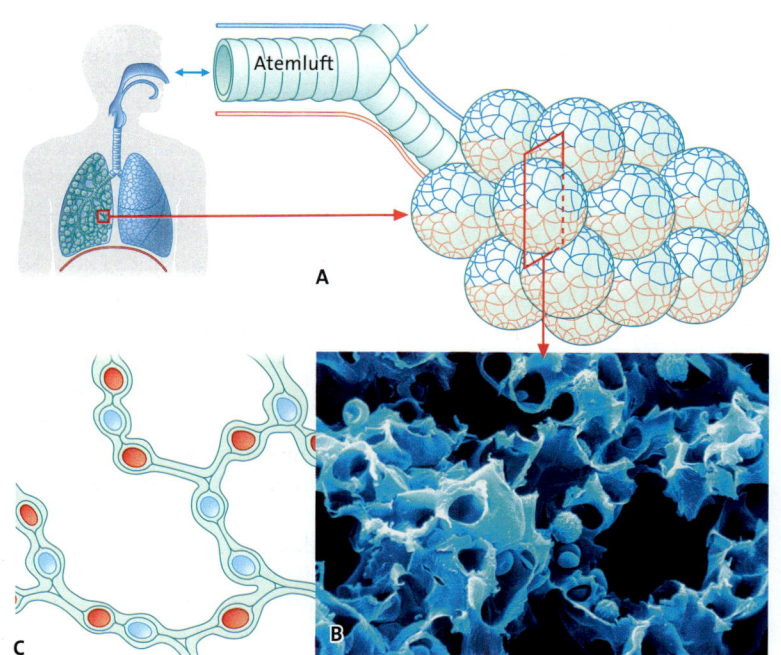

3 Bau der Lungenbläschen. A Bronchienende; B Lungenbläschen unter dem Mikroskop; C Lungenbläschen im Querschnitt (Schema)

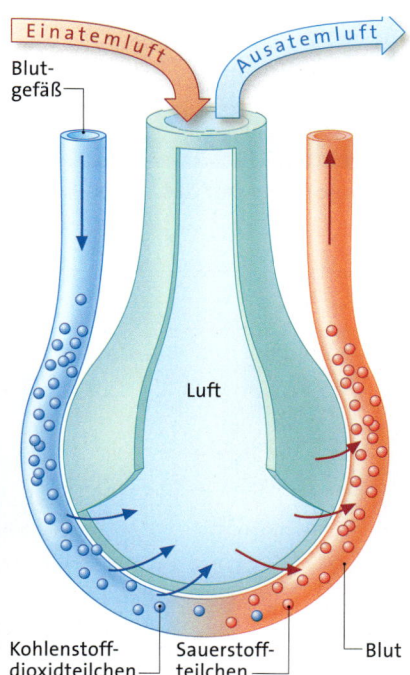

4 Gasaustausch in den Lungenbläschen

1 Sporttaucher

2 Ausgeatmete Luft trübt klares Kalkwasser

3 Wasserdampf in ausgeatmeter Luft

2.3 Wofür benötigt der Körper Sauerstoff?

Die meisten Menschen können beim Tauchen die Luft nur für kurze Zeit anhalten. Schon nach einer halben Minute bekommen sie Atemnot und müssen wieder auftauchen. Der Mensch kann ohne Luft nicht leben. Für längere Aufenthalte unter Wasser nehmen Taucher deshalb in Flaschen gepresste Luft mit in die Tiefe, die sie über ein Mundstück nutzen können. Mit diesem Vorrat können Taucher bis zu einer Stunde unter Wasser bleiben.

Wozu Menschen und Tiere die Atemluft benötigen, kann mit einem einfachen Experiment verdeutlicht werden: Stülpt man über eine brennende Kerze ein Becherglas, so erlischt die Flamme nach kurzer Zeit. Am Becherglas schlägt sich Wasserdampf nieder. Bei der Verbrennung wandelt sich energiereiches Wachs unter Verbrauch des Sauerstoffs der Luft in Kohlenstoffdioxid und Wasserdampf um. Sobald der Sauerstoff in der Luft des Becherglases aufgebraucht ist, erlischt die Kerze. Die Flamme zeigt, dass dabei auch Wärme- und Lichtenergie freigesetzt werden.

So wie eine Kerzenflamme nur unter Sauerstoffzufuhr abbrennt, können auch die Zellen des Menschen nur leben, wenn sie genügend Sauerstoff erhalten. Dabei werden die aus der Nahrung gewonnenen energiereichen Stoffe mit dem Sauerstoff der Luft in Kohlenstoffdioxid und Wasser umgewandelt. Die dabei freigesetzte Energie wird unter anderem zur Aufrechterhaltung der Körpertemperatur genutzt. Obwohl die Verbrennung von Kerzenwachs und der Abbau von Nährstoffen in den Zellen viele Gemeinsamkeiten haben, gibt es wesentliche Unterschiede: Im Körper wird die Energie nur schrittweise in kleinen Beträgen abgegeben, eine Flamme entsteht dabei nicht.

Die Aufnahme von Sauerstoff aus der Luft in den Körper und die Abgabe von Kohlenstoffdioxid und Wasser sind Aufgaben des Atmungssystems.

1 Beschreibe mit Hilfe der Abbildungen 2 und 3, wie sich Kohlenstoffdioxid und Wasser in der ausgeatmeten Luft nachweisen lassen.

2 Begründe, ob es sich beim Abbau der Nahrung im Körper um eine chemische Reaktion handelt.

3 Menschen und Tiere nehmen über die Atmung ständig Sauerstoff auf. Dennoch nimmt der Sauerstoffanteil in der Atmosphäre nicht ab. Erkläre diese Beobachtung.

Atmung

V1 Bestimmung der Atemluftmenge

Material: durchsichtige Kunststoffflasche 4 bis 5 Liter; Schüssel; Gummischlauch (1 m) mit Mundstück; wasserfester Folienstift; Messzylinder (100 ml); Wasser

Durchführung: Die Flasche wird mit Hilfe des Messzylinders mit Wasser gefüllt. Nach Zugabe von je 100 ml Wasser wird eine Markierung auf die Flasche geschrieben, sodass eine durchgehende Skala entsteht. Die so vorbereitete Flasche und die Schüssel werden halb mit Wasser gefüllt. Die Flasche wird mit der Handfläche zugehalten und mit der Öffnung nach unten in das Wasser gestellt. Der Schlauch wird von unten in die Flasche eingeführt. Anschließend wird durch den Schlauch so viel Luft in die Flasche geblasen, bis der Wasserspiegel genau auf einer Markierung liegt. Nun wird über das Mundstück ganz ruhig ausgeatmet. Die Menge der ausgeatmeten Luft bezeichnet man als Atemvolumen.

Aufgaben: a) Ermittle das Volumen der ausgeatmeten Luft.

b) Atme ruckartig so viel Luft wie möglich aus und erfasse das maximale Volumen der ausgeatmeten Luft. Beschreibe und interpretiere die Messergebnisse.

c) Vergleiche alle Messergebnisse mit denen anderer Versuchspersonen aus deiner Klasse.

d) Erstelle ein Diagramm, das den Zusammenhang zwischen Atemvolumen und Körpergröße von mehreren Versuchspersonen darstellt.

A2 Luftbedarf bei verschiedenen Tätigkeiten

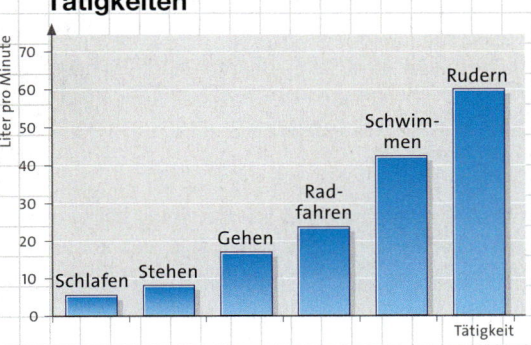

Aufgaben: a) Beschreibe das Diagramm und begründe die dargestellten Unterschiede mit deinen Kenntnissen über die Aufgaben des Sauerstoffs.

b) Formuliere zwei Hypothesen, wie das Atmungssystem seine Leistung steigern kann.

c) Entwickle ein einfaches Experiment, mit dem die Hypothesen überprüft werden können.

A3 Vergleich zwischen Blasebalg und Lunge

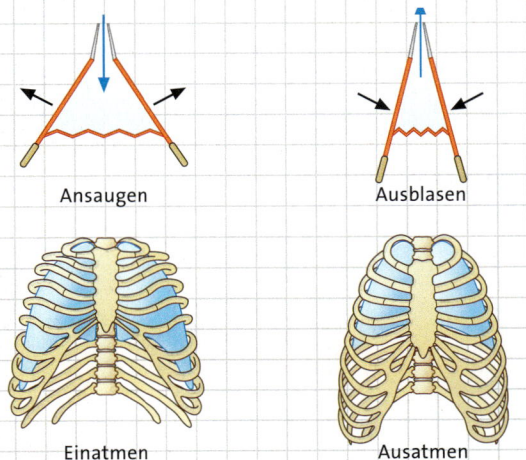

Das Ansaugen und Abblasen von Luft mit einem Blasebalg funktioniert nach den gleichen physikalischen Grundprinzipien wie das Ein- und Ausatmen.

Aufgabe: Beschreibe, wie beim Blasebalg Luft angesaugt und abgeblasen wird. Vergleiche mit den Vorgängen bei der Atmung.

2.4 Bewegung fördert die Gesundheit

Wann immer sie in den Pausen Zeit haben, treffen sich die Mädchen und Jungen der Klasse an der Tischtennisplatte. Kommen genügend Kinder zusammen, spielen sie am liebsten die Variante „Rundlauf", bei der sie nicht nur geschickt Tischtennis spielen, sondern bei der Jagd nach dem Ball auch Schnelligkeit und Ausdauer beweisen müssen. Trotz der Anstrengung fühlen sich nach dem Spiel alle frisch und munter und würden am liebsten weiterspielen.

Warum Menschen bewusst Sport treiben, hat verschiedene Ursachen. Es macht Spaß, sich mit anderen in Wettkämpfen zu messen oder in einer Fußball- oder Handballmannschaft Teamgeist zu entwickeln. Während oder nach dem Sport fühlt man sich gut und befreit. Viele Menschen möchten durch Sport auch einfach nur ihren Körper gesund halten und einen Ausgleich zur meist sitzenden, beruflichen Tätigkeit schaffen.

Die Vorfahren der heutigen Menschen waren Läufer mit muskulösen Beinen und vielseitig einsetzbaren Armen und Händen. Als Jäger und Sammler waren sie den größten Teil des Tages damit beschäftigt, zu Fuß umherzuziehen und Nahrung zu beschaffen.

1 Sport mit Freunden

Bei der Jagd oder der Flucht vor gefährlichen Tieren mussten sie sich oft schnell und ausdauernd bewegen. Der Körperbau des Menschen hat sich seit dieser Zeit kaum verändert, seine Lebensweise aber umso mehr. Autos, Bahn und Flugzeuge ermöglichen heute eine schnelle und bequeme Fortbewegung, ohne dass der Körper Muskelkraft aufbringen muss. Auch die meisten körperlich anstrengenden Arbeiten werden heute von

2 Veränderungen der Lebensweise des Menschen A Steinzeitmensch; **B** Büroangestellter

Maschinen übernommen. Im Büro, beim Studium, in der Schule oder daheim bewegen sich viele Menschen nur wenig, da die anfallenden Tätigkeiten häufig im Sitzen erledigt werden können. Diese Bewegungsarmut im Tagesablauf entspricht nicht dem ursprünglichen menschlichen Verhalten. Der Körper reagiert auf eine solche Lebensweise mit sinkender Leistungsfähigkeit oder Erkrankungen.

Der positive Einfluss körperlicher Aktivität ist sehr vielfältig. In erster Linie werden die Muskeln beansprucht. Beim Training wird ein Muskel zur Bildung neuer Zellen angeregt – er wächst. Gleichzeitig bilden sich in seinem Inneren mehr Blutkapillaren. Die bessere Durchblutung steigert wiederum die Leistungsfähigkeit des Muskels. Auch die Bänder und Sehnen werden gefestigt. Bewegungen können dadurch kräftiger und sicherer ausgeführt werden. Eine gut ausgebildete und trainierte Muskulatur entlastet das Skelett und die Gelenke. Das Skelett selbst wird durch sportliche Betätigung ebenfalls belastbarer. Die Knochenstrukturen im Bereich der Gelenke und die Gelenkknorpel werden kompakter.

Ausdauersportarten wie Laufen, Fahrradfahren oder Schwimmen fördern darüber hinaus das Herz-Kreislauf-System. Durch den Wechsel von Training und Ruhephasen kräftigt sich die Herzmuskulatur und das vom Herzen transportierte Blutvolumen steigt. Durch diesen Gewöhnungseffekt haben Sportler auch bei körperlichen Belastungen einen niedrigeren Puls als untrainierte Menschen. Deren Herz muss schon bei geringen Anstrengungen auf Hochtouren arbeiten, um den Körper zu versorgen. Ein gutes Ausdauertraining verbessert die Durchblutung aller Organe und trägt so zu deren Gesunderhaltung bei.

Muskelzellen beziehen Energie für die Kontraktionen aus dem Abbau von Nährstoffen. Die dafür notwendigen energiereichen Stoffe, vor allem Traubenzucker, nimmt das Muskelgewebe aus dem Blut auf. Bei intensiver Bewegung wird viel Traubenzucker aus dem Blut aufgenommen. Bei Bewegungsmangel hingegen verbleibt ein großer Teil des mit der Nahrung aufgenommenen Traubenzuckers im Blut. Der überschüssige Traubenzucker wird in Fettzellen in Fett umgewandelt und Übergewicht ist die Folge. Muskelzellen benötigen aber auch in Ruhe mehr Energie als die meisten anderen menschlichen Zellen, sodass ein hoher Anteil an Muskelgewebe der Bildung von Übergewicht entgegen wirkt.

Auch das menschliche Nervensystem wird durch Sport positiv beeinflusst. Während des Sports bilden bestimmte Teile des Gehirns Botenstoffe, die in das Blut abgegeben werden. Diese verursachen bei vielen Menschen ein Glücksgefühl, sie fühlen sich gut. Manchmal kommt es vor, dass Menschen durch ihren anstrengenden Beruf oder durch private Probleme sehr angespannt oder sogar überlastet sind. Dauert die Überlastung in solchen Stresssituationen länger an, gibt das Gehirn Stresshormone in das Blut ab. Diese Stoffe schädigen auf Dauer das Herz-Kreislauf-System. Besonders bei ausdauernder körperlicher Betätigung werden Stresshormone schnell wieder abgebaut.

Jeder Mensch sollte sich täglich bewegen. Das kann ein Spaziergang, eine Wanderung, Schwimmen oder eine Mischung aus Kraftsport zum Muskelaufbau und einem Ausdauertraining für eine gute Kondition sein. Die Beispiele zeigen, wie wichtig regelmäßige körperliche Betätigung für die Gesundheit, die geistige Leistungsfähigkeit und das Wohlbefinden ist.

1 Fertige eine Tabelle an, aus der für den Zeitraum der letzten Woche hervorgeht, womit du deine Freizeit verbracht hast. Achte besonders auf die Anteile sportlicher Aktivitäten. Werte die Ergebnisse kritisch aus.

Durchblutung
des Gehirns

Kontrolle der
Bewegungen

allgemeines
Wohlbefinden

Training von
Herz und Kreislauf

Knochenwachstum
Knochenfestigkeit

Stabilität der
Gelenke und
Bänder

3 Positive Effekte des Sports auf Körperfunktionen

1 Jungen und Mädchen – ein problemloses Verhältnis?

3 Sexualität des Menschen

3.1 Auf dem Weg zum Erwachsenwerden

Sebastian wird 12 Jahre alt. Eigentlich hätte er die beiden Mädchen aus dem Nachbarhaus gern zu seiner Geburtstagsfete eingeladen, doch das war auf einmal nicht mehr so einfach. Letztes Jahr noch feierte er gemeinsam mit Lisa und Jenny. Dieses Jahr traute er sich nicht so recht, sie wieder einzuladen. Jan, sein bester Freund, spielte sich in Gegenwart von Mädchen immer so „obercool" auf. Und überhaupt: Was würden wohl die andern sagen, wenn er Mädchen einladen würde? Außerdem war er sich auch nicht sicher, ob Lisa und Jenny überhaupt kommen würden. Neulich, als er sie in der Fußgängerzone mit ihren Freundinnen getroffen hatte, hatten sie ihn ziemlich hochnäsig behandelt. Alle waren plötzlich so komisch. Was war in der letzten Zeit mit ihnen geschehen?

Zwischen dem 10. und dem 14. Lebensjahr verändern sich Mädchen und Jungen. Der Umgang mit dem anderen Geschlecht wird schwieriger. Gleichaltrige Mädchen und Jungen finden sich in dieser Zeit meist gegenseitig ziemlich albern. Die Mädchen sind am liebsten mit anderen Mädchen zusammen, Jungen fühlen sich häufig in Jungengruppen am wohlsten. Man kann dort über die anderen reden, herumalbern, lachen oder Probleme diskutieren. Die Meinungen der Freunde oder Freundinnen werden sehr wichtig. Man möchte dazugehören, in der Clique die gleichen Dinge tun, manchmal sogar die gleiche Kleidung tragen. Solche Verhaltensweisen sind in dieser Entwicklungsphase häufig zu beobachten. Es kann aber auch vorkommen, dass die Clique etwas vorhat, was man nicht mitmachen möchte. In einer solchen Situation sollte man zur eigenen Meinung stehen. Gute Freundinnen und Freunde erkennen auch andere Ansichten an.

Erwachsenen gegenüber werden Jungen und Mädchen in diesem Alter zunehmend kritischer. Sie wollen die Verhaltensweisen und Ansichten der Eltern oder Lehrer nicht mehr einfach übernehmen, sondern stärker selbst entscheiden. Äußerlich zeigt sich dies häufig an der Kleidung oder in der Gestaltung der Frisur.

Umgekehrt ist allerdings auch für Erwachsene der Umgang mit Mädchen und Jungen dieses Alters schwieriger geworden. Ihre Ansichten und Stimmungen können sich jetzt sehr schnell ändern. Manchmal sind sie „gut drauf" und dann wieder „total daneben". Ein solches Verhalten ist für Erwachsene nur noch schwer einzuschätzen und erfordert eine Menge Geduld und Einfühlungsvermögen. Alle diese Veränderungen können in dieser Zeit zu viel Ärger zu Hause und in der Schule führen. Auch Eltern sowie Lehrerinnen und Lehrer müssen sich erst daran gewöhnen, dass „ihre" Kinder langsam erwachsen werden.

Man nennt diese Entwicklungsphase, in der Mädchen zu Frauen und Jungen zu Männern werden, **Pubertät.** In dieser Zeit verändern sich auch die Merkmale des Geschlechts. Die bereits bei einem Kleinkind vorhandenen Geschlechtsmerkmale nennt man **primäre Geschlechtsmerkmale.** In der Pubertät bilden sich sowohl bei Jungen als auch bei Mädchen weitere Geschlechtsunterschiede aus. Diese werden als **sekundäre Geschlechtsmerkmale** bezeichnet.

Der Grund für die Veränderungen ist die vermehrte Bildung von Geschlechtshormonen im Körper. **Hormone** sind Stoffe, die in Hormondrüsen im Körper erzeugt und mit dem Blut verteilt werden. Sie werden nur in Geweben wirksam, deren Zellen auf die Hormone reagieren können. Hormone steuern Körpervorgänge. Der Zeitpunkt, wann bei einzelnen Mädchen und Jungen die Pubertät beginnt, ist ganz verschieden. Bei den meisten Mädchen beginnt die Produktion von Geschlechtshormonen schon vor dem 10. Geburtstag. Die ersten Veränderungen sind ziemlich bald danach zu beobachten. Bei Jungen beginnen die Veränderungen meistens etwas später. Der Entwicklungsunterschied gleicht sich nach einigen Jahren wieder aus.

2 „Mutprobe" – ein gutes Gefühl?

3 Immer wieder gibt es Streit

1 Beschreibe die Situation in den Abbildungen 1 A und 1 B. Vergleiche das Verhalten der Jungen und Mädchen.

2 Nenne Probleme in der Beziehung zu Gleichaltrigen, die in der Pubertät bei Mädchen und Jungen auftreten können.

3 Manche Eltern beklagen, dass ihre Kinder in der Pubertät „unausstehlich" geworden sind. Andererseits beklagen Jugendliche in der Pubertät, dass ihre Eltern sie „nicht verstehen". Nenne für beide Situationen einige Beispiele und erläutere.

Pinnwand

Polizei-Verordnung

§ 1. Während der Damenbadestunden, das ist die Zeit, wo eine rote Fahne auf der Marienhöhe aufgezogen ist, darf der Badestrand von Personen männlichen Geschlechts, welche das 8. Lebensjahr vollendet haben, nicht betreten werden.

⋮

§ 3. Die Boot- und Schaluppenführer dürfen bei Lustfahrten während der Damenbadestunden mit ihren Fahrzeugen nicht in die Nähe des Damenbadestrandes kommen.

Der königliche Amtshauptmann
Vorstehende Polizei-Verordnungen werden hiermit zur öffentlichen Kenntnis gebracht.

Königliches Bade- und Polizei-Commissariat

Norderney, 1880

1 Beschreibe, wie sich die Geschlechterrollen im Laufe der Zeit gewandelt haben.

Meinungen sammeln und auswerten

Bestimmte Arbeiten im Haushalt wie Bügeln oder Bohren werden oft nur von Frauen oder von Männern durchgeführt. Welche Arbeiten erledigen üblicherweise Frauen oder Mädchen? Welche Aufgaben übernehmen Männer oder Jungen? Wenn ihr wissen wollt, wie andere Menschen diese Fragen beantworten, könnt ihr eine **Meinungsumfrage** durchführen. Dabei geht ihr folgendermaßen vor:

1. Überlegt euch, was ihr wissen möchtet. Entwerft dazu einen Fragebogen. Am einfachsten ist der Umgang mit Fragebögen, die Antworten zum Ankreuzen enthalten. Dazu müsst ihr ausformulieren, zu welchen Punkten ihr Antworten bekommen wollt, in diesem Fall zum Beispiel zu „Wer macht was im Haushalt?". Auf dem Fragebogen lasst ihr außerdem Platz für die Antworten, die ihr bekommt.

2. Macht euch Gedanken, wen ihr befragen möchtet und wo die Umfrage durchgeführt werden soll. Wenn ihr Personen verschiedenen Alters befragen wollt, müsst ihr das Schulgelände verlassen. Überlegt euch einen Ort, an dem ihr in kurzer Zeit möglichst viele Menschen trefft, beispielsweise in der Nähe eines Einkaufszentrums.

3. Es macht mehr Spaß und es ist sicherer, eine Umfrage als Gruppe durchzuführen. Überlegt in der Gruppe, wer die Fragen stellt und wer die Antworten aufschreibt. Zum Aufschreiben braucht ihr eine feste Schreibunterlage.

4. Wenn ihr Personen ansprecht, begrüßt sie höflich und stellt euch vor. Sagt, wofür ihr die Umfrage macht, und fragt, ob euer Gegenüber überhaupt mitmachen möchte.

5. Falls die ausgesuchte Person zustimmt, könnt ihr mit den Fragen beginnen. Notiert sorgfältig alle Antworten. Am Schluss bedankt ihr euch für das Gespräch und verabschiedet euch. Verwendet für jede befragte Person einen neuen Fragebogen.

6. Im Klassenzimmer wertet ihr die Fragebögen aus. Ihr könnt zu den einzelnen Fragen Strichlisten erstellen. In Abbildung 1B seht ihr ein Beispiel. Überlegt euch nach der Auszählung, wie ihr die Ergebnisse in eurer Klasse vorstellt. Diskutiert die Ergebnisse in der Klasse.

Wer macht was im Haushalt?

Aufgaben im Haushalt	eher Mann	eher Frau	beide
Kindern bei Schularbeiten helfen	II	IIII I	II
Kinder waschen und anziehen	I	IIII I	III
Kochen	I	III	IIII I
Einkaufen	II	III	IIII
Wohnung sauber halten	III	III	IIII
Waschen und Bügeln	I	IIII II	II
Reparieren, Renovieren	IIII I	II	II
Geld verdienen	II	I	IIII II
Gartenarbeit	IIII	II	IIII II
Auto putzen	IIII II	I	II

1 Umfrage. A Durchführung, **B** Ergebnisse

1 a) Wie viele Personen wurden bei der Umfrage befragt?
b) Berichte, welche Aufgaben überwiegend von Jungen oder Männern und welche von Mädchen oder Frauen übernommen werden.
c) Welche Aufgaben werden von beiden Geschlechtern etwa gleich häufig übernommen?

3.2 Vom Jungen zum Mann

In den drei Fotos auf dieser Seite siehst du Michael mit 11, 13 und 16 Jahren. Mit 13 Jahren hatte sich sein Körper äußerlich stark verändert. Michael befand sich in der **Pubertät.** Sein Körper hatte sich deutlich gestreckt. Dieser Wachstumsschub dauerte etwa 2 bis $2\frac{1}{2}$ Jahre. Manche Jungen in seiner Klasse waren in dieser Zeit bis zu 15 cm im Jahr gewachsen. Bei den Mädchen hingegen begann das rasche Wachstum etwa zwei Jahre früher. Mädchen im 5. und 6. Schuljahr sind deshalb durchschnittlich größer als die Jungen. Der Körper wächst aber nicht nur in die Länge, auch die Figur verändert sich. Michaels Schultern wurden sichtlich breiter, das Becken hingegen blieb schmal. Die Muskulatur wurde kräftiger. Bis zum 16. Lebensjahr wurde das Aussehen von Michael immer männlicher. Die Körperbehaarung nahm während der Pubertät insgesamt zu. Zuerst wuchsen oberhalb des Gliedes die Schamhaare, später setzte auch die Behaarung der Achselhöhlen ein und schließlich begann auch der Bartwuchs. Michael kann sich noch gut an seinen schmalen „Bartflaum" auf der Oberlippe erinnern. Bei einigen seiner Freunde ist noch eine Behaarung der Brust, des Bauches sowie der

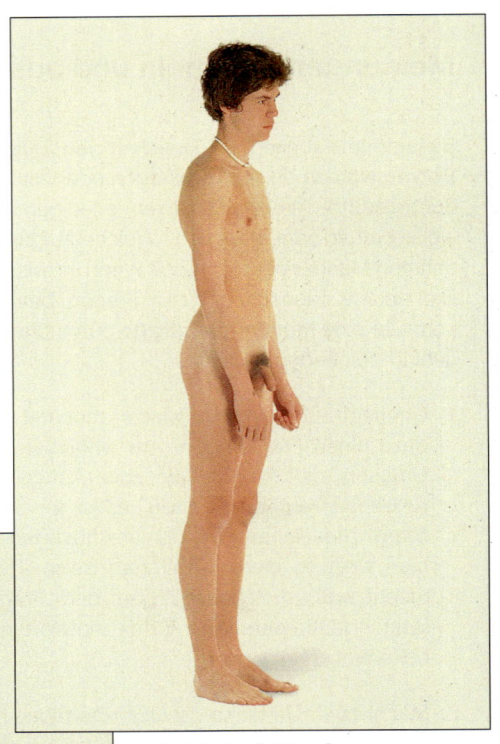

3 Michael, 16 Jahre

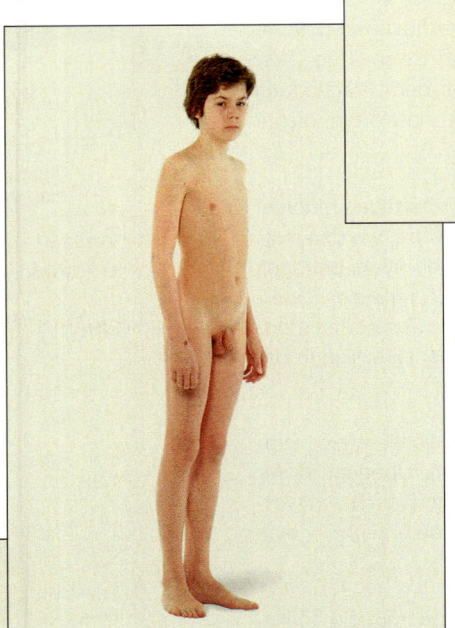

2 Michael, 13 Jahre

Beine hinzugekommen. Über die Veränderung seiner hellen Kinderstimme in eine tiefere Männerstimme hatte sich der 13-jährige Michael sehr gewundert. Das ist jedoch so zu erklären: Der Kehlkopf wächst und die Stimmbänder werden länger, sodass die Stimme tiefer und männlicher klingt. In der Pubertät überschlägt sich die Stimme leicht. Dann spricht man von *Stimmbruch*.

In der Pubertät entwickeln sich auch die Geschlechtsorgane: **Glied** und **Hoden** vergrößern sich. Im Inneren der beiden Hoden bilden sich ständig Millionen von männlichen Geschlechtszellen, die **Spermien.** Diese werden in den Nebenhoden gespeichert. Sind diese gefüllt, werden die Spermien zusammen mit etwas Flüssigkeit ausgestoßen. Die Flüssigkeit wird in der Vorsteherdrüse und in der Bläschendrüse gebildet. Die Spermien gelangen durch die beiden Spermienleiter und durch die Harnröhre im Glied nach außen. Das Ausstoßen der Flüssigkeit nennt man Spermaerguss. Er erfolgt bei Jungen meist im Schlaf und daher unbewusst. Einen Spermaerguss, der unbewusst erfolgt, bezeichnet

1 Michael, 11 Jahre

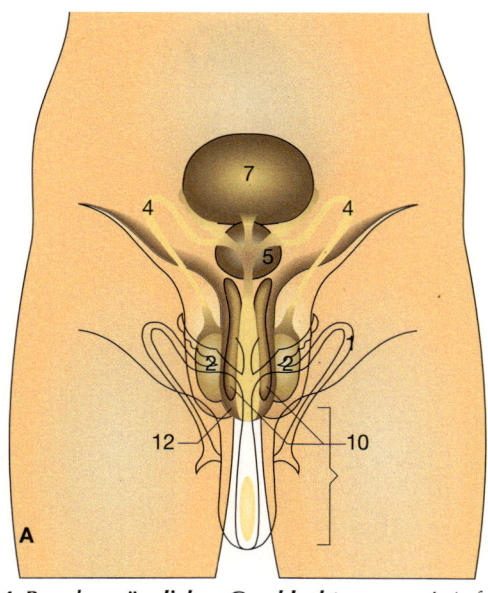

1 Hodensack

2 Hoden

3 Nebenhoden

4 Spermienleiter

5 Vorsteherdrüse (Prostata)

6 Bläschendrüse

7 Harnblase

8 Harnröhre

9 Glied (Penis)

10 Schwellkörper

11 Eichel

12 Vorhaut

13 After

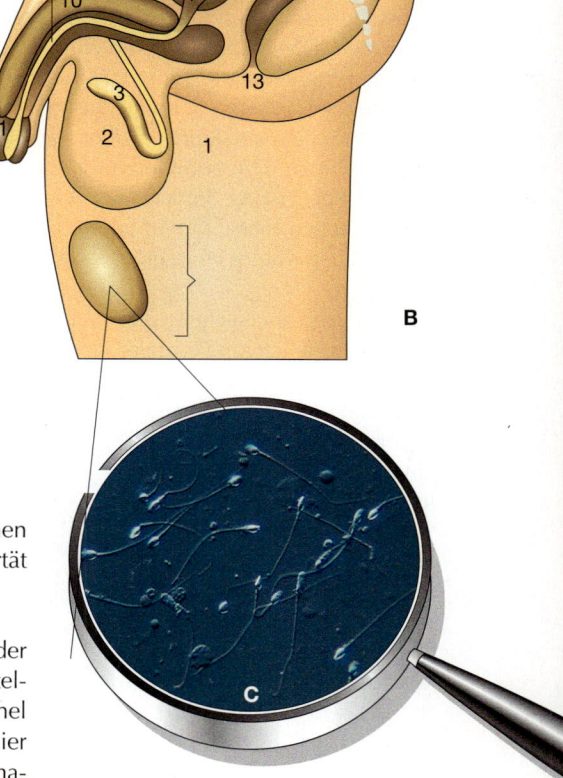

4 Bau der männlichen Geschlechtsorgane. *A Aufsicht; B Längsschnitt; C Spermien (mikroskopisches Bild)*

man auch als **Pollution.** Nach jedem Spermaerguss reifen erneut Millionen von Spermien heran. Mit Beginn der Pubertät wird das Glied auch häufiger steif. Eine solche Gliedversteifung nennt man **Erektion:** Die Schwellkörper im Glied werden mit Blut gefüllt. Das Glied wird dicker und länger und richtet sich auf. Eine Erektion kann auch durch Berührung des Gliedes ausgelöst werden, was mit einem angenehmen Gefühl verbunden sein kann. Dies ist ein ganz natürliches Verhalten, für das sich niemand zu schämen braucht.

Was löst die körperlichen Veränderungen während der Pubertät aus? Heute weiß man, dass die Vorgänge während und nach der Pubertät von bestimmten Wirkstoffen – den Hormonen – ausgelöst und gesteuert werden. Die **Hirnanhangsdrüse** sendet Hormone in die Hoden, die daraufhin männliche Geschlechtshormone bilden. Die Geschlechtshormone bewirken die Entwicklung und Reifung der Geschlechtsorgane. Sie sorgen auch

dafür, dass sich alle männlichen Körpermerkmale in der Pubertät ausbilden.

Bei der *täglichen Reinigung* der *Geschlechtsorgane* müssen die Stellen zwischen Vorhaut und Eichel gründlich gesäubert werden. Hier sammeln sich Harn- und Spermareste an, die einen unangenehmen Geruch verbreiten und zu schmerzhaften Entzündungen führen können.

1 Nenne körperliche Veränderungen beim Jungen während der Pubertät. Nimm die Abbildungen 1, 2, 3 und 5 zu Hilfe.

2 Stelle die körperliche Veränderungen übersichtlich in Form einer Tabelle dar.

3 Beschreibe den Weg, den Spermien von der Entstehung bis zum Spermaerguss durchlaufen.

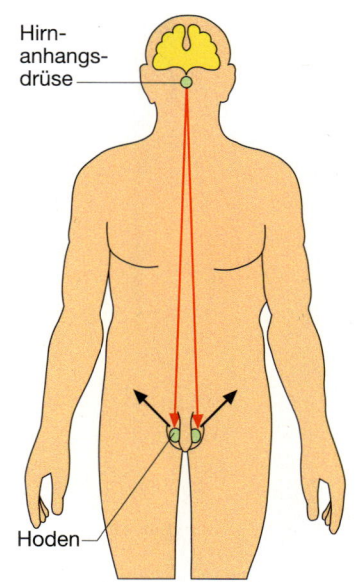

Hirnanhangsdrüse

Hoden

5 Hormone steuern die Entwicklung

409

3.3 Vom Mädchen zur Frau

Die drei Fotos zeigen Andrea mit 9, 12 und 14 Jahren. Auch beim Mädchen verändert sich der Körper in der Pubertät. Diese Reifezeit beginnt im Alter zwischen 10 und 14 Jahren. Deutlich sind die Veränderungen auf den Grafiken zu sehen: Nach einem längeren Wachstumsschub sind die Körperformen insgesamt runder geworden. Das Becken und die Hüften wurden breiter als die Schultern. Die Brust begann zu wachsen. Im Bereich der äußeren Geschlechtsorgane entwickelte sich die Schambehaarung. Später kam die Achselbehaarung hinzu. Die Stimme wurde ein wenig dunkler und kräftiger, einen Stimmbruch wie bei den Jungen gibt es jedoch nicht. Mit 14 Jahren besitzt Andrea annähernd den Körper einer erwachsenen Frau.

Die äußeren Geschlechtsorgane der Frau bestehen aus verschiedenen Hautfalten, den großen und kleinen *Schamlippen.* Diese umschließen den Scheideneingang und die davon getrennte Öffnung der Harnröhre. Im vorderen Bereich zwischen den Schamlippen liegt der *Kitzler.* Wie die Eichel des Penis ist dieses Organ leicht erregbar. Bei der Berührung des Kitzlers können lustvolle Gefühle entstehen. Das ist ganz natürlich.

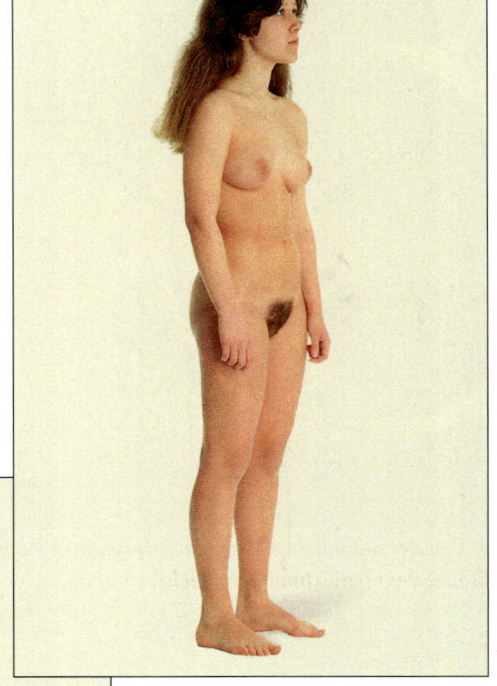

3 Andrea, 14 Jahre

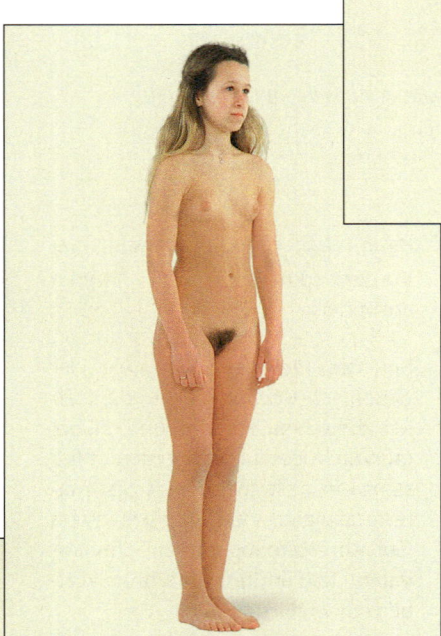

2 Andrea, 12 Jahre

Dafür braucht sich kein Mädchen zu schämen.

Die *Scheide,* auch Vagina genannt, ist ein 10 cm langer Hohlmuskel. Der Scheideneingang wird zum größten Teil durch das Jungfernhäutchen verschlossen. Dieses schützende Häutchen wird beim ersten Geschlechtsverkehr oder auch schon vorher, z. B. beim Sport, eingerissen.

Die Scheide führt nach innen zur **Gebärmutter.** Sie ist ein faustgroßer, dehnbarer Hohlmuskel, der von einer Schleimhaut ausgekleidet wird. Im oberen Bereich der Gebärmutter münden die beiden *Eileiter.* Es sind etwa 14 cm lange, bleistiftstarke Schläuche. Jeder dieser Eileiter erweitert sich am Ende zu einem fransenartigen Trichter, der teilweise über dem **Eierstock** liegt. In den Eierstöcken kommt es zur Bildung von weiblichen Geschlechtshormonen. Dies wird durch die Hormone der Hirnanhangsdrüse ausgelöst. Unter dem Einfluss der Geschlechtshormone werden auch die seelischen Veränderungen während der Pubertät bewirkt.

1 Andrea, 9 Jahre

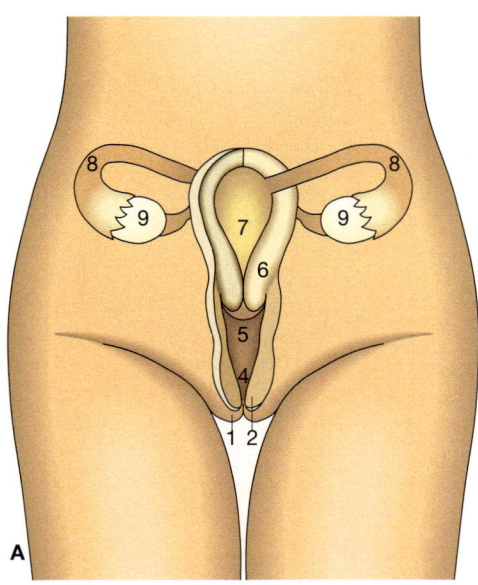

1 große
   Schamlippen

2 kleine
   Schamlippen

3 Kitzler

4 Scheideneingang

5 Scheide

6 Gebärmutterschleim-
   haut

7 Gebärmutter

8 Eileiter

9 Eierstöcke

10 Harnblase

11 Harnröhrenöffnung

12 After

A
B

4 Bau der weiblichen Geschlechtsorgane. A *Außenansicht (Schema);*
B *Innenansicht (Längsschnitt); **C** Eizelle (mikroskopisches Bild)*

Jeder Eierstock enthält etwa 200 000 mikroskopisch kleine *Eizellen.* Jeden Monat reift unter dem Einfluss der *Hormone* eine Eizelle heran. Sie entwickelt sich in einem flüssigkeitsgefüllten Bläschen, dem *Follikel.* Er wandert innerhalb von etwa 14 Tagen an den Rand des Eierstockes. Dabei vergrößert er sich. Dann platzt der Follikel auf. Der Trichter des Eileiters legt sich an den Eierstock. Die reife Eizelle wird nun mit Follikelflüssigkeit in den Trichter des Eileiters gespült. Diesen Vorgang nennt man **Eisprung.**

Die Eizelle kann sich, im Gegensatz zu den Spermien, nicht selbst fortbewegen. Die Flimmerhärchen im Eileiter erzeugen einen Flüssigkeitsstrom, der die Eizelle in Richtung Gebärmutter transportiert. Bis zu diesem Zeitpunkt ist die Gebärmutterschleimhaut bis auf das Fünffache ihrer ursprünglichen Dicke angewachsen. Sie ist nun auch stärker durchblutet und für das Einnisten und die Versorgung eines heranwachsenden Kindes bei einer Schwangerschaft vorbereitet.

Tritt keine Schwangerschaft ein, werden die obersten Schichten der Gebärmutterschleimhaut nach 14 Tagen abgestoßen und mit etwas Blut durch die Scheide abgegeben. Diese Blutung nennt man **Menstruation.** Da sie alle 28 Tage (also etwa einmal im Monat) erfolgt, spricht man auch von Monats- oder Regelblutung. Unmittelbar nach der Regelblutung finden die Vorgänge im Eierstock und in der Gebärmutter erneut statt.

1 Beschreibe den Zusammenhang zwischen der Eireifung und den Veränderungen in der Gebärmutterschleimhaut.
2 Beschreibe die Wirkung der Hormone während der Pubertät. Nimm auch Abbildung 5 zu Hilfe.
3 Stelle die körperlichen Veränderungen während der Pubertät beim Mädchen in einer Tabelle zusammen.

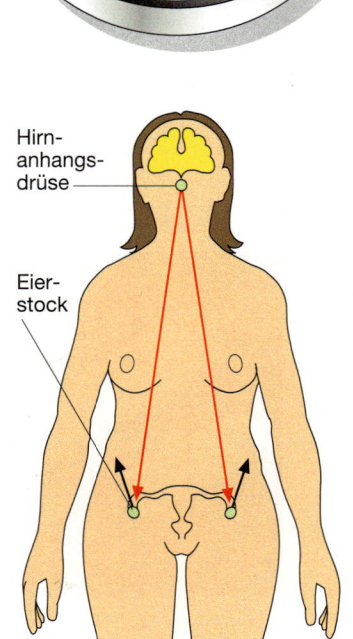

Hirn-
anhangs-
drüse

Eier-
stock

5 Hormone steuern die Entwicklung

411

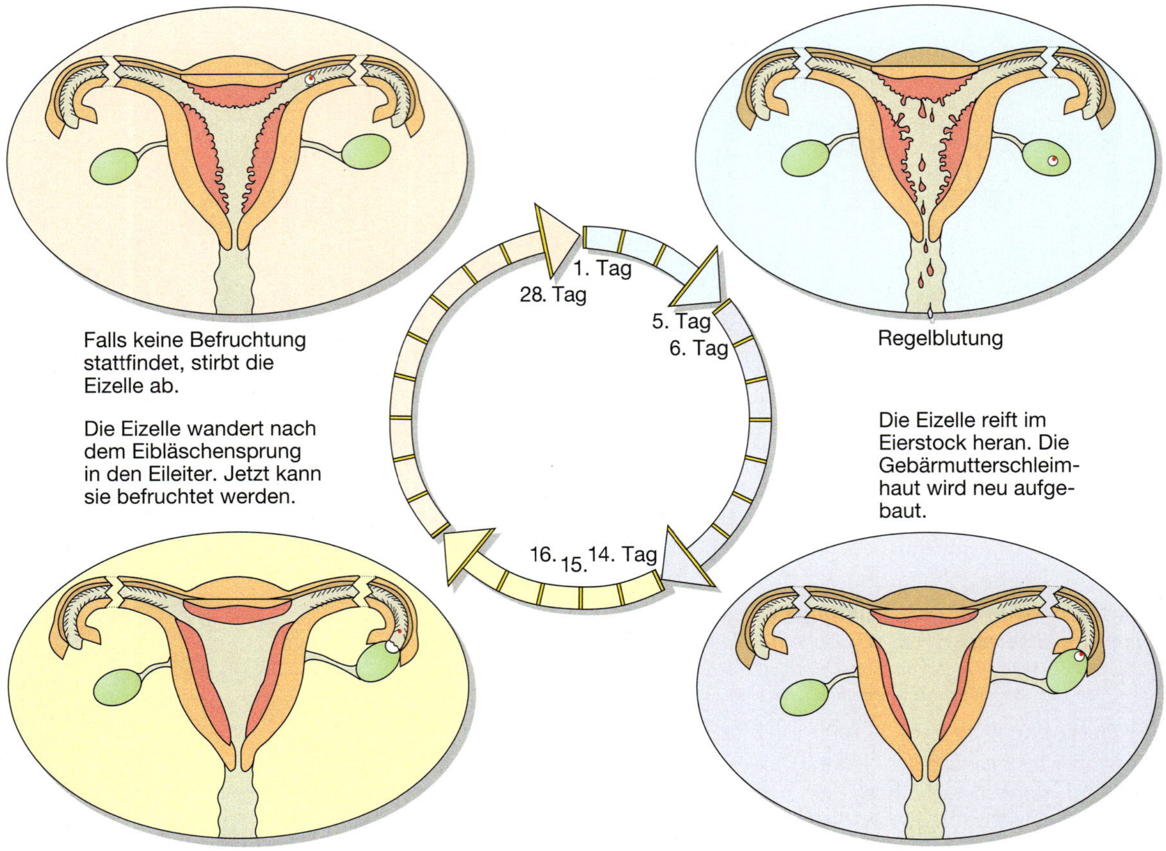

Falls keine Befruchtung stattfindet, stirbt die Eizelle ab.

Die Eizelle wandert nach dem Eibläschensprung in den Eileiter. Jetzt kann sie befruchtet werden.

1. Tag
28. Tag
5. Tag
6. Tag
16. 15. 14. Tag

Regelblutung

Die Eizelle reift im Eierstock heran. Die Gebärmutterschleimhaut wird neu aufgebaut.

6 Der weibliche Zyklus

4 Beschreibe anhand des Textes und der Abbildung die Vorgänge der Eireifung.

5 Im Verlauf der Pubertät zeigen sich körperliche Veränderungen. Vergleiche diese beim Mädchen und beim Jungen. Welche Unterschiede sind zu nennen?

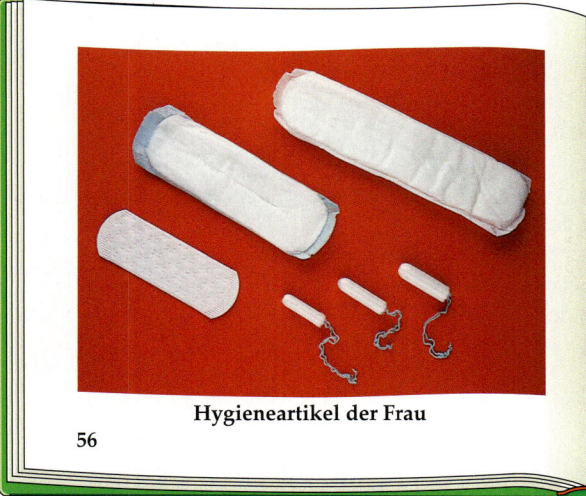

Hygieneartikel der Frau

56

Tipps zur Körperpflege während der Monatsblutung

Besprich mit deiner Mutter oder Freundin die Möglichkeiten der Körperhygiene während der Monatsblutung. Du musst selbst entscheiden, was für dich am angenehmsten ist. Am Anfang ist der Gebrauch einer Binde sicher leichter. Später wirst du vielleicht ein Tampon benutzen. Blut selbst riecht nicht. An der Luft wird das Blut aber durch Bakterien zersetzt, die einen unangenehmen Geruch verursachen können. Binde oder Tampon musst du daher häufig wechseln. Achte noch mehr als sonst auf regelmäßige Körperpflege! Tägliches Abduschen ist besser als ein Wannenbad, da dort Ansteckungsgefahr droht.

57

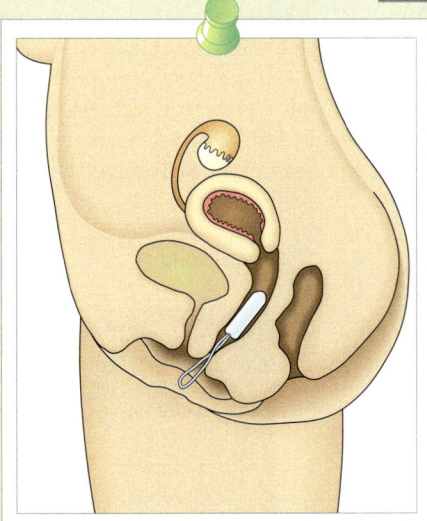

Ein Tampon wird bei entspannter Körperhaltung nach schräg hinten eingeführt. Er sitzt richtig, wenn du ihn nicht mehr spürst.

Tampon oder Binde?

Ob Tampon oder Binde hängt davon ab, womit man sich wohl fühlt. Ein Tampon ist praktisch beim Sport oder Schwimmen. Eine Binde empfiehlt sich nachts oder bei starken Krämpfen. Sowohl Binde als auch Tampon müssen regelmäßig, spätestens jedoch nach sechs Stunden, gewechselt oder entfernt werden.

1 Betrachte den Regelkalender:
a) Wie hat sich die Blutung im Laufe des Jahres entwickelt?
b) Begründe, warum auch besondere Situationen eingetragen werden sollten.

Regelkalender

	1	2	3	4	5	6	7	8	9	10	11	12	13	14	15	16	17	18	19	20	21	22	23	24	25	26	27	28	29	30	31
JAN																											X				
FEB		X						X											X							X					
MÄR				X					X				X													X					
APR												⊗ Fete bei Silvia																			
MAI											X																				
JUN																															
JUL	X									Urlaub																					
AUG																															
SEP																									X						
OKT								X																							
NOV	X													X											X						
DEZ	X				⊗				X						X Klassenarbeiten																

In einen Regelkalender trägt man ein, wann die Blutung stattgefunden hat und wie stark sie war. Besondere Situationen wie Flüge, Urlaub oder Stress sollten ebenfalls eingetragen werden.

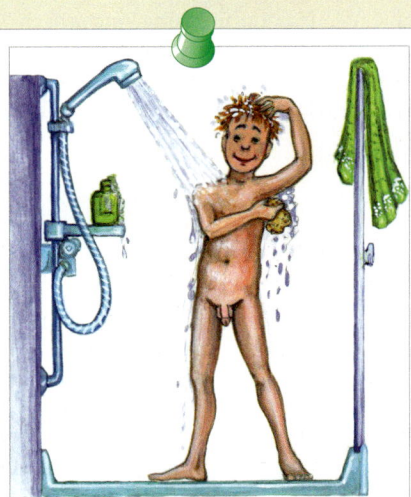

Dusche mehrmals in der Woche! Ziehe beim Waschen des Penis die Vorhaut vorsichtig zurück und entferne die weißlichen Ablagerungen. Sie können sonst zu Entzündungen führen. Falls du stark schwitzt, kannst du ein mildes Deodorant benutzen.

50 % Baumwolle / 50 % Leinen
30°

Mode und Kleidung sind für Jungen und Mädchen ein wichtiges Thema. Wähle bewusst Kleidung aus Baumwolle oder anderen natürlichen Materialien wie Leinen, Wolle oder Viscose. Sie nehmen Gerüche wie z. B. Schweiß, besser auf als Kunststoffe. Wasche und wechsle deine Kleidung regelmäßig, damit unangenehme Gerüche nicht an ihr haften bleiben.

100 % Polyacryl
30°

3.4 Schwangerschaft und Geburt

Wenn sich eine Frau und ein Mann lieben, entsteht meist der Wunsch, „miteinander zu schlafen". Mit diesen Worten umschreibt man häufig den Geschlechtsverkehr. Dabei wird das steife Glied des Mannes in die Scheide der Frau eingeführt. Kommt es dort zu einem Spermienerguss, bewegen sich die Spermien von der Scheide durch die Gebärmutter in die beiden Eileiter. Treffen die Spermien dort auf eine reife Eizelle, dringt eines von ihnen in die Eizelle ein. Die Kerne der beiden Zellen wandern nun aufeinander zu und verschmelzen miteinander. Diesen Vorgang nennt man **Befruchtung.** Anschließend wird die befruchtete Eizelle durch die Bewegung von Flimmerhärchen des Eileiters in die Gebärmutter befördert. Etwa eine Woche nach der Befruchtung nistet sich die Eizelle, die sich bis dahin bereits mehrfach geteilt hat, in der Gebärmutterschleimhaut ein. Damit beginnt die **Schwangerschaft.**

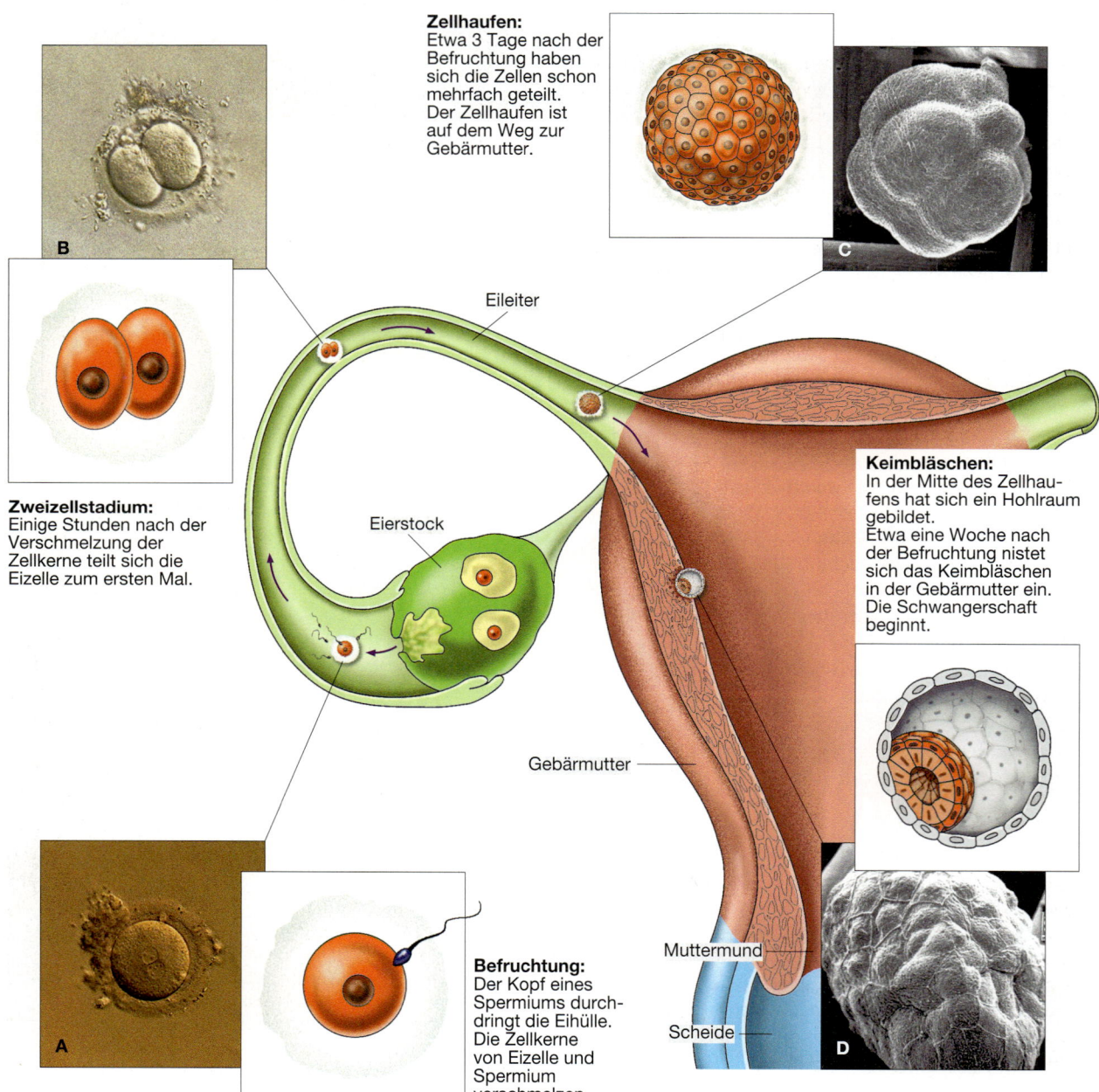

Zellhaufen:
Etwa 3 Tage nach der Befruchtung haben sich die Zellen schon mehrfach geteilt. Der Zellhaufen ist auf dem Weg zur Gebärmutter.

Zweizellstadium:
Einige Stunden nach der Verschmelzung der Zellkerne teilt sich die Eizelle zum ersten Mal.

Eileiter

Eierstock

Keimbläschen:
In der Mitte des Zellhaufens hat sich ein Hohlraum gebildet.
Etwa eine Woche nach der Befruchtung nistet sich das Keimbläschen in der Gebärmutter ein. Die Schwangerschaft beginnt.

Gebärmutter

Befruchtung:
Der Kopf eines Spermiums durchdringt die Eihülle. Die Zellkerne von Eizelle und Spermium verschmelzen.

Muttermund

Scheide

1 Weg der befruchteten Eizelle und erste Entwicklungsschritte

Das Kind wächst nun in der Gebärmutter heran. Zunächst kann man in dem jungen Keim, dem **Embryo,** nur schwer ein menschliches Wesen erkennen. Doch schon innerhalb der ersten acht Wochen werden alle Organe angelegt. Die Frau erkennt jetzt am Ausbleiben ihrer Regelblutung, dass sie schwanger ist.

Vom 3. Monat an wird der Keim **Fetus** genannt. Alle Organe sind schon ausgebildet und nehmen an Größe zu. Bis zur Geburt schwimmt er in der *Fruchtblase,* die mit *Fruchtwasser* gefüllt ist. Dieses schützt den Fetus vor Erschütterungen und ermöglicht ihm Bewegungsfreiheit. Ab dem 5. Monat kann die Mutter bereits erste Bewegungen des Kindes spüren. Das Kind wird von der Mutter über die *Nabelschnur* versorgt. Die Nabelschnur beginnt am Bauch des Kindes und endet im *Mutterkuchen.* So werden vom Mutterkuchen Nährstoffe und Sauerstoff in den Körper des Kindes transportiert. Gleichzeitig werden über die Nabelschnur Kohlenstoffdioxid und andere Abfallstoffe in den Mutterkuchen und damit in die Blutbahn der Mutter geleitet. Die Mutter scheidet diese Stoffe dann aus. Bei diesem *Stoffaustausch* können auch Nikotin, Alkohol und die Erreger der *Röteln* in das Blut des Kindes gelangen und den Fetus schädigen. Mädchen in der Pubertät wird deshalb eine *Rötelnschutzimpfung* empfohlen.

Nach neun Monaten ist die Entwicklung des Kindes im Mutterleib abgeschlossen. Es ist jetzt etwa 50 cm lang. Die **Geburt** kündigt sich durch *Wehen* an. Dabei ziehen sich die Muskeln der Gebärmutter immer wieder zusammen und verursachen der Mutter Schmerzen. Schließlich platzt die Fruchtblase und das Fruchtwasser fließt heraus. Die eigentliche Geburt beginnt mit dem Erscheinen des Köpfchens. Jetzt hilft die Hebamme, die Ärztin oder der Arzt. Sobald das Kind die Scheide verlassen hat, beginnt es selbstständig zu atmen. Ein paar Minuten nach der Geburt wird die Nabelschnur einige Zentimeter vor dem Bauch des Kindes an zwei Stellen abgeklemmt und durchtrennt. Diesen Vorgang nennt man **Abnabelung.** Aus dem Fetus ist ein **Säugling** geworden.

1 Nenne Organe des Embryos, die du in Abbildung 2 A erkennen kannst.
2 Erläutere mit HIlfe der Abbildung 1 die ersten Phasen in der Entwicklung eines Menschen.
3 Erkläre, warum der Embryo in der Gebärmutter nicht erstickt, obwohl er vollständig von Fruchtwasser umgeben ist.
4 Finde eine Erklärung dafür, warum man im Zusammenhang mit der Geburt auch von Entbindung spricht.

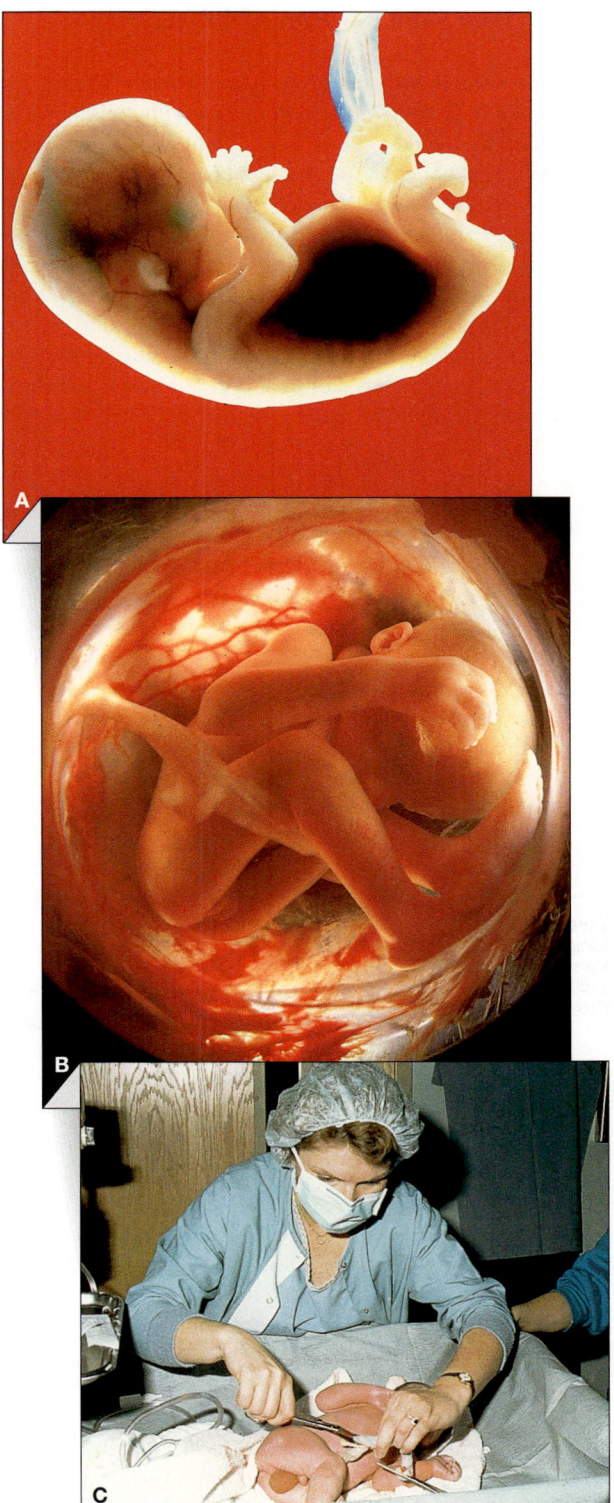

2 *Entwicklung eines Kindes.*
A *Embryo, etwa 9 Wochen alt;* **B** *Fetus, 25. Woche;*
C *Abklemmen der Nabelschnur beim Neugeborenen*

3.5 Vom Säugling zum Kleinkind

Marion fühlt sich genervt. Schon wieder schreit ihr Brüderchen. Der Vater beruhigt sie und erklärt ihr: „Dein Bruder kann uns noch nicht sagen, was ihm fehlt. Schließlich ist er gerade erst zwei Monate alt. Vielleicht ist seine Windel zu nass." „Oder er hat Hunger", ruft die Mutter aus dem Wohnzimmer. „Ich mache es mir für das Stillen schon bequem. Bringt ihr mir den Kleinen?" Marion nimmt den Kleinen vorsichtig aus dem Bettchen und trägt ihn, während sie seinen Hinterkopf mit der Hand stützt, zur Mutter. Sie legt den Säugling an die Brust und er beginnt sofort zu saugen. Bei diesem **Stillen** ist er nun zufrieden und still.

Flaschenmilch sollte der Säugling am Anfang seines Lebens nur bekommen, wenn sich in der Brust der Mutter nicht genügend Milch bildet. Die beste Babynahrung ist nämlich die Muttermilch, da sie alle wichtigen Nährstoffe und Abwehrstoffe gegen Krankheiten enthält. Beim *Stillen* wird das Bedürfnis des Kindes nach Zuwendung und Sicherheit befriedigt. Der Vater entwickelt, wie die Mutter, ein inniges Verhältnis zum Kind, wenn er sich von Anfang an um den Säugling kümmert. Für die Kinder ist diese Zuwendung sehr wichtig. Zwischen der **Bezugsperson** und dem Kind wird so eine lebenswichtige Beziehung aufgebaut. Auf diese Weise entwickelt sich beim Kind das **Urvertrauen.** Es weiß, dass es sich auf die Bezugsperson verlassen kann.

In den ersten Lebensmonaten des Säuglings entwickeln sich seine **Wahrnehmung,** die **Körperhaltung** und die **Fortbewegung** sehr schnell. Schon kurz nach der Geburt kann der Säugling Helligkeit, einfache Formen und Bewegungen wahrnehmen. Zum Erkennen von Gesichtsumrissen und groben Mustern reicht die Sehfähigkeit bereits im zweiten Lebensmonat. Vier bis acht Wochen später erkennt das Baby die Eltern. Am Anfang löst noch jeder Blickkontakt mit verschiedenen Personen Lächeln beim Baby aus. Später, nach dem achten Monat, werden fremde Gesichter oft abgelehnt. Man sagt dann, das Kind „fremdelt". Gegenstände werden hingegen immer mit großer Ausdauer betrachtet.

Nach einem Monat kann ein Baby seinen Kopf heben, wenn es auf dem Bauch liegt. Den Oberkörper kann es nach zwei Monaten aufrichten. Im sechsten Monat dreht sich das Baby bereits auf den Rücken und beginnt mit den Füßen zu spielen. In der Regel kann es ohne fremde Hilfe sitzen. Dann kommt die Zeit, in der das Baby versucht sich an Möbeln hochzuziehen. Mit zehn Monaten können die meisten Babys schon krabbeln. Im

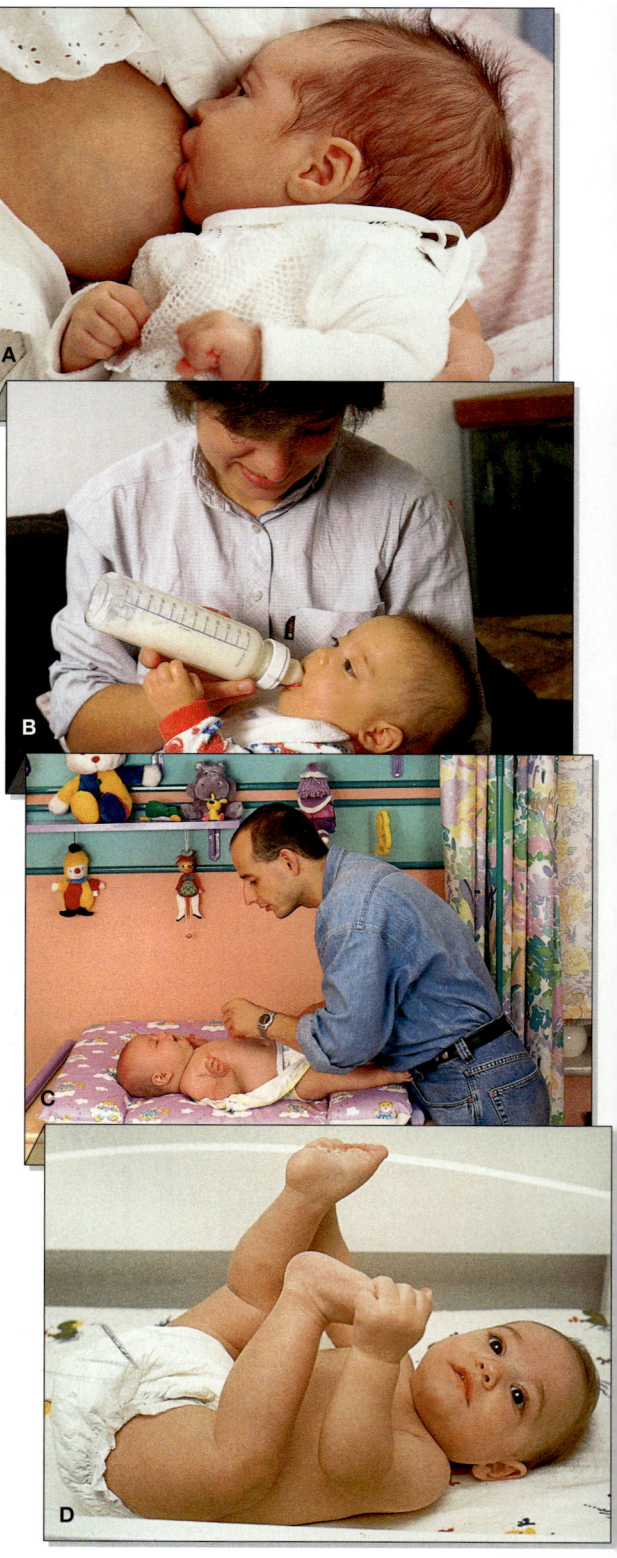

1 Säugling. A *Stillen;* **B** *Ernährung mit der Flasche;* **C** *Wickeln;* **D** *aufmerksames Betrachten der Umwelt*

Alter von etwas über einem Jahr laufen viele Kinder schon allein. Treppen steigen lernen die Kinder in der Regel erst im dritten Lebensjahr. Im vierten Jahr üben sie das Hüpfen auf einem Bein. Hierfür müssen sie ihren Gleichgewichtssinn trainieren.

Unsere **Sprache** erlernen die Kinder allmählich, indem sie die aufgenommenen Wörter nachsprechen. Zuerst bringen die Kinder aber nur Laute hervor. Nach etwa sechs Monaten gelingen ihnen doppelte Silben („da-da"). Fast ein Jahr braucht das Kind, bis es das erste Wort formuliert. Danach folgt die so genannte Zweiwort-phase („Auto da"). Die Erwachsenensprache wird nun eifrig nachgeahmt.

Marions Brüderchen hatte mit fast vier Jahren schon viel zu erzählen. Besonders auffällig war, dass das Kind immer wieder Wörter wiederholte oder Wörter beim Aussprechen in die Länge zog. Marion war das gegen-über ihren Freundinnen ein bisschen unangenehm. „Was ist mit meinem Bruder los?", fragte Marion ihre Mutter. „Keine Sorge", sagte sie, „ich vermute, das ist das Stottern, das zwischen dem dritten und vierten Lebensjahr für kurze Zeit auftreten kann. Wenn es nicht bald aufhört, gehen wir natürlich zum Arzt."

Kleinkinder spielen sehr gerne. Sie lernen dabei viel Neues. Im **Spiel** ahmen sie die Welt der Erwachsenen nach, trainieren Bewegungen und erlernen auch den Umgang mit anderen Kindern. Kinder müssen lernen sich durchzusetzen, den anderen aber auch mal vor-zulassen oder mit anderen Kindern zu teilen.
Für jede Altersstufe gibt es spezielle Spiele zu kaufen. Jedoch zeigt die Erfahrung, dass sich Kinder selbst die Spiele aussuchen, die sie für ihre aktuelle Entwicklung brauchen. Oft sind es nicht die gekauften Spielsachen, sondern die Dinge im Haushalt, die für sie interessant sind. Die Kleinkinder erobern sich so die Welt der Erwachsenen.

1 Nenne die angeborenen Fähigkeiten eines Säuglings. Erläutere, welche Bedeutung diese Fähigkeit für das Baby haben.
2 Erläutere die Bedeutung des Stillens für den Säugling.
3 Beschreibe anhand der Fotos die körperliche Ent-wicklung des Säuglings zum Kleinkind.
4 Welche Bedeutung haben Eltern und Geschwister für die Entwicklung des Kindes?

*2 Entwicklung des Kindes. A Schlafen mit einem Monat;
B Abstützen-und-Kopf-heben-mit-sechs-Monaten;
C Stehen mit einem Jahr; D Spielen mit zwei Jahren*

3.6 Familienplanung und Empfängnisverhütung

Wenn ein Paar schon längere Zeit zusammen ist, entsteht oft der Wunsch nach eigenen Kindern. Die Partner können eine Schwangerschaft mit größerer Wahrscheinlichkeit herbeiführen, wenn sie in der Zyklusmitte der Frau miteinander schlafen. In Deutschland bleibt allerdings etwa jedes siebte Paar ungewollt kinderlos. Dies liegt unter anderem daran, dass Männer und Frauen in Deutschland die Entscheidung für ein Kind immer später treffen. Mit zunehmendem Alter der Frau wird eine Schwangerschaft jedoch unwahrscheinlicher. Ab dem vierzigsten bis fünfzigsten Lebensjahr einer Frau reifen keine Eizellen im Eierstock mehr heran. Von da ab ist eine Schwangerschaft auf natürlichem Wege nicht mehr möglich. Die ungewollte Kinderlosigkeit kann man hinnehmen, Kinder adoptieren oder mit medizinischer Hilfe versuchen, dennoch schwanger zu werden.

Man kann eine Schwangerschaft zwar nicht sicher herbeiführen, aber durch verschiedene **Verhütungsmethoden** ziemlich sicher verhindern. Dabei sind die Verhütungsmethoden unterschiedlich zuverlässig. Das kann zum einen an der Methode selbst liegen, zum anderen an Fehlern bei der Anwendung. Entscheidend ist, dass sich Mann und Frau vor dem Geschlechtsverkehr einig sind, ob sie verhüten wollen. Danach müssen sie gemeinsam klären, wie sie verhüten wollen. Ein verantwortungsvoller Umgang mit Verhütungsmitteln ist die Grundlage einer sinnvollen **Familienplanung.**

1 Paar mit Kind

Die Frage der Verhütung wird oft von sehr jungen Paaren vor dem Geschlechtsverkehr nicht hinreichend geklärt. So nimmt in Deutschland derzeit die Zahl der jungen Mütter stark zu, die wegen eines Kindes nicht einmal mehr ihre Schulausbildung beenden können.

1 Diskutiert in der Gruppe die verschiedenen Verhütungsmethoden. Berücksichtigt dabei unter anderem die Sicherheit der verschiedenen Methoden und den Personenkreis, für den sie besonders geeignet sind.
2 Beschreibe Abbildung 3. Stelle Vermutungen über die Gründe der Veränderungen an.

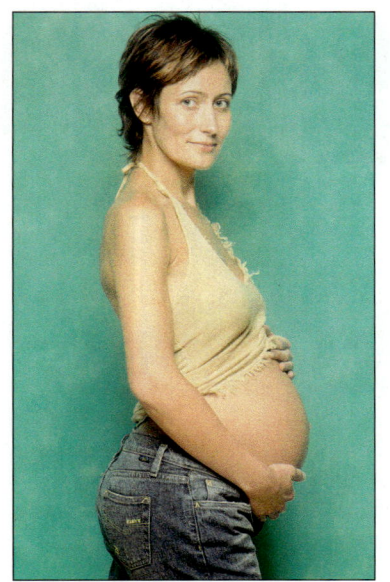

2 Schwangere Frau

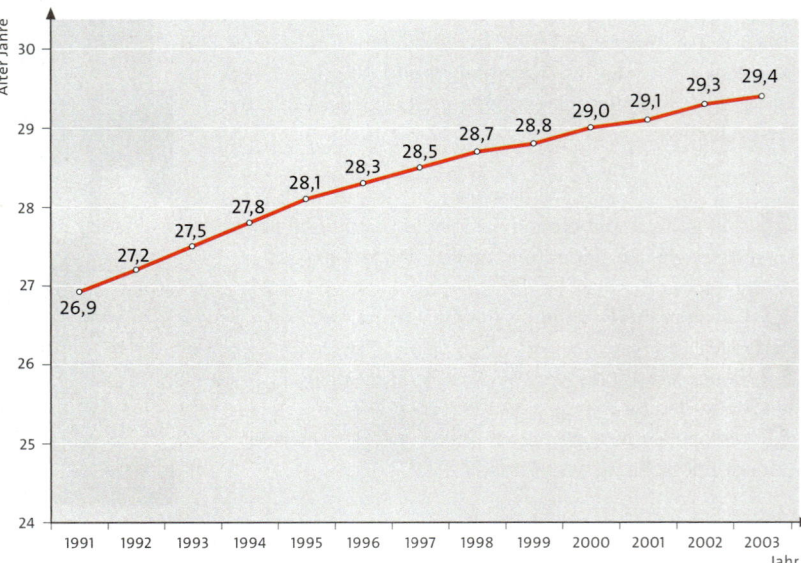

3 Durchschnittsalter bei der Geburt des ersten ehelichen Kindes in Deutschland

Verhütungsmethode/-mittel	Beschreibung	Kommentar
	Aufpassen Der Mann zieht sein Glied aus der Scheide der Frau zurück, bevor es zum Spermienerguss kommt.	Sehr unzuverlässige Methode, weil schon vor dem eigentlichen Spermienerguss einzelne Spermazellen abgegeben werden und weil das Glied oft zu spät aus der Scheide gezogen wird.
	Kalendermethode Die Frau zählt die Tage zwischen zwei Monatsblutungen und bestimmt dann die fruchtbaren Tage der Zyklusmitte; sie verzichtet während der fruchtbaren Tage auf ungeschützten Geschlechtsverkehr.	Sehr unzuverlässige Methode, weil sich die Dauer eines Zyklus zum Beispiel durch Krankheiten oder Stress verschieben kann und somit die fruchtbaren Tage falsch vorhergesagt werden.
	Kondome Eine Gummihaut wird über das versteifte Glied gezogen, die Spermien bleiben in der Gummihaut. Kondome schützen außerdem vor Krankheiten, die durch Geschlechtsverkehr übertragen werden, wie zum Beispiel vor Aids oder Leberentzündung (Hepatitis).	Relativ sichere Methode, allerdings besteht die Gefahr von Anwendungsfehlern, zum Beispiel Überlagerung des Kondoms oder Beschädigung beim Öffnen der Verpackung durch spitze Fingernägel.
	Scheidenzäpfchen Sie werden vor dem Geschlechtsverkehr in die Scheide eingeführt und lösen sich durch die Körperwärme auf. Dabei frei werdende Substanzen töten die Spermienzellen ab.	Relativ sichere Methode, allerdings besteht die Gefahr von Anwendungsfehlern, wenn die Zäpfchen zum Beispiel nicht tief genug oder zu kurz vor dem Verkehr eingeführt werden; außerdem ist eine Reizung der empfindlichen Schleimhäute möglich.
	Pille Sie wird täglich von der Frau eingenommen; oft zu einer bestimmten Zeit. In der Pille sind Hormone enthalten, die in den natürlichen Hormonhaushalt der Frau eingreifen und dadurch einen Eisprung verhindern.	Sehr sichere Methode, trotzdem besteht auch hier die Gefahr von Anwendungsfehlern, beispielsweise kann die Einnahme vergessen werden. Bei Erbrechen und Durchfall werden die Wirkstoffe der Pille nicht vom Körper aufgenommen; manche Frauen vertragen die Pille nicht.

4 Verschiedene Verhütungsmethoden im Überblick

Streifzug durch die Medizin   Gesundheit für Mutter und Kind

Wenn eine Frau bemerkt, dass sie schwanger ist, sollte sie einen Frauenarzt aufsuchen. Über regelmäßige Vorsorgeuntersuchungen wird während der gesamten Schwangerschaft die Gesundheit von Mutter und Kind überwacht. Eine schwangere Frau muss aber auch selbst zur Gesundheit ihres Kindes und zu ihrem eigenen Wohlbefinden beitragen.

Ernährung

Während einer Schwangerschaft sollte man sich gesund ernähren. Viel frisches Obst, Salate und Gemüse decken den Bedarf an Vitaminen und Mineralstoffen. Auch Milch- und Vollkornprodukte sind wichtig. Sie versorgen die Schwangere mit Calcium und Eiweiß. Während der letzten Schwangerschaftsmonate beugen reichlich Ballaststoffe einer Darmträgheit vor. Schwangere haben auch einen erhöhten Bedarf an Eisen. Deshalb gehören Blutuntersuchungen zum Eisengehalt zu den üblichen Vorsorgeuntersuchungen. Sinkt der Hb-Wert (Hämoglobin) unter einen bestimmten Grenzwert, verschreibt der Arzt Tabletten, die den Mineralstoff Eisen enthalten.

Sport

Eine schwangere Frau sollte keine Sportarten ausüben, die mit Stößen und Erschütterungen verbunden sind. Dazu zählen zum Beispiel Reiten, Skiabfahrtslauf oder Tennis. Sie können Fehl- oder Frühgeburten auslösen. Spazieren gehen, Fahrrad fahren oder Schwimmen halten dagegen den Kreislauf in Schwung. Dadurch wird das werdende Kind besonders gut mit Sauerstoff versorgt. Übungen zur Entspannung und zum Rückentraining tragen ebenfalls zum Wohlbefinden bei. Sie beugen Rückenschmerzen vor und bereiten auf die Geburt vor.

Medikamente und Krankheiten

Alle Medikamente, die eine Schwangere einnimmt, müssen mit dem Arzt abgestimmt werden. Dazu gehören auch Arzneimittel, die ohne Rezept erhältlich sind. Schmerzmittel, Schlaftabletten oder Abführmittel könnten das ungeborene Kind schädigen und zu Missbildungen oder Behinderungen führen.

Eine schwangere Frau sollte sich vor Infektionskrankheiten wie Röteln oder Toxoplasmose schützen. Röteln sind während der ersten drei Schwangerschaftsmonate eine ernste Gefahr. Sie können zu Fehlgeburten, Herz-, Ohren- oder Augenschäden führen. Toxoplasmose-Erreger schädigen den Embryo ebenfalls. Sie werden durch Katzenkot oder rohes Fleisch übertragen. Meist hatten die Frauen bereits Kontakt mit dem Erreger und besitzen Antikörper. Der Arzt überprüft deshalb bei einer Blutuntersuchung, ob ausreichend Antikörper gegen beide Erreger vorhanden sind.

Alkohol

Alkohol gelangt über die Plazenta in den Kreislauf des ungeborenen Kindes. Schon geringe Mengen können körperliche und geistige Schäden bei Embryonen hervorrufen, die nicht wieder gutzumachen sind. Deshalb sollten Schwangere möglichst ganz auf Alkohol verzichten.

Rauchen

Nikotin gelangt ebenfalls in den Kreislauf von Mutter und Kind. Dabei verengen sich die Blutgefäße und die Versorgung mit Nährstoffen und Sauerstoff verschlechtert sich. Bereits nach einer Zigarette reagiert das Ungeborene mit deutlich erhöhtem Herzschlag und Unruhe. Starke Raucherinnen neigen häufiger zu Fehl- und Frühgeburten. Die Babys kommen oft mit Untergewicht zur Welt.

Reisen

Eine Schwangere sollte keine anstrengenden Reisen unternehmen. Langes Sitzen, Vibrationen beim Flug, heißes Klima, ungewohnte Speisen und mangelnde Hygiene stellen zusätzliche Risiken dar. Ferien an der See oder im Mittelgebirge sind dagegen zu empfehlen. Man plant sie am besten zwischen dem fünften und siebten Schwangerschaftsmonat.

1 Beschreibe Verhaltensweisen der Mutter, die zur gesunden Entwicklung des werdenden Kindes beitragen.

3.7 Formen der menschlichen Sexualität

Zärtliche Worte, Streicheln, Küssen, Kuscheln, Fantasien, Petting, Geschlechtsverkehr, … – sicher hast auch du bestimmte Vorstellungen, die du mit dem Wort „Sexualität" verbindest. Die meisten Menschen haben sich daran gewöhnt, dass in der Öffentlichkeit Zärtlichkeiten ausgetauscht werden, nackte Körper kein Tabu mehr sind, dass Jugendliche auch vor einer langfristigen Beziehung Sexualität leben, manche ihr Leben als „Single" einrichten, Kinder unehelich zur Welt kommen und Ehen geschieden werden.

Im Verlauf der Pubertät erwacht die Fähigkeit, einen anderen Menschen zu lieben, und zwar anders als bisher die Eltern oder Freunde. Fühlt man sich von einer Person des anderen Geschlechts angezogen, nennt man das *heterosexuell* oder *Heterosexualität*. Sie wird als „normal" empfunden, weil sie besonders häufig ist. Wir sind es auch so gewohnt, denn nur in dieser Beziehung ergibt sich die Möglichkeit, sich fortzupflanzen. Selbst im Kindergarten necken die Kinder sich gegenseitig und rufen sich „Anna liebt Felix" hinterher. Was ist aber, wenn Anna später Katja liebt und Felix Mathias?

Fühlt man sich von einer Person des eigenen Geschlechts angezogen, nennt man das *homosexuell* oder *Homosexualität*. Bei Männern hat sich der Ausdruck „schwul sein" und bei Frauen der Begriff „lesbisch sein" durchgesetzt. Fühlt sich jemand von Personen beiderlei Geschlechts gleichermaßen angezogen, spricht man von bisexuell oder Bisexualität.

Bisher sind alle Versuche der Wissenschaft gescheitert, eine vermutete Ursache für die Entstehung der sexuellen Neigung herauszufinden.

1 A–F Liebe – und was dazugehört

Wahrscheinlich wirken viele Faktoren gemeinsam. Etwa vier bis sieben Prozent der Bevölkerung sind lesbisch oder schwul. Die meisten Jugendlichen versuchen zunächst, ihre homosexuellen Gefühle zu verdrängen.

Wenn sich jemand selbst eingesteht, lesbisch oder schwul zu sein und es auch anderen erzählt, dann beginnt das *Coming-Out*. Diese Zeit ist schwierig, da die Betroffenen große Angst vor der Reaktion der Umwelt haben. Sie fühlen sich dann erleichtert und froh, wenn wenigstens die eigene Familie oder die Freunde Rückendeckung geben. Informationen, Beratung und neue Kontakte können Jugendliche und ihre Angehörigen in Clubs und vielen verschiedenen Beratungsstellen finden.

Leider gibt es immer noch viele Zwänge und Vorurteile, von denen wir uns befreien müssen. „Die/der ist vom anderen Ufer" und „Pass auf, dass die/der dich nicht anmacht!" sind nur zwei Beispiele für diskriminierende Äußerungen.
Gleichgeschlechtliche Lebensgemeinschaften werden in der Gesellschaft noch nicht lange anerkannt und bestehende Vorurteile nur langsam abgebaut. So wurden beispielsweise Gesetze erarbeitet, die gleichgeschlechtliche Lebensgemeinschaften zumindest in Teilbereichen heterosexuellen Lebensgemeinschaften gleichstellen sollen.

1 Betrachtet die Abbildungen. Wähle ein Beispiel aus und beschreibe, was dort zum Ausdruck kommen soll.
2 Die Partnerschaft zwischen zwei Menschen hat nicht nur etwas mit Sexualität zu tun. Erläutere diese Aussage.

3.8 Dein Körper gehört dir!

Schlagzeilen wie in dem nebenstehenden Zeitungsartikel findet man immer wieder in Tageszeitungen. Meist gehen die Mädchen nach so einem schrecklichen Erlebnis mit ihren Eltern zur Polizei und zeigen den Täter an. Zeitungsreporter greifen dann diese Vorfälle auf und berichten darüber. Doch solche Vorfälle sind trotz allem eher Einzelfälle. Zwar sind es fast immer Männer, die Mädchen oder manchmal auch Jungen belästigen oder sexuell missbrauchen, aber nur selten ist es ein ganz fremder Mann. Viel öfter sind es Männer, die die Mädchen und Jungen kennen. Das können andere Jungen aus der eigenen Schule sein, ein Mann aus der Nachbarschaft oder sogar jemand aus der eigenen Familie. Meistens ist der Tatort auch nicht ein dunkler Park oder eine abgelegene Straße, sondern eine vertraute Wohnung und sehr häufig ist gar keine brutale Gewalt im Spiel.

Mädchen und Jungen, die sexuell missbraucht werden, wissen häufig nicht, wie sie sich verhalten sollen. Oft glauben sie, dass es nur ihnen so geht und sie geben sich sogar noch selber die Schuld. Sie trauen sich nicht, darüber zu reden, denn sie haben Angst, dass ihnen niemand glaubt. Häufig müssen sie auch versprechen, niemand etwas über dieses „Geheimnis" zu erzählen. Doch es ist sehr wichtig, darüber zu reden. Wenn sich keine Vertrauensperson zum Reden finden lässt, gibt es andere Stellen, wo Mädchen und Jungen alleine hingehen und sich aussprechen können, wo ihnen geglaubt wird.

Berührungen und Zärtlichkeiten können schöne Gefühle auslösen. Wenn sie aber unangenehm sind oder komische Gefühle auslösen, dann solltest du folgendes wissen:

- Dein Körper gehört dir! Du hast das Recht zu bestimmen, wer dich anfassen darf und wer nicht!
- Du hast das Recht, alle Zärtlichkeiten und Berührungen, die du nicht magst, sehr deutlich abzulehnen!
- Du hast das Recht, unheimliche, merkwürdige oder unangenehme Geheimnisse zu erzählen, auch wenn du versprochen hast, es nicht zu tun!

1 Betrachte die Abbildung 2. Nenne weitere Möglichkeiten, um Ablehnung auszudrücken.

2 Führt eine Gesprächsrunde über das Thema sexueller Missbrauch durch und formuliert gemeinsam Möglichkeiten, wie ihr euch gegen Übergriffe wehren könnt. Gestaltet dazu auch ein Informationsplakat.

Mädchen belästigt!

„**Trier** – Von einem Unbekannten wurde am Montagnachmittag eine 11-jährige Schülerin belästigt, als sie von der Schule nach Hause ging. In der Gartenstraße merkte sie, dass ihr ein Mann folgte. Direkt nach der Unterführung hielt er das Mädchen am Arm fest und berührte es unsittlich. Als die Elfjährige schrie und sich wehrte, ließ der Mann sie los und flüchtete ..."

1 Bericht aus einer Tageszeitung

2 Deutliche Ablehnung

? Hier findest du **Hilfe:**

Deutscher Kinderschutzbund, Jugendamt, Frauenzentren, Mädchentreffs, Nottelefon für Kinder und Frauen, Pro Familia, Telefonseelsorge, ... Die Telefonnummern stehen im Telefonbuch.

Mein Körper gehört mir!

A1 Was können sie tun?

Beispiel 1:
Auf dem Weg zur Schule nähert sich Anna von hinten ein Mann und fasst sie am Arm an. Sie hatte schon länger bemerkt, dass er ihr folgte. Was sollte sie tun?

Was könnte Anna sagen?

Beispiel 2:
Irgendwie mag Julia ihren Onkel Peter. Er ist witzig und unternimmt immer wieder tolle Sachen mit ihr. Wenn nur eins nicht wäre: Zum Abschied nimmt er sie immer ganz fest in die Arme, tätschelt ihren Po und gibt ihr einen dicken, feuchten Kuss. Sie traut sich nicht ihm zu sagen, dass ihr das alles unangenehm ist. Würde er dann noch mit ihr weggehen?

a) Was können Anna und Julia tun? Überlegt euch verschiedene Lösungsmöglichkeiten für beide Situationen.
b) Tragt die Lösungsmöglichkeiten in der Klasse vor und vergleicht sie miteinander.
Stimmt darüber ab, welche ihr für die beste haltet.

A2 Weitererzählen oder nicht?

Geheimnisse können der Anlass für gute oder schlechte Gefühle sein. Wann darf man sie weitererzählen?

Geheimnis 1:
Leyla (12) hat Marion (15) und Ellen (16) dabei beobachtet, wie sie im Supermarkt vier CDs geklaut haben. Am nächsten Tag in der Schule verschenken die beiden Mädchen die CDs, um ihre Großzügigkeit zu beweisen. Mehmet, Leylas älterer Bruder, erhält auch eine und erzählt zu Hause ganz stolz davon.

Geheimnis 2:
Kai erzählt Uwe von einem Mädchen aus der 6b, das er ganz toll findet. Kai bittet Uwe, keinem Menschen etwas davon zu erzählen.

Geheimnis 3:
Der Freund von Anjas Vater will Anja, wenn sie alleine sind, immer streicheln und küssen obwohl Anja das nicht mag. Er sagt ihr, dass sie niemand etwas davon erzählen darf, das wäre ihr gemeinsames Geheimnis.

a) Welches Geheimnis sollte man weitererzählen, welches nicht? Begründe.
b) Wer wäre der jeweils geeignete Ansprechpartner?
Mache Vorschläge.

A3 Gefühle haben – Gefühle zeigen

Die einen machen lachend einen Luftsprung, die andern klatschen begeistert in die Hände; wieder andere strahlen über das ganze Gesicht, manche weinen sogar! Du weißt sicher, von welchem Gefühl die Rede ist: vom Glücklichsein! Wenn wir traurig oder wütend sind, verhalten wir uns ganz anders. Manche Menschen verstecken ihre Gefühle. Sie denken, es wäre eine Schwäche, sie zu zeigen. Doch das Gegenteil ist richtig: Wir müssen unsere eigenen Gefühle und die anderer Menschen ernst nehmen, um miteinander leben zu können, ohne krank zu werden.

a) Stellt Gefühle pantomimisch dar und lasst eure Mitschüler raten, welche ihr meint.

b) Fertigt eine Collage mit Bildern aus Zeitschriften, die Gefühle ausdrücken.

Körper und Gesundheit

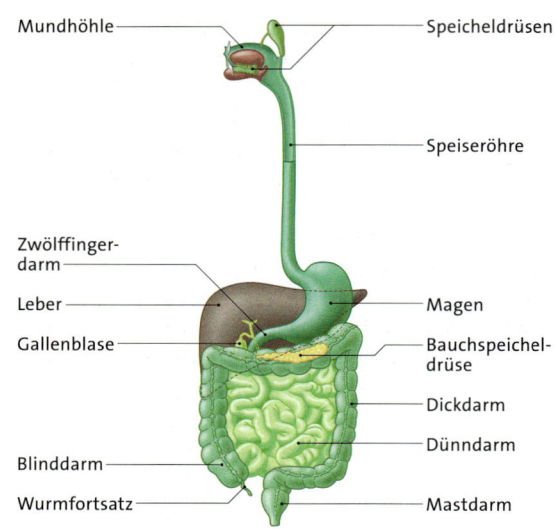

Mundhöhle — Speicheldrüsen

— Speiseröhre

Zwölffinger-
darm

Leber —
Gallenblase — — Magen
— Bauchspeichel-
drüse

— Dickdarm
— Dünndarm

Blinddarm —
Wurmfortsatz — — Mastdarm

Verdauungsorgane

Basiskonzept System

Alle Organe des Menschen arbeiten im Gesamtsystem des Organismus zusammen. Dabei übernehmen sie jeweils spezielle Aufgaben. Die Verdauung der Nahrung erfolgt in den Organen des Verdauungssystems, zu denen der Mund mit den Zähnen, die Speiseröhre, der Magen, der Darm und verschiedene Drüsen gehören. Die aufgenommene Nahrung wird in den Verdauungsorganen in ihre Bestandteile zerlegt. Aus dem Darm gelangen sie ins Blut und werden auf diese Weise in alle Teile des Körpers transportiert.

Das Blut fließt in Blutgefäßen, die sich immer feiner verzweigen und als Kapillaren jede einzelne Zelle des Körpers versorgen können. Die Bewegung des Blutes erfolgt durch das Herz. Gefäße, die das Blut zum Herzen führen, werden Venen genannt, während die vom Herzen weg führenden Blutgefäße Arterien heißen.

Man unterscheidet einen Körperkreislauf und einen Lungenkreislauf. In der Lunge wird das Blut mit Sauerstoff angereichert und Kohlenstoffdioxid wird an die Luft abgegeben. Beim Einatmen füllen sich die Lungenbläschen mit sauerstoffreicher Luft und beim Ausatmen gibt die Lunge mit Kohlenstoffdioxid angereicherte Luft ab.

Regelmäßiger Sport stärkt das Herz-Kreislaufsystem und die Atmungsorgane. Mangelnde Bewegung verursacht eine geringere Leistungsfähigkeit und kann auf die Dauer zu schweren Erkrankungen des Kreislaufsystems führen.

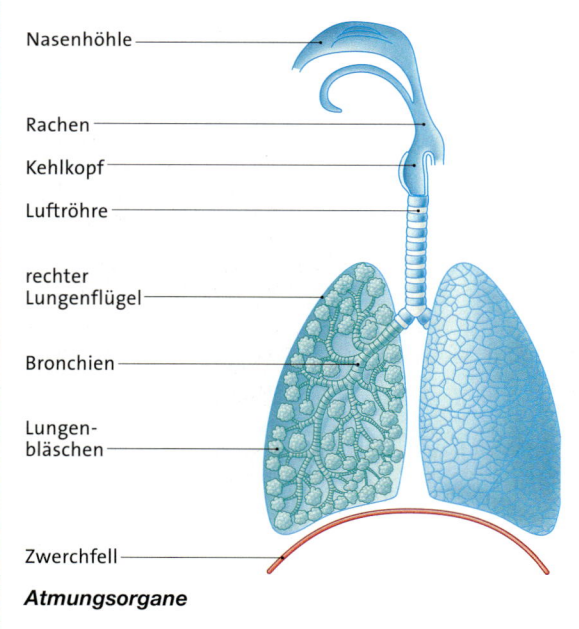

Nasenhöhle —

Rachen —

Kehlkopf —

Luftröhre —

rechter
Lungenflügel —

Bronchien —

Lungen-
bläschen —

Zwerchfell —

Atmungsorgane

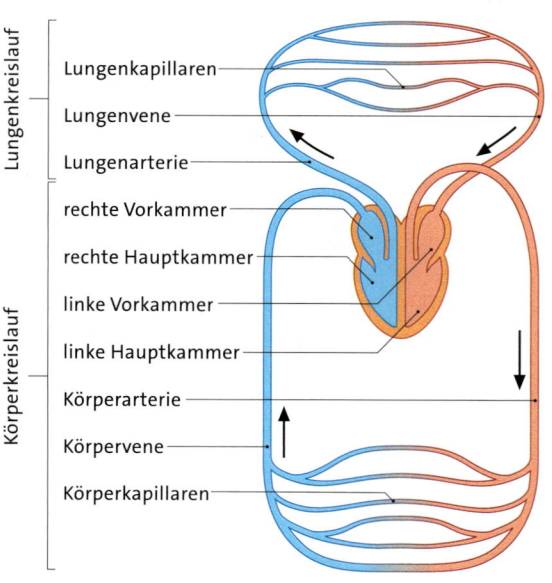

Lungenkreislauf

— Lungenkapillaren
— Lungenvene
— Lungenarterie

— rechte Vorkammer
— rechte Hauptkammer
— linke Vorkammer
— linke Hauptkammer

Körperkreislauf

— Körperarterie
— Körpervene
— Körperkapillaren

Herz-Kreislaufsystem

Basiskonzept Stoff – Teilchen – Materie

Wie alle Stoffe besteht auch die Nahrung aus Teilchen. Die Hauptinhaltsstoffe der Nahrung sind die Nährstoffe – Kohlenhydrate, Fette und Eiweißstoffe. Kohlenhydrate bestehen aus Zuckerbausteinen, Fette aus Glycerin und Fettsäuren, Eiweißstoffe aus verschiedenen Aminosäuren. Aus einem Teil dieser Bausteine werden in den Zellen körpereigene Stoffe hergestellt. Durch den Abbau von Kohlenhydraten und Fetten versorgt sich der Körper mit der nötigen Energie. Neben den Nährstoffen müssen mit der Nahrung auch Vitamine und Mineralstoffe aufgenommen werden.

Eine möglichst vielseitige und ausgewogene Ernährung ist gesund: Sie gewährleistet, dass dem Körper alle notwendigen Stoffe im richtigen Verhältnis zugeführt werden. Überernährung, insbesondere durch eine zu fettreiche Kost, kann zu Übergewicht und ernsten Erkrankungen führen.

Basiskonzept Entwicklung

Zu den männlichen Geschlechtsorganen gehören das Glied sowie der Hodensack mit den Hoden. Scheide, Gebärmutter und die Eierstöcke sind die wichtigsten weiblichen Geschlechtsorgane. Diese Organe sind bereits bei der Geburt angelegt, ihre Funktionsfähigkeit erhalten sie aber erst während der Pubertät: In den Hoden reifen nun Spermien, in den Eierstöcken Eizellen.

Bei Jungen macht sich die Geschlechtsreife meist durch einen unwillkürlichen Spermienerguss bemerkbar, bei Mädchen tritt die erste Menstruationsblutung auf. In diesem Entwicklungsabschnitt bilden sich auch weitere Geschlechtsunterschiede aus, zum Beispiel Bartwuchs und tiefe Stimme bei Jungen, Wachstum der Brüste bei Mädchen.

Beim Geschlechtsverkehr werden Spermien in die Scheide abgegeben. Mit Hilfe ihrer Schwanzfäden können die Spermien die Gebärmutter hinauf in die Eileiter wandern. Dort treffen sie eventuell auf eine Eizelle, die zuvor von den Eierstöcken freigesetzt wurde. Bei der Befruchtung dringt ein Spermium in die Eizelle ein, die beiden Zellkerne verschmelzen miteinander. Die befruchtete Eizelle beginnt sich nun vielfach zu teilen. Schließlich entsteht ein Embryo, der sich in der Gebärmutterschleimhaut einnistet. Zur Versorgung des Embryos entwickelt sich der Mutterkuchen, der mit dem Embryo über die Nabelschnur verbunden ist. Nachdem alle wichtigen Organe angelegt sind, wird der Keim Fetus genannt. Embryo und Fetus entwickeln sich in einer Fruchtblase, die mit Fruchtwasser gefüllt ist und vor Erschütterungen und Stößen schützt.

Nach neun Monaten Entwicklungszeit wird das Kind geboren. Es braucht für seine weitere Entwicklung noch viel Zuwendung durch die Eltern. Bis zum Erreichen der Geschlechtsreife vergehen etwa zwölf bis vierzehn Jahre.

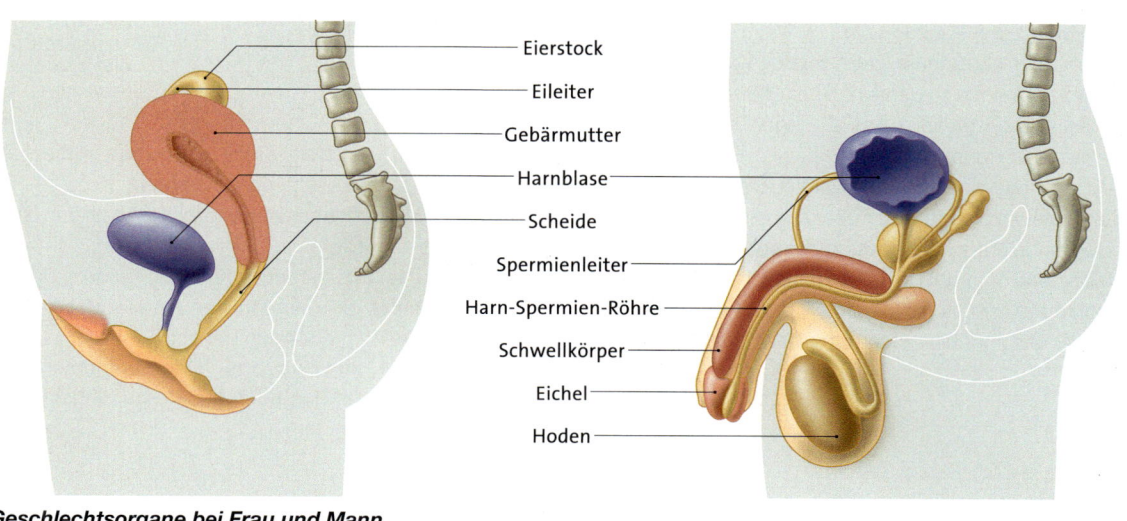

Geschlechtsorgane bei Frau und Mann

Körper und Gesundheit

A1 Der Bronchialbaum

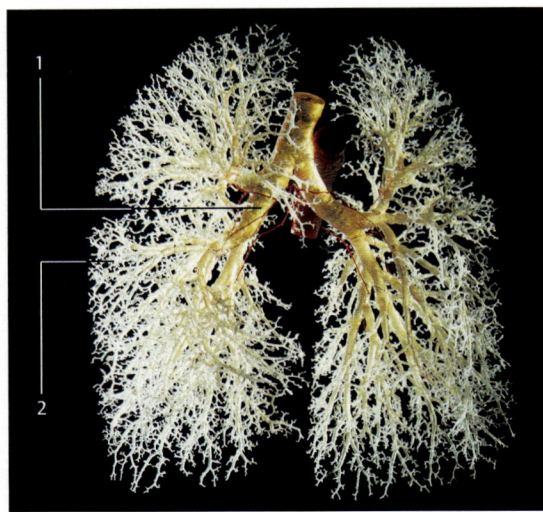

A2 Atmung und Kreislauf wirken zusammen

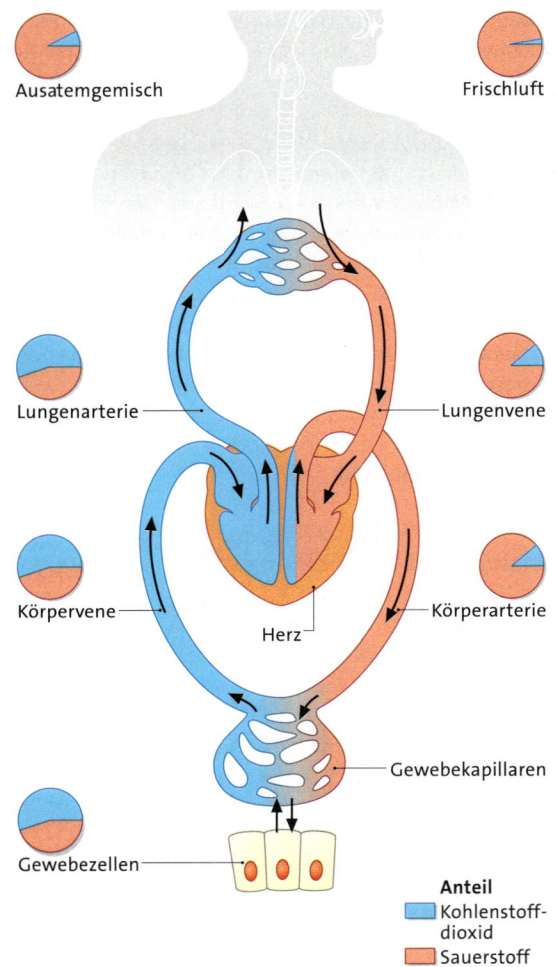

In manchen Biologiesammlungen gibt es einen „Bronchialbaum". Bei seiner Herstellung wird die Lunge eines toten Schlachttieres mit einem speziellen Kunststoff ausgegossen. Nachdem das Material gehärtet ist, wird das umliegende Gewebe entfernt. Zurück bleibt das Abbild der inneren Oberfläche der Lunge.

Aufgaben: a) Benenne die mit Ziffern gekennzeichneten Bestandteile des Präparates.

b) Beschreibe den Aufbau des Bronchialbaumes.

c) Benenne weitere Organe im menschlichen Organismus, in denen eine große Oberfläche eine Rolle spielt. Gehe dabei auf den Zusammenhang von Struktur, Eigenschaft und Funktion ein.

d) Auch ein Laubbaum zeigt starke Verzweigungen seiner Äste bis hin zu den einzelnen Blättern. Erläutere die Bedeutung dieser Verzweigungen für den Stoffwechsel des Baumes.

e) Manchmal wird der Stadtwald auch als Lunge der Großstadt bezeichnet. Erläutere diese Begriffswahl.

f) Begründe unter Verwendung der Abbildung, welche schädlichen Wirkungen bestimmte Inhaltsstoffe von Tabakrauch haben. Recherchiere dazu Informationen über die Gesundheitsgefährdung durch das Rauchen.

Atmungssystem und Herz-Kreislauf-System wirken bei der Versorgung der Zellen eng zusammen.

Aufgaben: a) Beschreibe die Herztätigkeit und den Blutfluss im Kreislaufsystem.

b) Erläutere das Zusammenwirken der beiden Organsysteme. Beziehe die dargestellten Anteile der beiden Atemgase in die Ausführungen mit ein.

c) Entwickelt in der Gruppe eine entsprechende Darstellung, die zusätzlich noch das Verdauungssystem mit einbezieht.

A3 Zusammensetzung von Atemluft

100 Liter (l)	Einatemluft enthalten	Ausatemluft enthalten
Stickstoff	75 l	78 l
Sauerstoff	21 l	17 l
Kohlenstoffdioxid	0,04 l	4 l
sonstige Gase	0,96 l	1 l

Aufgaben: a) Stelle die in der Tabelle enthaltenen Daten in einem Säulendiagramm zusammen.
b) Beschreibe das Diagramm und ziehe Schlussfolgerungen.
c) Erläutere die Bedeutung des Sauerstoffs für den Organismus.

A4 Ein Kind entsteht

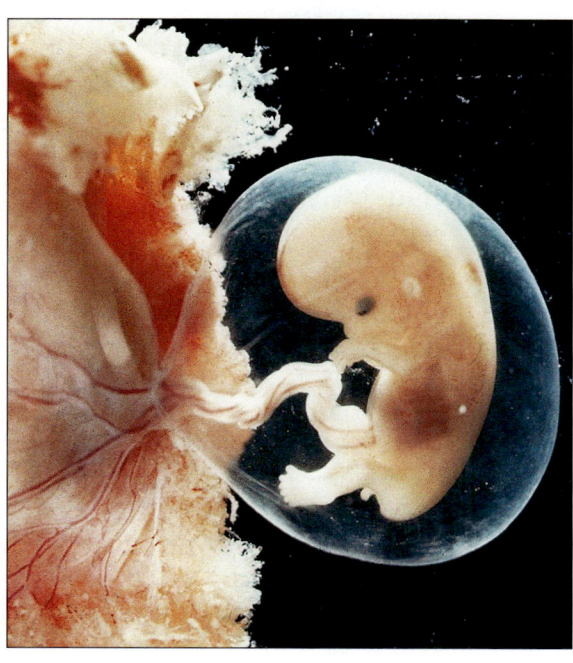

Das Foto zeigt einen acht Wochen alten Embryo in seiner natürlichen Umgebung.
Aufgaben: a) Beschreibe die Abbildung genau. Verwende dazu jeweils die korrekten Fachbegriffe. Nenne alle Organe des Embryos, die zu erkennen sind.

b) Erläutere, auf welche Weise der Embryo von der Mutter versorgt wird. Einige der an dieser Versorgung beteiligten Organe sind in der Abbildung zu sehen. Nenne sie und beschreibe ihre Lage.
c) Beschreibe die weitere Entwicklung des Fetus bis zur Geburt.

A5 Modell zur Fruchtblase

Ein Hühnerei, das sich in einem mit Wasser gefüllten Becherglas befindet, wird oft als Modell für einen sich in der Fruchtblase entwickelnden Embryo gezeigt. Wenn man das Becherglas schnell dreht, dreht sich das Ei nicht mit, sondern bleibt im Wasser scheinbar an der Stelle.
Aufgaben: a) Erkläre die oben beschriebene Beobachtung.
b) Erläutere, wieso ein Hühnerei im Becherglas als Modell für einen Embryo in der Fruchtblase gelten kann.
c) Vergleiche die Bestandteile des Modells mit der Wirklichkeit.

Fette Seitenzahlen weisen auf ausführliche Behandlung im Text oder auf Abbildungen hin;
f. = die folgende Seite; ff. = die folgenden Seiten.

Umschlag: Siebenschläfer: Hans Reinhard/ Okapia, Frankfurt, Frankfurt; Umschlag Himmel: Klaus-Peer Wolf/Alimdi. net, Deisenhofen; 8.1: Minkus, Isernhagen; 9.1: Glammeier, Hannover; 10.1, 11.3, 11.4, 11.5: Minkus, Isernhagen; 14.01: Mierendorf, Stuttgart; 14.02: Westend61, Fürstenfeldbruck; 15.01: Karly, München; 15.02: Juniors Bildarchiv, Ruhpolding; 15.03: Fotex Medien Agentur GmbH, Hamburg; 16.01: Vock/ Okapia, Frankfurt; 16.02: Menz/Blickwinkel, Witten; 17.03: Lacz/Natural History Photographic Agency, Sussex; 17.04: Reinhard/Okapia, Frankfurt; 17.5: Lenz/ Okapia, Frankfurt; 18.1: Reinhard-Tierfoto, Heiligkreuzsteinach; 18.2A: Vitakraft-Werke, Bremen; 18.2B: Vitakraft-Werke, Bremen; 18.3A–B: Steimer/Juniors Bildarchiv, Ruhpolding; 19.4: Fabian, Hannover; 19.5: Vitakraft-Werke, Bremen; 20.1, 20.2, 21.1, 21.3, 21.4: Minkus, Isernhagen; 21.5, 22.20.1: Klein&Hubert/Okapia, Frankfurt; 22.20.2 A: Lichtbildarchiv Dr. Keil, Neckargemünd; 22.20.2 B: Klein& Hubert/Okapia, Frankfurt; 22.20.2 C: Dr. Eric Dragesco/ Okapia, Frankfurt; 22.20.2 D: Zollkriminalamt, Köln; 22.20.2 E: Klein&Hubert/Okapia, Frankfurt; 23.21.4: Wegner/Silvestris, Kastl; 24.19.2: Reinhard-Tierfoto, Heiligkreuzsteinach; 24.19.3: Lenz/Silvestris, Kastl; 24.19.4: Hofmann/ Silvestris, Kastl; 25.22.1–4: Monika Wegler, München; 26.23.1: Dr. Dragesco/Okapia, Frankfurt; 26.23.2: Brehm/ Silvestris, Kastl; 26.23. 3–4: Reinhard/Tierbildarchiv Angermayer, Holzkirchen; 26.23.5: Danegger/Silvestris, Kastl; 26.23.6: FLPA/Silvestris, Kastl; 26.23.7: Hosking/Silvestris, Kastl; 27.15.1 A ob.: Reinhard-Tierfoto, Heiligkreuzsteinach; 27.15.1 A unt.: Weger/Silvestris, Kastl; 28.26.1 A: Lenz/ Silvestris, Kastl; 28.26.1 B: Zefa/Index Stock, Düsseldorf; 29.27.2 F: Walz/Silvestris, Kastl; 29.27.3 A–B: Lichtbildarchiv Dr. Keil, Neckargemünd; 29.27.4 A–B: Reinhard/Tierbildarchiv Angermayer, Holzkirchen; 30.A1: Minkus, Isernhagen; 30.V2: Mall, Berlin; 30.A3 li., 30.A3 Mi., 30.A3 re.: DK Images, London; 30.A4: Cox/Wildlife, Hamburg; 31.A4: Lenz/Okapia, Frankfurt; 31.A6 li.: Stadtler/ TopicMedia Service, Ottobrunn; 31.A6 re.: Kerstin Plosz; 31.A7 li., 31.A7 re.: Lichtbildarchiv Dr. Keil, Neckargemünd; 32.1A: Meul/ Save/Okapia, Frankfurt; 32.1A: Kunz/Save/Okapia, Frankfurt; 32.1D: Lacz/Silvestris, Kastl; 33.1: Illustration von F.J. Tripp, aus: Otfried Preußler, DER RÄUBER HOTZENPLOTZ © 1962 by Thienemann Verlag (Thienemann Verlag GmbH), Stuttgart/Wien; 33.3: Hans Tegen, Hambühren; 33.2: Wendler/mauritius images, Mittenwald; 34.1a: Füehler/dpa/picture-alliance, Frankfurt; 36.1: agrar-press, Nörvenich; 37.1: Nagel/TopicMedia Service, Ottobrunn; 37.2: Erdmann, Bad Sachsa; 37.3: Okapia, Frankfurt; 38.1A: Reinhard/Okapia, Frankfurt; 38.1B: Reinhard/Tierbildarchiv Angermayer, Holzkirchen; 38.1C: IMA, Hannover; 39.4A: Reinhard/ Okapia, Frankfurt; 39.4B: Elfner/ Tierbildarchiv Angermayer, Holzkirchen; 40.1A: Silvestris, Kastl; 41.1: Reinhard/mauritius images, Mittenwald; 42.1: Meyers/Okapia, Frankfurt; 42.2: Tierbildarchiv Angermayer, Holzkirchen; 43.4: Oxford Scientific/mauritius images, Mittenwald; 43.5A: Bonsen/ Okapia, Frankfurt; 45.3 A: Paul Hobson/FLPA/Holt St./ Okapia, Frankfurt; 45.3 B: Lichtbildarchiv Dr. Keil, Neckargemünd; 45.3C: TopicMedia Service, Ottobrunn; 45.3D: Okapia, Frankfurt; 46.1 A: Danegger/Okapia, Frankfurt; 46.1 B: Schrempp/Greiner + Meyer, Braunschweig; 46.1 C: Roland T. Frank/mauritius images, Mittenwald; 47.3: J & C Sohns/TopicMedia Service, Ottobrunn; 50.1: Ekholm/mauritius images, Mittenwald; 51.4B: Tierbildarchiv Angermayer, Holzkirchen; 51.4C: Hecker/Silvestris, Kastl; 55.1: Elfner/Tierbildarchiv Angermayer, Holzkirchen; 55.2: Tierbildarchiv Angermayer, Holzkirchen; 55.3: Reinhard/mauritius images, Mittenwald; 55.4: Deymann/Silvestris, Kastl; 58.1A: Reinhard-Tierfoto, Heiligkreuzsteinach; 58.1B: Havel/ mauritius images, Mittenwald; 58.1C: Gross/Silvestris, Kastl; 58.1D: Reinhard-Tierfoto, Heiligkreuzsteinach; 58.1E: Danegger/Okapia, Frankfurt; 59.2: Thonig/mauritius images, Mittenwald; 60.1: Dr. Pott/Okapia, Frankfurt; 60.2: Glammeier, Hannover; 60.3: Albinger/Silvestris, Kastl; 60.4, 60.5: Glammeier, Hannover; 60.6: Die Holzschmiede, Thurnau; 64.2: Tönnies, Laatzen; 65.2: Beuck, Helvesiek; 66.1, 66.2: Dobers, Walsrode; 66.3: Hans Tegen, Hambühren; 66.4: Beuck, Helvesiek; 67.1: NHPA/Silvestris, Kastl; 67.2–3: Hecker/Silvestris, Kastl; 67.4: Bernhardt Apparatebau, Weddel; 67.5: Manning/mauritius images, Mittenwald; 67.6: Silvestris, Kastl; 67.7: Freund/Okapia, Frankfurt; 68.1A–C: Ossi Baumeister/Gesellschaft für ökologische Forschung e. v., München; 68.2: Steinmetz/Naturbild/Okapia, Frankfurt; 68.3A: Bühler/Silvestris, Kastl; 68.3B: Kratz/Okapia, Frankfurt; 69.1: Corneel Voigt/Okapia, Frankfurt; 69.2: Bezirksstelle für Naturschutz und Landschaftspflege, Freiburg; 69.3: Tom Bol/Alaska Stock/Okapia, Frankfurt; 69.4: Weiss/Helga Lade, Frankfurt; 70.1: Thonig/mauritius images, Mittenwald; 70.1A: Ruckszio/Zefa/Corbis, Düsseldorf; 70.1B: Tierbildarchiv Angermayer, Holzkirchen; 70.1C: Pfletschinger/ Tierbildarchiv Angermayer, Holzkirchen; 70.1D: Schmid/ Okapia, Frankfurt; 71.1: Tönnies, Laatzen; 71.2: Walz/ Silvestris, Kastl; 72.1 A: Brockhaus/Silvestris, Kastl; 72.1 B: Reinhard-Tierfoto, Heiligkreuzsteinach; 72.1 C: Pelka/ Silvestris, Kastl; 73.1: Wellinghorst, Quakenbrück; 73.2: Wahl/Silvestris, Kastl; 73.3: Pfletschinger/Angermayer, Holzkirchen; 73.4, 73.5: Wellinghorst, Quakenbrück; 74.2: Haneforth/Silvestris, Kastl; 75.1: Redeleit/Silvestris, Kastl; 75.2: Wellinghorst, Quakenbrück; 75.3: Tönnies, Laatzen; 75.4: Rabisch, Duingen; 76.1: Lothar/Silvestris, Kastl; 77.02: Labat-Lanceau/Cogis/Okapia, Frankfurt; 77.03: K. G. Vock/ Okapia, Frankfurt; 77.04: mauritius images, Mittenwald; 79.A4: Okapia/picture-alliance, Frankfurt; 80.1: Photo Researchers/mauritius images, Mittenwald; 80.2, 80.3: Minkus, Isernhagen; 81.1, 81.2: Fabian, Hannover; 81.3: Hans Tegen, Hambühren; 82.1A–E: Minkus, Isernhagen; 83.1: Studio Schmidt-Lohmann, Hannover; 83.3: Simper, Wennigsen; 84.Kreise: Minkus, Isernhagen; 84.1A: Cash/ mauritius images, Mittenwald; 84.1B–D: Minkus, Isernhagen; 85.3: Okapia, Frankfurt; 88.1: BilderBox Bildagentur GmbH, Thening; 88.02: 10nach8; 88.03: Keystone Pressedienst, Hamburg; 89.04: blickwinkel, Witten; 89.05: Marx, Hagen Dipl.-Ing., Andernach; 90.1A–B: Minkus, Isernhagen; 91.3: Stelter; 93.1–3: Hans Tegen, Hambühren; 94. 1–4: Westermeier/ADAC motorwelt, München; 95.1: Hans Tegen, Hambühren; 95.2: ALPINA eyewear, Friedberg-Derching; 95.3: Dr. Reinbacher, Kempten; 96.1: Konopka, Recklinghausen; 97.1–2: Hans Tegen, Hambühren; 98.2A–B,

D–F: Minkus, Isernhagen; 98.3: dpa-Fotoreport/Andreas Wrede/picture-alliance, Frankfurt; 99.1: Aero GmbH, Ettlingen; 99.2: teco Schallschutz GmbH, Peine; 99.3: Ernst-Apparatebau GmbH & Co., Hagen; 100.1: Aero GmbH, Ettlingen; 101.4: Hans Tegen, Hambühren; 102.Landschaft: Wellinghorst, Quakenbrück; 102.1A: Traub/Silvestris, Kastl; 102.1B.: Sellenschlo/Xeniel-Dia, Neuhausen; 102.2A: Brosette/Silvestris, Kastl; 102.2B: Rohdich/Silvestris, Kastl; 102.3A: Root/Okapia, Frankfurt; 102.3B, 102.4A: Reinhard/Angermayer, Holzkirchen; 102.4B: Martinez/Silvestris, Kastl; 104.1: Fabian, Hannover; 105.1–2, 106.1, 107.2, 107.4: Hans Tegen, Hambühren; 108.1: Fabian, Hannover; 108.2 A–B: Hans Tegen, Hambühren; 110.1: Kluge/dpa/picture-alliance, Frankfurt; 110.2, 111.2, 112.1, 112.2, 112.3, 113. 1–4, 114.2–3, 115.1: Hans Tegen, Hambühren; 116.2A: Rosing/mauritius images, Mittenwald; 116.2B: Susan/mauritius images, Mittenwald; 116.2C: Schrempp/Greiner + Meyer, Braunschweig; 117.1: Havlicek/Zefa/Corbis, Düsseldorf; 117.2–3: metropress GmbH, Frankfurt; 117.4: Emu/Okapia, Frankfurt; 120.A1: Steinberger, Karlheinz/IFA-Bilderteam/Getty images, München; 120.A3A: TopicMedia Service, Ottobrunn; 120.A3B, 120.A3C: Fotostudio Druwe & Polastri, Cremlingen/Weddel; 121.A4: Okapia/picture-alliance, Frankfurt; 121.A7: picture-alliance, Frankfurt; 123.1: Pfletschinger/Angermayer, Holzkirchen; 123.2: Wothe/Okapia, Frankfurt; 123.3: Rabisch, Duingen; 123.4: Angermayer, Holzkirchen; 123.A: Karly, München; 123.B: Brockhaus/Silvestris, Kastl; 123.C: Dalton/OSF/Okapia, Frankfurt; 123.D: Pfletschinger/Angermayer, Holzkirchen; 124.1: Bach/mauritius images, Mittenwald; 125.5, 126.1: Simper, Wennigsen; 127.3: Zeiss, Jena; 128.1: Okapia, Frankfurt; 128.2, 128.3: Hans Tegen, Hambühren; 130.1: Minkus, Isernhagen; 130.2: Zeiss, Jena; 132.1: Minkus, Isernhagen; 132.2A: Lücking/Universität Bayreuth, Lehrstuhl für Pflanzensystematik, Bayreuth; 132.2B: Knabben/Okapia, Frankfurt; 133.3B: Karly, München; 133.3C: Minkus, Isernhagen; 136.1: Vogt-Mössingen/Okapia, Frankfurt; 136.2: Moll/Okapia, Frankfurt; 137.V2a: Minkus, Isernhagen; 137.V2b: Minkus, Isernhagen; 138.1A: Birke/mauritius images, Mittenwald; 138.1B, 138.1C: Mathias, Reutlingen; 139.2: Lichtbildarchiv Dr. Keil, Neckargemünd; 140.1, 140.2A–C, 141.3, 141.4A+C, 142.1–2, 143.V1+2, 144.1A–D, 144.2: Hans Tegen, Hambühren; 145.1: Gerhard P. Müller Fotodesign, Dortmund; 145.2A–B, 146.1, 147.1: Hans Tegen, Hambühren; 149.2: Südsalz GmbH, Heilbronn; 150.01: Verein Astroinfo, Langnau am Albis; 151.03: F1online digitale Bildagentur GmbH, Frankfurt; 152.01: John Chumack/ Agentur Focus, Hamburg; 152.2: Lutz Laepple, Baindt; 152.3: picture-alliance, Frankfurt; 153.1: Hans Tegen, Hambühren; 154.1: NASA, Washington; 154.2: stargazer-observatory.com; 157.1A: NASA, Washington; 157.1B: Lutz Laepple, Baindt; 157.1C–E: NASA, Washington; 160.1–6: Astrofoto, Sörth; 161.1–2: Verein der Sternfreunde e. V. Bad Kreuznach, Bad Kreuznach; 162.1A: Astrofoto, Sörth; 162.1B: NASA, Washington; 162.1C: Astrofoto, Sörth; 162.1D: NASA, Washington; 163.1A: Hans Tegen, Hambühren; 163.2A: Xeniel-Dia, Stuttgart; 163.2B: Lichtbildarchiv Dr. Keil, Neckargemünd; 163.2D:

Meckes/eye of science, Reutlingen; 165.A4: NAS/Nasa/Okapia, Frankfurt; 166.1: F1online digitale Bildagentur GmbH, Frankfurt; 166.2: Foto Begsteiger, Gleisdorf; 166.3: Fotex Medien Agentur GmbH, Hamburg; 167.1: Corbis, Düsseldorf; 167.2: argus Fotoarchiv GmbH, Hamburg; 167.3: Keystone Pressedienst, Hamburg; 167.4: Gutschalk, Thorsten, Lampertheim; 168.1A: mauritius images, Mittenwald; 168.1B: TopicMedia Service, Ottobrunn; 168.1C, 168.2A: mauritius images, Mittenwald; 168.2B: Topic Media Service, Ottobrunn; 168.2C: Wildlife, Hamburg; 169.4A: Uwe Schmidt-Fotografie, Duisburg; 169.4B: Arco Images GmbH, Lünen; 169.4C: Juniors Bildarchiv, Ruhpolding; 169.5A: eisele photos, Augsburg; 169.5B: Christoph & Friends/Das Fotoarchiv, Essen; 169.5C: Joker, Bonn; 171.1: Kastner, Kappel; 173.1: Science Museum, London; 173.2: Deutsches Museum, München; 173.3: Neumann, Gelsenkirchen; 174.1: Kohn, Braunschweig; 174.2: picture-alliance, Frankfurt; 175.3: Bridgeman Art Library, London; 175.4: Simper, Wennigsen; 175.5: Torquato AG, Geesthacht; 176.1: Wandmacher, Bad Schwartau; 176.2: Blume Bild, Celle-Osterloh; 176.3: Dia Art Foundation, New York; 176.4: Fotex Medien Agentur GmbH, Hamburg; 177.5: images.de, Berlin; 177.6: Jahreszeiten Verlag GmbH, Hamburg; 177.7: Visum Foto GmbH, Hamburg; 177.8: Photo Alto direct GmbH , Mühlheim; 177.9: Göbel, Wolfsburg; 178.1: altrofoto, Regensburg; 178.2: Neumann, Hannover; 179.5: Caro Fotoagentur GmbH, Berlin; 180.1A–C: Kohn, Braunschweig; 182.1: action press, Hamburg; 184.1: Okapia, Frankfurt; 184.2: picture-alliance, Frankfurt; 185.4A+B: Neumann, Hannover; 187.V4A: Fabian, Hannover; 187. V4B: alimdi.net, Deisenhofen; 187.V5b: wikipedia.org; 188.1, 190.1, 191.1 li, 191.1 re, 191.2 ob, 191.2 mi, 191.2 re: Minkus, Isernhagen; 192.1B: Dr. Reinbacher, Kempten; 192.1C: Kuchelbauer/Silvestris, Kastl; 195.1A–B, 195.2–7: Minkus, Isernhagen; 196.A3a+b, 198.1: Minkus, Isernhagen; 202.1: Stadler/Silvestris, Kastl; 202.2A: Reinhard/Okapia, Frankfurt; 203.3B: Schwind/Okapia, Frankfurt; 204.1A–B, 205.V7: Hans Tegen, Hambühren; 209.1: Visa Image/mauritius images, Mittenwald; 209.2: Tetra-Werke, Melle; 210.1: Quedens, Norddorf/Amrum; 212.1A: Tilford/OSF/Okapia, Frankfurt; 212.1B: NHPA/Silvestris, Kastl; 212.1C: Mönch/Angermayer, Holzkirchen; 212.2: Sohns/Silvestris, Kastl; 213.4: Rosing/Silvestris, Kastl; 213.5: Groß/Okapia, Frankfurt; 213.7: Osolinski/OSF/Okapia, Frankfurt; 216.1, 216.2: Dalton/Silvestris, Kastl; 217.1–2: Deutsches Museum, München; 217.3: akg-images, Berlin; 217.4: SOP/mauritius images, Mittenwald; 220.A1a: Haun, Borken; 220.A1b: Th. Semmler, Lünen; 220.A3: Hans Tegen, Hambühren; 221.A6a: WaterFrame, München; 221.A6b: blickwinkel, Witten 222.1: Reiner Bernhardt; 222.2: emopictures, Weinbergen; 223.1: Fischer/Mauritius images Mittenwald; 223.2: Randebrock/alimdi.net, Deisenhofen; 223.3, 223.4: Hans Tegen, Hambühren; 224.1: Astrofoto, Sörth; 224.2, 225.A: Mauritius images Mittenwald; 225.B: Okapia, Frankfurt; 225.C: Eric Bach/Superbild, München; 226.1: Mauritius images Mittenwald; 226.2: Hans Tegen, Hambühren; 227.1: Zefa/Corbis, Düsseldorf; 228.1, 228.2 A–C: Hans Tegen, Hambühren; 229.1: Mauritius images

Mittenwald; 229.2: Jupiterimages, Ottobrunn; 230.1, 231.4, 232.2, 233.3: Hans Tegen, Hambühren; 233.4: image-broker/Mauritius images Mittenwald; 235.1: Hans Tegen, Hambühren; 238.1: Mauritius images Mittenwald; 239.4, 240.1: Hans Tegen, Hambühren; 242.P: Dr. Philipp; 246.1: Hubatka/Mauritius images Mittenwald; 246.2: Reinhard-Tierfoto, Heiligkreuzsteinach; 248.A: Kalt/Zefa/Corbis, Düsseldorf; 250.1B: Schmidt/Greiner + Meyer, Braunschweig; 252.1B: Dr. Sauer/Silvestris, Kastl; 253.3: Bildarchiv Sammer, Neuenkirchen; 254.1: Tönnies, Laatzen; 254.2, 255.3, 255.4a: Dobers, Walsrode; 255.5: Wegner /Silvestris, Kastl; 255.7A: Kuchelbauer/Silvestris, Kastl; 260.1A: Dr. Philipp; 260.1B, 260.2, 262.1: Wellinghorst, Quakenbrück; 262.2: Tönnies, Laatzen; 262.3A–C: Wellinghorst, Quakenbrück; 263.1: Tönnies, Laatzen; 263.2: Reinhard/Mauritius images Mittenwald; 263.3: Tönnies, Laatzen; 263.4: Reinhard/Okapia, Frankfurt; 263.5: Dr. Philipp; 263.7: Prof. Dr. Weber; 263.8: Dr. Philipp; 264.1–4 Kreis: Wellinghorst, Quakenbrück; 265.o. li: Tönnies, Laatzen; 265.2: Haneforth/Okapia, Frankfurt; 265.4: Reinhard/Okapia, Frankfurt; 266.A: Dr. Michael Kaatz, Storchenhof Loburg; 266.B: Buchhorn/Silvestris, Kastl; 266.C: Buchhorn/Okapia, Frankfurt; 266.D: Wothe/Silvestris, Kastl; 267.A: Nill/Mauritius images Mittenwald; 267.B: Brandl/Silvestris, Kastl; 267.C: Cramm/Silvestris, Kastl; 267.D: Schmidt/Silvestris, Kastl; 271.3A: Reinhard-Tierfoto, Heiligkreuzsteinach; 271.3B: Owen Newman/OSF/Okapia, Frankfurt; 271.4: Reinhard-Tierfoto, Heiligkreuzsteinach; 272.A: Okapia, Frankfurt; 272.B: NASA, Houston/Texas; 272.C: STADTLANDFLUSS, Dortmund; 272.D: Bildermehr, Steinburg; 274.A1a: Helga Lade Fotoagentur GmbH, Frankfurt/Main; 274.A1b: Project Photos GmbH & Co. KG, Augsburg; 274.A1c: Weisflog, Cottbus; 274.A1d: Arnold, Berlin; 274.2A–B: Bildagentur Huber, Garmisch-Partenkirchen; 275.A5: Gebhardt/Mauritius images Mittenwald; 276.1–3: Fotostudio Druwe und Polastri, Cremlingen; 277.2: wikipedia.org; 277.3: Vario Images, Bonn; 277.4: ullstein bild, Berlin; 277.5: Visum Foto GmbH, Hamburg; 278.2A–D, 279.3, 279.4: Hans Tegen, Hambühren; 280.1: Chromosohm /Jupiterimages, Ottobrunn; 281.V1, 281.V2A: Prof. Dr. Müller, Braunschweig; 281.V2B: Fotostudio Druwe und Polastri, Cremlingen; 283.V1: Hans Tegen, Hambühren; 285.1: Fabian, Hannover; 286.1: Hans Tegen, Hambühren; 287.1: dpa/picture-alliance, Frankfurt; 288.1, 288.2, 288.3: Hans Tegen, Hambühren; 289.1: Conrad Electronic GmbH, Hirschau; 289.2, 289.3: Hans Tegen, Hambühren; 290.1: Gouasé, Speyer; 292.1, 292.2: Busch-Jaeger-Elektro GmbH, Lüdenscheid; 292.3A–D, 293.1A–B, 293.2, 294.1A: Hans Tegen, Hambühren; 294.1B: Gouasé, Speyer; 294.2, 295.1, 295.2, 296.2, 297.V1, 297.V2, 298.2, 300.1A–C, 302.2, 303.1, 303.2A–B, 304.2, 304.3A–B: Hans Tegen, Hambühren; 305.1A: Museum auf dem Burghof, Springe; 305.1B: Deutsches Museum, München; 305.1C: OSRAM GmbH, München; 306.1: Fabian, Hannover; 306.1 A–B: Busch & Müller KG, Meinerzhagen; 306.1C: Cateye, Japan; 306.2A–B: Busch & Müller KG, Meinerzhagen; 306.3: Cateye, Japan; 306.4, 306.5A–B: Busch & Müller KG, Meinerzhagen; 308.1, 308.2, 308.3, 310.2A–C, 311.1: Hans Tegen, Hambühren; 311.2: Holz / Zefa/Corbis, Düssel-

dorf; 311.3: OPITEC, Giebelstadt-Sulzdorf; 313.3: Bettmann/Corbis, Düsseldorf; 315.2A: Hutchison/EyeUbiquitous, Shoreham; 315.2B: Jupiterimages, Ottobrunn; 316.1: Deutsches Museum, München; 316.2: akg-images, Berlin; 316.3: SPL/Agentur Focus, Hamburg; 316.4: W. M. Weber/TV-yesterday, München; 317.1: SSPL/Science Museum, Berlin; 317.2: Andrew Brusso/ Corbis, Düsseldorf; 317.3: Ullstein/Keystone, Hamburg; 317.4: Merseyside Maritime Museum, Liverpool; 319.1: Fotostudio Druwe und Polastri, Cremlingen; 320.A1: age fotostock, New York; 320.A2A: Fotostudio Druwe und Polastri, Cremlingen; 320.A2B: Weisflog, Cottbus; 321.A3: A. Vossberg/Visum Foto GmbH, Hamburg; 321.A5: face to face, Hamburg; 323.1: Konopka, Recklinghausen; 323.2A–B: Hans Tegen, Hambühren; 323.3: Konopka, Recklinghausen; 323.4 A–C, 324.1, 324.2, 324.3, 324.4, 324.5: Hans Tegen, Hambühren; 325.1: Fabian, Hannover; 325.2: Phywe GmbH, Göttingen; 326.1: Physikalisch-technische Bundesanstalt, Braunschweig; 326.2: Hans Tegen, Hambühren; 326.3, 326.4, 326.5: Phywe GmbH, Göttingen; 327.3 A–B: Hans Tegen, Hambühren; 328.4: Phywe GmbH, Göttingen; 328.5: Degussa AG, Frankfurt; 328.6, 329.1, 329.2, 329.3, 330.5, 330.6, 330.7, 331.2, 332.4, 333.5, 334.2: Hans Tegen, Hambühren; 335.2: Zanus/Okapia, Frankfurt; 337.2: Simper, Wennigsen; 338.1: Lade Fotoagentur, Frankfurt; 338.2: Opel AG, Rüsselsheim; 338.3: Witte-Gaedecke, Hannover; 339.V1–3: Hans Tegen, Hambühren; 343.1, 343.2, 343.3, 344.1, 344.2, 344.2A–B, 345.1, 345.2, 345.3, 345.5, 345.6, 346.1, 346.2A–D: Hans Tegen, Hambühren; 347 u. li: Schulz/ Keystone, Hamburg; 349.1: Hans Tegen, Hambühren; 350.1, 350.2, 350.3: vgs verlagsgesellschaft mbH & Co. KG, Köln; 354.1: Geisser/Mauritius images Mittenwald; 362.1: Messer Griesheim GmbH, Kefeld; 363.3: TopicMedia Service, Ottobrunn; 363.4A–B: Hans Tegen, Hambühren; 363.5: USIS, Bonn; 363.6A–B, 364.1 li, 364.1 mi, 364.1 re: Hans Tegen, Hambühren; 366.3, 367.1: Tönnies, Laatzen; 367.2: Hans Tegen, Hambühren; 368.1 A–B: Simper, Wennigsen; 368.2: Hans Tegen, Hambühren; 368.3: Bayer AG, Leverkusen; 369.2: Ley/Mauritius images Mittenwald; 369.3: Fetter/Okapia, Frankfurt; 370.A–C: Konopka, Recklinghausen; 371.1: Anders, Cremlingen; 371.2: Paul Freytag/zefa/ Corbis, Düsseldorf; 373.A3A–B: Konopka, Recklinghausen; 373.A3C: Deutscher Brauer-Bund, Bonn; 374.1: Minkus, Isernhagen; 376.1: Konopka, Recklinghausen; 376.2A: Minkus, Isernhagen; 378.1, 379.1, 380.1, 381.3, 382.1: Hans Tegen, Hambühren; 384.1: Minkus, Isernhagen; 384.2A–B: Dr. Müller, Libbenrichen; 385.5: aid infodienst e. V., Bonn; 386.1, 386.2, 386.3, 387.1, 387.2, 387.3: Minkus, Isernhagen; 388.1, 389.1: Kraft, Kehl; 391.1A: Minkus, Isernhagen; 391.1D: Schwind/Okapia, Frankfurt; 394.1A: Ridder/Mauritius images Mittenwald; 394.1B: Cotton/Mauritius images Mittenwald; 394.1C: Mio/Mauritius images Mittenwald; 394.2: Reschke/Arnold Inc./Okapia, Frankfurt; 397.V3: Minkus, Isernhagen; 399.3B: Kage/Okapia, Frankfurt; 400.1: Dirscherl /Mauritius images Mittenwald; 400.2, 400.3, 401.V1: Hans Tegen, Hambühren; 402.1: Dr. Müller, Libbenrichen; 404.1A–B, 405.2: Minkus, Isernhagen; 406.1: bpk, Berlin; 406.2: Minkus, Isernhagen; 406.3: Müller/ Greiner + Meyer, Braunschweig;

406.4: akg-images, Berlin; 406.5: Minkus, Isernhagen; 407.1A: Fabian, Hannover; 408.1, 408.2, 408.3: Lemke, Peters & Partner, Ratingen-Lintorf; 409.5C: Meckes/eye of science, Reutlingen; 410.1, 410.2, 410.3: Lemke, Peters & Partner, Ratingen-Lintorf; 411.5 C: Lichtbildarchiv Dr. Keil, Neckargemünd; 410.1: Minkus, Isernhagen; 411.1: Behrens, Lehrte; 414.1 A–B: Dr. Schleyer/Karly, München; 414.1 C–D: Karly, München; 415.2A: Garry Watson/SPL/ Agentur Focus, Hamburg; 415.2B: Ein Kind entsteht/Lennart Nilsson/Bonniers Förlag AB, Stockholm; 415.2C: NAS/Susan Leavines/Okapia, Frankfurt; 416.1A: H. Guether/Mauritius images Mittenwald; 416.1B: Janfot/Naturbild/Okapia, Frankfurt; 416.1C: Habel/Mauritius images Mittenwald; 416.1D: Photri Inc./Okapia, Frankfurt; 417.2A–D: Tönnies, Laatzen; 418.1: Odilon Dimier, PhotoAlto; 418.2: JIRI/Mauritius images Mittenwald; 419.4b: Fotografie Rixe, Braunschweig; 419.4c–e: Klaus G. Kohn, Braunschweig; 422.2: Zartbitter e.V., Köln; 423.A3: Minkus, Isernhagen; 426.A1: Ralph Hutchings/Visuals Unlimited, Hollis; 427.A4: Lennart Nilsson, Stockholm; 427.A5: Minkus, Isernhagen.

Es war uns leider nicht bei allen Abbildungen möglich, den Inhaber der Rechte ausfindig zu machen. Berechtigte Ansprüche werden selbstverständlich im Rahmen der üblichen Vereinbarungen abgegolten.